Forum
Français, 2e cycle du secondaire, 2e année

Sophie Trudeau, Carole Tremblay et Andrée Lacombe

© 2008 Les Éditions de la Chenelière inc.

Édition : Ginette Létourneau
Coordination et révision linguistique : Sylvie Massariol, Ginette Duphily,
　Sophie Blomme-Raimbault, Marie-Josée Farley, Maïe Fortin
Correction d'épreuves : Renée Bédard, Lucie Lefebvre
Conception graphique : Valérie Deltour
Infographie et direction artistique : Valérie Deltour
Conception de la couverture : Chantale Audet, Josée Brunelle
Recherche iconographique et demandes de droits : Marie-Chantal Laforge,
　Christine Guilledroit
Rédaction de la sous-section Roman : François Morin
Rédaction des notices biographiques : Simon St-Onge
Consultation en grammaire : François Morin, Louise Guénette
Impression : Imprimeries Transcontinental

Remerciements

L'Éditeur tient à remercier chaleureusement les enseignants et les enseignantes qui, à titre de consultants et de consultantes, ont examiné et commenté l'un ou l'autre aspect de ce manuel. Leurs commentaires judicieux ont été des plus appréciés.

Philippe Bélanger, Collège Esther-Blondin

Robert Bouchard, C.S. de l'Estuaire

Isabelle Brault, Collège Notre-Dame

Annie Corriveau, École L'Eau-Vive

Claudia Felliciello, Collège Letendre

Isabelle Giguère, C.S. Portages-de-l'Outaouais

Lyne Jalbert, C.S. des Chics-Chocs

André Massé, C.S. des Affluents

Éric Rioux, C.S. de l'Estuaire

Illustrations

Christine Delezenne : pages 24, 120, 139, 221, 223.
Jean-Paul Eid : page 26.
Vincent Gagnon : pages 36, 53-54, 215, 218, 242.
Stéphane Jorish : pages 50-51, 129, 254, 257.
Éric Theriault : pages 260, 263.
Anne Villeneuve : page 140.

Source

Couverture : Fabien, *Quartier de lune II*, huile sur toile,
　140 x 120 cm, 2006 © SODRAC (2008).
　Photo : www.zabbeni.com, Vevey, Suisse.

GRAFICOR

CHENELIÈRE ÉDUCATION

7001, boul. Saint-Laurent
Montréal (Québec) Canada H2S 3E3
Téléphone : 514 273-1066
Télécopieur : 450 461-3834 / 1 888 460-3834
info@cheneliere.ca

ISBN 978-2-7652-0476-3

Dépôt légal : 2e trimestre 2008
Bibliothèque et Archives nationales du Québec
Bibliothèque et Archives Canada

Imprimé au Canada

1　2　3　4　5　ITIB　12　11　10　09　08

Nous reconnaissons l'aide financière du gouvernement du Canada par l'entremise du Programme d'aide au développement de l'industrie de l'édition (PADIÉ) pour nos activités d'édition.

Gouvernement du Québec – Programme de crédit d'impôt pour l'édition de livres – Gestion SODEC.

DANGER
LE PHOTOCOPILLAGE TUE LE LIVRE

Forum

Manuel de l'élève

Français
2ᵉ cycle du secondaire
Deuxième année

Sophie Trudeau
Carole Tremblay
Andrée Lacombe

GRAFICOR
CHENELIÈRE ÉDUCATION

ABRÉVIATIONS, SYMBOLES ET PICTOGRAMMES

Les abréviations

Adj.	adjectif
Adv.	adverbe
Attr.	attribut
Aux.	auxiliaire
Dét.	déterminant
f.	féminin
impers.	impersonnel
Inf.	infinitif
m.	masculin
Modif.	modificateur
Part. prés.	participe présent
pers.	personne grammaticale
pl.	pluriel
Prép.	préposition
Pron.	pronom
Pron. rel.	pronom relatif
s.	singulier
Sub.	subordonnée
Sub. circ.	subordonnée circonstancielle
Sub. compl.	subordonnée complétive
Sub. compl. exclam.	subordonnée complétive exclamative
Sub. compl. interr.	subordonnée complétive interrogative
Sub. rel.	subordonnée relative

Les symboles

C	complément
C de P	complément de phrase
C du N	complément du nom
CD du V	complément direct du verbe
CI du V	complément indirect du verbe
GAdj	groupe adjectival
GAdv	groupe adverbial
GInf	groupe infinitif
GN	groupe nominal
GPart	groupe participial
GPrép	groupe prépositionnel
GPron	groupe pronominal
GV	groupe verbal
N	nom
P	phrase
S	sujet
V	verbe
VAttr	verbe attributif

Les pictogrammes

⇨	renvoi à des pages de la section *Références*
⊘	forme incorrecte ou emploi non approprié
✕	élément fautif
+	addition, ajout
⇔	déplacement
✂	effacement, soustraction
[ ]	encadrement
➤	réduction
⇓	remplacement

Sujet de P

Prédicat de P

C de P

▭▶	situation d'écriture
🔊	situation de communication orale
🗎	document reproductible
▭	dossier d'apprentissage

champ lexical
Les mots et expressions en gris, soulignés, renvoient à des notions répertoriées dans l'index. On y indique les pages à consulter pour trouver des explications relatives à ces notions.

Table des matières

PARTIE B Stratégies

Présentation du manuel

Cinq modules de quatre ateliers chacun.

Les pages d'ouverture présentent le module et donnent un aperçu de la façon dont vous l'aborderez.

Le titre informe sur le genre de texte, oral ou écrit, travaillé dans le module et relie le genre à une thématique.

Une citation ancre le genre dans le quotidien.

Cette colonne fournit une description du défi à relever ainsi que des idées de projets pour vos productions.

À l'étape de la **PRÉPARATION**, vous prenez connaissance du contenu des ateliers et des apprentissages proposés, et vous amorcez votre réflexion sur le genre des textes que vous travaillerez dans ce module.

La rubrique Des thèmes du module présente les sujets traités dans les textes qui sont en lien avec la thématique du module.

La page D'abord et avant tout amorce l'étude du genre abordé dans le module. Elle comporte également des activités qui sollicitent vos connaissances antérieures.

La page Vue d'ensemble des ateliers présente des liens entre votre défi et le contenu de chaque atelier.

La rubrique Haltes grammaticales propose des activités grammaticales associées aux notions abordées dans le module.

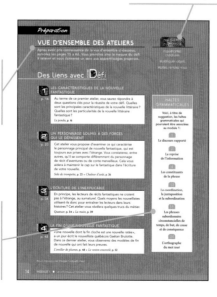

À l'étape de la **RÉALISATION**, vous développez vos compétences en lecture, en écriture et en communication orale, tout en utilisant vos connaissances et vos stratégies.

La rubrique Halte culturelle fournit des repères sur les auteurs, les thèmes, la langue, etc.

Un court préambule présente les textes à lire et donne l'intention de lecture.

La rubrique Au fil du texte vous amène à mieux comprendre certains mots ou expressions.

Des questions et des activités vous amènent à comprendre, à interpréter et à apprécier les textes, à acquérir des connaissances et à développer des stratégies.

Le picto **INTERTEXTUALITÉ** indique que le texte travaillé fait allusion à un autre texte ou le cite.

La rubrique Vers d'autres textes propose des activités en lien avec le recueil de textes.

Des encadrés notionnels exposent des notions se rapportant aux questions présentées dans la page.

Le picto **TEXTES EN RÉSEAU** signale un groupement de textes qui vous permet de faire des observations, des comparaisons, etc.

Les rubriques En quelques lignes et De vive voix comportent de courtes situations d'écriture et de communication orale qui vous préparent au défi.

À l'étape de l'**INTÉGRATION** et du **RÉINVESTISSEMENT**, vous faites la synthèse de vos apprentissages, vous relevez le défi proposé, vous évaluez le travail accompli dans tout le module et vous prenez connaissance des propositions de lecture.

La page Synthèse vous permet d'organiser vos principaux apprentissages sous la forme d'un schéma.

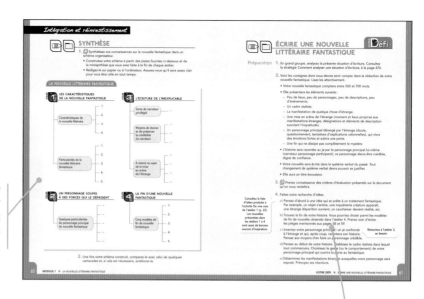

La page Votre défi présente le défi à relever et donne des pistes pour y parvenir.

À l'étape En guise de conclusion..., vous faites un retour oral sur le travail accompli dans tout le module.

La page Répertoire vous invite à poursuivre vos lectures.

SOUS-SECTION **ROMAN**

Dans cette sous-section, vous découvrez la place importante qu'occupe le roman dans la littérature et dans votre vie.

Les sous-genres de romans les plus lus par les jeunes sont accompagnés de nombreuses suggestions de lecture.

HALTES GRAMMATICALES

Cette section regroupe 26 haltes grammaticales.

Ces activités vous permettent de consolider vos connaissances en grammaire et d'en acquérir de nouvelles.

L'encadré Pour vous préparer indique les articles de la partie «Connaissances» à consulter.

Le pictogramme indique qu'une fiche en lien avec la notion traitée est offerte dans les documents reproductibles.

RÉFÉRENCES

La partie A CONNAISSANCES de cette section regroupe les notions au programme. C'est un outil d'apprentissage et une ressource à consulter, au besoin.

La partie B STRATÉGIES de cette section regroupe les stratégies au programme. Elle constitue un outil d'apprentissage et une ressource à consulter, au besoin.

Des renvois à des coups de pouce ou à d'autres connaissances sont parfois indiqués.

Les définitions et les règles sont présentées sur un fond de couleur.

La capsule Remarque signale une difficulté particulière ou une mise en garde.

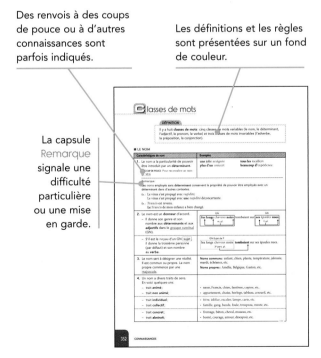

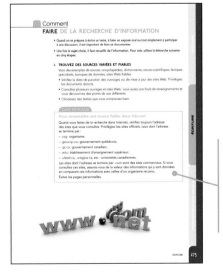

La capsule Coup de pouce propose une façon simple d'appliquer une règle.

LA NOUVELLE LITTÉRAIRE FANTASTIQUE

Une inquiétante étrangeté

« Croyez-vous aux fantômes ?
Non, mais j'en ai peur. »

Mot attribué à Mme du Deffand,
femme de lettres et amie de Voltaire.

Vers VOTRE Défi

Dans ce module, vous cernerez l'essentiel de la nouvelle littéraire fantastique en comparant entre eux des textes aux thèmes variés. À la fin du module, vous mettrez votre créativité à l'épreuve en rédigeant votre propre nouvelle fantastique. Vous pourriez ensuite faire connaître les nouvelles de votre classe à un plus large public. Voici quelques idées :

- Publier les nouvelles sur le site Web de l'école.

- Organiser une lecture publique des textes.

- Réunir les récits de la classe dans un recueil destiné à la bibliothèque du quartier.

13

VUE D'ENSEMBLE DES ATELIERS

Après avoir pris connaissance de la vue d'ensemble ci-dessous, survolez les pages 15 à 62. Vous prendrez ainsi la mesure du défi à relever et vous donnerez un sens aux apprentissages proposés.

DES THÈMES DU MODULE

Inquiétantes créatures

Maléfiques objets

Mortels rendez-vous

Des liens avec votre Défi

ATELIER 1 — LES CARACTÉRISTIQUES DE LA NOUVELLE FANTASTIQUE

p. 16

Au terme de ce premier atelier, vous saurez répondre à deux questions clés pour la réussite de votre défi. Quelles sont les principales caractéristiques de la nouvelle littéraire ? Quelles sont les particularités de la nouvelle littéraire fantastique ?

Le pendu, p. 16

HALTES GRAMMATICALES

Voici, à titre de suggestion, les haltes grammaticales qui pourraient être associées au module 1 :

1

Le discours rapporté

2

La reprise de l'information

4

Les constituants de la phrase

10

La coordination, la juxtaposition et la subordination

11

Les phrases subordonnées circonstancielles de temps, de but, de cause et de conséquence

24

L'orthographe du mot *tout*

ATELIER 2 — UN PERSONNAGE SOUMIS À DES FORCES QUI LE DÉPASSENT

p. 23

Cet atelier vous propose d'examiner ce qui caractérise le personnage principal de nouvelle fantastique, qui est toujours aux prises avec l'étrange. Vous constaterez, entre autres, qu'il se comporte différemment du personnage de récit d'aventures ou de conte merveilleux. Cela vous aidera à maintenir le cap sur le fantastique dans l'écriture de votre nouvelle.

Solo de trompette, p. 23 • *Chaleur d'août*, p. 26

ATELIER 3 — L'ÉCRITURE DE L'INEXPLICABLE

p. 34

En principe, les lecteurs de récits fantastiques ne croient pas à l'étrange, au surnaturel. Quels moyens les nouvellistes utilisent-ils donc pour entraîner les lecteurs dans leurs histoires ? Cet atelier vous révélera quelques trucs du métier.

Quatuor, p. 34 • *La main*, p. 39

ATELIER 4 — LA FIN D'UNE NOUVELLE FANTASTIQUE

p. 48

«Une nouvelle dont la fin cloche est une nouvelle ratée», a un jour écrit le nouvelliste québécois Gaétan Brulotte. Dans ce dernier atelier, vous observerez des modèles de fin de nouvelle qui ont fait leurs preuves.

L'oreiller de plumes, p. 48 • *Le veston ensorcelé*, p. 52

PAGES PRÉCÉDENTES : Philipp Corbluth, *Peur.*

D'ABORD ET AVANT TOUT

Vous avez probablement déjà vu des films et lu des récits fantastiques. Mais le fantastique, qu'est-ce que c'est, au juste ? Discutez des questions suivantes avec quelques camarades.

Le fantastique, un univers qui ne vous est pas inconnu

1. Quelles œuvres fantastiques avez-vous déjà vues ou lues ? Donnez-en les grandes lignes.

2. Sur quel(s) critère(s) vous appuyez-vous pour classer une œuvre dans le fantastique ? Notez bien vos réponses, car vous y reviendrez à la fin du module.

3. D'après vous, pourquoi le fantastique est-il si populaire ?

Le fantastique, un univers à distinguer

4. a) Parmi les trois scénarios suivants, lequel appartient au fantastique ? Pour répondre, lisez d'abord la halte culturelle ci-dessous : *Fantastique, merveilleux et science-fiction en bref*. Faites ensuite votre choix et justifiez-le.

- **Scénario 1:** Juanita voit son corps se couvrir peu à peu d'un pelage soyeux et lustré. Après des mois de travail en laboratoire, elle se transforme enfin en chat noir. Son expérience au Laserotron semble avoir fonctionné. Réussira-t-elle à remonter le temps et à réintégrer le corps de Biz421 ? Jusqu'où son expérience la mènera-t-elle ?

- **Scénario 2:** Juanita voit son corps se couvrir peu à peu d'un pelage soyeux et lustré. Elle comprend alors qu'elle est victime d'un mauvais sort. À la tombée de la nuit, elle se rend au cœur de la forêt chez une sorcière qui accepte de lui redonner son apparence humaine à quelques conditions. Elle devra notamment surmonter des épreuves qui la mèneront aux confins du royaume des Zazazinia.

- **Scénario 3:** Juanita voit son corps se couvrir peu à peu d'un pelage soyeux et lustré. Complètement paniquée, elle constate bientôt avec horreur qu'elle se transforme en chat noir. Comment est-ce possible ? Est-ce une maladie ? Pourquoi cela lui arrive-t-il à elle qui déteste ces affreuses bêtes ? Pourquoi repense-t-elle tout à coup à ce chat noir qu'elle a laissé mourir de froid une nuit d'hiver sur le pas de sa porte ?

b) À quel univers chacun des deux autres scénarios appartient-il ?

Halte
CULTURELLE

Fantastique, merveilleux et science-fiction en bref

Dans l'univers du **fantastique**, l'étrange fait irruption dans le quotidien et dérange. Le personnage confronté à l'étrange a souvent l'impression de ne pas comprendre ce qui lui arrive.

Dans l'univers du **merveilleux**, les manifestations surnaturelles sont perçues comme normales, allant de soi.

Dans l'univers de la **science-fiction**, l'étonnant s'explique habituellement par une percée de la science.

LES CARACTÉRISTIQUES DE LA NOUVELLE FANTASTIQUE

ATELIER 1

La nouvelle fantastique présentée dans cet atelier est une des premières œuvres de Michel Tremblay. Ce texte constitue un excellent modèle du genre. Lisez (et relisez!) cette nouvelle en prêtant attention à ce qui vous semble étrange, insolite, surnaturel.

1er BUVEUR[1]: Le pendu

Dans mon pays, quand quelqu'un tue son voisin, on le pend. C'est idiot, mais c'est comme ça. C'est dans les lois.

Moi, je suis veilleur de pendus. Quand le pendu est mort, dans la prison où je travaille, on ne le décroche pas tout de suite. Non, on le laisse pendu toute la
5 nuit et moi, le veilleur de pendus, je le veille jusqu'au lever du soleil.

On ne me demande pas de pleurer, mais je pleure quand même.

* * *

Je sentais bien que ce pendu-là ne serait pas un pendu ordinaire. Au contraire de tous les condamnés que j'avais vus jusque-là, celui-ci ne semblait **1**
10 pas avoir peur. Il ne souriait pas, mais ses yeux ne trahissaient aucune frayeur. Il regardait la potence d'un œil froid, alors que les autres condamnés piquaient presque infailliblement une crise de nerfs en l'apercevant. Oui, je sentais que ce pendu-là ne serait pas un pendu ordinaire.

Quand la trappe s'est ouverte et que la corde s'est tendue avec un bruit sec,
15 j'ai senti quelque chose bouger dans mon ventre.

Le pendu ne s'est pas débattu. Tous ceux que j'avais vus avant celui-là se tordaient, se balançaient au bout de leur corde en pliant les genoux, mais lui ne bougeait pas.

Il n'est pas mort tout de suite. On l'entendait qui tentait de respirer… Mais
20 il ne bougeait pas. Il ne bougeait pas **2** du tout. Nous nous regardions, le bourreau, le directeur de la prison et moi, en plissant le front. Cela **3** dura quelques minutes, puis, soudain, le pendu poussa un long hurlement qui me sembla être un immense rire de fou. Le bourreau dit que c'était la fin.

Le pendu frissonna, son corps sembla s'allonger un peu, puis, plus rien.

25 Moi, j'étais sûr qu'il avait ri.

* * *

J'étais seul avec le pendu qui avait ri. Je ne pouvais m'empêcher de le regarder. Il semblait s'être encore allongé. Et cette cagoule que j'ai toujours détestée!

---

1. Cette nouvelle est extraite de la première partie intitulée «Histoires racontées par des buveurs».

Cette cagoule qui cache tout mais qui laisse tout
30 deviner ! Les visages des pendus, je ne les vois
jamais, mais je les devine et c'est **4** encore plus
terrible, je crois.

On avait éteint toutes les lumières et allumé
la petite veilleuse, au-dessus de la porte.

35 Comme il faisait noir et comme j'avais peur
de ce pendu !

Malgré moi, vers deux heures du matin, je
m'assoupis. Je fus éveillé, je ne saurais dire au
juste à quelle heure, par un léger bruit qui res-
40 semblait à un souffle prolongé comme un soupir.
Était-ce moi qui avais soupiré ainsi ? Il fallait bien
que ce fût moi, j'étais seul ! J'avais probablement
soupiré pendant mon sommeil et mon soupir
m'avait éveillé…

45 Instinctivement, je portai les yeux sur le
pendu. Il avait bougé ! Il avait fait un quart de
tour sur lui-même et me faisait maintenant face.
Ce n'était pas la première fois que cela arrivait, c'était dû à la corde, je le **5** savais
bien, mais je ne pouvais m'empêcher de trembler quand même. Et ce soupir ! Ce
50 soupir dont je n'étais pas sûr qu'il fût sorti de ma bouche !

Je me traitai de triple idiot et me levai pour faire quelques pas. Aussitôt que
j'eus le dos tourné au pendu, j'entendis de nouveau le soupir. J'étais bien sûr,
cette fois, que ce n'était pas moi qui avais soupiré. Je n'osais pas me retourner.
Je sentais mes jambes faiblir et ma gorge se desséchait. J'entendis encore deux
55 ou trois soupirs, qui se changèrent bientôt en respiration, d'abord très inégale,
puis plus continue. J'étais absolument certain que le pendu respirait et je me
sentais défaillir.

Je me retournai enfin, tout tremblant. Le mort bougeait. Il oscillait lentement, presque imperceptiblement au bout de sa corde. Et il respirait de plus en
60 plus fort. Je m'éloignai de lui le plus que je pus, me réfugiant dans un coin de la
grande salle.

Je n'oublierai jamais l'horrible spectacle qui
suivit. Le pendu respirait depuis cinq minutes
environ, lorsqu'il se mit à rire. Il arrêta brusque-
65 ment de respirer fort et se mit à rire, doucement.
Ce n'était pas un rire démoniaque **6**, ni même
cynique, c'était simplement le rire de quelqu'un
qui s'amuse follement. Son rire prit très vite de
l'ampleur et bientôt le pendu riait aux éclats, à
70 s'en tordre les côtes. Il se balançait de plus en plus
fort… riait… riait…

J'étais assis par terre, les deux bras collés au
ventre, et je pleurais.

Au fil du texte

1 Dans cette phrase, à quoi l'<u>auxiliaire de modalité</u> *semblait* sert-il ? Pour vous aider à répondre, relisez la phrase en le supprimant.

2 Pourquoi la <u>répétition</u> de *il ne bougeait pas* n'est-elle pas ici une faute de style ?

3 Que reprend le pronom *Cela* ?

4 Qu'est-ce que le pronom *c'* reprend ?

5 Que reprend le pronom *le* ?

6 Donnez trois mots de la même famille que *démoniaque*.

Le mort se balançait tellement fort, à un moment donné, que ses pieds
75 touchaient presque le plafond. Cela dura plusieurs minutes. Des minutes de
pure terreur pour moi. Soudain, la corde se rompit et je poussai un grand cri.
Le pendu heurta durement le sol. Sa tête se détacha et vint rouler à mes pieds.
Je me levai et me précipitai vers la porte.

* * *

80 Quand nous revînmes dans la pièce, le gardien, le directeur de la prison et
moi, le corps était toujours là, étendu dans un coin, mais nous ne trouvâmes pas
la tête du mort. On ne la retrouva jamais !

1964

Michel Tremblay, «Le pendu», dans *Contes pour buveurs attardés*[2],
Montréal, © Leméac Éditeur, 1996.

_____

2. Malgré le titre du recueil, ce texte est une nouvelle littéraire.

Halte CULTURELLE

Michel Tremblay parle de ses *Contes pour buveurs attardés*

J'avais entre seize et dix-neuf ans lorsque j'écrivis les *Contes pour buveurs attardés* qui s'intitulaient à l'époque *Contes gothiques*. […] Je fréquentais l'école secondaire Saint-Stanislas, en scientifique spéciale, allez savoir pourquoi, moi qui n'avais aucun talent pour les sciences, puis l'Institut des arts graphiques, aujourd'hui le Cégep Ahuntsic, où je fis l'apprentissage de mon futur métier de linotypiste. Bien sûr, je savais que je n'étais pas fait pour les sciences ni pour l'imprimerie. Je rêvais secrètement de devenir écrivain, j'étais malheureux parce que convaincu que ça ne se produirait jamais, que je finirais mes jours dans les effluves de plomb fondu et d'encre d'imprimerie, probablement atteint de la maladie des linotypistes, le saturnisme. J'écrivais n'importe quoi n'importe où pour me consoler, pour oublier mes problèmes, me réfugiant de plus en plus dans la littérature fantastique, ce cataplasme idéal de tous les inadaptés du monde.

Après avoir découvert Jean Ray dans la collection «Marabout», un merveilleux écrivain belge tombé aujourd'hui dans l'oubli, mais qui connut une période de gloire à la fin des années cinquante et au début des années soixante, je décidai de pondre quelques petits essais de mon cru pour me faire la main, moi aussi, dans le fantastique, ce qui me permettrait de transposer mes pensées et mes sentiments de jeune adulte perturbé dans des contes qui ne porteraient pas à conséquence, du moins c'est ce que je croyais. Ainsi sont nés «Le pendu», «La femme au parapluie», «Le dé», «Angus ou la lune vampire», «Wolfgang à son retour», «Le diable et le champignon», premiers balbutiements d'un tout jeune écrivain qui n'a pas encore trouvé sa voie et qui se réfugie dans l'imaginaire pour oublier l'horreur de son quotidien et l'avenir intolérable qu'il se prépare dans un métier qu'il n'aimera jamais. Après Jean Ray, ce furent bien sûr Poe, Hoffmann, et surtout mon favori, H. P. Lovecraft, qui influencèrent mes écrits.

Michel Tremblay, *Contes pour buveurs attardés*,
extrait de l'avant-propos, Montréal, Leméac Éditeur, 1996.

LE TOUR DU TEXTE

1. Dans *Le pendu*, qui est le personnage principal ? Comment le savez-vous ?

2. Trois séries d'étoiles découpent *Le pendu* en quatre parties.

a) La première partie du texte constitue une sorte de préambule. Quelles mises au point ce préambule permet-il au narrateur de faire ? Donnez-en deux.

b) Donnez un court titre à chacune des trois autres parties du texte.

AU CŒUR DU GENRE

3. Avant d'être fantastique, ce récit est d'abord une nouvelle littéraire. Il présente donc des caractéristiques propres à ce genre. Pour vous familiariser avec ces caractéristiques ou pour vous les remémorer, lisez l'encadré notionnel suivant. Vous aurez ensuite à montrer que ces caractéristiques s'appliquent au texte *Le pendu*.

La **nouvelle littéraire** est un genre de **texte narratif bref** et **fictif**. Elle se reconnaît le plus souvent aux caractéristiques suivantes:

1. Un sujet limité

Parce qu'elle est courte, la nouvelle littéraire a un **sujet limité**, **restreint**. Elle se limite habituellement à un épisode, à une anecdote qu'elle livre en **peu de mots**. Pour ces raisons, la nouvelle comporte en général **peu de personnages** et **peu de lieux**.

2. Un récit concis

Pour faire court, il arrive souvent que les nouvellistes réduisent au minimum la situation initiale, la situation finale (lorsqu'il y en a une) et les descriptions de personnages et de lieux. Ils peuvent aussi recourir à l'*ellipse*, un procédé qui consiste à passer sous silence des fragments de l'histoire.

Même si les personnages sont peu décrits, le lecteur peut quand même se représenter leur vie, puisque l'**essentiel est donné**.

3. Un personnage principal transformé

Dans la majorité des nouvelles littéraires, le personnage principal vit un **renversement de situation**. On peut dire qu'il existe un *avant* et un *après* dans la vie du personnage.

4. Une fin inattendue

Pour créer un effet de surprise et une émotion intense, il est fréquent que les nouvellistes escamotent la situation finale. La nouvelle se termine alors par un dénouement surprenant et inattendu qu'on appelle *chute*. ■

4. La nouvelle *Le pendu* a un sujet limité. Quel épisode de la vie du narrateur raconte-t-elle ?

5. Montrez que dans *Le pendu*, comme dans bien d'autres nouvelles, on en sait peu sur les personnages.

6. Pour aller rapidement à l'essentiel, l'auteur du texte *Le pendu* a eu recours notamment à l'ellipse.

a) Qu'est-ce qui n'est pas raconté entre les lignes :
- 6 et 8 ?
- 25 et 27 ?
- 78 et 80 ?

b) Dans ce texte, par quel procédé typographique ces ellipses sont-elles indiquées ?

7. Selon vous, en quoi la vie du veilleur a-t-elle été transformée par l'expérience qu'il a vécue ?

8. Quels éléments de surprise la fin de cette nouvelle réserve-t-elle aux lecteurs ?

9. Plusieurs particularités donnent à une nouvelle littéraire sa couleur *fantastique*. La première concerne le cadre dans lequel se déroule l'histoire.

a) Dans quel lieu le veilleur vit-il sa troublante expérience ?

b) Pour lui, ce cadre est-il habituel ou exceptionnel ? Précisez votre réponse.

1re PARTICULARITÉ

Presque tous les auteurs de fantastique placent leur personnage principal dans un **cadre réaliste** qui lui est familier. ■

10. La deuxième particularité a trait à l'apparition du fantastique.

a) En général, de subtiles étrangetés préparent le terrain. Dans *Le pendu*, le veilleur remarque d'entrée de jeu que le pendu qu'il a sous les yeux n'est pas un pendu ordinaire. Relevez les trois comparaisons qu'il établit entre ce pendu et les autres.

b) Le fantastique se manifeste ensuite pleinement. Dans *Le pendu*, quel événement particulièrement étrange et inquiétant ébranle solidement le veilleur, mais pas le bourreau ? Citez la phrase qui le révèle.

2e PARTICULARITÉ

Le fantastique apparaît lorsque **quelque chose d'étrange**, d'insolite fait irruption dans le cadre réaliste et **trouble l'ordre normal des choses**. Le plus souvent, de subtils signes annonciateurs précèdent les manifestations étranges les plus inquiétantes. ■

11. Les réactions du personnage qui doit faire face à l'étrange constituent la troisième particularité. Quand le veilleur reste seul avec le pendu après le rire, d'autres manifestations étranges se produisent que le veilleur tente d'expliquer.

a) Comment le veilleur explique-t-il qu'un soupir l'ait réveillé ?

b) Comment le veilleur explique-t-il que le pendu ait fait un quart de tour sur lui-même ?

3e PARTICULARITÉ

Souvent, le personnage confronté à l'étrange commence par **se questionner**, **douter**, **hésiter**, **tenter d'expliquer rationnellement** ce dont il est témoin. ■

12. À partir du moment où le veilleur entend de nouveau le soupir, il comprend qu'il doit faire face à quelque chose de surnaturel et ne doute plus de ce qu'il observe.

a) Dressez la liste des manifestations surnaturelles que le veilleur rapporte entre les lignes 52 et 78.

b) Le veilleur est terrorisé par ce qu'il voit. Entre les lignes 52 et 78, relevez les passages où le narrateur décrit les manifestations physiques de cette peur qui le tenaille.

Très souvent (mais pas toujours !), la peur s'installe et croît chez le personnage aux prises avec l'étrange dès qu'il se rend à l'évidence que des forces surnaturelles ont fait irruption dans sa vie. ■

13. La quatrième particularité du fantastique est la transgression d'une loi. Dans *Le pendu*, qu'est-ce qui vous semble si insolite, si surnaturel, si contraire aux lois régissant le réel ?

4ᵉ PARTICULARITÉ

Dans tout récit fantastique, une **loi naturelle** est **transgressée**. Cela inquiète le personnage principal et lui pose problème. Par exemple, un mort qui revient chez les vivants, cela est contraire à la loi selon laquelle les humains ne ressuscitent pas. Un miroir qui a une volonté propre, cela transgresse la loi selon laquelle les objets sont inanimés. ■

14. La dernière particularité a trait à la fin de la nouvelle fantastique. Habituellement, elle laisse les lecteurs hésiter entre deux explications : une surnaturelle et une rationnelle.

Formulez ces deux explications pour la fin de la nouvelle *Le pendu* ; la surnaturelle découlera du texte, la rationnelle viendra de vous.

5ᵉ PARTICULARITÉ

Lire du fantastique, c'est se prêter à un jeu. En effet, au terme de leur lecture, les amateurs de fantastique se questionnent sur ce qu'ils viennent de lire. Très souvent, ils relisent le texte à la recherche d'indices qui leur auraient échappé. Leur plaisir leur vient, entre autres, du fait qu'ils hésitent, ne serait-ce qu'un bref instant, entre une explication surnaturelle et une explication rationnelle, aucune n'étant parfaitement satisfaisante. En somme, **le texte fantastique est comme une énigme jamais résolue**. ■

15. ☐ Notez dans vos mots les cinq grandes particularités du fantastique. Gardez précieusement ces notes en vue de la synthèse à la fin du module.

LE TEXTE ET VOUS

16. TEXTES EN RÉSEAU Établissez des liens entre *Le pendu* et d'autres textes en répondant aux questions suivantes.

a) Quelle autre nouvelle fantastique avez-vous déjà lue ? Faites le plus de comparaisons possible entre cette nouvelle et celle de Michel Tremblay.

b) Quelles autres œuvres de Michel Tremblay connaissez-vous ? Quelles différences établissez-vous entre ces œuvres et la nouvelle *Le pendu* ?

17. TEXTES EN RÉSEAU Au début de la nouvelle *Le pendu*, il est question de peine de mort. Pour mieux cerner le contexte socioculturel dans lequel cette nouvelle a été écrite, faites une recherche sur Internet à ce sujet. Au fil de vos lectures, faites le travail proposé sur le document qu'on vous remettra.

GRAMMAIRE

La classe du mot *tout*

18. Donnez la <u>classe</u> du mot *tout* dans les passages ci-dessous. De plus, montrez l'exactitude de vos réponses en recourant à la <u>manipulation</u> de remplacement.

1) Au contraire de <u>tous</u> les condamnés que j'avais vus jusque-là [...].

2) Cette cagoule qui cache <u>tout</u> mais qui laisse <u>tout</u> deviner !

3) Je me retournai enfin, <u>tout</u> tremblant.

La juxtaposition, la coordination et la subordination

19. 🗒 Sur le document qu'on vous remettra, exercez-vous à différencier les principales façons de joindre des phrases : la <u>juxtaposition</u>, la <u>coordination</u> et la <u>subordination</u>.

VERS D'AUTRES TEXTES

20. **TEXTES EN RÉSEAU** Lisez *Cérémonial nocturne* de Thomas Owen à la page 16 de votre recueil de textes. En vous concentrant sur les lignes 21 à 89, dites quelles particularités du fantastique vous retrouvez dans cette nouvelle.

21. **TEXTES EN RÉSEAU** À la page 15 de votre recueil, lisez *La femme au parapluie*, une autre nouvelle fantastique de Michel Tremblay. Comparez-la à la nouvelle *Le pendu*, puis dites laquelle vous préférez et pourquoi.

22. **TEXTES EN RÉSEAU** Jean Ray est une des sources d'inspiration du jeune Michel Tremblay. Pour découvrir ce «merveilleux écrivain belge tombé aujourd'hui dans l'oubli», lisez la nouvelle fantastique *Ombre d'escale* à la page 26 de votre recueil. Après votre lecture, répondez à la question suivante : cet écrivain mérite-t-il d'être lu encore aujourd'hui ? Pourquoi ?

EN QUELQUES LIGNES

🗒 **TEXTES EN RÉSEAU** Ouvrez votre imaginaire au fantastique en pastichant le court texte fantastique *Anticyclone* de Roland Bourneuf que vous trouverez à la page 42 de votre recueil de textes. Travaillez sur le document qu'on vous remettra.

DE VIVE VOIX

Faites preuve de créativité : avec quelques camarades, trouvez cinq idées qui pourraient vous inspirer une nouvelle fantastique. Voici des exemples :

- Je soulève le couvercle d'une boîte à chapeau. Sous le couvercle se trouve un chapeau et sous le chapeau, une tête se met à chanter une berceuse…

- Chaque jeudi matin depuis un mois, je reçois un mystérieux courriel anonyme composé d'une série de chiffres. Je comprends tout à coup que je reçois, à l'avance, les numéros gagnants de la loterie…

Les idées dont vous aurez discuté pourraient vous être utiles pour l'activité *Votre défi*. Afin de n'en perdre aucune, consultez la stratégie *Comment noter des informations rapidement*, à la page 467.

UN PERSONNAGE SOUMIS À DES FORCES QUI LE DÉPASSENT

Les deux nouvelles fantastiques de cet atelier sont différentes sous plusieurs aspects: auteurs, époques, cultures et thèmes. Cependant, elles partagent un point commun: leur personnage principal est typique de la nouvelle fantastique. Lisez (et relisez!) ces deux nouvelles en prêtant attention au comportement de Gabriella et de James Clarence Withencroft.

Solo de trompette

Le tout débuta le plus simplement du monde. Sans éclat ni fanfare, en quelque sorte.

Durant une répétition pour le concert que présenterait l'Harmonie aux officiers de l'état-major, la trompette de Gabriella émit une fausse note. Oh, per-
5 sonne n'y prêta trop attention. Ça arrive à tout le monde, quoi! M. Grasset, le chef d'orchestre — un petit bout d'homme dont le visage mélancolique rappelait celui d'un bouledogue — se contenta, à la fin de la répétition, d'en faire la remarque à Gabriella, sans insister.

Lors de la répétition suivante, Gabriella — qui pourtant avait à cœur ce
10 concert auquel assisterait son père, le colonel — faussa à deux reprises. Et à partir de ce moment, ce fut une progression mathématique de quatre, huit, seize, jusqu'à des portées complètes de fausses notes dans sa partition.

Suivant le même rythme, les réactions de M. Grasset passèrent de petits rappels à l'ordre aux reproches plus sentis, jusqu'à l'inévitable entretien privé.

15 — Alors, jeune fille? aboya le dogue **1** en brandissant sa baguette sous le nez de Gabriella. Et si tu m'expliquais à quoi tu joues?

— Je ne joue pas, Maestro, tremblota Gabriella, intimidée par le colérique monticule de cholestérol**2**. Je ne comprends pas moi-même…

Sceptique**3**, M. Grasset arqua un sourcil.

20 — Au début, ce n'était pas grave, une fausse note de temps à autre. Ça arrive à tout le monde, ça se corrige. Mais j'aurais cru qu'un avertissement aurait suffi. Là, on en est rendu à un point où tu t'amuses à réécrire la partition en entier. Qu'est-ce qui ne va pas? Tu n'aimes plus ça, jouer de la trompette?

25 — Non, ce n'est pas ça…

— Alors quoi?

— Je ne sais pas, bégaya Gabriella.

Au fil du texte

1 a) Qu'est-ce qu'un dogue?

b) Que reprend le GN *le dogue*?

2 Quelle information nouvelle le GN *le colérique monticule de cholestérol* apporte-t-il au sujet de M. Grasset?

3 Donnez un synonyme de l'adjectif *sceptique*.

Stanley Péan
(Écrivain québécois, né en Haïti en 1966)

Stanley Péan grandit à Jonquière, au Québec, où sa famille émigre l'année de sa naissance. Après quelques incursions dans le monde du théâtre et des variétés, il étudie la littérature et publie ses premières nouvelles au milieu des années 1980. Sa carrière est éclectique. Il a écrit une vingtaine de livres de fiction (romans, nouvelles) pour les adultes et les adolescents, ainsi que des articles et des études. Animateur de radio, traducteur, scénariste et journaliste, il est, au moment d'écrire ces lignes, président de l'Union des écrivaines et écrivains québécois (UNEQ).

Le petit homme soupira d'exaspération puis reprit, plus calmement :

30 — Tu sais que ton père assistera au concert ? Aurais-tu envie de lui faire honte ?

M. Grasset donna à la fillette un seul et dernier avertissement; peu importe la raison, il ne tolérerait plus aucun cabotinage.

35 ***

Le soir, chez elle, Gabriella tenta de répéter toute seule. Hélas, les résultats ne s'avérèrent guère plus encourageants. Peu importe ce qu'elle essayait de jouer, la trompette émettait ces notes 40 discordantes, inconnues et pourtant familières. À croire que le cuivre était vivant, qu'il possédait sa volonté propre !

Vraiment à n'y rien comprendre !

Désemparée⁴, la jeune fille voulut consulter 45 son père. Mais le colonel était au téléphone, occupé à discuter de l'escalade de la tension internationale et d'autres sujets de «grandes personnes», auxquels Gabriella n'entendait pas grand-chose.

50 ***

À bout de patience, M. Grasset interrompit soudain la répétition du lendemain. Il expliqua aux membres stupéfaits de l'Harmonie qu'il avait récemment découvert des talents de musicienne de *free-jazz* à l'une d'entre eux⁵ et qu'il aimerait bien leur faire partager cette découverte. Puis, avec un regard 55 venimeux⁶, il demanda à Gabriella de bien vouloir se lever *s'il vous plaît* et

d'interpréter sa composition afin que tout l'orchestre puisse jouir de son remarquable sens de l'improvisation mélodique.

60 Timidement, la petite se leva, emboucha son instrument, le mouilla du bout de la langue. Son regard chercha celui de M. Grasset dans lequel elle ne trouva ni compassion, ni chaleur, ni rien. Il avait troqué**7** son expression de chien battu pour un visage de boxer prêt à mordre. Gabriella se retourna 65 vers ses compagnons, ferma les yeux, crispa les lèvres puis se mit à jouer.

Dès que les premières notes retentirent, des nuages s'épaissirent et ne tardèrent pas à éclipser le soleil. Gabriella continua et les cieux s'assombrirent 70 davantage. Les vitres du local de musique volèrent en éclats et un frisson contagieux parcourut la salle. M. Grasset voulut crier à Gabriella d'interrompre le morceau, mais il constata avec horreur qu'il n'avait plus de voix.

En transe, incapable de s'arrêter, Gabriella poursuivit, plus fort, arrachant à sa trompette des notes sauvages qui déchirèrent l'atmosphère. Le tonnerre se 75 mit à rager, des éclairs multicolores lacérèrent la voûte obscurcie. La gueule béante de l'enfer s'ouvrit et cracha vers la terre locustes**8**, crapauds et boules de feu. Par milliers, des démons se joignirent aux tourbillons sonores déchaînés par le cuivre hystérique**9** et dansèrent allègrement au-dessus des hurlements des enfants et des enfants encore à naître qui s'élevaient en nuages-champignons et 80 retombaient dans la fournaise sous forme de cendres de rêves.

Et lorsque Gabriella daigna baisser son instrument, rouvrir les paupières, elle constata la désolation grisâtre qui s'étalait sous le ciel assassiné et reconnut enfin le chant fatidique**10** qu'elle venait d'interpréter…

Stanley Péan, «Solo de trompette», dans *Treize pas vers l'inconnu*, Saint-Laurent, Éditions Pierre Tisseyre, coll. «Conquêtes», 1996, p. 63 à 67.

Au fil du texte

4 Comment une personne désemparée se sent-elle?

5 Que reprend le <u>groupe pronominal</u> *l'une d'entre eux*?

6 De quoi un regard venimeux est-il rempli?

7 Dans le contexte, que signifie le verbe *troquer*?

8 Qu'est-ce qu'un locuste?

9 Que reprend le GN *le cuivre hystérique*?

10 Qu'est-ce qu'un chant fatidique a de particulier?

Halte CULTURELLE

Intertextualité: quand un texte en cache un autre

En littérature, il est très fréquent qu'un texte fasse allusion à un autre texte ou le cite. Ce phénomène se nomme **intertextualité**. Le texte *Solo de trompette* en contient un exemple. En effet, dans le dénouement de cette nouvelle, on fait allusion, entre autres, à un passage du livre *L'Apocalypse*, reproduit ci-dessous. Lisez-le en gardant en mémoire que Gabriella est trompettiste et que son nom évoque celui de l'ange Gabriel…

> [1]Et le cinquième ange fit sonner sa trompette: et je vis une étoile précipitée du ciel sur la terre. Et il lui fut donné la clé du puits de l'abîme.
>
> [2]Elle ouvrit le puits de l'abîme, et il en monta une fumée comme celle d'une grande fournaise. Le soleil en fut obscurci, ainsi que l'air.
>
> [3]Et, de cette fumée, des sauterelles se répandirent sur la terre […].

L'Apocalypse, chapitre 9, versets 1 à 3.

Chaleur d'août

Phenistone Road, Clapham
20 août 190…

J e viens de vivre ce que je crois être le jour le plus remarquable de ma vie, et
je veux en consigner **11** les événements par écrit — aussi clairement que pos-
5 sible — pendant qu'ils sont encore frais dans ma mémoire.

Il me faut d'abord dire que je me nomme James Clarence Withencroft.

J'ai quarante ans; je jouis d'une excellente santé, et je ne me souviens pas
d'avoir jamais été malade.

Je suis ce qu'on appelle un artiste; non point un artiste réputé, mais je gagne
10 suffisamment d'argent avec mes dessins pour subvenir à mes besoins.

Ma sœur, qui était ma plus proche parente, est morte depuis cinq ans, de
sorte que je suis absolument indépendant.

Ce matin, après avoir pris mon petit déjeuner vers neuf heures, j'ai jeté un
coup d'œil aux journaux du jour; puis, ayant allumé ma pipe, j'ai laissé mon
15 esprit vagabonder à sa guise, avec l'espoir qu'il me suggérerait quelque sujet
propre à inspirer mon crayon.

Bien que la porte et les fenêtres de la pièce où je me tenais fussent ouvertes,
il y régnait une chaleur étouffante. Et je venais tout juste de me dire que le
meilleur endroit du voisinage, le plus frais, devait sûrement être la piscine
20 municipale, lorsque l'inspiration me vint.

Je commençai alors à dessiner. Je m'absorbai si profondément dans mon
travail que je ne l'abandonnai, sans même avoir touché à mon repas de midi,
qu'en entendant sonner quatre heures au clocher de Saint-Jude.

Le résultat de mes efforts, compte tenu qu'il ne s'agissait tout de même que
25 d'un premier jet, était incontestablement ce que j'avais fait de meilleur.

Cela représentait un criminel au banc des accusés, aussitôt après le prononcé du verdict. L'homme était énorme, et le bas de son visage se perdait dans les plis graisseux de son cou. Il était rasé (ou, plus exactement, s'était rasé quelques jours plus tôt) et presque chauve. Il se tenait debout, ses doigts courts

30 et boudinés agrippés à la barre, et regardait droit devant lui. L'expression de son visage ne reflétait point tant l'effroi qu'un effondrement total.

On aurait dit qu'il n'y avait plus rien d'assez puissant, chez cet homme fort, pour supporter le poids de la montagne de chair qu'il était.

Je roulai le dessin et le glissai, sans trop savoir pourquoi, dans l'une de mes

35 poches. Puis, avec cette intime satisfaction que donne tout ouvrage bien fait, je quittai la maison.

Il me semble bien que j'avais d'abord eu l'intention de passer chez mon ami Trenton, car je me revois cheminant dans Lytton Street, puis tournant à droite pour m'engager dans Gilchrist Road, au bas de la colline, où des ouvriers s'af-

40 fairaient à installer de nouvelles lignes de tramway.

À partir de là, je ne sais plus très bien quel chemin j'ai pu faire. La seule chose dont je me souvienne vraiment, c'est de l'épouvantable chaleur qui s'élevait, telle une vague, de la poussière d'asphalte de la chaussée. Je soupirais après l'orage qu'annonçaient les lourds nuages cuivrés amoncelés à l'ouest, au ras de

45 l'horizon.

Je devais bien avoir déjà parcouru cinq ou six milles, quand un gamin me tira de ma rêverie en me demandant quelle heure il pouvait être.

Il était sept heures moins vingt.

Dès qu'il m'eut quitté, je commençai à reprendre conscience de ce qui m'en-

50 tourait. Je me trouvais devant une grande porte donnant accès à une cour bordée de parterres calcinés où se voyaient des massifs de fleurs pourpres et de géraniums écarlates. Un panneau de bois surmontait ladite porte. On y lisait :

CHAS. ATKINSON

MARBRIER

Tous travaux en marbres anglais

et italiens

55

Quelqu'un, dans la cour, sifflait un petit air guilleret qu'accompagnaient des coups de marteau et le crissement aigre de l'acier mordant la pierre.

Une brusque impulsion me poussa à entrer.

60 Un homme se tenait assis là, qui me tournait le dos et s'occupait à travailler une dalle d'un marbre curieusement veiné. Au bruit de mes pas, il se retourna et s'arrêta tout net de travailler et de siffler.

C'était l'homme que j'avais dessiné et dont le portrait se trouvait dans ma poche.

65 Énorme, semblable à quelque monstrueux mastodonte, il épongeait son crâne ruisselant de sueur à l'aide d'un mouchoir de soie rouge. Mais bien que son visage fût exactement celui que j'avais dessiné, l'expression en était tout autre.

Au fil du texte

11 Quel sens le verbe *consigner* a-t-il ici ?

Je m'excusai de mon intrusion :

70 « Il fait si chaud dehors, dis-je. Et la lumière est tellement aveuglante… Votre cour est comme une oasis au milieu de cette fournaise.

— Je ne sais pas si c'est une oasis, répondit l'homme. Mais il fait vraiment très chaud, aussi chaud qu'en enfer. Asseyez-vous donc, monsieur ! »

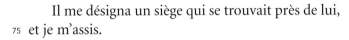

Il me désigna un siège qui se trouvait près de lui, 75 et je m'assis.

« Vous avez là un magnifique bloc de pierre », dis-je.

Il opina du chef :

« En un sens vous avez raison, reconnut-il. Le 80 dessus est aussi beau qu'on peut le souhaiter ; mais le dessous est défectueux, bien que vous ne l'ayez point remarqué. Et je ne pourrai jamais tirer quelque chose de propre d'un pareil morceau de marbre. Bien sûr, par ces chaleurs, ça ne craint rien. Mais 85 attendez seulement l'hiver, et vous verrez que le gel, lui, saura bien trouver le point faible de cette pierre.

— À quoi la destinez-vous donc ? demandai-je.

— Si je vous dis que c'est à une exposition, vous ne me croirez pas. Et c'est pourtant la vérité. Les 90 artistes ont bien leurs expositions, eux, de même que les bouchers et les épiciers. Pourquoi n'aurions-nous pas les nôtres aussi ? Les toutes dernières nouveautés en fait de pierres tombales, pas vrai ? »

Et il continua à parler des marbres. De ceux qui résistaient le mieux au vent et à la pluie, comme de ceux qui étaient les plus faciles à travailler. Puis il 95 m'entretint de son jardin et de la nouvelle sorte d'œillets qu'il venait d'acheter.

D'instant en instant, il lâchait ses outils pour s'éponger le crâne en pestant contre la chaleur.

Quant à moi, je parlais peu car je me sentais mal à l'aise. Il y avait quelque chose d'anormal, d'étrange, dans cette rencontre que je venais de faire.

100 J'essayai d'abord de me persuader que je connaissais déjà cet homme et que son visage, qui me semblait inconnu, avait émergé de quelque recoin secret de ma mémoire. Mais je savais bien que je me mentais à moi-même.

Mr. Atkinson, ayant achevé son ouvrage, cracha par terre avec un soupir satisfait.

105 « Qu'est-ce que vous dites de ça ? » demanda-t-il en se rengorgeant **12** .

L'inscription qu'il me montrait, et que je lus pour la première fois, était ainsi conçue :

À LA MÉMOIRE DE

JAMES CLARENCE WITHENCROFT

110 NÉ LE 18 JANVIER 1860

MORT SOUDAINEMENT LE 20 AOÛT 190…

Déjà te voilà mort au milieu de ta vie.

Je demeurai assez longtemps sans rien dire. Puis un frisson glacé me parcourut l'échine **13**. Je demandai alors à Mr. Atkinson où il avait trouvé ce nom.

115 «Nulle part, me répondit-il. Il me fallait un nom: j'ai pris le premier qui m'est venu à l'esprit. Pourquoi me demandez-vous ça?

— Parce que, même s'il ne s'agit peut-être là que d'une bizarre coïncidence, c'est tout de même le mien.»

L'homme fit entendre un long sifflement étouffé:

120 «Et les dates?

— Je ne puis répondre que de l'une des deux: elle est exacte.

— Ça alors!» s'exclama-t-il.

Mais il en savait beaucoup moins que moi. Je lui parlai de mon travail du matin. Je tirai le dessin de ma poche et le lui montrai. Cependant qu'il le regar-
125 dait, l'expression de son visage s'altéra **14** au point de le faire ressembler vraiment à celui de l'homme que j'avais dessiné.

«Et dire, commenta-t-il, que pas plus tard qu'avant-hier je soutenais encore à Maria que les fantômes n'existaient pas!»

Ni lui ni moi n'avions vu de fantôme, mais je savais ce qu'il voulait dire.

130 «Vous avez sans doute déjà entendu prononcer mon nom, dis-je.

— Et vous, répliqua-t-il, vous m'avez déjà vu quelque part, mais vous l'avez oublié. Est-ce que vous n'étiez pas en vacances à Clacton-on-Sea, en juillet dernier, par hasard?»

Je n'avais, de ma vie, jamais mis les pieds à Clacton-on-Sea. Nous demeu-
135 râmes quelque temps silencieux, regardant tous deux la même chose: les deux dates inscrites sur la pierre tombale, et dont une était exacte.

«Entrez donc, vous dînerez avec nous», dit enfin Mr. Atkinson.

Sa femme était petite et enjouée, avec de bonnes joues rondes et luisantes de campagnarde. Il me présenta en lui disant que j'étais un artiste de ses amis. Cela
140 a eu un résultat des plus inattendus: car, aussitôt après les sardines et le cresson, elle m'apporta une grosse Bible, illustrée par Gustave Doré, et sur laquelle il me fallut m'extasier une bonne demi-heure durant.

Je finis tout de même par regagner la cour; et j'y retrouvai Mr. Atkinson fumant, assis sur un coin de la pierre tombale.

145 Nous reprîmes la conversation au point où nous l'avions laissée:

«Excusez-moi, dis-je, mais n'auriez-vous pas commis quelque action susceptible de vous mener devant un tribunal?»

Il secoua négativement la tête:

«Non. Je n'ai jamais fait faillite, et mes affaires marchent on ne peut mieux.
150 Il y a trois ans j'ai bien fait cadeau de deux ou trois dindes au juge de paix pour son Noël… Mais je ne vois rien d'autre. Et encore, elles étaient plutôt maigres, ces dindes-là», ajouta-t-il après un moment de réflexion.

Il se leva, prit un arrosoir qui se trouvait près de l'entrée de la maison et se mit à arroser ses fleurs: «Deux fois par jour, quand il fait une chaleur pareille,

Au fil du texte

12 Donnez deux adjectifs pouvant qualifier l'attitude d'une personne qui se rengorge.

13 À quelle partie du corps l'échine correspond-elle?

14 Que signifie ici le verbe s'altérer?

155 expliqua-t-il. Mais, souvent, ça n'empêche tout de même pas la sécheresse de faner en un rien de temps les fleurs les plus délicates. Et je ne parle pas des fougères: elles n'y résistent pas, nom de nom!... Où habitez-vous?»

Je lui dis mon adresse. J'étais au moins à une heure de chez moi, 160 en marchant vite.

«Dans ce cas, dit-il, vous ferez comme vous voudrez. Mais, si vous rentrez chez vous maintenant, il fait nuit et vous courez le risque d'être renversé par une voiture; de plus il traîne toujours des pelures d'orange, des peaux de banane, sans compter les échelles qui 165 vous tombent dessus.»

Il parlait de ces choses improbables avec une telle conviction qu'elle m'eût probablement fait rire six heures plus tôt. Mais, à présent, je n'en avais pas envie.

«Le mieux pour vous, reprit-il, ce serait de rester ici jusqu'à minuit. Nous 170 pourrions nous installer à l'intérieur, au premier étage — il y fait frais —, et fumer tranquillement.»

Nous sommes maintenant assis dans une longue pièce basse, sous les combles. Mr. Atkinson a envoyé sa femme se coucher. Et, tout en fumant l'un de mes cigares, il aiguise minutieusement quelques outils à l'aide d'une pierre 175 à affûter.

L'air est chargé d'électricité. J'écris ceci, devant la fenêtre ouverte, sur une petite table bancale. L'un de ses pieds vient de craquer; mais Mr. Atkinson, qui semble fort adroit de ses mains, va venir le consolider dès qu'il aura fini d'aiguiser son ciseau.

180 Il est onze heures passées. Je serai parti dans moins d'une heure.

La chaleur est suffocante.

C'est assez pour rendre un homme fou.

William Fryer Harvey, «Chaleur d'août», dans Jacques Goimard et Roland Stragliati, *La grande anthologie du fantastique*, volume 1, Paris, Omnibus, 1996, p. 663 à 668.

Halte
CULTURELLE

William Fryer Harvey
(Écrivain britannique, 1885-1937)

Un médecin de guerre devenu écrivain de récits d'épouvante, c'est le destin singulier qu'a connu William Fryer Harvey. Celui-ci étudie d'abord la médecine et exerce la profession de chirurgien de marine pendant la Première Guerre mondiale. Lors d'une opération de sauvetage, il est exposé à des vapeurs toxiques. De graves problèmes de santé s'ensuivent et il se voit forcé d'abandonner la carrière médicale. Il se consacrera alors à l'écriture de récits où il se plaira à ausculter le mystère et la terreur psychologique. Ses œuvres les plus connues sont *Chaleur d'août* (1912) et *La bête à cinq doigts* (1928).

LE TOUR DU TEXTE

1. Dès les premiers mots, *Solo de trompette* plonge le lecteur dans le vif du sujet. À quel étrange phénomène Gabriella, le personnage principal, doit-elle faire face ?

2. La trompette joue un rôle clé dans cette histoire. Relevez la phrase indiquant ce que le narrateur soupçonne à son sujet.

3. Selon vous, quel est le «chant fatidique» que Gabriella a interprété ?

4. Relisez les premières lignes de *Chaleur d'août*. À quelle sorte d'écrit cette nouvelle ressemble-t-elle ? Comment le savez-vous ?

5. Quelles sont les deux coïncidences qui secouent James Clarence Withencroft, le personnage principal de cette nouvelle ?

6. Dans cette histoire, la chaleur joue un rôle déterminant.

   a) Relevez trois adjectifs qui, au fil du texte, qualifient cette chaleur.

   b) À quoi Mr. Atkinson, le marbrier, compare-t-il une chaleur aussi intense ? Citez le passage du texte où il en est question.

   c) Relisez la dernière partie du texte. Quel homme la chaleur finira-t-elle par rendre fou ? Que fera-t-il alors ?

AU CŒUR DU GENRE

7. TEXTES EN RÉSEAU Au début des deux nouvelles fantastiques de cet atelier, le personnage principal s'adonne à une activité apparemment anodine qui, pourtant, ouvre la porte au fantastique.

   a) Que fait Gabriella au début de *Solo de trompette* ?

   b) Au début de *Chaleur d'août*, à quoi James Clarence Withencroft est-il occupé ?

Dans une nouvelle fantastique, il arrive souvent qu'**un geste ou un comportement du personnage principal le prédispose à l'étrange** et **canalise vers lui les forces surnaturelles**. Une fois ces forces surnaturelles à l'œuvre, le personnage est pris au piège. ■

8. TEXTES EN RÉSEAU Au début, c'est souvent à faibles doses qu'on expose le personnage principal à l'étrange, un peu comme si on voulait l'avertir d'une menace et lui donner la chance de changer le cours des événements.

   a) Dans *Solo de trompette*, comment Gabriella est-elle progressivement exposée à l'étrange ?

   b) Quel avertissement Gabriella aurait-elle dû voir dans cette progression de faits étranges ?

   c) Dans *Chaleur d'août*, quel message James Clarence Withencroft aurait-il dû percevoir dès la première coïncidence ?

Il est fréquent qu'au début d'une nouvelle fantastique, le personnage principal reçoive des **avertissements** indiquant que quelque chose de pire encore se prépare. À cette étape de l'histoire, **il n'en tient habituellement pas compte** comme il le devrait parce qu'il ne les décode pas correctement, qu'il sous-estime la menace ou que sa curiosité le pousse à en savoir davantage. ■

9. TEXTES EN RÉSEAU Selon vous, que se serait-il passé si, dès le départ, Gabriella et James Clarence Withencroft, ainsi que le veilleur dans *Le pendu* (p. 16), avaient vraiment tenu compte des signes inquiétants qui leur sont apparus ?

10. TEXTES EN RÉSEAU Les premières réactions du personnage aux prises avec l'étrange sont généralement faibles, mesurées. Elles traduisent surtout le doute, l'incompréhension, le malaise.

   a) Au début de *Solo de trompette*, comment Gabriella réagit-elle à l'étrange ?

   b) Relevez les deux phrases de *Chaleur d'août* qui révèlent le trouble de James Clarence Withencroft après sa rencontre avec le marbrier.

Dans toute nouvelle fantastique, **le personnage principal doit être dérangé par l'étrange** auquel il doit faire face. Si rien ne lui semble anormal, il s'agit alors d'un conte merveilleux (où le surnaturel est accepté d'emblée comme normal) ou d'un récit de science-fiction (où l'étonnant s'explique par une percée scientifique). ■

11. TEXTES EN RÉSEAU Comme vous l'avez constaté dans *Le pendu*, le personnage principal exposé à l'étrange commence par tenter d'expliquer rationnellement, de minimiser ou même de nier ce qui lui arrive.

a) Après la première coïncidence dans *Chaleur d'août*, qu'est-ce que James Clarence Withencroft se dit pour chasser son malaise ?

b) Toutefois, Withencroft n'est pas dupe. Relevez la phrase qui l'indique.

12. TEXTES EN RÉSEAU Quand l'étrange devient franchement inquiétant, le personnage principal est habituellement plus perturbé.

a) Comment Gabriella se sent-elle quand elle tente de répéter le soir chez elle ?

b) Comment James Clarence Withencroft réagit-il après avoir lu les inscriptions sur la pierre tombale ?

Le personnage principal de nouvelle fantastique se limite essentiellement à **réagir** à l'étrange auquel il est confronté. Ses réactions (de peur, le plus souvent), ses **états d'âme devant la menace** importent souvent plus que ses actions. Contrairement au héros de récit d'aventures ou de conte merveilleux, il n'a pas l'habitude de se distinguer par des actions héroïques ou une mission à remplir. ■

13. TEXTES EN RÉSEAU Le personnage confronté à l'étrange n'est pas toujours libre d'agir à sa guise : il arrive qu'une force irrésistible le pousse à agir.

a) Entre les lignes 68 et 80 de *Solo de trompette*, relevez le passage indiquant que Gabriella semble possédée par une force surnaturelle.

b) Entre les lignes 57 et 68 de *Chaleur d'août*, relevez la phrase indiquant pourquoi James Clarence Withencroft est entré dans la cour du marbrier.

c) Dans la troisième partie de la nouvelle *Le pendu* (p. 16), relevez la phrase indiquant pourquoi le veilleur regarde le pendu.

Par définition, le personnage principal de nouvelle fantastique est la **proie de forces qui le dépassent**. Le plus souvent, ces forces lui feront subir une perte. ■

14. TEXTES EN RÉSEAU a) Qu'a perdu Gabriella dans *Solo de trompette* ?

b) Dans *Chaleur d'août*, que perdra vraisemblablement James Clarence Withencroft ? En conséquence, quel sens pourrait-on donner au mot *parti* à la ligne 180 ?

15. 🗀 Pour l'écriture de votre propre nouvelle fantastique, que retiendrez-vous quant aux particularités du personnage principal ? Conservez votre réponse en vue de la synthèse à la fin du module.

LE TEXTE ET VOUS

16. TEXTES EN RÉSEAU Laquelle des deux nouvelles de cet atelier avez-vous préférée ? Pour quelles raisons ?

17. INTERTEXTUALITÉ Établissez trois correspondances entre le dénouement de *Solo de trompette* (lignes 68 à 80) et le passage de *L'Apocalypse* cité dans la *Halte culturelle Intertextualité : quand un texte en cache un autre* (p. 25).

18. **INTERTEXTUALITÉ** Dans *Chaleur d'août*, qui est une œuvre de fiction, on mentionne le nom de Gustave Doré (ligne 141), un artiste qui a véritablement existé. Qui était-ce? Faites une recherche dans un dictionnaire de noms propres et sur Internet, où vous pourrez voir ses œuvres.

GRAMMAIRE

Le discours direct

19. a) L'auteur de *Solo de trompette* utilise des <u>verbes de parole</u> peu communs dans ses <u>phrases incises</u>. Relevez-les.

   b) À la ligne 15, pourquoi n'y a-t-il pas de virgule pour isoler la phrase incise?

Les phrases subordonnées

20. Sur le document reproductible qu'on vous remettra, exercez-vous à différencier les types de <u>subordonnées</u>: la <u>relative</u>, la <u>complétive</u> et les <u>circonstancielles</u>.

VERS D'AUTRES TEXTES

21. **TEXTES EN RÉSEAU** Le personnage principal de nouvelle fantastique subit habituellement une perte. Toutefois, dans certaines nouvelles modernes, il en va autrement. Pour le constater, lisez *Le parc* d'André Berthiaume, à la page 12 de votre recueil de textes. Dites en quelques mots ce que gagne le personnage principal de cette histoire.

22. **TEXTES EN RÉSEAU** Dans quelques rares nouvelles fantastiques, on attribue le rôle de personnage principal à la créature responsable des manifestations étranges. La nouvelle *La baronne Erika von Klaus* de Marie José Thériault en est un exemple. Lisez-la à la page 23 de votre recueil de textes.

EN QUELQUES LIGNES

Récrivez les deux premières parties de *Solo de trompette* comme si c'était Gabriella qui racontait elle-même son histoire et que M. Grasset n'existait pas. Toute la place sera laissée à Gabriella qui exprimera ses premières réactions devant l'étrange, ses doutes, son malaise, ses tentatives d'explications, son inquiétude croissante…

DE VIVE VOIX

Réunissez-vous avec quelques camarades et racontez-vous des anecdotes «à donner le frisson», réelles ou fictives. Il peut s'agir d'impressions de déjà-vu, de coïncidences et de hasards incroyables, de prémonitions, de superstitions, d'apparitions, etc. Notez au fur et à mesure les idées intéressantes qui pourraient vous inspirer une nouvelle fantastique. Pour vous préparer à cet échange d'histoires, consultez *Comment analyser une situation de prise de parole*, à la page 498.

ATELIER 3 — L'ÉCRITURE DE L'INEXPLICABLE

Le fantastique comportant toujours une part d'inexplicable, comment les auteurs de nouvelles fantastiques font-ils pour vous «embarquer» dans leurs histoires ? Comment font-ils pour installer dans leurs textes un climat d'inquiétude ? Lisez (et relisez !) les deux nouvelles suivantes en prêtant attention au choix de narrateur et aux descriptions.

Quatuor

Il y a cinq ans que j'habite cet immeuble.

Déjà…

Cinq ans que tous les soirs sans exception, de 21 heures à 23 heures très exactement, j'ai droit à un petit concert d'amateurs donné par mes voisins du
5   dessus.

Je ne les connais pas.

Je ne les ai même jamais vus.

Seulement entendus.

À l'oreille, j'ai pu déterminer qu'ils sont quatre : deux violons, un violoncelle
10   et une flûte[1].

Hommes ? Femmes ? Jeunes ou vieux ? Impossible de le savoir.

À vrai dire, je n'ai jamais cherché à le découvrir. Peu m'importe en définitive de savoir qui ils sont. Tout ce qui m'intéresse c'est que, pour des amateurs, ils jouent bien, *très bien* même ; que leur répertoire est des plus variés et qu'ils
15   me permettent ainsi de passer de longues soirées qui, sans eux, seraient tristes et monotones.

Je vis seule et c'est devenu pour moi un petit cérémonial que de me préparer tous les soirs à entendre mon concert. Je travaille beaucoup. Je suis donc absente toute la journée, depuis 7 heures le matin jusqu'à 20 heures le soir. Dès la fin de
20   mon travail, je me précipite pour rentrer à la maison prendre un bain chaud et un repas léger afin de ne pas rater le début du concert.

Dès 20 h 45, je tamise les lumières et je me prépare une théière de bon thé bien chaud et parfumé (j'adore le Earl Grey). Je m'installe ensuite dans mon meilleur fauteuil, un Lazy-Boy voluptueux, héritage d'une grand-mère
25   maternelle.

Ils sont très ponctuels.

Jamais en retard, même d'une minute.

J'en suis même venue au cours des années à régler ma montre sur l'heure à laquelle débute le concert.

30   Ils arrivent vers 20 h 30 dans la pièce située juste au-dessus de mon living-room. Cette pièce ne doit d'ailleurs servir qu'à l'exécution de leurs morceaux, car à d'autres heures je n'y entends aucun bruit. Pas même le plus léger bruissement.

    Il est vrai que je suis si peu chez moi.

35   Toute autre que moi se serait depuis longtemps plainte à la propriétaire, car il est impossible à ces heures d'écouter la télévision ou la radio. Mais, voyez-vous, je suis mélomane**❷**.

    En dehors de moi-même et de mes voisins
40 musiciens, l'immeuble que nous occupons est vide. C'est une construction vétuste**❸** située au cœur même de la vieille ville et promise depuis longtemps à la démolition. Si ce n'est pas encore chose faite, c'est simplement faute d'argent. Il
45 existait à une certaine époque un vaste projet de rénovation et d'assainissement du centre urbain, mais ce projet est resté en suspens à cause de la conjoncture économique défavorable.

    J'avoue que j'en suis égoïstement satisfaite.
50 Sans cela, en effet, j'aurais depuis longtemps été contrainte de déménager et, croyez-moi, les loyers perçus dans les autres quartiers de la ville sont d'un tout autre ordre !

    Il existe deux autres appartements dans notre
55 immeuble, un au rez-de-chaussée, l'autre au premier, mais ils sont demeurés inoccupés pendant toutes ces années. Je ne comprends pas. Nous possédons tout le confort. Il n'y a pas d'ascenseur, certes, mais pour se rendre au rez-de-chaussée…
60 Je crois que les gens craignent la reprise de ce projet pour l'instant avorté.

    J'avoue que moi-même j'y aurais peut-être songé deux fois avant de m'installer ici si j'avais eu vent de ce projet de rénovation. Mais je suis originaire d'une autre ville, à l'autre extrémité du pays, et personne ne m'a jamais parlé des
65 intentions de la municipalité. Je ne l'ai su qu'après la signature du bail. L'agent immobilier avec lequel j'avais traité avait oublié ce «détail»…

    Enfin, peu importe maintenant, puisque le projet semble abandonné, et que depuis cinq ans je suis logée de façon très correcte pour un loyer
70 dérisoire**❹**.

    Le quartier ?

    Assez vivant. C'est tout ce que je puis dire.

    Je n'y suis pratiquement jamais.

Au fil du texte

❶ Dans *deux violons, un violoncelle et une flûte*, quelle <u>figure de style</u> l'auteure a-t-elle utilisée ?

❷ a) Dans *mélomane*, que signifie *mélo-* ? Que signifie *-mane* ?

    b) Donnez la définition du mot *mélomane*.

❸ Donnez un synonyme de l'adjectif *vétuste*.

❹ Dans le contexte, que signifie l'adjectif *dérisoire* ?

Je travaille dans un autre secteur de la ville et c'est là-bas que je fais mes
75 courses.

Ici, je ne connais pour ainsi dire personne.

Ah, il est 21 heures. Le concert va donc commencer. L'inconvénient, c'est
que je ne connais jamais d'avance le programme…

* * *

80 Je vais me marier.

C'est officiel maintenant.

Un garçon que j'ai rencontré il y a quelques mois à une soirée organisée par
des collègues de bureau. Il habite le quartier résidentiel de la ville, je vais donc
être forcée de déménager et d'aller habiter avec lui.

85 Ne croyez pas que cela me désole, au contraire. Son appartement est beaucoup plus spacieux et agréable que le mien.

Non…

C'est simplement que j'avais tellement l'habitude de mes concerts. Concerts
que j'ai beaucoup négligés ces derniers mois.

90 Enfin, dans la vie, il faut savoir choisir, n'est-ce pas ?

Mais les concerts vont terriblement me manquer. Mon fiancé me comprend,
car les quelques fois où il lui a été donné d'en entendre il a été enthousiasmé.
Mais mon appartement est beaucoup trop petit pour deux.

Oh, je sais. Vous m'objectez que j'aurai sûrement d'autres distractions et
95 que des concerts on peut, ma foi, en entendre n'importe où. Qu'il suffit par
exemple de s'abonner à la saison du Théâtre des Arts.

Mais ce n'est pas pareil.

Très peu de gens de nos jours savent ce que c'est que d'avoir *chez soi* un orchestre de chambre ou un petit quatuor à cordes et à vent. La sonorité est sans
100 égale, même si elle me parvient à travers le plafond mince de mon living. Quand je songe que j'avais, moi, la possibilité de m'offrir chaque soir deux heures de musique de qualité.

Voyez-vous, je déteste m'habiller.

Dès que je pénètre chez moi c'est pour retirer tout ce que j'ai sur le dos
105 et enfiler ma vieille djellaba achetée dans un souk de Bougie. Je ne puis véritablement me concentrer sur une œuvre musicale si je dois avoir à subir les contraintes physiques de mes vêtements de ville.

Non, décidément, je vais regretter cet appartement.

Avant de partir, j'aimerais toutefois rencontrer mes voisins du dessus.
110 J'aimerais tellement pouvoir les remercier de toutes ces heures merveilleuses que j'ai passées à les écouter.

Mon fiancé m'a suggéré de leur proposer de venir, contre rémunération bien sûr, jouer à notre messe de mariage. J'ai approuvé sans réserve sa suggestion. Voyez-vous, j'ai toujours rêvé d'associer la musique aux grands événements de
115 ma vie et il n'y a guère qu'au jour de mon mariage que cela sera possible : à ma naissance il était trop tôt et à ma mort il sera trop tard.

J'ai donc décidé de leur poser la question.

Après tout, qu'est-ce que je risque ?

Après le concert demain soir, j'irai frapper à leur porte.

120   ✱ ✱ ✱

J'y suis allée.

Tout de suite après le concert.

À vrai dire, je suis montée avant la fin, dès 22 h 45. J'ai attendu qu'ils aient terminé le dernier morceau, écoutant avec ravissement derrière la porte.

125 Dès que la dernière note se fut entièrement évaporée dans la nuit, j'ai frappé. Discrètement d'abord. J'avais peur d'être importune, vous comprenez ?

N'obtenant pour toute réponse qu'un silence total, absolu, je frappai à nouveau, plus fort cette fois.

J'ai craint un instant qu'ils ne veuillent répondre à cette heure tardive. Peut-
130 être craignaient-ils les remontrances d'un voisin grincheux ?

Il fallait pourtant que je les voie.

Durant le jour, je n'ai pas le temps, je suis trop occupée. Plus tôt dans la soirée je craignais de les déranger plus encore, car ils accordent leurs instruments. Leurs horaires sont réglés comme du papier à musique…

135 Le temps pressait car je me marie dans une semaine.

J'ai donc insisté.

Halte
CULTURELLE

Carmen Marois
(Écrivaine québécoise, née en 1951)

Après des études universitaires au Québec et en Europe, Carmen Marois renoue avec la littérature et le goût de conter qu'elle tient de son père. Depuis les années 1980, elle écrit des ouvrages pour les jeunes (romans, mini-romans, poésie, nouvelles, contes). Sorcières, fantômes et dragons peuplent ses créations. Elle collabore également à des ouvrages à caractère pédagogique pour le primaire et le secondaire. Carmen Marois anime des ateliers d'écriture et participe à des rencontres avec son large public, tant en France qu'au Canada.

— C'est moi, votre voisine du dessous…

Pas de réponse.

140 Il n'y avait aucun bruit dans l'immeuble. Que celui du craquement du parquet de bois sous mes pieds.

«Étrange», me suis-je dit.

Je les imaginais, immobiles, l'oreille tendue, à écouter.

145 — … Je voudrais vous remercier de toute cette belle musique dont vous m'inondez depuis tant d'années…

Toujours ce silence absolu.

— … Je voulais aussi vous demander si vous 150 accepteriez de venir jouer samedi prochain, à la messe de mon mariage…

Aucune réponse.

Je me suis alors enhardie**5** à tourner le bouton de la porte. À ma grande surprise, elle 155 n'était pas fermée à clef. J'ai donc pu l'ouvrir sans difficulté.

Il faisait noir à l'intérieur.

La première sensation qui me frappa fut une forte odeur de grenier, faite de poussière 160 ancienne et d'humidité, et dont sont chargés les objets qu'on y entasse.

Je ne pouvais rien voir à l'intérieur, car la faible lumière du corridor n'éclairait que l'entrée de l'appartement.

165 J'ai donc cherché le commutateur.

Je crois qu'ils sont tous placés à droite, à côté de la porte d'entrée des appartements.

En tout cas, c'est là que je l'ai trouvé et j'ai allumé aussitôt.

Je n'étais pas dans un appartement. Enfin, pas véritablement. Je me trouvais 170 en fait dans une espèce de galetas**6** qui, c'était évident, n'avait pas servi depuis des lustres.

Il était vide et poussiéreux.

VIDE…

C'est décidé: demain, je déménage !

Carmen Marois, «Quatuor», dans *L'amateur d'art*, Longueuil, Éditions Le Préambule, coll. «Chroniques de l'au-delà», 1985, p. 165 à 170.

Au fil du texte

5 Que fait une personne qui s'enhardit à quelque chose?

6 Qu'est-ce qu'un galetas?

La main

On faisait cercle autour de M. Bermutier, juge d'instruction[7], qui donnait son avis sur l'affaire mystérieuse de Saint-Cloud. Depuis un mois, cet inexplicable crime affolait Paris. Personne n'y comprenait rien.

M. Bermutier, debout, le dos à la cheminée, parlait, assemblait les preuves,
5 discutait les diverses opinions, mais ne concluait pas.

Plusieurs femmes s'étaient levées pour s'approcher et demeuraient debout, l'œil fixé sur la bouche rasée du magistrat[8] d'où sortaient les paroles graves. Elles frissonnaient, vibraient, crispées par leur peur curieuse, par l'avide et insatiable[9] besoin d'épouvante qui hante leur âme, les torture comme une faim.

10 Une d'elles, plus pâle que les autres, prononça pendant un silence:

«C'est affreux. Cela touche au "surnaturel". On ne saura jamais rien.»

Le magistrat se tourna vers elle:

«Oui, Madame, il est probable qu'on ne saura jamais rien. Quant au mot "surnaturel" que vous venez d'employer, il n'a rien à faire ici. Nous sommes en
15 présence d'un crime fort habilement conçu, fort habilement exécuté, si bien enveloppé de mystère que nous ne pouvons le dégager des circonstances impénétrables qui l'entourent. Mais j'ai eu, moi, autrefois, à suivre une affaire où vraiment semblait se mêler quelque chose de fantastique. Il a fallu l'abandonner, d'ailleurs,
20 faute de moyens de l'éclaircir.»

Plusieurs femmes prononcèrent en même temps, si vite que leurs voix n'en firent qu'une:

«Oh! dites-nous cela.»

Au fil du texte

7 Qu'est-ce qu'un juge d'instruction?

8 Quand on parle du *magistrat,* de qui est-il question?

9 Comment le mot *insatiable* se prononce-t-il?

Halte CULTURELLE

À l'origine de *La main*

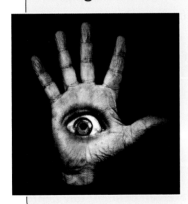

À l'été 1868, pendant ses vacances à Étretat, Maupassant sauve de la noyade le poète anglais Charles Swinburne qui l'invite chez lui, dans une maison sise à l'écart du village, où il vit avec un ami, Powel, et un singe. Leur vie intrigue les habitants d'Étretat qui considèrent les deux amis comme des originaux. Maupassant est impressionné par l'aspect morbide de leur décor intérieur et, en particulier, par une main semblable à celle qu'il décrira plus tard dans *La main d'écorché* et dans *La main.* Swinburne la lui offre, et Maupassant ne s'en séparera jamais.

Contes réalistes et contes fantastiques: Guy de Maupassant,
Étude de l'œuvre par Josée Bonneville, Montréal, Beauchemin Éditeur,
coll. «Parcours d'une œuvre», 1999, p. 125.

M. Bermutier sourit gravement, comme doit sourire un juge d'instruction.
25 Il reprit:

«N'allez pas croire, au moins, que j'aie pu, même un instant, supposer en cette aventure quelque chose de surhumain. Je ne crois qu'aux causes normales **10**. Mais si, au lieu d'employer le mot "surnaturel" pour exprimer ce que nous ne comprenons pas, nous nous servions simplement du mot "inexpli-
30 cable", cela vaudrait beaucoup mieux. En tout cas, dans l'affaire que je vais vous dire, ce sont surtout les circonstances environnantes, les circonstances préparatoires qui m'ont ému. Enfin, voici les faits:

J'étais alors juge d'instruction à Ajaccio **11**, une petite ville blanche, couchée au bord d'un admirable golfe qu'entourent partout de hautes montagnes.

35 Ce que j'avais surtout à poursuivre là-bas, c'étaient les affaires de vendetta. Il y en a de superbes, de dramatiques au possible, de féroces, d'héroïques. Nous retrouvons là les plus beaux sujets de vengeance qu'on puisse rêver, les haines séculaires, apaisées un moment, jamais éteintes, les ruses abominables, les assassinats devenant des massacres et presque des actions glorieuses. Depuis deux
40 ans, je n'entendais parler que du prix du sang, que de ce terrible préjugé corse qui force à venger toute injure sur la personne qui l'a faite, sur ses descendants et ses proches. J'avais vu égorger des vieillards, des enfants, des cousins, j'avais la tête pleine de ces histoires.

Or, j'appris un jour qu'un Anglais venait de louer pour plusieurs années une
45 petite villa au fond du golfe. Il avait amené avec lui un domestique français, pris à Marseille en passant.

Bientôt tout le monde s'occupa de ce personnage singulier, qui vivait seul dans sa demeure, ne sortant que pour chasser et pour pêcher. Il ne parlait à personne, ne venait jamais à la ville, et, chaque matin, s'exerçait pendant une heure
50 ou deux, à tirer au pistolet et à la carabine.

Des légendes se firent autour de lui. On prétendit que c'était un haut personnage fuyant sa patrie pour des raisons politiques; puis on affirma qu'il se cachait après avoir commis un crime épouvantable. On citait même des circonstances particulièrement horribles.

55 Je voulus, en ma qualité de juge d'instruction, prendre quelques renseignements sur cet homme; mais il me fut impossible de rien apprendre. Il se faisait appeler sir John Rowell.

Je me contentai donc de le surveiller de près; mais on ne me signalait, en réalité, rien de suspect à son égard.

60 Cependant, comme les rumeurs sur son compte continuaient, grossissaient, devenaient générales, je résolus d'essayer de voir moi-même cet étranger, et je me mis à chasser régulièrement dans les environs de sa propriété.

J'attendis longtemps une occasion. Elle se présenta enfin sous la forme d'une perdrix que je tirai et que je tuai devant le nez de l'Anglais. Mon chien me
65 la rapporta; mais, prenant aussitôt le gibier, j'allai m'excuser de mon inconvenance et prier sir John Rowell d'accepter l'oiseau mort.

C'était un grand homme à cheveux rouges, à barbe rouge, très haut, très large, une sorte d'hercule**12** placide**13** et poli. Il n'avait rien de la raideur dite britannique et il me remercia vivement de ma délicatesse en un français accen-
70 tué d'outre-Manche**14**. Au bout d'un mois, nous avions causé ensemble cinq ou six fois.

Un soir enfin, comme je passais devant sa porte, je l'aperçus qui fumait sa pipe, à cheval sur une chaise, dans son jardin. Je le saluai, et il m'invita à entrer pour boire un verre de bière. Je ne me le fis pas répéter.

75 Il me reçut avec toute la méticuleuse courtoisie anglaise, parla avec éloge de la France, de la Corse, déclara qu'il aimait beaucoup "cette" pays, et "cette" rivage.

Alors, je lui posai, avec de grandes précautions et sous la forme d'un intérêt très vif, quelques questions sur sa vie, sur ses projets. Il répondit sans embarras,
80 me raconta qu'il avait beaucoup voyagé, en Afrique, dans les Indes, en Amérique. Il ajouta en riant:

"J'avé eu bôcoup d'aventures, oh! yes."

Puis je me remis à parler chasse, et il me donna des détails les plus curieux sur la chasse à
85 l'hippopotame, au tigre, à l'éléphant et même la chasse au gorille.

Je dis:

"Tous ces animaux sont redoutables."

Il sourit:

90 "Oh! nô, le plus mauvais, c'été l'homme."

Il se mit à rire tout à fait, d'un bon rire de gros Anglais content:

"J'avé beaucoup chassé l'homme aussi."

Au fil du texte

10 Que veut dire le juge quand il prétend ne croire qu'aux causes normales?

11 Où est située la ville d'Ajaccio?

12 a) Qu'est-ce qu'un hercule?
b) INTERTEXTUALITÉ Qui était Hercule?

13 Comment une personne placide est-elle?

14 a) Que désigne le mot *Manche* dans *outre-Manche*?
b) Qu'est-ce qu'un français parlé avec un accent d'outre-Manche?

Puis il parla d'armes, et il m'offrit d'entrer chez lui pour me montrer des
95 fusils de divers systèmes.

Son salon était tendu de noir, de soie noire brodée d'or. De grandes fleurs
jaunes couraient sur l'étoffe sombre **15**, brillaient comme du feu.

Il annonça :

"C'été une drap japonaise."

100 Mais, au milieu du plus large panneau, une chose étrange me tira l'œil. Sur
un carré de velours rouge, un objet noir se détachait. Je m'approchai : c'était une
main, une main d'homme. Non pas une main de squelette, blanche et propre,
mais une main noire desséchée, avec les ongles jaunes, les muscles à nu et des
traces de sang ancien, de sang pareil à une crasse, sur les os coupés net, comme
105 d'un coup de hache, vers le milieu de l'avant-bras.

Autour du poignet, une énorme chaîne de fer, rivée, soudée à ce membre
malpropre, l'attachait au mur par un anneau assez fort pour tenir un éléphant
en laisse.

Je demandai :

110 "Qu'est-ce que cela ?"

L'Anglais répondit tranquillement :

"C'été ma meilleur ennemi. Il vené d'Amérique. Il avé été fendu avec le
sabre et arraché la peau avec une caillou coupante, et séché dans le soleil pendant huit jours. Aoh, très bonne pour moi, cette."

115 Je touchai ce débris humain qui avait dû appartenir à un colosse. Les doigts,
démesurément longs, étaient attachés par des tendons énormes que retenaient
des lanières de peau par places. Cette main était affreuse à voir, écorchée ainsi,
elle faisait penser naturellement à quelque vengeance de sauvage.

Je dis :

120 "Cet homme devait être très fort."

L'Anglais prononça avec douceur :

"Aoh yes ; mais je été plus fort que lui. J'avé mis cette chaîne pour le tenir."

Je crus qu'il plaisantait. Je dis :

"Cette chaîne maintenant est bien inutile, la main ne se sauvera pas."

125 Sir John Rowell reprit gravement :

"Elle voulé toujours s'en aller. Cette chaîne été nécessaire."

D'un coup d'œil rapide, j'interrogeai son visage, me demandant :

"Est-ce un fou, ou un mauvais plaisant ?"

Mais la figure demeurait impénétrable, tranquille et bienveillante. Je parlai
130 d'autre chose et j'admirai les fusils.

Je remarquai cependant que trois revolvers chargés étaient posés sur les
meubles, comme si cet homme eût vécu dans la crainte constante d'une attaque.

Je revins plusieurs fois chez lui. Puis je n'y allai plus. On s'était accoutumé à
sa présence ; il était devenu indifférent à tous.

Au fil du texte

15 Dans *De grandes
fleurs jaunes couraient
sur l'étoffe sombre*,
quelle figure de style
Maupassant a-t-il
utilisée ?

16 Que signifie
*procéder aux consta-
tations* dans le
contexte ?

Une année entière s'écoula. Or, un matin, vers la fin de novembre, mon domestique me réveilla en m'annonçant que sir John Rowell avait été assassiné dans la nuit.

Une demi-heure plus tard, je pénétrais dans la maison de l'Anglais avec le commissaire central et le capitaine de gendarmerie. Le valet, éperdu et désespéré, pleurait devant la porte. Je soupçonnai d'abord cet homme, mais il était innocent.

On ne put jamais trouver le coupable.

En entrant dans le salon de sir John, j'aperçus du premier coup d'œil le cadavre étendu sur le dos, au milieu de la pièce.

Le gilet était déchiré, une manche arrachée pendait, tout annonçait qu'une lutte terrible avait eu lieu.

L'Anglais était mort étranglé! Sa figure noire et gonflée, effrayante, semblait exprimer une épouvante abominable; il tenait entre ses dents serrées quelque chose; et le cou, percé de cinq trous qu'on aurait dit faits avec des pointes de fer, était couvert de sang.

Un médecin nous rejoignit. Il examina longtemps les traces des doigts dans la chair et prononça ces étranges paroles:

"On dirait qu'il a été étranglé par un squelette."

Un frisson me passa dans le dos, et je jetai les yeux sur le mur, à la place où j'avais vu jadis l'horrible main d'écorché. Elle n'y était plus. La chaîne, brisée, pendait.

Alors je me baissai vers le mort, et je trouvai dans sa bouche crispée un des doigts de cette main disparue, coupé ou plutôt scié par les dents juste à la deuxième phalange.

Puis on procéda aux constatations **16**. On ne découvrit rien. Aucune porte n'avait été forcée, aucune fenêtre, aucun meuble. Les deux chiens de garde ne s'étaient pas réveillés.

Voici, en quelques mots, la déposition du domestique: depuis un mois, son maître semblait agité. Il avait reçu beaucoup de lettres, brûlées à mesure. Souvent, prenant une cravache, dans une colère qui semblait de la démence, il avait frappé avec fureur cette main séchée, scellée au mur et enlevée, on ne sait comment, à l'heure même du crime. Il se couchait fort tard et s'enfermait avec soin. Il avait toujours des armes à portée du bras. Souvent, la nuit, il parlait haut, comme s'il se fût querellé avec quelqu'un.

Cette nuit-là, par hasard, il n'avait fait aucun bruit, et c'est seulement en venant ouvrir les fenêtres que le serviteur avait trouvé sir John assassiné. Il ne soupçonnait personne.

Je voyais l'horrible main noire courir comme une araignée le long de mes rideaux et de mes murs. (*Voir à la page 595.*)

Illustration d'Édouard Zier pour *La Vie populaire* du 10 mai 1885.

180 Je communiquai ce que je savais du mort aux magistrats et aux officiers de la force publique, et on fit dans toute l'île une enquête minutieuse. On ne découvrit rien.

Or, une nuit, trois mois après le crime, j'eus un affreux cauchemar. Il me sembla que je voyais la main, l'horrible main,
185 courir comme un scorpion ou comme une araignée le long de mes rideaux et de mes murs. Trois fois, je me réveillai, trois fois je me rendormis, trois fois je revis le hideux débris galoper autour de ma chambre en remuant les doigts comme des pattes.

Le lendemain, on me l'apporta, trouvé dans le cimetière, sur
190 la tombe de sir John Rowell, enterré là ; car on n'avait pu découvrir sa famille. L'index manquait.

Voilà, Mesdames, mon histoire. Je ne sais rien de plus. »

Les femmes, éperdues, étaient pâles, frissonnantes. Une d'elles s'écria :

« Mais ce n'est pas un dénouement cela, ni une explication ! Nous n'allons
195 pas dormir si vous ne nous dites pas ce qui s'était passé selon vous. »

Le magistrat sourit avec sévérité :

« Oh ! moi, Mesdames, je vais gâter, certes, vos rêves terribles. Je pense tout simplement que le légitime propriétaire de la main n'était pas mort, qu'il est venu la chercher avec celle qui lui restait. Mais je n'ai pu savoir comment il a fait,
200 par exemple. C'est là une sorte de vendetta. »

Une des femmes murmura :

« Non, ça ne doit pas être ainsi. »

Et le juge d'instruction, souriant toujours, conclut :

« Je vous avais bien dit que mon explication ne vous irait pas. »

205 *Le Gaulois*, 23 décembre 1883.

Guy de Maupassant, « La main », dans *Contes réalistes et contes fantastiques :
Guy de Maupassant, Étude de l'œuvre par Josée Bonneville*, Montréal,
Beauchemin Éditeur, coll. « Parcours d'une œuvre », 1999, p. 103 à 109.

Halte CULTURELLE

Guy de Maupassant
(Écrivain français, 1850-1893)

Guy de Maupassant connaît très tôt le succès. Sa première nouvelle, *Boule de suif*, est qualifiée de chef-d'œuvre dès sa parution. Entre 1880 et 1891, le prolifique écrivain compose près de 300 nouvelles, qui seront publiées dans des journaux ou dans des recueils. Considéré comme un maître de la nouvelle, tant fantastique que réaliste, Maupassant est aussi l'inventeur du fantastique psychologique. L'auteur, qui a toujours fui les mondanités et préféré la solitude, s'enferme peu à peu dans la paranoïa et la folie. Il mourra dans un état proche de la démence.

1. **a)** Dans *Quatuor*, de quel étrange privilège la narratrice jouit-elle ?

b) Qu'est-ce que la narratrice constate à la fin de l'histoire ?

c) Quelle loi naturelle cela transgresse-t-il ?

d) Expliquez la fin de cette histoire de deux manières : fournissez une explication surnaturelle et une explication rationnelle.

2. Même si l'inexplicable ne se révèle pleinement que dans la dernière partie de *Quatuor*, relisez les deux premières parties de la nouvelle et notez quatre étrangetés qui auraient dû alerter la narratrice. Citez un passage du texte à l'appui de chacune de vos réponses.

3. Dans la nouvelle *La main*, un récit en encadre un autre.

a) Le **récit encadré** correspond à l'histoire de Bermutier, c'est-à-dire à ce qu'il raconte sur Ajaccio et sir Rowell. Ce récit commence à la ligne 33. À quelle ligne se termine-t-il ?

b) Le **récit encadrant** correspond à ce qui précède et suit le récit encadré. Quelle sorte de narrateur raconte cette portion de l'histoire ?

4. Reconstituez l'essentiel du <u>schéma narratif</u> du récit encadré de *La main*.

a) À quelle ligne la très longue situation initiale du récit encadré se termine-t-elle ?

b) Relevez la phrase contenant l'élément déclencheur.

c) De quoi est-il question dans la plus grande partie du déroulement ?

d) Entre quelles lignes le dénouement du récit encadré se trouve-t-il ? Quel titre pourriez-vous donner à cette étape ?

5. L'assassinat de sir Rowell peut s'expliquer d'au moins deux manières.

a) Quelle serait l'explication surnaturelle ? Donnez cinq éléments de l'enquête accréditant la thèse fantastique.

b) Quelle est l'explication rationnelle fournie par le juge ? Comment les femmes y réagissent-elles ?

6. **TEXTES EN RÉSEAU** Les auteurs de nouvelles fantastiques semblent préférer une sorte de <u>narrateur</u> en particulier.

a) Quelle sorte de narrateur trouve-t-on dans *Quatuor*, le récit encadré de *La main*, *Le pendu* (p. 16) et *Chaleur d'août* (p. 26) ?

b) Selon vous, pourquoi les auteurs de nouvelles fantastiques privilégient-ils cette sorte de narrateur ?

7. **TEXTES EN RÉSEAU** Très souvent, le narrateur dans une nouvelle fantastique se présente comme un personnage digne de foi.

a) Dans *La main*, qu'est-ce qui donne tant de crédibilité au témoignage de Bermutier ?

b) Relevez les deux phrases dans lesquelles Bermutier se défend de croire au surnaturel.

c) Dans *Le pendu* (p. 16), en quoi l'exercice du métier de veilleur de pendus donne-t-il de la crédibilité au narrateur ?

d) Dans les premières lignes de *Chaleur d'août* (p. 26), pourquoi le narrateur sent-il le besoin d'insister sur son excellente santé (ligne 7) ?

Un narrateur crédible réduit le risque de décrochage des lecteurs devant l'inexplicable. Pour assurer la crédibilité de leurs narrateurs, les auteurs de récits fantastiques peuvent notamment leur faire exercer une **profession reconnue pour son sérieux** et en faire des **personnages apparemment sains d'esprit et peu enclins à croire au surnaturel.** ■

8. Pour préserver sa crédibilité, le narrateur peut aussi être tenté de minimiser ou d'expliquer rationnellement certains faits insolites. Par quelle phrase la narratrice de *Quatuor* s'explique-t-elle :

a) qu'en dehors des heures de concert elle n'entende jamais de bruit dans l'appartement du dessus ?

b) que, malgré leur confort, les deux autres appartements de l'immeuble soient inoccupés ?

c) que ses voisins du dessus ne lui ouvrent pas quand elle frappe à leur porte ?

9. TEXTES EN RÉSEAU Une autre manière de préserver la crédibilité du narrateur consiste à nuancer ses affirmations. Dans les passages reproduits sur le document qu'on vous remettra, repérez les <u>marques de modalité</u> traduisant un doute, une incertitude, de la prudence dans les propos du narrateur.

Les lecteurs de nouvelles fantastiques s'identifient plus facilement à un narrateur qui, d'abord, doute de l'étrange et nuance ses propos. Un narrateur qui, d'entrée de jeu, perd la maîtrise de ses émotions risque de susciter la méfiance des lecteurs. ■

10. TEXTES EN RÉSEAU Un autre aspect important de l'écriture d'une nouvelle fantastique est la mise en scène de l'étrange. Elle concerne principalement trois éléments, le premier étant le suivant: le fantastique doit apparaître au bon moment. En vous référant aux nouvelles fantastiques que vous avez lues jusqu'à maintenant, dites quel moment de la journée semble le plus propice aux manifestations de l'étrange.

11. TEXTES EN RÉSEAU Le deuxième élément de la mise en scène se rapporte aux lieux: ceux-ci doivent être propices à l'apparition du fantastique.

a) Dans *La main*, plusieurs détails rendent le salon de sir Rowell particulièrement sinistre. Donnez-en trois.

b) Quel adjectif décrirait le mieux l'immeuble où habite la narratrice dans *Quatuor*?

c) Décrivez l'appartement des voisins du dessus dans *Quatuor*.

d) Dans *Le pendu* (p. 16), comment est l'endroit où était veillé le pendu?

e) Dans *Chaleur d'août* (p. 26), que sait-on de la pièce où James Clarence Withencroft se retrouve à la fin de l'histoire?

f) Que retenez-vous des observations que vous venez de faire sur les lieux dans les nouvelles fantastiques?

12. Le troisième élément se rapporte à la façon de nommer les objets ou les êtres surnaturels. Ils sont habituellement désignés et décrits de manière à évoquer quelque chose d'inquiétant. C'est le cas dans la nouvelle *La main*.

a) La première fois qu'il aperçoit la main, le juge Bermutier ne sait pas exactement ce que c'est. Relisez la séquence décrivant la main (lignes 100 à 105) et relevez les deux GN qu'il emploie alors pour la désigner.

Le **phénomène inquiétant est, au début du moins, souvent difficile à nommer** pour le personnage qui y fait face. Cela justifie l'emploi de mots comme *quelque chose, la créature, la chose, un objet, une ombre,* etc. ■

b) Dans cette séquence descriptive, relevez les mots qui, tout en décrivant la main, évoquent la mort, la violence.

Dans une séquence descriptive de nouvelle fantastique, le choix des mots est particulièrement soigné: on emploie **le minimum de mots pour un maximum d'effet.** ■

c) Dans la suite du texte, le juge parle de la main dans des termes qui évoquent le dégoût qu'elle lui inspire. Relevez entre les lignes 106 et 193 trois GN qu'il emploie pour la désigner.

d) Entre les lignes 183 et 193, relevez trois comparaisons et une métaphore établissant une ressemblance entre la main et des réalités peu rassurantes.

Dans leur **mise en scène de l'étrange**, la plupart des auteurs de nouvelles fantastiques procèdent par **petites touches.** Ici et là, ils insèrent une courte séquence descriptive, un GN de reprise particulièrement évocateur, une comparaison, une métaphore qui contribuent à donner à l'ensemble un caractère inquiétant. S'ils appuyaient trop lourdement sur les détails scabreux, ils verseraient dans l'horreur pure. ■

13. 🔲 Pour l'écriture de votre propre nouvelle, de quoi devrez-vous tenir compte en ce qui concerne :

– le choix du narrateur et les moyens de renforcer sa crédibilité ?
– la mise en scène de l'étrange ?

Conservez vos réponses pour la synthèse à la fin du module.

LE TEXTE ET VOUS

14. Avez-vous trouvé prenantes les deux nouvelles proposées dans cet atelier ? Expliquez votre réponse.

15. **TEXTES EN RÉSEAU** Quelles différences remarquez-vous entre *Quatuor* et les quatre autres nouvelles présentées dans les ateliers 1, 2 et 3 ? Donnez-en au moins trois. Des indices : auteure, réactions de la narratrice, écriture, etc.

16. **a)** Que pensez-vous des personnages féminins dans la nouvelle de Maupassant ?

b) Vrai ou faux ? Ces personnages féminins contrebalancent l'image qu'on se fait de Bermutier. Expliquez votre réponse.

17. **TEXTES EN RÉSEAU** Que remarquez-vous au sujet du titre des cinq nouvelles présentées dans les trois premiers ateliers de ce module ?

VERS D'AUTRES TEXTES

18. **TEXTES EN RÉSEAU** Lisez la nouvelle *Le livre de sable*, de Jorge Luis Borges, à la page 6 de votre recueil de textes. Répondez ensuite aux questions suivantes portant sur deux aspects de l'écriture d'une nouvelle.

a) Selon vous, le narrateur de cette histoire est-il crédible ? Expliquez votre réponse en trois points et illustrez chacun d'eux par au moins un passage du texte.

b) Bien que le livre de sable soit, à première vue, moins terrifiant que la main d'écorché de la nouvelle de Maupassant, c'est tout de même un objet inquiétant. Entre les lignes 58 et 110, relevez quatre GN qui désignent le livre de sable comme un objet étrange.

19. **TEXTES EN RÉSEAU** À la page 37, lisez *Le portrait ovale* d'Edgar Allan Poe, une autre nouvelle fantastique comportant un récit encadrant et un récit encadré. Délimitez les frontières des deux récits et précisez la sorte de narrateur de chacun d'eux.

 EN QUELQUES LIGNES

Imaginez que vous invitez votre nouvelle voisine à prendre le café, histoire de faire sa connaissance. Tout va bien jusqu'à ce que vous remarquiez le pendentif de la jeune femme : un œil vivant qui vous regarde… Faites preuve de créativité : inventez trois GN désignant ce pendentif et rédigez une courte séquence le décrivant. Vos GN et votre séquence descriptive doivent évoquer l'étrange, mais non l'horreur pure. Une fois votre travail terminé, faites-le lire à quelques camarades.

 DE VIVE VOIX

Présentez une œuvre fantastique de votre choix. Il peut s'agir d'une nouvelle (trouvée ailleurs que dans votre manuel ou votre recueil de textes), d'un film, d'une bande dessinée, d'un roman, etc. Faites ce travail avec un ou une camarade en vous partageant les tâches ainsi : une personne présentera de manière originale l'auteur ou l'auteure de l'œuvre ; l'autre résumera l'œuvre de façon à capter l'attention des auditeurs sans révéler la fin de l'histoire. Pour améliorer votre présentation, consultez la stratégie *Comment répéter en vue d'une présentation orale*, à la page 512.

LA FIN D'UNE NOUVELLE FANTASTIQUE

Comment faut-il terminer une nouvelle fantastique ? Il y a plusieurs façons de faire, l'essentiel étant de préserver une part de mystère. Lisez les deux nouvelles de cet atelier en vous demandant si leur fin vous satisfait ou vous déçoit.

L'oreiller de plumes

Sa**1** lune de miel fut un long frisson. Blonde, angélique et timide, le caractère dur de son mari glaça ses rêves enfantins de jeune mariée. Elle l'aimait beaucoup et, pourtant, c'est avec un léger frémissement que parfois dans la rue, quand ils rentraient ensemble le soir, elle lançait un regard furtif vers la haute
5 stature de Jordan, muet depuis une heure. Quant à lui, il l'aimait profondément, sans le laisser paraître.

Durant trois mois — ils s'étaient mariés en avril — ils vécurent un bonheur singulier.

Edward Hopper, *La ville au mois d'août*, 1945.

Sans doute eût-elle souhaité moins de
10 sévérité dans cet austère**2** ciel d'amour, une tendresse plus expansive et plus ingénue. Mais le visage impassible**3** de son mari la retenait toujours.

La maison dans laquelle ils vivaient
15 n'était pas la moindre cause de ses frémissements. La blancheur de la cour silencieuse — frises, colonnes et statues de marbre — produisait une automnale impression de palais enchanté. Dedans, l'éclat glacial
20 du stuc, sans la moindre égratignure sur les hauts murs, accentuait cette sensation de froid inquiétant. Quand on passait d'une pièce à l'autre, la maison entière faisait écho aux pas, comme si un abandon pro-
25 longé l'avait rendue plus sonore.

Dans cet étrange nid d'amour Alicia passa tout l'automne. Elle s'était malgré tout résignée à jeter un voile sur ses rêves anciens et vivait endormie dans la maison hostile**4**, sans vouloir penser à rien jusqu'à l'arrivée de son mari.

Rien d'étonnant à ce qu'elle maigrît. Elle fut atteinte d'une légère grippe qui
30 traîna insidieusement pendant des jours et des jours; Alicia ne s'en remettait pas. Enfin, un après-midi, elle put sortir dans le jardin au bras de son mari. Elle regardait de part et d'autre, indifférente. Soudain Jordan, avec une profonde tendresse, lui passa très lentement la main dans les cheveux, et Alicia fondit alors en sanglots, lui jetant les bras autour du cou. Elle pleura longuement toute son

35 épouvante contenue, et ses pleurs redoublaient à la moindre tentative de caresse. Puis les sanglots allèrent s'espaçant, mais elle resta encore longtemps blottie dans le cou de Jordan, sans bouger ni dire un mot.

Ce fut là le dernier jour qu'Alicia put se lever. Le lendemain au réveil elle était évanouie. Le médecin de Jordan l'examina avec une extrême attention et 40 lui imposa le lit et un repos absolu.

— Je ne sais pas, dit-il à Jordan sur le pas de la porte de la rue et toujours à voix basse. Elle souffre d'une très grande faiblesse que je ne m'explique pas. Et sans vomissements, sans rien… Si demain elle se réveille comme aujourd'hui, appelez-moi immédiatement.

45 Le jour suivant Alicia allait encore plus mal. On consulta. On constata une anémie[5] à évolution suraiguë, parfaitement inexplicable. Alicia ne perdit plus connaissance, mais elle allait visiblement à la mort. La chambre à coucher restait tout le jour entièrement éclairée, dans un silence complet. Les heures se passaient sans que l'on entendît le moindre bruit. Alicia somnolait. Jordan vivait 50 dans le salon dont toutes les lampes étaient également allumées. Il marchait sans arrêt de long en large avec une infatigable obstination. Le tapis étouffait ses pas. Par moments il entrait dans la chambre et poursuivait son va-et-vient muet le long du lit, s'arrêtant un instant à chaque extrémité pour regarder sa femme.

Bientôt Alicia commença à avoir des hallucinations, confuses et flottantes 55 au début, et qui descendirent ensuite au ras du sol. La jeune femme, les yeux démesurément ouverts, ne cessait plus de regarder le tapis de chaque côté du chevet du lit. Une nuit, elle s'immobilisa subitement, le regard fixe. Un instant après elle ouvrit la bouche pour hurler, et ses narines et ses lèvres se perlèrent de sueur.

60 — Jordan ! Jordan ! cria-t-elle raide d'épouvante, sans cesser de regarder le tapis.

Jordan courut à la chambre. En le voyant paraître Alicia lança un cri d'horreur.

— C'est moi, Alicia, c'est moi !

Alicia égarée le regarda, regarda le tapis, le regarda de nouveau et, après cette 65 longue et stupéfaite confrontation, se rasséréna[6]. Elle sourit et prit entre les siennes la main de son mari qu'elle caressa toute une demi-heure, en tremblant.

Parmi ses hallucinations les plus acharnées, elle vit un anthropoïde[7] qui, appuyé de ses doigts sur le tapis, gardait ses yeux fixés sur elle.

70 Les médecins revinrent inutilement. Il y avait là, devant eux, une vie qui s'achevait, dont le sang fuyait de jour en jour, d'heure en heure, sans que l'on sût absolument comment. Lors de la dernière consultation, Alicia gisait dans sa stupeur 75 pendant qu'ils prenaient son pouls, se passant de l'un à l'autre le poignet inerte. Ils l'observèrent un long moment en silence, puis ils passèrent dans la salle à manger.

Au fil du texte

[1] À quel personnage renvoie le déterminant possessif *Sa* ?

[2] Donnez un synonyme de l'adjectif *austère*.

[3] Qu'a de particulier un visage impassible ?

[4] Comment est une maison hostile ?

[5] De quoi souffre une personne atteinte d'anémie ?

[6] Donnez un synonyme du verbe *se rasséréner*.

[7] a) Dans le mot *anthropoïde*, que signifie *anthropo-*? Que signifie *-oïde* ?

b) Donnez la définition d'*anthropoïde*.

Au fil du texte

8 Quel sentiment du narrateur l'adverbe *enfin* exprime-t-il ?

— Pff…, son médecin découragé haussa les épaules. C'est un cas grave… Il n'y a pas grand-chose à faire.

— Il ne manquait que ça ! lâcha Jordan. Et il se mit brusquement à tambouriner sur la table.

Alicia continua de s'éteindre dans son délire anémique qui s'aggravait le soir, mais régressait toujours en début de matinée. Sa maladie ne progressait pas durant le jour, mais chaque matin elle s'éveillait livide, presque en syncope. On eût dit que sa vie s'en allait la nuit seulement, en de nouvelles vagues de sang. Elle avait toujours au réveil l'impression d'être écrasée dans son lit sous des tonnes de plomb. À partir du troisième jour, cette sensation de sombrer ne l'abandonna plus. À peine pouvait-elle bouger la tête. Elle ne voulut plus qu'on touchât au lit, ni même qu'on lui arrangeât l'oreiller. Ses terreurs crépusculaires avançaient maintenant sous la forme de monstres qui rampaient jusqu'au lit et se hissaient péniblement sur l'édredon.

Ensuite elle perdit connaissance. Les deux derniers jours, elle délira sans cesse à mi-voix. Les lampes restaient allumées, funèbres, dans la chambre et dans le salon. Dans le silence d'agonie qui régnait sur la maison, on n'entendait plus que le délire monotone qui sortait du lit, et l'écho sourd des éternels pas de Jordan.

Alicia mourut, enfin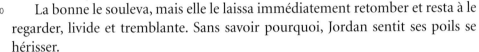. Et quand la bonne entra pour défaire le lit alors vide, elle regarda un moment l'oreiller avec étonnement.

— Monsieur! Elle appela Jordan à voix basse. Sur l'oreiller il y a des taches qui ressemblent à du sang.

Jordan s'approcha rapidement et se pencha dessus. Effectivement, sur la taie, des deux côtés du creux qu'avait laissé la tête d'Alicia, on voyait deux petites taches sombres.

— On dirait des piqûres, murmura la bonne après l'avoir observé immobile pendant un moment.

— Approchez-le de la lumière, lui dit Jordan.

La bonne le souleva, mais elle le laissa immédiatement retomber et resta à le regarder, livide et tremblante. Sans savoir pourquoi, Jordan sentit ses poils se hérisser.

— Qu'y a-t-il? murmura-t-il d'une voix rauque.

— Il est très lourd, articula la bonne sans cesser de trembler.

Jordan le souleva; il pesait extraordinairement. Ils le prirent et, sur la table de la salle à manger, Jordan coupa la taie et la doublure d'un coup de couteau. Les plumes du dessus volèrent et la bonne, la bouche grande ouverte, poussa un cri d'horreur en portant ses mains crispées à ses bandeaux. Au fond, au milieu des plumes, remuant lentement ses pattes velues, il y avait une bête monstrueuse, une boule vivante et visqueuse. Elle était tellement enflée que sa bouche apparaissait à peine.

Nuit après nuit, depuis qu'Alicia s'était alitée, elle lui avait sournoisement appliqué sa bouche — ou plutôt sa trompe — sur les tempes; elle avait sucé tout son sang. La piqûre était imperceptible. En secouant chaque jour son oreiller, on l'avait sans doute au début empêchée de se développer; mais dès que la jeune femme ne put plus bouger, la succion fut vertigineuse. En cinq jours, en cinq nuits, elle avait vidé Alicia.

Ces parasites d'oiseau, minuscules en milieu naturel, parviennent à acquérir dans certaines conditions des proportions énormes. Le sang humain semble leur être particulièrement favorable, et il n'est pas rare d'en trouver dans les oreillers de plumes.

Horacio Quiroga, «L'oreiller de plumes»,
dans *Contes d'amour, de folie et de mort*, traduit de l'espagnol
par Frédéric Chambert, Paris, Éditions Métailié,
coll. «Unesco d'œuvres représentatives. Série ibéro-américaine»,
2000, p. 35 à 39. © UNESCO, 1984, pour la traduction.

Halte
CULTURELLE

Horacio Quiroga
(Écrivain uruguayen, 1878-1937)

La vie d'Horacio Quiroga a été marquée par une invraisemblable succession de drames: son père meurt dans un accident de chasse, son beau-père se suicide, et lui-même tue accidentellement son meilleur ami en maniant une arme à feu. Puis, tout juste avant qu'il ne prépare l'édition des *Contes d'amour, de folie et de mort*, sa première femme met fin à ses jours. Cette conscience aiguë de l'absurde fragilité de l'humain devant la mort se trouve au cœur des récits de Quiroga. Pour celui qu'on a comparé à Edgar Allan Poe, le fantastique est un puissant moyen d'exprimer la monstruosité de la mort. Si Quiroga a introduit la nouvelle fantastique dans la littérature latino-américaine, il en est aussi devenu l'un des maîtres incontestés.

Le veston ensorcelé

Bien que j'apprécie l'élégance vestimentaire, je ne fais guère attention, habituellement, à la perfection plus ou moins grande avec laquelle sont coupés les complets de mes semblables.

Un soir pourtant, lors d'une réception dans une maison de Milan, je fis la connaissance d'un homme qui paraissait avoir la quarantaine et qui resplendissait littéralement à cause de la beauté linéaire, pure, absolue de son vêtement.

Je ne savais pas qui c'était, je le rencontrais pour la première fois et pendant la présentation, comme cela arrive toujours, il m'avait été impossible d'en comprendre le nom. Mais à un certain moment de la soirée, je me trouvai près de lui et nous commençâmes à bavarder. Il semblait être un homme poli et fort civil avec toutefois un soupçon de tristesse. Avec une familiarité peut-être exagérée — si seulement Dieu m'en avait préservé! — je lui fis compliments pour son élégance; et j'osai même lui demander qui était son tailleur.

L'homme eut un curieux petit sourire, comme s'il s'était attendu à cette question.

«Presque personne ne le connaît, dit-il, et pourtant c'est un grand maître. Mais il ne travaille que lorsque ça lui chante. Pour quelques clients seulement.

— De sorte que moi…?

— Oh! Vous pouvez essayer, vous pouvez toujours. Il s'appelle Corticella, Alfonso Corticella, rue Ferrara au 17.

— Il doit être très cher, j'imagine.

— Je le pense, oui, mais à vrai dire je n'en sais rien. Ce costume, il me l'a fait il y a trois ans et il ne m'a pas encore envoyé sa note.

— Corticella? rue Ferrara, au 17, vous avez dit?

— Exactement», répondit l'inconnu.

Et il me planta là pour se mêler à un autre groupe.

Au 17 de la rue Ferrara, je trouvai une maison comme tant d'autres, et le logis d'Alfonso Corticella ressemblait à celui des autres tailleurs. Il vint en personne m'ouvrir la porte. C'était un petit vieillard aux cheveux noirs qui étaient sûrement teints.

À ma grande surprise, il ne fit aucune difficulté. Au contraire il paraissait désireux de me voir devenir son client. Je lui expliquai comment j'avais eu son adresse, je louai[9] sa coupe et lui demandai de me faire un complet. Nous choisîmes un peigné gris puis il prit mes mesures et s'offrit de venir pour l'essayage, chez moi. Je lui demandai son prix. Cela ne pressait pas, me dit-il, nous nous mettrions toujours d'accord. Quel homme sympathique! pensai-je tout d'abord. Et pourtant plus tard, comme je rentrai chez moi, je m'aperçus que le petit vieux m'avait produit un malaise (peut-être à cause de ses sourires trop

Au fil du texte

9 Que signifie ici le verbe *louer*?

10 Qu'est-ce qu'un sourire doucereux?

insistants et trop doucereux[10]). En somme je n'avais aucune envie de
40 le revoir. Mais désormais le complet était commandé. Et quelque
vingt jours plus tard, il était prêt.

Quand on me le livra, je l'essayai, pour quelques secondes, devant
mon miroir. C'était un chef-d'œuvre. Mais je ne sais trop pourquoi,
peut-être à cause du souvenir du déplaisant petit vieux, je n'avais aucune
45 envie de le porter. Et des semaines passèrent avant que je me décide.

Ce jour-là, je m'en souviendrai toujours. C'était un mardi d'avril et
il pleuvait. Quand j'eus passé mon complet — pantalon, gilet et veston
— je constatai avec plaisir qu'il ne me tiraillait pas et ne me gênait pas
aux entournures comme le font toujours les vêtements neufs. Et pour-
50 tant, il tombait à la perfection.

Par habitude, je ne mets rien dans la poche droite de mon veston,
mes papiers, je les place dans la poche gauche. Ce qui explique pourquoi
ce n'est que deux heures plus tard, au bureau, en glissant par hasard ma
main dans la poche droite, que je m'aperçus qu'il y avait un papier
55 dedans. Peut-être la note du tailleur ?

Non. C'était un billet de dix mille lires.

Je restai interdit. Ce n'était certes pas moi qui l'y avais mis. D'autre part, il
était absurde de penser à une plaisanterie du tailleur Corticella. Encore moins à
un cadeau de ma femme de ménage, la seule personne qui avait eu l'occasion de
60 s'approcher du complet après le tailleur. Est-ce que ce serait un billet de la Sainte
Farce ? Je le regardai à contre-jour, je le comparai à d'autres. Plus authentique
que lui c'était impossible.

L'unique explication, une distraction de Corticella. Peut-être qu'un client
était venu lui verser un acompte, à ce moment-là il n'avait pas son portefeuille
65 et, pour ne pas laisser traîner le billet, il l'avait glissé dans mon veston pendu à
un cintre. Ce sont des choses qui peuvent arriver.

J'écrasai la sonnette pour appeler ma secrétaire. J'allais écrire un mot à
Corticella et lui restituer cet argent qui n'était pas à moi. Mais, à ce moment, et
je ne saurais en expliquer la raison, je glissai de nouveau ma main dans ma poche.

70 « Qu'avez-vous, monsieur ? Vous ne vous sentez pas bien ? » me demanda la
secrétaire qui entrait alors.

J'avais dû pâlir comme la mort. Dans la poche mes doigts avaient rencontré
les bords d'un morceau de papier qui n'y était pas quelques instants avant.

« Non, non, ce n'est rien, dis-je, un léger vertige. Ça m'arrive parfois depuis
75 quelque temps. Sans doute un peu de fatigue. Vous pouvez aller, mon petit,
j'avais à vous dicter une lettre mais nous le ferons plus tard. »

Ce n'est qu'une fois la secrétaire sortie que j'osai extirper la feuille de ma
poche. C'était un autre billet de dix mille lires. Alors, je fis une troisième tentative. Et un troisième billet sortit.

80 Mon cœur se mit à battre la chamade. J'eus la sensation de me trouver
entraîné, pour des raisons mystérieuses, dans la ronde d'un conte de fées comme
ceux que l'on raconte aux enfants et que personne ne croit vrais.

Sous le prétexte que je ne me sentais pas bien, je quittai mon bureau et rentrai à la maison. J'avais besoin de rester seul. Heureusement, la femme qui
85 faisait mon ménage était déjà partie. Je fermai les portes, baissai les stores et commençai à extraire les billets l'un après l'autre aussi vite que je le pouvais, de la poche qui semblait inépuisable.

Je travaillai avec une tension spasmodique des nerfs dans la crainte de voir cesser d'un moment à l'autre le miracle. J'aurais voulu continuer toute la soirée,
90 toute la nuit jusqu'à accumuler des milliards. Mais à un certain moment, les forces me manquèrent.

Devant moi, il y avait un tas impressionnant de billets de banque. L'important maintenant était de les dissimuler, pour que personne n'en ait connaissance. Je vidai une vieille malle pleine de tapis et, dans le fond, je déposai
95 par liasses les billets que je comptai au fur et à mesure. Il y en avait largement pour cinquante millions.

Quand je me réveillai le lendemain matin, la femme de ménage était là, stupéfaite de me trouver tout habillé sur mon lit. Je m'efforçai de rire, en lui expliquant que la veille au soir j'avais bu un verre de trop et que le sommeil
100 m'avait surpris à l'improviste.

Une nouvelle angoisse: la femme se proposait pour m'aider à enlever mon veston afin de lui donner au moins un coup de brosse.

Je répondis que je devais sortir tout de suite et que je n'avais pas le temps de me changer. Et puis je me hâtai vers un magasin de confection pour acheter un
105 vêtement semblable au mien en tous points; je laisserai le nouveau aux mains de ma femme de ménage; le mien, celui qui ferait de moi en quelques jours un des hommes les plus puissants du monde, je le cacherai en lieu sûr.

Je ne comprenais pas si je vivais un rêve, si j'étais heureux ou si, au contraire, je suffoquais sous le poids d'une trop grande fatalité. En chemin, à travers mon
110 imperméable, je palpais continuellement l'endroit de la poche magique. Chaque fois je soupirais de soulagement. Sous l'étoffe le réconfortant froissement du papier-monnaie me répondait.

Mais une singulière coïncidence refroidit mon délire joyeux. Sur les journaux du matin de gros titres; l'annonce d'un cambriolage survenu la veille
115 occupait presque toute la première page. La camionnette blindée d'une banque qui, après avoir fait le tour des succursales, allait transporter au siège central les versements de la journée, avait été arrêtée et dévalisée rue Palmanova par quatre bandits. Comme les gens accouraient, un des gangsters, pour protéger sa fuite, s'était mis à tirer. Un des passants avait été tué. Mais c'est surtout le mon-
120 tant du butin qui me frappa: exactement cinquante millions (comme les miens).

Pouvait-il exister un rapport entre ma richesse soudaine et le hold-up de ces bandits survenu presque en même temps? Cela semblait ridicule de le penser. Et je ne suis pas superstitieux. Toutefois l'événement me laissa très perplexe[11].

125 Plus on possède et plus on désire. J'étais déjà riche, compte tenu de mes modestes habitudes. Mais le mirage d'une existence de luxe effréné

m'éperonnait[12]. Et le soir même je me remis au travail. Maintenant, je procédais avec plus de calme et les nerfs moins tendus. Cent trente-cinq autres millions s'ajoutèrent au trésor précédent.

Cette nuit-là je ne réussis pas à fermer l'œil. Était-ce le pressentiment d'un danger? Ou la conscience tourmentée de l'homme qui obtient sans l'avoir méritée une fabuleuse fortune? Ou une espèce de remords confus? Aux premières heures de l'aube je sautai du lit, m'habillai et courus dehors en quête d'un journal.

Comme je lisais, le souffle me manqua. Un terrible incendie provoqué par un dépôt de pétrole qui s'était enflammé avait presque complètement détruit un immeuble dans la rue de San Cloro, en plein centre. Entre autres, les coffres d'une grande agence immobilière qui contenaient plus de cent trente millions en espèces avaient été détruits. Deux pompiers avaient trouvé la mort en combattant le sinistre.

Dois-je maintenant énumérer un par un tous mes forfaits[13]? Oui, parce que, désormais, je savais que l'argent que le veston me procurait venait du crime, du sang, du désespoir, de la mort, venait de l'enfer. Mais insidieusement ma raison refusait railleusement d'admettre une quelconque responsabilité de ma part. Et alors la tentation revenait, et alors ma main — c'était tellement facile — se glissait dans ma poche et mes doigts, avec une volupté soudaine, étreignaient les coins d'un billet toujours nouveau. L'argent, le divin argent!

Sans quitter mon ancien appartement (pour ne pas attirer l'attention) je m'étais acheté en peu de temps une grande villa, je possédais une précieuse collection de tableaux, je circulais en automobile de luxe et, après avoir quitté mon emploi «pour raison de santé», je voyageais et parcourais le monde en compagnie de femmes merveilleuses.

Je savais que chaque fois que je soutirais de l'argent de mon veston, il se produisait dans le monde quelque chose d'abject[14] et de douloureux. Mais c'était toujours une concordance vague, qui n'était pas étayée par des preuves logiques. En attendant, à chacun de mes encaissements, ma conscience se dégradait, devenait de plus en plus vile[15]. Et le tailleur? Je lui téléphonai pour lui demander sa note mais personne ne répondait. Via Ferrara, on me dit qu'il avait émigré, il était à l'étranger, on ne savait pas où. Tout conspirait pour me démontrer que, sans le savoir, j'avais fait un pacte avec le démon.

Cela dura jusqu'au jour où, dans l'immeuble que j'habitais depuis de longues années, on découvrit un matin une sexagénaire retraitée asphyxiée par le gaz; elle s'était tuée parce qu'elle avait perdu les trente mille lires de sa pension qu'elle avait touchée la veille (et qui avaient fini dans mes mains).

Assez, assez! pour ne pas m'enfoncer dans l'abîme[16], je devais me débarrasser de mon veston. Mais non pas en le cédant à quelqu'un d'autre, parce que l'opprobre[17] aurait continué (qui aurait pu résister à un tel attrait?). Il devenait indispensable de le détruire.

Au fil du texte

[11] Comment une personne perplexe se sent-elle?

[12] Par quel autre verbe de même sens pourriez-vous remplacer éperonnait?

[13] Donnez un synonyme du nom forfait.

[14] Que signifie l'adjectif abject?

[15] Donnez un synonyme de l'adjectif vile dans le contexte?

[16] Quel sens le nom abîme a-t-il ici?

[17] Dans le contexte, qu'est-ce que l'opprobre?

J'arrivai en voiture dans une vallée perdue des Alpes. Je laissai mon auto sur un terre-plein herbeux et je me dirigeai droit sur le bois. Il n'y avait pas âme qui vive. Après avoir dépassé le bourg[18], j'atteignis le gravier de la moraine[19]. Là,
175 entre deux gigantesques rochers, je tirai du sac tyrolien l'infâme veston, l'imbibai d'essence et y mis le feu. En quelques minutes, il ne resta que des cendres.

Mais à la dernière lueur des flammes, derrière moi — à deux ou trois mètres aurait-on dit —, une voix humaine retentit: «Trop tard, trop tard!» Terrorisé, je me retournai d'un mouvement brusque comme si un serpent m'avait piqué.
180 Mais il n'y avait personne en vue. J'explorai tout alentour, sautant d'une roche à l'autre, pour débusquer le maudit qui me jouait ce tour. Rien. Il n'y avait que des pierres.

Malgré l'épouvante que j'éprouvais, je redescendis dans la vallée, avec une sensation de sou-
185 lagement. Libre finalement. Et riche, heureusement.

Mais sur le talus, ma voiture n'était plus là. Et lorsque je fus rentré en ville, ma somptueuse villa avait disparu; à sa place, un pré inculte avec l'écriteau «Terrain communal à vendre». Et mes comptes en banque, je ne pus m'expli-
190 quer comment, étaient complètement épuisés. Disparus de mes nombreux coffres-forts les gros paquets d'actions. Et de la poussière, rien que de la poussière, dans la vieille malle.

Désormais, j'ai repris péniblement mon travail, je m'en tire à grand-peine, et ce qui est étrange, personne ne semble surpris par ma ruine subite.

195 Et je sais que ce n'est pas encore fini. Je sais qu'un jour la sonnette de la porte retentira, j'irai ouvrir et je trouverai devant moi ce tailleur de malheur, avec son sourire abject, pour l'ultime règlement de comptes[20].

Dino Buzzati, «Le veston ensorcelé», dans *Le K*, traduit de l'italien par Jacques Rémillet, Paris, Robert Laffont, 1967, p. 147 à 154.
© Robert Laffont, 1967, pour la traduction.

Au fil du texte

18 Qu'est-ce qu'un bourg?

19 Qu'est-ce qu'une moraine?

20 Selon vous, en quoi cet *ultime règlement de comptes* consiste-t-il?

Halte
CULTURELLE

Dino Buzzati
(Écrivain italien, 1906-1972)

Après des études de droit, Dino Buzzati devient, à l'âge de vingt-deux ans, journaliste dans un grand quotidien de Milan, le *Corriere della Sera*. Il y restera jusqu'à sa mort. Parallèlement à son métier de journaliste, Dino Buzzati fait de la peinture, de la gravure et crée des décors pour la scène. Mais c'est à titre d'écrivain qu'il se fait surtout connaître. Son œuvre est abondante et touche tous les genres: contes, nouvelles, romans, pièces de théâtre, scénarios de films, livrets d'opéra et poèmes. L'auteur a lui-même illustré certaines de ses œuvres, dont *La fameuse invasion de la Sicile par les ours*. Malgré sa renommée internationale, Dino Buzzati ne se considérait pas comme un écrivain. Il se voyait plutôt comme un journaliste qui écrivait des nouvelles de temps à autre. Il fut pourtant l'un des écrivains les plus fascinants de son époque.

1. 📄 Sur le document qu'on vous remettra, reconstituez les étapes du <u>schéma narratif</u> de *L'oreiller de plumes*.

2. Depuis son mariage avec Jordan, Alicia évolue dans un environnement glacial.

   a) Relevez, dans la situation initiale, les mots qui évoquent le froid.

   b) D'où ce froid provient-il? Donnez-en les deux sources.

   c) Quelles conséquences tout ce froid a-t-il sur les rêves d'Alicia? sur sa santé?

3. La santé d'Alicia se détériore rapidement. On constate alors qu'elle souffre d'une anémie à évolution suraiguë.

   a) Qu'y a-t-il de si inquiétant dans la maladie d'Alicia? Donnez deux éléments de réponse.

   b) À partir du moment où elle commence à halluciner, Alicia éprouve une peur terrible. Entre les lignes 55 et 92, relevez les trois mots appartenant au <u>champ lexical</u> de la peur.

   c) Cette peur se manifeste de plusieurs façons chez Alicia. Donnez-en quatre.

4. La nouvelle *Le veston ensorcelé* est divisée en quatre parties. Donnez un titre à chacune d'elles.

5. 📄 Cernez les caractéristiques du fantastique de la nouvelle *Le veston ensorcelé*. Faites ce travail sur le document qu'on vous remettra.

6. Tandis que le narrateur du *Veston ensorcelé* fait brûler le veston maudit, une voix se fait entendre. Selon vous, qui parle à ce moment-là?

7. Après avoir détruit le veston, le narrateur se déclare libre et riche. Qu'en est-il vraiment?

8. **TEXTES EN RÉSEAU** Établissez le plus de correspondances possible entre le personnage du tailleur et la figure du démon. Pour vous aider, lisez la *Halte culturelle* suivante.

Halte
CULTURELLE

Le tailleur, une incarnation du démon?

Il n'est pas interdit de voir dans le tailleur de l'infâme veston une incarnation du démon. Figure marquante de l'univers fantastique, le démon est le grand tentateur par excellence. Habituellement, il établit une sorte de pacte avec sa victime: il satisfait un de ses désirs (devenir riche, par exemple) et, en échange, il obtient son âme. Pour séduire ses victimes, il use de toutes les stratégies possibles: il peut, entre autres, prendre toutes sortes de formes humaines ou animales; il peut aussi fabriquer des objets magiques. Sur le plan symbolique, le démon est associé notamment au feu, au rouge et au noir.

LE TEXTE ET VOUS

9. a) La fin de *L'oreiller de plumes* vous a-t-elle plu? Et celle du *Veston ensorcelé*? Expliquez brièvement vos réponses.

   b) Comment auriez-vous terminé ces nouvelles si vous les aviez vous-même écrites? Qu'est-ce qui aurait été semblable? différent?

AU CŒUR DU GENRE

10. Il existe plusieurs manières de terminer une nouvelle fantastique. La présente rubrique vous en présente cinq. Le premier modèle de fin de nouvelle est illustré par *L'oreiller de plumes*.

a) Dans l'avant-dernier paragraphe, que fait essentiellement le narrateur ?

b) Quelle sorte de précisions le narrateur ajoute-t-il dans le dernier paragraphe ? Dans quel but apporte-t-il ces précisions ?

c) Malgré toutes ces explications, pourquoi le mystère entourant la mort d'Alicia n'est-il pas totalement résolu ?

d) TEXTES EN RÉSEAU Dans quelle autre nouvelle des ateliers 1 à 3 la fin a-t-elle toutes les apparences d'une explication rationnelle ?

1er MODÈLE

C'est une règle d'or : les nouvellistes se gardent toujours de dissiper totalement le mystère à la fin d'une nouvelle fantastique. Toutefois, rien ne les empêche de donner l'impression qu'ils le font. Ils inventent alors des **fins qui paraissent rationnelles**, scientifiques, mais qui n'expliquent pas tout. ■

11. La nouvelle *Le veston ensorcelé* illustre un deuxième modèle de fin de nouvelle.

a) Relisez l'avant-dernier paragraphe de ce texte. Quelles traces de leur passage les forces surnaturelles ont-elles laissées dans la vie du narrateur ?

b) Quelle autre conséquence le passage de ces forces surnaturelles aura-t-il ?

c) TEXTES EN RÉSEAU Parmi les nouvelles des ateliers 1 à 3, quelle est celle dont la fin évoque les dégâts causés par le déchaînement des forces surnaturelles ?

2e MODÈLE

Certaines nouvelles fantastiques se terminent par le **constat des ravages que les forces surnaturelles ont faits** dans la vie du personnage principal lors de leur passage. ■

12. La fin de *Chaleur d'août* (p. 26) est complètement différente des autres : il faut l'imaginer. Pourquoi le narrateur de cette nouvelle ne pouvait-il pas raconter lui-même la fin de son histoire ?

3e MODÈLE

L'**ellipse de la fin** est un procédé intéressant dans la mesure où le reste du texte fournit aux lecteurs suffisamment d'indices pour qu'ils construisent eux-mêmes la fin. ■

13. La fin de la nouvelle *Le pendu* (p. 16) illustre le quatrième modèle.

a) Le dernier paragraphe de cette nouvelle ne présente aucune explication. Relisez-le et dites ce qu'il présente à la place.

b) Par rapport aux trois autres fins de nouvelle que vous venez d'observer, que diriez-vous du niveau d'angoisse engendré par une telle fin ?

4e MODÈLE

Ce modèle de fin de nouvelle a deux particularités : **l'étrange y atteint son point culminant** et **les lecteurs doivent eux-mêmes trouver des explications** à l'étrange. ■

14. Le cinquième modèle de fin de nouvelle est illustré par *Quatuor* (p. 34). Dans cette histoire, que révèle la fin ?

5e MODÈLE

Dans ce type de fin de nouvelle, **le personnage principal comprend enfin que le fantastique a fait irruption** dans sa vie. Les lecteurs attentifs, eux, avaient déjà saisi les indices de fantastique habilement disséminés au fil du texte. ■

15. ☐ Dressez la liste des cinq modèles de fin de nouvelle fantastique observés dans cet atelier. Associez un titre d'œuvre à chacun d'eux. Conservez votre liste pour la synthèse à la fin du module.

Pour bien terminer leur nouvelle fantastique, les nouvellistes doivent aussi éviter quelques pièges dont les suivants :

• Faire mourir le personnage principal alors qu'il raconte lui-même son histoire. (La fin elliptique, comme dans *Chaleur d'août*, est un moyen de contourner cette difficulté.)

- Attribuer les manifestations surnaturelles à la folie du personnage qui en a été témoin. (L'étrange peut certes finir par rendre un personnage fou, mais ce dernier doit être sain d'esprit au départ.)

- Tout expliquer par un cauchemar. (Si le personnage confronté à l'étrange fait un cauchemar, il ne peut s'en sortir ; le cauchemar devient sa réalité.)

- Neutraliser l'étrange par la magie. (Une telle fin relève du merveilleux, non pas du fantastique.)

- Résoudre totalement l'énigme. (Une telle fin peut terminer un récit policier, mais pas un récit fantastique.) ■

LE TEXTE ET VOUS

16. a) Parmi les modèles de fin de nouvelle fantastique vus dans cet atelier, lequel aimeriez-vous utiliser dans votre propre nouvelle ? Pourquoi ?

b) **TEXTES EN RÉSEAU** Parmi les nouvelles fantastiques que vous avez lues tout au long du module, laquelle avait la fin la plus surprenante ? la plus convaincante ? la plus déconcertante ?

Les subordonnées circonstancielles

17. Sur le document qu'on vous remettra, exercez-vous à différencier les <u>subordonnées circonstancielles</u> de <u>temps</u>, de <u>but</u>, de <u>cause</u> et de <u>conséquence</u>.

VERS D'AUTRES TEXTES

18. **TEXTES EN RÉSEAU** La bête qui a tué Alicia dans *L'oreiller de plumes* a certaines affinités avec les vampires : comme eux, elle se nourrit de sang et opère la nuit. Pour découvrir une manière plus traditionnelle de traiter le thème des vampires, lisez *À l'heure des repas* de Stanley Péan, à la page 30 de votre recueil de textes.

19. **TEXTES EN RÉSEAU** Pour vous familiariser avec l'univers fantastique de Dino Buzzati, lisez, dans votre recueil, *Le cas Hedda Lennon*, à la page 22, *La fillette oubliée*, à la page 19 et *La tour*, à la page 24. Associez ensuite à chacune de ces nouvelles l'un des modèles de fin de nouvelle observés dans le présent atelier.

 EN QUELQUES LIGNES

Imaginez une suite au *Veston ensorcelé* de Dino Buzzati : rédigez le dialogue qui pourrait avoir lieu entre le narrateur et le démon revenant pour « l'ultime règlement de comptes ». Quels arguments le narrateur servirait-il au démon pour échapper à son sort ? Qu'est-ce que le démon lui répondrait ? À vous de jouer !

 DE VIVE VOIX

Avec quelques camarades, esquissez les grandes lignes d'une nouvelle fantastique en vous inspirant de *L'oreiller de plumes*. Voici quelques idées de titres : *La peau d'ours*, *Le foulard de laine*, *Le chapeau de castor*, *Les chaussures de crocodile*, *La patte de lapin*, etc. Pour mener à bien cette activité, consultez la liste de mots *Pour garder la parole* qu'on vous remettra.

SYNTHÈSE

1. Synthétisez vos connaissances sur la nouvelle fantastique dans un schéma organisateur.

- Construisez votre schéma à partir des pistes fournies ci-dessous et de la minisynthèse que vous avez faite à la fin de chaque atelier.

- Rédigez-le sur papier ou à l'ordinateur. Assurez-vous qu'il sera assez clair pour vous être utile en tout temps.

LA NOUVELLE LITTÉRAIRE FANTASTIQUE

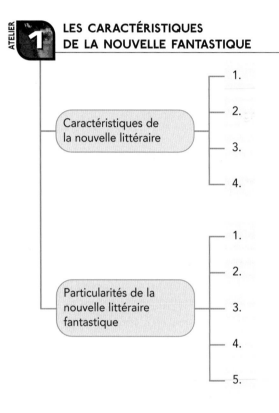

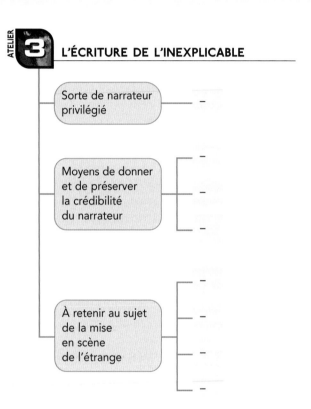

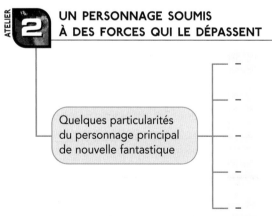

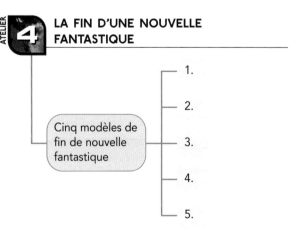

2. Une fois votre schéma construit, comparez-le avec celui de quelques camarades et, si cela est nécessaire, améliorez-le.

 # ÉCRIRE UNE NOUVELLE LITTÉRAIRE FANTASTIQUE

Préparation

1. En grand groupe, analysez la présente situation d'écriture. Consultez la stratégie *Comment analyser une situation d'écriture*, à la page 474.

2. Voici les consignes dont vous devrez tenir compte dans la rédaction de votre nouvelle fantastique. Lisez-les attentivement.

   • Votre nouvelle fantastique comptera entre 500 et 700 mots.

   • Elle présentera les éléments suivants :
     – Peu de lieux, peu de personnages, peu de descriptions, peu d'événements.
     – Un cadre réaliste.
     – La manifestation de quelque chose d'étrange.
     – Une mise en scène de l'étrange (moment et lieux propices aux manifestations étranges, désignations et éléments de description suscitant l'inquiétude).
     – Un personnage principal dérangé par l'étrange (doute, questionnement, tentatives d'explications rationnelles), qui vivra des émotions fortes et subira une perte.
     – Une fin qui ne dissipe pas complètement le mystère.

   • L'histoire sera racontée au *je* par le personnage principal lui-même (narrateur personnage participant); ce personnage devra être crédible, digne de confiance.

   • Votre nouvelle sera écrite dans le système verbal du passé. Tout changement de système verbal devra pouvoir se justifier.

   • Elle aura un titre évocateur.

3. Prenez connaissance des critères d'évaluation présentés sur le document qu'on vous remettra.

4. Faites votre recherche d'idées.

   a) Pensez d'abord à une idée qui se prête à un traitement fantastique. Par exemple, un objet s'anime, une inquiétante créature apparaît, une étrange disparition survient, un cauchemar devient réalité, etc.

   b) Trouvez la fin de votre histoire. Vous pourriez choisir parmi les modèles de fin de nouvelle observés dans l'atelier 4. Prenez soin d'éviter les pièges mentionnés aux pages 58 et 59.

Consultez la liste d'idées produite à l'activité *De vive voix* de l'atelier 1 (p. 22). Les nouvelles présentées dans les ateliers 1 à 4 sont aussi de bonnes sources d'inspiration.

   c) Inventez votre personnage principal: un *je* confronté à l'étrange et qui, après coup, racontera son histoire. Pensez aux moyens d'en faire un personnage crédible.

Retournez à l'atelier 3, au besoin.

   d) Pensez au début de votre histoire. Établissez le cadre réaliste dans lequel tout commencera. Choisissez le geste (ou le comportement) de votre personnage principal qui ouvrira la porte au fantastique.

   e) Déterminez les manifestations étranges auxquelles votre personnage sera exposé. Prévoyez ses réactions.

Écriture	**5.** Rédigez la première version de votre nouvelle en tenant compte des consignes énumérées au numéro 2. Vous devrez sans doute faire quelques essais avant d'obtenir l'effet recherché.
Révision et amélioration	**6.** Relisez et récrivez votre nouvelle autant de fois que ce sera nécessaire pour l'améliorer. Faites en sorte que l'histoire puisse être comprise par votre public.

a) Pour vous assurer que votre travail est sur la bonne voie, utilisez le document «Liste de vérification» qu'on vous remettra et remaniez votre nouvelle en conséquence. Consultez également la stratégie *Comment réviser un texte*, à la page 491.

b) Organisez une séance de révision en équipe.

- Remettez une copie de votre nouvelle aux membres de votre équipe.
- Demandez-leur de noter leurs commentaires sur le document «Commentaires sur la nouvelle fantastique d'un pair» qui leur sera remis.

c) Analysez les commentaires de vos camarades. Retenez les plus pertinents, puis remaniez votre nouvelle en conséquence.

Correction	**7.** Relisez votre nouvelle pour vous assurer qu'elle est écrite dans un français standard et qu'elle ne contient aucune faute d'orthographe ou d'accord. Lorsque votre nouvelle sera au point, mettez-la au propre, puis relisez-la une dernière fois pour vous assurer que vous n'avez pas fait d'erreurs en la transcrivant.
Diffusion	**8.** Procédez à la diffusion de votre nouvelle selon les modalités choisies.
Évaluation	**9.** Soumettez votre nouvelle à l'évaluation.

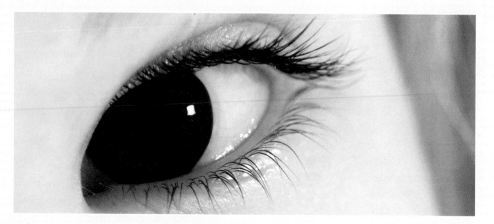

En guise de conclusion...

DE VIVE VOIX

Comment votre perception du fantastique a-t-elle changé depuis le début du module? Sur quel(s) critère(s) vous fondez-vous désormais pour classer une œuvre dans le fantastique? Une histoire d'horreur peut-elle appartenir au fantastique? Le fantastique débouche-t-il toujours sur l'horreur?

RÉPERTOIRE

Découvrez des récits fantastiques. Laissez-vous envoûter par la lecture du début de ces ouvrages.

Nouvelles histoires extraordinaires

EDGAR ALLAN POE　　1839

Le chat noir ■ Relativement à la très étrange et pourtant très familière histoire que je vais coucher par écrit, je n'attends ni ne sollicite la créance. Vraiment, je serais fou de m'y attendre, dans un cas où mes sens eux-mêmes rejettent leur propre témoignage. Cependant, je ne suis pas fou, — et très certainement je ne rêve pas. Mais demain je meurs, et aujourd'hui je voudrais décharger mon âme.

Incidents de frontière

1984　　ANDRÉ BERTHIAUME

L'air marin ■ Avec la caisse de la station-service, un type sauta dans une Chevrolet volée, démarra en trombe et coupa dangereusement la Honda de Ferdinand qui sentit ses paumes devenir moites autour du volant.

— Maudit fou !

La truie et autres histoires secrètes

THOMAS OWEN　　1972

La truie ■ Le brouillard ne se dissiperait pas de sitôt. Bien au contraire, il allait sans cesse s'épaississant. Les nappes en devenaient toujours plus fréquentes, plus denses, opposant au double faisceau lumineux des phares, la blancheur soudaine d'un mur surgissant de la nuit. Rouler devenait de plus en plus dangereux.

Les 3 cercles de l'épouvante (d'après Jean Ray)

1990　　ZANON ET VANDERHAEGHE

Ce 20 octobre, l'après-midi s'étire avec une telle nonchalance sur Londres que la cité semble se surprendre à vivre l'anonymat d'une ville sans histoires, jusqu'à Victoria Embankment où les bâtiments de Scotland Yard paraissent glisser dans la quiétude d'un jour sans crime… Pourtant, tout n'est qu'apparence. En réalité, les cercles tentaculaires de l'épouvante enserrent déjà leurs proies !

La dimension fantastique :
Treize nouvelles de E. T. A. Hoffmann à Claude Seignolle

HOFFMANN　　1817

L'homme au sable ■ Sans doute, vous êtes tous remplis d'inquiétude, car il y a bien longtemps que je ne vous ai écrit. Ma mère se fâche, Clara pense que je vis dans un tourbillon de joies, et que j'ai oublié entièrement la douce image d'ange si profondément gravée dans mon cœur et dans mon âme.

Les dates mentionnées correspondent à la toute première parution des ouvrages.

L'ARTICLE CRITIQUE

Entre sublime et consternant

« C'est quelquefois la critique
d'un critique que nous n'aimons pas
qui nous fait aimer le livre critiqué. »

Jules Renard, *Journal, 1887-1892.*

Vers VOTRE Défi

Dans ce module, vous examinerez des articles critiques portant sur des romans, des bandes dessinées et des films. À la fin de votre parcours, vous serez à même de rédiger une critique dans laquelle vous montrerez votre capacité à exploiter l'information fournie dans un récit et à exercer votre jugement.

Voici des idées pour assurer la diffusion de vos articles:

- Faire parvenir un fichier de vos critiques à la bibliothèque de l'école ou de la municipalité.

- Participer à un cybercarnet littéraire ou cinématographique.

- Créer une page culturelle pour le journal ou le site Web de l'école.

VUE D'ENSEMBLE DES ATELIERS

Jetez un coup d'œil sur la vue d'ensemble ci-dessous, puis survolez les pages 67 à 112. Vous prendrez ainsi la mesure du défi à relever et vous donnerez un sens aux apprentissages que vous ferez.

Des liens avec VOTRE Défi

PAGES PRÉCÉDENTES: Diana Ong, *Femme numéro 2*.

DES THÈMES DU MODULE

Incursions chez les jeunes

Incursions dans l'Histoire

Incursions du côté de l'aventure et du mystère

HALTES GRAMMATICALES

Voici, à titre de suggestion, les haltes grammaticales qui pourraient être associées au module 2:

3

Le point de vue

6

Les phrases à construction particulière

7

Le groupe adverbial

12

Les phrases subordonnées circonstancielles d'opposition, de concession, d'hypothèse et de comparaison

15

La ponctuation

17

L'accord du verbe

18

L'accord de l'adjectif attribut du sujet et du participe passé employé avec *être*

D'ABORD ET AVANT TOUT

Vous allez au cinéma, vous lisez des romans et des bandes dessinées. Mais comment choisissez-vous les films que vous allez voir ? Qu'est-ce qui vous guide dans la sélection des livres que vous empruntez ? Vous entendez certainement des critiques autour de vous; peut-être même en lisez-vous dans les médias. Les questions suivantes, dont vous discuterez avec vos camarades, vous amèneront à réfléchir à l'importance de la critique dans vos choix.

Pour partir du bon pied, lisez la stratégie *Comment analyser une situation de prise de parole*, à la page 498. Pour faciliter la communication dans votre équipe, consultez la liste *Mots pour communiquer* que vous avez déjà en main.

La critique et vous

1. Après avoir lu un roman ou une bande dessinée ou après avoir vu un film, à qui en parlez-vous ? Quels genres de commentaires faites-vous ? Qu'est-ce qui vous retient parfois de faire part de votre opinion ?

2. Tracez votre portrait d'amateur ou d'amatrice d'œuvres de fiction et voyez jusqu'à quel point les mots des autres influencent vos choix. Pour enrichir votre discussion, servez-vous des questions que vous trouverez sur le document qu'on vous remettra.

Qu'est-ce que la critique ?

3. a) D'après vous, quand on fait la critique d'une œuvre, mentionne-t-on ses qualités, ses défauts, ou les deux ? Est-ce la même chose quand on l'apprécie ? Et quand on la juge ?

   b) Cherchez dans un dictionnaire les verbes *critiquer*, *juger* et le nom *appréciation*. Pour chaque terme, voyez quelle définition convient dans le contexte d'une critique. Ce sont ces sens qui sont retenus dans ce module.

Un jugement sévère ?

4. Dans une chanson popularisée par Robert Charlebois, on trouve les paroles suivantes :

   > J'aime mon prochain, j'aime mon public
   > Tout ce que je veux, c'est que ça clique
   > J'me fous pas mal des critiques
   > Ce sont des ratés sympathiques

   Ordinaire, paroles de Mouffe, musique de Pierre Nadeau et Robert Charlebois, © Gamma.

   a) Selon vous, pourquoi la parolière a-t-elle écrit que les critiques étaient des «ratés sympathiques» ?

   b) Partagez-vous cette opinion ? Expliquez votre réponse.

   c) Que savez-vous du métier de critique ?

ATELIER 1 — GROS PLAN SUR L'ARTICLE CRITIQUE

Les textes que vous lirez dans cet atelier vous feront découvrir des romans, des bandes dessinées, des films, ou les rappelleront à votre mémoire si vous les connaissez déjà. En lisant ces textes, demandez-vous lesquels sont des articles critiques et lesquels n'en sont pas.

Coup de cœur

CHRISTIAN SAINT-PIERRE

Sachant que Michel Tremblay est un insatiable[1] lecteur, on lui a demandé de nous faire une suggestion littéraire. Il a choisi *La sœur de Judith*, le cinquième roman de Lise Tremblay
5 (*La héronnière*), paru il y a peu aux Éditions du Boréal. «C'est splendide. C'est une histoire d'apprentissage, celui d'une petite fille du Saguenay qui s'apprête à changer d'école, donc à changer de ville, donc à changer de vie, et qui
10 ne veut pas. C'est vraiment très très beau.»

Christian Saint-Pierre, *Voir*, vol. 21, n° 46, du 15 au 21 novembre 2007, p. 48.

LISE TREMBLAY
LA SŒUR DE JUDITH
Roman
Boréal

Pour le meilleur et pour le pire

L'auteure et scénariste Nadine Monfils présente au Salon du livre *Babylone dream*, un thriller[2] dans les règles de l'art, à lire après avoir fermé la porte à double tour.

5

TRISTAN MALAVOY-RACINE

«Tous les livres me tombent des mains[3]», confie Nadine Monfils, lectrice curieuse mais rarement satisfaite. Voilà sans doute pourquoi, selon l'adage[4] voulant qu'on écrive toujours
10 un peu le livre qu'on voudrait lire, la romancière belge signe des polars[5] haletants, où le sang gicle et où un rebondissement n'attend pas l'autre.

Celle qui a créé le personnage du commis-
15 saire Léon, qu'elle a d'ailleurs porté à l'écran avec *Madame Édouard*, un film réalisé en 2004, raconte dans *Babylone dream* l'enquête entourant la mort de deux couples de jeunes mariés, mutilés et assassinés durant leur nuit de noces.
20 Pour les policiers chargés de l'affaire, une telle démonstration de violence est un choc, et ne va pas les aider à voir clair dans leur vie chaotique[6].

La mécanique de ses intrigues est si bien
25 huilée, ses personnages si crédibles, qu'on est convaincu d'avoir affaire à une de ces auteures travaillant à partir d'un plan établi dans le menu détail. «Pas du tout, en fait! Je n'ai aucun plan, jamais», nous dit Nadine Monfils,
30 jointe à Montmartre, ce quartier où elle réside et qu'elle fait vivre dans son œuvre. «Je ne comprends pas très bien comment ça se passe, d'ailleurs. Je m'installe pour écrire et ça vient,

ça s'organise tout seul. Je reviens très rarement
35 en arrière…»

La récipiendaire du prix Polar 2007 du
Salon du polar de Cognac, l'une des récom-
penses les plus prestigieuses du domaine, a le
thriller dans la peau **7**, pas de doute, sans
40 compter qu'elle fait confiance aux mots, qu'elle
veut à l'état brut, saisissants. «Je n'aime pas les
actions qui traînent. Je veux que le récit nous
prenne, comme un ogre, et nous mène rapidement d'un tableau à l'autre, comme au ciné-
45 ma», ajoute cette grande admiratrice de David
Lynch, dont elle goûte la façon de faire planer
le mystère longtemps. «Ses films sont comme
un tableau de Magritte: on peut les voir et les
revoir en y trouvant toujours quelque chose de
50 neuf.»

Babylone dream
de Nadine Monfils
Éd. Belfond
2007, 288 p.

Tristan Malavoy-Racine, «Pour le meilleur
et pour le pire», *Voir*, vol. 21, n° 46,
du 15 au 21 novembre 2007, p. 53.

Chloé, un portrait

Chloé, un portrait
Auteure: Kimberley Joy Peters
Traduction: Claude Dallaire
Éditeur: Homard, 2006, 190 pages, 14 ans et
5 plus

La vie de Chloé bat de l'aile **8** : sa mère et
son beau-père, dans l'attente d'un nouvel
enfant, ne lui apportent plus toute l'attention
nécessaire et sa meilleure amie la délaisse,
10 n'ayant d'yeux que pour son petit copain. C'est
à ce moment que le beau Tyler fait irruption
dans la vie de l'adolescente. L'amour fait vibrer
Chloé et lui redonne confiance en la vie,
jusqu'à ce que le prince charmant dévoile sa
15 vraie nature: jaloux, possessif, rongé par l'insécurité, incapable d'aimer sans contrôler ou
blesser. Chloé a un choix difficile à faire:
demeurer prisonnière d'une relation malsaine

ou s'en libérer pour retrouver autonomie et
20 confiance en soi.

Heureusement que l'habit ne fait pas le
moine **9**, car la couverture racoleuse **10** de ce
roman a de quoi rebuter et, surtout, ne rend
pas justice à la qualité de son contenu. Ce pre-
25 mier roman de l'Ontarienne Kimberley Joy
Peters dépeint l'évolution d'une adolescente
avec une grande sensibilité, sans pour autant
tomber dans les clichés. Toute la gamme des
émotions y passe: premiers émois amoureux,
30 quête d'identité, culpabilité, rejet, jalousie,
peur du jugement, détresse émotive…

Porté par une écriture soignée, le texte
évoque l'essentiel avec sobriété, évacuant tout
sentimentalisme. Les adolescentes s'identi-
35 fieront facilement aux personnages féminins
tout au long de l'intrigue. Un roman imprégné
d'espoir, qui pousse à la réflexion et ouvre à la
discussion.

Marie-Claude Rioux, pigiste

Marie-Claude Rioux, «Chloé, un portrait»,
Lurelu, vol. 30, n° 1, printemps-été 2007, p. 72.

Au fil du texte

1 Expliquez le sens de l'adjectif *insatiable* dans le
contexte.

2 Qu'est-ce qu'un thriller?

3 Qu'est-ce qu'un livre qui *tombe des mains*?

4 Donnez un synonyme du nom *adage*.

5 a) Qu'est-ce qu'un polar?

b) À quelle <u>variété de langue</u> le nom *polar*
appartient-il?

6 a) À quelle <u>famille de mots</u> l'adjectif *chaotique*
appartient-il?

b) Remplacez cet adjectif par un autre qui convient
dans le contexte.

7 a) Quelle <u>expression figée</u> a été modifiée pour
donner *avoir le thriller dans la peau*?

b) Que signifie l'expression d'origine?

8 L'expression *battre de l'aile* est employée au <u>sens
figuré</u>. Que signifie-t-elle?

9 Expliquez le sens de l'expression *l'habit ne fait pas
le moine*.

10 a) Quel est le sens de *racoleuse* dans le contexte?

b) Cet adjectif a-t-il une <u>connotation positive</u>
ou une <u>connotation négative</u>?

Lou, qui es-tu ?

Lou Bertignac, fille unique de treize ans, affichant un QI[11] de 160, collectionne les mots, compare les étiquettes, la longueur des rouleaux de papier toilette… Alors que ses co-
5 pines chattent[12], elle observe les gens, s'inter-roge sur ce qui ne tourne pas rond. Entre une mère dépressive et un père qui refuse cette réa-lité, Lou se sent mal aimée. Gare d'Austerlitz, elle rencontre No, SDF[13] de dix-huit ans, et
10 décide de faire un exposé sur les sans-abri. Elle convainc ses parents de l'héberger, mais peut-on sauver ceux que la vie a brisés ? La réussite de ce roman d'apprentissage signé Delphine de Vigan tient à l'esprit de cette jeune fille hyper-
15 sensible […]. L'émotion naît de l'attente d'un signe d'attention maternel, de l'élan de ten-dresse envers No, de leur pacte d'amitié, et aussi du regard que cette enfant précoce pose sur les exclus. L'art de dire les choses graves
20 avec légèreté.

No et moi, Delphine de Vigan (éd. JC Lattès).

Emmanuelle de Boysson

Emmanuelle de Boysson, «Lou, qui es-tu ?»,
Marie-Claire, n° 66, septembre 2007, p. 158.

Mystérieux
La maison Tudaure de Caroline Sers

Dans ce deuxième roman, Caroline Sers installe une ambiance étrange et mystérieuse qui prend à la gorge. Un petit village isolé est ébranlé par une découverte macabre. Celle-ci
5 fait resurgir un sinistre passé, une affaire que tout le monde aurait préféré oublier à jamais. Autour d'une maison abandonnée, les langues se délient[14], les accusations vont bon train, la méfiance règne. Suspense, finesse psycholo-
10 gique, chute inattendue: ne passez pas à côté de cette jeune romancière prometteuse.

Éditions Buchet-Chastel, 220 p.

Tatiana de Rosnay

Tatiana de Rosnay, «Mystérieux»,
Psychologies, n° 258, décembre 2006, p. 48.

Hush ! Hush !

Hush ! Hush !
Auteur : Michel Noël
Éditeur : Hurtubise HMH, 286 pages, 12 ans et plus

5 Avec ce roman d'aventures, Michel Noël poursuit son œuvre dense et exceptionnelle. L'action se passe à la fin des années 50 dans la région du réservoir Cabonga. Le jeune Algonquin Ojipik s'entraîne à devenir un maître de 10 traîneau à chiens. Il endosse les valeurs de la culture amérindienne et valorise la vie de chasse, de pêche et de trappe. Malheureusement, ses projets sont compromis quand le gouvernement fédéral, pour des visées écono- 15 miques, ordonne le massacre de tous les chiens de la communauté des Anishnabés. Shigobi, le père d'Ojipik, se résigne à envoyer son fils s'instruire à l'école des Blancs afin qu'il soit capable de se défendre contre eux.

20 Michel Noël a beaucoup écrit pour faire connaître la culture des peuples autochtones. Il se sert bien de son vécu, ayant passé les premières années de sa vie en milieu amérindien, pour raconter ses histoires touchantes. Les élé- 25 ments de la nature sont bien intégrés au récit et donnent de la force au texte. L'écrivain profite du contexte du récit pour traiter des thèmes comme la force de la nature, l'exploitation des ressources naturelles par les Blancs, les cou- 30 tumes amérindiennes, les relations humaines et les crimes du gouvernement fédéral envers les peuples autochtones.

Les nombreuses notes en bas de page éclairent le lecteur sur le vocabulaire et sur des 35 notions de la culture amérindienne. Un oubli, toutefois : l'éditeur n'a pas dressé la liste des autres ouvrages de l'auteur.

À lire absolument.

Daniel Legault, bibliothécaire

Daniel Legault, « Hush ! Hush ! », *Lurelu*, vol. 30, n° 1, printemps-été 2007, p. 70.

La galerie du rossignol de Paul Harding

Paul Harding a situé son premier roman en 1377, jour de la mort du roi Édouard III. Et alors que la couronne d'Angleterre est laissée aux mains d'un enfant, le futur Richard II — 5 son père, le fameux Prince Noir, est décédé l'année précédente —, les nobles, conduits par l'oncle de Richard, régent **15** du royaume, intriguent autour du trône vide. Une terrible lutte de pouvoirs déchire le pays, entraînant 10 bientôt la défection **16** de l'Église et des grands négociants de Londres. L'un d'entre eux, sir Thomas Springall, est ignoblement assassiné quelques jours après le décès du roi. C'est alors que sir 15 John Cranston, le coroner **17** de Londres, entre en scène, assisté du frère Athelstan, un moine dominicain aux avis judicieux et éclairés. Leur enquête les 20 mène des taudis de Whitefriars aux splendeurs de la cour anglaise.

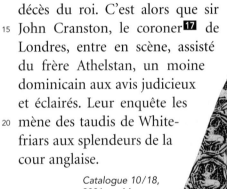

Catalogue 10/18, 2001, p. 14.

Au fil du texte

11 Qu'est-ce que le QI d'une personne ?

12 Remplacez l'<u>anglicisme</u> *chatter*.

13 a) Quelle expression se cache derrière le <u>sigle</u> *SDF* ?
b) Donnez un synonyme de *SDF*.

14 Que se passe-t-il lorsque *les langues se délient* ?

15 Quelle fonction un régent exerce-t-il ?

16 Expliquez ce qu'est une défection.

17 Donnez la définition de *coroner*.

Les quatre fantastiques et le surfeur d'argent ⑤

Classement: Général
Genre: Science-fiction
Pays: États-Unis
Année: 2007
5 **Durée:** 92 min

Générique

Réalisation: Tim Story. Scénario: Doug Payne, Mark Frost, d'après les personnages créés par Stan Lee et Jack Kirby. Photographie: Larry
10 Blanford. Montage: William Hoy, Peter S. Elliot. Musique: John Ottman.

Acteurs

Ioan Gruffudd, Jessica Alba, Chris Evans, Michael Chiklis, Doug Jones, Julian McMahon, Kerry
15 Washington.

Résumé

Quatre scientifiques dotés de pouvoirs surnaturels luttent contre un visiteur de l'espace ayant l'apparence d'un surfeur argenté, qui provoque
20 des catastrophes mystérieuses partout à travers le monde.

Appréciation

Malgré des péripéties enlevées **18** aux effets spéciaux fort réussis, cette deuxième aventure des
25 héros de l'écurie Marvel apparaît trop éparpillée, tandis que la tension dramatique est constamment sapée **19** par un humour infantile **20**. Bien qu'énergique, l'interprétation demeure superficielle.

Martin Girard

Martin Girard, «Les quatre fantastiques
et le surfeur d'argent», *Mediafilm*, [en ligne].
(page consultée le 8 février 2008)

Au fil du texte

18 Dans le contexte, que veut dire *enlevées*?

19 Remplacez l'adjectif *sapée* par un synonyme.

20 Quel <u>mot de base</u> a servi à créer l'adjectif *infantile*?

Persepolis
de Marjane Satrapi

Depuis le début de la décennie, Satrapi s'est imposée comme une singulière évidence dans l'univers de la bande dessinée. Les quatre tomes de l'admirable *Persepolis* ont rencontré un impression-
5 nant succès critique et public, en France comme ailleurs. Satrapi y raconte son histoire. Celle de Marjane donc, huit ans, gamine de Téhéran élevée dans un milieu familial privilégié et dont la vie, au fil des tumultes de l'histoire (chute du shah**21**, avè-
10 nement de Khomeyni, guerre Iran-Irak), subit de nombreux bouleversements. Jusqu'au départ ado- lescent pour Vienne et la découverte (entre autres) de la solitude glaciale de l'exil.

15 Trait épuré, sens inouï de l'ellipse**22**, tristesse et humour entremêlés, Marjane Satrapi invente un monde minimal et réaliste, ultrasensible et pro- fondément universel, qui évite les traquenards**23** de l'autobiographie pleurnicharde.

Olivier de Bruyn

Olivier de Bruyn, «*Persepolis* de Marjane Satrapi :
La néophyte animée», *Première*, n° 363,
mai 2007, p. 64.

Au fil du texte

21 Par qui le titre de shah est-il porté ?

22 Que signifie *avoir le sens de l'ellipse* ?

23 Donnez un synonyme du nom *traquenards*.

Halte
CULTURELLE

Marjane Satrapi
(Bédéiste franco-iranienne, née en 1969)

«L'essentiel de mon boulot, c'est de me souve- nir comment je ressentais les choses quand j'avais six, dix ou treize ans.» C'est ainsi que Marjane Satrapi décrit le travail de mémoire nécessaire à la création de *Persepolis*, la bande dessinée qui raconte sa vie en Iran. Lorsque s'amorce la révolution islamique en 1979, Marjane Satrapi a dix ans. La guerre Iran-Irak qui se déclenche peu après amène ses parents à l'envoyer en Autriche afin qu'elle y poursuive ses études en toute sécurité. Elle revient terminer ses études en Iran, puis s'installe en France en 1994. Marjane Satrapi raconte ce parcours exceptionnel dans les quatre tomes qui composent *Persepolis*. En 2007, elle transpose cette histoire dans un long métrage d'animation en noir et blanc qui fait le tour du monde.

Loisel & Tripp
Magasin général

TRISTAN MALAVOY-RACINE

Étonnamment — mais est-ce bien si étonnant? — les Français s'arrachent actuellement cette BD qui fait la chronique d'un village du Québec rural des années 20. On y rencontre Marie qui, à la mort de son mari, hérite du magasin général de Notre-Dame-des-Lacs. Sans enfants, elle va se questionner beaucoup
5 sur ce qui la rattache à la paroisse, jusqu'à l'arrivée d'un étranger dans la communauté. Les planches sont soignées, les couleurs distillées entre zones de lumière et d'ombre, tout comme cette histoire où les apparences du calme campagnard cachent mal tous les fantômes du passé. À noter: les auteurs Régis Loisel et Jean-Louis Tripp, d'origine française mais résidant au Québec, ont
10 demandé au talentueux Jimmy Beaulieu d'établir avec eux un niveau de langue satisfaisant pour les lecteurs d'ici comme d'outre-Atlantique. Ce en quoi, c'est le moins qu'on puisse dire, les bédéistes ont visé dans le mille.

Éd. Casterman, 2006, 80 p.

Tristan Malavoy-Racine, «Magasin général»,
Voir, vol. 20, n° 16, du 20 au 26 avril 2006, p. 16.

Avec l'aimable autorisation des auteurs et des Éditions Casterman.

L'histoire de Pi, Yann Martel

XYZ éditeur, 2003.

Un chef-d'œuvre ! On se doit de le lire, et l'ayant lu, on devrait essayer de le relire afin de vraiment cerner toute la symbolique dans
5 ce beau roman, qui se présente comme une célébration de la vie et de la résilience**24** de l'être humain.

Note : 5/5
Vénusia

10 [...]

Je vais donc ajouter ma voix au concert de louanges qui m'a précédé, car j'ai adoré ce roman.

Ce livre est tout à la fois roman d'aven-
15 tures, récit initiatique**25**, hymne à la nature sauvage, conte philosophique. Richard Parker, [...] qui tient compagnie à Pi dans cette aventure, symbolise les peurs que chaque être humain doit affronter dans la traversée de
20 la vie.

Tout est parfait dans ce roman : l'histoire, le personnage, le style. Il contient des pages magnifiques de poésie et de lyrisme**26** sur la mer, le ciel, le vent ; et d'autres très cruelles,
25 notamment lorsque Pi, pacifiste et végétarien, est obligé de tuer son premier poisson pour survivre. Tous les détails de la survie du jeune naufragé sont d'ailleurs racontés avec un tel réalisme que j'étais avec Pi dans cette chaloupe : j'avais faim avec lui, froid ou chaud avec lui, peur avec lui. Le héros ne se départit jamais de son humour, même dans les pires moments, et garde jusqu'au
30 bout sa capacité d'émerveillement, même quand il est confronté à une étrange île carnivore.

En résumé, j'ai trouvé que cette histoire était une magnifique métaphore de la vie : nos peurs nous poussent en avant, à condition que nous sachions les apprivoiser.

35 Note : 5/5
Papillon

« Yann Martel : *L'histoire de Pi* »,
Club des rats de biblio-net, [en ligne].
(page consultée le 8 février 2008)

Au fil du texte

24 Donnez la définition du nom *résilience*.

25 Selon vous, qu'est-ce qu'un récit initiatique ?

26 Qu'est-ce que le lyrisme ?

1. TEXTES EN RÉSEAU Faites d'abord un rapide tour des œuvres sur lesquelles portent les textes que vous venez de lire. Notez vos réponses sur le document qu'on vous remettra.

   a) Donnez le titre et l'auteur ou l'auteure de l'œuvre sur laquelle porte chaque texte. S'il s'agit d'un film, notez le nom du réalisateur ou de la réalisatrice et celui du ou de la scénariste.

   b) Précisez le genre de chaque œuvre.

   c) Spécifiez pour chaque œuvre:
      – qui est le personnage principal;
      – où l'action se déroule;
      – quand l'histoire a lieu.

   d) Comparez vos réponses avec celles de vos camarades et apportez les ajustements nécessaires.

2. L'enquête policière racontée dans *La galerie du rossignol* met en scène des personnages historiques. Précisez les liens qui unissent Édouard III, Richard II, le Prince Noir, le régent. Servez-vous des informations fournies dans le texte et complétez-les, au besoin, à l'aide de vos connaissances ou d'une courte recherche.

AU CŒUR DU GENRE

L'article critique, ou note critique, est un texte dont le but est d'inciter les lecteurs à lire ou à ne pas lire, à voir ou à ne pas voir l'œuvre dont il est question. ■

L'article critique est composé d'une **partie informative**, dans laquelle se trouvent les renseignements (c'est-à-dire les informations objectives) sur l'œuvre à apprécier, et d'une **partie argumentative**, dans laquelle prend place l'appréciation (c'est-à-dire un jugement personnel soutenu par des arguments). Ces parties sont les deux premières **composantes essentielles** de l'article critique. ■

3. TEXTES EN RÉSEAU Un texte qui traite d'une œuvre n'est pas forcément un article critique. Pour reconnaître les articles critiques,

Le roi Richard II rencontre sa nouvelle épouse. Illustration parue au XVe siècle dans les *Chroniques* de Jean Froissart.

on s'interroge d'abord sur les deux premières composantes essentielles. Sont-elles là ? Si oui, sont-elles adéquates ?

La galerie du rossignol de Paul Harding

a) Ce texte contient plusieurs informations objectives sur l'œuvre à apprécier. Trouvez-en deux dans le titre et trois dans le corps du texte.

b) Que manque-t-il à ce texte pour être un article critique ?

L'histoire de Pi, Yann Martel

c) Même si les propos des jeunes blogueurs contiennent des jugements personnels sur l'œuvre, que manque-t-il à ces commentaires pour être des articles critiques ?

Coup de cœur

d) Que manque-t-il à l'opinion de Michel Tremblay pour compter vraiment ?

Pour le meilleur et pour le pire

e) Environ un tiers de cet article porte précisément sur *Babylone dream*, l'œuvre critiquée. Retracez ces passages.

f) À quoi ou à qui la majeure partie de l'article est-elle consacrée ?

g) Selon vous, à quel genre cet article appartient-il ? Expliquez votre réponse.

Un texte qui porte un jugement sur une œuvre sans donner d'informations objectives sur cette œuvre n'est pas un article critique.

Un résumé, un compte rendu de lecture, une entrevue, une quatrième de couverture sans appréciation de l'œuvre ne sont pas non plus des articles critiques. ■

4. 📄📁 **TEXTES EN RÉSEAU** Examinez maintenant les sept articles critiques de cet atelier. Travaillez sur le document qu'on vous remettra. Délimitez les deux premières composantes essentielles de chaque critique en procédant comme suit :

a) Encadrez dans une couleur la partie informative de la critique. Inscrivez **I** (pour *Information*) vis-à-vis de chaque passage ainsi encadré.

b) Encadrez dans une autre couleur la partie argumentative de la critique. Inscrivez **A**

(pour *Argumentation*) vis-à-vis de chaque passage ainsi encadré.

5. **TEXTES EN RÉSEAU** Tirez quelques conclusions du travail que vous avez fait au numéro 4.

a) Que remarquez-vous quant à l'ordre de présentation des parties informative et argumentative dans une critique ?

b) Quelles autres observations faites-vous quant à l'organisation des parties informative et argumentative ? Examinez le découpage en paragraphes, la présence et l'emplacement du paragraphe de référence (c'est-à-dire le paragraphe constitué de la référence bibliographique de l'œuvre critiquée ou du générique du film), les intertitres.

6. **TEXTES EN RÉSEAU** Attardez-vous au titre de l'article critique.

a) Repérez, dans les critiques, les titres à visée informative et précisez quelles informations y sont données.

b) Parmi les informations qu'un titre peut donner, laquelle vous semble la plus importante ? Pourquoi ?

c) Si le titre de l'œuvre critiquée n'est pas mentionné dans le titre de la critique, où devrait-il figurer ?

La troisième **composante essentielle** de l'article critique est le **titre**. Un bon titre doit être parlant et refléter parfaitement le contenu de l'article. Pour ce faire, il est parfois accompagné d'un surtitre ou d'un sous-titre. ■

7. **TEXTES EN RÉSEAU** Tout article critique doit être signé. Où la signature du critique apparaît-elle dans son article ?

L'article critique est placé sous la responsabilité d'un auteur qui manifeste sa présence, entre autres, en signant son texte. La **signature** est la quatrième **composante essentielle** de la critique. ■

LE TEXTE ET VOUS

8. On dit du roman de Nadine Monfils qu'il est un thriller « à lire après avoir fermé la porte à double tour ». Aimez-vous ce genre de roman ? Qu'est-ce qui vous attire ou vous rebute dans les thrillers ?

9. TEXTES EN RÉSEAU Les romans dont parlent les articles de cet atelier peuvent être classés en <u>sous-genres</u> : roman d'apprentissage, roman policier, roman d'aventures. Parmi ces sous-genres, lequel vous attire davantage ? Pourquoi ?

GRAMMAIRE

Les phrases à construction particulière

10. La dernière phrase de l'article critique est souvent une <u>phrase à construction particulière</u>.

a) TEXTES EN RÉSEAU Examinez la dernière phrase des critiques de l'atelier et transcrivez les phrases à construction particulière que vous trouverez.

b) Spécifiez la sorte de chacune des phrases que vous avez transcrites. S'il s'agit d'une <u>phrase non verbale</u>, dites comment elle est formée.

L'expression de la concession

11. Dans les deux phrases ci-après, le critique commence par reconnaître une qualité pour mieux souligner un défaut. C'est ce qu'on appelle faire une <u>concession</u>.

a) Dans chacune de ces phrases, quelle est la qualité reconnue ? Quel est le défaut souligné ?

b) Quels mots signalent la concession ?

c) Récrivez la première phrase en changeant le mot qui signale la concession.

1) Malgré des péripéties enlevées aux effets spéciaux fort réussis, cette deuxième aventure des héros de l'écurie Marvel apparaît trop éparpillée [...].

2) Bien qu'énergique, l'interprétation demeure superficielle.

L'adverbe marqueur de modalité

12. Pour exprimer leur <u>point de vue</u>, les critiques utilisent parfois des <u>adverbes</u> en guise de <u>marques de point de vue</u>. Relevez-les dans les textes suivants.

– *Chloé, un portrait*

– *Hush ! Hush !*

– *Magasin général*

Le groupe adverbial modificateur

13. Les <u>groupes adverbiaux</u> ne servent pas qu'à marquer le point de vue. Certains remplissent la fonction de <u>modificateur</u>. Ils marquent alors la manière, le degré ou l'intensité. Exercez-vous à les repérer sur le document qu'on vous remettra.

Le deux-points

14. a) Dites à quoi sert le <u>deux-points</u> dans les phrases ci-après.

b) Pour montrer la justesse de vos réponses, remplacez le deux-points par un <u>subordonnant</u> approprié dans le cas d'une explication, et par un <u>coordonnant</u> approprié dans le cas d'une conséquence. Dans le cas d'une énumération, précisez ce qui est énuméré.

1) Tous les détails de la survie du jeune naufragé sont d'ailleurs racontés avec un

tel réalisme que j'étais avec Pi dans cette chaloupe: j'avais faim avec lui, froid ou chaud avec lui, peur avec lui.

2) Ses films sont comme un tableau de Magritte: on peut les voir et les revoir en y trouvant toujours quelque chose de neuf.

3) Suspense, finesse psychologique, chute inattendue: ne passez pas à côté de cette jeune romancière prometteuse.

4) La vie de Chloé bat de l'aile: sa mère et son beau-père, dans l'attente d'un nouvel enfant, ne lui apportent plus toute l'attention nécessaire et sa meilleure amie la délaisse, n'ayant d'yeux que pour son petit copain.

5) L'amour fait vibrer Chloé et lui redonne confiance en la vie, jusqu'à ce que le prince charmant dévoile sa vraie nature: jaloux, possessif, rongé par l'insécurité, incapable d'aimer sans contrôler ou blesser.

6) Chloé a un choix difficile à faire: demeurer prisonnière d'une relation malsaine ou s'en libérer pour retrouver autonomie et confiance en soi.

VERS D'AUTRES TEXTES

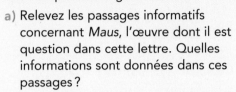

15. La *Lettre au Premier ministre* de Yann Martel, que vous trouverez à la page 60 de votre recueil de textes, n'est pas une critique. Elle contient cependant une composante informative et une composante argumentative.

a) Relevez les passages informatifs concernant *Maus*, l'œuvre dont il est question dans cette lettre. Quelles informations sont données dans ces passages ?

b) Relevez les passages argumentatifs.

16. En 2007, Marjane Satrapi, assistée de Vincent Paronnaud, adaptait sa bande dessinée *Persepolis* à l'écran. À la page 58 de votre recueil de textes, lisez la critique *Dessine-moi la révolution islamiste*, qui porte sur cette adaptation cinématographique.

a) Délimitez le résumé dans cette critique. Donnez-en les premiers et les derniers mots.

b) Expliquez en quoi ce résumé diffère de celui de la critique de la bande dessinée que vous avez lue dans cet atelier (p. 73).

EN QUELQUES
LIGNES

Choisissez une œuvre que vous avez envie de connaître (un roman, une bande dessinée, un film) afin de relever le défi à la fin du module. Notez le titre de l'œuvre et expliquez brièvement pourquoi vous avez envie de la connaître. Ces notes pourront vous être utiles quand vous rédigerez votre article critique.

DE VIVE
VOIX

Choisissez un type de production culturelle (livres, films, disques, expositions, spectacles) et cherchez quels journaux, magazines ou revues consacrent des critiques à ce type de production. Présentez le résultat de vos recherches à vos camarades d'équipe en leur montrant les publications que vous avez trouvées. Attirez leur attention sur le titre des pages de ces critiques, la mise en pages (les illustrations qui accompagnent les articles, s'il y a lieu, la grosseur des titres, la disposition des articles), les titres des critiques, l'emplacement de la signature et la longueur des textes.

LA PARTIE INFORMATIVE: DÉCRIRE

UNE FOULE D'INFORMATIONS

Un article critique, même court, contient une foule d'informations qui se révèlent précieuses quand vient le temps de choisir un livre, une bande dessinée ou un film. En lisant les trois critiques qui suivent, concentrez-vous sur leur partie informative et tentez de repérer les informations qui y sont disséminées.

Ma vie ne sait pas nager

LE SUICIDE ET LES JEUNES

SONIA SARFATI

Les jeunes lecteurs connaissent Élaine Turgeon pour ses romans humoristiques (*Une histoire tirée par la queue*, *Une histoire à dormir debout*, etc.). Les adolescents, eux, vont découvrir une roman-
5 cière sensible et grave qui, dans *Ma vie ne sait pas nager* (titre inspiré d'une chanson d'Ariane Moffatt), aborde avec tact**1** un sujet auquel ils sont sensibles: le suicide. On y suit une famille comme les autres. Un père, une mère, deux filles.
10 Jumelles. Geneviève et Lou-Anne. La première se suicide le jour de leurs quinze ans. La seconde devra apprendre à lui survivre. Pour raconter ce deuil, et celui des parents, une structure perti-
nente: un narrateur neutre suit les événements de
15 l'extérieur; mais, ici et là, sont insérés des extraits du journal de Lou-Anne, des poèmes et des dessins de Geneviève. En guise d'entrée en matière, une couverture signée Stéphane Poulin, qui plonge le lecteur dans l'atmosphère du roman,
20 avant même qu'il ait ouvert le livre.

Ma vie ne sait pas nager
Élaine Turgeon
Québec Amérique, 126 pages (dès 13 ans)
☆☆☆☆

Sonia Sarfati, «*Ma vie ne sait pas nager*: le suicide et les jeunes», *La Presse*, 16 avril 2006, cahier Arts et spectacles, p. 15.

Au fil du texte

1 Trouvez un synonyme du nom *tact*.

Appréciation		Bon	☆☆☆
Exceptionnel	☆☆☆☆☆	Passable	☆☆
Excellent	☆☆☆☆	À éviter	😞

Adèle Blanc-Sec
Le labyrinthe infernal
La main à couper...

Adèle Blanc-Sec
Le labyrinthe infernal
Scénariste : J. Tardi
Illustrateur : J. Tardi
5   Mise en couleur : J. Huault
Casterman, 2007, 48 pages
★★★★☆

Avec l'aimable autorisation de l'auteur et des Éditions Casterman.

    Paris, 1923. De retour de chez sa sœur, Adèle Blanc-Sec échappe de peu à une tentative d'assas-
10   sinat. Dans la ville, des mains coupées traînent dans les poubelles… Brindavoine, quant à lui, cherche à soigner son rhume grâce aux gouttes et au sirop du bon docteur Chou. Un traite-ment qu'il suspendra bien vite dès que Charles
15   Chalazion lui révélera que le produit provoque des mutations chez ses utilisateurs. Or c'est juste-ment chez le docteur Chou que se rend Georgette Chevillard, ennemie jurée d'Adèle…

    Vingt ans après ses débuts, Adèle revient dans
20   une neuvième aventure qui fleure [2] toujours aussi bon le feuilleton [3] d'antan [4]… C'est foi-sonnant à souhait, bourré de coïncidences et surtout de retrouvailles, doté de personnages hauts en couleur [5], de situations plus rocambo-
25   lesques [6] les unes que les autres. À chaque page, il est fait référence à un épisode précédent, sorte de clin d'œil aux lecteurs dotés d'une bonne mémoire. Peu importera aux autres de ne pas se souvenir puisque cela n'entrave en rien la com-
30   préhension de ce récit gouleyant [7] à souhait.

    Tardi préfère ne pas multiplier les aventures de son héroïne… On ne peut que l'en féliciter si c'est pour nous en offrir chaque fois d'aussi réjouissantes !

Vincent

Vincent Henry, « La main à couper… »,
BD sélection, [en ligne]. (21 novembre 2007 ;
page consultée le 26 janvier 2008)

Au fil du texte

2 a) Que signifie le verbe *fleurer* ?

    b) À quelle <u>variété de langue</u> ce verbe appartient-il ?

3 Expliquez ce qu'est un feuilleton, ou roman-feuilleton.

4 Par quoi pourriez-vous remplacer *d'antan* ?

5 Comment des personnages *hauts en couleur* sont-ils ?

6   INTERTEXTUALITÉ   a) Quel personnage a donné naissance à l'adjectif *rocambolesque* ?

    b) Que signifie cet adjectif ?

7 L'adjectif *gouleyant* s'emploie habituellement pour qualifier un vin. Quel est son sens ?

HARRY POTTER ET LA COUPE DE FEU DE MIKE NEWELL

Action, suspense et effets spéciaux

par Emmanuèle FROIS

Au fil du texte

8 Pourquoi l'adjectif *potterien* est-il entre guillemets? Consultez l'article <u>Point de vue</u> (p. 412), s'il y a lieu.

9 Dites en vos mots ce qu'est une saga.

10 Parmi les sens de *restituer*, lequel convient dans le contexte?

11 Donnez un synonyme du nom *émoi*.

12 Cherchez le sens du mot *engoncer* dans un dictionnaire.

13 a) Expliquez ce qu'est la moelle au <u>sens propre</u> et au <u>sens figuré</u>.

b) Comment prononce-t-on le mot *moelle*?

Harry Potter (Daniel Radcliffe) assiste à la Coupe du monde de Quidditch avec Ron (Rupert Grint) et Hermione (Emma Watson) lorsque la partie est interrompue par les terri-
5 fiants Mangemorts venus annoncer le retour de lord Voldemort (Ralph Fiennes), après treize ans d'absence. À Poudlard, le professeur Dumbledore (Michael Gambon) accueille les trois champions désignés pour le Tournoi des trois sorciers. À la
10 surprise générale, Harry, malgré son jeune âge, est également sélectionné. Il se prépare aux ter-
ribles épreuves, conseillé par le très dérangé Maugrey Fol Œil (Brendan Gleeson), professeur de défense contre les Forces du mal. Harry va
15 devoir affronter un dragon, plonger dans les pro-
fondeurs du lac Noir, sortir d'un dangereux labyrinthe, pour finalement se trouver face à Voldemort…

CRITIQUE ♥♥♥ Mike Newell relève haut la
20 main le défi «potterien»**8**. Ce quatrième volet de la saga**9** est sans conteste le plus abouti. Le réalisateur britannique, qui connaît les collèges anglais pour les avoir fréquentés, a parfaitement resti-
tué**10** l'atmosphère de Poudlard. Mais pas seu-
25 lement. Le réalisateur de *Quatre mariages et un enterrement* et de *Donnie Brasco* manie aussi bien le suspense, les effets spéciaux que la comédie avec les premiers émois**11** de nos adolescents engoncés**12** dans leur smoking pour leur premier
30 bal de Noël. En outre, le fidèle et talentueux scé-
nariste de la série, Steve Kloves, a su tirer la sub-
stantifique moelle**13** du foisonnant roman de J. K. Rowling. Quant aux jeunes acteurs — Daniel Radcliffe, Rupert Grint et Emma Watson —, ils
35 ont gagné en maturité de jeu. Une belle réussite.

Emmanuèle Frois, «Action, suspense et effets spéciaux», *Le Figaroscope cinéma*, [en ligne]. (30 novembre 2005; page consultée le 8 février 2008)

1. Observez les titres des trois critiques et voyez en quoi ils sont parlants. Pour cela, faites des liens entre le titre et le texte.

   a) Qu'est-ce que le titre et le sous-titre de la première critique vous apprennent sur l'histoire ?

   b) À quoi le titre *La main à couper…* fait-il référence ? Selon vous, pourquoi ce titre est-il suivi de points de suspension ?

   c) En quoi le titre *Action, suspense et effets spéciaux* est-il approprié ?

AU CŒUR DU GENRE

2. **TEXTES EN RÉSEAU** Repérez la partie informative de chaque critique. Notez-en les premiers et les derniers mots. Indiquez également s'il y a ou non un <u>paragraphe de référence</u>.

3. Relevez les informations contenues dans la première critique en répondant aux questions suivantes.

   a) Quel est le titre de l'œuvre critiquée ? Quel est son genre ? Comment ce dernier renseignement est-il fourni ?

   b) Qui est l'auteure de l'œuvre critiquée ?

   c) À qui cette œuvre s'adresse-t-elle ? Où cette information apparaît-elle ?

   d) Dans la première phrase, la journaliste fournit des renseignements sur l'auteure. Qu'y apprend-on ? En quoi ces renseignements sont-ils utiles ?

   e) Quel est le thème fondamental de l'œuvre critiquée ? Relevez le passage du texte qui fournit cette information.

4. a) D'autres informations sont données dans le paragraphe de référence de la première critique. Lesquelles ? En quoi ces informations sont-elles utiles ?

   b) Que faudrait-il ajouter pour que cette <u>référence bibliographique</u> soit complète ?

   c) Expliquez l'utilité des renseignements ajoutés.

5. Examinez certaines informations contenues dans la critique du film *Harry Potter et la coupe de feu*.

   a) Qui est le réalisateur de ce film ? Relevez les informations données à son sujet et dites en quoi elles sont pertinentes dans cette critique.

Halte CULTURELLE

La substantifique moelle

INTERTEXTUALITÉ L'expression «la substantifique moelle» est une allusion littéraire au *Gargantua* de François Rabelais (~1494-1553), sans doute le roman le plus connu de la Renaissance française. Dans le prologue de son roman, l'écrivain français invite ses lecteurs à approfondir le sens de l'histoire, à en apprécier *la substantifique moelle*, c'est-à-dire l'essentiel, ce qui, dans son récit, nourrit l'esprit.

Illustration de Gustave Doré parue dans le roman *Gargantua* de François Rabelais.

   b) Comment les noms des acteurs sont-ils présentés dans la partie informative ?

   c) Relevez le passage qui indique que ce film est une adaptation.

Pour aider leurs lecteurs à faire des choix judicieux, les auteurs de critiques doivent décrire l'œuvre le plus justement possible. Cette description passe par une **série d'informations** qui **servent à situer l'œuvre**. Parmi elles, certaines sont **indispensables**.

• Pour une **œuvre littéraire**, les informations indispensables sont la **référence bibliographique complète** et le **genre de l'œuvre**.

• Pour un **film**, ce sont le **générique** (titre, réalisateur, scénariste, principaux acteurs), le **sous-genre de l'œuvre** et l'**année de production.** ■

Quand la critique paraît la même année que la publication du livre ou la sortie du film, il arrive qu'on ne mentionne pas l'année d'édition ou l'année de production. ■

6. **a)** Compte tenu de ce que vous savez maintenant, dites quelle information indispensable a été omise dans la critique du *Labyrinthe infernal.*

b) Quelles données du paragraphe de référence pourraient vous aider à déduire cette information ?

c) À votre avis, pourquoi l'auteur de la critique s'est-il permis d'omettre une telle information ?

d) Insérez cette information manquante dans une phrase du texte, puis comparez votre phrase avec celles de vos camarades.

7. Une information indispensable est aussi passée sous silence dans la critique du film *Harry Potter et la coupe de feu.* Laquelle ?

En plus des informations indispensables, une critique contient d'**autres informations très utiles,** par exemple : l'origine de l'auteur ou du réalisateur, sa formation, ses influences, les prix remportés, le public visé, la durée du film, etc. Quand on fait la critique d'une œuvre, il faut **faire un tri parmi ces informations,** retenir les plus pertinentes, c'est-à-dire celles qui appuient le jugement porté sur l'œuvre et celles qui peuvent aider les destinataires à faire leur choix. ■

8. TEXTES EN RÉSEAU En plus des informations qui servent à situer l'œuvre critiquée, la partie informative contient aussi le résumé de l'œuvre. Délimitez-le dans les trois critiques. Pour cela, relevez les premiers et les derniers mots de chaque résumé.

Le **résumé** de l'œuvre est une composante essentielle de la partie informative.

(L'étude de la construction du résumé fait l'objet du second volet de cet atelier, à la page 86.) ■

9. En vous en tenant strictement au résumé, répondez aux questions suivantes, qui portent sur la première critique (p. 80).

a) Où et quand l'histoire se passe-t-elle ?

b) Quel événement vient bouleverser la vie de Lou-Anne, le personnage principal ?

c) Comment se terminera ce drame ?

10. Faites le même exercice pour la deuxième critique (p. 81). Encore une fois, ne cherchez les réponses que dans le résumé.

a) Où et quand l'histoire se déroule-t-elle ?

b) Quel événement vient bouleverser la vie d'Adèle Blanc-Sec, l'héroïne ?

c) Comment se terminera cette aventure ?

11. Faites cet exercice pour la troisième critique (p. 82). Ne vous fiez qu'au résumé et non à votre connaissance de l'œuvre.

a) Où et quand l'histoire se déroule-t-elle ?

b) Quel événement vient bouleverser la vie de Harry Potter, le personnage principal ?

c) Comment se terminera cette aventure ?

12. **TEXTES EN RÉSEAU** Quelle conclusion tirez-vous des observations que vous avez faites aux numéros 9, 10 et 11 sur le contenu du résumé dans un article critique ?

LE TEXTE ET VOUS

13. **INTERTEXTUALITÉ** Le titre du roman d'Élaine Turgeon est tiré des paroles d'une chanson d'Ariane Moffatt.

a) Consultez le livret de l'album *Aquanaute* pour trouver les paroles de cette chanson.

b) À partir de ce que l'article critique vous a appris sur le roman, établissez des liens entre la chanson et le roman.

14. Dans la critique de *Ma vie ne sait pas nager*, la journaliste remarque que l'auteure aborde avec tact le sujet du suicide. Pourquoi, selon vous, certains sujets requièrent-ils de la délicatesse ?

GRAMMAIRE

La subordonnée circonstancielle de temps et le mode du verbe

15. a) Repérez les <u>subordonnées circonstancielles de temps</u> dans les phrases ci-après.

b) Expliquez pourquoi les verbes de ces subordonnées ne sont pas tous à l'indicatif.

1) En guise d'entrée en matière, une couverture signée Stéphane Poulin, qui plonge le lecteur dans l'atmosphère du roman, avant même qu'il ait ouvert le livre.

2) Un traitement qu'il suspendra bien vite dès que Charles Chalazion lui révélera que le produit provoque des mutations chez ses utilisateurs.

3) Harry Potter assiste à la Coupe du monde de Quidditch avec Ron et Hermione lorsque la partie est interrompue par les terrifiants Mangemorts venus annoncer le retour de lord Voldemort, après treize ans d'absence.

L'adverbe

16. a) Dans la partie argumentative d'*Action, suspense et effets spéciaux*, relevez les deux premiers <u>adverbes</u> utilisés.

b) Montrez qu'il s'agit bien d'adverbes en remplaçant chacun par deux autres adverbes en *–ment* qui conviennent dans la phrase.

c) Un de ces adverbes remplit la fonction de <u>modificateur</u>, l'autre est une <u>marque de point de vue engagé</u>. Dites lequel fait quoi et expliquez votre réponse.

VERS D'AUTRES TEXTES

17. **TEXTES EN RÉSEAU** En lisant la critique de bédé *Complexe*, à la page 54 de votre recueil de textes, vous découvrirez une jeune femme qui, comme l'héroïne de *Ma vie ne sait pas nager*, observe son entourage avec lucidité et s'interroge sur sa place dans le monde.

DE VIVE VOIX

Cherchez deux critiques portant sur le même roman ou le même film et comparez leur partie informative :

- notez la présence ou l'absence du paragraphe de référence ;
- observez quelles informations sont données dans l'article et lesquelles manquent peut-être ;
- observez également dans quelle partie les informations sont présentées ;
- vérifiez la pertinence des informations retenues ;
- comparez les résumés.

Présentez vos observations aux membres de votre équipe et discutez-en.

Dans une critique de récit, le résumé fournit l'essentiel de l'histoire, sans tout révéler. C'est ce type de résumé, appelé *résumé suspensif*, que vous examinerez dans le second volet de cet atelier. En lisant la nouvelle suivante, mettez-vous à la place d'un ou d'une critique littéraire: quelles informations cacheriez-vous aux lecteurs de votre critique pour les inciter à lire cette nouvelle?

No Sferatu

Chaque soir à 18 heures, Carol ôtait ses lunettes, mais ça ne changeait pas grand-chose. Dans les vieux films qui repassaient à la télévision, Cary Grant[1] était toujours là pour s'exclamer: «Hé, mais vous êtes belle sans vos lunettes!»

5   Personne n'avait jamais rien dit de tel à Carol, bien qu'elle fût vraiment jolie. Ou presque. Avec ses cheveux auburn, son teint clair, ses traits réguliers et ses yeux bleu saphir, elle n'avait besoin que de verres de contact pour parfaire son image.

Mais pourquoi se donner cette peine si Cary Grant n'est pas là pour la com-
10 plimenter? Les clients de la librairie spécialisée dans les premières éditions et les manuscrits rares aimaient mieux caresser le parchemin que la chair, semblait-il.

De plus, à la tombée de la nuit, le magasin était désert. Même le propriétaire était parti, laissant à Carol le soin de fermer la boutique, de
15   verrouiller les portes et de brancher le système d'alarme. Avec les livres précieux qu'ils avaient en stock, elle n'oubliait jamais ses responsabilités. Ou presque.

Ce soir-là, assise dans l'arrière-boutique, comme elle se maquillait avant de
20   partir à son tour, elle fut étonnée d'entendre des bruits de pas sur le parquet de la grande salle.

Carol plissa le front, posa son poudrier sur le bureau. Elle se souvenait clairement d'avoir éteint les lumières du magasin, mais dans son excès d'apitoiement **2** sur soi, avait-elle oublié de fermer la porte à clef?

25   Apparemment oui, puisque les pas s'arrêtèrent et qu'une silhouette apparut sur le seuil de l'arrière-boutique. Carol cligna des yeux en direction de la tache sombre d'un corps surmontée de la touche claire d'une tête.

Elle mit ses lunettes, la tache sombre se transforma en costume anthracite **3**, la touche claire en visage de vieux monsieur au front dégarni. Le costume
30   comme le visage étaient fripés, mais le maintien digne du vieil homme faisait oublier la négligence vestimentaire et les atteintes du grand âge. Ce fut en outre d'une voix sonore qu'il s'adressa à elle:

— Bonsoir. Êtes-vous la propriétaire de ce magasin?

— Non, désolée. Il est déjà parti. Nous sommes fermés.

35   — Je vois, dit-il avec un hochement de tête. Pardonnez mon intrusion à cette heure tardive, mais je viens de fort loin et j'espérais le trouver encore ici.

— Nous ouvrons demain à 10 heures, il sera là. Ou si vous préférez laisser un message…

— Il s'agit d'une affaire urgente, déclara le vieil homme. Il m'est revenu que
40   votre maison est entrée récemment en possession d'un manuscrit… un manuscrit qui aurait disparu il y a plus de soixante-dix ans.

— C'est exact, acquiesça Carol. L'original de *Dracula*.

— Vous connaissez le roman?

— Bien sûr. Je l'ai lu il y a des années…

45   De sa poche, l'inconnu tira une carte de visite au format démodé et la lui tendit en disant:

— Alors, ce nom vous sera peut-être familier.

Carol regarda la carte. Les lettres gothiques étaient difficiles à déchiffrer et elle répéta à voix haute ce qu'elle avait lu:

50   — Abraham van Helsing?

— Exact, confirma-t-il avec un sourire.

Elle secoua la tête.

Au fil du texte

1 INTERTEXTUALITÉ Qui est Cary Grant?

2 À quelle famille de mots le nom *apitoiement* appartient-il?

3 Si le complet est anthracite, de quelle couleur est-il?

— Attendez, vous voudriez me faire croire…

— … que je porte le même nom que mon arrière-grand-père, Mynheer
55 Doktor Professor van Helsing d'Amsterdam ? Certainement. Je peux vous
assurer que *Dracula* n'est pas entièrement une œuvre de fiction. L'identité de
plusieurs personnages a été modifiée, mais d'autres, comme mon illustre
ancêtre, apparaissent sous leur vrai nom. Comprenez-vous maintenant pourquoi je m'intéresse au manuscrit original ?

60 En parlant, le vieil homme jeta un coup d'œil au coffre-fort occupant le coin
le plus éloigné de la pièce.

— Serait-ce trop d'espérer que vous l'avez ici ?

— Navrée. Il a été vendu, j'en ai peur.

— Vendu ?

65 — Oui. Le lendemain du jour où nous avons annoncé notre achat, le téléphone s'est mis à sonner. Je n'avais jamais rien vu de pareil. Quasiment tous les
clients de notre liste d'adresses souhaitaient enchérir**4**. Et la dernière offre
qu'on nous a faite était tout bonnement énorme.

— Pourriez-vous me dire qui a acheté le manuscrit ?

70 — Un collectionneur privé. Je ne connais pas son nom, mon patron ne me
l'a pas révélé. Une clause de la transaction stipule que l'acquéreur restera
anonyme. Il doit craindre qu'on essaie de lui voler le manuscrit, je présume.

Le froncement de sourcils de «van Helsing»**5** exprimait un mélange de
colère et de mépris.

75 — Il fait preuve d'une grande prudence ! Mais il faut dire que tous se sont
montrés prudents… en cachant quelque chose qui n'a jamais vraiment
appartenu à aucun d'entre eux. Le manuscrit est resté caché pendant des années
parce qu'il a été volé à l'origine. Volé à l'homme à qui l'auteur l'avait offert pour
le remercier de lui avoir fourni la base de son roman: mon arrière-grand-père.
80 (Il regarda Carol avec insistance.) Qui a vendu le manuscrit à votre employeur ?

— Il ne me l'a pas dit non plus. Toute cette affaire est ultrasecrète…

— Vous voyez ? Cela confirme ce que je viens de vous dire. Le vendeur
devait savoir qu'il n'avait aucun droit de le posséder. Des voleurs, tous !

— Je l'ignorais.

85 — Bien sûr. Et je ne vous reproche rien, chère
demoiselle. Vous pouvez peut-être quand même
m'aider. Auriez-vous vu par hasard le manuscrit
avant qu'il soit vendu ?

— Oui.

90 — Pourriez-vous le décrire ?

— Eh bien, pour commencer, il ne s'appelait
pas *Dracula*. Le titre, écrit à la main, était *No
Sferatu*.

Au fil du texte

4 Que veut dire *enchérir* ?

5 D'après vous, pourquoi le nom *van Helsing* est-il placé
entre guillemets ?

6 INTERTEXTUALITÉ Qui est Bram Stoker ? Servez-vous
des informations données dans le texte pour répondre
à cette question, puis faites une recherche pour en
apprendre davantage sur lui.

7 Que reprend le passage suivant: *celui dont il tenait
ses informations* ?

— Oui, le «non-mort», dit le vieil homme en hochant vivement la tête. C'est sûrement l'original. Qu'avez-vous remarqué d'autre ?

— Le titre, sur la couverture, était de l'écriture de Bram Stoker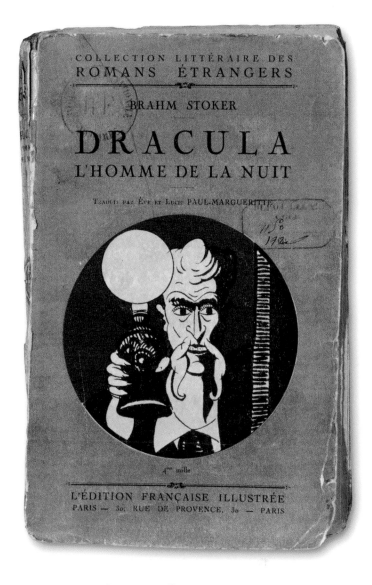, mais le manuscrit était tapé à la machine. Les modifications apportées par l'auteur et les corrections avaient été faites à la main, ainsi que la pagination. Apparemment, un bon nombre de pages avaient été supprimées — près d'une centaine, je pense.

Après une pause, Carol conclut :

— C'est tout ce dont je me souviens.

— Et c'est plus que suffisant. D'après votre description, il ne fait aucun doute qu'il s'agit du manuscrit authentique. Vous êtes sûre, pour les pages manquantes ?

— Oui, tout à fait, parce que mon patron a fait une remarque à ce sujet. Pourquoi, c'est important ?

— Très. Il semble que Bram Stoker ait été plus avisé que celui dont il tenait ses informations. Bien que le roman publié se réfère au plan du comte Dracula d'apporter le vampirisme aux Anglais, ce mobile n'est pas nettement souligné. Les pages manquantes contenaient les révélations de van Helsing sur l'objectif ultime de Dracula : répandre le vampirisme dans le monde entier. Elles présentaient aussi des preuves matérielles de l'existence de Dracula, preuves trop convaincantes pour ne pas être prises en considération. Stoker avait noté tout ce que van Helsing lui avait révélé, mais il se ravisa en relisant son texte. Je voulais cependant m'assurer que ces pages ne figurent pas dans le manuscrit. Maintenant que vous m'avez éclairé, je n'ai même pas besoin de rechercher le nouveau propriétaire.

— Mais vous parlez comme si tout cela était vrai, fit observer Carol. Ce n'est qu'un roman. Et le comte Dracula meurt à la fin.

— Autre exemple de la prudence de Stoker, repartit le vieil homme. Il fallait qu'il invente une scène de mort pour rassurer ses lecteurs. Et malgré cette précaution, songez à l'influence que son œuvre a eue sur des millions de gens qui ont appris l'existence de Dracula et du vampirisme par le livre, le théâtre, les films. Beaucoup d'entre eux y croient à moitié.

La voix sonore se fit plus grave.

— Que serait-il arrivé, d'après vous, si Stoker n'avait pas donné à cette histoire la forme d'un roman, s'il l'avait présentée pour ce qu'elle était vraiment :

8 Dans le contexte, par quoi pourrait-on remplacer le verbe *couler*?

9 Expliquez ce que sont des *divagations*.

10 Donnez deux synonymes de l'adjectif *fétide* convenant dans le contexte.

11 À quelles *gouttes* fait-on allusion?

12 Quel est l'**antécédent** du pronom *la*?

le récit véridique des mésaventures d'Abraham van Helsing? Si les pages manquantes existaient encore, même sous forme romancée, elles cons-140 titueraient pour le monde une mise en garde qui compromettrait les plans de Dracula.

Carol coula **8** un regard à sa montre: 18 h 30. Elle avait faim et les divagations **9** du vieil homme 145 commençaient à l'agacer. Elle se leva, s'efforça de sourire:

— C'est très intéressant, mais je dois vraiment fermer, maintenant.

— Vous avez été fort aimable, répondit-il. Apparemment, vous ne me croyez pas tout à fait, et c'est dommage, car je dis la vérité. Le comte Dracula est 150 aussi réel que je le suis.

Carol tendit la main vers son poudrier ouvert sur le bureau. Dans le petit miroir ovale, elle vit son propre reflet, mais pas celui de son visiteur, qui se tenait pourtant tout près d'elle. Assez près pour qu'elle respire son haleine fétide **10**, qu'elle remarque la blancheur de ses dents pointues, qu'elle sente la vigueur sur-155 prenante des mains qui l'emprisonnèrent soudain dans leur étau implacable.

Quand il lui renversa la tête en arrière, les lunettes de Carol tombèrent sur le sol, et pendant un instant, son image dans le miroir du poudrier fut réellement belle. Puis les gouttes **11** brillantes jaillirent, la **12** brouillant à jamais.

Robert Bloch, «No Sferatu», dans *Mortel désir: Histoires de passions fatales*, traduit de l'anglais par Jacques Martinache, Paris, Le Pré aux Clercs, 2000, p. 53 à 59.

Halte
CULTURELLE

Robert Bloch
(Écrivain américain, 1917-1994)

L'intérêt de Robert Bloch pour le fantastique se manifeste dès l'enfance. À dix ans, il est déjà un lecteur assidu de la revue *Weird Tales* dans laquelle il découvre le maître du genre, H. P. Lovecraft. Encouragé par ce dernier, il publie, à dix-sept ans, la première d'une longue série de nouvelles fantastiques. Suivent des romans dont le plus célèbre, *Psychose*, qui lui a été inspiré par un fait divers, est adapté au cinéma par Alfred Hitchcock. À Hollywood où il s'est installé, il écrit pour des séries télévisées dont *Star Trek*, sans délaisser pour autant le roman et la nouvelle. L'originalité de ses histoires, leur subtil dosage d'humour et d'étrangeté en font un écrivain fantastique de premier plan.

18. Examinez la <u>situation initiale</u> de *No Sferatu*.

   a) Que fait Carol, l'héroïne, au moment où commence l'histoire ?

   b) Où et quand l'action a-t-elle lieu ?

19. Quel est l'<u>élément déclencheur</u> ?

20. Retracez la suite d'actions qui forment le <u>déroulement</u>. Dites ce qui se passe dans les passages suivants.

   a) 1re péripétie : lignes 28 à 59.

   b) 2e péripétie : lignes 60 à 113.

   c) 3e péripétie : lignes 114 à 150.

21. Le reste du texte constitue le <u>dénouement</u>. Résumez-le.

Le **résumé suspensif** a ceci de particulier qu'il cherche à atteindre l'équilibre entre deux pôles :

- d'une part, il doit **en dire assez** pour présenter l'histoire (personnages, lieux, actions, etc.) ;

- d'autre part, il doit **éviter d'en dire trop**, ce qui ruinerait le plaisir des lecteurs.

Un résumé suspensif équilibré remplit **deux objectifs : informer** les lecteurs et leur **donner le goût de découvrir** l'histoire qu'on leur propose. ■

22. **TEXTES EN RÉSEAU** Commencez votre travail sur le résumé en dégageant quelques-unes de ses caractéristiques. Observez pour cela les résumés des critiques présentées aux pages 80 à 82.

   a) À quels temps les verbes sont-ils conjugués ? Par conséquent, dans quel <u>système verbal</u> ces textes sont-ils rédigés ?

   b) À quelle personne les pronoms et les déterminants sont-ils employés ?

   c) Quelle marque signale la suspension du résumé dans *La main à couper…* et *Action, suspense et effets spéciaux* ?

23. Une des caractéristiques du résumé suspensif est que sa dernière phrase doit attiser la curiosité.

   a) Pour chacune des critiques présentées aux pages 80 à 82, dites comment la dernière phrase du résumé suscite la curiosité.

   b) Dites comment la critique attise la curiosité dans *Lou, qui es-tu ?*, à la page 70.

24. Attardez-vous maintenant à la composition du résumé suspensif.

   a) Parmi tout ce que vous avez relevé aux numéros 18 à 21, que devriez-vous absolument taire dans un résumé suspensif ?

   b) À quelles étapes du schéma narratif se trouvent les faits que vous devriez absolument mentionner dans un résumé suspensif limité au minimum ?

Il existe **deux types de résumés suspensifs** : le résumé suspensif **minimal**, limité au strict minimum, et le résumé suspensif **étendu**, qui est un peu plus long. ■

25. **a)** Rédigez un résumé suspensif minimal de *No Sferatu*. Votre texte comprendra entre 60 et 80 mots. N'incluez que les étapes du schéma narratif identifiées au numéro 24 *b.*

   b) Réduisez votre résumé de moitié.

   c) Assurez-vous que votre résumé possède les caractéristiques du résumé observées aux numéros 22 et 23.

Jonathan Barry, *Le comte Dracula*, 1999.

d) Lisez les résumés de quelques camarades pour comparer vos façons de faire.

26. Le résumé suspensif de *No Sferatu* pourrait aussi inclure les péripéties du déroulement. Ce serait alors un résumé suspensif étendu.

a) Quelles péripéties pourraient faire partie du résumé suspensif étendu ? Discutez-en avec vos camarades.

b) Rédigez, en 100 à 150 mots, le résumé suspensif étendu de *No Sferatu* en partant du résumé minimal écrit au numéro 25. Assurez-vous d'attiser la curiosité des destinataires dans la dernière phrase.

c) Lisez les résumés des membres de votre équipe, choisissez celui qui vous semble le meilleur et, en équipe, tentez de le réduire à environ 50 mots.

Pour faire le résumé suspensif d'une histoire, il faut distinguer entre l'essentiel, le facultatif et le non-requis.

• L'**essentiel** est tiré de la **situation initiale** et de l'**élément déclencheur** (on s'en sert pour le **résumé suspensif minimal**).

• Le **facultatif** comprend les faits du **déroulement**, en tout ou en partie (on l'ajoute pour obtenir un **résumé suspensif étendu**).

• Le **non-requis** est contenu dans le **dénouement** et dans la **situation finale** (cela ne figure jamais dans un résumé suspensif). ■

27. 📄 **TEXTES EN RÉSEAU** Comparez maintenant vos résumés suspensifs de *No Sferatu* avec les résumés suspensifs reproduits sur le document qu'on vous remettra.

a) Qu'est-ce qui est semblable ? différent ?

b) Qu'est-ce qui, à vos yeux, rend un résumé suspensif attrayant ?

LE TEXTE ET VOUS

28. **INTERTEXTUALITÉ** « […] songez à l'influence que son œuvre a eue sur des millions de gens qui ont appris l'existence de Dracula et du vampirisme par le livre, le théâtre, les films. » Et vous, comment avez-vous appris l'existence du personnage de Dracula ? Avez-vous lu le roman de Bram Stoker ? Avez-vous vu une pièce de théâtre sur Dracula ? un film ? Décrivez votre expérience.

GRAMMAIRE

Le mode du verbe dans la subordonnée circonstancielle

29. 📄 Le verbe de la subordonnée circonstancielle est parfois au mode indicatif, parfois au mode subjonctif. Exercez-vous à reconnaître ces emplois sur le document qu'on vous remettra.

VERS D'AUTRES TEXTES

30. Les résumés n'ont pas à être très longs pour bien informer. Constatez-le en lisant ceux qui sont présentés dans les critiques des romans *Le petit prince*, à la page 46 de votre recueil de textes, et *L'écume des jours*, à la page 49. Profitez-en pour lire les extraits accompagnant ces critiques (p. 47 et 49).

EN QUELQUES
LIGNES

Rédigez, en 100 mots tout au plus, la partie informative d'une nouvelle littéraire, au choix. N'oubliez pas que cette partie informative contient des informations pour situer l'œuvre et un résumé suspensif. Avant d'écrire le résumé, lisez la stratégie *Comment dégager le plan d'un texte narratif et résumer un texte narratif*, à la page 470.

ATELIER 3 — LA PARTIE ARGUMENTATIVE: APPRÉCIER

Apprécier une œuvre, c'est dire si on l'a aimée un peu, beaucoup, passionnément ou… pas du tout. Mais c'est aussi expliquer ses enthousiasmes comme ses déceptions dans le but d'entraîner ses destinataires à sa suite. En lisant les quatre critiques de cet atelier, prêtez attention aux raisons invoquées par les auteurs pour soutenir leur opinion.

LITTÉRATURE JEUNESSE

Confessions d'une fille sans cœur

Confessions d'une fille sans cœur
Auteure: Martha Brooks
Traduction: Dominick Parenteau-Lebeuf
Collection: Deux solitudes jeunesse
5   Éditeur: Pierre Tisseyre, 314 pages, 14 ans et plus

Noreen Stall, dix-sept ans, a perdu tous ses repères — en a-t-elle jamais eu? Elle est complètement désemparée. Ne trouvant remède à son égarement que dans la fuite, elle se réfugie à Pembina Lake, une paisible petite ville des prairies canadiennes où ses ennuis ne tardent pas à la rattraper. Mais contre toute
10   attente, elle y trouve aussi le précieux soutien de quelques âmes généreuses non moins tourmentées que la sienne.

Cette touchante histoire se distingue de celles que présente généralement la littérature jeunesse. Plus complexe, elle suit non seulement le destin de l'héroïne, mais aussi celui des personnages secondaires, tous admirablement
15   authentiques. Plus audacieuse, elle développe profondément, mais toujours avec une justesse et une sobriété remarquables, une variété de sujets délicats: la fuite, les échecs relationnels, la mort, le rejet, etc. Plus longue, elle compte 300 pages. Tout cela lui confère une densité et une intensité qui ne seront pleinement appréciées que par des lecteurs assez mûrs; le roman est du reste adressé
20   aux quatorze ans et plus.

Septième œuvre d'une auteure qui n'est pas à court d'honneurs, *Confessions d'une fille sans cœur* s'est vu décerner, entre autres, le prix du livre M. Christie.

Éric Champagne, enseignant

Éric Champagne, «Confessions d'une fille sans cœur»,
Lurelu, vol. 28, n° 1, printemps-été 2005, p. 35.

Paul dans le métro

> MONTRÉAL, AOÛT 1973. VERS LA FIN DES VACANCES D'ÉTÉ, ON NE SAVAIT PLUS QUOI FAIRE POUR S'AMUSER, ALAIN ET MOI. ALORS NOUS PRENIONS LE MÉTRO, JUSTE POUR PASSER LE TEMPS.

Paul dans le métro
Auteur : Michel Rabagliati
Illustrateur : Michel Rabagliati
Série : Paul
5 Éditeur : La Pastèque, 2005, 92 pages, 11 ans et plus

Voici le quatrième des albums de Michel Rabagliati racontant les aventures de Paul. Cette série, qui a également paru en anglais, a déjà valu de nombreux prix à son auteur, et ce tant aux États-Unis qu'au Canada. Dans ce nouveau livre, Rabagliati continue de nous raconter quelques 10 moments particuliers de sa vie, mais cette fois, au lieu d'un récit complet, il nous offre un recueil de petites histoires. Les sujets qu'il aborde sont fort diversifiés : il parle par exemple de ses journées d'été passées à rôder dans les stations de métro 15 alors qu'il n'était qu'un adolescent désœuvré[1], de sa rencontre avec sa future épouse quelques années plus tard et de leur amour commun pour la BD. Plus loin, il nous entretiendra de sa passion pour le bricolage ou encore de la façon dont on 20 faisait de la radio à Montréal dans les années 50.

Au fil du texte

1 Donnez un synonyme de l'adjectif *désœuvré*.

2 a) À quelle guerre fait-on référence ?

b) Par conséquent, quelles sont les années évoquées par le bédéiste ?

3 Que signifie *foisonner de détails* ?

4 Quel aspect de l'œuvre le critique examine-t-il quand il parle de graphisme ?

5 Qu'est-ce qu'*avoir du métier* ?

Ce qui me frappe chez Michel Rabagliati, c'est son remarquable talent de conteur; avec lui, la moindre anecdote, la plus simple tranche de vie prend une dimension éton-
25 nante. Comme il a le don de voir la face cachée des choses, il arrive par exemple à faire de simples vacances à la campagne ou d'une banale visite à la quincaillerie quelque chose de merveilleusement intéressant. Il sait aussi
30 fort bien recréer l'atmosphère des époques passées: ses évocations de l'Expo 67 ou du Montréal d'après-guerre[2], entre autres, font preuve d'une grande rigueur, et ses images foisonnent de détails[3] qui valent qu'on s'y
35 attarde un moment.

Quant au graphisme[4], Rabagliati, qui est un affichiste renommé, a beaucoup de métier[5], et son dessin efficace et stylisé sert très bien ses récits.

40 On ne peut qu'attendre avec beaucoup d'impatience le prochain épisode des aventures de Paul.

Marc Auger, illustrateur

Marc Auger, «Paul dans le métro», *Lurelu*, vol. 28, n° 2, automne 2005, p. 34.

Michel Rabagliati
(Bédéiste québécois, né en 1961)

À douze ans, Michel Rabagliati rêvait d'être Franquin, le créateur de Gaston Lagaffe. Il est plutôt devenu… Michel Rabagliati, le créateur de la série *Paul*, un des plus beaux succès de l'histoire de la bande dessinée au Québec. Longtemps graphiste et illustrateur publicitaire, ce n'est qu'à trente-huit ans qu'il publie son premier «Paul», *Paul à la campagne*, qui récolte aussitôt les éloges et les prix. À travers les péripéties de son *alter ego*, il raconte ses souvenirs d'enfance et sa vie à Montréal… que les lecteurs anglais, italiens, espagnols et néerlandais peuvent désormais découvrir dans leur langue. En 2007, cinq tomes plus tard, Michel Rabagliati sera le premier auteur de bande dessinée à être invité d'honneur au Salon du livre de Montréal.

Petit lexique de la bande dessinée

- Appendice: pointeur reliant la bulle au personnage.
- Ballon, bulle ou phylactère: espace dans lequel les paroles ou les pensées des personnages sont inscrites.
- BD, B.D., bédé: abréviations de *bande dessinée*, parfois considérées comme familières. BD et B.D. sont invariables.
- Bédéiste: auteur de bandes dessinées.
- Bédéphile: amateur de bandes dessinées.
- Case: cadre qui contient la vignette.
- Planche: ensemble des cases figurant sur une même page.
- Récitatif: texte qui n'est pas attribué à un personnage.
- Vignette: image.

Le match de la vie

LE RING

Chronique sociale réalisée par Anaïs Barbeau-Lavalette.
Avec Maxime Desjardins-Tremblay, Maxime Dumontier, Julianne Côté, Stéphane Demers.

5 **Un garçon âgé de douze ans, issu d'un quartier défavorisé, rêve de devenir lutteur.**

Un portrait magnifique, porté par la présence d'un nouveau venu stupéfiant.
★★★ 1/2

MARC-ANDRÉ LUSSIER

10   L'expérience qu'a acquise la cinéaste Anaïs Barbeau-Lavalette dans le domaine du film documentaire sert admirablement *Le ring* , un premier long métrage de fiction dans lequel elle affiche une impressionnante maîtrise.

[…]

Le récit s'attarde à décrire la vie
15 quotidienne d'un gamin de douze ans qui s'accroche à son rêve de devenir lutteur professionnel. Jessy, qui assiste tous les vendredis au spectacle de lutte organisé dans le sous-sol d'une église
20 du quartier, entretient l'espoir de pouvoir un jour monter sur le ring dans une ambiance survoltée. Or la réalité dans laquelle Jessy est plongé, tout comme celle dans laquelle se débattent
25 plusieurs de ceux qui composent le public de ces modestes spectacles de lutte, n'est pas très riche en promesses d'avenir.

    La situation familiale de Jessy est
30 en effet de plus en plus difficile à vivre. Sa mère (Suzanne Lemoine), toxicomane, quitte la maison. Son père (Stéphane Demers), complètement dépassé par les événements, n'est pra-
35 tiquement plus en mesure d'assumer ses responsabilités. Son grand frère (Maxime Dumontier) a des problèmes de délinquance. Sa sœur (Julianne Côté) commence à utiliser sa féminité
40 naissante pour tenter de se sortir de sa misère.

Halte

CULTURELLE

Petit lexique du cinéma

- Acteur, comédien, interprète: personne qui interprète un rôle, qui joue un personnage.
- Cinéphile: amateur de cinéma.
- Distribution: ensemble des comédiens.
- Interprétation: manière de jouer d'un comédien.
- Personnage: personne incarnée par un acteur.
- Producteur: personne ou société qui assure le financement d'un film.
- Réalisation: ensemble des opérations (mise en scène, prises de vues, enregistrement des sons, montage de la bande-image et de la bande-son, etc.) qui permettent de passer du projet au film.

Anaïs Barbeau-Lavalette, qui porte à l'écran un scénario écrit par Renée Beaulieu, fait écho à la force intérieure d'un petit homme dont on devine qu'il prendra très bientôt son destin en main. Bien qu'elle jette un regard compa
45 tissant[7] sur ses personnages, la réalisatrice ne force jamais le trait[8]. Elle n'enjolive pas non plus son tableau au profit d'un sentimentalisme condescendant[9]. L'émotion n'est ainsi jamais offerte en spectacle, naissant plutôt d'un courant d'empathie[10] qui, forcément, s'installe peu à peu.

La cinéaste parvient aussi à maintenir une unité de ton qui paraît pourtant
50 plus fragile au départ. Les acteurs plus «expérimentés» semblent en effet avoir eu un peu plus de mal à trouver leurs marques, alors que les «novices» sont tout simplement criants de vérité.

Si le récit est porté à bout de bras par le jeune Desjardins-Tremblay (il sera intéressant à suivre, celui-là), il reste que les personnages périphériques, notam
55 ment ceux faisant partie de la famille immédiate, sont aussi bien dessinés. La dynamique entre Jessy et son grand frère donne en outre lieu à des moments très forts sur le plan dramatique.

À l'arrivée, le conte urbain que nous offre Anaïs Barbeau-Lavalette épouse la forme d'un hymne à un quartier dans lequel s'agitent des battants sur qui la
60 vie cogne parfois très dur, trop dur.

Le ring révèle aussi le talent d'une jeune cinéaste qui, à l'évidence, ne veut pas filmer pour ne rien dire. Et encore moins pour ne rien faire.

Marc-André Lussier, «Le match de la vie»,
La Presse, 27 octobre 2007, cahier Cinéma, p. 10.

Au fil du texte

6 Expliquez en vos mots ce qu'est un ring.

7 Que veut dire l'adjectif *compatissant*?

8 Remplacez l'expression figée *forcer le trait* par un verbe.

9 Que veut dire l'adjectif *condescendant*?

10 Qu'est-ce que l'empathie?

Le cri du silence

Le cri du silence
Auteure : Francine Allard
Collection : Ado
Éditeur : Vents d'Ouest, 2003, 152 pages, 12 ans et plus

Au fil du texte

11 Qu'est-ce que l'Accueil Bonneau?

12 a) À quelle variété de langue le mot *mélo* appartient-il?

b) Expliquez ce qu'est un mélodrame.

13 Si l'immeuble est désaffecté, comment est-il?

14 a) D'où vient le nom *bungalow*?

b) Par quoi pourriez-vous remplacer ce mot dans le contexte?

5 Pour un drame, c'en est tout un. Emmanuel, presque dix-huit ans, passera par de sérieuses épreuves, entraînant dans son tragique parcours sa pauvre mère dépassée. Rendu muet à la suite d'une opération pour un cancer à la gorge, le 10 jeune cégépien intolérant, tatoué, percé, fumeur, profiteur au profil de perdant, au lieu de basculer dans la mort, se fera une autre vie, à l'opposé de celle qu'il avait avant. Devenu homme à tout faire à l'Accueil Bonneau **11**, Emmanuel rencontre des 15 immigrants russes illégaux, gens de cirque qui lui apprennent l'art du mime. Ce seront ses nouvelles amours et sa nouvelle famille, jusqu'à ce que…

Malgré de bons dialogues (ah, cet affreux caractère italique!) et des descriptions précises, 20 en dépit des multiples rebondissements de l'intrigue, ce récit bascule le plus souvent dans le mélo **12** : père qui abandonne sa famille, mère courageuse mais au bout du rouleau, fils qui se réveille avec une tumeur. En plus, le récit accu- 25 mule les invraisemblances. On a peine à croire à toutes ces rencontres, à ces multiples hasards, à ces absurdités. Une bosse au cou? Rendez-vous médical le lendemain, spécialiste le lundi qui suit, opération deux semaines plus tard : mais où 30 sommes-nous rendus? D'autres incongruités? Des artistes du cirque en situation illégale se cachent mais disposent d'un local de répétition avec éclairage dans un immeuble désaffecté **13** … Une itinérante possède sept caniches…

35 Qui plus est, l'éditeur a manqué à son devoir de lecture; en effet, des incohérences n'ont pas été corrigées. Par exemple, on dira tour à tour que le héros habite un bungalow **14**, un triplex, un loge- ment minable, un petit cinq-pièces, un logement 40 avec jardin… mais il s'agit toujours de la même adresse! Irritant.

Suzanne Teasdale, consultante en édition

Suzanne Teasdale, «Le cri du silence»,
Lurelu, vol. 26, n° 2, automne 2003, p. 35.
Texte légèrement modifié à des fins pédagogiques.

1. Quel est le genre des œuvres critiquées dans les articles de cet atelier ? Citez un passage à l'appui de chaque réponse. Prenez vos citations ailleurs que dans le paragraphe de référence pour appuyer votre réponse.

2. Cernez les informations données dans la partie informative de chaque critique.

   a) Dites entre quelles lignes se trouvent la référence bibliographique du livre critiqué ou le générique dans le cas de la critique cinématographique.

   b) Délimitez le résumé.

3. Quelles informations fournit-on entre les lignes 6 et 8 de la critique de *Paul dans le métro* ?

AU CŒUR DU GENRE

4. **TEXTES EN RÉSEAU** Lisez l'encadré notionnel ci-dessous, puis dites entre quelles lignes se trouve la séquence argumentative de chaque critique.

> La **partie argumentative** de la critique est en fait une <u>séquence argumentative</u>. On doit donc y trouver :
>
> • une **prise de position**, c'est-à-dire l'opinion du critique sur l'œuvre, son jugement, sa thèse ;
>
> • une **argumentation**, c'est-à-dire les raisons, les arguments avancés par le critique pour prouver la justesse de son opinion ;
>
> • parfois, une **reformulation de l'opinion** qui vient clore la séquence. ■

> Il n'est pas nécessaire que la **prise de position** soit explicite, mais il est essentiel que les lecteurs de la critique puissent la déduire. ■

5. **TEXTES EN RÉSEAU** Observez de plus près la prise de position.

   a) Dans *Le match de la vie*, relevez le premier passage dans lequel le critique exprime son opinion sur le film. Ne tenez pas compte du paragraphe de synthèse (lignes 1 à 8).

   b) Quel passage de l'article constitue une reformulation de cette opinion ?

   c) Dans *Confessions d'une fille sans cœur*, quelle phrase exprime la prise de position du critique ?

   d) Quelles sont les deux qualités que le critique reconnaît au roman en formulant cette opinion ? Donnez-les dans vos mots.

   e) Dans *Paul dans le métro*, quelle phrase laisse entendre que le critique a beaucoup aimé cette bande dessinée ?

   f) Expliquez pourquoi l'opinion du critique n'est pas reformulée dans cet article.

6. a) Que remarquez-vous quant à l'emplacement de la prise de position dans ces trois critiques ?

   b) Expliquez en quoi chaque emplacement est stratégiquement valable.

   Voici trois modèles d'organisation de la séquence argumentative de l'article critique.

   1er modèle
   Prise de position + Argumentation

   2e modèle
   Prise de position + Argumentation + Reformulation de l'opinion

   3e modèle
   Argumentation + Prise de position

7. Dites à quel modèle correspondent les trois premières critiques de cet atelier.

8. Attardez-vous maintenant à l'argumentation. À l'aide des questions suivantes, reconstituez l'argumentation présentée dans la critique de *Confessions d'une fille sans cœur*.

a) L'auteur avance trois arguments pour prouver que ce roman est une œuvre émouvante et originale. Lesquels ?

b) Chaque argument est développé à l'aide d'une explication. Rappelez ces explications dans vos mots.

c) Dans la première explication, le critique mentionne une autre qualité du roman. Quelle est-elle ?

d) Pour bien voir les liens entre les idées, retranscrivez vos réponses dans un schéma comme le suivant.

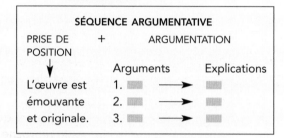

```
              SÉQUENCE ARGUMENTATIVE

PRISE DE      +        ARGUMENTATION
POSITION
    │
    ↓              Arguments      Explications
L'œuvre est      1. ▨  ──────→  ▨
émouvante        2. ▨  ──────→  ▨
et originale.    3. ▨  ──────→  ▨
```

9. Dans la critique de *Paul dans le métro*, l'argumentation est un peu plus développée. Analysez-la à l'aide des questions suivantes.

Une case de la bande dessinée *Paul dans le métro* de Michel Rabagliati.

a) Rappelez l'opinion du critique en vos mots.

b) Quels sont les trois arguments que le critique utilise pour soutenir son opinion ? Formulez-les dans vos mots.

c) Quelles marques textuelles vous ont été utiles pour repérer le deuxième argument ? le troisième ?

d) Associez chaque explication ci-dessous à l'argument qu'elle complète.

– Son style d'illustration colle bien à ses histoires.

– Ses évocations du passé sont précises.

– Même les événements banals deviennent passionnants sous sa plume.

– Ses images fourmillent de détails.

e) Quels exemples complètent l'explication associée au premier argument ?

f) Quels exemples illustrent l'explication associée au deuxième argument ?

g) Pour bien voir les liens entre les idées, retranscrivez vos réponses dans un schéma comme le suivant.

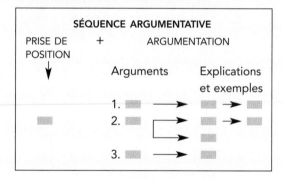

```
              SÉQUENCE ARGUMENTATIVE

PRISE DE      +        ARGUMENTATION
POSITION
    │
    ↓                                   Explications
                   Arguments           et exemples
                  1. ▨  ──→  ▨  ─→  ▨
     ▨            2. ▨  ──→  ▨  ─→  ▨
                            ──→  ▨
                  3. ▨  ──→  ▨
```

Les **arguments**, les **explications** et les **exemples** doivent être **au service de la prise de position**. Si le jugement est favorable, les arguments feront ressortir les qualités de l'œuvre ; s'il est défavorable, ils en souligneront les défauts. ■

Pour montrer la valeur de son opinion, le critique n'a pas à accumuler les preuves : deux ou trois **arguments** suffisent s'ils sont **solides** et **pertinents**. ■

10. 📄 Reconstituez la séquence argumentative du *Match de la vie* sur le document qu'on vous remettra.

11. 📄 Observez maintenant la stratégie qu'utilise la critique du roman *Le cri du silence* pour défendre son opinion. Travaillez sur le document qu'on vous remettra.

La prise de position

a) Relisez la partie argumentative de l'article. Diriez-vous que la critique a aimé le roman ?

b) L'opinion de la critique sur l'ensemble du roman n'est pas formulée explicitement. Pourtant, vous la connaissez. Comment expliquez-vous cela ?

Les arguments

c) Quels sont les trois arguments qui étayent l'opinion de la critique ?

d) Quels organisateurs textuels signalent le deuxième et le troisième argument ? Qu'expriment-ils ?

L'explication et les exemples

e) Le troisième argument est développé à l'aide d'une explication. Trouvez cette explication et l'organisateur qui l'introduit.

f) Tous les arguments sont illustrés par un ou plusieurs exemples. Trouvez ces exemples et les marques qui vous ont permis de les repérer.

La concession

g) Relevez les trois qualités que la critique reconnaît au roman dans les premières lignes de la partie argumentative.

h) La critique mentionne ces trois qualités pour mieux souligner ensuite un défaut du roman. Lequel ?

12. Même lorsque les critiques ont aimé une œuvre, ils peuvent lui reconnaître un défaut. Voyez comment ils procèdent pour ce faire. Relisez d'abord les critiques de *Chloé, un portrait* (p. 69) et de *Hush ! Hush !* (p. 71).

a) Citez, dans chaque article, la phrase qui contient un reproche.

b) Dans *Chloé, un portrait*, comment la critique s'y prend-elle pour affaiblir son commentaire ?

c) Dans *Hush ! Hush !*, quel terme le critique emploie-t-il pour minimiser le reproche adressé à l'éditeur ?

d) Quelle proportion de leur séquence argumentative chacun de ces reproches occupe-t-il ?

e) Que concluez-vous de ces observations ?

> La **concession** est un procédé par lequel on commence par reconnaître une qualité pour ensuite mieux souligner un défaut, et vice-versa. Bien souvent, concéder un point est une façon habile de faire valoir son opinion. ■

13. 📄 🗂 Vous trouverez sur la liste qu'on vous remettra des critères d'appréciation pertinents pour critiquer un roman, une bande dessinée et un film.

a) Assurez-vous que vous comprenez tous ces critères. Conservez cette liste ; elle vous sera utile quand vous rédigerez votre critique.

b) Dans les textes de cet atelier, quels critères a-t-on fait valoir ?

14. Si vous tombiez sur le roman *Le cri du silence*, le liriez-vous malgré la critique négative dont vous avez pris connaissance ? Pourquoi ?

15. [TEXTES EN RÉSEAU] Dans cet atelier, vous avez entendu parler du film *Le ring*, une chronique sociale, et, dans l'atelier 2, de *Harry Potter et la coupe de feu*, un film d'aventures. Lequel de ces deux sous-genres de film vous rejoint davantage ? Expliquez votre choix.

16. [TEXTES EN RÉSEAU] Les œuvres critiquées dans cet atelier ont un thème commun : l'adolescence, qu'il s'agisse de ses bonheurs ou de ses drames. Quand vient le temps de choisir un roman, une bande dessinée ou un film, allez-vous plus facilement vers des œuvres qui mettent en scène des adolescents ? Expliquez votre réponse.

GRAMMAIRE

L'accord du verbe

17. L'**accord du verbe** exige parfois une attention particulière, comme vous le verrez en faisant l'activité proposée sur le document qu'on vous remettra.

18. a) *Démolition en direct*, à la page 68 de votre recueil de textes, présente un écrivain au faîte de la gloire, victime d'une mauvaise critique. Examinez les trois arguments employés par son détracteur entre les lignes 20 et 51 et dites s'ils sont pertinents (liés au sujet) et solides (bien étayés).

b) Lequel de ces arguments est une concession ? Pourquoi celle-ci ne fait-elle pas le poids vis-à-vis des autres arguments ?

19. Dans *Un moment de découragement*, à la page 64 de votre recueil de textes, un écrivain relit sans complaisance les pages qu'il a écrites. Son seul critère d'appréciation est le style. Relevez tout ce qui, à ses yeux, est défaillant sur le plan stylistique. Vous aurez ainsi des pistes quand viendra le temps de juger du style d'une œuvre.

EN QUELQUES LIGNES

Choisissez, dans ce manuel ou dans votre recueil de textes, une nouvelle que vous aimez et expliquez ce qui vous plaît dans ce récit. Donnez trois arguments que vous développerez à l'aide d'une explication ou d'un exemple. Servez-vous du document «Critères d'appréciation en vue d'une critique» pour sélectionner les aspects à examiner.

DE VIVE VOIX

Refaites l'activité ci-contre mais, cette fois-ci, choisissez un film que vous avez franchement détesté et présentez votre argumentation oralement aux membres de votre équipe.

DES STRATÉGIES DE PERSUASION

Les deux œuvres critiquées dans cet atelier mettent en scène des personnages semblables évoluant dans des univers fondamentalement différents. *Maus* retrace en effet une des pages les plus sombres de l'histoire de l'humanité, alors que *Ratatouille* plonge de joyeuse façon dans les cuisines d'un chic restaurant. Pour vous inciter à découvrir ces œuvres, les critiques ont usé de tout un arsenal de moyens. En lisant leur article, tentez de voir comment ils s'y prennent pour vous donner le goût de lire *Maus* et d'aller voir *Ratatouille*.

Une poignante leçon d'histoire

MAUS – L'INTÉGRALE

En bref

Un **auteur** incontournable
Un **livre de chevet**[1]
Un **dessin** sobre
5 Un **scénario**[2] excellent
Qualité: un sujet difficile traité de main de maître
Défaut: un seul: le prix, mais on peut toujours le demander en cadeau ou l'emprunter
★★★★★

10 Art Spiegelman, *Maus – L'intégrale*, Flammarion, 1998.

J'avais entendu parler de *Maus*, mais je n'osais pas m'y attaquer: une bédé historique sur la Shoah et Auschwitz[3], rien de très réjouissant,
15 selon moi. Eh bien! j'ai finalement décidé de lire cette histoire et je n'ai pas été déçue.

Maus raconte l'histoire de Vladek, un juif polonais, le père d'Art Spiegelman. Pendant des années, l'auteur a relancé[4] son père pour qu'il
20 lui parle de son passé. De leurs conversations sont nés *Mon père saigne l'histoire* et *C'est à ce moment que mes ennuis ont commencé*, récits parus en 1986 et en 1991, et réunis sous le titre *Maus*.

25 Trois trames s'entremêlent dans *Maus*. La première suit Vladek, de sa vie de jeune adulte en Pologne, dans les années 1930, jusqu'à sa mort aux États-Unis, dans les années 1980, en passant par le ghetto de Varsovie et les camps d'extermi-
30 nation. La deuxième se déroule au présent quand

Au fil du texte

1 a) Où trouve-t-on habituellement un livre de chevet?
   b) Qu'est-ce qu'un livre de chevet?

2 Donnez un synonyme du nom *scénario*.

3 a) À quels événements les noms *Shoah* et *Auschwitz* sont-ils associés?
   b) Expliquez ce que sont la Shoah et Auschwitz.

4 Dans le contexte, que signifie *relancer*?

Art traque littéralement son père pour le forcer à se souvenir d'une histoire que le vieil homme voudrait garder enfouie. La troisième est une réflexion de l'auteur sur son art et sur ce qu'il ressent, lui qui a échappé à la barbarie.

Au fil du texte

5 En quoi le pathos se distingue-t-il du pathétique ?

6 Définissez l'adjectif *incommensurable*.

7 Qu'est-ce qu'un dessin fignolé ?

La grande force de cette bédé, c'est de racon-
35 ter une histoire terrible sans faire de pathos**5**. Rien n'est romancé, aucun événement n'est enjolivé. C'est une vraie page d'histoire, un témoignage d'une valeur incommensurable**6**. Le désir de sincérité de l'auteur le pousse à ne pas dégui-
40 ser la vérité. Vladek est montré comme un héros, c'est vrai, mais il est aussi dépeint comme un être exécrable, bourré de préjugés, manipulateur et profondément antipathique. Personne n'est épargné. Vous pensiez qu'un personnage était généreux ? Vous apprendrez qu'il a agi dans son propre intérêt. Des lâches et des traîtres, il y en a partout. La haine, la violence,
45 l'égoïsme sont au rendez-vous. Heureusement, l'amitié et l'entraide surgissent parfois au détour.

Pour traduire cette histoire, l'auteur a choisi des animaux : les Juifs sont des souris (*maus*, en allemand) ; les Allemands, des chats. Quelle idée géniale ! Le fait que ce soit des animaux maintient la distance. Cela rend la lecture plus sup-
50 portable ; en effet, certains passages, il faut bien l'avouer, sont très durs et j'ai parfois dû m'arrêter pour reprendre mon souffle.

Une autre grande qualité de *Maus*, c'est son dessin. Le trait est simple, presque dur, et va à l'essentiel. Les planches sont en noir et blanc. Pas de couleur, pas de fignolage**7**. Comment mieux rendre l'univers des camps de concen-
55 tration ?

Amis lecteurs, un conseil en terminant : ne faites pas comme moi, n'attendez pas avant de lire *Maus*. C'est un chef-d'œuvre, un livre IN-DIS-PEN-SA-BLE !

Marion Lachance, 4ᵉ secondaire

Halte CULTURELLE

Art Spiegelman
(Bédéiste américain, né en 1948)

Avant d'être reconnu mondialement pour son roman graphique *Maus*, Art Spiegelman a été l'un des principaux acteurs de la scène *underground* de la bande dessinée des années 1960 et 1970. En 1986, il publie le premier tome de *Maus*. L'album connaît un succès critique sans précédent dans le monde de la BD. Le deuxième tome de *Maus* paraît en 1991. En 1992, Art Spiegelman reçoit pour *Maus* le premier prix Pulitzer accordé à une bande dessinée. En 2004, il publie *À l'ombre des tours mortes*, une BD traitant des événements du 11 septembre 2001.

Un vrai régal !

RATATOUILLE

(3) États-Unis, 2007. Film d'animation de Brad Bird. 110 min

Le rat bleu Remy a toujours rêvé d'être un grand cuisinier. Or, par un concours de circonstances, il se retrouve à Paris, près du restaurant du défunt chef Auguste Gusteau. Encouragé par le fantôme de ce dernier, Remy
5 pénètre dans la cuisine et y concocte une soupe délicieuse. Le chef Skinner en conclut alors qu'elle est l'œuvre du timide apprenti Linguini. Désireux de garder sa place, ce dernier décide de faire équipe avec le petit rongeur. Ainsi, caché sous sa toque, Remy le manipule tel un marionnettiste afin de lui faire exécuter d'exquises recettes. Le stratagème fonctionne au point où Linguini gagne le
10 cœur de sa consœur Colette. Entre-temps, l'autoritaire et méfiant Skinner découvre que son apprenti est le fils légitime de Gusteau. Il met alors tout en œuvre pour l'empêcher d'hériter du prestigieux restaurant.

Le doué Brad Bird (*The Iron Giant, The Incredibles*) parvient à se renouveler de belle façon avec cette œuvre fort originale et très sophistiquée, qui célèbre à
15 la fois la fine cuisine et les splendeurs de la Ville lumière**8**. Fertile en trouvailles comiques, peuplé de personnages savoureux, le scénario raconte avec une belle fluidité et une rare intelligence une histoire aussi invraisemblable qu'attachante, propre à réhabiliter**9** le rat, ce mal-aimé, dans le cœur du spectateur attendri. Outre qu'il met l'eau à la bouche, *Ratatouille* est un régal pour les yeux car,
20 encore une fois, les artistes des studios Pixar (*Toy Story, Cars* et, bien sûr, *The Incredibles*) ont fait des merveilles en animation numérique, parti-culièrement en ce qui a trait à la reproduction criante de vérité des divers quartiers parisiens.
25 On ne peut en dire autant du rendu des person-nages humains, mais il serait malvenu de cracher dans la soupe**10**, excellente au demeurant**11**.

Louis-Paul Rioux

Louis-Paul Rioux, «Un vrai régal!», *Le Devoir*, 10 au 16 novembre 2007, cahier L'agenda, p. 17.

Au fil du texte

8 a) Quelle ville est désignée par la <u>périphrase</u> *Ville lumière*?

b) Relevez un passage du texte qui montre l'exactitude de votre réponse.

9 Donnez le sens du verbe *réhabiliter*.

10 a) Que signifie l'expression figée *cracher dans la soupe*?

b) À quelle entrée du dictionnaire est-elle répertoriée?

11 Par quoi pourriez-vous remplacer *au demeurant*?

1. Le film *Ratatouille* se caractérise par son humour, qui se manifeste, entre autres, par des jeux de mots.

a) Expliquez en quoi le titre du film constitue un jeu de mots.

b) Montrez que des noms de personnages constituent également des clins d'œil.

2. a) Quel <u>champ lexical</u> relié à l'univers narratif du film *Ratatouille* le critique a-t-il exploité dans le titre et la séquence argumentative de son texte? Relevez les cinq expressions et mots rattachés à ce champ lexical.

b) Quel ton ce champ lexical donne-t-il à la critique?

3. a) Le critique de *Ratatouille* a moins aimé un aspect du film. Lequel?

b) Expliquez pourquoi le commentaire qu'il fait à ce sujet ne nuit pas à l'opinion qu'il défend dans son article.

AU CŒUR DU GENRE

4. Les critiques suscitent l'intérêt et favorisent l'adhésion de leurs lecteurs de différentes façons. La première consiste à entrer en relation avec eux. Par exemple, la critique d'*Une poignante leçon d'histoire* s'adresse à ses lecteurs. Dans le texte à marquer qu'on vous remettra, soulignez les indices qui révèlent la présence des lecteurs.

5. **TEXTES EN RÉSEAU** Les invitations à lire ou à voir une œuvre, ou à ne pas le faire, sont une autre façon pour les critiques d'entrer en relation avec leurs lecteurs.

a) Quel est le conseil donné explicitement dans la critique de *Maus*?

b) Relevez les conseils qui sont donnés explicitement dans les critiques de l'atelier 1, aux pages 69 à 74.

c) Que remarquez-vous quant à l'emplacement de tels conseils?

d) Selon vous, pourquoi cet emplacement s'avère-t-il particulièrement judicieux?

Les critiques peuvent **entrer en relation** avec leurs lecteurs notamment en les **interpellant** et en leur **donnant des conseils**. ■

Halte CULTURELLE

Le ghetto: de Venise à aujourd'hui

À partir de 1516, les Juifs résidant à Venise sont tous tenus d'habiter sur une seule et même île de la ville. La capitale de la Vénétie se conforme alors à une pratique en cours dans plusieurs villes d'Europe depuis des siècles. Quelques années plus tard, on donne à ce quartier vénitien le nom de *ghetto*. Aujourd'hui, ce mot désigne un lieu où une minorité ethnique ou religieuse vit séparée, par force ou par choix, du reste de la population. Dans le plus tristement célèbre ghetto, celui de Varsovie durant la Deuxième Guerre mondiale, 350 000 personnes ont été entassées dans des conditions inhumaines.

6. La deuxième façon de susciter l'intérêt et de favoriser l'adhésion des lecteurs est de piquer leur curiosité dès l'ouverture au moyen d'une mise en contexte particulière.

a) *Une poignante leçon d'histoire* s'ouvre par une mise en contexte qui commence à la ligne 12. À quelle ligne se termine-t-elle?

b) À quoi cette mise en contexte sert-elle?

7. Les critiques *La main à couper...* (p. 81) et *Le match de la vie* (p. 96) contiennent aussi une mise en contexte.

a) Relevez les premiers et les derniers mots de chaque mise en contexte.

b) À quoi chacune d'elles sert-elle?

8. 📄 🖼️ **TEXTES EN RÉSEAU** Quatre des critiques de l'atelier 1 s'ouvrent par une mise en contexte.

a) Repérez ces critiques.

b) En vous basant sur la liste ci-dessous, dites à quoi servent ces mises en contexte.

– Informer sur le parcours de l'auteur.

– Informer sur l'engouement que l'œuvre suscite.

– Informer sur l'ensemble de l'œuvre de l'écrivain.

– Mettre en scène le critique.

Il existe différentes mises en contexte susceptibles de capter l'attention des lecteurs, dont les suivantes:

1) **Résumer l'œuvre** au début de l'article.

2) **Émettre, dès le début, un court jugement sur l'œuvre**, jugement qui sera développé plus loin.

3) **Mettre en scène** l'auteur de l'œuvre, le critique ou les lecteurs, ce qui permet d'accéder à l'œuvre par des informations périphériques. ∎

9. 📄 La troisième façon de susciter l'intérêt et de favoriser l'adhésion des lecteurs est de marquer son avis à l'aide de différentes <u>marques de point de vue</u>. Relevez ces marques dans *Une poignante leçon d'histoire* en suivant la démarche ci-dessous. Travaillez sur le document qu'on vous a remis au numéro 4.

a) Repérez les pronoms et les déterminants de la 1re personne.

b) Dans quelles parties de la critique ces marques se trouvent-elles? À votre avis, pourquoi les trouve-t-on à ces endroits et pas ailleurs?

c) Repérez les autres marques de point de vue énumérées sur le document reproductible.

10. Pour marquer leur point de vue, les critiques se servent également du <u>vocabulaire connoté</u>.

a) **TEXTES EN RÉSEAU** Relevez les expressions ou mots connotés dans le titre des deux critiques de cet atelier et dites s'ils ont une connotation positive ou négative.

b) Faites le même exercice pour le paragraphe de synthèse placé au début de la critique de *Maus*.

c) Dans chaque paragraphe de la séquence argumentative de la critique de *Maus* (lignes 34 à 57), relevez le premier mot à connotation positive.

11. La séquence argumentative d'*Un vrai régal!* (lignes 13 à 27) est remplie d'expressions et de mots à connotation positive.

a) Relevez les trois expressions ou mots qui sont associés au scénariste et à sa façon de travailler.

b) Trouvez le mot connoté qui est associé aux personnages.

c) Relevez dix expressions ou mots à connotation positive qui sont associés au film proprement dit.

d) À votre avis, pourquoi les mots à connotation positive sont-ils aussi nombreux dans cette critique?

12. a) Dans la critique de *Paul dans le métro* (p. 94), relevez quatre expressions à connotation positive associées au bédéiste.

b) Trouvez-en quatre qui sont associées à l'histoire et au graphisme.

c) Selon vous, pourquoi n'y a-t-il aucun mot à connotation négative dans cette critique?

13. a) Dans la séquence argumentative de la critique *Le cri du silence* (p. 98), relevez les expressions ou mots qui ont une connotation positive, puis ceux qui ont une connotation négative.

b) Lesquels s'imposent ? Pourquoi est-ce ainsi, selon vous ?

14. 📄 📁 Retranscrivez, sur le document qu'on vous remettra, les mots que vous avez relevés aux numéros 10 à 13. Vous aurez ainsi une liste de termes à employer pour votre propre critique.

a) Classez ces mots selon qu'ils ont une connotation positive ou négative.

b) Classez-les ensuite selon la <u>classe de mots</u> à laquelle ils appartiennent ou le <u>groupe de mots</u> qu'ils forment.

c) En équipe, comparez vos listes et enrichissez-les en y notant les mots qui vous viennent en tête ou ceux que vous avez lus dans d'autres critiques.

Les marques de point de vue ajoutées les unes aux autres viennent consolider la prise de position et l'argumentation. ■

15. **TEXTES EN RÉSEAU** La quatrième façon de susciter l'intérêt et de favoriser l'adhésion des lecteurs est de faire de la dernière phrase ou du dernier paragraphe de la critique un passage clé. Voyez comment en observant la fin de quelques critiques.

a) Pour chaque œuvre nommée ci-après, dites si le critique a aimé ou non l'œuvre.

b) Associez chacun des passages suivants à l'une des façons de faire présentées dans l'encadré notionnel qui commence au bas de cette page.

1) *Maus* — C'est un chef-d'œuvre, un livre IN-DIS-PEN-SA-BLE ! (p. 104)

2) *Ratatouille* — […] il serait malvenu de cracher dans la soupe, excellente au demeurant. (p. 105)

3) *La maison Tudaure* — […] ne passez pas à côté de cette jeune romancière prometteuse. (p. 70)

4) *Hush ! Hush !* — À lire absolument. (p. 71)

5) *Les quatre fantastiques…* — Bien qu'énergique, l'interprétation demeure superficielle. (p. 72)

6) *Harry Potter…* — Une belle réussite. (p. 82)

7) *Confessions…* — Septième œuvre d'une auteure qui n'est pas à court d'honneurs, *Confessions d'une fille sans cœur* s'est vu décerner, entre autres, le prix M. Christie. (p. 93)

8) *Le cri du silence* — Irritant. (p. 98)

Il existe **différentes manières de clore** un article critique. On peut, par exemple :

• formuler ou reformuler son opinion ;

• donner une information qui confirme la valeur de l'œuvre ;

• inviter les lecteurs à lire ou à voir l'œuvre, ou à ne pas le faire ;

- apporter un dernier argument qui corrobore l'opinion;
- réagir par un dernier commentaire qui corrobore l'opinion.

Quelle que soit la façon adoptée, il est important que le **passage final ne contredise pas la prise de position.** ■

LE TEXTE ET VOUS

16. Si l'on vous proposait de lire une bande dessinée historique comme *Maus*, comment réagiriez-vous? Pourquoi?

17. Un film comme *Ratatouille* pourrait-il vous intéresser? Pourquoi?

GRAMMAIRE

L'accord du participe passé

18. a) Repérez les participes passés dans les phrases ci-dessous. Précisez avec quel auxiliaire ils sont employés.

b) Trouvez leur donneur d'accord.

c) Qu'en déduisez-vous à propos du donneur d'accord?

1) Eh bien! […] je n'ai pas été déçue.

2) Personne n'est épargné.

VERS D'AUTRES TEXTES

19. Dans *Poe illustré, et brillamment*, à la page 56 de votre recueil de textes, la critique sait nous faire part du plaisir qu'elle a ressenti à la lecture des *4 histoires fantastiques illustrées*. Relevez dans son article les expressions ou mots à connotation positive suivants. Vous pourrez les ajouter à votre liste *Des expressions et des mots pour apprécier*.

a) Un verbe traduisant le plaisir qui attend les lecteurs.

b) Un adjectif traduisant l'importance des *Histoires extraordinaires* de Poe.

c) Un adjectif qualifiant la traduction faite par Baudelaire.

d) Huit mots ou expressions qualifiant l'illustrateur ou son travail.

20. Appréciez le style très vivant du critique qui a rédigé *Un cœur de collectionneur craque*, à la page 52 de votre recueil de textes.

a) Lisez d'abord cet article, simplement pour vous familiariser avec le style du critique.

b) Relisez-le, puis expliquez en quoi il vous séduit.

21. Après la lecture de l'article *Les cotes, c'est quoi?*, à la page 80 de votre recueil de textes, les cotes attribuées aux films diffusés au Québec n'auront plus de secrets pour vous. Pensez à vous servir de ces informations et à les adapter, au besoin, pour coter l'œuvre que vous critiquerez.

EN QUELQUES LIGNES

Rédigez un paragraphe de quelques lignes qui pourrait servir de mise en contexte à la critique du film *Ratatouille*. Pour assurer la <u>cohérence textuelle</u>, adoptez le ton du critique et, si vous en êtes capable, exploitez le même champ lexical que lui.

DE VIVE VOIX

Quel est le meilleur livre que vous ayez jamais lu? Présentez-le à vos camarades de façon à leur donner le goût de le lire, même si c'est un livre que vous avez lu dans votre enfance. Vous trouverez des structures utiles pour faciliter le contact avec vos destinataires dans la liste *Pour prendre la parole* qu'on vous a remise.

SYNTHÈSE

1. Faites la synthèse de vos connaissances sur l'article critique dans un schéma organisateur.

- Construisez votre schéma à l'aide des pistes fournies ci-dessous.
- Rédigez-le sur papier ou à l'ordinateur. Assurez-vous qu'il est assez clair pour vous être utile en tout temps.

L'ARTICLE CRITIQUE

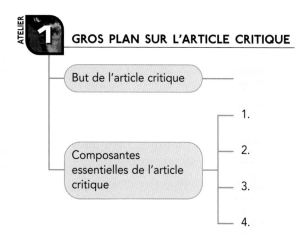

ATELIER 1 — GROS PLAN SUR L'ARTICLE CRITIQUE

But de l'article critique

Composantes essentielles de l'article critique
1.
2.
3.
4.

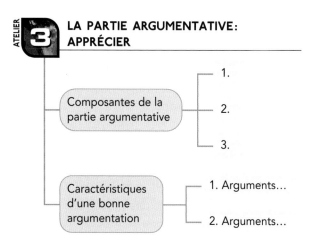

ATELIER 3 — LA PARTIE ARGUMENTATIVE: APPRÉCIER

Composantes de la partie argumentative
1.
2.
3.

Caractéristiques d'une bonne argumentation
1. Arguments…
2. Arguments…

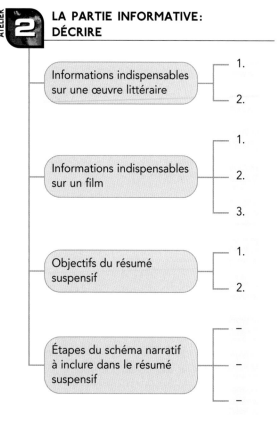

ATELIER 2 — LA PARTIE INFORMATIVE: DÉCRIRE

Informations indispensables sur une œuvre littéraire
1.
2.

Informations indispensables sur un film
1.
2.
3.

Objectifs du résumé suspensif
1.
2.

Étapes du schéma narratif à inclure dans le résumé suspensif
–
–
–

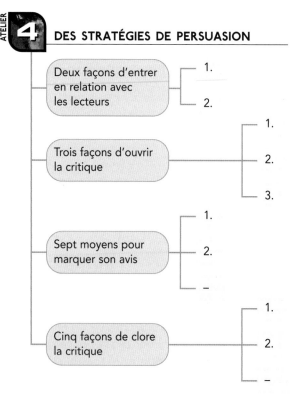

ATELIER 4 — DES STRATÉGIES DE PERSUASION

Deux façons d'entrer en relation avec les lecteurs
1.
2.

Trois façons d'ouvrir la critique
1.
2.
3.

Sept moyens pour marquer son avis
1.
2.
–

Cinq façons de clore la critique
1.
2.
–

2. Une fois votre schéma construit, comparez-le avec celui de quelques camarades et, si cela est nécessaire, améliorez-le.

RÉDIGER LA CRITIQUE D'UN ROMAN, D'UNE BANDE DESSINÉE OU D'UN FILM

VOTRE Défi

Préparation

1. En grand groupe, analysez la présente situation d'écriture. Consultez la stratégie *Comment analyser une situation d'écriture*, à la page 474.

2. Voici les caractéristiques dont vous devrez tenir compte dans l'élaboration de votre article critique. Lisez-les attentivement.

   • Votre critique comptera de 400 à 500 mots, répartis à peu près également entre la partie informative et la partie argumentative.

   • Votre critique présentera la structure suivante:
     – une courte mise en contexte susceptible d'intéresser les lecteurs;
     – une partie informative contenant les informations indispensables, les informations nécessaires pour appuyer votre jugement et un résumé suspensif;
     – une partie argumentative contenant une prise de position claire étayée par trois arguments pertinents développés à l'aide d'explications ou d'exemples.

   • Le passage final devra être un temps fort, susceptible de s'imposer aux lecteurs.

   • La partie argumentative contiendra des mots connotés pour marquer votre appréciation et au moins trois autres marques de point de vue.

   • Votre critique sera coiffée d'un titre informatif et appréciatif, et elle sera signée.

3. 📄 Prenez connaissance des critères d'évaluation présentés dans le document qu'on vous remettra.

4. Choisissez l'œuvre dont vous aimeriez faire la critique.

> Vous l'avez peut-être déjà choisie en faisant l'activité de la rubrique *En quelques lignes* à la page 79.

5. Commencez à mettre en forme vos idées.

La partie informative

a) Trouvez des informations sur l'œuvre et son auteur. Au besoin, faites une courte recherche sur l'auteur. Triez vos informations et ne gardez que les plus pertinentes.

b) Pensez à votre résumé. Faites le schéma narratif des trois premières étapes de l'histoire et déterminez approximativement jusqu'où vous irez. Les choses se placeront à l'étape de l'écriture.

La partie argumentative

> Utilisez le document «Les critères d'appréciation en vue d'une critique» pour choisir des arguments pertinents.

c) Notez votre prise de position: dites si vous aimez ou n'aimez pas l'œuvre choisie.

d) Réfléchissez aux arguments qui pourraient étayer votre opinion ainsi qu'aux explications et aux exemples qui les renforceraient. Construisez un schéma comme ceux que vous avez faits à l'atelier 3 pour vous aider à organiser cette partie.

La mise en contexte

e) Choisissez le contenu de la mise en contexte.

La forme de la critique

f) Déterminez la forme générale de votre critique : présence ou non d'un sous-titre, d'un surtitre, d'intertitres, d'un paragraphe de référence, d'un paragraphe de synthèse, d'une cote ; emplacement de la signature ; emplacement des paragraphes de référence et de synthèse, de la cote, s'il y a lieu.

Écriture

6. Rédigez la première version de votre critique en tenant compte des caractéristiques énumérées au numéro 2. Ne craignez pas d'ajuster votre texte au fur et à mesure.

> Votre liste *Des expressions et des mots pour apprécier* vous sera utile.

Révision et amélioration

7. Relisez votre critique et améliorez-la pour qu'elle suscite l'intérêt de vos destinataires.

a) Pour vous assurer que votre travail est sur la bonne voie, utilisez le document « Liste de vérification » qu'on vous remettra.

b) Organisez une séance de révision avec un ou une camarade. Faites-lui lire votre critique et demandez-lui de noter ses commentaires sur le document qu'on lui remettra.

c) Analysez ces commentaires, retenez les plus pertinents et remaniez votre critique en conséquence.

Correction

8. Relisez votre critique pour vous assurer qu'elle est écrite dans un français standard et qu'elle ne contient aucune faute d'orthographe ou d'accord. Lorsqu'elle sera au point, mettez-la au propre, puis relisez-la une dernière fois pour vous assurer que vous n'avez pas fait d'erreurs en la transcrivant.

Diffusion

9. Procédez à la diffusion de votre critique selon les modalités choisies.

Évaluation

10. Soumettez votre article critique à l'évaluation.

En guise de conclusion...

DE VIVE VOIX

- Repensez au portrait que vous avez tracé de vous en début de module, au numéro 2 de la page 67. Accorderez-vous désormais plus d'importance à la critique quand vous choisirez un roman, une bande dessinée ou un film ? Expliquez votre réponse.

- Votre perception du métier de critique a-t-elle changé au fil du module ? Expliquez votre réponse.

RÉPERTOIRE

Découvrez des romans et des bandes dessinées qui ont fait l'objet d'articles critiques au fil du module. Lisez le début de chacun de ces ouvrages et laissez-vous emporter…

Paul dans le métro

MICHEL RABAGLIATI

2002

— Hi Hi !

— Ha Ha !

Djjjjjjjjjjjjj Cloc

— Heille !! Qu'est-ce qui se passe ?? On s'arrête !

— Je… Je sais pas…

Montréal, août 1973. Vers la fin des vacances d'été, on ne savait plus quoi faire pour s'amuser, Alain et moi. Alors nous prenions le métro, juste pour passer le temps.

La galerie du rossignol

1991

PAUL HARDING

Frère Athelstan, assis sur un socle de pierre devant le jubé de St Ercomwald de Southwark, contempla avec désespoir le trou béant du toit de tuiles rouges, puis la flaque d'eau sale qui scintillait à deux pas de ses sandales.

Hush ! Hush !

MICHEL NOËL

2006

Ma chambre à coucher est mal isolée. Ce qui ne m'aide pas, c'est qu'elle est située du côté nord de la maison, face au grand lac Cabonga. L'hiver, elle est froide comme une glacière. C'est un froid humide qui me transperce jusqu'aux os. La fenêtre rectangulaire à la tête de mon lit est toute blanche, recouverte d'une épaisse couche de givre.

Maus

1986

ART SPIEGELMAN

J'allais voir mon père à Rego Park. Je ne l'avais pas vu depuis longtemps. Nous n'étions pas très proches.

— Papa !

— Oïe, Artie. Tu es en retard, j'étais inquiet. Dommage Françoise aussi n'est pas venue.

— Oui ! Elle vous embrasse.

Il avait beaucoup vieilli depuis la dernière fois. Le suicide de ma mère et ses deux infarctus l'avaient marqué.

Confessions d'une fille sans cœur

MARTHA BROOKS

2002

La tempête de juillet soufflait sur la vallée et agitait avec fracas les flancs des collines de la localité de Pembina Lake. Il était dix heures du soir ; des veines de lumière transperçaient le firmament, une immense matrice ronde.

LE TEXTE POÉTIQUE

Cris et chuchotements

« Faire des vers...

Mais vous savez tous qu'il existe
un moyen fort simple de faire des vers.

Il suffit d'être inspiré, et les choses vont toutes
seules. Je voudrais bien qu'il en fût ainsi. »

Paul Valéry

Dans ce module, vous entrerez dans l'imaginaire de poètes qui expriment de façon originale ce qui les anime. Au fil des poèmes que vous lirez, vous vous interrogerez sur ce qui fait un texte poétique. En fin de parcours, vous aurez en main suffisamment d'outils pour exercer vos capacités créatrices et écrire un poème.

Voici des idées pour assurer la diffusion de vos poèmes:

- Préparer une anthologie illustrée pour la bibliothèque de l'école.

- Créer un site de poésie.

- Organiser un récital de poésie.

VUE D'ENSEMBLE DES ATELIERS

Jetez un coup d'œil sur la vue d'ensemble ci-dessous, puis survolez les pages 117 à 158. Vous prendrez ainsi la mesure du défi à relever et vous donnerez un sens aux apprentissages que vous ferez.

DES THÈMES DU MODULE

Amour, délices et renouveau

Mal, mort et déchirure

Bricolages, écriture et fantaisie

Des liens avec VOTRE **Défi**

1 L'UNIVERS POÉTIQUE

p. 118

Comment les poètes construisent-ils les univers poétiques dans lesquels ils nous font entrer ? C'est ce que vous observerez au fil de ce premier atelier.

Annie, p. 118 • *Promenade de trois morts*, p. 119 • *Les voyages en train*, p. 120

2 LA STRUCTURE DU TEXTE POÉTIQUE

p. 127

Un poème est un texte structuré. À quoi ressemble cette structure ? Tout au long de cet atelier, vous apprendrez à reconnaître les différentes parties qui sous-tendent les poèmes. Vous vous familiariserez également avec la versification et d'autres procédés utiles pour repérer ces parties. Tout cela vous servira pour écrire votre poème.

Le dormeur du val, p. 127 • *Elle était déchaussée, elle était décoiffée…*, p. 128 • *Nos mains au jardin*, p. 129 • *Certaines phrases font mal…*, p. 130

3 LES VISÉES DU POÈME

p. 136

Pourquoi les poètes écrivent-ils des poèmes ? Quelles intentions poursuivent-ils ? À quoi reconnaît-on ces intentions dans un texte poétique ? Voilà les questions sur lesquelles vous vous pencherez dans ce troisième atelier.

Soir d'hiver, p. 136 • *À un jeune vivant*, p. 137 • *Vous avez laissé faire un monde de corruption…*, p. 138 • *Maigrir*, p. 139 • *Pour un art poétique*, p. 140 • *Voici qu'il neige par surprise doucement…*, p. 141

4 LA FABRIQUE DES POÈTES

p. 146

Comment les poètes parviennent-ils à nous bouleverser si profondément avec de simples mots ? Ce dernier atelier vous permettra de revenir sur les multiples procédés à leur disposition pour fabriquer du sens. Comme eux, vous choisirez parmi ces procédés pour écrire votre poème.

Simple souffle souple, p. 146 • *Matinée de printemps*, p. 147 • *Avril*, p. 148 • *Le temps a laissé son manteau…*, p. 149 • *Je tends des pièges sur la neige…*, p. 150 • *Persiennes*, p. 151

HALTES GRAMMATICALES

Voici, à titre de suggestion, les haltes grammaticales qui pourraient être associées au module 3 :

16
L'accord dans le GN

21
La conjugaison aux temps simples

22
La conjugaison aux temps composés

25
L'apostrophe marquant l'élision

26
La majuscule à l'initiale des noms propres

PAGES PRÉCÉDENTES : Gustave Moreau, *Sappho*, deuxième moitié du XIXᵉ siècle.

D'ABORD ET AVANT TOUT

En guise d'introduction à ce module, réfléchissez à votre conception de la poésie. Il est parfois intimidant de s'exprimer sur ce sujet, aussi inspirez-vous des questions suivantes pour guider votre réflexion et alimenter votre discussion avec vos camarades.

Votre expérience de la poésie

1. a) Pour vous, qu'est-ce que la poésie ?

   b) Quelle place la poésie occupe-t-elle dans votre vie ? Vous intéresse-t-elle, vous intrigue-t-elle, vous émeut-elle ? Diriez-vous, au contraire, que la poésie ne vous touche pas et même qu'elle vous ennuie ? Vous semble-t-elle inaccessible ? Avez-vous l'impression qu'elle est réservée aux personnes sensibles ? Quelles que soient vos réponses, expliquez-les.

   c) Vous avez déjà lu des poèmes, vous en avez sans doute entendu réciter, peut-être même en avez-vous appris par cœur. Peut-être encore vous êtes-vous laissé tenter par l'écriture de poèmes. Que retenez-vous de ces expériences ? Expliquez vos réponses.

2. Quelles choses qualifiez-vous de *poétiques* ? Quand vous dites d'une chose qu'elle est *poétique*, que voulez-vous dire au juste ?

3. Lisez la Halte culturelle *Un peu d'étymologie*. En quoi le contenu de cette halte change-t-il votre conception de la poésie ? Que retenez-vous de cette halte qui pourrait enrichir les réponses que vous avez données à la première question ?

Halte
CULTURELLE

Un peu d'étymologie

Les mots *poésie*, *poème*, *poète*, *poétique* sont tous issus du verbe grec *poieîn*, qui signifie *faire*, *fabriquer*, *construire*, *créer*. À l'origine, le mot *poème* désigne donc une chose fabriquée, un produit fait par une main humaine, qu'il s'agisse d'un navire, d'un outil, d'un vin, d'un vêtement, d'une statue. Là où nous parlons de construction, d'objet manufacturé, les Grecs anciens parlaient de *poiêma*. Le mot *poiêma* désignait aussi une production de l'esprit, par exemple un texte de loi, un récit de fiction, un poème. Le *poiêtês*, le poète, était donc le fabricant — l'ouvrier, l'artisan, l'artiste —, celui qui créait des objets ou des textes et connaissait les techniques du métier, l'art de bien faire.

L'UNIVERS POÉTIQUE

ATELIER 1

L'univers d'un poème, ce sont les êtres, les choses, les événements évoqués, les idées et les sentiments exprimés, l'atmosphère dépeinte. En lisant les trois poèmes de cet atelier, voyez à quel point chaque univers présenté est différent. Pour cela, laissez tout simplement les sons, les mots et les images venir à vous au fil de votre lecture.

Annie

Au fil du texte

1 Qui sont les mennonites ? Renseignez-vous sur leur mode de vie.

2 Expliquez la **polysémie** du mot *bouton* dans ce vers.

3 Qu'est-ce qu'un rite ?

Sur la côte du Texas
Entre Mobile et Galveston il y a
Un grand jardin tout plein de roses
Il contient aussi une villa
5 Qui est une grande rose

Une femme se promène souvent
Dans le jardin toute seule
Et quand je passe sur la route bordée de tilleuls
Nous nous regardons

10 Comme cette femme est mennonite**1**
Ses rosiers et ses vêtements n'ont pas de boutons**2**
Il en manque deux à mon veston
La dame et moi suivons presque le même rite**3**

Guillaume Apollinaire, *Alcools*, 1913.

Halte CULTURELLE

Guillaume Apollinaire
(Poète français, 1880-1918)

Guillaume Apollinaire est tout à la fois poète visionnaire, critique d'art éclairé, amoureux mal-aimé. En 1913, à Paris, il publie *Alcools*, un recueil de poèmes qui aura une influence majeure sur la poésie moderne. Quelques-uns des plus beaux poèmes de ce recueil sont inspirés de ses amours déçues: *Le pont Mirabeau* illustre sa rupture avec la peintre Marie Laurencin, tandis que *La chanson du mal-aimé* et *L'adieu* évoquent Annie Playden, une jeune Anglaise dont il s'était épris en vain. Passionné de peinture et critique d'art avant-gardiste, Apollinaire est l'un des premiers à célébrer Picasso et les cubistes. En 1918, il unit ses deux passions dans son recueil *Calligrammes*, mot qu'il invente pour qualifier ses poèmes-dessins. L'un de ses calligrammes se trouve encore aujourd'hui sur sa tombe, où la forme d'un cœur est tracée par ces mots: *mon cœur pareil à une flamme renversée.*

Henri Rousseau (dit le Douanier), *La muse inspirant le poète* (Marie Laurencin et Guillaume Apollinaire), 1909.

Promenade de trois morts

Le soir est triste et froid. La lune solitaire
Donne comme à regret ses rayons à la terre;
Le vent de la forêt jette un cri déchirant;
Le flot du Saint-Laurent semble une voix qui pleure,
5   Et la cloche d'airain🔲4 fait vibrer d'heure en heure
Dans le ciel nuageux son glas🔲5 retentissant.

C'est le premier novembre. Au fond du cimetière
On entend chaque mort remuer dans sa bière🔲6;
Le travail du ver semble un instant arrêté.
10 Ramenant leur linceul🔲7 sur leur poitrine nue,
Les morts, en soupirant une plainte inconnue,
Se lèvent dans leur morne et sombre majesté.

Drapés comme des rois dans leurs manteaux funèbres,
Ils marchent en silence au milieu des ténèbres,
15 Et foulent🔲8 les tombeaux qu'ils viennent de briser.
Heureux de se revoir, trois compagnons de vie
Se donnent, en pressant leur main roide🔲9 et flétrie,
De leur bouche sans lèvre un horrible baiser.

Silencieux ils vont; seuls quelques vieux squelettes
20 Gémissent en sentant de leurs chairs violettes
Les restes s'attacher aux branches des buissons🔲10.
Quand ils passent la fleur se fane sur sa tige,
Le chien fuit en hurlant comme pris de vertige,
Le passant effaré🔲11 sent d'étranges frissons.
25 [...]

Octave Crémazie, 1862.

Au fil du texte

4 De quoi une cloche en airain est-elle faite?

5 Qu'est-ce qu'un glas?

6 Donnez un synonyme du nom *bière* dans le contexte.

7 Qu'est-ce qu'un linceul?

8 Que font les morts qui foulent un tombeau?

9 Comment écrit-on l'adjectif *roide* en français moderne?

10 Rétablissez l'ordre normal des mots aux vers 19 à 21 à l'aide d'un <u>déplacement</u>.

11 Donnez le sens de l'adjectif *effaré*.

Halte
CULTURELLE

Octave Crémazie
(Poète québécois, 1827-1879)

Des douze enfants que Marie-Anne Miville met au monde, seuls quatre survivent: Octave Crémazie est l'un d'entre eux. Au Petit Séminaire de Québec, il découvre les poètes romantiques — Musset, Lamartine, Hugo — qui auront une influence marquée sur son œuvre. Après ses études, Crémazie s'associe avec son frère pour fonder une librairie qui devient rapidement un haut lieu de la culture québécoise. Il commence à publier des poèmes dans les journaux de Québec qui lui valent une certaine renommée; en 1858, son poème patriotique *Le drapeau de Carillon* le consacre «poète national». Le sort tourne en 1862, alors même que paraît le poème le plus original de Crémazie, *La promenade de trois morts*: la librairie fait faillite et le poète est mêlé à une histoire de faux billets. Il s'enfuit en France où il vivra misérablement jusqu'à sa mort, résigné au silence comme il le confie dans une lettre de 1867: «Les poèmes les plus beaux sont ceux que l'on rêve mais qu'on n'écrit pas.»

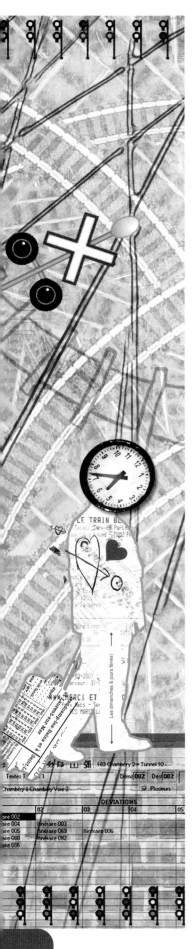

Les voyages en train

Je crois que les histoires d'amour, c'est comme les voyages en train
Et quand je vois tous ces voyageurs, parfois j'aimerais en être un
Pourquoi tu crois que tant de gens attendent sur le quai de la gare
Pourquoi tu crois qu'on flippe autant d'arriver en retard
5 Les trains démarrent souvent au moment où on s'y attend le moins
Et l'histoire d'amour t'emporte sous l'œil impuissant des témoins
Les témoins, c'est tes potes qui te disent au revoir sur le quai
Ils regardent le train s'éloigner avec un sourire inquiet
Toi aussi tu leur fais signe et t'imagines leurs commentaires
10 Certains pensent que tu te plantes et que t'as pas les pieds sur terre
Chacun y va de son pronostic sur la durée du voyage
Pour la plupart, le train va dérailler dès le premier orage
Le grand amour change forcément ton comportement
Dès le premier jour, faut bien choisir ton compartiment
15 Siège couloir ou contre la vitre, il faut trouver la bonne place
Tu choisis quoi: une love story de première ou de seconde classe
Dans les premiers kilomètres, tu n'as d'yeux que pour son visage
Tu calcules pas derrière la fenêtre le défilé des paysages
Tu te sens vivant, tu te sens léger et tu ne vois pas passer l'heure
20 T'es tellement bien que t'as presque envie d'embrasser le contrôleur
Mais la magie ne dure qu'un temps et ton histoire bat de l'aile
Toi tu dis que tu n'y es pour rien et que c'est sa faute à elle
Le ronronnement du train te saoule **12** et chaque virage t'écœure
Faut que tu te lèves, que tu marches, tu vas te dégourdir le cœur
25 Et le train ralentit, c'est déjà la fin de ton histoire
En plus t'es comme un con, tes potes sont restés à l'autre gare
Tu dis au revoir à celle que t'appelleras désormais ton ex
Dans son agenda, sur ton nom, elle va passer un coup de T-Pex*
C'est vrai que les histoires d'amour, c'est comme les voyages en train
30 Et quand je vois tous ces voyageurs, parfois j'aimerais en être un
Pourquoi tu crois que tant de gens attendent sur le quai de la gare
Pourquoi tu crois qu'on flippe autant d'arriver en retard
Pour beaucoup, la vie se résume à essayer de monter dans le train
À connaître ce qu'est l'amour et se découvrir plein d'entrain
35 Pour beaucoup, l'objectif est d'arriver à la bonne heure
Pour réussir son voyage et avoir accès au bonheur
Il est facile de prendre un train, encore faut-il prendre le bon
Moi je suis monté dans deux-trois rames **13** mais c'était pas le bon wagon

---

* T-Pex: marque de correcteur liquide.

Car les trains sont capricieux et certains sont inaccessibles
40 Et je ne crois pas tout le temps qu'«avec la SNCF**14**, c'est possible» **15**
Il y a ceux pour qui les trains sont toujours en grève
Et leurs histoires d'amour n'existent que dans leurs rêves
Et y'a ceux qui foncent dans le premier train sans faire attention
Mais forcément ils descendront déçus à la prochaine station
45 Y'a celles qui flippent de s'engager parce qu'elles sont trop émotives
Pour elles c'est trop risqué de s'accrocher à la locomotive
Et y'a les aventuriers qu'enchaînent voyage sur voyage
Dès qu'une histoire est terminée, ils attaquent une autre page
Moi, après mon seul vrai voyage, j'ai souffert pendant des mois
50 On s'est quitté d'un commun accord… mais elle était plus d'accord que moi
Depuis je traîne sur le quai et je regarde les trains au départ
Y'a des portes qui s'ouvrent mais dans une gare, je me sens à part
Il paraît que les voyages en train finissent mal en général
Si pour toi c'est le cas, accroche-toi et garde le moral
55 Car une chose est certaine, il y aura toujours un terminus
Maintenant, tu es prévenu, la prochaine fois, tu prendras le bus.

Les voyages en train,
texte de Grand Corps Malade,
© Anouche Productions.

Au fil du texte

12 a) Comment prononce-t-on le verbe *saouler* ?

b) De quelle autre façon ce verbe s'écrit-il ?

13 Parmi les sens que le dictionnaire donne au mot *rame*, lequel convient dans le contexte ?

14 Faites une recherche pour trouver le sens de ce <u>sigle</u>.

15 Selon vous, pourquoi ce passage est-il entre <u>guillemets</u> ?

Halte
CULTURELLE

Fabien Marsaud
(Poète français, né en 1977)

En 1997, Fabien Marsaud se déplace les vertèbres de la colonne vertébrale en plongeant dans une piscine. On lui apprend alors qu'il ne remarchera sans doute jamais plus. Après un an de rééducation, il retrouve toutefois l'usage de ses jambes : c'est en référence à cette expérience qu'il se présente sous le pseudonyme de *Grand Corps Malade* lors d'un premier slam en 2003. En 2006, il sort un premier album de ses compositions, *Midi 20*, où il narre les histoires de sa vie. L'album suscite l'enthousiasme de la critique et du public et contribue à faire sortir le slam de la marginalité. Grand Corps Malade a enregistré un nouvel album en 2008, *Enfant de la ville*.

1. Quelles images ces poèmes ont-ils fait naître en vous ? Quels mots vous sont spontanément venus en tête au fil de votre lecture ? Autrement dit, quelles impressions chaque poème vous laisse-t-il ? Pour vous aider à mettre des mots sur vos impressions, procédez de la façon suivante.

a) Relisez un poème.

b) Parmi les notations de la liste ci-dessous, choisissez-en trois qui conviennent au poème que vous venez de lire.

> une impression de modernité
>
> le sentiment d'un amour non réalisé
>
> une touche de fantaisie, de légèreté
>
> une impression de cauchemar
>
> une sensation de froid dans le dos
>
> une impression d'ordre et de beauté
>
> le sentiment d'être interpellé
>
> un mélange de désir et de peur
>
> un mélange d'horreur et de surnaturel

c) Refaites cette démarche pour chaque poème.

AU CŒUR DU GENRE

2. Les époques et les lieux évoqués dans un poème permettent de situer les personnages, les choses ou les événements, mais aussi d'entrer dans l'univers poétique. Vérifiez-le à l'aide des questions suivantes.

a) *Annie*, le poème de Guillaume Apollinaire, s'ouvre sur la description d'un lieu. Quel est ce lieu ? Donnez le plus de précisions possible sur celui-ci.

b) Tout semble en ordre dans ce lieu. Montrez que la description des vers 1 à 6 renforce cette impression d'un lieu bien ordonné.

c) Dans la première <u>strophe</u>, quels mots suggèrent la beauté du lieu ?

3. a) *Promenade de trois morts*, le poème d'Octave Crémazie, décrit une promenade funèbre. Où et quand l'action se déroule-t-elle ?

Halte
CULTURELLE

Les poètes récitants

Troubadours, sans date.

À l'origine, les poèmes sont des textes destinés à la voix que les poètes récitants — les aèdes et les rhapsodes de la Grèce antique, les bardes de la civilisation celtique, les troubadours et les trouvères de la tradition courtoise — transmettent au gré de leurs déplacements ou de leurs engagements. Selon les époques, ces «porteurs de mots» diront leurs textes avec ou sans accompagnement musical, ou les chanteront. Aujourd'hui, les poètes continuent à faire entendre leurs poèmes lors d'événements divers : les slameurs qui lisent ou déclament publiquement leurs textes au cours de joutes d'improvisation poétique participent de cette tradition.

b) Que se passe-t-il de particulier ce jour-là ? Pour répondre à cette question, vous devrez sans doute examiner un calendrier qui mentionne les fêtes catholiques.

Un poème se caractérise par son univers. Les poètes procèdent de **diverses manières pour construire un univers poétique.**

Une **première manière** consiste à **évoquer les lieux ou les époques pour créer une atmosphère particulière.** Les mots et les images choisis par les poètes pourront donner l'impression d'un lieu calme, solitaire, sinistre, sacré, enchanteur, familier, etc. Les mots et les images pourront aussi donner l'impression d'un temps (moment, saison, époque) dangereux, pacifique, primitif, moderne, troublé, joyeux, etc. ■

4. Les thèmes développés dans un poème permettent, eux aussi, de comprendre l'univers poétique. Dans *Annie*, le thème de l'amour non réalisé se dessine peu à peu.

   a) L'image de la rose domine la première strophe. Dans la tradition occidentale, que symbolise cette fleur?

   b) Aux vers 4 et 5, le poète associe la villa où réside la femme aimée à une rose. Expliquez cette <u>métaphore</u>.

   c) Par quelle image la stérilité de la rencontre entre les deux personnages est-elle suggérée dans la dernière strophe?

5. Dans *Promenade de trois morts*, c'est le thème de la mort qui domine.

   a) Relevez neuf mots ou expressions appartenant au <u>champ lexical</u> de la mort et de l'enterrement.

   b) Le poète évoque la mort d'une façon sinistre. Voyez comment il s'y prend pour créer un univers plutôt effrayant. Pour cela, relevez les mots ou expressions appartenant aux champs lexicaux suivants. Le nombre de mots ou d'expressions à trouver est indiqué entre parenthèses.

      – L'obscurité et la nuit (5).
      – La plainte et le bruit (8).
      – La tristesse (2).

   c) L'extrait se termine sur l'émotion qui terrasse les témoins de cette macabre promenade. Quelle est cette émotion? Comment se manifeste-t-elle?

   d) Dès le début, la nature réagit à ce qui se prépare. Relevez, dans la première strophe, les deux <u>personnifications</u> qui montrent que la nature adopte un comportement humain et expliquez en quoi ce sont des personnifications.

   e) Relevez deux autres personnifications dans la même strophe.

6. 📄 Dans *Les voyages en train*, l'auteur utilise l'image d'un voyage en train pour développer le thème de l'amour. En travaillant les champs lexicaux, vous verrez comment ce thème est exploité. Notez vos réponses sur le document qu'on vous remettra.

   a) Dans un tableau comme le suivant, notez les mots et les expressions appartenant aux champs lexicaux demandés. Le nombre de mots ou d'expressions à trouver est indiqué entre parenthèses.

L'univers du voyage			
Voyage et train (18)		Départ et arrivée (7)	Salutations (2)
░░░░	░░░░	░░░░	░░░░

Francis Picabia, *Idylle*, 1927.

b) Selon le *je*, le voyage comporte son lot de difficultés et se termine souvent mal. Relevez les mots appartenant aux champs lexicaux demandés.

L'univers du voyage et de l'amour	
Accident et difficulté (3)	Échec (4)
▨	▨

c) Comment l'échec de son histoire d'amour est-il vécu par le *je* ? Relevez le vers dans lequel le *je* fait part de ce qu'il a éprouvé après son voyage et montrez son hésitation à l'idée de partir à nouveau.

Une **deuxième manière** pour les poètes de construire un univers poétique consiste à **développer leurs thèmes personnels**, c'est-à-dire les sujets (idées, valeurs, sentiments) qui les touchent et les inspirent. La liste des thèmes exploités en poésie semble inépuisable. En voici quelques-uns particulièrement prisés : l'amour, la mort, la beauté, l'enfance, la guerre, la liberté, la nature, la solitude, le bonheur, le rêve, etc. Dans un poème, c'est l'étude des champs lexicaux qui permet de déterminer les thèmes dominants.

Une **troisième manière** de construire un univers poétique consiste à **parler par images**, c'est-à-dire à représenter un être, un objet, une idée, une émotion par un **symbole** ou à l'aide d'une **figure de style** comme la comparaison, la métaphore, la métonymie ou la personnification. Les symboles et les images reflètent l'imaginaire des poètes, leur perception des choses. ■

7. La <u>variété de langue</u> utilisée permet aussi d'entrer dans l'univers poétique. Dans *Les voyages en train*, le poète emploie une variété de langue à la fois standard et familière. Relevez quelques exemples de l'utilisation de la variété de langue familière.

a) Trouvez, entre les vers 5 et 28, quatre mots appartenant au vocabulaire familier.

b) Trouvez un anglicisme entre les vers 1 et 10.

c) Relevez, entre les vers 5 et 10, les élisions qui montrent un certain relâchement de la diction.

d) Selon vous, quel effet l'utilisation d'une variété de langue familière dans ce texte crée-t-elle ? Expliquez votre réponse.

8. Les mots employés et la valeur rattachée à ces mots renseignent également sur l'univers poétique. Examinez comment les morts sont décrits dans *Promenade de trois morts*.

a) Relevez deux mots à <u>connotation</u> positive associés aux morts.

b) Qu'est-ce que ces mots mettent en évidence ?

c) Entre les vers 7 et 15, quels verbes montrent que les morts défient les lois naturelles ?

d) Relevez cinq mots ou groupes de mots à connotation négative associés aux morts.

e) Qu'est-ce que ces mots mettent en évidence ?

Halte
CULTURELLE

Éros et Thanatos

Éros, le dieu grec de l'Amour, forme avec Thanatos, qui personnifie la Mort, un couple mythique. Le premier représente la pulsion de vie, à l'origine de toute existence ; le second, celle de la mort présente dans toute vie. On comprend alors pourquoi les thèmes de l'amour et de la mort dominent la littérature et sont particulièrement présents en poésie.

Jacek Malczewski, *Thanatos*, 1911.

Une **quatrième manière** de construire un univers poétique consiste à **manier les ressources de la langue**. Ces ressources, ce sont, entre autres:

– les **variétés de langue**: par les mots qu'ils emploient, les constructions syntaxiques et la grammaire qu'ils privilégient ou la diction qu'ils adoptent, les poètes peignent un univers plus ou moins reconnaissable, plus ou moins dépaysant;

– le **vocabulaire connoté**: par la valeur qu'ils donnent aux mots, les poètes rendent plus sensible leur vision du monde;

– les **mots eux-mêmes**: par les mots qu'ils choisissent, par la façon dont ils les font entrer en résonance les uns avec les autres, les poètes expriment leur monde intérieur. ■

LE TEXTE ET VOUS

9. Relisez les réponses que vous avez données au numéro un. Concordent-elles avec ce que vous avez observé tout au long de ce premier atelier? Corrigez-les au besoin pour tenir compte de vos observations.

10. **TEXTES EN RÉSEAU** Les trois poèmes de cet atelier vous ont fait entrer dans trois univers différents. Expliquez ce qui vous a plu dans chaque poème, en quoi chacun a éveillé votre intérêt. Vous pouvez vous prononcer sur les idées exprimées et sur la forme des poèmes (longueur, rimes, figures de style, vocabulaire, etc.).

GRAMMAIRE

Les accords

11. Observez l'accord des déterminants et des adjectifs dans les extraits ci-après.

a) Trouvez les déterminants et les adjectifs.

b) Repérez leur donneur d'accord et donnez-en le genre et le nombre.

1) Drapés comme des rois dans leurs manteaux funèbres, / Ils marchent en silence au milieu des ténèbres […].

2) Silencieux ils vont; seuls quelques vieux squelettes / Gémissent en sentant de leurs chairs violettes / Les restes s'attacher aux branches des buissons.

3) Le passant effaré sent d'étranges frissons.

12. Expliquez pourquoi, dans le troisième extrait ci-dessus, le poète n'a pas écrit *des étranges frissons*.

Les variétés de langue

13. a) Les extraits suivants du poème *Les voyages en train* contiennent des passages rédigés en langue familière. Récrivez ces passages en langue standard.

1) Dès le premier jour, faut bien choisir ton compartiment / Siège couloir ou contre la vitre, il faut trouver la bonne place

2) Dans les premiers kilomètres, tu n'as d'yeux que pour son visage / Tu calcules pas derrière la fenêtre le défilé des paysages

3) Faut que tu te lèves, que tu marches, tu vas te dégourdir le cœur

b) Récrivez en langue standard les questions suivantes.

1) Pourquoi tu crois que tant de gens attendent sur le quai de la gare

2) Pourquoi tu crois qu'on flippe autant d'arriver en retard

VERS D'AUTRES TEXTES

14. `TEXTES EN RÉSEAU` Voyez comment le thème de la rencontre amoureuse est traité par Géo Norge dans *Au grand jamais*, à la page 109 de votre recueil de textes.

15. `INTERTEXTUALITÉ` **a)** Pour en apprendre davantage sur l'univers de Fabien Marsaud, lisez *Comme une évidence* à la page 102, une suite possible des *Voyages en train*.

b) Lisez également les propos de cet auteur sur l'écriture et le slam, à la page 126.

16. `TEXTES EN RÉSEAU` De tout temps, les poètes se sont exprimés sur la création et sur le métier de poète.

a) Lisez à ce sujet les poèmes sur la création de Guillaume de Poitiers, de Madeleine Gagnon, de Claude Péloquin et de Claude Beausoleil, aux pages 96 à 98.

b) Lisez également les opinions et les conseils d'écrivains québécois dans *Fragments de lettres à de jeunes poètes*, aux pages 92 à 94.

c) Voyez ce que représente la création pour Malte Laurids Brigge, un personnage issu de l'imagination de l'écrivain autrichien Rainer Maria Rilke. Vous trouverez cet extrait à la page 95.

EN QUELQUES LIGNES

`INTERTEXTUALITÉ` Qui est cette Annie qui a inspiré un poème à Guillaume Apollinaire ? Faites une recherche sur cette femme et rédigez un court texte dans lequel vous la présenterez et expliquerez les liens qui l'unissaient au poète. Vous constaterez que la biographie d'un auteur peut éclairer son œuvre et qu'Apollinaire a su transcender son histoire personnelle pour nous toucher.

DE VIVE VOIX

À quoi sert la poésie ? La lecture et l'écriture de poèmes sont-elles, de nos jours, des activités dérisoires ou importantes ? Réfléchissez à ces questions, trouvez des informations sur le sujet pour étayer vos arguments et discutez-en avec vos camarades. Pour mener à bien votre discussion, consultez la stratégie *Comment prendre position sur une question*, à la page 507.

LA STRUCTURE DU TEXTE POÉTIQUE

Bien qu'il ne soit pas organisé comme une page de roman, un poème est un texte structuré. Les mots et les vers ne sont pas distribués sur la page au gré du hasard. Ils sont agencés pour former un tout cohérent. En lisant les poèmes de cet atelier, cherchez ce qui peut aider à rendre leur structure apparente.

Le dormeur du val

C'est un trou de verdure où chante une rivière
Accrochant follement aux herbes des haillons**1**
D'argent; où le soleil, de la montagne fière,
Luit**2** : c'est un petit val qui mousse de rayons.

5 Un soldat jeune, bouche ouverte, tête nue,
Et la nuque baignant dans le frais cresson bleu,
Dort; il est étendu dans l'herbe, sous la nue**3**,
Pâle dans son lit vert où la lumière pleut.

Les pieds dans les glaïeuls, il dort. Souriant comme
10 Sourirait un enfant malade, il fait un somme :
Nature, berce-le chaudement : il a froid.

Les parfums ne font pas frissonner sa narine;
Il dort dans le soleil, la main sur sa poitrine,
Tranquille. Il a deux trous rouges au côté droit.

Arthur Rimbaud, *Poésies*, 1870.

Au fil du texte

1 Qu'est-ce qu'un haillon ?

2 De quel verbe s'agit-il ?

3 a) Par quoi pourrait-on remplacer le nom *nue* ?

b) À quelle variété de langue ce nom appartient-il ?

Halte
CULTURELLE

Arthur Rimbaud
(Poète français, 1854-1891)

Jef Rossman, *Arthur Rimbaud dans son lit*, sans date.

Arthur Rimbaud, l'enfant terrible de la poésie française, a connu une vocation météorique: son œuvre poétique, révolutionnaire, il la compose entre seize et dix-neuf ans, pour ensuite abandonner la plume à jamais. Élève surdoué, fantasque et rebelle, Rimbaud est révolté par l'hypocrisie de son entourage et cherche, à plusieurs reprises, à fuir ce milieu qui l'étouffe. Avec l'aide de Paul Verlaine, à qui il a envoyé ses poèmes, il réussit à gagner Paris en 1871. Les deux poètes amorcent alors une tumultueuse relation, s'enivrent, écrivent, vagabondent. Par un «dérèglement de tous les sens», Rimbaud cherche à se faire *voyant* pour créer une poésie «résumant tout, parfums, sons, couleurs, de la pensée accrochant la pensée et tirant». C'est en Éthiopie, où il se fait tour à tour commerçant de café et trafiquant d'armes, que l'auteur du *Bateau ivre* achève seul son voyage. À Paris paraissent *Une saison en enfer* et *Illuminations*: Rimbaud l'exilé est déjà un mythe. L'éclat de son passage illuminera toute la poésie moderne.

E lle était déchaussée, elle était décoiffée,
Assise, les pieds nus, parmi les joncs penchants ;
Moi qui passais par là, je crus voir une fée,
Et je lui dis: Veux-tu t'en venir dans les champs ?

5 Elle me regarda de ce regard suprême **4**
Qui reste à la beauté quand nous en triomphons,
Et je lui dis: Veux-tu, c'est le mois où l'on aime,
Veux-tu nous en aller **5** sous les arbres profonds ?

Elle essuya ses pieds à l'herbe de la rive;
10 Elle me regarda pour la seconde fois,
Et la belle folâtre **6** alors devint pensive.
Oh ! Comme les oiseaux chantaient au fond des bois !

Comme l'eau caressait doucement le rivage !
Je vis venir à moi, dans les grands roseaux verts,
15 La belle fille heureuse, effarée et sauvage,
Ses cheveux dans ses yeux, et riant au travers.

Victor Hugo, *Les contemplations*, 1856.

Au fil du texte

4 Quel synonyme pourrait remplacer l'adjectif *suprême* dans le contexte ?

5 Récrivez ce début de vers tel qu'on le dirait aujourd'hui.

6 Que veut dire l'adjectif *folâtre* ?

Halte
CULTURELLE

Victor Hugo
(Écrivain français, 1802-1885)

Léon Bonnat, *Le poète Victor Hugo en 1879.*

«Victor Hugo, hélas!»: c'est la réponse ironique d'André Gide à qui on demandait qui était le plus grand poète français. Le génie et l'ambition colossale de l'auteur des *Misérables* fascinent ou agacent, mais un fait reste incontestable: Hugo est l'un des géants de la littérature française. Poète, romancier, dramaturge, homme politique, Hugo a traversé son siècle en touchant à tous les genres. Il a dix-neuf ans lorsqu'il publie un premier recueil de poèmes, *Odes*. En 1830, il inaugure le drame romantique avec *Hernani* et devient le chef de file de l'école romantique. L'année suivante, il publie ce qui deviendra l'un de ses plus grands romans, *Notre-Dame-de-Paris*. En 1851, opposé au régime de Napoléon III, il quitte la France. Grâce à une inspiration phénoménale, Hugo poursuit son œuvre en exil, lyrique avec *Les Contemplations* (1856), épique avec *La Légende des siècles* (1859-1883) et *Les Misérables* (1862). «Un livre multiple résumant un siècle, voilà ce que je laisserai derrière moi», avait prédit Hugo. Il a eu raison.

Nos mains au jardin

Nous avons eu cette idée
De planter nos mains au jardin

Branches des dix doigts
Petits arbres d'ossements
5 Chère plate-bande.

Tout le jour
Nous avons attendu l'oiseau roux
Et les feuilles fraîches
À nos ongles polis.

10 Nul oiseau
Nul printemps
Ne se sont pris au piège de nos mains coupées.

Pour une seule fleur
Une seule minuscule étoile de couleur
15 Un seul vol d'aile calme
Pour une seule note pure
Répétée trois fois.

Il faudra la saison prochaine
Et nos mains fondues comme l'eau.

Anne Hébert, *Poèmes*, Paris,
© Éditions du Seuil, 1948, p. 49 et 50.

Halte CULTURELLE

Anne Hébert
(Écrivaine québécoise, 1916-2000)

Auteure de l'une des œuvres les plus puissantes de la littérature québécoise, Anne Hébert publie un premier recueil de poèmes en 1942, *Les songes en équilibre*. En 1950, *Le torrent* inaugure son œuvre en prose. Mais c'est le symbolisme étrange et fascinant des poèmes du *Tombeau des rois* (1953) qui impose sa vision unique. L'écrivaine s'installe en France en 1967 et poursuit son travail romanesque avec *Kamouraska* (1970), suspense autour d'un amour meurtrier qui sera adapté au cinéma par Claude Jutra. En 1982, Anne Hébert explore plus avant les pulsions de vie et de mort dans *Les fous de Bassan* : en France, ce roman lui vaudra le très convoité prix Femina. Elle revient à la poésie — *Le jour n'a d'égal que la nuit* — en 1992 et au Québec en 1998. Son œuvre est étudiée et admirée dans le monde entier.

Certaines phrases font mal
on dirait de la vitre
qui coupe les pieds sur la plage
ou des aiguilles
5 enfoncées sous la peau
tout devient noir
même les sons dans la gorge
Personne ne nous a appris à répondre
quand on nous dit
10 *Je ne t'aime pas*
les yeux commencent à s'embuer
ils viennent jeter
un voile sur les choses
et j'ai besoin de marcher
15 à petits pas
J'ai besoin de poser les pieds
sur un sol
qui ne tremble plus

Louise Dupré, *Les mots secrets*, Montréal,
Les Éditions de la courte échelle, 2002, p. 13.

Halte
CULTURELLE

Louise Dupré
(Écrivaine québécoise, née en 1949)

De *Si Cendrillon pouvait mourir !* (1975) à *Tout pour elle* (2006), la poète et romancière Louise Dupré a publié une quinzaine d'œuvres et proposé autant de nouvelles lumières sur l'identité féminine. D'abord poète, Louise Dupré a reçu plusieurs prix pour ses recueils : *La peau familière* (1983), *Chambres* (1986) et *Noir déjà* (1993). Son premier roman, *La Memoria* (1996), lui vaudra également un important succès critique. En 2006, Louise Dupré se fait dramaturge : *Tout pour elle* explore les relations mère-fille et réunit pas moins de cinquante femmes sur scène. En plus de son activité créatrice, Louise Dupré enseigne la littérature et la création littéraire à l'Université du Québec à Montréal.

Par convention, on désigne les poèmes non titrés par leur premier vers suivi de points de suspension. ■

LE TEXTE ET VOUS

1. a) Lequel ou lesquels de ces poèmes ressemblent le plus à ce que vous connaissez de la poésie ? Pour chaque titre que vous mentionnerez, dites sur quels critères vous vous appuyez pour répondre.

b) Qu'est-ce qui vous semble plus ou moins déconcertant dans certains de ces poèmes et bouleverse votre conception de la poésie ?

AU CŒUR DU GENRE

2. La poésie est traditionnellement associée à la versification, à l'art de faire des vers. Commencez par rafraîchir vos connaissances sur la versification en lisant la partie sur le rythme de l'article Texte poétique. Lisez également les quatre encadrés notionnels qui suivent.

Les **vers** sont nommés selon leur **longueur**.
Un vers de quatre syllabes est un **quadrisyllabe**.
Un vers de six syllabes est un **hexasyllabe**.
Un vers de huit syllabes est un **octosyllabe**.
Un vers de dix syllabes est un **décasyllabe**.
Un vers de douze syllabes est un **alexandrin**.
On dit qu'un poème est en **vers mêlés** quand il contient des vers de longueurs variables. ■

Les **vers rimés** sont des vers dont la finale comporte une rime.
Les **vers blancs** sont des vers non rimés. ■

Les **strophes** sont nommées en fonction du **nombre de vers qu'elles contiennent**.
Une strophe de deux vers est un **distique**.
Une strophe de trois vers est un **tercet**.
Une strophe de quatre vers est un **quatrain**.
Une strophe de cinq vers est un **quintil**.
Une strophe de six vers est un **sizain**.
Une strophe de sept vers est un **septain**.
Une strophe de huit vers est un **huitain**.
Une strophe de dix vers est un **dizain**.
Une strophe de douze vers est un **douzain**. ■

Un langage mémoire

Quand l'écriture n'existait pas ou qu'on la regardait avec suspicion, comme le faisaient les druides gaulois, c'est à la poésie qu'était confié le rôle de conserver et de transmettre les textes précieux : textes sacrés, textes de loi, récits de hauts faits, etc. Imaginer une forme de texte qui favorisait la mémorisation était donc une nécessité. Les procédés traditionnellement associés à la poésie — le retour régulier des syllabes, la rime, le découpage en strophes — sont d'abord des outils mnémotechniques.

Illustration de Beuzon, tirée de l'*Histoire de France* d'Aubin Aymard, 1933.

Une **strophe isométrique** est une strophe composée de vers de la même longueur.

Une **strophe hétérométrique** est une strophe composée de vers mêlés. ■

3. Étudiez la versification dans les poèmes *Le dormeur du val* et *Elle était déchaussée, elle était décoiffée...* Travaillez sur le document qu'on vous remettra.

a) Scandez les vers de chaque poème et biffez les e muets qui ne comptent pas.

b) Combien chaque vers compte-t-il de syllabes ?

c) Comment nomme-t-on les vers de cette longueur ?

4. Poursuivez votre étude de la versification en examinant les rimes.

a) Surlignez les rimes avec des couleurs différentes pour bien faire voir le schéma de répartition des rimes.

b) Notez le type de chaque ensemble de rimes.

5. Examinez également les strophes.

a) Les strophes sont-elles isométriques ou hétérométriques ?

b) Notez le nom des strophes utilisées dans chaque poème.

Le schéma des rimes, la longueur des vers et des strophes ainsi que le découpage en strophes contribuent à rendre apparente la structure du poème. ∎

6. Montrez comment *Nos mains au jardin* et *Certaines phrases font mal…* s'écartent d'une versification régulière. Examinez pour cela la longueur des vers, les rimes, les strophes.

LE TOUR DU TEXTE

7. Même si plusieurs thèmes peuvent s'entrecroiser dans un poème, on en trouve habituellement un ou deux qui s'imposent. Trouvez le thème dominant de chaque poème de cet atelier. Faites votre choix parmi ceux-ci :

– la beauté de la nature ;
– la douleur ;
– la guerre ;
– la renaissance ;
– la rencontre amoureuse.

AU CŒUR DU GENRE

8. Pour comprendre un poème, il faut voir comment son thème se développe dans les trois ou quatre grandes parties du poème. Examinez la structure du *Dormeur du val*.

L'ouverture

a) *Le dormeur du val* est divisé en trois grandes parties. La première partie, l'ouverture, est consacrée à la description. Qu'est-ce qui est décrit dans le premier quatrain ? Et dans le deuxième ?

b) Montrez que l'impression qui se dégage de cette description est celle d'une nature joyeuse, lumineuse et paisible. Examinez pour cela la personnification du premier vers, le champ lexical de la lumière et l'image du jeune soldat.

c) Qu'est-ce qui, dans la forme du poème, signale que les vers 1 à 8 forment une seule partie ? Relevez deux indices d'unité.

La partie intermédiaire

d) Dans la partie intermédiaire, la description se poursuit, mais un subtil changement s'amorce. Relevez, entre les vers 9 et 13, les images qui se glissent entre celles de joie, de lumière et de tranquillité.

e) Qu'est-ce qui, dans la forme du poème, signale le changement de partie ? Relevez deux indices de changement.

La finale

f) La dernière partie, la finale, donne à lire une autre histoire. Quelle tragédie s'impose dans le dernier vers et plus précisément dans la dernière phrase ?

9. *Elle était déchaussée, elle était décoiffée…* narre la rencontre du *je* avec une jeune femme dans un décor champêtre.

a) Ce poème se divise en quatre parties :

– L'ouverture : la rencontre et l'invitation.
– La partie intermédiaire : la réflexion.
– Le pivot : l'attente.
– La finale : l'acceptation.

Sur le document qu'on vous remettra, délimitez chaque partie du poème. Les questions suivantes vous permettront de vérifier la justesse de vos réponses et de les corriger au besoin.

L'ouverture

b) Montrez que les deux premiers quatrains sont construits de façon identique. Examinez pour cela les points que vous trouverez sur votre document.

La partie intermédiaire et le pivot

c) Qu'est-ce qui indique que les vers 9, 10 et 11 forment un ensemble ?

d) Relevez un indice du changement de partie entre les vers 1 à 8 et les vers 9 à 11.

e) Les vers 12 et 13 constituent le pivot, la partie où la situation peut se retourner dans un sens ou dans l'autre. Qu'est-ce qui indique un changement de partie ici ?

Camille Pissarro, *Jeune femme baignant ses pieds dans un ruisseau*, 1895.

La finale

f) Qu'est-ce qui indique que les vers 14, 15 et 16 forment un ensemble ?

g) Quelle personne grammaticale réapparaît dans cette partie ?

Un poème se divise habituellement en **trois parties** : l'**ouverture**, la **partie intermédiaire** et la **finale**. Parfois, une autre partie, un pivot, s'insère entre la partie intermédiaire et la finale. Le **pivot** est cette **partie où tout peut basculer** dans un sens ou dans l'autre. ■

Le **passage d'une partie à une autre** est d'abord signalé par un **changement dans le thème**. Il est également signalé par divers indices de changement de partie. Ces indices de changement de partie peuvent concerner entre autres :

– La forme du poème :
   un changement de strophe,
   un changement de type de strophe, etc.

– La versification :
   un changement de longueur de vers,
   un changement de type de rimes, etc.

– Les figures de style.

– La grammaire :
   un changement de temps verbal,
   un changement de pronom personnel,
   un changement de type de phrase, etc.

– Le point de vue :
   un changement de ton, etc.

– L'organisation du texte :
   une ponctuation,
   un organisateur textuel, etc.

– Les procédés typographiques :
   une majuscule,
   un mot mis en gras, etc.

Tous ces éléments ne signalent pas toujours un changement de partie. Mais lorsqu'ils s'accumulent et appuient le sens, il convient d'en tenir compte.

Dans les poèmes non versifiés, le repérage des parties exige une plus grande attention : la versification n'est plus là pour guider le repérage. ■

10. *Nos mains au jardin* est un poème non versifié divisé en trois parties. Le thème de la renaissance qui traverse ce poème se développe ainsi: la plantation, l'attente déçue, les conditions requises pour la renaissance.

    a) Quelle figure de style relie les deux premières strophes? Analysez cette figure de style.

    b) Relevez, dans ces deux strophes, les mots appartenant au champ lexical du jardin.

11. a) Montrez que les deux dernières strophes forment une seule phrase en dépit de la ponctuation.

    b) Relevez deux indices de changement de partie concernant la grammaire qui montrent que les deux dernières strophes forment une partie.

12. À l'aide des observations que vous avez faites, délimitez les trois parties de ce poème.

13. Selon vous, de quelle renaissance est-il question dans le poème d'Anne Hébert? Tenez compte de l'image des mains pour répondre à cette question.

14. Pour discerner les parties du poème de Louise Dupré, *Certaines phrases font mal…*, lisez la version présentée dans l'encadré ci-dessous.

    a) Examinez attentivement le marquage que nous avons fait. Assurez-vous que vous le comprenez. Cherchez à voir quels éléments soulignent les liens entre les vers et lesquels marquent un changement de partie.

    b) Délimitez les trois parties de ce poème et donnez un titre à chaque partie qui montre le développement du thème que vous avez identifié à la question 7.

LE TEXTE ET VOUS

15. a) Décrivez en quelques lignes ce que vous avez ressenti à la lecture du poème de Rimbaud.

    b) Expliquez comment le titre de ce poème nous dirige sur une fausse piste.

16. **TEXTES EN RÉSEAU** Lequel des quatre poèmes de cet atelier a davantage suscité votre intérêt? Expliquez votre réponse.

Éléments d'analyse du poème *Certaines phrases font mal...*

«i», «é», «u», «ui»: grappe de sons vocaliques aigus: idée d'intensité	Certaines phrases **font mal** on **dirait de** la **vi**tre **qui coupe** les **pi**eds sur la **p**lage ou **des** ai**gu**illes 5 enfoncées sous la peau tout devient noir même les sons dans la gorge Personne ne nous a appris à répondre quand on nous dit	Cause de la blessure: les mots des autres
«d», «t», «k», «p», «gu»: grappe de sons consonantiques occlusifs: idée de force, de brutalité		Champ lexical de la blessure
Nouvelle phrase		Conséquence de la blessure: tristesse
	10 *Je ne t'aime pas* les yeux commencent à s'embuer ils viennent jeter un voile sur les choses	Image de l'impuissance: – silence: vers 7 et 8 – pleurs: vers 11 à 13
Organisateur textuel	et j'ai besoin de marcher	Anaphore: insistance sur la nécessité
Apparition du *je*	15 à petits pas J'ai besoin de poser les pieds sur un sol qui ne tremble plus	Champ lexical de la marche, du mouvement
		Image de la stabilité: vers 16 à 18

GRAMMAIRE

La conjugaison aux temps simples

17. Relevez tous les verbes conjugués aux temps simples dans les poèmes de cet atelier. Donnez leur personne et leur nombre ainsi que le temps auquel ils sont conjugués. Notez vos réponses dans des tableaux comme les suivants.

Le dormeur du val			
Vers	Verbes conjugués	Personne Nombre	Temps
1	chante	▦	▦
▦	▦	▦	▦

Elle était déchaussée, elle était décoiffée…			
Vers	Verbes conjugués	Personne Nombre	Temps
▦	▦	▦	▦

Nos mains au jardin			
Vers	Verbes conjugués	Personne Nombre	Temps
▦	▦	▦	▦

Certaines phrases font mal…			
Vers	Verbes conjugués	Personne Nombre	Temps
▦	▦	▦	▦

VERS D'AUTRES TEXTES

18. **TEXTES EN RÉSEAU** Pour connaître un peu mieux l'univers des quatre poètes que vous avez lus dans cet atelier, survolez le sommaire du dossier sur la poésie à la page 91 de votre recueil de textes et cherchez les poèmes de ces auteurs pour les lire.

19. Étudiez la versification dans *Ma bohème* d'Arthur Rimbaud (p. 110): mesurez la longueur des vers, donnez leur nom, examinez le type des rimes, le type de strophes, et donnez le nom des strophes.

20. Retrouvez dans votre recueil de textes, entre les pages 96 et 117, les poèmes suivants:

   a) un poème constitué exclusivement de distiques;

   b) un poème constitué exclusivement de tercets;

   c) quatre poèmes constitués exclusivement de quatrains;

   d) un sizain.

21. Délimitez les trois parties du poème *Je me souviens* d'Andrée Chedid (p. 108). Relevez les éléments qui soulignent les liens entre les vers et ceux qui marquent un changement de partie.

EN QUELQUES LIGNES

Exercez-vous à l'écriture versifiée en rédigeant deux débuts de poèmes. Faites d'abord un quatrain d'alexandrins à <u>rimes embrassées</u>. Rédigez ensuite un sizain d'octosyllabes comprenant deux vers à <u>rimes plates</u> et quatre vers à <u>rimes alternées</u>.

DE VIVE VOIX

Choisissez un poème en vers rimés qui vous plaît. Sur une copie que vous vous ferez, scandez les vers, soulignez les *e* à prononcer et biffez les *e* muets, indiquez aussi les liaisons à faire. Une fois votre copie révisée, exercez-vous à lire votre poème en adoptant une diction soignée et en faisant une légère pause à la fin de chaque vers. Au moment indiqué, lisez votre poème à vos camarades.

LES VISÉES DU POÈME

Que désirent les poètes quand ils écrivent un poème et le donnent à lire ou à entendre ? Communiquer, bien sûr, mais quoi d'autre encore ? Faire quelque chose de beau ? Faire rire ? Faire changer les choses ?... En lisant les poèmes de cet atelier, penchez-vous sur cette question. Demandez-vous ce qui a motivé leurs auteurs, ce qui les a conduits à prendre la parole.

Soir d'hiver

Ah ! comme la neige a neigé !
Ma vitre est un jardin de givre.
Ah ! comme la neige a neigé !
Qu'est-ce que le spasme**❶** de vivre
5 À la douleur que j'ai, que j'ai !

Tous les étangs gisent**❷** gelés,
Mon âme est noire : Où vis-je ? où vais-je ?
Tous ses espoirs gisent gelés :
Je suis la nouvelle Norvège
10 D'où les blonds ciels s'en sont allés.

Pleurez, oiseaux de février,
Au sinistre frisson des choses,
Pleurez, oiseaux de février,
Pleurez mes pleurs, pleurez mes roses,
15 Aux branches du genévrier.

Ah ! comme la neige a neigé !
Ma vitre est un jardin de givre.
Ah ! comme la neige a neigé !
Qu'est-ce que le spasme de vivre
20 À tout l'ennui que j'ai, que j'ai !...

Émile Nelligan,
Poésies complètes (1896-1899).

Au fil du texte

❶ Selon vous, quel sens a le nom *spasme* dans l'expression *spasme de vivre* ? Tenez compte des vers 4 et 5 pour répondre.

❷ a) De quel verbe s'agit-il ?
b) Donnez le sens de ce verbe.

Halte
CULTURELLE

Émile Nelligan
(Poète québécois, 1879-1941)

« Hélas ! Il a sombré dans l'abîme du Rêve ! » Émile Nelligan, dans son poème *Le vaisseau d'or*, avait prédit son naufrage : c'est interné en institut psychiatrique qu'il passera les quarante-deux dernières années de sa vie. Le poète adolescent, à la manière de Rimbaud, est passé comme un éclair dans le ciel littéraire : entre seize et dix-neuf ans, il livre la totalité de son œuvre. Membre de l'École littéraire de Montréal, il déclame ses poèmes en public au château Ramezay et au Monument-National. Fortement influencée par les romantiques et les symbolistes, sa poésie évoque l'enfance perdue, l'idéal lointain, le rêve envolé. En 1899, à dix-neuf ans, Nelligan est diagnostiqué comme souffrant de « dégénérescence mentale ». Son ami Louis Dantin publiera l'ensemble de ses poèmes en 1904. Sa sensibilité unique et son destin tragique feront de lui une figure mythique de la poésie québécoise. Il a ainsi inspiré une pléiade de cinéastes, de chanteurs et de romanciers : son esprit traverse le roman de Réjean Ducharme *Le Nez qui voque* et sa vie a été mise en scène dans l'opéra *Nelligan*, écrit par Michel Tremblay.

À un jeune vivant

Je te vois tous les jours.
Vêtu de kaki, les cheveux rasés, l'air sévère.
Tu lances la mode sinistrée, le look secouriste, le genre camp de réfugiés.
Car il n'y a pas d'avenir: la musique que tu écoutes le dit sur tous les tons, des plaintes reggae à la rage
5   [punk.
Et tu ne te fies qu'à la musique,
parce qu'elle seule ne déçoit pas au milieu d'un monde en train de s'écrouler.

Pas de temps à perdre, ce qui t'ennuie ne mérite pas un regard.
Derrière toi, le monde est en feu.
10 Aussi bien dire un amas de ruines refroidies: ça se voit dans les yeux des gens, dans leur contenance, que
        [la plupart ont déjà l'air nucléarisé **3**.
T'as le regard dur et mobile de quelqu'un aux aguets, tu cherches la sortie.
Les flâneurs t'indisposent **4**, je le vois à ton allure de lame souple quand tu files au milieu des passants.
Non, personne ne ralentira ton avance.
15 Tu ne vois pas bien encore où tu t'en vas mais t'es sûr de ce qu'il faut fuir.

Un éclat de ton regard m'effleure au passage, ça ressemble au coupant reflet de chrome d'une moto, ou
        [encore au choc instantané d'une impulsion électromagnétique.
Et surtout, ça ravive en moi le refus de mentir, le courage d'affronter ce qui vient.

Paul Chamberland, *L'inceste et le génocide:
Ouverture pour un livre de morale*, Longueuil,
Les Éditions du Préambule, coll. «Le sens», 1985, p. 27 et 28.

Au fil du texte

3 L'expression *avoir un air nucléarisé* est un <u>néologisme</u>. Proposez une définition qui convient au contexte.

4 Donnez un synonyme du verbe *indisposer*.

Halte
CULTURELLE

Paul Chamberland
(Poète et essayiste québécois, né en 1939)

Paul Chamberland se fait d'abord connaître dans les années 1960, où il participe activement à la Révolution tranquille: cofondateur de la revue avant-gardiste *Parti pris* (1963-1968), il publie les recueils *Terre Québec* (1964) et *L'afficheur hurle* (1965), ce qui en fait l'une des principales figures de la «poésie du pays» et de l'identité québécoise. Les années 1970 le verront évoluer vers la contre-culture puis se tourner vers l'essai lyrique et utopique: *L'enfant doré* (1980) ou *Phoenix intégral* (1988). Sa formation première de philosophe refait surface dans *Un livre de morale* (1989) et *Une politique de la douleur* (2004). De 1985 à 2004, Paul Chamberland a été professeur de littérature à l'Université du Québec à Montréal. Il a reçu le prix Athanase-David en 2007 pour l'ensemble de son œuvre.

Vous avez laissé faire un monde de corruption.
Vous avez laissé faire un monde de mensonge.
Vous avez laissé faire un monde de lâcheté.
Vous avez laissé faire un monde d'ignorance.
5   Vous avez laissé faire un monde de routine.
Vous avez laissé faire un monde de pauvreté.
Vous avez laissé faire un monde de souteneurs**5**.
Vous avez laissé faire un monde d'équarrisseurs**6**.
On arrête.
10 On emprisonne.
On torture.
On assassine.
Et maintenant — qu'est-ce que vous espérez ?

Non, je ne suis pas mort, mais que ça ne vous empêche pas de m'envoyer des fleurs.

Louis Calaferte, *Choses dites*, Paris,
Le cherche midi éditeur, 1997, p. 108.

Au fil du texte

5 Qu'est-ce qu'un souteneur ?

6 Expliquez ce qu'est un équarrisseur dans le contexte.

Laila Shawa,
*Enfants de la guerre,
enfants de la paix*,
1996.

Halte
CULTURELLE

Louis Calaferte
(Écrivain français, 1928-1994)

Né en Italie dans une famille pauvre qui émigre en France alors qu'il est enfant, Louis Calaferte quitte l'école à treize ans. Il travaille en usine mais rêve d'écrire : pour vivre sa passion, il vole du papier dans les bureaux et passe toutes ses pauses à lire. Après la guerre, se rêvant comédien, il se tourne vers le théâtre mais il est très vite rattrapé par son envie d'écrire. Il publie *Requiem des innocents* en 1952, cri de révolte contre l'injustice et féroce portrait de la misère. Calaferte persiste et signe *Septentrion* en 1963. Ce récit autobiographique cru et virulent sera jugé «pornographique», censuré et interdit de vente ; il faudra attendre plus de vingt ans avant qu'il ne soit réédité ! La carrière prolifique de Calaferte sera marquée par une rage de vivre qu'il appliquera à tous les genres : roman, nouvelle, théâtre, poésie, carnets intimes.

Maigrir

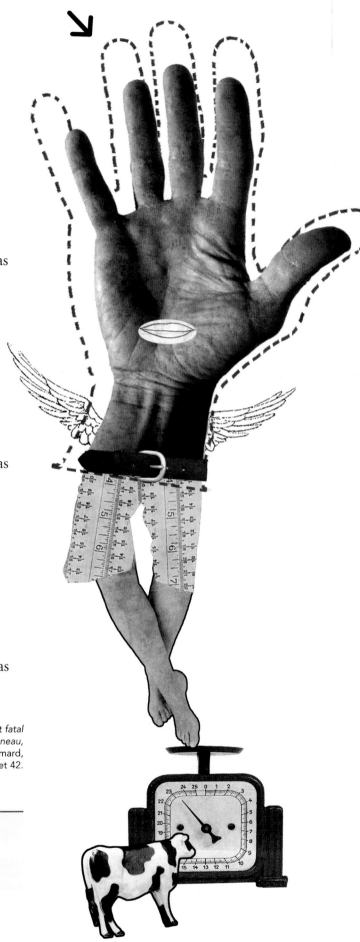

I

Y en a qui maigricent sulla terre
Du vente du coq-six ou des jnous
Y en a qui maigricent le caractère
Y en a qui maigricent pas du tout
5   Oui mais
Moi jmégris du bout des douas
Oui du bout des douas Oui du bout des douas
Moi jmégris du bout des douas
Seskilya dplus distinglé

II

10 L'autt jour Boulvar de la Villette
Vlà jrencontre le bœuf à la mode**7**
Jlui dis Tu m'as l'air un peu blett**8**
Viens que jte paye une belle culotte**9**
Seulement jai pas pu passque
15 Moi jmégris du bout des douas
Oui du bout des douas Oui du bout des douas
Moi jmégris du bout des douas
Seskilya dplus distinglé

III

Dpuis ctemps-là jfais pus dgymnastique
20 Et jmastiens des sports dhiver
Et comme avec fureur jmastique
Je pense que si je persévère
     Eh bien
Jmégrirai du bout des douas
25 Oui du bout des douas Oui du bout des douas
Jmégrirai même de partout
Même de lesstrémité du cou

Raymond Queneau, «Maigrir» dans *L'instant fatal*
© Éditions Gallimard, 1948, dans *Raymond Queneau,
un poète*, Paris, © Éditions Gallimard,
coll. «Folio Junior», 2001, p. 41 et 42.

Au fil du texte

7 Qu'est-ce qu'un bœuf à la mode ?

8 Donnez le sens de l'adjectif *blet*.

9 En boucherie, qu'est-ce qu'une culotte ?

Pour un art poétique

Prenez un mot prenez-en deux
faites-les cuir' comme des œufs
prenez un petit bout de sens
puis un grand morceau d'innocence
5 faites chauffer à petit feu
au petit feu de la technique
versez la sauce énigmatique
saupoudrez de quelques étoiles
poivrez et puis mettez les voiles **10**

10 où voulez-vous en venir ?
À écrire
Vraiment ? à écrire ??

Raymond Queneau, «Pour un art poétique (suite)»
dans *Le chien à la mandoline* © Éditions Gallimard, 1965,
dans *Raymond Queneau, un poète*, Paris,
© Éditions Gallimard, coll. «Folio Junior», 2001, p. 23.

Au fil du texte

10 Que signifie l'expression figée *mettre les voiles* ?

V oici qu'il neige par surprise doucement
comme un visage aimé murmurant des mots d'amour

la nuit sera rêveuse
les yeux les oreilles et la bouche
5 baignés de blanc

les pistes disparaîtront
puis réapparaîtront encore plus claires
incrustées de cristaux
découpant le contour des sabots

10 gare aux lièvres ivres de flocons
gare aux castors à la recherche d'une bulle
gare au caribou extasié

Sylvie Sicotte, *Femmes de la forêt*,
Ottawa, © Leméac, 1975, p. 58.

Halte CULTURELLE

Sylvie Sicotte
(Écrivaine québécoise, 1936-1989)

Fille du dramaturge et comédien Gratien Gélinas et mère de l'écrivaine Anne-Marie Sicotte, Sylvie Sicotte a écrit plusieurs recueils de poèmes. Résidente d'Oka pendant de nombreuses années, elle se sent fortement interpellée par la réalité amérindienne. Pour mieux comprendre la culture autochtone, elle s'initie à la langue mohawk et se rend dans les réserves montagnaises de la Côte-Nord. Dans *Femmes de la forêt* (1975), elle rend hommage aux femmes et à la culture autochtones. Elle cherche aussi à traduire l'existence «douloureuse et ambiguë» d'un peuple menacé. Sylvie Sicotte a également signé les recueils de poésie *Pour appartenir* (1968) et *Infrajour* (1973). En 1984, elle a publié un premier recueil de nouvelles, *Non, je n'ai pas dansé nue*.

1. Quel est le thème de chacun des poèmes de l'atelier ? Pour vous aider, posez-vous la question suivante : «De quoi parle-t-on dans ce poème ?»

2. Les poètes n'écrivent jamais pour rien, ils ont toujours une intention. Lisez l'encadré notionnel ci-dessous à ce sujet.

> L'**intention** qui conduit à l'écriture peut être, entre autres :
>
> – **didactique** ou **instructive** : le poème veut enseigner, communiquer un savoir ;
>
> – **émotive** ou **expressive** : le poème traduit les émotions que les êtres, les choses, les événements suscitent chez les poètes ;
>
> – **esthétique** : le poème attire l'attention sur le texte lui-même, sur le langage ;
>
> – **éthique** : le poème se met au service de ce que les poètes considèrent comme juste et moral ;
>
> – **ludique** : le poème veut amuser, divertir, procurer du plaisir ;
>
> – **persuasive** : le poème cherche à convaincre les lecteurs, il les exhorte à l'action, au changement. ■

> Il n'est pas rare que plusieurs intentions s'entrecroisent dans un poème. Quand cela se produit, souvent l'une d'elles s'impose. ■

3. *Soir d'hiver* est un poème à visée émotive ou expressive. Voyez à l'aide des questions suivantes comment le poète Émile Nelligan transpose son mal de vivre.

   a) Relevez les indices de la présence d'un *je*.

   b) Relevez six mots ou expressions appartenant au champ lexical des sentiments, des états d'âme.

   c) Pour traduire son état, le poète recourt à l'image du froid annonçant la mort. Relevez les mots associés au froid.

4. Dans *Soir d'hiver*, les plaintes du *je* s'expriment par diverses marques de point de vue.

   a) Relevez une phrase de type exclamatif.

   b) Relevez une phrase se terminant par une ponctuation expressive.

   c) Quelle autre marque de point de vue traduit le ton plaintif ?

5. **a)** *Soir d'hiver* se caractérise par ses répétitions de groupes de mots, de vers et même de strophes. Relevez cinq de ces répétitions.

   b) Expliquez l'effet créé par ces répétitions.

> Les caractéristiques d'un **poème à visée émotive** ou **expressive** sont, entre autres :
>
> – la présence marquée de l'énonciateur, le plus souvent sous la forme d'un *je* ;
>
> – un lexique de l'affectivité pouvant exprimer tous les sentiments : la joie, le désespoir, le chagrin, etc. ;
>
> – des marques de point de vue, comme une ponctuation expressive, des phrases exclamatives, des interjections ;
>
> – des figures de style appuyant le sens du poème. ■

> On appelle **énonciateur** la voix qui s'exprime dans un poème. ■

6. *À un jeune vivant* est un poème à visée éthique. Le poète y précise son engagement.

   a) Quelles images le poète emploie-t-il pour décrire le monde et ses habitants ?

   b) Quelles impressions se dégagent de ces images ?

   c) Dans la deuxième strophe, quelle attitude le jeune confronté à ce monde adopte-t-il ? Relevez des extraits qui illustrent votre réponse.

   d) Aux lignes 16 et 17, une comparaison associe le regard du jeune au «coupant reflet de chrome d'une moto». Analysez cette comparaison.

7. Par la voix du *je*, le poète prend position en défendant les valeurs qui lui tiennent à cœur. Les deux valeurs défendues explicitement par le poète sont la vérité et la nécessité de s'engager. Dans la dernière strophe, relevez le passage dans lequel ces valeurs sont énoncées. En tenant compte de l'ensemble du poème, expliquez en quoi consiste chacune de ces valeurs.

8. *Vous avez laissé faire un monde…* est lui aussi un poème à visée éthique. Le poète prend position en dénonçant les maux de notre monde.

a) Relevez, entre les vers 1 et 8, les mots à connotation négative associés au mal qui ronge le monde.

b) Expliquez l'effet produit par cette accumulation.

c) Expliquez l'effet causé par la gradation observable entre les vers 9 et 12.

Les caractéristiques d'un **poème à visée éthique** sont, entre autres:

– un propos engagé qui peut prendre diverses formes: éloge, dénonciation, colère, révolte, etc.;

– des marques d'un point de vue engagé: vocabulaire connoté, pronoms de la 1re personne, etc.;

– des images fortes (comparaisons, métaphores, etc.) pour exprimer la violence des émotions;

– des figures de style marquant l'insistance (répétition, accumulation, etc.) ou l'opposition (antithèse, etc.). ■

9. *Vous avez laissé faire un monde…* est un poème à visée éthique. C'est aussi un poème à visée persuasive. Le *je* cherche à convaincre son destinataire.

a) Donnez deux marques qui révèlent la présence d'un destinataire.

b) Aux vers 1 à 8, de quoi le *je* cherche-t-il à convaincre son destinataire?

c) Quelle figure de style s'impose dans les premiers vers? Expliquez l'effet produit par cette figure.

d) Dans quel vers le *je* adresse-t-il une demande au destinataire? Quelle est cette demande?

e) Comment comprenez-vous cette demande?

Les caractéristiques d'un **poème à visée persuasive** sont, entre autres:

– des marques de la présence du destinataire: pronoms de la 2e personne, interpellation;

– des phrases de type interrogatif, pour provoquer la réflexion;

– des demandes, des ordres, des conseils, sous la forme de phrases de type impératif ou sous d'autres formes, pour inciter au changement;

– des figures de style marquant l'insistance (anaphore, répétition, accumulation, etc.). ■

10. *Maigrir* est un poème à visée ludique. Dans ce poème, Raymond Queneau jongle avec les mots de diverses façons.

a) Relevez, dans la première strophe, les parties du corps soumises à l'amaigrissement et la façon dont le poète les a notées.

b) Au vers 3, le verbe employé n'est pas *maigrir*, mais un synonyme du verbe *irriter*. Quel est ce verbe?

c) Comment le vers 9 devrait-il s'écrire?

d) À partir de vos observations, expliquez comment le poète manie la langue et joue avec les mots.

e) Expliquez le jeu de mots sur lequel reposent les vers 10 à 13. Il vous faudra tenir compte de la polysémie du mot *culotte* et du fait que *bœuf à la mode* peut aussi être lu *beauf (beau-frère) à la mode*.

11. Montrez que, sous des dehors loufoques, le poème *Maigrir* fait la critique des idées fixes. Servez-vous de la périphrase du dernier vers pour étayer votre explication.

Les caractéristiques d'un **poème à visée ludique** sont, entre autres:

– un propos amusant, comique, humoristique, loufoque;

– des jeux sur les sons et les mots: allitérations, assonances, jeux de mots, néologismes, jeux sur la polysémie, etc.;

– des figures de style qui appuient le sens du poème. ■

12. *Pour un art poétique* est un poème à visée didactique.

a) Expliquez en quoi le titre du poème révèle l'intention du *je*. Au besoin, cherchez *Art poétique* dans un dictionnaire.

b) La première strophe est entièrement rédigée à l'aide de phrases impératives. Selon vous, pourquoi le poète a-t-il recours à ce type de phrases ?

c) Parmi les phrases à construction particulière, lesquelles pourraient remplir le rôle des phrases impératives ? Montrez la justesse de votre réponse en utilisant ces constructions dans les trois premiers vers.

d) De quelle façon le destinataire manifeste-t-il sa présence dans la deuxième strophe ?

Les caractéristiques d'un **poème à visée didactique** ou **instructive** sont, entre autres :

– des marques de la présence de l'énonciateur ou du destinataire : pronoms personnels de la 1re ou de la 2e personne, interpellation, dialogue, interrogation, etc. ;

– des phrases de type impératif ;

– des phrases à construction particulière, comme les phrases infinitives et les phrases impersonnelles. ■

13. *Voici qu'il neige par surprise doucement…* est un poème à visée esthétique. Examinez les procédés utilisés par la poète pour laisser la primauté au langage.

a) Aux vers 1 et 2, la neige qui tombe et le visage aimé sont liés par une comparaison. Analysez cette comparaison.

b) Quelle allitération s'impose dans le deuxième vers ? Si vous avez de la difficulté à la repérer, dites le vers lentement à voix basse, jusqu'à ce que vous l'entendiez. Expliquez l'effet produit par cette figure de style.

c) Lisez, ci-dessous, l'encadré notionnel sur l'ellipse, puis dites comment les vers 4 et 5 se liraient sans ellipse.

L'**ellipse** est une figure de style qui consiste à **supprimer un ou plusieurs mots** nécessaires à la construction de la phrase mais dont l'omission ne nuit pas à la compréhension. ■

d) À votre avis, à quoi sert cette ellipse ?

e) Au vers 8, expliquez comment la poète réussit à nous faire entendre le bruit des pas dans la neige.

f) Dans la dernière strophe, quels mots véhiculent l'idée du ravissement total procuré par le spectacle de la neige ?

Les caractéristiques d'un **poème à visée esthétique** sont, entre autres :

– une utilisation des ressources sonores du langage : allitérations, rimes, etc. ;

– une exploration des mots et des images : néologismes, archaïsmes, figures de style, etc. ;

– un travail sur le rythme : versification, découpage en strophes, etc. ;

– une exploitation des ressources graphiques : mise en pages, blanc, etc. ■

Tous les poèmes ont une visée esthétique plus ou moins apparente. ■

LE TEXTE ET VOUS

14. **TEXTES EN RÉSEAU** Dans *Soir d'hiver*, la neige est le symbole de l'étau qui se resserre autour du *je* alors qu'elle est associée à la joie pure et à l'amour dans *Voici qu'il neige par surprise doucement…* Pour vous, que représente la neige ? La percevez-vous sous un jour plutôt favorable ou plutôt défavorable ? Développez vos idées dans un texte d'une quinzaine de lignes.

15. Vous reconnaissez-vous dans le « jeune vivant » du poème de Paul Chamberland ? Expliquez votre réponse.

16. Partagez-vous la vision du monde que propose Louis Calaferte dans *Vous avez laissé faire un monde de corruption…* ? Expliquez votre réponse.

17. **TEXTES EN RÉSEAU** Lequel des poèmes de Raymond Queneau avez-vous préféré : *Maigrir* ou *Pour un art poétique* ? Expliquez votre choix.

GRAMMAIRE

La conjugaison à l'impératif

18. **a)** Relevez les verbes conjugués au mode impératif dans *Pour un art poétique*.

b) Conjuguez ces verbes aux trois personnes du présent de l'impératif.

c) À l'aide de vos observations, complétez les phrases suivantes.

– Au présent de l'impératif, la terminaison des verbes en -er (sauf *aller*) est la suivante: ▮.

– Au présent de l'impératif, la terminaison de la plupart des autres verbes est la suivante: ▮.

– Au présent de l'impératif, le verbe *faire* se conjugue ainsi: ▮.

VERS D'AUTRES TEXTES

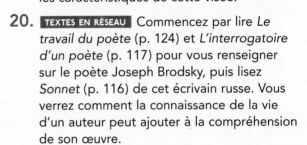

19. **TEXTES EN RÉSEAU** Quelle visée *Sous la voûte céleste* d'Anne Hébert (p. 118), *Lieux-dits* d'Alain Bosquet (p. 119) et *La Grande Humanité* de Nâzim Hikmet (p. 120) partagent-ils? Relevez dans chaque poème les caractéristiques de cette visée.

20. **TEXTES EN RÉSEAU** Commencez par lire *Le travail du poète* (p. 124) et *L'interrogatoire d'un poète* (p. 117) pour vous renseigner sur le poète Joseph Brodsky, puis lisez *Sonnet* (p. 116) de cet écrivain russe. Vous verrez comment la connaissance de la vie d'un auteur peut ajouter à la compréhension de son œuvre.

EN QUELQUES LIGNES

 Faites comme les peintres qui copient les tableaux de maîtres pour acquérir le savoir-faire qui les conduira à la maîtrise de leur art. Écrivez un poème en vous servant de la structure de *Vous avez laissé faire un monde de corruption*… Vous trouverez cette structure sur le document qu'on vous remettra.

DE VIVE VOIX

Poésie et musique ont toujours entretenu des liens étroits. Ainsi, *Soir d'hiver* d'Émile Nelligan a été mis en musique par l'auteur-compositeur-interprète québécois Claude Léveillé; Chloé Sainte-Marie chante les poèmes de Gaston Miron et de Roland Giguère; Rémy Girard ceux de Claude Gauvreau. En France, Yves Montand a interprété Baudelaire et Prévert; Léo Ferré a chanté Aragon, Verlaine, Rimbaud et bien d'autres.

En équipe, cherchez un poème mis en musique. Lisez-le, puis comparez vos impressions. Écoutez ensuite l'interprétation qu'on en a faite. Cherchez à voir en quoi l'interprète a bien servi le texte original. Faites part de ce que vous avez aimé dans l'interprétation et de ce qui vous a moins plu. Dites aussi si vous avez préféré le texte avec ou sans accompagnement musical.

LA FABRIQUE DES POÈTES

Le plaisir de lire ou d'entendre des poèmes réside dans la découverte d'un imaginaire particulier, dans l'assemblage subtil de mots qui nous émeuvent, nous amusent, nous étonnent, nous consolent, nous font réfléchir… Entrez dans la fabrique des poètes et observez les multiples procédés avec lesquels ils créent. En lisant les poèmes de cet atelier, cherchez à identifier un procédé mis en œuvre dans chacun d'entre eux.

Simple souffle souple

Simple souffle souple
Siffle dans le sang
Et se glisse entre tes dents
Simple souffle souple
5 Ton rire qui soupire
Tu m'inspires tu m'aspires
Simple souffle souple
Juste pour te dire
J'suis fatigué de mourir

10 Le songe valse aussi
Le songe valse ici
Ici dans mes nuits
Entre la pluie et la poésie
Le songe valse ici
15 Simple souffle souple
Ici et là perdu dans l'oubli

Simple souffle souple
J't'aime et on s'étouffe
Entre le lit et la lune qui luit
20 Simple souffle souple
24 cœurs / seconde
Qui te font fondre
Sous l'orage qui gronde
Simple souffle souple
25 Vent qui valse sans bruit
Sur le plancher de ta vie

Patrice Desbiens,
Simple souffle souple.

Halte CULTURELLE

Patrice Desbiens
(Poète et conteur franco-ontarien, né en 1948)

Le «cascadeur de la poésie» a roulé sa bosse de Timmins en Ontario, où il est né, à Sudbury, Toronto, Québec et Montréal, où il vit désormais. Son recueil *Ici* (1974) marque son entrée dans la poésie. Déjà Patrice Desbiens fait entendre son sens du rythme et sa musique d'écorché tendre. *L'homme invisible* (1981), *Dans l'après-midi cardiaque* (1985), *Un pépin de pomme sur un poêle à bois* (1995) et *La fissure de la fiction* (1997) le confirment comme un exceptionnel poète de la quotidienneté et l'un des auteurs majeurs du Canada français. Également conteur et musicien, Patrice Desbiens a enregistré deux disques où il interprète ses poèmes sur des musiques improvisées. Quelques-uns de ses textes (dont *Simple souffle souple*) sont chantés par Chloé Sainte-Marie.

Matinée de printemps

Souvenir de mai 1982

La petite araignée épeire   entre deux tiges du rosier
travaille à sa toile   Elle en a le plan clair dans sa tête
Elle m'ignore visiblement   Nous ne sommes pas en relations

Les hirondelles retour du Caire   reconstruisent leur nid éboulé **1**
5   J'aimerais pouvoir les reconnaître   Sont-elles les mêmes que l'an dernier ?
Elles ont l'air de m'accepter   Mais nos rapports restent lointains

Tu lis dans un fauteuil de toile   corps au soleil tête à l'ombre
J'ai déjà lu le livre que tu lis   Parfois j'entre dans tes pensées
et parfois je reste dehors   Nous avons de très tendres liens

10   L'araignée   l'hirondelle   toi   moi   et la chatte grise qui rôde dans l'herbe
le même espace   le même soleil   le même temps
Tout se tient   D'accord
Mais tout est pourtant   assez différent

Claude Roy, «Matinée de printemps»,
dans *À la lisière du temps*, Paris,
© Éditions Gallimard, 1984, p. 56.

Au fil du texte

1 Donnez deux noms appartenant à la même <u>famille de mots</u> que l'adjectif *éboulé*.

Halte CULTURELLE

Claude Roy
(Écrivain français, 1915-1997)

Claude Roy a été, authentiquement et passionnément, un homme de son temps. Grand humaniste, il a fait de sa carrière littéraire le miroir de son engagement: «Avec l'amour, l'amitié et la fraternité d'action, l'art est le plus court chemin d'un homme à un autre.» Soldat lors de la Seconde Guerre mondiale, il est fait prisonnier mais s'évade et rejoint la Résistance aux côtés de Paul Éluard et de Louis Aragon. Il livre alors un premier recueil de poésie, *Clair comme le jour* (1943). À la même époque, il devient journaliste mais poursuit son activité littéraire avec le roman (*La nuit est le manteau des pauvres*, 1948), le récit de voyage (*Clefs pour la Chine*, 1953), l'autobiographie et l'essai. Il dénoncera plus tard les dérives idéologiques dans *Les chercheurs de Dieu* (1981). En 1982, Claude Roy est atteint d'un cancer du poumon; sa poésie se fait sensible et intime (*À la lisière du temps*, 1984). En 1985, il est lauréat du premier prix Goncourt de poésie.

Avril

Partez, froid,
Gélance de mes petites pousses,
Ravageur de mes racines,
Partez et faites de la place
5 Au bon vent doux du sud.

Pour que mes plantes goûtent
Les tendres baisers du soleil.

Partez, frissonneur des herbes,
Printemps, réveillez-vous,
10 Déjà avril,
Du travail à faire.

Zachary Richard, *Voyage de nuit: Cahier de poésie,*
1975-1979, Montréal, Les éditions des Intouchables, 2001, p. 18.

Halte
CULTURELLE

Zachary Richard
(Écrivain et chanteur louisianais, né en 1950)

Si «l'arbre est dans ses feuilles», comme le chante Zachary Richard, l'homme est certainement dans ses racines: celles de l'auteur-compositeur sont louisianaises et cadiennes. Les grands-parents de Zachary Richard appartenaient à la dernière génération unilingue francophone en Louisiane; c'est grâce à eux qu'il apprendra le français et restera en contact avec la culture cadienne, deux influences déterminantes dans sa vie d'artiste. Le chanteur amorce sa carrière au milieu des années 1970, à la tête du groupe *Bayou des mystères* qui marie le blues et le rock à la musique *cajun* traditionnelle. Le Québec comme la France adopteront d'emblée l'auteur de *Travailler, c'est trop dur*. En plus de la quinzaine de disques qu'il a enregistrés, Zachary Richard a publié des recueils de poésie (*Voyage de nuit*, 1979; *Faire récolte*, 1996) et des livres pour enfants. Il est membre fondateur d'Action cadienne, organisme voué à la protection et à la promotion de la langue française en Louisiane.

L e temps a laissé son manteau
De vent, de froidure et de pluie,
Et s'est vêtu de broderie,
De soleil luisant, clair et beau.

5 Il n'y a bête ni oiseau
Qu'en* son jargon** ne chante ou crie :
Le temps a laissé son manteau !

Rivière, fontaine et ruisseau
Portent, en livrée**2** jolie,
10 Gouttes d'argent d'orfèvrerie,
Chacun s'habille de nouveau :
Le temps a laissé son manteau.

Charles d'Orléans, 1433.

---

*Qu'en : Qui en.
**Au Moyen Âge, *jargon* signifie *langage*.

Au fil du texte

2 À partir de la définition du nom *livrée*, expliquez ce que ce mot signifie dans le contexte du poème.

Halte CULTURELLE

De la ronde au rondeau

Le Moyen Âge voit s'épanouir les poèmes à forme fixe, dont le rondeau qu'affectionne tout particulièrement le poète Charles d'Orléans, et que pratiquent encore des poètes contemporains. Ce court poème au ton joyeux est, à l'origine, un chant accompagnant une ronde. Son rythme entraînant est accentué par la reprise du premier vers au milieu et à la fin. Cette répétition explique pourquoi on dit du rondeau qu'il s'agit d'un serpent qui se mord la queue.

Halte CULTURELLE

Charles d'Orléans
(Poète français, 1394-1465)

La vie tumultueuse de Charles d'Orléans est digne des meilleurs contes. Il n'a que treize ans lorsque son père — impliqué dans la guerre de Cent Ans opposant la France à l'Angleterre — se fait assassiner par les hommes de main de son rival, Jean sans Peur. Sa mère meurt quelques mois plus tard, après l'avoir chargé de venger son père. Sa première épouse meurt à son tour en 1409 : à quinze ans, le voilà veuf et orphelin ! Décidé à honorer sa mère et à venger son père, Charles d'Orléans part en guerre : il est aussitôt fait prisonnier. Sa famille décimée, il ne trouve personne pour payer sa rançon. Il passera donc vingt-cinq ans emprisonné dans la Tour de Londres, tout le temps nécessaire pour réaliser sa vocation de poète. Inspiré par la mélancolie de la captivité, l'exil et le temps qui passe, le «poète prisonnier» composera des centaines de rondeaux, de chansons et de ballades.

La Tour de Londres.

Je tends des pièges sur la neige
pour capturer des mots
des mots chauds à fourrure
bêtes rousses et rares venues du soleil
5 égarées sur mes terres de mort
des mots chauds aux longs poils de rayons
je caresse frileux la peau des mots
je me revêts de leur pelage
et me dresse debout
10 sauvage et dur
parmi les poudreries du temps
mon œuvre autour de moi comme un manteau
un chaud manteau en peaux de mots

Pierre Chatillon, *L'arbre de mots*,
Trois-Rivières, Les Écrits
des Forges, 1988, p. 22.

La quête de l'absolu
de Pierre Chatillon,
œuvre exposée dans le
parc littéraire de Nicolet.

Halte
CULTURELLE

Pierre Chatillon
(Écrivain québécois, né en 1939)

La lumière, l'amour, la musique et la nature sont au cœur des livres de Pierre Chatillon. De 1968 à 1996, tout en donnant le jour à une abondante œuvre poétique, il a été professeur de littérature et de création littéraire à l'Université du Québec à Trois-Rivières. Claire et sensible, sa poésie tisse les liens entre les émotions humaines et les vibrations de la nature. *L'arbre des mots* est le titre d'un de ses recueils et aussi le nom d'un parc littéraire qu'il a conçu dans sa ville natale, Nicolet. Le flâneur peut y déambuler parmi les sculptures de personnages tirés des romans d'auteurs locaux. Pierre Chatillon est également l'auteur de plusieurs romans, recueils de nouvelles et pièces musicales.

Persiennes

Persienne   Persienne   Persienne

Persienne persienne persienne
persienne persienne persienne persienne
persienne persienne persienne persienne
persienne persienne

Persienne   Persienne   Persienne

Persienne ?

Louis Aragon, *Le mouvement perpétuel* (1926),
dans *Œuvres poétiques complètes vol. I*,
Paris, © Éditions Gallimard, coll. «Bibliothèque
de la Pléiade», 2007, p. 111.

Halte
CULTURELLE

Louis Aragon
(Écrivain français, 1897-1982)

Louis Aragon, chez lui, près du portrait de sa femme,
l'écrivaine Elsa Triolet.

Poète, romancier et journaliste, Louis Aragon a été partie prenante des grandes aventures littéraires et politiques du XXᵉ siècle. En 1924, il est un des fondateurs du mouvement surréaliste: ses premiers essais poétiques (*Feu de joie*, 1920; *Mouvement perpétuel*, 1926) et romanesques (*Le paysan de Paris*, 1926) expriment la liberté et l'insolite surréaliste. En 1927, il adhère au parti communiste; son œuvre de fiction s'oriente alors vers la critique sociale (*Les cloches de Bâle*, 1934). En 1928, il fait la connaissance de celle qui sera sa muse pendant quarante ans, l'écrivaine française d'origine russe Elsa Triolet. La Seconde Guerre mondiale le ramène à l'écriture lyrique. Poète de la Résistance, Aragon élève l'amour au-dessus des atrocités de la guerre (*Les yeux d'Elsa*, 1942; *La Diane française*, 1946). Sa phrase «La femme est l'avenir de l'homme» deviendra célèbre. Il publiera son autobiographie poétique en 1956 (*Le roman inachevé*) et continuera d'écrire jusqu'à sa mort.

1. Assurez-vous que vous comprenez chaque poème en dégageant son thème ou la façon dont il se déploie.

   a) Dans *Simple souffle souple*, quel thème majeur se juxtapose à celui du souffle qui persiste : celui de la mort qui se profile ou celui de l'orage qui menace ?

   b) Dans *Matinée de printemps*, le poète explique sa conception du monde. Délimitez les trois parties de ce poème à l'aide des indications suivantes. Donnez les numéros des vers couverts par chaque partie.

      – Ouverture : Observation par le *je* du monde qui l'entoure.

      – Partie intermédiaire : 1re constatation du *je* : tous appartiennent à un même univers.

      – Finale : 2e constatation du *je* : malgré d'apparentes similitudes, il existe des différences entre les êtres.

   c) **TEXTES EN RÉSEAU** Écrits à des siècles de distance, les poèmes *Avril* et *Le temps a laissé son manteau...* ont pourtant le même thème. Quel est-il ?

   d) Quel thème s'impose dans *Je tends des pièges sur la neige...* : la trappe ; l'écriture ; la mort et le froid ?

   e) À première vue, de quoi parle-t-on dans *Persiennes* ? Qu'est-ce qui vous permet de donner cette réponse ?

AU CŒUR DU GENRE

Rappel :

Tout poème a une visée esthétique ; il attire l'attention sur le langage. Pour cela, les poètes exploitent, entre autres :

– les ressources sonores du langage ;

– les mots et les images ;

– la mise en pages. ■

2. Examinez de quelle façon les poètes utilisent les ressources sonores du langage.

   a) Dans *Simple souffle souple*, comment le poète fait-il entendre le souffle qui persiste ? Illustrez votre réponse en marquant les vers 1 à 4, 10 et 11, et 24 à 26 que vous aurez recopiés.

Servez-vous du *Tableau des sons* présenté ci-après pour montrer que les sons appuient le sens.

Le **tableau des sons** associe les sons à des sens possibles. Avant de prêter un sens à un son, il convient de vérifier si le son en question appuie le sens du poème. ■

Tableau des sons		
Sons	Explication	Sens possibles
« p » « t » « k » « b » « d » « g » (occlusives)	Le son est produit par la fermeture du canal vocal suivie d'une ouverture brusque.	Brutalité, dureté, explosion, force, violence.
« s » « ch » « f » « z » « j » « v » (constrictives ou fricatives)	Le son est produit par le resserrement du canal vocal.	Douceur, durée, glissement, sifflement, souffle.
« m » « n » « gn » « an » « in » « un » « on » (nasales)	C'est un son qui résonne dans la cavité nasale.	Douceur, lenteur, mollesse.
« l » (latérale)	C'est un son qui laisse l'air s'échapper des deux côtés de la langue.	Douceur, fluidité.
« r » (vibrante)	Le son est produit par la vibration de la luette ou de la pointe de la langue.	Explosion, vibration, violence.
« i » « u » « ou » (fermées) « é » « eu » « o » (mi-fermées)	C'est un son prononcé avec la bouche plus ou moins fermée.	Acuité, intensité, légèreté, petitesse.
« a » « â » (ouvertes) « è » « œ » (mi-ouvertes)	C'est un son prononcé avec la bouche plus ou moins ouverte.	Ampleur, gravité, lourdeur, rondeur.

   b) Lisez, ci-dessous, l'encadré notionnel sur la paronomase, puis relevez trois paronomases entre les vers 1 et 11 de *Simple souffle souple*.

La **paronomase** est une figure de style qui consiste à **rapprocher des paronymes**, c'est-à-dire des mots semblables par le son, par exemple : *briller* et *brouiller*, *dollar* et *douleur*. ■

3. La rime est une autre façon d'exploiter les sons.

a) Quel poème de l'atelier est construit sur deux rimes seulement ? Quelles sont ces rimes ?

b) Sur combien de rimes *Simple souffle souple* est-il construit ? Dites quelles sont ces rimes.

> Pour **exploiter les ressources sonores**, les poètes utilisent des procédés comme :
>
> – les figures de style qui créent des échos entre les mots : assonance, allitération, <u>paronomase</u>, etc. ;
>
> – la rime, qui crée des échos entre les vers et les strophes. ■

4. Voyez comment les poètes utilisent les mots pour donner une coloration particulière à leurs poèmes.

a) Dans *Avril*, relevez le régionalisme et le <u>néologisme</u>. Si vous avez de la difficulté à les repérer, cherchez des mots qui ne sont pas dans les dictionnaires courants.

b) À quelle famille de mots chacun de ces mots se rattache-t-il ? Expliquez leur mode de <u>formation</u>.

c) À quel champ lexical ces mots appartiennent-ils ?

d) Proposez une définition de ces mots en vous servant de leur famille de mots et du champ lexical.

e) À votre avis, pourquoi le poète a-t-il eu recours à ces mots ?

> Pour **mettre les mots en évidence**, les poètes utilisent, entre autres :
>
> – les néologismes, les archaïsmes, les régionalismes, etc. ;
>
> – les variétés de langue. ■

> Pour **renouveler le langage** et **créer des images**, les poètes ont recours à diverses figures de style. On peut classer ces **figures de style** selon qu'elles servent à :
>
> • jouer
> – sur les **mots** : jeu de mots, etc. ;
> – sur l'**ordre des mots** : inversion, etc. ;
> – sur la **construction de la phrase** : ellipse, etc. ;

> • marquer
> – une **opposition** : antithèse, etc. ;
> – une **insistance** : accumulation, anaphore, gradation, hyperbole, répétition, etc. ;
> – une **atténuation** : euphémisme, litote, etc. ;
> – une **ressemblance** : comparaison, métaphore, périphrase, personnification, etc. ;
> – un **remplacement** : métonymie, etc. ■

5. Parcourez les poèmes de l'atelier à la recherche des figures présentées dans l'encadré ci-dessus. Commencez par celles qui jouent sur l'ordre des mots et sur la construction de la phrase.

a) Les vers 5 et 6 du poème *Le temps a laissé son manteau…* devraient se lire comme suit :
Il n'y a ni bête ni oiseau
Qui ne chante ou crie en son jargon.
Expliquez la raison d'être de l'inversion qu'on trouve dans le poème.

b) Relevez l'inversion dans le <u>quintil</u> du même poème et montrez son utilité.

c) Le <u>quatrain</u> de *Matinée de printemps* fait, dans un premier temps, la synthèse des <u>tercets</u> qui le précèdent. Relevez les deux énumérations des vers 10 et 11 et montrez qu'elles accomplissent cette synthèse.

d) Comment les vers 10 et 11 de *Matinée de printemps* se liraient-ils s'il n'y avait pas d'<u>ellipse</u> ? Quel effet cette ellipse produit-elle ?

e) Dans *Avril*, quels <u>constituants de la phrase</u> sont supprimés à la fin du quatrain ? Quel effet produit cette ellipse ?

6. Examinez les figures marquant une opposition ou une insistance.

a) Relevez dans *Matinée de printemps* l'<u>antithèse</u> qui court sur les vers 8 et 9. Expliquez son fonctionnement en vous servant de l'encadré notionnel de la page suivante.

b) Dites en quoi cette antithèse appuie le sens du poème.

c) Une autre antithèse clôt *Matinée de printemps*. Quelle est-elle ? Expliquez son fonctionnement.

d) Montrez que cette antithèse souligne le sens du poème.

Jean Dubuffet, *Lune de miel*, 1943.

d) Expliquez les deux personnifications qu'on trouve dans le <u>distique</u> d'*Avril*.

8. a) Dans *Je tends des pièges sur la neige…*, à quoi les mots sont-ils comparés entre les vers 1 et 5 ?

b) Analysez cette figure de style et dites s'il s'agit d'une <u>métaphore</u> ou d'une <u>comparaison</u>.

c) Analysez la comparaison amenée aux vers 12 et 13 du poème.

9. Observez une figure de style marquant un remplacement.

a) Relisez le vers 21 de *Simple souffle souple*. Que mesure-t-on quand on prend le pouls d'une personne ? Par conséquent, quel mot a été remplacé par le mot *cœurs* ?

b) Vous venez de constater que le poète a remplacé le mouvement par l'organe responsable de ce mouvement. Quelle figure de style permet cette substitution de termes ?

10. Les poètes ne jouent pas que sur les sons et les mots, ils s'intéressent également à la mise en pages. Certains poèmes donnent littéralement à voir ce qu'ils disent.

a) Visuellement, qu'est-ce qui attire l'attention dans *Matinée de printemps* ?

b) Relisez les trois tercets de ce poème. Quel effet la disposition adoptée crée-t-elle sur la lecture ?

c) Relisez maintenant la dernière strophe et voyez quel est le rôle des blancs. Tenez compte des observations que vous avez faites sur ce poème tout au long de l'atelier pour étayer votre réponse.

11. *Persiennes*, le dernier poème de l'atelier, va encore plus loin dans l'exploitation des ressources graphiques.

a) Prenez le temps de chercher dans un dictionnaire le mot *persienne* pour connaître l'origine de ce nom et avoir une idée précise de l'objet dont il est question dans le poème.

b) Si vous examinez attentivement *Persiennes*, que remarquez-vous ? Expliquez votre réponse.

c) *Persiennes* se termine par un point d'interrogation qui signale de toute évidence une question. Quelle pourrait être cette question selon vous ?

e) Relevez l'<u>anaphore</u> dans la dernière strophe de *Matinée de printemps* et expliquez son rôle.

Dans une **antithèse**, les termes qui s'opposent appartiennent à la même <u>classe de mots</u> ou sont des groupes semblables. Ces termes sont habituellement mis en relief dans une structure symétrique. ■

7. Observez les figures de style qui servent à créer des images originales en jouant sur la ressemblance.

a) *Le temps a laissé son manteau…* s'ouvre sur une <u>personnification</u>. Quel élément est personnifié ? Expliquez votre réponse.

b) Relevez l'autre personnification dans le même poème et expliquez en quoi elle consiste.

c) Dans *Avril*, qu'est-ce qui est personnifié au début et à la fin du poème ? Qu'est-ce qui vous a permis de repérer ces figures ?

Pour **exploiter la mise en pages**, les poètes jouent, entre autres, avec :

– les blancs, les alignements, les alinéas ;

– la ponctuation : tirets, parenthèses, etc. ;

– la disposition des mots sur la page, qui peuvent, comme dans le calligramme, dessiner l'objet même du poème sur la page. ■

LE TEXTE ET VOUS

12. TEXTES EN RÉSEAU Relisez les poèmes de l'atelier. Choisissez-en deux qui vous plaisent davantage et expliquez les raisons de votre choix.

GRAMMAIRE

La juxtaposition et la coordination

13. Exercez-vous à reconnaître les éléments juxtaposés et coordonnés. Travaillez sur le document qu'on vous remettra.

L'énumération

14. a) Expliquez pourquoi les <u>prépositions</u> en gras ne peuvent pas être supprimées dans les vers suivants.

Le temps a laissé son manteau
De vent, **de** froidure et **de** pluie

b) Relevez dans le poème *Le temps a laissé son manteau…* un autre cas où la répétition de la préposition *de* est requise.

15. a) Expliquez pourquoi les noms *fontaine* et *ruisseau* ne sont pas introduits par un <u>déterminant</u> dans les vers suivants.

Rivière, fontaine et ruisseau
Portent, en livrée jolie,
Gouttes d'argent d'orfèvrerie

b) Relevez dans le poème *Le temps a laissé son manteau…* un autre cas où l'absence de déterminant devant un nom coordonné ou juxtaposé se justifie.

VERS D'AUTRES TEXTES

16. Pour faire une déclaration d'amour, vaut-il mieux s'exprimer en vers ou en prose ? Telle est l'épineuse question à laquelle est confronté M. Jourdain dans *Le bourgeois gentilhomme*, une comédie de Molière dont vous pourrez lire un extrait à la page 123 de votre recueil de textes.

 EN QUELQUES
LIGNES

 À l'instar de Zachary Richard dans *Avril*, créez des images nouvelles à l'aide de métaphores et de personnifications pour parler des saisons, de la pluie, du vent, du soleil, des nuages, de la mer, etc. Vous trouverez sur le document qu'on vous remettra une démarche à suivre.

DE VIVE
VOIX

Devenez interprète de poésie. Choisissez un poème et proposez une interprétation personnelle à vos camarades. Inspirez-vous des poèmes que vous avez entendus dans l'activité *De vive voix* de l'atelier précédent. Vous pouvez donc lire ou réciter le texte choisi, le donner *a cappella*, le faire entendre sur un accompagnement musical ou même le chanter. L'important est de mettre votre voix au service des mots. Pour bien vous préparer, consultez la stratégie *Comment répéter en vue d'une présentation orale* à la page 512.

SYNTHÈSE

1. Faites la synthèse de vos connaissances sur le texte poétique dans un schéma organisateur.

- Construisez votre schéma à l'aide des pistes fournies ci-dessous.
- Rédigez-le sur papier ou à l'ordinateur. Assurez-vous qu'il est assez clair pour vous être utile en tout temps.

LE TEXTE POÉTIQUE

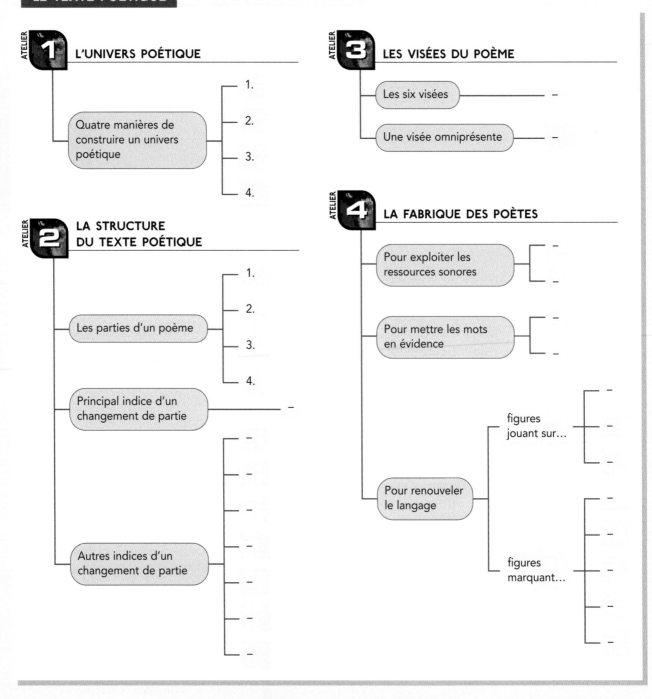

2. Une fois votre schéma construit, comparez-le avec celui de quelques camarades et, si cela est nécessaire, améliorez-le.

ÉCRIRE
UN POÈME

Préparation

1. En grand groupe, analysez la présente situation d'écriture. Consultez la stratégie *Comment analyser une situation d'écriture*, à la page 474.

2. Voici les caractéristiques dont vous devrez tenir compte dans l'élaboration de votre poème. Lisez-les attentivement.

   • Votre poème comptera au moins douze vers.

   • Il sera structuré en trois ou quatre parties. Des indices de changement jouant sur divers plans signaleront le passage d'une partie à l'autre.

   • Votre poème pourra suivre l'un des trois modèles ci-dessous.

Versification régulière	Versification plus ou moins régulière	Versification libre
(*Le dormeur du val,* p. 127)	(*Simple souffle souple,* p. 146)	(*Avril,* p. 148)
– vers rimés suivant les schémas habituels de répartition des rimes – vers de la même longueur	– vers parfois rimés, parfois non rimés – vers mêlés (de longueurs variables)	– vers blancs (vers non rimés) – vers de longueurs inégales et sans aucune régularité

   • Il aura nécessairement une visée esthétique et pourra comporter d'autres visées au choix.

   – Au moins une figure de style jouant sur les sons et trois autres figures de style signaleront la visée esthétique.

   – Si votre poème a une autre visée, au moins deux caractéristiques rattachées à cette visée la signaleront.

   • La mise en pages est à votre choix. Cependant, vos choix devront appuyer le sens du poème.

   • Il s'agira d'une œuvre originale, c'est-à-dire d'une œuvre proposant votre perception des choses.

3. 📄 Prenez connaissance des critères d'évaluation sur le document qu'on vous remettra.

4. Commencez à réfléchir au thème que vous voudriez aborder et au modèle de versification que vous privilégierez. Pour vous aider dans votre réflexion, lisez des poèmes et voyez si certains thèmes ou certaines façons de faire vous inspirent.

Écriture

5. Rédigez une première version de votre poème en tenant compte des caractéristiques énumérées au numéro 2. Retravaillez cette version jusqu'à ce que vous obteniez l'effet recherché.

Révision et amélioration

6. 📄 Relisez votre poème et améliorez-le. Pour vous assurer que votre travail est sur la bonne voie, utilisez le document «Liste de vérification» qu'on vous remettra.

Correction	**7.** Relisez votre poème pour vous assurer qu'il est écrit dans un français standard et qu'il ne contient aucune faute d'orthographe ou d'accord. Lorsqu'il sera au point, mettez-le au propre, puis relisez-le une dernière fois pour vous assurer que vous n'avez pas fait d'erreurs en le retranscrivant.
Diffusion	**8.** Procédez à la diffusion de votre poème selon les modalités choisies.
Évaluation	**9.** Soumettez votre poème à l'évaluation.

En guise de conclusion...

DE VIVE VOIX

Avez-vous, à la fin de ce module, les mêmes idées sur la poésie qu'au début ? En quoi vos perceptions sur l'utilité de la poésie, sur le travail que suppose l'écriture d'un poème et sur le plaisir que procure la lecture ou l'audition d'un poème ont-elles changé ou pas ? Pour mener à bien votre discussion, consultez la stratégie *Comment prendre position sur une question*, à la page 507.

RÉPERTOIRE

Entrez en poésie en empruntant diverses voies. Parcourez des anthologies pour découvrir des poètes de tous les temps et de tous les lieux, plongez-vous dans un recueil pour explorer un imaginaire, lisez des biographies pour comprendre un itinéraire poétique.

Mille ans de poésie 2007

2007

Puisque de chanter le désir m'a pris,
je ferai ces couplets avec tristesse;
jamais plus je ne servirai l'amour,
ni en Poitou ni en Limousin,

Car je pars en exil :
en grande peur, en grand péril.
La guerre voilà ce que je laisse à mon fils,
ses voisins vont le malmener.

Guillaume IX d'Aquitaine, Puisque de chanter le désir m'a pris…

Les cent plus beaux poèmes québécois

2007

il faut bien être quelque chose
pour pouvoir se permettre d'être rien
le rêve est une volonté élémentaire

José Acquelin, L'azur est la mort du hasard.

Alcools

GUILLAUME APOLLINAIRE

1913

À la fin tu es las de ce monde ancien

Bergère ô tour Eiffel le troupeau des ponts bêle ce matin

Tu en as assez de vivre dans l'antiquité grecque et romaine

Guillaume Apollinaire, Zone.

Rimbaud, l'heure de la fuite

1991

ALAIN BORER

Aujourd'hui, Rimbaud étonnerait comme Robinson — l'attirail en moins. Voyez-le se faufiler, ici-même, en 1887, dans le souk d'Aden, vêtu d'un pantalon de toile très large et d'une chemise de coton cousus… par ses propres moyens, absolument indifférent à sa dégaine, la ceinture à goussets bourrée de huit kilos d'or, cachée sous une veste gris kaki. Surplombant la foule d'une tête, mince et «très amaigri», il a «le teint kabyle» que remarquait déjà son ami Delahaye lors de leur ultime rencontre, en 1879 […].

LE REPORTAGE

Sur le terrain

« Le reporter, c'est un œil, un nez
et une oreille branchés sur un stylo. »

Jean-Luc Martin-Lagardette,
Le guide de l'écriture journalistique.

Vers **V**OTRE **D**éfi

Dans ce module, vous délimiterez les frontières du reportage écrit. Pour cela, vous le comparerez avec d'autres genres d'écrits journalistiques et vous lirez plusieurs reportages sur des thèmes variés. Au terme du module, vous mettrez en pratique votre habileté à communiquer efficacement en rédigeant votre propre reportage. Vous pourrez ensuite faire connaître les reportages de votre classe à un plus large public. Voici quelques idées :

- Créer un webzine regroupant les reportages de la classe.

- Proposer les reportages à un journal local.

- Afficher les reportages dans une bibliothèque ou un centre communautaire du quartier.

- Faire un échange de reportages avec des élèves d'une autre école.

VUE D'ENSEMBLE DES ATELIERS

Parcourez la vue d'ensemble ci-dessous, puis survolez les pages 163 à 208. Vous prendrez ainsi la mesure du défi à relever et vous donnerez un sens aux apprentissages proposés dans ce module.

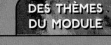

DES THÈMES DU MODULE

Destruction et stupéfaction

Traditions, obligations, interdictions

Nature, passion et protection

Des liens avec votre Défi

ATELIER 1 — LE REPORTAGE: UN GENRE JOURNALISTIQUE À DÉCOUVRIR

p. 164

Qu'est-ce qu'un reportage? Quelles sont ses principales caractéristiques? Dans un journal, comment différencie-t-on le reportage des autres textes? Au terme de cet atelier, vous aurez réponse à toutes ces questions.

Textes journalistiques divers: *C'est la nuit à Manhattan, au pied des tours devenues cimetières*, p. 164 • *Frappés au cœur: les États-Unis essuient la pire attaque terroriste de l'histoire*, p. 166 • *Une tragédie sans nom*, p. 169 • *Après le chaos, le silence*, p. 170 • *La nouvelle guerre*, p. 172 • *Ruée sur les objets-souvenirs*, p. 173

HALTES GRAMMATICALES

Voici, à titre de suggestion, les haltes grammaticales qui pourraient être associées au module 4:

5

Les types et les formes de phrase

13

Les phrases subordonnées relatives

14

Les phrases subordonnées complétives

23

Les anglicismes

ATELIER 2 — UNE QUESTION D'ANGLE

p. 178

Dans un reportage, il est impossible de tout dire sur un sujet. Comment les reporters font-ils pour limiter leur champ de travail? C'est ce que vous verrez dans cet atelier.

Reportage: *Nager à Gaza*, p. 178

ATELIER 3 — L'ORGANISATION D'UN REPORTAGE

p. 185

Comment enchaîner les idées dans un reportage? Il y a plusieurs manières de le faire. Dans cet atelier, vous en observerez quelques-unes.

Reportages: *Au pays des chiens rois*, p. 185 • *Le monde secret des Iraniennes*, p. 188

ATELIER 4 — L'ÉCRITURE DE LA SIMPLICITÉ

p. 196

Cela fait l'unanimité dans le milieu journalistique: l'écriture d'un reportage (ou de tout texte journalistique) doit viser la plus grande simplicité. Plus facile à dire qu'à faire… Cet atelier vous donnera quelques trucs pour améliorer la concision et la précision de vos écrits.

Reportages: *Folie des mariages à Kaboul*, p. 196 • *L'enfance volée*, p. 199

PAGES PRÉCÉDENTES: Angus McBride, *Le danger, ils connaissent! Leur métier: chasseurs de nouvelles dans le monde entier!*, 1969.

D'ABORD ET AVANT TOUT

Puisque vous vous apprêtez à écrire un reportage, demandez-vous quelle place l'information occupe en général dans votre vie. Questionnez-vous aussi sur le métier de journaliste. Pour cela, discutez des questions suivantes avec quelques camarades.

La presse: un peu, beaucoup, énormément ou pas du tout?

1. Établissez votre profil de consommateur ou de consommatrice d'information.

   a) Lisez-vous un journal? Si oui, lequel et à quelle fréquence? Sinon, dites ce qui pourrait vous inciter à en lire un.

   b) Écoutez-vous des émissions d'information à la radio ou à la télévision? Si oui, lesquelles et à quelle fréquence? Sinon, dites pourquoi vous n'avez pas recours à ces sources d'information.

   c) À quelle fréquence consultez-vous Internet pour avoir les dernières nouvelles? Les nouvelles trouvées sur Internet sont-elles plus fiables ou moins fiables que les autres? Expliquez votre réponse.

Journaliste: un métier comme les autres?

2. Le journaliste doit savoir choisir quoi dire et comment le dire. Quelles facultés cela suppose-t-il de sa part? Donnez-en deux.

3. D'après vous, avec quelles contraintes les journalistes doivent-ils composer dans l'exercice de leur métier? Donnez-en deux.

4. Lisez la citation suivante tirée d'un roman.

«Nous avons filmé ces scènes de torture et de meurtre afin d'en dénoncer le caractère intolérable et la barbarie. Vous ne pouvez pas reprocher à une chaîne d'information de montrer la réalité.»

Régis Jauffret, *Microfictions*, Paris, Gallimard, 2007, p. 11.

À votre avis, peut-on tout décrire dans les reportages écrits ou radiophoniques? Peut-on tout montrer dans les reportages télévisés ou sur Internet? Quelles seraient les limites de l'acceptable? Expliquez vos réponses.

5. Selon Reporters sans frontières, 86 journalistes ont été tués dans le monde en 2007; au 1er janvier 2008, 135 journalistes étaient toujours détenus[1]... À votre avis, au nom de quelles valeurs certains journalistes risquent-ils la mort ou l'emprisonnement? Partagez-vous ces valeurs? Pourquoi?

1. Agence France-Presse, «86 journalistes ont perdu la vie en 2007 selon RSF», *Le Devoir*, [en ligne]. (page consultée le 3 janvier 2008)

Halte  CULTURELLE

Quelques définitions

- Reporter: journaliste qui fait des reportages.
- Grand reporter: journaliste chevronné qui fait des reportages d'envergure, souvent à l'étranger.
- Reporter de guerre: journaliste qui fait des reportages dans des zones de combat.
- Envoyé spécial: journaliste dépêché quelque part pour y couvrir un événement.
- Correspondant: informateur chargé d'envoyer des nouvelles d'un lieu éloigné.

LE REPORTAGE: UN GENRE JOURNALISTIQUE À DÉCOUVRIR

ATELIER 1

Le 11 septembre 2001, une horrible tragédie ébranle l'Amérique du Nord. Tous les médias du monde en parlent. Et ils le font de différentes manières, comme en témoigne le corpus d'articles de journaux de cet atelier. Lisez les textes suivants en les classant en deux catégories: les textes qui rapportent des faits, des événements; les autres textes.

L'AMÉRIQUE FRAPPÉE, LE MONDE SAISI D'EFFROI

C'est la nuit à Manhattan, au pied des tours devenues cimetières

ERIC LESER

NEW YORK de notre correspondant — «Attention, elle s'effondre!» Un policier new-yorkais, en sueur, le visage écarlate, nous repousse, en courant une rue plus loin, des deux tours jumelles du World Trade Center, les célèbres *Twins*. Des hurlements, des cris: «*Oh, my God!*» Des gens pleurent, se
5 prennent dans les bras. Il est 10 h 10 à Manhattan, il ne reste plus qu'une tour en feu. Une épaisse fumée noir et gris enveloppe le sud de Manhattan. Le sol est jonché de papiers déchiquetés. Tout est masqué par une épaisse couche de poussière grise, très claire. Les rues, les voitures, les gens sont couverts de cette «neige» qui atténue [1] le bruit des pas, des véhicules et rend l'atmosphère encore
10 plus irréelle.

Au milieu des sirènes des ambulances, de la police, des pompiers, les gens ne disent pas un mot, hébétés. Ils se regardent, baissent la tête, pressent le pas pour fuir ou tentent de reprendre leur progression vers ce qui était le World Trade Center. Ceux qui n'ont pas de masque se couvrent le visage. Des blessés,
15 choqués [2] ou en manque d'oxygène, sont allongés sur le trottoir, entourés, réconfortés. La progression est difficile. Les policiers, en nombre mais désemparés, interdisent parfois de passer, et puis laissent faire, dépassés par les événements. Nous avançons encore, les rues sont désertes, seuls les pompiers sont là, abattus, découragés.

20 Soudain, la deuxième tour s'effondre. Nous nous réfugions en courant dans un restaurant dont le patron ouvre les portes. Tout le monde se jette sous les tables. Des pompiers, bouteille d'oxygène sur le dos et masque sur le visage, nous rejoignent. Trois secondes plus tard, la masse de gravats et de poussière s'abat. Le bâtiment tremble, quelques vitres se brisent. Puis le silence. Il fait nuit
25 noire en plein jour [3]. Dehors, on ne voit pas à deux mètres. Une forte odeur de brûlé se répand. L'électricité est coupée. Le patron du restaurant distribue à ceux qui retournent dans la rue des serviettes pour se couvrir le nez et la bouche. Des véhicules de police et de pompiers sortent, noircis et cabossés, du nuage de

poussière. Quelques minutes plus tard, le paysage réapparaît, hallucinant.
30 New York est mutilée**4**. Les deux tours ont disparu. Elles ont été arrachées,
emportées. Il y a une heure, elles étaient encore là, intactes, brillantes au soleil.
Les immeubles de bureaux, verre et acier, autour de ce qui était le complexe du
World Trade Center, sont en flammes, les vitres brisées. Certains sont en partie
effondrés. Explosions et détonations se succèdent à chaque minute. Des blocs
35 de ferraille tombent encore au loin, bruits sourds, soulevant des nuages de
poussière.

« Vous le croyez, vous ? La guerre en plein cœur de Manhattan… », dit un
pompier épuisé en s'asseyant sur le trottoir. Un gaillard de deux mètres couvert
de poussière, de boue, les yeux rougis, au bord
40 des larmes. Il donne à son supérieur le nom des
cinq camarades qui se trouvaient avec lui dans
l'entrée de la tour effondrée et dont il n'a pas la
moindre nouvelle.

La nuit, lorsque les *Twins* étaient éclairées,
45 c'était un endroit magique. Aujourd'hui, c'est un
cimetière**5**.

Eric Leser, « C'est la nuit à Manhattan, au pied des tours
devenues cimetières », *Le Monde*, 13 septembre 2001, p. 1.

Au fil du texte

1 Donnez un antonyme du verbe *atténuer*.

2 Dans ce contexte, que signifie l'adjectif *choqués* ?

3 Quelle **figure de style** retrouvez-vous dans *Il fait nuit noire en plein jour*.

4 Expliquez la **métonymie** dans *New York est mutilée*.

5 Quelles sont les deux expressions opposées dans l'**antithèse** figurant dans ce paragraphe ?

Frappés au cœur : les États-Unis essuient la pire attaque terroriste de l'histoire

Des avions détournés détruisent le World Trade Center et attaquent le Pentagone

JEAN DION
AFP ; REUTERS ; AP[6]

Une tragédie sans nom, inimaginable, épouvantable au-delà de tout entendement[7], a frappé hier les États-Unis en plein cœur alors que des attentats terroristes à répétition ont touché New York et Washington, entraînant dans la mort des milliers de personnes et déclenchant une vague de fond d'horreur,
5 de psychose, voire de panique, d'incrédulité et de réprobation[8] tant chez les Américains qu'à travers le monde.

La série d'attaques, la plus vaste opération terroriste jamais lancée dans l'histoire, a visé deux symboles de la puissance des États-Unis, le World Trade Center, dans le quartier des affaires de Manhattan, et le Pentagone, siège prin-
10 cipal de l'armée américaine, à Washington. Son caractère démentiel[9] mais aussi la formidable minutie de son organisation ont évidemment suscité toute une série de conjectures[10] quant à son ou à ses auteurs, qui ne l'ont pas revendiquée[11].

Les attentats, qualifiés d'« actes lâches » par le président George W. Bush, ont
15 commencé à 8 h 56 hier matin lorsqu'un avion de la compagnie American Airlines, au départ de Boston et à destination de Los Angeles, détourné par des

pirates de l'air, est allé percuter■12 l'une des tours jumelles du World Trade Center. Dix-huit minutes plus tard, un deuxième appareil, du transporteur
20 United Airlines celui-là, s'écrasait contre l'autre tour du complexe de 110 étages.

Puis, à 9 h 20, un troisième avion de ligne détourné, faisant le trajet Washington-Los Angeles pour American Airlines, s'est abattu sur le bâti-
25 ment du Pentagone, le détruisant en partie. Et moins d'une heure plus tard, on rapportait l'écrasement d'un quatrième appareil, également contrôlé par des pirates de l'air, un Boeing 757 d'United Airlines devant assurer la liaison entre
30 Newark et San Francisco, à 130 kilomètres au sud-est de Pittsburgh. Il semble que celui-ci avait pour cible la résidence d'été du président à Camp David. Ensemble, ces appareils transportaient au-delà de 260 passagers.

35   […]

Le président Bush, qui se trouvait en Floride avant de gagner des bases mili-taires en Louisiane puis au Nebraska pour des raisons de sécurité, a aussitôt réagi en plaçant tout le personnel militaire américain, tant au pays qu'à l'étran-ger, en état d'«alerte maximale». Il a également averti que les États-Unis allaient
40 tout mettre en œuvre pour «pourchasser et punir les responsables de ces actes lâches. Le terrorisme contre notre nation ne l'emportera pas», a-t-il dit. En après-midi, l'état de siège était imposé. En soirée, M. Bush devait s'adresser au peuple américain à la télévision depuis la Maison-Blanche.

«La résolution de notre grand pays est mise à l'épreuve. Mais ne vous y
45 trompez pas, nous allons montrer au monde que nous passerons ce test, a-t-il

Au fil du texte

■6 Les sigles *AFP* et *AP* désignent deux <u>agences de presse</u>. Lesquelles? Pour le savoir, faites une recherche sur Internet.

■7 Quelle <u>figure de style</u> est présente dans l'énumération *sans nom, inimaginable, épouvantable au-delà de tout entendement*?

■8 L'énumération *d'horreur, de psychose, voire de panique, d'incrédulité et de réprobation* est-elle une <u>accumulation</u> ou une <u>gradation</u>? Pourquoi?

■9 À quelle <u>famille de mots</u> l'adjectif *démentiel* appartient-il?

■10 Par quel autre nom pourriez-vous remplacer *conjectures*?

■11 Dans le contexte d'un acte terroriste, que signifie le verbe *revendiquer*?

■12 Donnez un synonyme du verbe *percuter*.

Au fil du texte

13 Combien de réacteurs un avion *biréacteur* a-t-il? Comment le savez-vous?

ajouté. La liberté elle-même a été attaquée ce matin par un lâche sans visage, et la liberté sera défendue.»

Le bilan des morts et des blessés était évidemment impossible à dresser et on craignait le pire d'entre les pires, certaines estimations faisant état d'un minimum de 10 000 morts. Il faudra certes des jours, sinon des semaines avant qu'on y voie plus clair à cet égard. Au moment de mettre sous presse, le secrétaire à la Défense Donald Rumsfeld refusait d'avancer quelque chiffre que ce soit.

À New York, c'était une scène de véritable guerre, d'indescriptible chaos. Après le premier écrasement sur la tour nord du World Trade Center, un épais champignon de fumée noire s'est formé. Des corps, en flammes, se sont mis à tomber des étages supérieurs, et certains occupants ont été aperçus sautant d'aussi haut que le 80e étage. En bas, les passants, hagards, terrifiés, couraient en tous sens. Quelques minutes plus tard, un biréacteur**13** éventrait l'autre tour avant de se volatiliser dans une gerbe de feu, des images qui ont été diffusées et rediffusées par les télévisions du monde entier.

Sous la violence du choc, les deux tours se sont effondrées sur elles-mêmes: d'abord la tour sud, une heure après la catastrophe, puis l'autre, une demi-heure plus tard encore. Manhattan a été noyé de cendres, de débris et de gravats, sur une épaisseur atteignant parfois huit centimètres. L'arrivée des secours sur place a été ralentie par de nombreux embouteillages, habituels à cette heure d'arrivée aux bureaux. D'ordinaire, quelque 50 000 personnes travaillent dans les deux tours et des milliers de visiteurs s'y rendent quotidiennement.

[…]

Jean Dion, «Frappés au cœur: les États-Unis essuient la pire attaque terroriste de l'histoire», *Le Devoir*, 12 septembre 2001, p. A1.

Une tragédie sans nom

BERNARD DESCÔTEAUX

Les attentats contre le World Trade Center et le Pentagone survenus hier matin ont révolté tout le monde occidental**14**. La réaction est unanime. Comment ne pas voir dans ces gestes froidement planifiés et orchestrés une action d'une barbarie sans nom que seul le fanatisme**15** peut autoriser ?

On ne sait quels qualificatifs utiliser pour décrire ces attaques terroristes aux allures d'apocalypse, dont il faudra encore plusieurs jours pour mesurer toute la portée et la signification. Nous avons vu et revu déjà des dizaines de fois sur nos écrans de télévision l'avion d'American Airlines emboutir la tour sud du World Trade Center. Nous avons vu et revu les deux tours s'effondrer, puis une troisième. Dans nos quotidiens d'aujourd'hui, on examinera avec soin les photos nous montrant l'horreur. Pendant des mois, on reverra ces images.

Il faudra s'en imprégner car on ne peut admettre que cela se reproduise, que ce soit chez nos voisins américains ou chez nous. Désormais, il faut cesser de se croire à l'abri de tels drames.

Au-delà de l'émotion, il nous faut en effet réaliser que c'est notre propre sécurité qui est en cause. Ceux qui ont orchestré cette tragédie ont voulu que ce drame soit vécu et ressenti par tout l'Occident. Ils savaient que la télévision porterait leur message. Ils nous disent que nous faisons partie d'un monde qu'ils rejettent et que cette guerre qu'ils lui déclarent nous concerne tous. Qu'elle nous touchera tous.

Les frontières ne sauront les arrêter. Qu'on le veuille ou non, nous serons tous leurs victimes. Ces gens-là ne font pas de nuances. Ils n'ont qu'un seul ennemi, l'Occident, et nous, Québécois et Canadiens, en sommes, peu importe les réserves que nous puissions entretenir**16** en notre for intérieur**17** à l'égard de la domination américaine sur cet Occident.

[…]

Aucune cause, si juste soit-elle, ne saurait justifier des actes terroristes lorsqu'ils visent des victimes dont la seule faute est de ne pas partager les mêmes valeurs que leurs assaillants. Que l'on attaque de nuit un village algérien dont on égorgera tous les habitants à l'arme blanche ou que l'on conduise en plein jour une attaque kamikaze**18** sur New York, c'est le même sentiment de révolte qui nous étreint. La cause que l'on prétend défendre perd dès lors toute justesse.

Ces attaques sur New York et Washington ne sont pas un geste politique. Elles sont d'une autre dimension. Lorsqu'on s'attaque ainsi à des civils innocents, ce n'est pas à un gouvernement ou à un pays qu'on livre la guerre mais à une civilisation. Ce n'est pas la raison qui nous guide mais le fanatisme.

[…]

Bernard Descôteaux, « Une tragédie sans nom »,
Le Devoir, 12 septembre 2001, p. A10.

Au fil du texte

14 Le plus souvent, quels pays considère-t-on comme faisant partie du monde occidental ?

15 Dans ce contexte, qu'est-ce que le fanatisme ? Trouvez votre réponse dans un dictionnaire.

16 Que signifie *entretenir des réserves à l'égard de quelque chose* ?

17 Qu'entend-on par *notre for intérieur* ?

18 a) Le mot *kamikaze* est un <u>emprunt</u> à quelle langue ?

b) Qu'a de particulier une attaque kamikaze ?

Après le chaos, le silence

RICHARD HÉTU

L e silence. Au lendemain de la destruction inimaginable des tours du World Trade Center, c'est le silence de New York qui était le plus étonnant.

De la 14ᵉ Rue jusqu'au bout de l'île de Manhattan, un territoire qui correspond au «downtown **19** » new-yorkais, les voitures ordinaires n'avaient pas le
5 droit de circuler. Les piétons pouvaient marcher au milieu des rues et entendre un bruit presque inconnu à New York, le gazouillement des oiseaux. Dans le ciel azuré, pas un nuage, seulement une colonne de fumée blanche montant des ruines des tours jumelles.

Un peu partout, des scènes inédites se produisaient.

10 Dans Greenwich Village, une queue s'étirant sur un pâté de maisons s'est formée devant le kiosque à journaux d'Astor Place. Un jeune couple faisait la file en lisant deux journaux. Lui avait le nez plongé dans le *Daily News*, qui titrait à la une: *IT'S WAR* (C'est la guerre). Elle lisait le *New York Post*, dont la manchette — *ACT OF WAR* (Acte de guerre) — était accompagnée d'une photo ahuris-
15 sante du deuxième Boeing piquant droit sur un des symboles de la puissance financière des États-Unis. Le couple voulait acheter le *New York Times*, qui titrait sur six colonnes à la une: *U.S. ATTACKED* (Les États-Unis attaqués). «C'est plus complet», a dit l'homme, qui avait passé des heures et des heures devant les reportages télévisés sur l'attaque contre les États-Unis.

À partir du haut, de gauche à droite: Dévastation; Infamie; Les États-Unis attaqués; Acte de guerre; Les terroristes détournent 4 avions, détruisent le World Trade Center, frappent le Pentagone: des centaines de morts; Des terroristes attaquent New York et le Pentagone.

20 Tina Ball, accompagnée de sa fille de cinq ans, voulait également acheter «son» *New York Times*, qui n'avait pas été livré à son appartement de la 5ᵉ Avenue. «C'est intéressant de voir comment les gens ont soif de substance **20** », a-t-elle dit.

25 Il y avait des files partout, non seulement pour acheter des journaux, mais également pour donner du sang, du temps, de la nourriture, ou encore pour se renseigner sur un être cher qui travaillait au World Trade Center.

30 Devant un pavillon de la New School University, dans Greenwich Village, Monica Gabrielle, quarante-neuf ans, faisait la queue pour savoir si le nom de son mari se trouvait sur la liste des personnes hospitalisées à New York après les attaques terroristes. Richard
35 Gabrielle, cinquante ans, travaillait pour une compagnie d'assurances, Aon Corporation, au 103ᵉ étage de la tour sud du World Trade Center. À 8 h 15 mardi, il a envoyé un courriel anodin à sa femme.

«Je n'ai plus de nouvelles de lui depuis», a dit
40 Mme Gabrielle, distribuant aux journalistes des
photos de son mari avec un numéro de téléphone. «Si vous avez des renseignements sur lui,
appelez-moi.» Malgré le silence qui pesait lourdement sur la longue file de personnes angoi-
45 sées, la voix de Mme Gabrielle était à peine audible **21**. «Au bureau, j'ai tout suivi à la télévision»,
disait la femme, spécialiste en marketing. «C'est
horrible. C'est tellement surréel. Je ne peux pas
croire que c'est arrivé.»

50   La tristesse contribuait au silence de New
York, de même que la stupéfaction. Que dire
devant une horreur qui ne fera que croître avec le
décompte des victimes?

Judy Minor, metteure en scène de trente-trois ans, ne savait pas quel mot
55 choisir pour décrire ses sentiments. «Je suis choquée, incrédule, estomaquée,
muette, terrifiée, enragée, démunie **22** », a-t-elle dit en faisant la file pour s'inscrire sur une liste de bénévoles devant l'hôpital St. Vincent, dans Greenwich
Village. «Je suis venue ici parce que je ne peux supporter l'idée de rester à la maison et de regarder les nouvelles à la télévision.»

60   La femme de théâtre a admis que les attaques terroristes avaient fait surgir
en elle un «fort sentiment de patriotisme, évidemment». Dans la journée de
mardi, elle dit avoir souhaité que son gouvernement se serve de sa force militaire pour écraser les pays qui soutiennent le terrorisme. Hier, elle se montrait
plus nuancée. «Je veux que nous utilisions les moyens sophistiqués qui sont à
65 notre disposition pour cibler spécifiquement les leaders, a-t-elle dit. Je ne veux
pas de victimes parmi les innocents. Mais mon vœu ne sera probablement pas
exaucé.»

Le patriotisme **23** des New-Yorkais était partout visible. Il y avait des dra-
peaux accrochés aux fenêtres, aux lampadaires, aux antennes des taxis qui
70 roulaient au nord de la 14e Rue.

Mais personne ne marchait dans les rues de «downtown» New York en
criant «Mort à ceux-ci» ou «Mort à ceux-là». Ce qui ne veut pas dire que le nom
d'Oussama ben Laden n'était pas sur plusieurs lèvres.

    [...]

75   Autour des tours effondrées, le silence était
bien sûr rompu par le bruit des grues qui creu-
saient dans les débris. Mais dans une bonne
partie de New York, le silence régnait comme
jamais auparavant, enveloppant une ville qui n'a
80 pas fini de digérer l'horreur.

Richard Hétu, «Après le chaos, le silence»,
La Presse, 13 septembre 2001, p. A1.

Au fil du texte

19 Par quel mot français peut-on remplacer l'<u>anglicisme</u>
downtown?

20 Que veut-on dire par *les gens ont soif de substance*?

21 Qu'a de particulier une voix à *peine audible*?

22 Cette énumération constitue une <u>figure de style</u>.
Laquelle?

23 a) Quel sentiment éprouvent les gens reconnus pour
leur *patriotisme*?

b) Donnez huit mots de la famille de *patriotisme*.

LES ÉTATS-UNIS ATTAQUÉS

La nouvelle guerre

MICHÈLE OUIMET

L'apocalypse. L'impensable. L'horreur. Jamais les Américains n'ont été attaqués sur leur territoire avec une telle ampleur. Est-ce le début d'une nouvelle guerre où des commandos suicide frappent fort, tellement fort qu'ils déstabilisent la plus grande puissance au monde, symbole de la démocratie[24] ?

5 Depuis que l'homme existe, il y a toujours eu des guerres. Mais au XXᵉ siècle, la folie meurtrière s'est raffinée. Elle a connu un sommet lors de la Deuxième Guerre mondiale. Pour la première fois de son his
10 toire, l'homme avait la capacité de détruire la planète avec la redoutable bombe atomique. Son existence a d'ailleurs bouleversé les relations entre les gouvernements. L'équilibre de la terreur s'est alors instauré, tuant
15 dans l'œuf[25] toute tentative de déployer l'arsenal atomique.

Avec l'attentat du World Trade Center, la guerre vient de franchir un nouveau pas. Sauf qu'aujourd'hui, il n'y a plus d'équilibre
20 de la terreur. Les forces sont complètement disproportionnées[26]. D'un côté, les États-Unis, vulnérables[27] avec leur société ouverte où les gens peuvent circuler librement. De l'autre, des groupes terroristes incontrôlables, sans base géographique, prêts à faire sauter le cœur de New York pour défendre leur cause.

25 Plusieurs spécialistes ont comparé l'attaque d'hier à Pearl Harbor[28]. En 1941, dans un geste surprise, l'aviation japonaise avait attaqué la flotte américaine. Traumatisés, humiliés, les États-Unis étaient sortis de leur isolement pour se jeter dans la guerre. Mais en 1941, l'ennemi était visible et incarné dans un État, le Japon. Les victimes étaient des militaires et non des civils. Et l'attaque
30 avait eu lieu dans une baie du Pacifique et non au cœur de la plus grande ville américaine.

Au moment de mettre sous presse, personne n'avait encore revendiqué l'attentat, même si de nombreuses rumeurs visaient les groupes islamistes extrémistes. Mais il faut garder la tête froide. Tous les islamistes ne sont pas des terro
35 ristes. Chose certaine, l'incroyable déploiement et la précision quasi chirurgicale des attaques ont nécessité d'énormes ressources qui dépassent largement les capacités des obscurs groupuscules[29].

[…]

Beaucoup de questions restent en suspens. Est-ce que les États-Unis peuvent
40 se protéger contre de telles attaques qui soulignent l'extrême vulnérabilité des
grandes villes comme New York ? Comment des avions commerciaux, bourrés
de passagers, ont-ils pu être détournés et servir
de bombes vivantes ? Et comment expliquer l'impuissance des services secrets américains qui
45 n'ont rien vu venir ?

Les Américains voudront se venger. Ils considèrent que cette attaque est une déclaration de
guerre. Mais une déclaration qui vient de qui, et
pourquoi ? Pour l'instant, l'ennemi est invisible et
50 personne ne sait comment le combattre.

Michèle Ouimet, «La nouvelle guerre»,
La Presse, 12 septembre 2001, p. A27.

Au fil du texte

24 Dans une démocratie, à qui appartient en principe le pouvoir de décider ?

25 Que signifie l'**expression figée** *tuer dans l'œuf* ?

26 Quel est le sens du préfixe *dis-* dans *dispropor-tionnées* ?

27 Dans le contexte, que signifie *être vulnérable* ?

28 Qu'est-ce que l'attaque de Pearl Harbor ?

29 Que savez-vous de ces obscurs groupuscules auxquels on fait référence ici ?

ENTRE LE DEUIL ET LA RIPOSTE

Ruée sur les objets-souvenirs

AFP

New York — En trois jours, les touristes et les New-Yorkais se sont rués sur les objets-souvenirs représentant le World Trade Center détruit le 11 septembre par un double attentat
5 qui a fait des milliers de victimes.

Les présentoirs de cartes postales placés devant les boutiques de souvenirs de New York sont aujourd'hui vides. Les fameuses cartes «dix pour un dollar» représentant les *Twin Towers*
10 (tours jumelles), qui dominaient la silhouette de Manhattan du haut de leurs 110 étages, étaient pratiquement introuvables hier.

«Nous avons vendu énormément de cartes postales, de *posters* et de calendriers», raconte
15 Rana, sans s'arrêter de remplir les présentoirs de cartes postales dans son magasin de souvenirs sur la 5ᵉ Avenue, à quelques mètres de l'Empire State Building. «Hier, j'ai vendu plus de 3000 cartes [à un dollar] alors que j'en vends 100 par jour d'ha-
20 bitude», souligne-t-il. Porte-clefs, t-shirts de luxe, épinglettes, casquettes, tasses, calendriers ou encore miniatures, cravates et cendriers, tout est à

vendre et tout est acheté. «La grande majorité des gens qui achètent ces objets-souvenirs sont des
25 New-Yorkais et des Américains, et très peu de touristes étrangers», indique de son côté Lotfi Frigi, qui tient sa boutique de souvenirs dans l'hôtel Grand Hyatt, à côté de la gare Grand Central.

Agence France-Presse, «Ruée sur les objets-souvenirs»,
Le Devoir, 15 septembre 2001, p. A2.

1. En vous basant sur les textes de cet atelier, établissez la chronologie des événements qui sont survenus le 11 septembre 2001, à partir du premier écrasement jusqu'à l'effondrement de la deuxième tour du World Trade Center.

AU CŒUR DU GENRE

2. a) Dans cet atelier, quatre textes rapportent des faits ou des événements. De quels textes s'agit-il?

   b) À quoi les deux autres textes servent-ils?

   Les **textes journalistiques** publiés dans les quotidiens se divisent principalement en trois catégories:

   - les **textes rapportant des faits, des événements** (nouvelles, reportages, etc.);

   - les **textes exprimant des opinions** sur des faits, des événements (éditoriaux, articles critiques, etc.);

   - les **textes expliquant ou analysant** des faits, des événements (analyses, enquêtes, etc.). ■

3. Parmi les quatre textes rapportant des faits ou des événements, deux sont des reportages. Ils décrivent les événements d'une manière très personnelle, offrent un témoignage, donnent l'impression d'un film se déroulant au fil des mots. Quels sont ces textes?

4. Les deux autres textes rapportant des faits ou des événements sont des nouvelles. L'essentiel de leur message est synthétisé dans leur premier paragraphe et précisé dans la suite du texte. En vous basant sur le premier paragraphe de ces textes, dites en une courte phrase «la» nouvelle que rapporte chacun d'eux.

5. Plusieurs caractéristiques permettent de reconnaître le reportage écrit. Dans cet atelier, vous en verrez quatre. La première concerne l'endroit où le reporter exerce son métier.

   a) Où les auteurs des deux reportages de cet atelier étaient-ils quand ils ont assisté aux événements rapportés?

   b) Quels mots le révèlent avant même la lecture des reportages, à l'étape du <u>survol</u>?

   ### 1re CARACTÉRISTIQUE
   Qui dit reportage, dit **déplacement obligatoire sur le terrain, contact avec l'expérience**. Que le reporter ait à décrire une compétition sportive locale, une destination touristique exotique, une expérience amusante ou un conflit armé lointain, il se rend sur place pour **s'immerger dans le milieu, s'imprégner de l'ambiance, recueillir de l'information pendant ou après l'événement**. ■

6. La deuxième caractéristique du reportage concerne son contenu. Sur le terrain, le reporter a les sens en alerte. Attentif aux moindres détails, il note ses observations, s'en imprègne. Cela se répercute dans ses textes.

   a) Dans *C'est la nuit à Manhattan, au pied des tours devenues cimetières*, entre quelles lignes se trouvent les séquences descriptives donnant à **voir**:
      - Manhattan après l'effondrement de la première tour?
      - les gens hébétés après l'effondrement de la première tour?

   b) Relevez quatre courts passages donnant à **entendre** autre chose que des personnes.

   c) Relevez la phrase de ce reportage donnant à **sentir** quelque chose.

   d) Qu'est-ce que le reporter donne à voir et à entendre dans l'avant-dernier paragraphe de ce reportage?

7. Dans *Après le chaos, le silence*, le reporter met largement à contribution deux de ses sens.

   a) Quel sens tisse le fil conducteur de l'ensemble de ce reportage? À l'appui de votre réponse, citez un court passage tiré de chacun des paragraphes suivants : 1, 2, 9 (lignes 50 à 53) et 14 (lignes 75 à 80).

b) Quel autre sens est mis à contribution dans ce reportage ?

8. Outre qu'il observe attentivement ce qui se passe autour de lui, le reporter rencontre et questionne des gens qui ont vécu les événements. D'ailleurs, dans ses articles, le reporter donne la parole à ces témoins.

a) Établissez la liste des personnes dont on rapporte les paroles dans *Après le chaos, le silence*. Dites ce que faisait chacune d'elles au moment où le reporter l'a questionnée.

b) Toutes ces personnes sont inconnues du grand public. Qu'est-ce qui les rend pourtant si intéressantes aux yeux du reporter et de ses éventuels lecteurs ?

c) Imaginez qu'on supprime du reportage les paroles de ces personnes. Quelles conséquences cela aura-t-il sur le texte ? Donnez-en deux.

2ᵉ CARACTÉRISTIQUE

Le reportage **relate ce que le journaliste a vu, entendu, senti et ressenti**. Il montre et décrit. C'est pourquoi la plupart des reportages accordent une **place de choix aux séquences descriptives** et **aux paroles rapportées**. La matière première du reportage est donc l'ensemble des notes prises par le reporter sur le terrain. Par comparaison, la matière première de la nouvelle est, souvent, l'information provenant des dépêches des <u>agences de presse</u> et des communiqués de presse. ■

9. Le reportage ne se limite pas aux séquences descriptives et aux paroles rapportées. Il peut, par exemple, contenir aussi des séquences explicatives. Dans *Après le chaos, le silence*, qu'explique le reporter au paragraphe 6 (lignes 25 à 29) ?

10. **TEXTES EN RÉSEAU** La troisième caractéristique du reportage est qu'il doit captiver ses lecteurs. Déjà, les descriptions et les témoignages y contribuent. Mais il y a plus.

a) Quand c'est possible, le reporter personnalise le drame, lui donne un visage. Dans *Après le chaos, le silence*, quelle personne incarne le mieux la tragédie

du World Trade Center ? Rappelez son drame en quelques mots.

b) Dans *C'est la nuit à Manhattan, au pied des tours devenues cimetières*, le reporter nous plonge au cœur de l'action. À un moment donné, il y a un rebondissement. Relevez la phrase qui l'indique et soulignez l'organisateur textuel qui en facilite le repérage.

c) Relisez le premier paragraphe des deux reportages de cet atelier. Pour chacun, nommez deux moyens qu'utilise le reporter pour faire naître l'émotion. Pour vous aider, consultez d'abord l'encadré notionnel suivant.

3ᵉ CARACTÉRISTIQUE

Le reportage doit **captiver** les lecteurs et les **retenir** jusqu'à la dernière ligne. Pour rendre son article intéressant, le reporter dispose de plusieurs moyens : descriptions, témoignages, personnalisation, rebondissements, anecdotes, citations-chocs, figures de style, interjections, adjectifs forts, phrases à construction particulière, début accrocheur, etc. Cependant, tout doit être vrai. Puisqu'il est un témoin fidèle et rigoureux, le reporter s'interdit d'inventer ou de manipuler l'information.

Contrairement au reportage, la nouvelle livre habituellement l'essentiel du message dès le premier paragraphe. Cela permet aux lecteurs pressés, qui lisent seulement le début de la nouvelle, d'en connaître les grandes lignes. ■

11. La quatrième caractéristique du reportage concerne sa signature.

    a) Parmi les quatre textes de cet atelier qui rapportent des faits ou des événements, lesquels sont signés exclusivement par un journaliste ?

    b) Lequel est signé par une agence de presse ?

    c) Lequel est signé à la fois par un journaliste et des agences de presse ?

4ᵉ CARACTÉRISTIQUE

Le reportage est toujours signé par un journaliste. La nouvelle, pour sa part, peut être signée par un journaliste, une agence de presse, ou les deux à la fois. ∎

12. ☐ Notez dans vos mots les quatre caractéristiques du reportage. Conservez cet aide-mémoire pour la synthèse à la fin du module.

LE TEXTE ET VOUS

13. Selon vous, quels aspects de la vie de tous les jours ont été à jamais modifiés par les attentats du 11 septembre 2001 ? Au besoin, menez une enquête auprès des adultes de votre entourage.

14. Le texte *Frappés au cœur : les États-Unis essuient la pire attaque terroriste de l'histoire* est une nouvelle. En principe, elle aurait dû être écrite de manière objective, ce qui n'est pas le cas dans tout le texte. Selon vous, est-ce une maladresse du journaliste ? Expliquez votre réponse.

GRAMMAIRE

L'emploi des guillemets

15. À quoi servent les guillemets dans les trois extraits suivants ?

    1) Les rues, les voitures, les gens sont couverts de cette «neige» qui atténue le bruit des pas […].

    2) Les attentats, qualifiés d'«actes lâches» par le président […].

    3) […] un territoire qui correspond au «downtown» new-yorkais […].

L'accord du verbe

16. Justifiez l'accord des verbes dans les phrases suivantes.

    1) Tout le monde se jette sous les tables.

    2) Trois secondes plus tard, la masse de gravats et de poussière s'abat.

    3) La série d'attaques, la plus vaste opération terroriste jamais lancée dans l'histoire, a visé deux symboles […].

    4) Son caractère démentiel mais aussi la formidable minutie de son organisation ont évidemment suscité toute une série de conjectures quant à son ou à ses auteurs, qui ne l'ont pas revendiquée.

La subordonnée relative introduite par *dont*

17. 🗐 Sur le document qu'on vous remettra, analysez les <u>subordonnées relatives introduites par *dont*</u>.

18. `TEXTES EN RÉSEAU` Le 11 septembre 2001, la vie de la journaliste Sara Daniel prend un tournant: elle choisit de devenir reporter de guerre. Lisez le début de son journal de guerre à la page 159 de votre recueil de textes. Relevez la phrase dans laquelle elle explique son choix.

19. `TEXTES EN RÉSEAU` Les deux reportages présentés dans cet atelier sont intimement liés à l'actualité de l'époque. Ce n'est toutefois pas le cas de tous les reportages. Par exemple, à la page 156 de votre recueil de textes, lisez *Les sorcières de Kukoe*, un reportage qui présente plutôt un fait de société.

20. `TEXTES EN RÉSEAU` Les reportages présentés dans cet atelier font revivre des moments horribles. Certains reportages sont nettement plus légers. Entre les pages 134 et 151 de votre recueil de textes, relevez le titre de cinq de ces reportages. Ensuite, lisez-en un, au choix, pour le plaisir.

EN QUELQUES LIGNES

Aiguisez votre sens de l'observation. Rendez-vous dans un lieu public grouillant d'activité (la cafétéria de l'école, par exemple) et notez ce que vous y voyez, sentez et entendez. Au besoin, consultez la stratégie *Comment noter des informations rapidement*, à la page 467.

Exercez-vous ensuite à écrire à la manière d'un reporter: à partir de vos notes, rédigez un court texte descriptif qui saura traduire pour vos lecteurs l'ambiance survoltée de ce lieu. Faites lire votre texte par quelques camarades. Ils devront avoir l'impression que vous avez été leurs yeux, leur nez, leurs oreilles.

DE VIVE VOIX

À l'échelle mondiale, les agences de presse jouent un rôle fondamental dans la production et la distribution de l'information. Faites une recherche sur Internet pour en apprendre un peu plus sur les principales agences de presse. Intéressez-vous à leur fondation, à leur mission, à leurs collaborateurs, aux services qu'elles offrent, à leurs principaux clients, etc. Partagez ensuite le fruit de vos recherches avec vos camarades.

Halte CULTURELLE

Derrière les médias, les agences de presse

Les agences de presse sont des organismes qui recueillent de l'information partout dans le monde pour la mettre ensuite à la disposition des médias, entre autres. Parmi les agences de presse qui alimentent les médias d'ici, on trouve notamment la Presse Canadienne (PC), basée à Toronto, l'Associated Press (AP) de New York, l'Agence France-Presse (AFP) de Paris et Reuters de Londres.

Paul Julius Reuter, un journaliste britannique d'origine allemande, a fondé l'agence de presse Reuters en 1851, à Londres.

UNE QUESTION D'ANGLE

Qui dit bande de Gaza, dit conflit israélo-palestinien, Intifada, raids, tirs de roquettes, sang, souffrance : le Gaza des actualités est le théâtre d'une guerre sans fin. Lors de son passage dans cette région chaude du Proche-Orient, la journaliste Agnès Gruda a plutôt choisi de se pencher sur la ségrégation sexuelle. Lisez son reportage en vous demandant quel aspect de ce sujet elle traite plus particulièrement.

Nager à Gaza

La ségrégation sexuelle **1** a causé beaucoup de noyades sur les plages de Gaza. Fraîchement formées, de jeunes sauveteuses surveillent les lieux de baignade pour femmes. Une bulle de liberté au royaume de l'intégrisme **2**.

AGNÈS GRUDA

G aza — Des adolescentes en survêtement long tournent autour de la piscine. D'autres flottent dans l'eau, accrochées à une bouée. Des enfants s'éclaboussent dans la pataugeoire. Débarrassées de leur hidjab **3** et de leur manteau suffocant, des femmes étalent leurs victuailles sur des tables en plastique.

5   C'est mardi, journée des femmes à la piscine de Nauras, dans le nord de la bande de Gaza. Vêtue d'un maillot en lycra qui la couvre de la mi-cuisse jusqu'au cou, Khadil Abuqumena surveille son domaine.

Halte CULTURELLE

RÉGION DE LA BANDE DE GAZA

CISJORDANIE

TERRITOIRES PALESTINIENS — Tel-Aviv

JORDANIE

Ramallah

Jéricho

Mer Méditerranée

ISRAËL — Jérusalem

Gaza

Mer Morte

BANDE DE GAZA

ÉGYPTE

La bande de Gaza

La bande de Gaza est, avec la Cisjordanie, l'un des deux territoires qui composent la Palestine. Enclavée entre l'Égypte, la mer Méditerranée et l'État d'Israël, cette étroite bande de terre compte 1,2 million d'habitants, ce qui en fait une des régions les plus densément peuplées du monde. Occupée par l'armée israélienne de 1967 à 2005, elle a subi les contrecoups du conflit israélo-palestinien : affrontements armés, bombardements, infrastructures déficientes, taux de chômage critique, entre autres conditions de vie extrêmement difficiles. Après le départ de l'armée israélienne, deux factions palestiniennes se sont affrontées pour prendre le contrôle de Gaza. À la suite de l'élection du Hamas, un mouvement islamiste radical, la communauté internationale a suspendu l'aide accordée à la Palestine. Depuis janvier 2008, un blocus israélien a entraîné des pénuries d'aliments, de médicaments, d'eau, d'électricité et de carburant dans la bande de Gaza.

La plage est un des seuls lieux de loisir de la population de Gaza.

À dix-sept ans, Khadil est l'une des rarissimes maîtresses nageuses de toute la bande de Gaza. Et peut-être même de tous les territoires palestiniens. Le
10 jour de notre rencontre, la piscine est remplie à ras bord. Une chaleur de plomb écrase Gaza et des dizaines de femmes n'ont pas hésité à débourser les 15 shekels (4 $) du prix d'entrée pour profiter d'un peu de fraîcheur.

Même en l'absence des hommes, la plupart des femmes portent de grandes robes ou des maillots amples qui camouflent leur corps. Mais on voit quand
15 même ici et là quelques bikinis.

«Mon but, c'est de sauver des enfants», explique Khadil. Cheveux noirs, regard pétillant, la jeune femme a décroché, l'an dernier, son diplôme de sauveteuse. Ce simple bout de papier défie le traditionalisme ambiant **5**.

Plages de sable blond

20 Au-delà de toutes les images de violence et de misère, la bande de Gaza, c'est aussi 40 kilomètres de plage de sable blond le long de la Méditerranée. Mais à l'école, la natation n'est pas enseignée aux filles. «Aucune de mes amies ne
25 sait nager», confie Khadil, qui a appris la brasse et le crawl grâce à son père.

«La plupart des femmes se contentent de jouer dans l'eau tout habillées», confirme Najwa Lubbad, relationniste au Centre de formation
30 professionnelle pour femmes à Gaza — une ONG**6** qui était financée par l'ACDI**7** jusqu'à ce que le Hamas, organisation radicale qui a signé

Au fil du texte

1 Qu'est-ce que la ségrégation sexuelle ?

2 Qu'a de particulier un endroit qu'on qualifie de *royaume de l'intégrisme* ?

3 Qu'est-ce que le hidjab ?

4 Quelle nuance y a-t-il entre les adjectifs *rare* et *rarissime* ?

5 a) À quoi l'expression *traditionalisme ambiant* fait-elle référence ?

b) Expliquez dans vos mots le sens de la phrase *Ce simple bout de papier défie le traditionalisme ambiant.*

6 Qu'est-ce qu'une ONG ? Au besoin, faites une recherche sur Internet.

7 Qu'est-ce que l'ACDI ?

de nombreux attentats terroristes en Israël, remporte les législatives palestiniennes de janvier dernier. Depuis, toutes les ONG affiliées à l'Autorité pales-
35 tinienne ont perdu leur financement.

Créé il y a quatre ans, le centre cherche à doter les femmes de compétences
qui leur permettront de gagner leur vie tout en exerçant un métier utile pour la
communauté. Dès les premiers pas de ce projet, le constat s'est imposé: faute
de surveillantes de plage, trop de femmes et d'enfants se noient chaque année
40 à Gaza.

«Gaza est une société extrêmement traditionnelle», dit Najwa Lubbad, l'une
des très rares femmes, ici, à se promener tête nue dans la rue.

Les femmes ont le choix: se baigner dans leurs vêtements lourds qui les couvrent de la tête aux pieds, ou profiter de quelques rares plages ou jours de
45 piscine réservés, interdits aux hommes.

La ségrégation est absolue et l'interdiction s'applique à tous les hommes
sans exception, sauveteurs inclus.

Résultat: dans leurs lieux réservés, les femmes et leurs bambins devaient se
débrouiller seuls, sans surveillance. «Il y avait beaucoup de noyades», déplore
50 Najwa. D'où l'idée de former des sauveteuses.

Un grand défi

Mais entre l'idée et sa réalisation, il fallait surmonter un gros obstacle: la
réaction des religieux, qui ont été unanimement horrifiés par ce projet.

De toute évidence, les jeunes recrues devaient être formées par des hommes.
55 Comment seraient-elles habillées pendant leurs leçons?

Dans les prêches, à la mosquée, les imams**[8]** mettaient les familles en garde:
leurs filles allaient sûrement parader en bikini devant leurs entraîneurs.

«Nous sommes allées voir le cheikh**[9]** pour essayer de le convaincre», raconte
Najwa. Il a fallu parlementer pendant plusieurs mois avant de venir à bout des
60 résistances.

Le cheikh a négocié durement le costume des jeunes nageuses. Finalement,
il y a eu consensus: lors de leurs séances de formation, les futures sauveteuses
porteraient hidjab, veste et pantalon de coton.

C'est d'ailleurs dans cet accoutrement que Khadil a participé, l'an dernier, à
65 une compétition de natation mixte, où elle a décroché la cinquième place.
«Mon costume était très lourd», reconnaît-elle.

Quand elle se retrouve seule avec des femmes, elle peut porter un
maillot plus léger. Mais la loi de la décence est forte: ce n'est que dans son maillot acceptable pour un regard masculin que Khadil a accepté de poser pour le
70 photographe.

Sauveteuses diplômées

La bande de Gaza compte aujourd'hui une dizaine de sauveteuses diplô-
mées. Huit autres sont en formation. Cet été, il y a eu beaucoup de tension
à Gaza.

Au fil du texte

[8] Que sont un
prêche, une mosquée
et un imam?

[9] Qu'est-ce qu'un
cheikh?

Le 9 juin, une famille entière a été anéantie sur la plage dans un carnage dont toutes les circonstances n'ont pas encore été élucidées, mais qui a éloigné les familles de la mer pour l'été.

Depuis que les brigades armées du Hamas ont enlevé un soldat israélien, le 25 juillet dernier, les incursions de l'armée [israélienne] se sont multipliées, créant un climat de peur.

Résultat : les camps de jour où les nouvelles maîtresses nageuses devaient travailler ont tous été fermés. Et seulement deux des sauveteuses ont du boulot dans les piscines, le jour où celles-ci accueillent les femmes. Khadil reçoit 50 shekels (environ 12 $) pour une journée de travail.

En septembre, Khadil entreprendra sa dernière année au secondaire. Après, elle compte étudier en éducation physique. La natation, c'est sa passion. Ne trouve-t-elle pas injuste d'avoir un handicap vestimentaire quand elle se mesure aux garçons de son âge ? N'est-elle pas choquée que les femmes ne disposent que d'une journée pour se baigner à la piscine ?

Khadil fait un grand sourire et ouvre les bras en signe d'impuissance. «Que voulez-vous qu'on fasse ?» demande-t-elle.

Personnellement, elle estime avoir accompli un pas énorme en acquérant sa formation de sauveteuse. À la piscine, des femmes lui demandent souvent de leur montrer à nager. D'autres sont soulagées de la savoir là, à surveiller leurs enfants.

«Je me sens en sécurité. Au moins, maintenant, quand je suis distraite, quelqu'un jette un coup d'œil sur mes enfants», dit la maman de deux jeunes bambins.

À Gaza, les femmes vivent sous une chape de plomb. «Plus la situation politique se dégrade, plus cela devient difficile pour les femmes», soupire Najwa Lubbad.

Presque toutes les femmes, ici, sont voilées, et on voit de plus en plus de niqabs, ces voiles noirs qui ne laissent paraître que les yeux.

Entre les bandes armées qui se disputent le territoire, le chômage qui touche toutes les familles, les incursions israéliennes et les pressions des intégristes, Khadil et ses copines ont gagné, avec leurs diplômes de sauveteuses, une toute petite bulle de liberté.

Agnès Gruda, «Nager à Gaza», *La Presse*, 27 août 2006, p. A8.

1. Montrez que *Nager à Gaza* est bel et bien un reportage. Pour cela, répondez aux questions suivantes.

a) Qui signe ce texte ?

b) Où la journaliste s'est-elle rendue pour faire son travail ?

c) Dites ce que *Nager à Gaza* donne à voir :
  – entre les lignes 1 et 4 ;
  – aux lignes 6 et 7 ;
  – entre les lignes 13 et 15 ;
  – aux lignes 113 et 114.

d) Par quels moyens Agnès Gruda tente-t-elle de conserver l'intérêt de ses lecteurs ? Nommez-en deux. Au besoin, consultez le deuxième encadré de la page 175.

2. Dans son article, la reporter accorde une grande importance aux propos de Najwa Lubbad.

a) Qu'est-ce qui rend cette femme intéressante pour la reporter ?

b) Najwa Lubbad est « l'une des très rares femmes, ici, à se promener tête nue dans la rue », écrit la reporter. Qu'est-ce que cela révèle à son sujet ?

3. a) Quelle aberration voulait-on corriger en formant des sauveteuses ?

b) Comment ce problème s'explique-t-il ?

c) Pour les religieux, quel a été le principal problème soulevé par la formation des sauveteuses ?

4. Selon vous, pourquoi Agnès Gruda s'est-elle également beaucoup intéressée à Khadil ?

5. TEXTES EN RÉSEAU Puisque les reporters ne peuvent pas tout dire sur un sujet donné, ils font des choix. Parmi la multitude de facettes que présente chaque sujet de reportage, ils tentent de cerner la plus intéressante, celle qui constituera la toile de fond de leur reportage.

a) Dans son reportage, Agnès Gruda aborde le sujet de la ségrégation sexuelle dans la société extrêmement traditionnelle de Gaza. Quel angle a-t-elle choisi pour aborder ce sujet ?

b) Quel angle Richard Hétu a-t-il choisi dans le reportage qu'il a écrit au lendemain des attentats contre le World Trade Center (p. 170) ?

L'**angle** d'un reportage, c'est la **portion de sujet** que le journaliste choisit d'exploiter parce qu'il la trouve intéressante. C'est l'aspect du sujet sur lequel le journaliste concentre ses efforts, la manière d'aborder le sujet, l'éclairage qu'on lui donne.

L'angle choisi doit être maintenu du début à la fin du reportage. ∎

6. Montrez que l'angle choisi a été maintenu dans les quatre parties de *Nager à Gaza*.

> S'il négligeait de se donner un angle et de le maintenir, le reporter risquerait d'écrire un texte peu intéressant, inutilement long et composé d'informations non liées entre elles. ∎

7. Quel était le public cible de *Nager à Gaza*? Comment le savez-vous?

> Le choix de l'angle dépend notamment du public visé. Dans l'organisation de son travail, le reporter commence donc par cerner ses destinataires.
>
> Ensuite, il explore son sujet et commence sa recherche. En cours de travail, il voit se dessiner les pistes les plus riches et choisit alors l'angle à exploiter dans son reportage. Une fois l'angle choisi, il termine sa recherche.
>
> Sa recherche terminée, le reporter trie les informations qu'il a recueillies. Il ne conserve que celles qui sont liées à l'angle choisi.
>
> Finalement, le reporter passe à la rédaction de son article. ∎

8. 🗒 Pour l'écriture de votre propre reportage, que retiendrez-vous au sujet de l'angle? Notez votre réponse et conservez-la en vue de la synthèse à la fin du module.

LE TEXTE ET VOUS

9. a) Quels sentiments avez-vous éprouvés à la lecture de *Nager à Gaza*? Expliquez vos réponses.

b) Si vous pouviez rencontrer Khadil, que lui diriez-vous?

GRAMMAIRE

L'orthographe du mot *tout*

10. Justifiez l'orthographe de *tout* dans les passages suivants.

1) La plupart des femmes se contentent de jouer dans l'eau tout habillées […].

2) […] Khadil et ses copines ont gagné, avec leurs diplômes de sauveteuses, une toute petite bulle de liberté.

Les accords

11. Expliquez l'accord des mots en gras dans les extraits suivants:

1) Des adolescentes en survêtement long tournent autour de la piscine. D'autres flottent dans l'eau, **accrochées** à une bouée.

2) «Aucune de mes amies ne **sait** nager», confie Khadil, qui a appris la brasse et le crawl grâce à son père.

Les marques de point de vue

12. 🗒 Dans un reportage écrit, il arrive qu'un auteur révèle sa subjectivité en utilisant notamment un <u>vocabulaire connoté</u>. Sur le document qu'on vous remettra, repérez quelques mots connotés dans *Nager à Gaza*.

Le discours rapporté

13. Dans le cadre de leur travail, les reporters mènent des entrevues dont ils transposent certaines parties dans leurs reportages. Reconstituez sous forme de <u>dialogue</u> la portion d'entrevue qui a servi à écrire les lignes 92 à 106 du texte.

VERS D'AUTRES TEXTES

14. TEXTES EN RÉSEAU Dans son reportage, Agnès Gruda traite de ségrégation sexuelle. Lisez *La révolte des intouchables*, à la page 149 de votre recueil de textes, et demandez-vous quel type de ségrégation est présenté dans ce reportage.

La femme et la loi : quelques repères

Thérèse Casgrain

Idola Saint-Jean

Dans les années 1920, Thérèse Casgrain a fondé la Ligue des droits de la femme et Idola Saint-Jean, l'Alliance canadienne pour le vote des femmes du Québec.

- En 1940, les femmes du Québec obtiennent le droit de vote. Elles utilisent ce droit pour la première fois aux élections de 1944.

- En 1964, le gouvernement du Québec adopte la Loi sur la capacité juridique de la femme, qui permet aux Québécoises mariées d'effectuer des transactions financières et de signer des documents juridiques. Avant cela, elles étaient considérées comme des mineures et ne pouvaient, par exemple, ouvrir de compte en banque ni signer de bail sans le consentement de leur mari.

- En 1980, le *Code civil du Québec* reconnaît l'égalité entre les conjoints dans le mariage.

EN QUELQUES
LIGNES

Imaginez qu'on vous confie la rédaction d'un reportage sur un sujet donné. Après avoir cerné vos destinataires, vous passez à l'étape suivante : l'exploration du sujet. Sur le document qu'on vous remettra, exercez-vous à explorer un sujet de reportage, au choix.

DE VIVE
VOIX

La lecture d'un reportage comme *Nager à Gaza* fait réfléchir à l'égalité entre les femmes et les hommes. Discutez-en avec quelques camarades. Les questions suivantes vous aideront à alimenter votre discussion.

– Autour de vous, l'égalité entre les femmes et les hommes vous semble-t-elle établie ? À quoi le voyez-vous ?

– Les jeunes femmes d'ici devraient-elles se préoccuper de sauvegarder leurs droits et leurs libertés ? Expliquez votre réponse.

– À quoi verriez-vous un recul des droits et des libertés des femmes d'ici ?

– À votre connaissance, les femmes d'ici ou d'ailleurs ont-elles déjà vécu un effritement de leurs droits et de leurs libertés ?

– Selon vous, quel devrait être le rôle des hommes d'ici dans la sauvegarde des droits et des libertés des femmes ?

L'ORGANISATION D'UN REPORTAGE

Qu'il vous entraîne sur le plus long sentier de sports canins du Québec ou vous plonge au cœur d'un salon de beauté de Téhéran, le reportage doit vous mener à la dernière ligne sans vous perdre en cours de route. Pour cela, il lui faut de l'organisation. Lisez les deux reportages de cet atelier en vous demandant comment s'enchaînent les idées dans chacun d'eux.

Au pays des chiens rois

Entre les villages de Saint-Damien et de Saint-Zénon, les chiens de traîneau ont remplacé les motoneiges. Balade sur le plus long sentier de sports canins du Québec.

DANIEL CHRÉTIEN

D'abord, il y a l'odeur. Subtile, mais néanmoins présente. Un mélange de viande avariée, d'œufs pourris et de chiens mouillés… Mais le vent d'hiver vient tout balayer dès qu'on est assis sur le siège de bois du traîneau et que les bêtes sont lancées.

5 En cette matinée baignée de soleil, ils sont huit chiens — dont Apache, Fox, Bandit et Jack — à me traîner sans peine, filant à 20 kilomètres à l'heure. Debout derrière moi, Martin Charette, le ***musher*** — ou meneur de chiens —, les dirige au son de la voix. «*Gee! Gee!*» leur ordonne-t-il soudain. Aussitôt, l'attelage serre vers la
10 droite, évitant de justesse une profonde crevasse qui nous aurait envoyés valser dans la neige folle bordant le sentier.

Nous venons de quitter le village de Saint-Damien, dans la région de Lanaudière, à destination de Saint-Zénon, à une centaine de kilomètres au nord-est de Montréal. Ici, depuis
15 l'hiver dernier, serpente le plus long sentier entretenu de sports canins du Québec. Les motoneiges y sont interdites. Pas de vrombissements tonitruants. Seulement le grattement sec et bref des griffes sur la neige.

La longue piste déroule son tapis blanc au cœur de la forêt laurentienne. Par la beauté du paysage dans lequel il s'enfonce, le sentier séduit. Il offre 60 kilo-
20 mètres pour faire le plein d'air frais dans un environnement où lacs et montagnes se disputent chaque mètre carré de terrain.

Les *mushers* venaient depuis six ans faire courir leurs chiens sur cette ancienne route de colonisation: un bout de sentier partait de Saint-Zénon, un autre de Saint-Damien. À l'été 2002, une quinzaine de personnes, en majorité
25 des bénévoles, les ont reliés, construisant du même coup ponts, tunnels et chalets d'accueil. Les travaux, qui ont coûté 265 000 $, ont été financés en grande partie par le Fonds d'action québécois du développement durable — un organisme sans but lucratif qui, en partenariat avec le gouvernement du

> **MUSHER**
> Ce terme anglais serait une déformation du mot «marche», qui était l'ordre donné aux chiens de traîneau par les francophones du Nord canadien. Les anglophones ont déformé «marche» en «mush», d'où le terme *musher*, qui désigne le meneur de chiens.

Québec, soutient diverses initiatives encourageant la protection de l'environ-
30 nement. «Notre sentier est un aménagement à caractère écologique», dit Michel
Lambert, du Conseil régional de l'environnement de Lanaudière, l'un des organismes à l'origine du concept.

Durant sa première saison «officielle», de la mi-janvier à la mi-mars 2003,
le sentier a accueilli environ 200 amateurs de glisse. De ce nombre, les trois quarts
35 étaient des Européens ayant succombé à l'appel des vastes contrées québécoises.
«Pour 2004, des groupes de touristes français ont commencé à réserver leur
place dès le début de novembre», dit Michel Lambert.

Pourtant, la Corporation des sentiers de sports canins de Lanaudière vient
à peine de lancer sa première campagne publicitaire pour faire connaître l'en-
40 droit! «Nous préférions attendre que toutes les infrastructures soient bien amé-
nagées», dit Anny Malo, présidente de l'organisme.

On se rend au sentier en empruntant la route 131, long ruban gris qui
tranche sur le blanc étincelant de la neige épaisse recouvrant les vallons. Tour
à tour, les villages lanaudois défilent: Saint-Félix-de-Valois, Saint-Jean-de-
45 Matha, Sainte-Émélie-de-l'Énergie… Des noms qui forcent la génuflexion **1** et
qui donnent l'impression que, de là-haut, ils sont nombreux à veiller sur la
région **2** !

Au fil du texte

1 Qu'est-ce qu'une génuflexion?

2 Qu'est-ce que l'auteur veut dire par cette phrase?

3 a) Dans le nom *aviculteur*, que signifie l'élément *avi-*?

b) Qu'est-ce qu'un aviculteur?

4 a) Que signifie l'expression *tomber sous le joug* de quelqu'un ou de quelque chose?

b) Comment le mot *joug* se prononce-t-il?

Dans ce tableau de clochers et de toits de tôle,
des dizaines de poulaillers aux volets fermés
50 rouges ou verts attirent l'œil. Pour les chenils de
Lanaudière, leur présence a son importance, car
les chiens de traîneau mangent beaucoup de
poulet. Pas du poulet bio, désossé et tranché en
suprêmes, mais des poulets crus et entiers —
55 plumes, os, viscères et yeux inclus! «J'enlève les
becs et les pattes pour éviter que mes chiens ne se

blessent», dit Martin Charette, trente-deux ans, qui dirige durant l'été un centre d'équitation. «Ce sont des athlètes, je veux les garder en forme!» Les propriétaires de chenils trouvent dans ces poulaillers une nourriture abondante et…
60 gratuite: les aviculteurs **3** leur donnent tous les poulets qui meurent de vieillesse ou de chaleur. Ils n'ont qu'à venir les cueillir.

Dans le sentier, même pendant les pauses, Apache, Fox et compagnie demeurent concentrés. Ce n'est pas un journaliste de Montréal qui va les distraire. J'ai beau faire toutes les simagrées possibles pour attirer leur attention,
65 m'étendre dans la neige pour les photographier, c'est peine perdue. Poser ne les intéresse pas. Même échec lorsque Martin Charette me confie son attelage. Debout derrière le traîneau, je siffle, hurle, m'époumone sous le regard amusé du *musher*, qui constate, satisfait, combien ses chiens lui sont fidèles. À peine ai-je obtenu d'eux un regard interrogateur, voire agacé.

70 Mais quel regard! Ces yeux, d'un bleu si pâle qu'on dirait qu'un ciel d'hiver s'y est glissé, sont presque troublants. Martin Charette, lui, est tombé sous leur joug **4**. Il est fou de ses chiens, qui le lui rendent bien. À peine attelés, ils aboient
75 et bondissent en attendant le signal du départ, que le *musher* donnera d'un sifflement. «Ce sont des chiens qui aiment courir», dit ce dernier, le visage rougi par le vent frais. «Ils sont énergiques et passionnés.»

80 Au détour d'un rocher, le lac Raquette se dévoile dans toute sa blancheur. Derrière nous, Christiane L'Archevêque, skis aux pieds et bâtons en mains, suit lentement, attelée à son labrador, Bingo, qui n'a rien d'un chien de traîneau. «Une
85 autre façon de le promener!» dit-elle en reprenant son souffle. Cette enseignante de quarante et un ans pratique le *ski-joering* (ou ski attelé) depuis quelques années. Lorsque je lui fais remarquer que ce sport, d'origine scandinave, s'apparente au ski nautique, elle proteste: «Pas du tout!
90 Le chien ne me tire pas, je fais équipe avec lui. Il fournit le tiers du travail.»

Les chiens de traîneau ne sont donc pas seuls dans le sentier. Skieurs attelés, skieurs de fond,
95 raquetteurs et autres sportifs «non motorisés» y sont aussi les bienvenus. En entendant arriver les meutes haletantes, ils se rangent sagement sur le côté. Car un attelage de chiens ne s'arrête ni ne se ralentit facilement. Lorsque huit ou dix huskys aux yeux bleus foncent droit devant, la langue rose battant au vent, leur céder le passage
100 semble la chose la plus naturelle à faire. Surtout, surtout si le *musher* est un journaliste de Montréal…

Daniel Chrétien, «Au pays des chiens rois»,
L'actualité, vol. 29, n° 2, 1er février 2004, p. 53.

Le monde secret des Iraniennes

À Téhéran, les salons de beauté se disputent le pavé. Derrière des portes closes, les femmes s'y retrouvent, le temps d'un shampooing ou d'une manucure**5**. Libres du regard des hommes, elles peuvent enfin dénouer leur hijab (foulard) et se sentir comme à la maison.

KATIA JARJOURA

À quelques rues de la place Vanak, au cœur de la capitale iranienne, une enseigne discrète accrochée à l'entrée d'un immeuble de béton indique l'emplacement du salon Cheherda (qui
5 signifie «Visages»). Comme tout ce qui concerne les femmes en Iran, l'endroit est loin d'être à portée de vue. Ce n'est qu'après avoir traversé le vestibule de l'immeuble, franchi un passage donnant sur une cour extérieure et gravi quelques
10 étages dans le froid mordant qu'on aperçoit enfin un paravent rose qui laisse deviner l'entrée.

À visages découverts

Il est 10 h 30 du matin, un lundi brumeux de février, mais le petit studio ressemble déjà à une
15 fourmilière. Vingt employées y jouent de la brosse et du ciseau pour répondre à la demande des dames qui se bousculent au portillon. À l'entrée, la gérante prend les rendez-vous par téléphone. En face de la fenêtre fermée d'un store
20 blanc, une esthéticienne lime frénétiquement les ongles de sa cliente. Le soufflement continu du séchoir se mélange aux modulations du farsi, la langue du pays, et aux éclats de rire aigus. L'atmosphère est détendue. Propre et sobre, mais
25 plutôt étroit et écrasé par la lumière des néons, Visages est un salon de beauté typique destiné aux femmes de la classe moyenne de Téhéran.

«C'est presque toujours bondé», dit Peggy, vingt-huit ans, une fausse blonde aux sourcils
30 teints et aux bottes de cow-boy qui ressemble davantage à une Américaine qu'à une Iranienne. «Mais ce n'est rien par rapport à Norouz (le jour de l'An iranien, qui commence à la mi-mars). Pendant les fêtes, il arrive que je travaille douze
35 heures par jour, sept jours sur sept.» Un surmenage qui n'est pas sans avantage puisque son revenu mensuel peut alors passer de 2 772 000 rials (300 $), le salaire de base, à 9 240 000 rials (1000 $), grâce aux pourboires.

40 Sarah, une collègue, se joint à la conversation. «Les Iraniennes ont toujours été coquettes mais, depuis la révolution islamique de 1979, comme nous devons cacher nos courbes et nos têtes sous le voile, toute notre attention se concentre sur le
45 visage et les mains», dit-elle en se tournant vers la table consacrée aux manucures et aux pédicures, au centre de la pièce.

Elle précise toutefois que des changements ont eu lieu depuis l'époque du président réfor-

50 mateur Khatami (1997-2005). Les manteaux se font plus ajustés et les jeunes filles sont plus motivées à surveiller leur ligne, contrairement au temps où les formes féminines se perdaient sous le tchador, ce tissu couvrant la tête et le corps.

55 Les Iraniennes ont d'ailleurs de plus en plus recours à la chirurgie esthétique pour se faire gonfler les lèvres ou la poitrine: «Les épouses veulent garder leur mari! plaisante Peggy. Puisque les traditions se perdent et que les hommes vont

60 voir ailleurs, elles doivent faire des efforts supplémentaires.»

Juste à côté, Elham, vingt ans, la plus jeune employée, balaie les mèches de cheveux sur le plancher. Elle a un sparadrap blanc sur le nez.

65 Comme bon nombre d'Iraniennes, elle a décidé de se faire refaire le nez, une pratique courante au pays. Il suffit de débourser 14 millions de rials (1600 $) pour l'opération et le tour est joué.

Dans l'étroit corridor de l'entrée, deux

70 femmes d'âge mûr épluchent des magazines de

Au fil du texte

5 Trouvez dans un dictionnaire l'étymologie du nom *manucure*.

6 Par quoi peut-on remplacer l'anglicisme *in*?

7 De quelle couleur les sourcils et les yeux d'ébène sont-ils?

coiffure d'un œil étonné. Les coupes de cheveux de la nouvelle génération leur paraissent excentriques. Qu'est-ce qui est *in* **6** aujourd'hui en Iran? «Ça dépend des goûts et des styles, répond

75 Sarah. Mais disons que la mode est plutôt au long avec frange.» Et surtout: teinture s'il vous plaît, en blond de préférence. Influencées par les émissions *people* américaines et par Fashion TV, captées par satellite, beaucoup d'Iraniennes rêvent

80 de ressembler aux stars hollywoodiennes. Ça donne parfois des résultats surprenants, comme l'illustre cette photo de la belle-sœur de Peggy: une fausse blonde platine aux sourcils et aux yeux d'ébène **7**.

Halte
CULTURELLE

En bref: la révolution islamique en Iran

Des Iraniennes manifestent lors du 29e anniversaire de la révolution islamique.

La révolution islamique est le nom donné au vaste mouvement d'insurrection qui, en 1978-1979, a renversé le pouvoir monarchique et transformé l'Iran en république islamique. Dans les années 1960 et 1970, le règne du shah Pahlavi (1953-1979) — règne marqué par la corruption et la tyrannie de la police secrète — soulève une forte opposition. L'ayatollah Khomeini, figure de proue de la révolution, prône l'établissement d'un gouvernement théocratique, entièrement basé sur l'islam. Des manifestations massives sont violemment réprimées et des milliers d'opposants sont abattus au cours de l'année 1978. Le shah est finalement renversé en 1979 et l'ayatollah Khomeini prend le pouvoir. S'installe alors un régime islamique radical qui régit strictement la conduite en société et se montre particulièrement contraignant envers les femmes: elles sont en effet obligées de porter le voile et perdent tout pouvoir de décision concernant leur famille.

Liberté limitée

⁸⁵ Les interdits n'en restent pas moins nombreux au pays des mollahs**8**. Mahnaz, gérante du salon depuis cinq ans, assure que son travail est toujours limité par les restrictions du régime**9**. ⁹⁰ «Les tatouages sont prohibés, de même que l'implant d'ongles. Même une mariée doit mettre son foulard lorsqu'elle sort du salon après avoir été bichonnée pendant des heures… C'est très contraignant.» Sans parler des policières de la brigade ⁹⁵ des mœurs**10**, qui débarquent parfois au salon à l'improviste.

Et le hijab, ce n'est pas néfaste pour les cheveux? «C'est ce que les médecins ont longtemps clamé, répond Mahnaz, car le foulard prive les ¹⁰⁰ cheveux de la vitamine D fournie par le soleil. Mais depuis quelques années, comme Téhéran est devenue l'une des villes les plus polluées au monde, on dit que le hijab protégerait des toxines de l'air.»

¹⁰⁵ Pollution ou pas, Mahnaz préférerait s'en passer définitivement, même si elle a le rare privilège de pouvoir travailler sans hijab. «Quand on arrive le matin et qu'on enlève le hijab, ce n'est pas une vraie libération», confie cette femme de ¹¹⁰ quarante-cinq ans. «On ne veut pas être libres uniquement entre femmes, ou chez nous à la maison. On veut avoir ce genre de liberté partout.»

Religion et préjugés

¹¹⁵ Il est bientôt 13 heures. C'est la pause déjeuner-prière. La petite salle d'épilation, campée derrière les deux lavabos, se transforme à la fois en salle à manger et en lieu de recueillement. Peggy a revêtu son tchador blanc et s'est agenouillée en ¹²⁰ direction de La Mecque**11**.

Pendant qu'elle récite des versets coraniques**12**, Nadya et Neluphar, les deux maquilleuses, mangent leurs pointes de pizza assises sur le lit pliant, en discutant produits de beauté. C'est ¹²⁵ cela l'Iran, un mariage surréaliste de religieux et de profane**13**. Pour Peggy, ce métier n'entre pas en contradiction avec l'islam. «Je suis croyante par choix personnel. Mes parents ne le sont pas. Je ne vais pas à la mosquée, mais je prie. Ça m'apporte ¹³⁰ porte une certaine paix intérieure. Ce n'est pas politique.»

Seule employée sans fard ni vernis, Naimé profite d'un temps d'accalmie pour siroter son thé chaud. Elle a vingt-trois ans et travaille ¹³⁵ comme coiffeuse depuis l'âge de quinze ans. Son rêve: émigrer en Californie, à San Diego, où réside déjà son oncle. «Je veux partir d'ici, murmure-t-elle. J'aimerais apprendre les langues étrangères et étudier en tourisme. »

140 Il y a deux ans, elle a fait une demande de visa américain qui a été refusée. Depuis, elle espère que son oncle pourra débloquer la situation de son côté. « Mais je n'ai pas trop d'espoir, car beaucoup d'Iraniens veulent partir aux États-Unis. »
145 Naimé souhaiterait changer de métier car, dit-elle, être coiffeuse n'est pas très bien coté en Iran. « Les gens croient que nous sommes des femmes malfamées, de mauvaise famille ou de classe inférieure. » Et puis, il y a les histoires, les ragots,
150 les mauvaises influences. Naimé se rappelle avoir été choquée par l'attitude d'une employée d'un autre salon, qui était mariée mais avait un amant et ne s'en cachait pas.

À cœur ouvert

155 Vers 14 h 30, le salon se vide. Les filles commencent à mettre de l'ordre puis… à bâiller. Certaines font des mots croisés, d'autres feuillettent des magazines, s'épilent le visage, se vernissent les ongles ou envoient des textos sur leur
160 cellulaire. Les chansons de Mohsen Chavoshi, star de la pop iranienne, s'enchaînent à la radio, interrompues par les bulletins de circulation. Avec ses 14 millions d'habitants, Téhéran gagne la palme des embouteillages. À l'entrée du salon, une
165 vendeuse itinérante déballe sa valise de produits de maquillage bon marché. Dans la cuisine, on sert le thé.

Ne reste plus qu'une habituée, Forouzandé, cinquante ans, ex-hôtesse de l'air, qui connaît le
170 salon comme sa poche. Elle y passe parfois des après-midi entiers. La chevelure badigeonnée de teinture acajou**[14]**, elle attend son shampooing tout en lisant le journal.

« Je suis inquiète », avoue-t-elle en anglais,
175 en montrant la une du doigt. « Le président Ahmadinejad ne va pas abandonner le programme nucléaire et on risque fort de se faire attaquer par les Américains. » Tous les soirs, Forouzandé suit les nouvelles à la BBC et sur VOA
180 (Voice of America) avec beaucoup d'appréhension**[15]**. « J'espère que le régime va se plier aux exigences de la communauté internationale. Nous sommes un pays riche en pétrole et en gaz. Nous n'avons pas besoin de défier le monde avec le

185 nucléaire ! » Cet avis ne reflète pas celui des autres filles du salon ni de la majorité des Iraniens. Beaucoup pensent que le développement de l'énergie nucléaire civile est un droit national légitime.

Une seule présence masculine hante le salon
190 de beauté : le portrait d'un jeune barbu vêtu d'un uniforme de pilote. C'est Theodic, le fils unique de Janet, la coiffeuse « vétéran » de Visages. Forouzandé raconte qu'il y a trois ans, alors qu'il avait à peine vingt-quatre ans, Theodic est mort
195 dans un accident d'avion entre Téhéran et Khoram Abbad. Depuis, Janet est en deuil. Elle ne porte que du noir et fume comme une cheminée.

Janet est chrétienne, minorité représentée par 250 000 personnes sur une population de 72 mil-
200 lions. Une petite croix de pierre orne son cou. Maigre et rembruni, son visage raconte l'histoire récente de l'Iran. Avant la révolution, elle avait son propre salon de coiffure, où elle recevait princesses, aristocrates et poètes. Après la prise
205 du pouvoir par les religieux, elle a dû quitter l'Iran pour n'y revenir que des années plus tard. Son fils était devenu sa raison d'être, l'homme de sa vie depuis son divorce.

Les aiguilles de l'horloge indiquent 17 heures.
210 Brosses et ciseaux sont rangés dans les tiroirs. Le soir tombe sur Téhéran, accompagné de minces flocons de neige. Face aux miroirs, les employées de Visages se regardent une dernière fois avant d'enfiler leur hijab dans un geste automatique.
215 *Khoda hafez !* » (au revoir), se disent-elles en chœur. Et les lumières s'éteignent.

Katia Jarjoura, « Le monde secret des Iraniennes »,
Châtelaine, vol. 48, n° 9, septembre 2007, p. 110 à 119.

Au fil du texte

8 Qu'est-ce qu'un mollah ?

9 Dans ce contexte, quel sens donnez-vous au nom *régime* ?

10 Comment le nom *mœurs* se prononce-t-il ?

11 Pour les musulmans, que représente La Mecque ?

12 De quel livre proviennent les versets *coraniques* ?

13 Quel est le contraire de *profane* ?

14 De quelle couleur une teinture acajou est-elle ?

15 Par quel autre GPrép pourriez-vous remplacer *avec appréhension* ?

LE TOUR DU TEXTE

1. De quoi est-il question dans les deux reportages de cet atelier ?

2. **TEXTES EN RÉSEAU** Pour faire leur travail, les deux reporters ont fait appel à leurs sens.

   a) Quelles odeurs et quels bruits le reporter évoque-t-il dans *Au pays des chiens rois* ?

   b) Entre les lignes 38 et 79, relevez cinq passages montrant que le reporter a mis sa vue à contribution.

   c) Entre les lignes 13 et 27 du *Monde secret des Iraniennes*, lesquels de ses sens la reporter a-t-elle utilisés pour élaborer sa description du salon ? Citez un passage à l'appui de chacune de vos réponses.

3. **TEXTES EN RÉSEAU** Dans les deux reportages, les journalistes ont accordé une grande place aux paroles rapportées. Pour chaque texte, donnez le nom et précisez le rôle des personnes dont ils ont cité les paroles.

AU CŒUR DU GENRE

4. **TEXTES EN RÉSEAU** Avant d'observer l'organisation des reportages, intéressez-vous au *chapeau* (qui surmonte le reportage) et à l'*amorce* (qui ouvre le reportage).

   a) Le chapeau présente le reportage. Dites par quels mots commence et finit le chapeau de chacun des reportages de cet atelier.

   b) Visuellement, comment le reconnaissez-vous ?

   c) Parmi les reportages des ateliers 1 et 2 (p. 164, 170 et 178), lequel a un chapeau ? Lesquels n'en ont pas ?

   En principe, **le reporter ne rédige pas lui-même le chapeau.** Cette tâche revient habituellement à d'autres personnes qui se chargent aussi de composer les titres. ■

5. **TEXTES EN RÉSEAU** a) L'amorce correspond habituellement au premier paragraphe du reportage. Elle doit d'abord attiser la curiosité des lecteurs. Entre les lignes 1 et 4 d'*Au pays des chiens rois*, par quel moyen le reporter tente-t-il d'obtenir ce résultat ?

   b) L'amorce cherche aussi à provoquer un sentiment, une émotion qui retiendra les lecteurs. Dans l'amorce du *Monde secret*

des Iraniennes (lignes 1 à 11), quelle phrase joue en partie ce rôle ?

   c) Finalement, l'amorce donne le ton (léger, dramatique, tragique, résigné, optimiste, etc.) du reportage. Dans les reportages suivants, quel ton se dégage de l'amorce ?
   – *Au pays des chiens rois.*
   – *C'est la nuit à Manhattan, au pied des tours devenues cimetières* (p. 164).
   – *Après le chaos, le silence* (p. 170).

   C'est **le journaliste** qui **rédige l'amorce** de son reportage. Pour capter l'attention des lecteurs, il peut utiliser différents moyens comme la **description**, l'**anecdote**, la **citation**. ■

6. Comment organiser un reportage ? Il y a plusieurs manières de le faire. Vous en verrez trois dans cet atelier. Observez-en une première dans *Au pays des chiens rois*.

   a) Relisez ce reportage en vous limitant aux lignes 1 à 14, 17 à 19 et 62 à 85. Qu'avez-vous l'impression de lire ? Pourquoi avez-vous cette impression ?

   b) Quels paragraphes de ce reportage sont principalement constitués d'informations générales sur le sentier ?

   1ʳᵉ ORGANISATION : à la manière d'un récit
   Comme fil conducteur de son reportage, le reporter utilise le récit d'une expérience qu'il a vécue. Au fil de son témoignage, il insère des informations générales en prenant soin de ne pas alourdir l'ensemble. ■

7. Relisez maintenant les paragraphes 3 et 4 (lignes 12 à 21) d'*Au pays des chiens rois*.

   a) À l'aide du tableau reproduit sur le document qu'on vous remettra, montrez que, dans ces paragraphes, le reporter a alterné *témoignage* et *informations générales*.

   b) Selon vous, pourquoi le reporter a-t-il construit ces deux paragraphes de cette manière ?

8. Une deuxième façon d'organiser un reportage est illustrée par *Le monde secret des Iraniennes*. Répondez aux questions suivantes sur le document qu'on vous remettra.

a) Relevez les quatre indications temporelles signalant le passage du temps.

b) Selon vous, dans quel ordre ces indications se succèdent-elles ?

c) Ces indications font plus que marquer le passage du temps. À l'aide du tableau reproduit sur le document qu'on vous a remis, montrez qu'elles sont aussi l'occasion pour la reporter de faire le point sur le niveau d'activité qui règne dans le salon.

9. L'auteure du *Monde secret des Iraniennes* ne s'intéresse pas seulement aux activités qui se déroulent au salon de beauté ce jour-là, bien au contraire.

a) Nommez les deux aspects de la vie des Iraniennes dont la journaliste traite dans la partie concernant la matinée.

b) Au cours de la pause déjeuner-prière, quelle vision de l'Iran s'est imposée à la journaliste ? Relevez la phrase qui l'indique.

c) Quelle image forte marque la fin de la journée ?

2e ORGANISATION : l'ordre chronologique

Le déroulement chronologique peut servir de fil conducteur à un reportage. Pour éviter que son reportage ait l'air d'un banal compte rendu, le reporter enrichit son texte de descriptions, de citations, de précisions, d'explications, etc. ■

10. Dans *Après le chaos, le silence* (p. 170), vous observerez une dernière façon d'organiser les idées dans un reportage.

a) Dans son reportage, le journaliste fait état de l'étonnant silence qui règne dans les rues de Manhattan après les attentats. Il en explique la cause et annonce que des scènes inédites se produisent un peu partout. Décrivez en quelques mots chacune des scènes inédites données en exemple :
   – entre les lignes 10 et 24 ;
   – entre les lignes 30 et 49 ;
   – entre les lignes 54 et 67 ;
   – entre les lignes 68 et 73.

b) À quelle réalité tous ces exemples se rattachent-ils d'une manière ou d'une autre ?

3e ORGANISATION : la suite d'exemples

Le reportage constitué d'un assemblage d'exemples donne l'impression qu'il se construit au gré des déplacements du reporter. Pour que le reportage conserve sa cohérence, les exemples doivent se rattacher à une idée centrale. ■

Ce qui importe le plus dans l'organisation d'un reportage, c'est d'adopter un plan logique, intéressant, qui convient au sujet et qui aide le lecteur à suivre le fil du texte. ■

13. Parmi les trois organisations de reportage observées dans cet atelier, une vous semble-t-elle meilleure que les autres ? Expliquez votre réponse.

14. **a)** Qu'avez-vous appris dans *Le monde secret des Iraniennes* ? Qu'est-ce qui vous a paru le plus surprenant ?

b) ▮TEXTES EN RÉSEAU▮ La liberté semble-t-elle être une valeur importante pour les Iraniennes de ce reportage ? pour les deux femmes de *Nager à Gaza* (p. 178) ? Expliquez vos réponses.

15. ▮TEXTES EN RÉSEAU▮ Prononcez-vous sur les reportages que vous avez lus depuis le début du module.

a) Lequel vous a semblé le plus facile à lire ? Pourquoi ?

b) Lequel avez-vous trouvé le plus difficile à comprendre ? Qu'est-ce qui aurait facilité votre lecture ?

c) Lequel vous a paru le plus captivant ? Pourquoi ?

GRAMMAIRE

La subordonnée complétive

16. **a)** Entre les lignes 28 et 113 du *Monde secret des Iraniennes*, relevez les phrases <u>subordonnées complétives</u> et donnez leur fonction.

b) Parmi les subordonnées relevées au numéro 16 a, <u>réduisez</u> la seule qui peut l'être.

Le participe passé employé avec *avoir*

17. Entre les lignes 5 et 37 d'*Au pays des chiens rois*, relevez tous les participes passés employés avec *avoir*. Quand il y a accord, justifiez-le.

Le deux-points

18. Justifiez l'emploi du <u>deux-points</u> dans les phrases ci-dessous.

1) Tour à tour, les villages lanaudois défilent : Saint-Félix-de-Valois, Saint-Jean-de-Matha, Sainte-Émélie-de-l'Énergie…

11. Peu importe l'organisation retenue, le journaliste doit s'assurer que son texte est le plus facile à lire possible. Bien utilisés, les intertitres et les encadrés peuvent être d'un précieux secours.

a) *Le monde secret des Iraniennes* comporte des intertitres. En quoi ces intertitres facilitent-ils la lecture du reportage ?

En principe, il n'y a pas d'intertitre à la 1re partie d'un reportage ; un tel intertitre risquerait en effet d'interférer avec le titre (ou le sous-titre) et le chapeau du reportage. ▪

b) Dans *Aux pays des chiens rois*, à quoi l'encadré sert-il ?

c) Selon vous, pourquoi cette information a-t-elle été sortie du texte ? Donnez au moins deux raisons.

Intéressantes mais secondaires, les informations comme les définitions et les données statistiques sont souvent placées en périphérie du reportage dans des encadrés, des tableaux ou des schémas. ▪

12. ▯ Pour l'écriture de votre propre reportage, que retiendrez-vous au sujet de l'amorce, de l'organisation des idées, des intertitres et des encadrés ? Notez vos réponses et gardez-les précieusement en vue de la synthèse à la fin du module.

2) Les propriétaires de chenils trouvent dans ces poulaillers une nourriture abondante et… gratuite : les aviculteurs leur donnent tous les poulets qui meurent de vieillesse ou de chaleur.

3) Lorsque je lui fais remarquer que ce sport, d'origine scandinave, s'apparente au ski nautique, elle proteste : « Pas du tout ! Le chien ne me tire pas, je fais équipe avec lui. Il fournit le tiers du travail. »

4) Ça donne parfois des résultats surprenants, comme l'illustre cette photo de la belle-sœur de Peggy : une fausse blonde platine aux sourcils et aux yeux d'ébène.

VERS D'AUTRES TEXTES

19. **TEXTES EN RÉSEAU** L'auteure du *Monde secret des Iraniennes* s'immerge dans le quotidien de ces femmes pour mieux les comprendre. L'auteure de *L'insomnie avant l'horreur* s'est immergée, quant à elle, dans le quotidien de Maliennes. Lisez le texte, à la page 154 de votre recueil, pour constater à quel point, dans ce cas, l'expérience fut bouleversante pour la reporter.

20. **TEXTES EN RÉSEAU** Pour découvrir un autre sport de glisse original, lisez *Les fous du blizzard* à la page 145 de votre recueil de textes.

EN QUELQUES LIGNES

Voici trois sujets de reportage fictifs. Dites quelle organisation vous adopteriez pour chacun d'eux. Rédigez ensuite une amorce pour chaque reportage. Quand vous aurez terminé, échangez vos textes avec quelques camarades. Cette activité vous donnera peut-être des idées pour l'écriture de votre propre reportage à la fin du module.

– Une tornade a dévasté votre voisinage. Pour écrire votre reportage, vous avez parcouru les lieux à vélo.

– Vous avez toujours voulu savoir à quoi ressemble la journée d'un ambulancier. Pour écrire votre reportage, vous avez passé une journée complète avec l'un d'eux.

– Vous aviez un rêve : faire un tour dans *Les dents de la mort*, ce manège réservé aux plus intrépides. Pour écrire votre reportage, vous l'avez enfin essayé.

DE VIVE VOIX

Écoutez à quelques reprises un reportage radiophonique ou télévisuel enregistré. Remarquez comment s'enchaînent les différentes parties de ce reportage.

L'ÉCRITURE DE LA SIMPLICITÉ

Peu importe le sujet à peindre, la plume du reporter doit aller droit au but. L'écriture doit être simple et limpide. En effet, le reportage a ceci de particulier qu'il doit être compris par un grand nombre de lecteurs. Lisez les deux textes de cet atelier en vous demandant si les mots et les phrases sont faciles à lire et à comprendre. Certains passages pourraient-ils être clarifiés ou raccourcis ?

Folie des mariages à Kaboul

Grosse noce, centaines d'invités, musique assourdissante, décor kitsch**1**.
Résultat : des dettes écrasantes pour les jeunes mariés.
Portrait du phénomène.

MICHÈLE OUIMET
KABOUL

Kabul Paris Wedding Hall. Les grosses lettres rouges luisent dans la nuit. Elles ornent la façade d'un édifice clinquant de quatre étages, au cœur de Kaboul.

Le stationnement est plein. Une limousine blanche attend les mariés. À
5 l'extérieur, des lumières en forme de palmiers clignotent furieusement, vertes, jaunes, rouges. À l'intérieur, un escalier monumental mène aux salles où les

invités font la fête. Sur les marches, des pots avec d'immenses fleurs en plastique. De grands rideaux à froufrou rose ornent les murs. L'éclairage est
10 cru.

Il fait un froid d'enfer. Le hall n'est pas chauffé et de la buée sort de la bouche des invités. Dans les salles de réception, par contre, des poêles au gaz apportent un peu de chaleur.

15 Sameh, vingt-sept ans, épouse Halima, vingt-cinq ans. Le mariage coûte 10 000 $. Le père de Sameh, chauffeur d'autobus, a amassé la moitié de la somme. Il a emprunté le reste, 5000 $. Le jeune couple traînera cette dette pendant des années.

Kaboul vit la folie des mariages. Sous les talibans **2**, les célébrations étaient
20 interdites. Il y a cinq ans, un an après la chute du régime taliban, il n'y avait que cinq édifices consacrés aux mariages, que les Kaboulis appellent *wedding halls*. Aujourd'hui, ils poussent comme des champignons. «Il y en a plus d'une centaine», affirme le directeur du Kabul Paris Wedding Hall, Mohammad Ismaël.

«Près de 90 % des bâtiments construits au cours des dernières années
25 sont des *wedding halls*», ajoute de son côté l'éditeur du *Kabul Weekly*, Faheem Dashty.

Une noce coûte cher. Le Kabul Paris Wedding Hall facture de 350 à 500 afghanis (de 7 $ à 10 $) par personne. Le prix varie en fonction du menu. Sameh et Halima ont 500 invités. Un mariage moyen. Les gros attirent 2000 personnes.

30 Le mariage est l'aboutissement d'un long processus qui ruine les jeunes couples, précise Faheem Dashty.

Ce sont les familles qui arrangent les mariages, explique-t-il. Les tractations sont parfois longues. Lorsqu'elles aboutissent, la famille du futur marié doit préparer une réception qui rassemble une cinquantaine de personnes.

35 Puis viennent les fiançailles, une fête qui réunit plus de 150 invités. Là encore, c'est la famille du marié qui ramasse la note. Entre les fiançailles et le mariage, il peut facilement s'écouler un an, parfois deux. À chaque fête, le Nouvel An ou l'Aïd, la famille du futur époux doit acheter des bijoux et des vêtements à la famille de la fiancée.

40 Ce n'est pas tout. Le futur époux doit verser de l'argent à la famille de sa promise, une sorte de dot **3** à l'envers.

La facture finale d'un mariage frise parfois les 30 000 $.

«Ça n'a aucun sens. Un jeune couple commence sa vie avec une dette qui l'écrase, déplore Faheem Dashty. Ils vont mettre une dizaine d'années à tout
45 rembourser.»

Les traditions afghanes

Le mariage de Sameh et d'Halima est fidèle aux traditions afghanes. Les hommes et les femmes sont séparés. L'immense salle de réception est coupée en deux par un paravent d'une dizaine de pieds [environ trois mètres] de haut.

Au fil du texte

1 a) De quelle langue le mot *kitsch* est-il un <u>emprunt</u>?

b) Que signifie *kitsch*?

c) Par quel <u>québécisme</u> pourriez-vous le remplacer?

2 Qu'est-ce qu'un taliban? Trouvez votre réponse dans un dictionnaire.

3 a) Qu'est-ce qu'une dot?

b) Comment ce mot se prononce-t-il?

Des hommes, séparés des femmes par un paravent (à l'arrière), fêtent lors d'une noce à Kaboul.

50 Les hommes d'un côté, les femmes de l'autre. Ils ne se voient pas. L'orchestre est du côté des hommes.

«On danse, on chante jusqu'à 3 heures du matin. On a du plaisir», affirme Zarifa, une parente de Halima.

Zarifa a dix-neuf ans. Elle s'est mariée l'année dernière. Un mariage mixte, 55 hommes et femmes ensemble, dans la même salle. L'exception.

La musique est tellement forte qu'il faut hurler pour se faire entendre. Les enfants courent partout, surexcités. Les femmes, maquillées à outrance, portent des robes longues et des décol-60 letés vertigineux. Elles sont en beauté avec leurs talons hauts et leurs bijoux, mais les hommes ne peuvent pas les voir.

Les vieilles sont assises ensemble à une table, tranquilles. Elles portent le voile même s'il n'y a 65 pas d'hommes dans la pièce.

Sameh vient de terminer ses études à l'université en économie. Pour l'instant, il est au chômage. Il vivra chez ses parents avec sa femme, comme l'exige la tradition afghane. Une vie qui 70 débute avec une dette de 5000 $.

Un Afghan gagne, en moyenne, 350 $ par année.

Michèle Ouimet, «Folie des mariages à Kaboul»,
La Presse, [en ligne]. (5 février 2008;
page consultée le 23 février 2008)

L'enfance volée

1,2 million de jeunes du monde entier sont vendus en esclavage chaque année

SHARON LAFRANIERE

Kete Krachi, Ghana — Le ciel est encore sombre au-dessus du lac Volta. Il sera bientôt 5 heures et Mark Kwadwo se fait tirer sans ménagement du coin de sol humide où il dort. Il est l'heure d'aller travailler.

Frissonnant dans le froid du petit matin, il contribue de sa pagaie à faire
5 avancer l'embarcation jusqu'à plus d'un kilomètre du rivage. Pendant plus de cinq heures, tandis que ses compagnons lancent leurs filets de pêche sans relâche, Mark écope pour empêcher le bateau de trop prendre l'eau.

Son dernier repas remonte à la veille. Sa pagaie de bois brisée est si lourde qu'il peut à peine la soulever. Mais il obéit à chaque commandement de Kwadwo
10 Takyi, le costaud de trente et un ans installé au fond de l'embarcation qui distribue allégrement les taloches.

«Je n'aime pas ça ici», murmure-t-il suffisamment bas pour que sa remarque ne vienne pas jusqu'aux oreilles de Takyi.

Mark Kwadwo a six ans. Faisant à peine un peu plus de 13 kilos, l'enfant
15 porte des sous-vêtements bleu et rouge et un t-shirt de la Petite Sirène. On dirait davantage un bébé trop grand qu'un «aide-batelier». Il est trop jeune pour comprendre pourquoi il a abouti dans ce village de pêcheurs, qui se trouve à deux jours de marche de chez lui.

Au fil du texte

4 Que remplace le pronom *il* dans cette phrase ?

Des garçons transportent des sacs de minerai de cuivre de la mine de Ruashi, à 20 kilomètres de Lubumbashi, en République démocratique du Congo.

20   Mais les trois garçons plus âgés qui travaillent avec lui savent de quoi il retourne. Tout comme Mark, ils sont des serviteurs en apprentissage loués par leurs parents à Takyi pour aussi peu que 20 $ US par année.

     Tant que leur servitude n'aura pas pris fin, dans trois ou quatre ans, ils sont aussi captifs que les poissons dans leurs filets, contraints de travailler jusqu'à
25 quatorze heures par jour, sept jours sur sept, objets d'un commerce que même les pêcheurs adultes d'ici considèrent comme abusif et parfois dangereux.

     Les garçons de Takyi, conscrits dans un camp de travail miniature, privés d'école, des besoins fondamentaux et de liberté, font partie d'un vaste trafic d'enfants qui soutient les pêches, les carrières, les plantations de cacao et de riz
30 de l'Afrique occidentale et du centre, de même que les marchés à ciel ouvert. Pour leur part, les filles sont domestiques, boulangères, prostituées. Les garçons travaillent aux champs, ils servent de récupérateurs dans des mines d'or et de pierres précieuses.

     Mais le trafic d'enfants ne se limite pas simplement à l'Afrique. Des enfants
35 sont contraints de conduire des chameaux au Proche-Orient, de tisser des tapis en Inde et de remplir les bordels partout dans les pays en développement.

     […]

Sharon Lafraniere, «Esclave à 6 ans» (extrait),
La Presse, 4 novembre 2006, cahier Plus, p. 2.

1. À première vue, lequel des deux textes de cet atelier vous semble le mieux écrit pour un reportage ? Notez votre choix, car vous le réévaluerez plus loin dans l'atelier.

2. L'auteure de *Folie des mariages à Kaboul* a assisté au mariage de Sameh et d'Halima.

   a) Dites entre quelles lignes la journaliste rapporte ce qu'elle a observé le jour de la noce et ce qu'elle sait des époux.

   b) Dites entre quelles lignes la reporter concentre les informations générales sur la folie des mariages.

   c) De qui a-t-elle obtenu ces informations générales ?

3. Décrivez brièvement quatre traditions afghanes mentionnées dans *Folie des mariages à Kaboul*.

4. Selon vous, la dernière phrase de *Folie des mariages à Kaboul* est-elle indispensable à ce texte ? Pourquoi ?

5. a) Dans l'extrait de reportage *L'enfance volée*, quelle réalité le cas de Mark Kwadwo illustre-t-il ?

   b) Fournissez les informations suivantes au sujet de Mark Kwadwo.
      – Son âge.
      – Son poids.
      – Son lieu de résidence.
      – La description de son travail.
      – Le nombre d'heures qu'il travaille chaque semaine.

   c) Relevez la phrase de *L'enfance volée* dans laquelle on explique pourquoi Mark se retrouve contre son gré dans un village de pêcheurs.

6. Écrire avec simplicité présente un réel défi. Afin que son texte soit simple et limpide, le reporter choisit ses mots avec soin. Pour cela, premièrement, il évite les mots <u>génériques</u>, compliqués, abstraits. Pour simplifier les phrases ci-après, remplacez les mots en gras par des mots plus courants.

   1) Mais il obéit à chaque **commandement** de Kwadwo Takyi, le costaud de trente et un ans installé au fond de l'**embarcation** […].

Halte CULTURELLE

Quelques citations sur l'écriture journalistique

« L'écriture journalistique est très fonctionnelle, dépouillée, plus soucieuse d'efficacité dans la transmission du message que d'effets de style. Si l'on sait être original dans le choix de ses expressions, tant mieux : c'est un plus bienvenu. Mais l'essentiel, c'est bien d'abord la rigueur, la justesse de l'expression.

Faire comprendre avec une grande économie de moyens, tel est le grand art du journalisme. »

Jean-Luc Martin-Lagardette, *Le guide de l'écriture journalistique*, Paris, La Découverte, 2005, p. 59.

« Le style journalistique est direct et privilégie la clarté, la précision et la simplicité de l'écriture. Simplicité n'est pas facilité ni pauvreté. C'est d'abord la concision de l'idée. "Il faut écrire avec les mots de tous les jours, mais comme personne", disait Colette. »

Id., p. 58.

« Quand vous voulez écrire : il pleut, écrivez : "il pleut". »

Georges Simenon

Cité dans Line Ross, *L'écriture de presse : L'art d'informer*, 2e édition, Montréal, Gaëtan Morin éditeur, 2005, p. 109.

   2) Tant que leur **servitude** n'aura pas pris fin, dans trois ou quatre ans, ils sont aussi captifs que les poissons dans leurs filets, **contraints** de travailler jusqu'à quatorze heures par jour […].

   3) Les garçons de Takyi, **conscrits** dans un camp de travail miniature, privés d'école […].

7. Deuxièmement, entre deux mots de sens équivalent, le reporter choisit habituellement le plus court, histoire d'aller droit au but. Dans les phrases suivantes, remplacez chacun des mots en gras par un <u>synonyme</u> plus court.

1) «Je n'aime pas ça ici», murmure-t-il **suffisamment** bas pour que sa remarque ne vienne pas jusqu'aux oreilles de Takyi.

2) On dirait **davantage** un bébé trop grand qu'un «aide-batelier».

8. Troisièmement, le reporter évite les mots imprécis, fourre-tout. Dans «**Faisant** à peine un peu plus de 13 kilos», remplacez le mot en gras par un mot plus précis.

9. Finalement, le reporter supprime les mots de trop. Dans le dernier paragraphe de *L'enfance volée*, quels mots pourriez-vous supprimer sans nuire au sens? Trouvez-en deux.

> Dans le reportage, le journaliste emploie de préférence des **mots courants**, **précis**, **courts** et **concrets** parce qu'ils transmettent plus efficacement son message.
>
> Il limite au strict minimum:
> - les mots rares (s'il en garde, il explique leur sens à la première mention);
> - les mots longs (les mots de quatre syllabes et plus perdent en lisibilité).
>
> Il évite:
> - les mots imprécis;
> - les mots de trop (attention en particulier aux <u>pléonasmes</u>). ■

Quelques exemples de mots à privilégier:

- *assez* (au lieu de *suffisamment*);
- *aussi* (au lieu d'*également*);
- *choix* (au lieu d'*alternative*);
- *enquête* (au lieu d'*investigation*);
- *ensuite* (au lieu d'*ultérieurement*);
- *environ* (au lieu d'*approximativement*);
- *explosion* (au lieu de *déflagration*);
- *feu* (au lieu d'*élément destructeur*);
- *hausse* (au lieu d'*accroissement*);
- *ordre* (au lieu de *commandement*);
- *pareil* (au lieu d'*identique*);
- *plus* (au lieu de *davantage*);
- *trop* (au lieu d'*excessivement*);
- *vie* (au lieu d'*existence*);
- *ville* (au lieu d'*agglomération urbaine*);
- *vite* (au lieu de *rapidement*).

Ces exemples proviennent des ouvrages suivants:

- Gérard Hoffbeck, *Écrire pour un journal: Entreprises, associations, collectivités territoriales, correspondants locaux*, Paris, Dunod, 2001, p. 86 et 87.
- Line Ross, *L'écriture de presse: l'art d'informer*, 2e édition, Montréal, Gaëtan Morin éditeur, 2005, p. 106. ■

10. Dans un reportage, on emploie des phrases simples.

a) Relevez toutes les <u>phrases subordonnées</u> contenues dans *Folie des mariages à Kaboul*.

b) Que constatez-vous quant à la fréquence des subordonnées dans tout ce texte?

c) Que remarquez-vous quant au nombre de subordonnées par phrase graphique?

d) Quelle conclusion tirez-vous de ces observations au sujet de l'emploi des phrases subordonnées dans un reportage?

11. Les journalistes se préoccupent aussi de la longueur de leurs phrases: les phrases courtes se lisent mieux. Dans *Folie des mariages à Kaboul*, par exemple, la plupart des phrases ont moins de douze mots.

a) Quelle impression tant de phrases courtes créent-elles?

b) En quoi cela convient-il au sujet abordé dans ce reportage?

12. Les reportages à phrases courtes, comme *Folie des mariages à Kaboul*, contiennent habituellement des <u>phrases non verbales</u> qui ajoutent au dynamisme de l'ensemble. Relevez-en quatre entre les lignes 27 et 62 de ce texte.

13. En principe, les reporters évitent les phrases de plus de quarante mots. Récrivez la <u>phrase graphique</u> commençant à la ligne 23 de *L'Enfance volée* de manière à obtenir trois phrases graphiques plus courtes.

14. a) Dans les deux reportages de cet atelier, quel <u>type de phrase</u> domine nettement ?

b) Dans les deux reportages de cet atelier, que remarquez-vous quant à la fréquence des phrases de <u>forme</u> :
  – positive ?
  – emphatique ?
  – passive ?
  – impersonnelle ?

- La **phrase de reportage** typique est **simple** (pas d'accumulation de subordonnées) et **courte** (entre douze et vingt mots).

  Pour éviter la monotonie, le reporter varie la longueur de ses phrases en employant aussi quelques phrases très courtes (moins de douze mots) et quelques phrases plus longues (entre vingt et un et quarante mots). Il évite par contre les phrases de plus de quarante mots qu'il tente de reformuler en deux ou trois phrases plus courtes.

- La phrase de reportage typique est de **type déclaratif** et de **formes positive, active, neutre** et **personnelle**.

  Utilisée avec parcimonie, la **phrase non verbale** ajoute dynamisme et légèreté. ■

15. 📄 Le découpage en paragraphes obéit à une grande règle : une idée, un paragraphe. Quelle est l'idée principale de chacun des paragraphes de *Folie des mariages à Kaboul* ? Notez vos réponses sur le document qu'on vous remettra.

16. Plusieurs paragraphes de reportage adoptent la construction suivante : la première phrase énonce un fait, tandis que la suite l'étoffe au moyen d'une cause ou d'une conséquence, d'une citation, d'une comparaison, d'une démonstration, d'une

illustration, d'un exemple, d'un rappel historique, d'une référence, etc. Dites ce qui étoffe la première phrase de chacun des paragraphes ci-dessous (il y a parfois plus d'une réponse).

a) Le paragraphe 5 (lignes 19 à 23) de *Folie des mariages à Kaboul*.

b) Le paragraphe 14 (lignes 47 à 51) de *Folie des mariages à Kaboul*.

c) Le dernier paragraphe de *L'enfance volée*.

Au sujet des paragraphes, la règle d'or est la suivante : **à chaque nouvelle idée, on change de paragraphe**.

Un paragraphe peut être très court.

Plusieurs paragraphes sont composés de la manière suivante : une **affirmation, qu'on étoffe par la suite**. ■

17. ⬜ Pour l'écriture de votre reportage, que retiendrez-vous au sujet des mots ? des phrases ? des paragraphes ?

18. En vous servant de ce que vous savez maintenant sur l'écriture d'un reportage, réévaluez le choix que vous avez fait au numéro 1. Votre opinion a-t-elle changé ? Pourquoi ?

19. Personnellement, accepteriez-vous de vous endetter pour votre mariage ? Expliquez votre réponse.

GRAMMAIRE

La séquence argumentative

20. En principe, les reporters n'expriment pas ouvertement leurs opinions dans leurs textes. Toutefois, rien ne les empêche de rapporter l'opinion des personnes qu'ils ont rencontrées. Reconstituez la <u>séquence argumentative</u> de *Folie des mariages à Kaboul* dans laquelle Faheem Dashty exprime son opinion au sujet du mariage des jeunes Kaboulis.

a) Relevez la phrase dans laquelle l'opinion de cet homme est formulée.

b) Dites entre quelles lignes se trouve l'argumentation soutenant son opinion.

c) Dites entre quelles lignes sa thèse est reformulée.

VERS D'AUTRES TEXTES

21. **TEXTES EN RÉSEAU** Qu'arrive-t-il en Afghanistan quand on tente d'échapper aux mariages arrangés ? Pour le savoir, lisez *L'enfer des pécheresses* à la page 152 de votre recueil de textes. Puisque ce reportage a été écrit lui aussi par l'auteure de *Folie des mariages à Kaboul*, demandez-vous si le style d'écriture est semblable d'un texte à l'autre.

22. **TEXTES EN RÉSEAU** Dans votre recueil de textes, lisez deux reportages de Joseph Kessel traitant de l'esclavage : *L'entrepôt humain*, à la page 169, et *Le chasseur d'enfants*, à la page 170.

 EN QUELQUES
LIGNES

Sur le document qu'on vous remettra, exercez-vous à remanier des passages de *L'Enfance volée* pour les simplifier. Faites ce travail avec quelques camarades.

 DE VIVE
VOIX

L'esclavage des enfants est une des réalités les plus choquantes qui soit. Avec quelques camarades, formez une équipe et faites une recherche sur ce sujet dans Internet. Intéressez-vous notamment aux causes de ce problème, aux solutions envisagées pour le régler et aux obstacles à l'application de ces solutions. Partagez ensuite le fruit de votre travail avec vos camarades. La stratégie *Comment citer des paroles et des idées à l'oral*, à la page 506, pourrait vous être utile lors de la mise en commun des informations.

SYNTHÈSE

1. Synthétisez vos connaissances sur le reportage dans un schéma organisateur.

- Construisez votre schéma à partir des pistes fournies ci-dessous et de la minisynthèse que vous avez faite à la fin de chaque atelier.
- Rédigez-le sur papier ou à l'ordinateur. Assurez-vous qu'il sera assez clair pour vous être utile en tout temps.

LE REPORTAGE

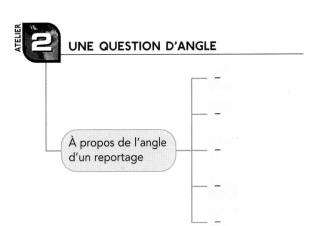

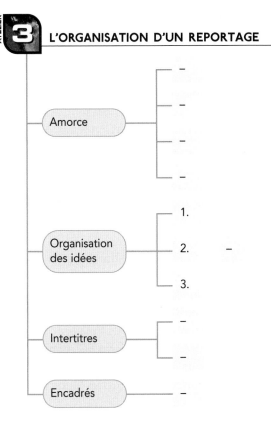

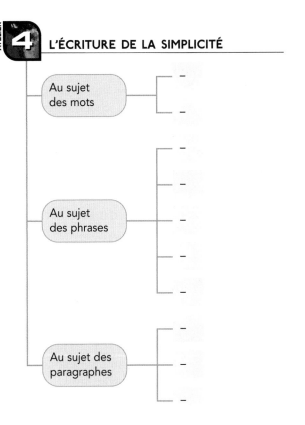

2. Une fois votre schéma construit, comparez-le avec celui de quelques camarades et, si cela est nécessaire, améliorez-le.

ÉCRIRE
UN REPORTAGE

Préparation

1. En grand groupe, analysez la situation d'écriture. Consultez la stratégie *Comment analyser une situation d'écriture*, à la page 474.

2. Voici les consignes dont vous devrez tenir compte dans la rédaction de votre reportage. Lisez-les attentivement.

- Votre reportage comptera entre 500 et 700 mots.

- Il comprendra les éléments suivants :
  - au moins trois passages donnant à voir ;
  - au moins un passage donnant à entendre ou à sentir ;
  - au moins deux citations en discours direct provenant de deux personnes différentes (nommez ces personnes et précisez leur rôle) ;
  - un angle maintenu du début à la fin du reportage ;
  - une amorce constituée d'une description, d'une citation ou d'une anecdote ;
  - une organisation qui convient au sujet (les idées s'enchaînent harmonieusement) ;
  - au moins un encadré dans lequel se trouvent des informations intéressantes, mais complémentaires ;
  - une écriture simple et concise (prêtez une attention particulière au choix des mots, à la longueur et à la construction des phrases de même qu'à la composition des paragraphes).

- Votre reportage sera écrit dans le système verbal du présent. Tout changement de système verbal devra pouvoir se justifier.

- Il aura un titre évocateur.

Halte CULTURELLE

La délicate question de la citation de paroles

« Dans la presse écrite, on peut modifier au besoin la tournure des phrases [...] mais on ne doit jamais modifier la signification des propos. La première version du guide de déontologie de la Fédération professionnelle des journalistes, présentée en 1994, adoptait sur cette question une position beaucoup plus rigide. On y précisait que l'utilisation de guillemets devait être réservée aux citations intégrales. La majorité des journalistes se sont opposés à cette pratique restrictive. D'abord parce que, dans la majorité des cas, les journalistes n'enregistrent pas leurs conversations [...] ; les citations retenues sont donc le plus souvent issues de transcriptions cursives honnêtes, mais approximatives. En second lieu, le langage parlé donne lieu à des raccourcis, à des constructions grammaticales impropres, à des hésitations, à des redites et parfois même à des contresens qui rendent la plupart des transcriptions intégrales incompréhensibles. [...] La seule règle à suivre, donc : l'honnêteté absolue envers le "message" qu'on cherche à reproduire. »

Pierre Sormany, *Le métier de journaliste : Guide des outils et des pratiques du journalisme au Québec*, nouvelle édition revue et mise à jour, Montréal, Éditions du Boréal, 2000, p. 165.

3. 🖺 Prenez connaissance des critères d'évaluation présentés sur le document qu'on vous remettra.

4. Trouvez le sujet de votre reportage. Voici quelques exemples :

- **Une attraction locale.** Vous pourriez vous renseigner à son sujet en consultant de la documentation, Internet et des personnes responsables de cette attraction. Vous pourriez vous rendre ensuite sur place pour en faire l'expérience et pour questionner des personnes qui s'y trouvent.

- **Un lieu situé dans votre voisinage** (garderie, centre d'hébergement, centre de tri des matières recyclables, cuisines d'un hôpital, prison, tribunal, poste de police, caserne de pompiers, etc.). Vous pourriez vous renseigner sur ce lieu, le visiter et questionner des personnes qui s'y trouvent.

- **Un métier qui vous intéresse.** Vous pourriez vous renseigner sur ce métier, rencontrer des gens qui l'exercent et les suivre pendant une journée de travail.

- **Une réalité fascinante** (chien-guide, par exemple). Vous pourriez vous renseigner sur ce sujet, vivre une expérience en relation avec cette réalité et questionner des personnes concernées par cette réalité.

5. Explorez ce sujet.

- Dressez la liste des questions que vous vous posez sur ce sujet.

- Dressez la liste des ressources à consulter pour faire votre travail.

> La vaste majorité de vos informations sera recueillie lors de vos rencontres et de vos déplacements.

6. Planifiez vos recherches documentaires, vos rencontres et vos déplacements sur le terrain. Carnet de notes en main, commencez votre collecte d'informations. Quand vous aurez une certaine connaissance de votre sujet, choisissez votre angle de travail, puis complétez votre collecte.

7. Une fois votre collecte terminée, ne gardez que les informations liées à l'angle retenu.

8. Choisissez finalement l'organisation de votre texte.

> Au besoin, consultez l'atelier 3.

Attention !

- Ne vous contentez pas d'enchaîner les informations dans l'ordre où vous les avez notées.

- Évitez le plan classique suivant : introduction qui annonce la suite, développement qui reprend chaque point annoncé dans l'introduction et conclusion qui résume l'essentiel du développement. (Bien qu'il soit idéal pour certains textes courants, ce plan ne convient pas au reportage.)

- 🖺 Assurez-vous de concevoir un reportage, non pas une nouvelle. Pour vous aider à différencier le reportage de la nouvelle, consultez le document « L'organisation d'une nouvelle » qu'on vous remettra.

Écriture **9.** Rédigez la première version de votre reportage en tenant compte des consignes énumérées au numéro 2. Vous devrez sans doute faire quelques essais avant d'obtenir l'effet recherché.

Halte
CULTURELLE

L'art de la concision

«Prenez tout l'espace nécessaire à l'expression correcte et harmonieuse de ce que vous avez à dire (mais pas un caractère de plus!).»

Line Ross, *L'écriture de presse: L'art d'informer*, 2ᵉ édition,
Montréal, Gaëtan Morin éditeur, 2005, p. 108.

Révision et amélioration

10. Relisez et récrivez votre reportage autant de fois que ce sera nécessaire pour l'améliorer. Faites en sorte que votre reportage ne contienne pas un mot de trop. Relisez chaque phrase en vous demandant comment la formuler plus simplement.

a) Pour vous assurer que votre travail est sur la bonne voie, utilisez le document «Liste de vérification» qu'on vous remettra et remaniez votre reportage en conséquence. Consultez également la stratégie *Comment réviser un texte*, à la page 491.

b) Organisez une séance de révision en équipe.
- Remettez une copie de votre reportage aux membres de votre équipe.
- Demandez-leur de noter leurs commentaires sur le document «Commentaires sur le reportage d'un pair» qui leur sera remis.

Correction

11. Relisez votre reportage pour vous assurer qu'il est écrit dans un français standard et qu'il ne contient aucune faute d'orthographe ou d'accord. Lorsque votre reportage sera au point, mettez-le au propre, puis relisez-le une dernière fois pour vous assurer que vous n'avez pas fait d'erreurs en le transcrivant.

Diffusion

12. Procédez à la diffusion de votre reportage selon les modalités choisies.

Évaluation

13. Soumettez votre reportage à l'évaluation.

En guise de conclusion...

 DE VIVE VOIX

Rappelez-vous les discussions du début sur la presse et le métier de journaliste.
- En quoi votre opinion a-t-elle changé sur les sujets abordés à la page 163?
- Selon vous, qu'est-ce qui fait un bon reportage? un bon reporter?
- Le métier de reporter, est-ce pour vous? Pourquoi?

RÉPERTOIRE

Accédez de différentes manières à l'univers des reporters. Laissez-vous entraîner par le début des ouvrages suivants.

Tête brûlée : Femme et reporter de guerre

CATHERINE JENTILE   2001

Cette fois-ci, c'est décidé, définitif et irrévocable : je ne retournerai plus jamais dans des zones de conflit. La peur conjuguée à la vanité de ce métier est une bonne conseillère. Lorsque j'avais commencé ce «sacerdoce» de grand reporter, je pensais que j'allais sauver le monde […].

Otages de Beyrouth à Bagdad : Journal d'un correspondant de guerre

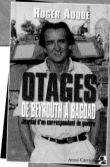

2005   ROGER AUQUE

On n'échappe pas à son destin, que l'on croie ou non en Dieu. Phrase banale, certes, mais la vie semble parfois un éternel recommencement.

C'est ce qui me vient à l'esprit lorsque, en août 2003, je contemple les ruines fumantes du QG de l'ONU à Bagdad, dévasté par un attentat kamikaze. Alors que les hélicoptères américains se posent dans un nuage de poussière pour évacuer les blessés […].

Le Québec. Quel Québec ?

JACQUES NADEAU   2003

Qu'est-ce qui fait qu'un artiste est un artiste ?

Son regard. Sa manière de considérer les choses, les gens, la vie, le monde. La façon dont son regard parvient à changer ces choses, pour nous, à les rendre plus fortes, plus dérangeantes ou plus conciliantes*.

Le métier de journaliste

2000   PIERRE SORMANY

Pour exercer le métier de journaliste, il faut savoir dire les choses, savoir raconter l'événement dans un langage clair. C'est affaire d'écriture, de style, de ton.

Mahaut grand reporter

CATHERINE JENTILE   2007

«Mahaut, arrête de bouger s'il te plaît, le docteur ne peut pas poser ton appareil.» Les médecins, de toute façon, je les déteste depuis qu'ils n'ont pas réussi à sauver ma sœur. Mais je sais que cela fera plaisir à ma mère que j'aie cette chose dans l'oreille, toute petite, invisible. Comme les agents secrets ou les chanteurs sur scène.

*Extrait d'un texte de Marie Laberge, dans *Le Québec. Quel Québec ?*, Montréal, Fides, 2003, p. 6.

5

CÔTÉ cour, CÔTÉ jardin

« Au théâtre, on peut tout faire, vous savez. On peut réinventer la vie. On peut être amoureux, jaloux, fou, tyran ou possédé. On peut mentir, tricher. On peut tuer sans avoir le moindre remords. On peut mourir d'amour, de haine, de passion... »

Michel Marc Bouchard, *Les feluettes, ou,*
La répétition d'un drame romantique.

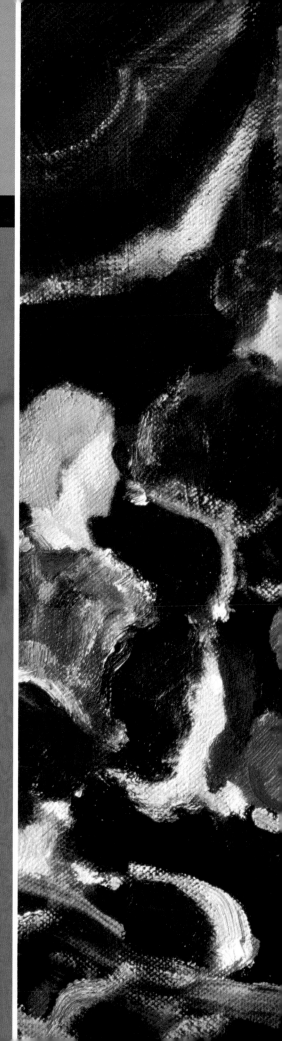

Dans ce module, vous prendrez connaissance des grandes règles qui régissent le texte de théâtre et permettent de faire passer les personnages du texte à la scène. Au terme de votre parcours, vous exploiterez votre créativité en proposant une lecture publique d'un extrait de texte dramatique que vous aurez préparé en équipe.

Voici des idées pour assurer une plus large diffusion de votre lecture :

- Organiser des midis de lectures théâtrales pour permettre à vos camarades d'école de vous entendre.

- Organiser une soirée de lectures théâtrales ouverte à tous.

- Jouer sur scène l'extrait que vous avez préparé avec tout ce que cela implique : décors, costumes, etc.

VUE D'ENSEMBLE DES ATELIERS

Parcourez la vue d'ensemble ci-dessous, puis survolez les pages 213 à 270. Vous prendrez ainsi la mesure du défi à relever et vous donnerez un sens aux apprentissages proposés dans ce module.

DES THÈMES DU MODULE

Esprit de rébellion

Impitoyable destin

Travers et ridicules

Des liens avec votre Défi

DES PARTICULARITÉS DU TEXTE DE THÉÂTRE

p. 214

En quoi le texte de théâtre se distingue-t-il des autres textes ? Au cours de cet atelier, vous vous familiariserez avec la forme particulière de ce texte fait pour être joué. Cela vous sera utile pour lire, pour interpréter ou même pour écrire du théâtre.

La punition, un extrait de *Tit-Coq*, **p. 215** • *Le cas Harold*, un extrait d'*Harold et Maude*, **p. 220** • *Chez Zénaïde*, un extrait d'*Oswald et Zénaïde ou Les apartés*, **p. 225** • *Au voleur !*, un extrait de *L'avare*, **p. 227**

DES PERSONNAGES À FAÇONNER

p. 232

Par quels indices les personnages de théâtre se révèlent-ils ? Dans cet atelier, vous apprendrez à tirer du texte l'information nécessaire pour cerner l'identité d'un personnage, une habileté utile pour la réussite de votre défi.

Le procès, des extraits de *Florence*, **p. 232**

LES FORCES EN PRÉSENCE

p. 241

Sur scène, les personnages se livrent un combat. Quel est le rôle de chacun dans ce grand jeu ? Au cours de cet atelier, vous observerez les fonctions dramatiques qui déterminent les rapports de force entre les personnages.

Le rêve de Tit-Coq, des extraits de *Tit-Coq*, **p. 241**

TRAGÉDIE, COMÉDIE, DRAME : UN APERÇU

p. 252

Historiquement, on répartit les textes de théâtre en trois grands genres : tragédie, comédie, drame. Dans cet atelier, vous verrez brièvement ce qui les différencie.

Envers et contre tout, des extraits d'*Antigone*, **p. 252** • *La raison du plus fort*, des extraits du *Malade imaginaire*, **p. 259**

HALTES GRAMMATICALES

Voici, à titre de suggestion, les haltes grammaticales qui pourraient être associées au module 5 :

8

Le complément direct et le complément indirect du verbe

9

L'attribut du complément direct du verbe

19

L'accord du participe passé employé avec *avoir*

20

L'accord de l'adjectif attribut du complément direct du verbe

---

PAGES PRÉCÉDENTES : Richard H. Fox, *Une loge au théâtre*, 2007.

212   MODULE 5 ● LE TEXTE DRAMATIQUE

D'ABORD ET AVANT TOUT

Quelle place le théâtre occupe-t-il dans votre vie ? Avant de parcourir ce module consacré au texte dramatique, discutez de cette question avec vos camarades.

Votre expérience du monde du théâtre

1. Quelle expérience avez-vous du théâtre ? Afin d'étoffer votre discussion, tenez compte de tous les aspects que cette question englobe.

1er ASPECT : voir

Avez-vous déjà assisté à une pièce de théâtre ? Il peut s'agir d'une pièce que vous avez vue récemment, mais aussi de pièces auxquelles vous avez assisté durant votre enfance et même de théâtre de marionnettes. Il peut s'agir également de pièces présentées lors des spectacles de fin d'année scolaire ou à d'autres occasions.

Quels étaient les titres et les auteurs de ces pièces ? Étaient-elles jouées par des professionnels ou par des amateurs ? Qu'avez-vous apprécié dans ces pièces : les décors, les costumes, le jeu des comédiens, le texte, etc.? Faites part des souvenirs que vous gardez de ces expériences.

2e ASPECT : jouer

Avez-vous déjà fait du théâtre ? Encore une fois, repensez à votre enfance : peut-être avez-vous monté des spectacles avec des membres de votre famille ou avec des amis, joué dans un spectacle de fin d'année ou dans des camps d'été, etc.

Dans quelle pièce avez-vous joué ? Qui en était le metteur ou la metteure en scène ? Sur quelle scène et devant quel public avez-vous exercé vos talents ? Quel rôle teniez-vous ? Que retenez-vous de cette expérience ? La tenteriez-vous de nouveau ? Pourquoi ? Racontez à vos camarades ce que vous avez vécu comme comédien ou comédienne.

Si vous n'avez jamais fait de théâtre, aimeriez-vous tenter l'expérience ? Expliquez vos raisons à vos camarades.

3e ASPECT : participer

Avez-vous collaboré, de près ou de loin, à la présentation d'une pièce de théâtre ? Si oui, précisez quel était votre rôle : metteur ou metteure en scène, concepteur ou conceptrice des décors, éclairagiste, accessoiriste, habilleur ou habilleuse, etc. Expliquez quelles étaient vos tâches et vos responsabilités, puis dites ce que vous avez retiré de votre participation.

4e ASPECT : lire

Avez-vous déjà lu une pièce de théâtre, ou même plusieurs ? Si oui, quelles pièces avez-vous lues ? Avez-vous apprécié ce type de lecture ? Pourquoi ? Sinon, pourquoi n'en avez-vous jamais lu ?

DES PARTICULARITÉS DU TEXTE DE THÉÂTRE

ATELIER 1

Un peu comme une partition musicale, le texte de théâtre est écrit pour être joué devant public, ce qui ne l'empêche pas d'être fascinant à lire. Puisqu'il est destiné à être interprété, le texte de théâtre ne se présente pas comme les autres textes. Lisez les extraits de pièces de cet atelier en vous demandant ce qui les différencie des extraits de romans ou des poèmes, par exemple.

Personnages et tableaux

(EXTRAITS DES PREMIÈRES PAGES DE LA PIÈCE *TIT-COQ*)

PERSONNAGES

(*par ordre d'entrée en scène*)

LE COMMANDANT

LE PADRE

JEAN-PAUL

TIT-COQ

LE PÈRE DESILETS

LA MÈRE DESILETS

MARIE-ANGE

LA TANTE CLARA

GERMAINE

ROSIE

TABLEAUX

PREMIER ACTE

TABLEAU I — Le bureau du Padre, dans un camp militaire, près de Montréal. *Décembre 1942.*

TABLEAU II — Le salon des Desilets, dans le village de Saint-Anicet, province de Québec. *Deux jours plus tard.*

TABLEAU III — Chez le Padre. *Cinq jours après.*

TABLEAU IV — L'entrée de la maison où habitent Marie-Ange et Germaine, à Montréal. *La semaine suivante.*

TABLEAU V — L'appartement des deux jeunes filles [Marie-Ange et Germaine]. *Quatre mois plus tard.*

DEUXIÈME ACTE

TABLEAU I — À bord d'un transport de troupes. *Juin 1943.*

TABLEAU II — Chez Marie-Ange. *Novembre 1944.*

TABLEAU III — Dans un hôpital militaire, en Angleterre. *Le mois suivant.*

TABLEAU IV — Chez Marie-Ange. *Quelques semaines plus tard.*

TABLEAU V — Dans un camp de rapatriement, en Angleterre. *Six mois après.*

TABLEAU VI — Dans une taverne des environs. *Quelques minutes plus tard.*

TROISIÈME ACTE

TABLEAU I — À la porte, chez Germaine. *Septembre 1945.*

TABLEAU II — La chambre de Germaine. *Le lendemain soir.*

La punition

(EXTRAIT DE LA PIÈCE *TIT-COQ*)

PREMIER ACTE

TABLEAU I

LA CHAMBRE DU PADRE, *au camp militaire. Table de l'armée, chaises pliantes,*
5 *bibliothèque de fortune chargée de livres et de revues, cartes géographiques au mur, etc.*

(*Le Commandant et le Padre terminent une discussion amicale.*)

LE COMMANDANT

10 Bon! Puisque vous insistez, je tombe dans le panneau; mais ce que vous demandez là, Padre, ce n'est pas régulier, vous savez. (*Il décroche le récepteur d'un téléphone placé sur le bureau du Padre et presse un bouton.*)

15 #### LE PADRE

Vous devriez me remercier: je vous donne la chance d'accomplir une bonne action.

LE COMMANDANT

(*Grognon.*) Bonne action, bonne action… (*Au*
20 *téléphone.*) Allô, sergent. Envoyez-moi chez le Padre les deux gars aux arrêts qui attendent à la porte de mon bureau. Tout de suite, hein?... Merci. (*Il raccroche.*) À titre de commandant, je dois corriger les hommes qui font un mauvais
25 coup, non pas les aider à se tirer d'affaire.

LE PADRE

Enfin, tout ce que je vous demande, c'est de les entendre ici. Si vous le jugez à propos, vous les punirez ensuite à votre aise.

30 #### LE COMMANDANT

À chacun son métier. Vous, au confessionnal, vous êtes libre d'imposer la pénitence qui vous passe par la tête. Mais moi, pour maintenir la discipline, je n'irais pas loin avec trois dizaines de
35 chapelet.

(*On frappe à la porte.*)

LE COMMANDANT

Entrez!

(*Jean-Paul et Tit-Coq entrent, saluent et se tiennent*
40 *au garde-à-vous.*)

LE COMMANDANT

Repos! (*Les deux soldats obéissent.*) Mes amis, un rapport de la prévôté m'apprend votre exploit d'hier soir. Si l'incident s'était passé à la caserne,
45 je fermerais peut-être les yeux. Mais vous vous êtes battus en public dans un café de la ville. Les civils pourraient en déduire que vous êtes dans l'armée pour vous frotter les oreilles entre copains. Comme c'est après-demain Noël et qu'il s'agit de
50 votre première offense, je veux bien entendre votre version avant de sévir. Vous devriez comparaître dans mon bureau, vous le savez; mais le Padre m'a presque supplié de vous voir ici, chez lui. L'un de vous deux, m'assure-t-il, est venu
55 lui raconter l'aventure en rentrant hier soir… (*Tit-Coq lance à Jean-Paul mal à l'aise un regard étonné.*) et votre mauvaise conduite présenterait des circonstances atténuantes **1** … réclamant une certaine discrétion. Tout ça, c'est du mystère pour
60 moi et j'ai hâte d'en connaître plus long. Si vous

Au fil du texte

1 Qu'entend-on par *circonstances atténuantes*?

La place de *Tit-Coq* dans la dramaturgie québécoise

La pièce *Tit-Coq* a été jouée pour la première fois le 22 mai 1948 sur la scène du Monument-National, à Montréal. Ce fut le premier grand succès du théâtre québécois. D'ailleurs, plusieurs considèrent cette création comme la première vraie pièce d'ici. Avec elle, naissait la dramaturgie québécoise moderne.

avez quelque confidence à me faire, allez-y: c'est le moment. (*Trois secondes d'embarras.*) Qui a commencé la bataille?

TIT-COQ

65 (*Alors que Jean-Paul cherche encore ses mots.*) Si c'est ça que vous voulez savoir, c'est moi qui ai fessé le premier.

LE COMMANDANT

Mais… comment en êtes-vous arrivés là?

70 **TIT-COQ**

(*Désignant Jean-Paul.*) Il est déjà venu se lamenter au Padre hier soir; il peut continuer.

JEAN-PAUL

C'était pas l'idée de me lamenter.

75 **TIT-COQ**

Seulement, donnez-y le temps: il est pas vite.

LE COMMANDANT

Écoutez, mes vieux, ne recommencez pas à vous chamailler, hein?

80 **JEAN-PAUL**

(*Laborieusement* **2**.) Ben… on était partis ensemble du camp pour aller faire un tour en ville après souper. Il dit: «Viens-tu prendre un coup au Monaco?» Je dis: «D'accord!» En chemin, il

85 entre dans un restaurant marchander un porte-cigarettes qui l'avait frappé dans la vitrine; moi, pendant ce temps-là, je me flirte une fille sur le trottoir. Ça fait qu'on s'installe au Monaco…

LE COMMANDANT

90 Tous les trois?

JEAN-PAUL

Oui. Je paye quatre, cinq consommations **3** à ma… (*Il hésite.*)

TIT-COQ

95 (*Entre ses dents.*)… fiancée.

JEAN-PAUL

… à ma fille, de ma propre poche. Tout d'un coup, il commence à lui tourner autour. Et, la première chose que je sais, je suis assis devant eux

100 autres et je les regarde se jouer dans les cheveux. Je lui dis de cesser ça, mais il fait ni un ni deux, il saute sur moi et se met à me cogner la gueule.

LE COMMANDANT

(*À Tit-Coq.*) C'est vrai?

105 **TIT-COQ**

Cent pour cent!

LE COMMANDANT

Après tout, c'était sa… conquête à lui.

TIT-COQ

110 Ah! c'est pas qu'elle m'affolait, elle, mais je dois vous dire qu'il est ben drôle à voir, lui, en train d'embobiner **4** une fille: il a tellement peu le tour que c'en est choquant. Ça fait que… j'ai été tenté de…

115 **LE COMMANDANT**

… de lui montrer comment s'y prendre?

TIT-COQ

Oui… mais il faut croire que ça lui a déplu.

JEAN-PAUL

120 (*Digne.*) C'était pas le moment!

LE COMMANDANT

Et vous lui avez donné des coups quand il vous a fait comprendre que… ce n'était pas le moment ?

TIT-COQ

125 Tout juste ! Seulement, il oublie de vous dire comment il me l'a fait comprendre. (À *Jean-Paul.*) Répète-le donc, qu'on s'amuse. (*Devant son mutisme.*) Envoye, envoye: je vas t'en laisser la jouissance.

JEAN-PAUL

130 (*Penaud.*) Je lui ai dit: «Ôte-toi de dans ma talle**5**, petit maudit bâtard**6** !»

LE COMMANDANT

Oui. En somme, vous avez eu tort tous les deux…
135 (À *Tit-Coq.*) vous, de frapper… (À *Jean-Paul.*) et vous, d'employer ce terme-là, qui insultait non seulement votre copain, mais ses parents. Avant de lancer une telle injure, il vaut toujours mieux y regarder à deux fois.

TIT-COQ

140 Surtout quand celui qui la reçoit en est un pour vrai.

LE COMMANDANT

(*Surpris.*) Un quoi ?

TIT-COQ

145 Un bâtard, oui ! C'est bête, mais c'est comme ça. Cent pour cent. Né à la crèche, de mère inconnue et de père du même poil ! Élevé à l'hospice jusqu'à ce que je m'en sauve à l'âge de quinze ans. Je
150 m'appelle Arthur Saint-Jean. Le prénom, je me demande où les sœurs l'ont pêché, mais «Saint-Jean» vient du fait que j'ai été baptisé le jour de la Saint-Jean-Baptiste. Oui, je suis un enfant de l'amour, comme on dit. Un petit maudit bâtard,
155 si monsieur préfère. Seulement, vu que c'est bien peu de ma faute, y a pas un enfant de chienne qui va me jeter ça à la face sans recevoir mon poing à la même place !

LE COMMANDANT

160 (À *Jean-Paul.*) Vous le saviez, vous ?

JEAN-PAUL

Qu'il en est un ? Pas le moins du monde ! C'est ce que j'ai essayé de lui expliquer hier, mais il parlait et puis il cognait, pas moyen de placer un mot.
165 Moi, ma grand-conscience, j'ai dit ça tout bon-

nement. Comme toujours, quand je suis monté contre quelqu'un.

TIT-COQ

Ça prouve que t'es un imbécile !

LE COMMANDANT

170 (À *Tit-Coq.*) Il vous a offensé, je l'admets, mais vous avez peut-être été un peu prompt**7** à vous servir de vos poings, vous.

TIT-COQ

175 Ben, voyez-vous, j'ai appris jeune à régler mes comptes moi-même. Les histoires de «je vas le dire à ma mère», avec moi, ça mène pas loin.

LE COMMANDANT

Il résulte de tout ça que vous avez échangé des
180 coups en public. Vous savez la punition pour un délit de cette nature ? Une semaine de consigne**8**. Ce qui signifie, pour vous deux, le congé de Noël au camp. C'est dommage !

TIT-COQ

185 Ah oui, c'est ben dommage ! Quoique moi, personnellement, je m'en sacre. Mieux que ça: si vous voulez le savoir, ce congé-là, j'aime autant le passer à la caserne.

LE COMMANDANT

190 (*Incrédule.*) Vraiment ?

TIT-COQ

Ah, sans blague ! Comme je n'ai ni père, ni mère, ni oncles, ni tantes, ni cousins, ni cousines… connus, manquer une réunion de parents, moi,
195 ça me laisse froid.

LE COMMANDANT

(*Un peu décontenancé.*) Évidemment…

Au fil du texte

2 Que signifie *laborieusement* ?

3 Dans ce contexte, qu'est-ce qu'une consommation ?

4 Par quel synonyme pourriez-vous remplacer le verbe *embobiner* ?

5 Qu'a voulu dire Jean-Paul quand il a ordonné à Tit-Coq de *s'ôter de dans sa talle* ?

6 En vous servant du contexte, dites ce qu'est un *bâtard*.

7 a) Trouvez un synonyme de l'adjectif *prompt*.
   b) Donnez deux mots de la famille de *prompt*.

8 Qu'est-ce qu'une semaine de consigne ?

TIT-COQ

Les fêtes, c'est peut-être ben emballant pour vous
200 autres, les légitimes : ça vous donne l'occasion de
vous prendre en pain et de vous caresser d'un
bout à l'autre de la province ; mais, pour les gars
de ma sorte, c'est plutôt tranquille. On est pas
mal tout seuls au coin de la rue, étant donné qu'à
205 Noël, même les guidounes vont dans leurs
familles.

LE COMMANDANT

De toute façon, que comptiez-vous faire demain
soir ?

210 ## TIT-COQ

Moi, d'habitude, je vais à la messe de minuit dans
quelque chapelle pas chère. Ensuite j'entre chez le
Grec du coin et j'assois ma parenté au grand
complet, moi compris, sur un seul et même
215 tabouret. Une fois le cure-dent dans la bouche,
vers deux heures et demie, je vais m'étendre sur la
couchette… et ça finit les réjouissances des fêtes.

LE COMMANDANT

Pour en revenir à la punition… (*Il hésite, embar-*
220 *rassé.*)

TIT-COQ

(*Amer.*) En ce qui me concerne, soyez ben à l'aise :
si votre conscience vous dit de me punir parce
que j'ai donné un coup de poing à monsieur…
225 parce qu'il m'avait traité de bâtard… parce que
j'avais pincé la cuisse à sa blonde — qui était

peut-être, sait-on jamais, une fille à tout le monde
— allez-y, et sans rancune aucune ! (*Crânant.*)
On peut fumer ici ? (*Sur un geste négatif du Padre,*
230 *il remet son paquet de cigarettes dans sa poche.*)
Bon ! Du moment qu'on me respecte, moi, je
comprends le bon sens.

LE COMMANDANT

(*À Jean-Paul.*) Vous aussi, ça vous amuserait de
235 passer votre congé au camp ?

JEAN-PAUL

(*Misérable.*) Ben, voyez-vous… c'est probablement notre dernier Noël avant de traverser là-
bas. Toute la famille va se réunir, sans compter
240 que…

TIT-COQ

Que voulez-vous ? C'est pas donné à tout le
monde d'être bâtard !

LE COMMANDANT

245 (*Perplexe.*) Oui…

TIT-COQ

Tenez, faites donc une chose : lui, ça l'embête ;
moi, ça m'est égal ; et après tout c'est moi qui ai
commencé la chicane. Alors laissez-le donc aller,
250 lui, donnez-moi les deux punitions bout à bout et
fourrez-moi dedans jusqu'aux Rois[9] !

LE COMMANDANT

Non. Vous êtes à blâmer tous les deux ; si j'en
punis un, il m'est impossible d'excuser l'autre.

255 ## JEAN-PAUL

Écoutez, monsieur : moi, au fond, je regrette ce
que je lui ai dit. Encore une fois, je voulais pas
l'insulter. Mais j'étais un peu éméché, et puis…

LE COMMANDANT

260 Jusque-là, vous étiez de bons amis ?

TIT-COQ

Ah ! on s'est rarement sauté au cou…

JEAN-PAUL

… mais c'est la première fois qu'on se pète la
265 gueule.

LE PADRE

(*Qui s'est gardé d'intervenir jusqu'ici.*) Commandant, si celui qui a une famille avait la bonne idée
d'inviter l'autre chez lui pour le congé des fêtes,
270 pourriez-vous accorder un sursis ?

JEAN-PAUL

(*Tout heureux.*) Ah! moi je suis prêt à l'emmener. Et il serait ben reçu à la maison!

LE COMMANDANT

275 Devant une telle preuve de bonne volonté, oui, je passerais peut-être l'éponge. (*À Tit-Coq.*) Qu'est-ce que vous en dites, vous?

TIT-COQ

(*Un peu troublé tout de même.*) J'en dis que j'ai 280 l'air bête. (*Désignant Jean-Paul.*) Hier encore je lui cognais la fiole, et v'là qu'il m'invite à aller salir la vaisselle de sa mère!

JEAN-PAUL

Bah! C'est oublié, ça.

285 **TIT-COQ**

(*À Jean-Paul.*) Il faudrait coucher chez vous, je suppose?

JEAN-PAUL

Ben sûr! Saint-Anicet, c'est à soixante-trois milles 290 d'ici.

TIT-COQ

Moi, ça me gêne, ces affaires-là! Les réunions de famille, j'en ai vu autant que de revenants. Ça fait que l'étiquette et les bonnes manières, moi…

295 **JEAN-PAUL**

(*À Tit-Coq.*) Ah ben! tu sais, les bonnes manières, dans la famille chez nous, on les a loin.

LE COMMANDANT

Allons, acceptez qu'on en finisse! Au lieu de vous 300 garder rancune, vous apprendrez à mieux vous connaître. Et des amis, une fois outre-mer**🔟**, vous n'en aurez jamais trop. (*Se levant, catégorique.*) Bon! le cas est réglé.

JEAN-PAUL

305 (*Pendant que le Commandant se dirige vers la porte.*) Merci, monsieur!

LE COMMANDANT

Ce n'est pas moi qu'il faut remercier, c'est le Padre… (*Avant de disparaître.*) qui a mis son nez 310 dans mes affaires encore une fois.

JEAN-PAUL

Je vous remercie ben gros, Padre! (*Il sort comblé.*)

LE PADRE 🔟

(*Souriant, à Tit-Coq.*) Et toi?

315 **TIT-COQ**

(*Rétif 🔟.*) Je vous dirai ça quand je reviendrai. (*Il passe la porte.*)

RIDEAU

Gratien Gélinas, *Tit-Coq*, nouvelle édition, Montréal, Éditions Typo, 1994, p. 11 à 24. (Première édition: Les Éditions de l'Homme, 1950.)

Au fil du texte

9 *Jusqu'aux Rois*, c'est jusqu'à quand?

10 Dans le contexte, que signifie *une fois outre-mer*?

11 Quelle fonction le Padre occupe-t-il dans l'armée?

12 Pourquoi Tit-Coq est-il *rétif*?

Halte CULTURELLE

Gratien Gélinas
(Homme de théâtre québécois, 1909-1999)

Gratien Gélinas, le doyen des dramaturges québécois, a commencé sa carrière à la radio en 1937 avec le personnage de Fridolin, un gamin montréalais malicieux dont les monologues donneront naissance, sur scène, aux *Fridolinons* (1938-1946). Les textes de ces revues d'actualités, mêlant mimes, musiques, tableaux burlesques et saynètes à portée sociale, seront publiés à partir de 1980 sous le titre *Les Fridolinades*. En 1948, Gélinas crée *Tit-Coq*, sa première et sa plus célèbre pièce de théâtre, qui connaît un succès sans précédent et sera adaptée au cinéma dès 1953. Il poursuit son œuvre dramatique avec *Bousille et les justes* (1959) et *Hier, les enfants dansaient* (1966), tout en prêtant ses talents d'acteur à la télévision, notamment dans la série *Les Plouffe*. En 1960, il participe à la création de l'École nationale de théâtre. La vitalité du théâtre québécois d'aujourd'hui doit beaucoup à l'élan que lui a donné Gratien Gélinas.

Le cas Harold

(EXTRAIT DE LA PIÈCE *HAROLD ET MAUDE*)

ACTE I
SCÈNE I

La maison d'Harold.

5 *Nous entendons le début de* La Symphonie pathétique *de Tchaïkovski. Puis le rideau se lève. Nous sommes chez Harold. Les Chasen appartiennent à la haute bourgeoisie américaine. Le salon bien meublé dénote une aisance certaine. Un jeune*
10 *homme de dix-huit ans, Harold Chasen, très correctement habillé, est pendu au lustre. Il ne bouge pas. On le dirait mort. La musique continue. Des voix s'approchent et Mme Chasen, la mère d'Harold,*
15 *ouvre la porte du living-room. C'est une dame élégamment vêtue, très sûre d'elle. Elle parle à Marie, la nouvelle femme de chambre, avec des gestes précis.*

Mme CHASEN — Suivez-moi, Marie, vous voyez !
20 Les alcools sont ici. Les verres, à côté. Ah, la glace. Vous l'apporterez de la cuisine, bien entendu. Si vous avez un problème quelconque, n'hésitez pas à me demander.

Les deux femmes ne voient pas Harold, qui est
25 *pendu derrière elles.*

Finalement, nous mangerons les hors-d'œuvre ici. La cuisinière a préparé des pâtés de crevettes. Absolument délicieux quand c'est chaud. Cette musique m'agace. (*Elle se dirige vers le tourne-*
30 *disque pour l'arrêter.*) Vous pourriez les apporter sur la table roulante, avec le chauffe-plats. Qu'en dites-vous, Marie ?

Marie se retourne pour répondre. Elle voit Harold pendu et hurle. Mme Chasen arrête la musique et
35 *jette un regard à la femme de chambre.*

Pardon ?

Marie tend une main vers Harold et garde l'autre sur sa bouche. Mme Chasen regarde dans la direction que Marie lui indique et voit le corps de son fils
40 *pendu. Exaspérée, elle respire profondément.*

Harold, vraiment… En présence de la nouvelle femme de chambre… (*Elle se tourne vers Marie, qui est très pâle.*) Je suis confuse. Harold n'a aucun savoir-vivre. (*Elle voit la pendule.*) Mon
45 Dieu ! Il ne peut pas être aussi tard que ça. Le docteur sera là d'une minute à l'autre ! Bon, je vous ai dit pour le bar, les hors-d'œuvre. Pour le dîner, rien de spécial. Est-ce que j'ai oublié quelque chose ?

50 *Marie regarde le corps pendu. Elle ne comprend pas l'attitude indifférente de Mme Chasen. Elle essaye de parler.*

MARIE — Eh… Eh…

Mme CHASEN — Oui ? Quoi donc ? (*Elle regarde*
55 *Harold et secoue la tête.*) Ah, oui. Ça c'est tout à fait lui. J'ai mille et un problèmes à résoudre et il ne s'est même pas changé pour le dîner ! (*Elle va se placer sous le lustre.*) Harold ! (*Pas de réponse.*) Harold, c'est ta mère qui te parle !

60 *Harold bouge la tête et ouvre les yeux. Il regarde sa mère, au-dessous de lui.*

Je te prie de descendre immédiatement.

Harold réfléchit un instant, puis il se décide à tirer sur un fil accroché à la corde. Dans un grand bruit
65 *de poulies qui grincent, il descend lentement vers le sol. Sa mère suit la descente.*

Combien de fois t'ai-je dit de ne pas mettre des chaussettes vertes avec des mocassins noirs ? Quelquefois, j'ai l'impression de parler dans le
70 désert. Est-ce que tu te rends compte de l'heure qu'il est ?

Harold ôte le nœud coulant de sa nuque. La sonnette de la porte retentit.

Voici le docteur Mathews et tu n'as même pas de
75 cravate.

Marie, stupéfaite, n'a pas bougé depuis qu'elle a vu Harold. Mme Chasen se rappelle à son attention.

Eh bien, Marie, qu'y a-t-il ? Vous êtes toute blanche.

MARIE — …

80 *De nouveau la sonnette.*

Mme CHASEN — C'est la sonnette.

MARIE — …

Mme CHASEN — Eh bien ! dépêchez-vous. Allez ouvrir !

85 MARIE — Excusez-moi, madame.

Marie sort.

Mme CHASEN — Maintenant, Harold, écoute-moi bien. C'est moi qui ai demandé au docteur Mathews de venir dîner. C'est un homme émi-
90 nent, débordé de travail. Il nous fait une grande faveur en acceptant. Profites-en. Essaye de lui parler. Il peut te rendre de grands services. Avec moi, il a fait des prodiges.

Marie introduit le docteur Mathews, un homme de
95 *haute taille, aux cheveux argentés, avec quelque chose d'onctueux dans son allure. Mme Chasen accueille le docteur.*

Je suis ravie de vous voir, docteur. Comment allez-vous ?

100 LE DOCTEUR — Très bien, je vous remercie. Et vous, chère amie ?

Mme CHASEN — Toujours à merveille. Docteur, voici mon fils Harold. Harold, le docteur Mathews.

LE DOCTEUR — Bonsoir. J'ai beaucoup entendu
105 parler de vous.

Harold murmure un timide « bonsoir » et serre la main du docteur. Un court silence, pendant que le docteur regarde le nœud coulant et le harnais que porte Harold. Mme Chasen brise le silence.

110 Mme CHASEN — Eh bien, Harold, tu devrais remonter dans ta chambre avec… tes petites affaires **13** et t'habiller pour le dîner. Nous t'atten-drons ici. Dépêche-toi.

Harold ramasse une feuille pliée sur la table et sort.
115 *Mme Chasen et le docteur prennent place sur le canapé.*

Je vous en prie docteur, asseyez-vous. Je suis si heureuse que vous ayez pu venir. Vous voulez boire quelque chose ? Un whisky ?

120 LE DOCTEUR — Parfait.

Mme CHASEN — Le whisky, je vous prie, Marie, et un verre de vin blanc pour moi.

Marie sort.

Je me demande parfois si je suis assez forte
125 pour élever mon fils toute seule. Vous savez les

Au fil du texte

13 Quelles sont les *petites affaires* auxquelles Mme Chasen fait allusion ici ?

difficultés que j'ai eues depuis la mort de Charles : propulsée à la tête de ses affaires, l'usine, la maison… plus mes obligations mondaines… plus mes œuvres… Cela n'a pas été gai tous les jours.

130 LE DOCTEUR — Certes.

Mme CHASEN — Encore que du vivant de Charles, cela n'ait pas été non plus de tout repos. Il pouvait être pire que son fils ! Le jour même de notre mariage, je l'attendais depuis une demi-
135 heure sur mon prie-Dieu, l'église était bondée, et savez-vous où il était ? Chez lui, dans sa baignoire, fasciné par le mécanisme d'un petit canard qui faisait coin-coin ! Oh non, docteur, ce ne fut pas toujours gai.

140 *Marie entre, dépose les verres et ressort.*

Merci, Marie. Bref, le passé est le passé. Ce qui m'inquiète à présent, c'est Harold. J'espère beaucoup que vous pourrez l'aider. Moi, j'ai de moins en moins de contact avec lui. Il n'a jamais été
145 très bavard, notez bien. Intelligent, oui. Et très inventif. Vous devriez jeter un coup d'œil à sa chambre. Mais bavard, non. D'ailleurs, vous avez dû le remarquer.

LE DOCTEUR — Il avait l'air assez…

150 Mme CHASEN — J'ai fait tout ce que j'ai pu pour lui enseigner les bonnes manières. À onze ans, je l'ai envoyé dans un cours de danse. Résultat : zéro : dans les soirées, il erre de salon en salon et il finit par s'asseoir dans un coin. C'est agréable,
155 vous ne trouvez pas ? Surtout quand c'est lui le maître de la maison.

Marie entre avec la table roulante et l'approche du canapé.

LE DOCTEUR — Peut-être pourrais-je le prendre
160 à part après le dîner, et lui donner rendez-vous à mon bureau ?

Mme CHASEN — Ce serait un immense soulagement. Vous savez, docteur — c'est difficile à dire pour une mère — mais parfois je le regarde et je
165 me dis qu'il a perdu la tête.

Au fil du texte

14 **INTERTEXTUALITÉ** Qui était saint Jean-Baptiste ? Comment est-il mort ? Pour le savoir, faites une recherche dans un dictionnaire de noms propres ou sur Internet.

Marie soulève le couvercle du chauffe-plats mais à la place des pâtés de crevettes, il y a là, entourée de sang et de persil, pareille à celle de saint Jean-Baptiste[14]*, la tête d'Harold.*

170 *Marie laisse tomber le couvercle et hurle. Le docteur et Mme Chasen regardent le plat. À ce moment, un Harold sans tête entre dans la pièce. Le docteur et Mme Chasen paraissent plus embarrassés qu'horrifiés. Marie, elle, les yeux révulsés, le souffle coupé,*
175 *tombe inanimée sur le sol.*

SCÈNE II

Le bureau du psychiatre. La lumière s'allume immédiatement dans le bureau du docteur. Harold est allongé sur un sofa. Le
180 *docteur est assis derrière lui.*

LE DOCTEUR — Combien de ces… suicides avez-vous mis à exécution ?

HAROLD — (*Après une longue réflexion.*) Exactement, je ne pourrais pas dire.

185 LE DOCTEUR — Et pourquoi ?

HAROLD — Est-ce que je dois compter le premier, qui n'était pas vraiment préparé ? Et le jour où le four a explosé avant que ma mère ne revienne de son cocktail ? Et ceux qui sont restés
190 à l'état de projets, ceux que j'ai abandonnés, les simples mutilations, les…

LE DOCTEUR — (*Le coupant.*) Approximativement.

HAROLD — Je dirais une quinzaine.

195 LE DOCTEUR — Une quinzaine.

HAROLD — Approximativement.

LE DOCTEUR — Et tous furent exécutés au bénéfice de votre mère ?

HAROLD — (*Après un temps.*) Je ne dirais pas
200 « bénéfice ».

LE DOCTEUR — Certes. Mais ils étaient destinés à provoquer une certaine réaction chez votre mère, n'est-ce pas ? Elle m'a dit, par exemple, que le jour où vous vous êtes fait sauter la tête avec un
205 fusil, elle a eu une crise de nerfs.

HAROLD — Oui, celui-là avait bien marché. Ce n'est pas toujours commode. Parfois, le sang gicle avant que le ressort ait fonctionné.

LE DOCTEUR — Mais la réaction de votre mère
vous a paru satisfaisante ?

HAROLD — Assez, oui. Mais le fusil, c'était au début. C'était beaucoup plus facile à ce moment-là.

LE DOCTEUR — Vous voulez dire que votre mère s'est habituée ?

HAROLD — Oui. Il devient de plus en plus difficile d'obtenir une réaction.

LE DOCTEUR — Dans le cas de la pendaison, par exemple ?

HAROLD — Franchement, ça n'a pas été un succès. (*Désenchanté.*) J'ai travaillé trois jours sur ce mécanisme. Je crois qu'elle n'a même pas vu mon petit mot.

LE DOCTEUR — Que disait-il ?

HAROLD — Celui-ci disait : «Adieu monde cruel.» Je les fais de plus en plus courts.

LE DOCTEUR — Parlons un peu de votre mère… Que pensez-vous d'elle ?

Les lumières s'allument immédiatement sur Mme Chasen. Elle est en train de se faire masser, tandis qu'elle parle au téléphone.

Mme CHASEN — (*Au téléphone.*) Non, non, Betty ! Lydia Ferguson, je vous l'ai envoyée pour un rinçage bleu… c'est ça. J'ai donc invité sa fille, Alice, à venir à la maison pour rencontrer Harold… oui, petite, grassouillette, tout le portrait de sa mère, quoi ? Bon. Nous descendons vers le tennis, et qu'est-ce que nous voyons ? Au beau milieu de la piscine, le cadavre d'Harold, couvert de sang, flottant sur le ventre, avec un poignard planté entre les deux épaules… Si… une horreur ! Évidemment, la pauvre s'est sauvée en hurlant… Les Ferguson ? Ils ne m'adresseront plus jamais la parole… Je ne sais vraiment pas quoi faire avec cet enfant, Betty… Le docteur Mathews ? Aucun résultat… Non, ce qu'il lui faudrait, c'est un centre d'intérêt, des responsabilités, le mariage, au fond, mais comment faire ?… Qu'est-ce que vous dites, Betty ? Une agence matrimoniale par ordinateur ? L'Agence Matrimo-Flash ? Mais c'est une idée extraordinaire !… Avec une garantie de trois rendez-vous ? Sur les trois, il y en aura bien un qui fera l'affaire, je les appelle immédiatement… Quoi ? Mario ? Ah ! non, tant pis, annulez mon rendez-vous. Mon fils a besoin de sa mère, Betty, ma mise en plis attendra.

Les lumières s'éteignent sur elle et se rallument dans le bureau du psychiatre. Harold et le psychiatre n'ont pas bougé.

LE DOCTEUR — J'aimerais remonter un peu dans votre passé. Vous vous souvenez de votre père ?

HAROLD — Non. Pas vraiment. (*Un temps.*) J'ai des photos de lui.

LE DOCTEUR — Oui ?

HAROLD — Il est toujours souriant sur les photos.

LE DOCTEUR — Je suppose que vous auriez aimé le connaître.

HAROLD — J'aurais aimé lui parler.

LE DOCTEUR — Lui parler de quoi ?

HAROLD — De choses et d'autres. Ma mère dit qu'il était très bricoleur. Je lui aurais montré tout le matériel dans ma chambre.

LE DOCTEUR — Quel matériel ?

HAROLD — Mes poignards, mon squelette, ma chaise électrique. Je crois qu'il aurait aimé ça.

LE DOCTEUR — C'est bien possible. Dites-moi, Harold, que pensez-vous des jeunes filles ?

HAROLD — Je les aime bien.

LE DOCTEUR — Vous avez des petites amies ?

HAROLD — Non, pas vraiment.

LE DOCTEUR — Et pourquoi ?

HAROLD — Je ne suis pas sûr de leur plaire.

LE DOCTEUR — Pourquoi cela ?

HAROLD — Au cours de danse, je leur marchais toujours sur les pieds.

Le docteur prend quelques notes et change de sujet.

LE DOCTEUR — Parlons un peu de vos années d'internat. Vous étiez heureux ?

HAROLD — Oui.

LE DOCTEUR — Vous aimiez vos études ?

HAROLD — Oui.

LE DOCTEUR — Vos professeurs ?

HAROLD — Oui.

LE DOCTEUR — Vos camarades ?

HAROLD — Oui.

LE DOCTEUR — Alors, pourquoi êtes-vous parti ?

HAROLD — J'ai fait sauter la salle de chimie. Et après cela, ils m'ont conseillé de passer mes examens par correspondance.

LE DOCTEUR — Bon. Mais à part cela, que faites-vous pour vous distraire ?

HAROLD — Vous voulez dire, quand je ne suis pas dans ma chambre en train de préparer…

LE DOCTEUR — Oui ! pour vous détendre.

HAROLD — Je vais aux enterrements.

Colin Higgins, *Harold et Maude*,
adaptation française de Jean-Claude Carrière, Paris,
Hatier, coll. «Théâtre et mises en scène», 1985, p. 16 à 23.

Halte
CULTURELLE

Colin Higgins
(Scénariste américain, 1941-1988)

À la fin des années 1960, Colin Higgins créait les personnages d'*Harold et Maude* dans le cadre de sa maîtrise en scénarisation. Aujourd'hui considéré comme un film culte et l'une des meilleures comédies américaines, *Harold et Maude* a pourtant pris l'affiche dans l'indifférence générale à l'hiver 1971. C'est petit à petit que les spectateurs se sont attachés au destin de ce couple insolite. De son scénario, Colin Higgins a tiré un roman, puis une pièce qui sera adaptée en français et tiendra l'affiche à Paris pendant sept ans ! Au Québec, c'est un jeune Roy Dupuis qui interprétera le rôle d'Harold sur scène en 1986. La même année, Colin Higgins mettait sur pied une fondation portant son nom pour souligner l'intégrité et le courage de jeunes gens face à l'adversité.

L'affiche du film *Harold et Maude*.

Chez Zénaïde

(EXTRAIT DE LA PIÈCE *OSWALD ET ZÉNAÏDE OU LES APARTÉS*)

PERSONNAGES APPARAISSANT DANS CET EXTRAIT

Oswald, vingt ans, fiancé de Zénaïde.

Zénaïde, vingt ans, fiancée d'Oswald.

Le Présentateur.

Charles Demuth,
*Une femme et un homme
sur scène*, 1917.

LE PRÉSENTATEUR, *devant le rideau fermé.*

Exagérant à dessein **15** un procédé théâtral autrefois en usage, cette petite pièce a pour objet d'établir un contraste comique entre la pauvreté des répliques échangées «à haute voix» et l'abondance des «apartés».

5 *Le Présentateur se retire. Le rideau s'ouvre. La scène est dans un salon bourgeois à la campagne, vers 1830. Au lever du rideau, Zénaïde est seule. Elle rêve tristement en arrangeant un bouquet dans un vase. On frappe à la porte à droite.*

ZÉNAÏDE, *haut.*

Qui est là ? (*À part.*) Pourvu que ce ne soit pas Oswald, mon fiancé ! Je n'ai pas
10 mis la robe qu'il préfère ! Et d'ailleurs, à quoi bon ? Après tout ce qui s'est passé !

LA VOIX D'OSWALD, *au-dehors.*

C'est moi, Oswald !

Au fil du texte

15 Donnez un synonyme de l'expression *à dessein*.

Au fil du texte

16 Que signifie l'expression *avec transport*?

17 Qu'est-ce qu'un alcyon?

ZÉNAÏDE, *à part.*

Hélas, c'est lui, c'est bien Oswald! (*Haut.*) Entrez, Oswald! (*À part.*) Voilà bien
15 ma chance! Que pourrai-je lui dire? Jamais je n'aurai le courage de lui apprendre
la triste vérité!

Entre Oswald. Il reste un moment sur le seuil et contemple Zénaïde avec émotion.

OSWALD, *haut.*

Vous, vous, Zénaïde! (*À part.*) Que lui dire de plus? Elle est si confiante, si
20 insouciante! Jamais je n'aurai la cruauté de lui avouer la grave décision qui vient
d'être prise à son insu!

ZÉNAÏDE, *allant vers lui et lui donnant sa main à baiser; haut.*

Bonjour, Oswald! (*À part, tandis qu'Oswald agenouillé lui baise la main avec
transport*[16]*.*) Se peut-il que tout soit fini! Ah! tandis qu'il presse ma main sur
25 ses lèvres, mon Dieu, ne prolongez pas mon supplice et faites que cette minute,
qui me paraît un siècle, passe plus vite que l'alcyon[17] sur la mer écumante!

OSWALD, *se relevant, tandis que Zénaïde retire gracieusement sa main;
haut, avec profondeur.*

Bonjour, Zénaïde! (*À part.*) Ah! ce geste gracieux et spontané, plus éloquent
30 que le plus long discours! J'ai toujours aimé le silence qu'elle répand autour
d'elle: il est comme animé de paroles mystérieuses que l'oreille n'entendrait pas,
mais que l'âme comprendrait.

ZÉNAÏDE, *haut, avec douceur.*

Asseyez-vous, Oswald! (*À part.*) Il se tait, le malheureux! Je crois entendre son
35 cœur battre à coups précipités, sur le même rythme que le mien. Pourtant, il ne
sait rien sans doute et croit encore à notre union!

Jean Tardieu, «Oswald et Zénaïde ou Les apartés»,
dans *Théâtre de chambre*, nouvelle édition revue et augmentée,
Paris, Gallimard, 1966, p. 151 et 152.

Halte
CULTURELLE

Jean Tardieu
(Homme de lettres français, 1903-1995)

L'inclassable Jean Tardieu a déployé tous azimuts ses talents d'écrivain: poésie, théâtre, roman, texte radiophonique, essai, critique d'art, traduction… Dans les années 1930 et 1940, il publie d'abord des recueils de poésie (*Accents*, 1939; *Figures*, 1944), puis décide de se lancer dans l'aventure théâtrale. Son *Théâtre de chambre* (1955) et ses *Poèmes à jouer* (1960) participent du «théâtre de l'absurde» dont Eugène Ionesco et Samuel Beckett sont alors les figures de proue. Ses incisives petites pièces comiques tournent en dérision le langage et les procédés théâtraux traditionnels, aboutissant à un théâtre quasi abstrait: une de ses pièces, *Une voix sans personne*, ne comprend aucun personnage! Cette inventivité, Jean Tardieu l'a aussi appliquée au roman (*Le professeur Froeppel*, 1978) et à l'écriture de sa propre vie (*On vient chercher Monsieur Jean*, 1990).

Au voleur !

(EXTRAIT DE LA PIÈCE *L'AVARE*)

**Harpagon est un riche avare, tyrannique et obsédé par son trésor
de 10 000 écus qu'il tente de protéger par tous les moyens.
C'est pour lui faire du chantage qu'on lui vole son coffret.**

ACTE IV
SCÈNE VII

HARPAGON

Il crie au voleur dès le jardin, et vient sans chapeau.

5 Au voleur! au voleur! à l'assassin! au meurtrier!
Justice, juste ciel! je suis perdu, je suis assassiné,
on m'a coupé la gorge, on m'a dérobé mon
argent. Qui peut-ce être? Qu'est-il devenu? Où
est-il? Où se cache-t-il? Que ferai-je pour le
10 trouver? Où courir? Où ne pas courir? N'est-il
point là? N'est-il point ici? Qui est-ce? Arrête.
Rends-moi mon argent, coquin… (*Il se prend lui-
même le bras.*) Ah! c'est moi. Mon esprit est troublé, et j'ignore où je suis, qui je suis, et ce que je
15 fais. Hélas! mon pauvre argent, mon pauvre
argent, mon cher ami! on m'a privé de toi; et
puisque tu m'es enlevé, j'ai perdu mon support,
ma consolation, ma joie; tout est fini pour moi, et
je n'ai plus que faire au monde: sans toi, il m'est
20 impossible de vivre. C'en est fait, je n'en puis
plus; je me meurs, je suis mort, je suis enterré[18].
N'y a-t-il personne qui veuille me ressusciter, en
me rendant mon cher argent, ou en m'apprenant
qui l'a pris? Euh? Que dites-vous? Ce n'est per-
25 sonne. Il faut, qui que ce soit qui ait fait le coup,
qu'avec beaucoup de soin on ait épié l'heure; et
l'on a choisi justement le temps que je parlais à
mon traître de fils. Sortons. Je veux aller quérir[19]
la justice, et faire donner la question[20] à toute la
30 maison: à servantes, à valets, à fils, à fille et à moi
aussi. Que de gens assemblés! Je ne jette mes
regards sur personne qui ne me donne des
soupçons, et tout me semble mon voleur. Eh! De
quoi est-ce qu'on parle là? De celui qui m'a
35 dérobé? Quel bruit fait-on là-haut? Est-ce mon
voleur qui y est? De grâce, si l'on sait des nouvelles de mon voleur, je supplie que l'on m'en

dise. N'est-il point caché là parmi vous? Ils me
regardent tous, et se mettent à rire. Vous verrez
40 qu'ils ont part sans doute au vol que l'on m'a fait.
Allons vite, des commissaires, des archers, des
prévôts, des juges, des gênes, des potences et des
bourreaux. Je veux faire pendre tout le monde; et
si je ne retrouve mon argent, je me pendrai moi-
45 même après.

Molière, *L'avare*, acte IV, scène VII, 1668.

Au fil du texte

18 De quelle <u>figure de style</u> s'agit-il ici?

19 Donnez un synonyme de l'<u>archaïsme</u> *quérir*.

20 Dans un dictionnaire, trouver le sens de l'expression
archaïque *faire donner la question* ou *infliger la question*.

Un harpagon, un séraphin

L'avarice a inspiré au moins deux personnages devenus… des noms communs. En effet, Harpagon, le héros de la pièce *L'avare* (1668) de Molière, est à l'origine de *harpagon* qui s'emploie dans la langue soutenue pour désigner un homme d'une grande avarice. Au Québec, Séraphin Poudrier, le héros du roman *Un homme et son péché* (1933) de Claude-Henri Grignon, est à l'origine du <u>québécisme</u> *séraphin* employé comme synonyme d'*avare*.

Séraphin et sa femme Donalda, dans la populaire série télévisée *Les belles histoires des pays d'en haut*, inspirée du roman de Claude-Henri Grignon.

LE TOUR DU TEXTE

1. a) Dans *La punition*, pourquoi le Commandant convoque-t-il Tit-Coq et Jean-Paul chez le Padre ?

   b) Comment les deux jeunes soldats en sont-ils arrivés là ?

   c) Quelle «punition» les soldats reçoivent-ils pour cela ?

   d) Que pensez-vous de cette punition ?

2. a) Dans *Le cas Harold*, quelle stratégie Harold emploie-t-il pour attirer l'attention de sa mère ?

   b) Cette stratégie est-elle efficace ? Expliquez votre réponse.

   c) Quel semble être le principal problème entre Mme Chasen et son fils ?

3. Dans *Chez Zénaïde*, quelle «triste vérité» Zénaïde pense-t-elle qu'Oswald ignore ?

Relevez deux passages à l'appui de votre réponse.

4. Bien que le vol de son argent soit une catastrophe pour Harpagon, l'extrait *Au voleur !* est résolument comique. Citez deux passages montrant que l'exagération contribue largement à créer cet effet.

AU CŒUR DU GENRE

5. Un texte dramatique se compose d'un assemblage de <u>séquences dialogales</u>. Par exemple, dans *La punition*, une séquence dialogale commence à la ligne 37.

   a) À quelle ligne cette longue séquence dialogale se termine-t-elle ?

   b) Quels personnages prennent la parole dans cette séquence dialogale ?

   c) Donnez un titre convenant à l'ensemble de cette séquence.

6. a) Quel est le sujet de la séquence dialogale formant la scène II du *Cas Harold* (lignes 181 à 308) ?

   b) Donnez un court titre à chacune des portions suivantes de cette séquence dialogale.

   – Lignes 181 à 226.
   – Lignes 227 à 278.
   – Lignes 279 à 288.
   – Lignes 290 à 302.
   – Lignes 303 à 308.

7. Des séquences textuelles variées peuvent s'insérer dans les séquences dialogales formant une pièce de théâtre. Pour chacun des passages suivants tirés de *La punition*, dites s'il s'agit d'une <u>séquence argumentative</u>, <u>descriptive</u>, <u>explicative</u> ou <u>narrative</u>.

   – Lignes 80 à 102.
   – Lignes 145 à 150.
   – Lignes 174 à 177.
   – Lignes 184 à 206.

8. De façon plus générale, dans un texte de théâtre, il y a des répliques et des indications variées. Intéressez-vous d'abord aux répliques. Relevez le début de la première réplique de *La punition*, du *Cas Harold* et de *Chez Zénaïde*.

   Les *répliques* sont les **paroles des personnages**. Elles correspondent au texte dit par les comédiens. ∎

9. Pour bien comprendre ou interpréter un texte de théâtre, il faut savoir, entre autres, à qui chacun des personnages s'adresse.

a) Tout au long de la scène II du *Cas Harold*, à quel personnage le docteur parle-t-il ?

b) Dans *La punition*, à qui le Commandant s'adresse-t-il dans la réplique commençant à la ligne 179 ?

c) À qui Tit-Coq s'adresse-t-il dans la réplique commençant à la ligne 199 ?

d) Dans *La punition*, trouvez un passage dans lequel les quatre hommes participent à la conversation.

On appelle *dialogue* un échange de répliques entre **personnages**. ∎

10. Dans *Chez Zénaïde*, à qui Oswald s'adresse-t-il entre les lignes 19 et 21 ?

On nomme *aparté* ce qu'un personnage dit **pour lui-même à l'intention du public**. Par convention, les apartés ne sont pas entendus des autres personnages. Le plus souvent, dans le texte, ils sont précédés de la mention « À part ». ∎

11. Dans *Au voleur !*, Harpagon est seul en scène, mais dans les faits, il s'adresse à différents destinataires. À qui s'adresse-t-il :

– entre les lignes 8 et 14 ?
– entre les lignes 15 et 20 ?
– entre les lignes 34 et 38 ?

Un personnage qui, seul en scène, parle ou pense à voix haute livre un *monologue*. ∎

12. En plus des répliques, le texte de théâtre comporte plusieurs indications. Relisez *Chez Zénaïde* en sautant tous les passages tramés en mauve. Comment cela affecte-t-il votre compréhension du texte ?

On appelle *didascalies* les **indications** qui permettent l'interprétation du texte dramatique. Ce sont des indications que l'auteur destine au metteur en scène, aux comédiens et aux artisans (costumiers, scénographes, accessoiristes, éclairagistes, machinistes, etc.) impliqués dans la présentation d'une pièce de théâtre. Les didascalies sont également essentielles aux lecteurs, qui doivent construire leur propre représentation de la pièce au fil de leur lecture.

Les didascalies ne sont pas dites par les comédiens. Selon les auteurs et les époques, elles sont plus ou moins explicites et abondantes. ∎

George Hyde-Pownall, *Le Strand : Londres à l'heure du théâtre*, v. 1910.

Une scène du film *Harold et Maude*: Harold rencontre Maude à un enterrement.

13. Les didascalies ont plusieurs utilités; dans cet atelier, vous en verrez sept. Première utilité: les didascalies des premières pages fournissent toutes sortes de renseignements (liste des personnages, description des décors, renseignements sur l'époque et les lieux où se déroule l'action, vue d'ensemble de la pièce, etc.). Relisez *Personnages et tableaux* (p. 214) et répondez aux questions ci-dessous.

a) Dans cette pièce, combien y a-t-il de rôles masculins? de rôles féminins?

b) À quelle époque l'action se situe-t-elle? Quel grand événement historique se déroule pendant ces années-là?

c) Dressez la liste de tous les lieux dans lesquels se déroule cette pièce.

d) En combien d'actes la pièce se divise-t-elle? En quoi chacun de ces actes se subdivise-t-il?

Plusieurs pièces de théâtre se divisent en **actes** qui, à leur tour, se subdivisent soit en **scènes**, soit en **tableaux** (mais pas les deux).

• Les **actes** divisent la pièce en **grandes parties**. Une pièce compte habituellement de un à cinq actes. Souvent, le rideau tombe à la fin d'un acte.

• Les **scènes** sont des **subdivisions d'un acte**. Dans le théâtre classique, un changement de scène **correspond à l'arrivée ou au départ d'un personnage**. De nos jours, on donne à ce mot un sens plus large.

• Les **tableaux** sont, eux aussi, des **subdivisions d'un acte**. Un changement de tableau **correspond habituellement à un changement de décor, d'époque, d'ambiance**, etc.

La numérotation des actes, des scènes et des tableaux se fait habituellement en chiffres romains. Des titres peuvent remplacer la numérotation.

Certaines pièces modernes sont subdivisées seulement en scènes ou en tableaux. D'autres ne comportent aucune division. ■

14. Deuxième utilité: au fil du texte, certaines didascalies numérotent les divisions (actes, scènes, tableaux) de la pièce. L'extrait *Au voleur!* se trouve-t-il plutôt au début ou à la fin de la pièce *L'avare*? Expliquez votre réponse.

15. **TEXTES EN RÉSEAU** Troisième utilité: au début des actes, des scènes ou des tableaux, les didascalies apportent des précisions variées.

a) Dans *La punition*, que décrit la première didascalie sous «Premier acte, tableau I»?

b) Dans *Le cas Harold*, sur quoi portent les deux didascalies sous «Acte I, scène I»?

16. Quatrième utilité: des didascalies précisent quel personnage parle et, au besoin, à qui il s'adresse. Dans *La punition*, relevez les trois premières didascalies entre parenthèses précisant le destinataire des paroles.

17. **TEXTES EN RÉSEAU** Cinquième utilité: des didascalies relatives à l'expression guident le jeu des comédiens.

a) Dans *Chez Zénaïde* et *Au voleur!*, relevez une didascalie précisant le volume de la voix du comédien.

b) Que précisent des didascalies comme les suivantes tirées de *La punition*: «Grognon» (ligne 19), «Digne» (ligne 120), «Crânant» (ligne 228), «Misérable» (ligne 237), «Tout heureux» (ligne 272)?

c) Que précisent des didascalies comme les suivantes tirées de *La punition*: «Laborieusement» (ligne 81), «Entre ses dents» (ligne 95)?

d) Dans *Le cas Harold*, relevez une didascalie indiquant qu'un personnage en interrompt un autre.

e) Dans cet extrait, relevez aussi trois didascalies indiquant une pause ou un silence.

18. Sixième utilité : certaines didascalies précisent les déplacements, les mouvements, la position, les gestes des comédiens.

a) Dans *La punition*, relevez la première didascalie indiquant l'entrée d'un personnage.

b) Dans *Le cas Harold*, relevez la première didascalie indiquant la sortie d'un personnage.

c) Entre les lignes 19 et 85 du même extrait, relevez les didascalies indiquant les déplacements de Mme Chasen.

d) Dans ce passage, relevez aussi les didascalies indiquant les gestes d'Harold.

19. Septième utilité : au fil du texte, quelques didascalies s'adressent à divers techniciens. Entre les lignes 54 et 184 du *Cas Harold*, relevez toutes les didascalies s'adressant au bruiteur, à l'éclairagiste et au machiniste.

20. ▢ Notez dans vos mots ce que vous avez appris dans cet atelier au sujet des répliques et des didascalies. Conservez cet aide-mémoire pour la synthèse à la fin du module.

LE TEXTE ET VOUS

21. Parmi les extraits présentés dans cet atelier, lequel avez-vous préféré ? Expliquez votre choix.

22. Trouvez-vous difficile de lire du théâtre ? Pourquoi ?

GRAMMAIRE

Le complément direct du verbe et le complément indirect du verbe

L'accord du participe passé employé avec *avoir*

23. ▤ Sur le document qu'on vous remettra, exercez-vous à repérer des CD du V et des CI du V de même qu'à justifier l'accord de participes passés employés avec *avoir*.

VERS D'AUTRES TEXTES

24. On appelle *tirade* une réplique très longue et dite sans interruption. La plus célèbre est sans doute la tirade du nez dans *Cyrano de Bergerac*, une pièce d'Edmond Rostand. Lisez-la aux lignes 15 à 69 commençant à la page 206 de votre recueil de textes.

25. Lisez *Fiel… Mon zébu !* à la page 192 de votre recueil, un texte de Jean Tardieu dans lequel les didascalies sont essentielles à la compréhension des répliques.

26. Il arrive qu'un personnage s'adresse à un interlocuteur invisible. C'est le cas de Paul-Edmond Gagnon dont vous pouvez lire la mésaventure aux pages 180, 196 et 216 de votre recueil de textes.

EN QUELQUES
LIGNES

▤ Dans l'extrait de pièce reproduit sur le document qu'on vous remettra, on a supprimé des parties de didascalies. Lisez attentivement le texte et ajoutez les indications nécessaires pour guider les comédiens. Comparez ensuite votre travail avec celui de quelques camarades pour mettre en parallèle votre vision du texte.

DE VIVE
VOIX

Avec quelques camarades, choisissez quelques passages du corpus de l'atelier 1 et exercez-vous à les interpréter. N'oubliez pas de tenir compte des didascalies relatives à l'expression.

DES PERSONNAGES À FAÇONNER

Florence a été écrite pour la télévision en 1957 et adaptée pour la scène en 1960. Dès sa création, le drame de Florence a ému. À la lecture des extraits ci-dessous, prêtez attention aux détails de toutes sortes vous permettant de vous représenter cette héroïne intemporelle.

Le procès

(EXTRAITS DE LA PIÈCE *FLORENCE*)

La salle à manger chez les Lemieux. C'est le cœur de la maison. On y mange très rarement mais on y vit continuellement. Table ronde et entourée de chaises. Fauteuils, lampes sur pied, fenêtre qui
5 *donne sur une ruelle, rideaux fanés, commode, porte-journaux, patère ancienne. Porte de la chambre de Pierre. Entrée du couloir qui mène aux autres pièces de la maison et à la porte d'entrée. Le tout fait démodé, ennuyeux et gris.*

10 **PREMIÈRE PARTIE**
DEUXIÈME TABLEAU
(extrait)

PIERRE — J'ai assez hâte que tu te maries, toi ! Tu ne nous achaleras**[1]** plus quand tu seras partie.
15 Ce sera un bon débarras.

FLORENCE — Ça va peut-être te décevoir, mon p'tit gars, mais je vais t'annoncer que je ne me marie plus !

(*Étonnement des autres ponctué d'un silence.*)

20 ANTOINETTE — Es-tu sérieuse, Florence ?

FLORENCE — Je viens de casser avec Maurice… Je lui ai remis sa bague.

GASTON — Pourquoi t'as fait ça ?

FLORENCE — Parce que je ne l'aimais plus.
25 Parce que je pouvais plus continuer à mentir.

ANTOINETTE — Pauvre garçon… Lui qui croyait en toi ! Pauvre garçon ! Tu le regretteras peut-être.

FLORENCE — Je ne crois pas, mais ça me serait égal. Plains-le si tu veux, tout m'est égal.

30 GASTON — T'es certaine que tu ne l'aimais plus ?

FLORENCE — Oui. Je suis même certaine de ne l'avoir jamais aimé, que j'ai commis une erreur le jour où je me suis fiancée à lui.

GASTON — Dans ce cas, t'as agi comme il fallait,
35 t'as été honnête, t'as pas attendu qu'il soit trop tard… On va te garder avec nous autres, c'est tout… On va te garder aussi longtemps que tu voudras… t'es heureuse ici ?

(*Florence tourne la tête pour ne pas répondre.*)

40 GASTON — T'es pas heureuse ?

FLORENCE, *dure et sarcastique***[2]** — Mais oui ! Je suis heureuse ! Je suis heureuse, tu ne peux pas savoir comment ! Je suis tellement heureuse que !…

(*Incapable de continuer, elle court s'enfermer dans*
45 *sa chambre. Silence.*)

ANTOINETTE — Tout leur monte à la tête. Ce n'est plus la vie qu'elles cherchent, elles ne savent pas ce qu'est la vie. Il leur faudrait que ce soit toujours fête, comme dans une kermesse**[3]**
50 perpétuelle.

GASTON — Les temps changent. Les hommes marchent sur la Lune.

PIERRE — Si vous l'écoutiez elle ferait comme toutes les folles de vingt ans qui passent leurs
55 nuits dans les discothèques.

GASTON — Qu'est-ce que ça fait si elle est honnête ?

PIERRE — Ah ! c'est rentable la corruption ! Moi…

60 ANTOINETTE — Elles changent, elles se transforment, elles ne sont plus pareilles.

GASTON — Peut-être… Oui, peut-être. Parfois, je me dis qu'on devrait peut-être repenser toute la vie… qu'on est des orgueilleux, qu'on se croit
65 les seuls à avoir raison, à posséder la vérité… Je ne sais pas, mais si on se trompait ! Quand on se rend compte qu'on s'est trompé, on se juge ensuite ! On est pris avec le problème de se juger. Le pape, par exemple, il est de moins en moins
70 sûr de lui. L'Église perd rapidement du terrain. Moi j'y crois toujours, c'est entendu. Mais j'ai de moins en moins l'envie de faire partie de ce qu'ils appellent «la majorité silencieuse». Certains jours, je me pose des questions ! Je suis inquiet !

75 ANTOINETTE — C'est parce que tu lis trop de choses inutiles et mensongères, bonnes seulement à égarer les gens.

GASTON — Je lis ce que je peux. Je m'informe du mieux que je peux. Ça fait déjà un certain
80 temps qu'on a cessé de prêcher en faveur de l'ignorance, chez nous. Et puis à cause de ça, on dirait que les gens commencent à bouger, à vivre. Moi, les révolutions, Toinette…

ANTOINETTE — Tu sais bien que les com-
85 munistes* font leur ravage partout ! Il faut être aveugle pour ne pas le voir.

GASTON — Moi, les révolutions, qu'elles soient tranquilles ou pas, je commence à me dire que c'est utile.

90 ANTOINETTE — Pourquoi ?

GASTON — Pour ceux qui nous suivront peut-être. Et puis, il y a une chose importante qu'il ne faut pas oublier: connaître ce que c'est que de faire quelque chose librement avant de mourir.

95 ANTOINETTE — Les années t'ont changé, je m'en rends compte tout à coup.

GASTON — Les années et puis… (Il hésite.)

ANTOINETTE — Les années et puis?… Va jusqu'au bout de ta pensée.

100 GASTON — Non. Ce n'est pas ce qui compte le plus. Ce qui compte le plus en définitive, c'est ma famille… C'est comme un bateau de pêcheur…

---

* Antoinette fait probablement allusion ici aux personnes prônant des changements sociaux importants qui dérangeraient l'ordre établi.

Oui, c'est comme un bateau de pêcheur. Un jour, j'imagine que ceux qui nous suivront pourront se
105 lancer sur la haute mer.

Au fil du texte

1 Par quel autre verbe pourriez-vous remplacer le <u>québécisme</u> *achaler*?

2 Quel sentiment éprouve Florence pour s'exprimer sur un ton si dur et sarcastique?

3 Donnez un synonyme de *kermesse*.

Halte
CULTURELLE

Qu'est-ce que la Révolution tranquille?

«C'est le temps que ça change», pourrait-on répondre en reprenant ce slogan électoral des années 1960. En fait, par «révolution», il faut comprendre **rupture** avec le conservatisme d'après-guerre et point de départ d'un vaste mouvement de réformes au Québec. La période qui s'étend de 1960 à 1966 est ainsi marquée par l'apparition de l'État providence, les nationalisations, la laïcisation de la société, la gratuité de l'enseignement, la reconnaissance d'une identité linguistique et culturelle propre, etc. **Sans violence**, tranquillement, les structures politiques, économiques et sociales de la *Belle province* sont peu à peu modifiées en profondeur. La Révolution tranquille a ainsi modelé le visage du Québec moderne.

Slogan utilisé en 1962 pour promouvoir la nationalisation des entreprises d'hydroélectricité au Québec.

(*Silence. Paraît Florence vêtue de la très jolie robe qu'elle vient d'achever de coudre. On la regarde.*)

PIERRE — Tu t'en vas dans un carnaval?

GASTON — Ce n'est pas la bonne façon de parler
110 à ta sœur.

ANTOINETTE — Écourtichée4, décolletée comme ça, je n'aurais jamais eu l'audace de me présenter dans le monde.

FLORENCE — Parce que t'aurais eu peur. Jamais
115 l'idée d'être heureuse ne te serait venue à l'esprit.

ANTOINETTE — J'ai été plus heureuse que tu ne le seras peut-être jamais.

FLORENCE — Mais non, maman, tu as cru l'être, ton bonheur tu l'as imaginé sans le vivre
120 parce que tu t'efforçais d'agir selon les principes qu'on t'avait imposés.

ANTOINETTE, *d'une voix basse* — J'ai été heureuse…

FLORENCE — Mais pas moi! Jamais! Jamais!

125 (*Long silence.*)

GASTON — Ta mère et moi, on a toujours essayé de te faire une vie agréable. Souviens-toi de tes quatre frères qui sont mariés.

FLORENCE — Justement, sont mariés! Sont pas
130 ici pour parler.

GASTON — T'as vraiment quelque chose à nous reprocher?

FLORENCE — Si tu veux papa, on va cesser de discuter, ce serait mieux.

135 GASTON — Mais non, mais non! Si t'as des reproches à nous faire, vas-y! Je suis prêt à t'écouter, moi.

FLORENCE — Tu ne pourrais pas comprendre, papa!

140 GASTON — Tu ne le sais pas. T'as jamais essayé.

ANTOINETTE — Tu ne devrais pas parler comme ça à ton père, Florence.

GASTON — Laisse-la donc faire, Toinette. Si on lui donnait la chance de s'expliquer une fois pour
145 toutes.

ANTOINETTE — Florence n'a rien, c'est parce qu'elle est fatiguée ces jours-ci.

FLORENCE — C'est vrai que je suis fatiguée, maman. Mais pas pour les raisons que tu crois.

150 GASTON — T'es fatiguée de nous autres?

Une scène de *Florence*, présentée au Théâtre Denise-Pelletier à l'automne 2006.

FLORENCE *va répondre «oui» mais se retient juste à temps* — On est mieux de ne pas continuer, papa! Maman a raison.

GASTON — Depuis je ne sais combien de temps,
155 t'as quelque chose sur le cœur… Faudrait bien que tu te libères un jour. Pourquoi ce ne serait pas maintenant?

FLORENCE — Papa, j'aurais envie de m'en aller vivre en chambre.

160 ANTOINETTE — Jamais, ma p'tite fille, jamais! Je sais ce qui se passe chez les filles qui vivent en chambre!

GASTON — Laisse-la parler, Toinette, veux-tu?

ANTOINETTE — Tu deviens trop tendre,
165 Gaston! Plus ça va, plus tu te laisses manger la laine sur le dos **5**.

GASTON — Je vieillis… En vieillissant, on apprend à être tolérant… On ne l'a peut-être pas été assez quand on était jeune… Pourquoi tu
170 voudrais rester en chambre?

FLORENCE — Parce que j'en ai assez de ma p'tite vie plate, parce que j'en ai plein le dos de la maison.

PIERRE — C'est toi qui me traitais d'égoïste, tout
175 à l'heure? Tu pourrais te regarder! Tu ne penses toujours rien qu'à toi.

GASTON — Te mêle pas de ça, Pierrot.

FLORENCE — Tu sauras, mon petit garçon, que si ce n'était pas de moi, que si je n'apportais pas
180 une pension chaque mois, tu ne pourrais pas le continuer ton cours secondaire! Pourtant, j'aurais aimé étudier moi aussi, j'aurais aimé être instruite, mais la chance n'était pas pour moi. J'ai vécu toute ma vie avec cinq frères. Parce que
185 j'étais toute seule de fille, je n'ai jamais eu de considération de personne. Pas plus que de la poussière sur un meuble.

GASTON — Aujourd'hui encore, t'as l'impression de ne pas être plus que de la poussière sur un
190 meuble?

(*Elle va dire «oui» mais se ravise encore juste à temps.*)

GASTON — Aujourd'hui encore, Florence?

Au fil du texte

4 Servez-vous du contexte pour donner le sens de l'adjectif *écourtichée*.

5 Que signifie ici l'<u>expression figée</u> *se laisser manger la laine sur le dos*?

FLORENCE — Aujourd'hui, je veux avoir ma vie
195 à moi, je veux être libre, indépendante.

GASTON — Je ne t'en empêche pas. Mais dis-moi, par exemple, ce que tu peux trouver ailleurs que tu ne trouves pas ici.

ANTOINETTE — T'imagine donc pas qu'ail-
200 leurs c'est mieux qu'ici.

FLORENCE — Tu parles sans savoir, maman, parce que tu vis dans la même p'tite routine depuis trente ans. Pour toi, le monde s'arrête sur le perron de la porte, tout ce qui peut se passer
205 ailleurs, ça te laisse froide. Non, ça ne te laisse pas froide, ça te fait peur. Tout ce qu'il y a en dehors de ta vie te fait peur, ça ne peut pas être beau, ça ne peut pas être bon.

ANTOINETTE — Continue, attaque-moi… Je
210 me suis dévouée pendant trente ans de ma vie pour tout donner à mes enfants et c'est la récompense que je reçois.

FLORENCE — C'est pas ta faute, maman, je le sais, mais ce que je dis je le pense. Traite-moi
215 d'ingrate si tu veux, ça m'est égal.

GASTON — On sait, ta mère et moi, que tu n'es pas une ingrate.

ANTOINETTE — Tu nous en as assez dit pour ce soir, on est mieux de parler d'autres choses,
220 maintenant.

PIERRE — Si vous continuez, je cesse d'étudier. Je suis incapable d'étudier dans le bruit!

FLORENCE — T'as rien qu'à t'enfermer dans ta chambre. Comme ça, tu n'accapareras pas la salle
225 à manger simplement parce que tu étudies.

PIERRE — Non, je reste dans la salle à manger, je suis chez moi autant que toi!

FLORENCE — Plus même! Plus que moi!… Parce que moi je vais te laisser la place! (*Elle se
230 lève.*)

ANTOINETTE — Non, Florence !

FLORENCE — Pourquoi maman ? Qu'est-ce qui me retient ici, tu crois ?

235 ANTOINETTE — Nous autres, on ne compte plus pour toi ?

FLORENCE — Vous comptez parce que vous êtes mes parents, mais ma vie, c'est moi qui dois la faire ; mon bonheur, c'est de moi qu'il dépend.

GASTON — C'est vrai, Florence, t'as raison.
240 Mais tu n'es pas encore allée au bout de ton idée.

FLORENCE — Tu ne devrais pas souhaiter que j'y aille, papa.

GASTON — Si tu connais quelque chose qu'on ignore, je veux que tu le dises, je vais t'écouter, t'as
245 pas besoin d'avoir peur.

FLORENCE — Non, papa, ne me demande pas de parler.

GASTON — Ce soir, on a la chance de se parler et de se comprendre. Faut pas la laisser passer
250 parce qu'elle ne se représentera peut-être plus.

ANTOINETTE — Es-tu malheureuse parce que tu voudrais te marier et que tu ne trouves personne de ton goût ? Es-tu malheureuse parce que t'as découvert que tu n'aimais plus Maurice ?

255 FLORENCE — Je souhaite me marier, maman, mais pas avec le genre de garçons qui sont intéressés à moi. Pas avec Maurice.

ANTOINETTE — Pourquoi ?

FLORENCE — Parce que je ne serais pas heu-
260 reuse. Je ne veux pas devenir une machine à faire des enfants, je ne veux pas devenir une machine à faire du ménage, une machine à engraisser et à vieillir.

ANTOINETTE — Autrement dit, tu ne veux pas
265 me ressembler ?

FLORENCE — Je n'ai pas dit ça.

ANTOINETTE — Mais tu le penses !

FLORENCE — Oui. C'est peut-être beau de faire son devoir de mère, mais je ne me sens pas d'ap-
270 titudes à ça.

PIERRE — Tu devrais avoir honte de parler comme ça !

FLORENCE — C'est papa qui l'a voulu !

ANTOINETTE — C'est vrai que j'ai passé ma vie
275 à faire des enfants, à faire du ménage, c'est vrai que j'ai sacrifié tout mon temps pour la maison, mais tu oublies une chose : avec ton père, j'ai été heureuse.

FLORENCE — Moi, je ne le serais pas. Je ne me
280 contenterais pas de ton bonheur.

ANTOINETTE — Florence !

GASTON — Laisse-la terminer, je veux tout savoir.

PIERRE — Une vraie folle !

FLORENCE — Tu pourrais te regarder dans un
285 miroir, des fois !

PIERRE — Je n'ai pas tes idées de grandeur, moi !

FLORENCE — Non, mais tu agis comme si tu étais supérieur à tout le monde.

PIERRE — C'est faux ! Je n'ai pas changé parce
290 que je vais au cégep.

FLORENCE — Menteur ! Espèce de p'tit hypocrite ! Dis-le donc ce que tu penses de ton père et de ta mère au fond de toi-même, dis-le ! T'as peur, hein ! T'as peur d'avouer que des fois t'en as
295 eu honte !

PIERRE — T'es rien qu'une… t'es rien qu'une…

*(Il ne trouve pas le mot. Il lève la main vers Florence mais son père la lui rabat durement en le regardant dans les yeux avec sévérité. La mère a eu
300 juste le temps de crier.)*

ANTOINETTE — Ne fais pas ça, Pierre !

GASTON, *lentement à Florence* — Continue…

FLORENCE — Pourquoi tu me forces à dire tout ça ?

305 GASTON — Quand on est un homme, on doit pouvoir faire face à la vérité. Si c'est la vérité que tu nous apprends, je veux y faire face. Pourquoi ne serais-tu pas heureuse de connaître la vie que ta mère a connue ?

310 FLORENCE — Je ne sais pas, j'ai dit ça sans penser, ne me questionne plus, papa.

GASTON — T'as accusé ta mère, maintenant je veux que tu m'accuses.

PIERRE — Tu ne devrais pas attacher d'importance à ses paroles.

GASTON, *qui, pour la première fois, se fâche* — Ferme-toi, Florence veut me parler, je veux qu'on la laisse me parler.

FLORENCE — Regarde papa, regarde tout ce qu'il y a autour de nous. Regarde les meubles, les murs, la maison: c'est laid, c'est vieux, c'est une maison d'ennui. Ça fait trente ans que tu vis dans les mêmes chambres, dans la même cuisine, dans le même «living-room». Trente ans que tu payes le loyer mois après mois. T'as pas réussi à être propriétaire de ta propre maison en trente ans. T'es toujours resté ce que tu étais: un p'tit employé de compagnie qui reçoit une augmentation de salaire tous les cinq ans. T'as rien donné à ta femme, t'as rien donné à tes enfants que le strict nécessaire. Jamais de plaisirs, jamais de joies en dehors de la vie de chaque jour. Seulement Pierre qui a eu la chance de s'instruire: c'est lui qui le méritait le moins. Les autres, après la p'tite école, c'était le travail; la même vie que t'as eue qui les attendait. Ils se sont mariés à des filles de rien pour s'installer dans des maisons comme la nôtre, grises, pauvres, des maisons d'ennui. Et pour moi aussi, ce sera la même chose si je me laisse faire. Mais je ne veux pas me laisser faire, tu comprends papa! La vie que t'as donnée à maman ne me dit rien, je n'en veux pas! Je veux mieux que ça, je veux plus que ça. Je ne veux pas d'un homme qui se laissera bafouer toute sa vie, qui ne fera jamais de progrès, sous prétexte qu'il est honnête; ça ne vaut pas la peine d'être honnête si c'est tout ce qu'on en tire…

ANTOINETTE — Tu vas trop loin, Florence!

FLORENCE — Je préfère mourir plutôt que de vivre en esclavage toute ma vie.

ANTOINETTE — Tu ne sais plus ce que tu dis. Tu ne sais plus ce que tu dis parce que tu ne connais rien de la vie. Mais moi je vais t'apprendre ce que c'est. Pour avoir parlé de ton père comme tu viens de le faire, faut pas que tu l'aimes beaucoup, faut pas que tu le connaisses. Je vais te dire ce qu'il est ton père, moi!

GASTON — Je ne te demande pas de me défendre, ma vieille. Ce que Florence a dit de moi est vrai.

ANTOINETTE — C'est peut-être vrai dans un sens, mais ça ne l'est pas dans l'autre… Ton père, Florence, est d'une génération qui va s'éteindre avec lui… Pas un jeune d'aujourd'hui pourrait endurer ce qu'il a enduré. À vingt ans, c'était un homme qui avait déjà pris tous les risques qu'un homme peut prendre. Avoir une situation stable, sais-tu ce que ça représentait alors? T'en doutes-tu? Ça représentait le repos, la tranquillité, le droit de s'installer et de vivre en paix. Ton père, Florence… c'est pas un grand homme. Jamais été riche mais toujours resté honnête. Trois fois au cours des années il aurait pu gagner beaucoup d'argent à travailler pour un député rouge*. Deux fois pour un député bleu. Il l'aurait achetée sa maison s'il l'avait voulu, mais il a refusé… Tu peux lui en vouloir pour ça, tu peux encore lui faire des reproches?… Parle! Réponds!

(*Accablée, Florence penche la tête, incapable de répondre.*)

PIERRE — T'avais pas le droit de parler comme ça, Florence.

_____

* À l'époque, les députés rouges étaient membres du Parti libéral du Québec, tandis que les députés bleus étaient membres de l'Union nationale.

PIERRE — T'as menti !

FLORENCE — C'est toi qui mens parce que t'as peur d'admettre la vérité. Mais tout ce que tu fais
390 t'accuse.

(*Il voudrait encore lutter contre elle mais il sait trop bien qu'elle a raison. Ne sachant plus très bien quoi lui répondre, il préfère se ressaisir et se taire.*)

GASTON — Florence… T'as eu la franchise
395 d'exprimer ce que tu pensais tout à l'heure, si tu veux continuer, je suis toujours prêt à t'entendre.

FLORENCE, *complètement dépassée par l'humanité*❻ *de son père, elle lève la tête vers lui, ses yeux sont mouillés de larmes* — Je n'ai plus rien à
400 dire… j'ai trop parlé maintenant… je suis allée trop loin… t'aurais pas dû me laisser faire aussi !

(*Elle se précipite vers la petite table où elle a laissé sa bourse*❼ *et ses gants, les prend, court vers le couloir d'entrée, décroche son manteau et sort en*
405 *courant. On entend la porte d'entrée se fermer.*)

Marcel Dubé, Florence, Montréal,
Leméac, 1970, p. 35 et 36 et 74 à 86.

FLORENCE — J'ai seulement dit ce que t'auras jamais le courage de dire… Je te connais, toi. Les matins où tu refuses de t'en aller au collège avec
385 lui, c'est parce que t'en as honte ! Parce que ça te gêne de marcher à ses côtés.

Au fil du texte

❻ Dans ce contexte, que signifie *humanité* ?

❼ Au Québec, quel sens donne-t-on à *bourse* ?

Halte
CULTURELLE

Marcel Dubé
(Dramaturge québécois, né en 1930)

De la fin de la Deuxième Guerre mondiale jusqu'à la crise d'Octobre, en passant par la Révolution tranquille, Marcel Dubé s'est fait le témoin, sensible et clairvoyant, des transformations qui ont secoué la société québécoise. Avec ses pièces *Zone* (1953), *Un simple soldat* (1957), *Florence* (1960), *Bilan* (1968), *Les beaux dimanches* (1968) et *Au retour des oies blanches* (1969), il a su mettre en scène les rêves et les angoisses de la jeunesse, les revendications des femmes et les tensions dans les familles ouvrières ou bourgeoises. Longtemps auteur-vedette de la télévision de Radio-Canada, Marcel Dubé est certainement le plus prolifique des dramaturges québécois : il a signé plus de 300 titres ! Son œuvre est déterminante dans l'histoire du théâtre d'ici.

1. Florence en a long à dire sur sa vie dans la famille Lemieux.

   a) Quelle question de Gaston bouleverse Florence et enclenche le procès que la jeune femme fera à sa famille?

   b) Est-il aisé pour Florence de prendre la parole? Donnez trois arguments pour étayer votre réponse, chacun illustré par un passage du texte.

2. Au fil du texte, Florence adresse des reproches aux membres de sa famille.

   a) Que reproche-t-elle principalement à son frère?

   b) Que reproche-t-elle à sa mère quand elle lui dit: «Tout ce qu'il y a en dehors de ta vie te fait peur, ça ne peut pas être beau, ça ne peut pas être bon. »

   c) Résumez en quelques mots ce qu'elle reproche à son père entre les lignes 319 et 347.

3. Pressés de questions, les personnages doivent parfois s'expliquer. En conséquence, cet extrait comporte plusieurs séquences explicatives. Penchez-vous sur trois d'entre elles.

   a) À quelles lignes la première séquence explicative de l'extrait se trouve-t-elle?

   b) Relevez la séquence explicative dans laquelle Florence dit pourquoi elle ne veut plus vivre à la maison.

   c) Que vous apprend sur Gaston la séquence explicative des lignes 303 à 307?

AU CŒUR DU GENRE

4. Pour mieux comprendre une pièce de théâtre, on tente de se faire une idée des personnages. Pour cela, on prête attention aux passages permettant de reconstituer l'identité de chacun d'eux. Les textes contiennent plusieurs catégories de renseignements utiles à cette fin; dans cet atelier, vous en verrez six.

   Première catégorie: les renseignements généraux (nom, âge, occupation, niveau d'instruction, situation financière, etc.).

   a) Le personnage principal se nomme Florence Lemieux. Quels indices du texte vous l'ont révélé?

   b) Environ quel âge Florence a-t-elle? Relevez trois passages à l'appui de votre réponse.

   c) Dites ce que vous savez du niveau d'instruction de Florence.

   d) Relisez les répliques de Florence commençant aux lignes 178 et 319. Qu'en déduisez-vous au sujet de la situation financière des Lemieux?

   Les **dialogues** constituent une **importante source de renseignements**. En effet, au théâtre, les personnages se dévoilent en parlant. ■

5. Deuxième catégorie: l'apparence du personnage, son costume. À la lecture des lignes 106 à 113, qu'apprenez-vous au sujet de l'habillement de Florence? Que déduisez-vous à propos de son allure générale?

6. Troisième catégorie: les regrets et les déceptions du personnage. Mis à part le fait qu'elle n'a jamais été heureuse dans sa famille, quel semble être le plus grand regret de Florence?

7. Quatrième catégorie: les préjugés (c'est-à-dire les idées toutes faites, les partis pris), les opinions, les convictions du personnage.

   a) Entre les lignes 62 et 96, Antoinette exprime deux de ses préjugés. Lesquels?

   b) Quel préjugé Antoinette véhicule-t-elle quand elle dit: «Je sais ce qui se passe chez les filles qui vivent en chambre!»

   c) Quelles caractéristiques d'Antoinette ces préjugés révèlent-ils? Donnez-en deux.

   d) Quelle est l'opinion de Florence à l'endroit des garçons de son âge?

   e) Florence attend-elle que quelqu'un la rende heureuse? Citez un passage à l'appui de votre réponse.

8. Cinquième catégorie: ce à quoi le personnage s'oppose, ce qu'il combat, rejette. Dans cet extrait, Florence critique sévèrement ses parents et, par le fait même, le modèle de la famille tel qu'il existait au Québec dans les années 1950.

   a) Que Florence refuse-t-elle dans le devoir de mère? Citez un passage à l'appui de votre réponse.

   b) Pourquoi ne veut-elle pas d'un homme comme son père?

9. Sixième catégorie: ce que le personnage souhaite, espère, revendique. Dans cet extrait, quelle est la grande revendication de Florence?

Il existe d'autres catégories de renseignements utiles pour se représenter un personnage de théâtre. Par exemple, on peut se questionner sur son passé, sur sa manière de réagir aux événements, etc. ■

10. ☐ Notez dans vos mots les six catégories de renseignements observées dans cet atelier. Conservez cet aide-mémoire pour la synthèse à la fin du module.

LE TEXTE ET VOUS

11. Quelle est pour vous la réplique la plus importante de Florence ? Expliquez votre choix.

12. En quoi Florence vous ressemble-t-elle ? Expliquez votre réponse.

13. Le thème de la famille est au cœur de cet extrait. Selon vous, en quoi la famille de l'époque diffère-t-elle de celle d'aujourd'hui ? En quoi lui ressemble-t-elle ?

14. Dites en quoi le personnage de Florence peut être vu comme une métaphore du Québec des années 1950. Pour vous aider à répondre, relisez la halte culturelle *Qu'est-ce que la Révolution tranquille ?* (p. 233).

(p. 233)

GRAMMAIRE

Attribut du complément direct du verbe

15. Dans la phrase ci-dessous, quel groupe remplit la fonction d'attribut du CD du V ?

Pour toi, le monde s'arrête sur le perron de la porte, tout ce qui peut se passer ailleurs, ça te laisse froide.

Ponctuation, orthographe et accords

16. 📄 Sur le document qu'on vous remettra, précisez l'utilité de certains signes de ponctuation et justifiez l'orthographe ou l'accord de certains mots.

VERS D'AUTRES TEXTES

17. Les relations entre parents et enfants ne sont pas toujours aussi tendues que celles entre Antoinette et Florence. Lisez *Nana*, à la page 218 de votre recueil de textes. Vous y rencontrerez une mère de famille haute en couleur. Demandez-vous quel type de relation unit Nana et son fils (le narrateur).

18. En lisant la tirade du nez, vous avez goûté la verve de Cyrano. Lisez maintenant les pages 206 à 215 de votre recueil de textes pour faire plus ample connaissance avec ce personnage, plus grand que nature.

 **EN QUELQUES LIGNES**

Rédigez en quelques lignes la notice biographique de Florence, de Gaston ou d'Antoinette. Pour recueillir l'information nécessaire, servez-vous des catégories de renseignements observées dans cet atelier.

 DE VIVE VOIX

En équipe de quatre, faites quelques lectures expressives de l'extrait présenté dans cet atelier. Tentez de restituer le plus fidèlement possible le ton, le débit, les pauses et les hésitations. Après quelques essais, reprenez l'exercice en changeant de personnage.

LES FORCES EN PRÉSENCE

Très souvent, le théâtre met en scène un conflit, une lutte qui suppose des gagnants et des perdants. Dans les extraits ci-dessous, vous retrouverez Tit-Coq, le sans-famille, qui mène le combat de sa vie. Lisez ces extraits en vous demandant qui nuit à ce personnage et qui l'aide.

Le rêve de Tit-Coq

(EXTRAITS DE LA PIÈCE *TIT-COQ*)

Invité à passer les fêtes chez Jean-Paul (voir *La punition*, p. 215), Tit-Coq y est accueilli chaleureusement. Il y découvre la vie de famille et y rencontre Marie-Ange, la sœur de Jean-Paul, dont il devient l'amoureux. La guerre sépare Tit-Coq et Marie-Ange qui se promettent l'un à l'autre, mais les choses ne se déroulent pas comme prévu. À son retour au pays, en septembre 1945, Tit-Coq exige de rencontrer sa fiancée.

TROISIÈME ACTE

TABLEAU II (extraits)

(*Tit-Coq paraît, l'œil méchant, et fonce jusqu'à l'avant-scène, où Marie-Ange est*
5 *assise à droite.*

Un temps. Il voudrait parler, mais une émotion grandissante, contre laquelle il lutte de toutes ses forces, lui paralyse la gorge. Ils sont maintenant figés dans un
10 *silence de plomb.*)

MARIE-ANGE
(*Au bout de quelques secondes interminables, presque tout bas.*) Parle… je t'en supplie !

TIT-COQ
15 (*Essayant de se ressaisir.*) Ce que j'avais à te dire, c'était clair et net… mais depuis que j'ai mis les pieds ici-dedans… (*Comme il ne trouve pas ses mots, il a un geste indiquant qu'il est perdu. Puis, à travers son trouble :*) Oui… Malgré moi, je pense
20 à ce que ç'aurait pu être beau, cette minute-ci… et à ce que c'est laid… assez laid déjà sans que je parle.

(*Un temps. Puis d'une voix d'abord mal assurée qui, à mesure qu'il reprendra la maîtrise de lui-*
25 *même, se durcira jusqu'à la colère froide.*) Mais, s'il y a une justice sur la terre, il faut au moins que tu saches que t'es une saloperie ! (*Il s'est tourné vers*

elle.) Une saloperie… pour t'être payé ma pauvre gueule de gogo pendant deux ans en me jurant
30 que tu m'aimais. C'était aussi facile, aussi lâche de me faire gober ça que d'assommer un enfant. Avant toi, pas une âme au monde s'était aperçue que j'étais en vie ; alors j'ai tombé**[1]** dans le piège, le cœur par-dessus la tête, tellement j'étais heu-
35 reux ! T'es une saloperie ! Et je regrette de t'avoir fait l'honneur dans le temps de te respecter comme une sainte vierge, au lieu de te prendre comme la première venue !

(*Sortant l'album* [de photos] *de sa vareuse***[2]***.*) Je
40 te rapporte ça. Au cas où tu l'aurais oublié avec le reste, c'est l'album de famille que tu m'as donné quand je suis parti… Il y a une semaine encore, j'aurais aimé mieux perdre un œil que de m'en séparer. Seulement je me rends compte aujour-
45 d'hui que c'est rien qu'un paquet de cartons communs, sales et usés. (*Il le lance sur le divan.*) Tu le jetteras à la poubelle toi-même !

Maintenant, je n'ai plus rien de toi. À part ton maudit souvenir… Mais j'arriverai bien à m'en
50 décrasser le cœur, à force de me rentrer dans la

Au fil du texte

[1] Quel auxiliaire de conjugaison emploie-t-on habituellement avec *tomber* ?

[2] Qu'est-ce qu'une vareuse ?

tête que des femmes aussi fidèles que toi, il en
traîne à tous les coins de rue !

(*Il se dirige vers la porte.*)

MARIE-ANGE

55 (*Sans un geste, elle a tout écouté, la tête basse.*)
Non !… Va-t'en pas comme ça. Attends… attends
une seconde.

TIT-COQ

(*S'arrête, tourné vers le fond.*)

60 MARIE-ANGE

(*Après un temps, presque tout bas.*) Je te demande
pardon.

TIT-COQ

(*Abasourdi.*) Quoi ?

65 MARIE-ANGE

Je te demande pardon.

TIT-COQ

(*Il est resté un moment décontenancé* **3** .) C'est aisé
de demander pardon, quand le mal est fait… et
70 bien fait.

MARIE-ANGE

Ça ne changera rien, je le sais.

TIT-COQ

Ce qu'il m'est impossible de te pardonner, c'est de
75 m'avoir menti tout ce temps-là, de m'avoir menti
la tête collée sur mon épaule.

MARIE-ANGE

Je ne t'ai jamais menti.

TIT-COQ

80 (*Que la rage a repris.*) Si tu m'avais aimé, tu m'aurais attendu !

MARIE-ANGE

(*De tout son être.*) Je ne t'ai jamais menti.

TIT-COQ

85 Si c'est la peur que je t'embête qui te fait t'humi-
lier devant moi, tu peux te redresser. Ton petit
bonheur en or, c'est pas moi qui te le casserai: je
vais disparaître des environs comme une roche
dans l'eau. Si tu as eu des torts, la vie se chargera
90 bien de te punir pour moi.

MARIE-ANGE

Je suis déjà punie tant qu'il faut, sois tranquille !

TIT-COQ

Punie ?

95 MARIE-ANGE

Je ne suis pas plus heureuse que toi, si ça peut te
consoler.

TIT-COQ

Quoi ? (*Un temps, où il essaie de comprendre.*) Pas
100 heureuse ? Comme ça, tu es malheureuse avec
lui ? À quoi ça rime, ça ?… Il t'aime pas, lui ? Il
t'aime pas ?

MARIE-ANGE

Il m'aime.

105 TIT-COQ

Il t'aime ? Alors pourquoi es-tu malheureuse ?

MARIE-ANGE

(*Qui craint d'avoir déjà trop parlé.*) C'est tout ce
que j'ai à te dire.

110 TIT-COQ

Quand une femme est malheureuse après six mois
de mariage, pas besoin de se casser la tête pour en
trouver la raison: s'il t'aime, lui, c'est toi qui ne
l'aimes pas. (*Pressant.*) Il n'y a pas d'autre façon
115 d'en sortir: c'est toi qui ne l'aimes pas !

MARIE-ANGE

(*Se cache la figure dans ses mains.*)

TIT-COQ

Tu ne l'aimes pas ! Ah ! ça me venge de lui. Il t'a
120 déçue, hein ? Ça me venge de lui. Ben oui ! ça ne
pouvait pas se faire autrement; c'était impossible
qu'il te rende heureuse, lui ! (*Se tournant vers
elle.*) Alors, si tu ne l'aimes pas — si tu ne pouvais
pas l'aimer — ce serait peut-être… que tu en
125 aimes un autre ?

MARIE-ANGE

Je t'en prie, va-t'en !

TIT-COQ

Ce serait peut-être que tu en aimes toujours un
130 autre ? Un autre à qui tu n'aurais jamais menti. Il
me faut la vérité, la vérité jusqu'au bout. Il me la
faut !

MARIE-ANGE

(*Éclate en sanglots.*)

TIT-COQ
135 Si c'est vrai, dis-le… dis-le, je t'en supplie !

MARIE-ANGE

(*Malgré elle.*) Oui, je t'aime… Je t'aime ! (*Un
temps: elle pleure. Lui reste sidéré* 🔳 *par cet aveu.*)
140 Je suis en train de devenir folle, tellement je pense
à toi… Je suis en train de devenir folle !

TIT-COQ

Marie-Ange, Marie-Ange !… Pourquoi tu ne
m'as pas attendu ?

145 MARIE-ANGE

Je ne sais pas pourquoi… Je ne sais pas…

TIT-COQ

Pourquoi ?

MARIE-ANGE
150 Je voulais t'attendre, t'attendre tant qu'il faudrait,
malgré le vide que j'avais dans la tête, à force
d'être privée de te voir, d'entendre ta voix, de
t'embrasser…

TIT-COQ
155 Moi non plus, je ne pouvais pas te voir, ni t'embrasser.

MARIE-ANGE

Toi, tu avais seulement à te battre contre toi-
même. Tandis que moi, au lieu de m'aider à me
160 tenir debout, tout le monde ici me poussait,
m'étourdissait d'objections, me prouvait que
j'avais tort de t'attendre, que j'étais trop jeune
pour savoir si je t'aimais…

TIT-COQ
165 Les salauds !

MARIE-ANGE

Ils m'ont rendue malade à me répéter que tu
m'oublierais là-bas, que tu ne reviendrais peut-
être jamais.

170 TIT-COQ

(*Rageur.*) Ça me le disait aussi qu'ils se mettraient
tous ensemble pour essayer de nous diviser. Ça
me le disait.

MARIE-ANGE
175 Ils me l'ont répété tellement, sur tous les tons et
de tous les côtés, qu'à la fin ils sont venus à bout
de me faire douter de toi comme j'aurais douté
du Ciel.

TIT-COQ
180 Alors, c'est un mauvais rêve qu'on a fait. Un rêve
insupportable qui vient de finir. On a rêvé qu'on
s'était perdus pour la vie, mais on vient de se
réveiller en criant, pour s'apercevoir que c'était
pas vrai, tout ça… c'était pas vrai !

185 MARIE-ANGE

(*Les mains glacées.*) Qu'est-ce que tu veux dire ?

TIT-COQ

(*Tendu.*) Que si tu m'aimes encore, c'est tout ce
qui compte. Et que tu es encore à moi, à moi et
190 rien qu'à moi !

MARIE-ANGE

Non, ne dis pas ça !

TIT-COQ

Moi aussi, je t'aime. Je t'aime encore comme un
195 fou ! Je t'aime et je te reprends, comprends-tu ? Je
te reprends !

MARIE-ANGE

Non, non ! Il est trop tard… trop tard, tu le sais
bien.

200 TIT-COQ

Il n'est pas trop tard, pas encore.

MARIE-ANGE

Je t'ai trompé bêtement, je ne suis plus digne de toi !

TIT-COQ
205 Tu viens de le prouver: c'est pas de ta faute.
(*Autant pour lui-même que pour elle.*) C'est pas de
ta faute, entends-tu ? Je te crois, je te crois ! Et je te
crois quand tu me dis que tu ne l'as jamais aimé,
l'autre.

Au fil du texte

🔳 Comment une personne *décontenancée* se sent-elle ?

🔳 Donnez un synonyme de *sidéré*.

MARIE-ANGE

Mais lui… il m'aime, lui !

TIT-COQ

Bien sûr ! qu'il t'aime. C'est facile de t'aimer. Mais tout dépend de ce qu'on entend par là. Il y a bien des qualités d'amour.

MARIE-ANGE

Je t'assure qu'il m'aime.

TIT-COQ

Il a tourné autour de toi une éternité avant que tu acceptes de le voir, hein ?

MARIE-ANGE

Oui.

TIT-COQ

Et il savait pourquoi tu le repoussais, dans ce temps-là. Il savait autant que tout le monde qu'on s'aimait tous les deux par-dessus la tête, hein ?

MARIE-ANGE

(*Qui ne peut nier.*) Oui, il le savait.

TIT-COQ

Bien sûr ! qu'il le savait. Mais un bon jour il a décidé de te glisser un jonc dans le doigt et de t'appeler sa femme, sans s'inquiéter de savoir si tu étais bien à lui ? Sans te demander cent fois si tu ne m'aimais pas encore ? Sans t'assommer de questions, comme je l'aurais fait, moi, à sa place ?

MARIE-ANGE

(*La tête perdue.*) Oui…

TIT-COQ

Oui ! Parce qu'il n'était pas honnête, lui. Parce qu'il avait la frousse, en te parlant trop, de te réveiller avant d'avoir eu le temps de te prendre. Il se contentait de ton corps, en se sacrant bien du reste. Et tu dis qu'il t'aime ? Il te désire, c'est tout ! C'est pas étonnant qu'il t'ait déçue. Non, tu ne peux pas vivre toute une vie avec un homme qui t'a fait l'affront de te prendre à moitié seulement. Tandis que moi, je t'aime et je te rendrai heureuse, tu le sais, heureuse autant qu'une femme peut être heureuse !

MARIE-ANGE

Rends-toi compte de ce que tu demandes…

TIT-COQ

Lui, il a besoin de toi comme n'importe quel autre homme a besoin d'une femme, parce qu'il a toute une famille pour l'aimer, si tu le lâches. Mais moi, je n'ai personne au monde, à part toi…

MARIE-ANGE

(*Faiblissant.*) Je t'en supplie, ne dis pas ça.

TIT-COQ

Sans toi, je suis perdu. Si tu ne me tends pas la main, je coule comme un noyé.

MARIE-ANGE

Tu le sais que je t'aime et que je ferais n'importe quoi pour toi. Mais tout ça, c'est arrivé si vite : donne-moi le temps de réfléchir…

TIT-COQ

Le temps ? Non ! Le temps, le temps, il y a deux ans qu'il travaille contre nous autres. Le temps, c'est lui notre ennemi. C'est lui le traître dans notre affaire. Faut pas lui donner une autre chance de…

(*On a sonné.*)

MARIE-ANGE

(*Affolée.*) C'est Jean-Paul !

TIT-COQ

(*Rapide, va jeter un coup d'œil en bas par la porte du balcon.*)

MARIE-ANGE

Je lui avais dit de pas venir.

TIT-COQ

(*Revenant.*) Oui, c'est lui. Et il s'est amené du renfort.

MARIE-ANGE

Qui ?

TIT-COQ

Ton père… avec un curé de mes amis.

(*Nouvelle sonnerie plus impérative.*)

MARIE-ANGE

Je ne veux pas qu'ils montent !

TIT-COQ

Non : il faut les recevoir, sans honte de ce qu'on va faire. (*Il a pressé le bouton-déclencheur et ouvre la porte toute grande.*) On n'aura pas l'air de se sauver comme des malfaiteurs.

(*Jean-Paul paraît dans la porte, suivi du Padre et du père de Marie-Ange.*)

TIT-COQ

Entrez, y a pas de gêne! On va se dispenser des bonsoirs puis des présentations d'usage, hein?

300 JEAN-PAUL

(*Ne répond pas, mais fixe Tit-Coq dans les yeux.*)

TIT-COQ

Lequel de vous trois va parler en premier? Vous avez tiré ça au sort avant de monter?

305 JEAN-PAUL

(*Face à Tit-Coq.*) Écoute, Tit-Coq: un temps, on était plus que des amis, on était deux frères, tu le sais. Puis je me serais fendu en quatre pour toi…

TIT-COQ

310 Pas de sentiment, hein?

JEAN-PAUL

Ma sœur, j'étais sûr qu'elle deviendrait ta femme. Puis j'en étais bien fier. Mais, après ce qui est arrivé, t'as plus affaire à elle. Comprends-tu? T'as 315 plus affaire à elle.

TIT-COQ

Eh ben! si tu le prends sur ce ton-là, je vais y aller carré à mon tour: Marie-Ange, je l'aime toujours.

JEAN-PAUL

320 Ça, je m'en doutais, figure-toi.

TIT-COQ

Mais ce que tu sais peut-être pas, c'est qu'elle aussi m'aime encore.

JEAN-PAUL

325 (*Incrédule.*) Ouais?

TIT-COQ

Si je l'ai perdue, c'est pas de ma faute. Et puis je viens d'apprendre qu'après tout, c'est pas de la sienne non plus…

330 JEAN-PAUL

Où est-ce que tu veux en venir, toi?

TIT-COQ

À ça: pour moi, c'est tout ce qui compte… et puis je la reprends.

335 JEAN-PAUL

(*Estomaqué.*) Quoi?

TIT-COQ

Je la reprends, oui, je pars avec elle. C'est-y assez clair pour toi?

340 JEAN-PAUL

Tu penses qu'on va te laisser faire?

TIT-COQ

Vous pouvez toujours essayer de nous barrer la route, si ça vous amuse.

Tit-Coq mène le combat de sa vie lors d'une représentation donnée en 1948.

Ce qui t'appartient? (*Il a vu l'album sur le sol où* 370 *Tit-Coq l'a lancé plus tôt, l'a pris et, pendant la réplique suivante, le feuillettera discrètement pour le déposer bientôt sur un meuble.*)

TIT-COQ

Ce qui m'appartient, oui. S'il y a une bénédiction 375 de plus de son côté de la balance à lui, de mon bord à moi il y a le droit que j'avais sur elle avant lui. Il y a l'amour qu'elle a pour moi et qu'elle a jamais eu pour lui. Et puis ça, ça nous marie bien plus qu'un paquet de faire-part, avec un contrat 380 en trois copies devant notaire.

JEAN-PAUL

Oui, oui! Seulement, pour partir ensemble, il faut être deux.

TIT-COQ

385 Oui, il faut être deux.

JEAN-PAUL

C'est elle qui a décidé de te suivre ou c'est toi qui cherches à l'entraîner de force?

TIT-COQ

390 (*Un moment ébranlé, il se tourne vers Marie-Ange.*) C'est vrai: je t'ai demandé de quitter ton mari pour moi. Mais, toi, tu m'as pas encore répondu. Si tu pars avec moi, il faut que ce soit de ton plein gré **5**, ben sûr. Tu te rappelles la lettre 395 que je t'avais envoyée de l'hôpital, en Angleterre…

JEAN-PAUL

(*Rude.*) Arrête de l'influencer et puis laisse-la…

TIT-COQ

(*Les poings serrés, à Jean-Paul.*) Ta gueule, toi! 400 C'est pas ta vie qui se joue là, c'est la nôtre, la seule qu'on aura jamais. (*À Marie-Ange.*) Je t'écrivais ce jour-là que je te laissais libre de m'attendre ou non, malgré ta promesse. Mais que si tu décidais de devenir ma femme pour la vie, ça 405 devait être par amour, pas par charité. Ta réponse à cette lettre-là, je l'ai jamais eue. Il est encore temps que tu me la donnes aujourd'hui. Décide, Marie-Ange. Décide pour nous deux. Une fois pour toutes. (*Il se retire vers l'entrée du balcon.*)

410 JEAN-PAUL

(*Remplaçant Tit-Coq auprès de Marie-Ange.*) Il a menti, hein? C'est pas vrai que tu veux le suivre?

345 JEAN-PAUL

(*À son père et au Padre.*) J'avais deviné juste, hein? (*À Tit-Coq.*) Mais tu te rends compte qu'elle est mariée, elle? Mariée! Tu sais tout ce qu'il veut dire ce mot-là, par ici?

350 TIT-COQ

Il veut rien dire pour moi!

JEAN-PAUL

Et le mari, lui, qu'est-ce que t'en fais?

TIT-COQ

355 Le mari?

JEAN-PAUL

Tu profiterais de ce qu'il est loin pour lui prendre sa femme comme un voleur?

TIT-COQ

360 Que t'es bête! Lui, quand il a voulu me prendre Marie-Ange, est-ce qu'il m'a envoyé chercher en taxi? S'il y a un voleur de femme dans le trio, c'est lui. Et le plus drôle de l'histoire, c'est qu'au moment où je reviens, il a été éloigné de la même 365 façon que moi, le voleur. On dirait une permission du bon Dieu — hein, Padre? — pour me donner la chance de reprendre ce qui m'appartient.

MARIE-ANGE

415 Je l'aime… et je l'aimerai toujours.

JEAN-PAUL

Mais tu vas pas partir avec lui?

MARIE-ANGE

Que je l'aime, ça t'est égal. Ce que tu pourrais pas
420 accepter, c'est qu'en le suivant, je nuise à la réputation de la famille.

JEAN-PAUL

À la tienne aussi: une femme qui lâche son mari
pour un autre, tu sais ce que ça vaut pour tout le
425 monde?

MARIE-ANGE

Si je dois avoir honte de quelque chose, c'est de
pas l'avoir attendu, lui, et d'avoir épousé un
homme que j'ai jamais eu dans le cœur.

430 **JEAN-PAUL**

Le père et la mère, tu as pensé à la peine que tu
leur ferais?

MARIE-ANGE

(*Hésite un instant, puis sans oser regarder son père,*
435 *qui suit l'action du fond de la scène.*) Oui, p'pa. Je
sais que vous aurez du chagrin. M'man aussi. Je le
regrette, bien gros. Mais tant pis! Je serai pas plus
à blâmer que vous l'avez été, tous ensemble,
quand vous m'avez jetée presque de force dans les
440 bras d'un autre.

JEAN-PAUL

Ils t'aiment tellement que tout ce qu'ils voulaient,
c'était…

MARIE-ANGE

445 (*L'exaspération lui a fait élever la voix.*) S'ils m'aiment tant que ça, ils seront contents de me voir
heureuse, de la seule façon que je pourrais l'être.

JEAN-PAUL

Mais ça fait pas une heure que tu l'as revu. C'est
450 impossible que…

MARIE-ANGE

(*Exaltée* **6**.) Oui, Jean-Paul, je le suivrai! Je le dis
aussi clairement que je peux. (*Elle vient vers Tit-
Coq.*) Je te suivrai, Tit-Coq. Je te suivrai aussi
455 longtemps que tu voudras de moi.

TIT-COQ

(*Aux autres.*) Elle me suivra tant que je voudrai
d'elle. Avez-vous jamais rien entendu de plus beau?

JEAN-PAUL

460 (*Blême de rage, il fonce vers Tit-Coq.*) Si tu pars
avec elle, toi, ce sera après que je t'aurai cassé la
gueule!

TIT-COQ

Ça, c'est à faire!

465 **JEAN-PAUL**

Oui, c'est à faire… (*Ils sont déjà aux prises.*)

LE PADRE

(*Intervenant.*) Jean-Paul, non! (*Il les sépare.*) C'est
pas une solution, ça.

470 **TIT-COQ**

(*Désignant le Padre.*) Il sait ben, lui, que l'amour,
ça se tue pas à coups de poing.

JEAN-PAUL

(*Au Padre.*) Comme ça, on va les laisser partir…
475 sans essayer de…?

LE PADRE

(*Le poussant vers la sortie.*) Va… Je te rejoins en
bas dans cinq minutes.

LE PÈRE

480 Attends-moi, Jean-Paul. (*Il vient vers Tit-Coq.*)
Mon garçon, quand on t'a reçu à bras ouverts
dans la famille, pour Noël, il y a deux ans passés,
on était loin d'imaginer que l'hospitalité qu'on
t'offrait nous porterait malheur un jour, à moi et
485 à tous les miens. (*À Marie-Ange.*) Marie-Ange,
ma chouette, on a peut-être eu des torts en voulant pour toi une sorte de bonheur que tu désirais
pas. C'est pour ça qu'on n'aura pas le droit de t'en
garder rancune et que tu seras toujours la bienve-
490 nue dans la maison, aussi souvent que tu voudras
venir nous embrasser. (*Se tournant vers Tit-Coq.*)
Mais toi — tiens-toi-le pour dit — jamais tu
remettras les pieds chez nous. Jamais, moi vivant!
T'as compris? La famille Desilets, c'est fini pour
495 toi! (*Il sort avec Jean-Paul.*)

[…]

Au fil du texte

5 Que signifie faire quelque chose *de son plein gré*?

6 Par quel synonyme l'adjectif *exaltée* pourrait-il être
remplacé?

Quelques instants plus tard, le Padre explique à Marie-Ange pourquoi elle ne pourra jamais faire le bonheur de Tit-Coq.

MARIE-ANGE

(*Misérable.*) Oui, pourquoi, Padre? Pourquoi je pourrais pas faire son bonheur, quand je l'aime 500 tellement?

LE PADRE

Parce que lui, Marie-Ange, il est né à la crèche, abandonné par sa mère dès ses premiers jours... Il a passé sa jeunesse dans un orphelinat, sans 505 affection, sans tendresse, avec un cœur pour aimer, bien sûr...

TIT-COQ

Autant que n'importe qui!

LE PADRE

510 Peut-être même plus. (*À Marie-Ange.*) Un jour, il t'a rencontrée, et il s'est rendu compte que, dès le moment où tu l'épouserais, il sortirait de son isolement pour devenir un homme aimé, non seulement de toi, mais de toute ta famille. Ta 515 famille qui deviendrait sa parenté, la plus belle du monde. (*Il est allé chercher l'album là où il l'avait déposé plus tôt.*) Celle qu'il me montrait fièrement dans cet album que tu lui avais donné...

TIT-COQ

520 Qu'est-ce que vous déterrez là, vous?

LE PADRE

(*Ouvrant l'album.*) Le jour de son départ, Marie-Ange, il a écrit là-dedans une page qui m'a profondément touché. Un beau dimanche soir, il 525 serait l'homme le plus important de la terre, il réaliserait son rêve le plus ambitieux: lui, le sans-famille, il s'en irait tout simplement visiter sa parenté, c'est-à-dire la tienne. (*Lisant dans l'album.*) «... avec mon petit dans les bras, et, accro-530 chée après moi, ma Toute-Neuve... On s'en va veiller chez mon oncle Alcide. Mon oncle par alliance, mais mon oncle quand même... Le bâtard, tout seul dans la vie, ni vu ni connu: dans le tramway, il y aurait un homme comme tout le 535 monde, en route pour aller voir les siens. Pas plus, mais pas moins. Pour un autre, ce serait peut-être un bien petit avenir. Mais moi, avec ça, je serai sur le pignon du monde. Grâce à Marie-Ange Desilets, qui me donnera en cadeau toute sa famille. C'est

540 pourquoi je ne pourrai jamais assez l'aimer et la remercier.» (*Il referme l'album.*) (*À Marie-Ange.*) Peux-tu encore lui apporter ce bonheur-là, irremplaçable pour lui? Peux-tu toujours lui offrir en cadeau l'affection, l'amour des tiens?

545 MARIE-ANGE

(*Elle se cache la figure dans les mains.*)

LE PADRE

Tu as vu Jean-Paul, tout à l'heure, prêt à se battre à poings nus avec celui qui avait été jusque-là son 550 meilleur ami, parce qu'il voulait partir avec toi? Tu as entendu ton père, aussi. Crois-tu qu'il a parlé à la légère quand il a juré que la famille Desilets, c'était fini pour Tit-Coq? (*Devant son silence.*) Réponds honnêtement.

555 MARIE-ANGE

(*La tête dans ses mains, elle fait signe que non.*)

TIT-COQ

S'ils nous refusent, on fichera le camp au diable vert!

560 LE PADRE

Ça ne réglerait rien: ton idéal était de te rapprocher, pas de t'éloigner d'eux.

TIT-COQ

D'accord, je le voulais tout ça. Je le voulais comme 565 un maudit toqué! Mais c'est fini maintenant, c'est perdu. Raison de plus pour la garder: elle est tout ce qui me reste.

LE PADRE

Oui. Mais aussi tout ce que tu auras jamais. En 570 quittant son mari pour te suivre, elle peut t'empêcher d'être seul, oui; mais elle te condamne par le fait même à être toujours seul avec elle, à ne jamais avoir ce que bien d'autres femmes peuvent encore te donner. Tout ce que tu voulais encore 575 est possible avec une autre. Rien n'est perdu sauf elle.

TIT-COQ

Et l'amour, qu'est-ce que vous en faites?

Gratien Gélinas, *Tit-Coq*, nouvelle édition,
Montréal, Éditions Typo, 1994, p. 164 à 182 et 186 à 189.
(Première édition: Les Éditions de l'Homme, 1950.)

Un illustre critique

«*Tit-Coq* est l'une des œuvres les plus originales et les plus poignantes du théâtre moderne. Il y a des moments qui sont d'une tendresse exquise ou d'une violence terrible, ou d'une gouaille plus terrible encore, souvent qui sont tout cela à la fois, des moments qui ont fort peu d'égaux sur la scène contemporaine», écrit un correspondant de guerre et futur premier ministre, René Lévesque (*Le Clairon*).

Cité par Laurent Mailhot dans la présentation critique à l'édition de *Tit-Coq*, Montréal, Quinze, 1980, repris dans Gratien Gélinas, *Tit-Coq*, nouvelle édition, Montréal, Éditions Typo, 1994, p. 195.

LE TOUR DU TEXTE

1. Résumez l'extrait *Le rêve de Tit-Coq* en 100 mots tout au plus.

2. Cet extrait de *Tit-Coq* pourrait se diviser en quatre parties. Quel titre donneriez-vous à chacune d'elles ?
   – Partie A : lignes 1 à 294.
   – Partie B : lignes 295 à 478.
   – Partie C : lignes 479 à 495.
   – Partie D : lignes 497 à 578.

AU CŒUR DU GENRE

3. Pour bien cerner les enjeux dans une pièce, il faut comprendre les rapports de force entre les personnages. Pour ce faire, on peut notamment observer la **fonction dramatique** de chacun d'eux. On trouve habituellement quatre fonctions dramatiques dans une pièce réaliste comme *Tit-Coq*. Lisez l'encadré notionnel suivant afin de vous familiariser avec ces fonctions.

1re FONCTION : héros ou héroïne

Personnage central de la pièce de théâtre, le héros ou l'héroïne est «le personnage le plus insatisfait de la situation. Il **porte en lui un désir de changement qui va l'amener à bouleverser l'univers dans lequel il évolue**. Il attaque constamment son opposant. [...] Le héros est le personnage qui prend le plus de place dans la pièce».

2e FONCTION : opposant

Dans une pièce, l'opposant est un personnage qui «vit dans une situation d'équilibre qui le satisfait et il compte bien la prolonger aussi longtemps que possible. Il **lutte contre le héros** qui, lui, cherche un nouvel équilibre et considère la situation actuelle comme inacceptable. L'opposant est en harmonie avec l'univers qui l'entoure, il connaît la valeur de ce qu'il possède et il **utilise, selon son caractère, la ruse ou la violence pour protéger ses acquis**».

3e FONCTION : aide

Comme son nom l'indique, l'aide «**appuie l'un des deux personnages en opposition** [...]».

4e FONCTION : arbitre

La lutte qui se déroule entre le héros et l'opposant suppose un gagnant et un perdant. L'arbitre est celui «qui **constate que l'un d'eux a perdu et qu'il est inutile de tenter quoi que ce soit d'autre**».

Un même personnage peut cumuler plus d'une fonction. Par exemple, un personnage qui joue le rôle de héros, d'opposant ou d'aide peut, à la fin de la pièce, intervenir comme arbitre.

Source : Denis Girard et Daniel Vallières, *Le théâtre : La découverte du texte par le jeu dramatique*, Belœil, Les Éditions La Lignée inc., 1988, p. 71 à 76. ■

4. Dans l'extrait de cet atelier, le héros est Tit-Coq.

   a) Quel manque profondément ancré dans son passé ce personnage ressent-il ?

Henry Moore, *Groupe familial*, 1945-1949.

b) Quel est son plus grand rêve? Relevez la phrase du Padre qui l'énonce le mieux.

c) Au moment où l'extrait commence, quelles sont les probabilités pour Tit-Coq de réaliser ce rêve? Pourquoi?

Dans une pièce, presque tous les gestes et toutes les paroles ont un lien quelconque avec le plus cher désir du héros, son objectif, son ambition. Ce désir génère des conflits qui alimentent l'intrigue et la font progresser. ∎

5. Interrogez-vous sur la fonction de Marie-Ange par rapport à Tit-Coq. Pour cela, analysez la partie A (lignes 1 à 294) à l'aide des questions suivantes.

a) Entre les lignes 15 et 52, que fait Tit-Coq?

b) Entre les lignes 55 et 72, comment Marie-Ange réagit-elle aux propos de Tit-Coq? Selon vous, est-ce là un comportement d'opposant? Expliquez votre réponse (au besoin, relisez l'encadré de la page 249).

c) Dites en une courte phrase ce que fait Marie-Ange dans chacun des passages suivants:

– Entre les lignes 74 et 84.

– Entre les lignes 85 et 122.

– Entre les lignes 123 et 141.

– Entre les lignes 143 et 178.

d) À la lumière des explications que Marie-Ange fournit entre les lignes 143 et 178, qui Tit-Coq considère-t-il désormais comme ses opposants?

e) À partir de la ligne 188, Tit-Coq comprend qu'il peut tenter de «reprendre» Marie-Ange. Il s'emploie donc à la convaincre de le suivre. Formulez en vos mots les

quatre objections de Marie-Ange entre les lignes 201 et 271 et que Tit-Coq repoussera sans peine.

f) Au terme de la partie A (ligne 294), quelles sont les probabilités que le rêve de Tit-Coq se réalise? Pourquoi?

Le renversement de situation permet de relancer l'action. ∎

g) À partir de l'analyse que vous venez de faire, dites laquelle des quatre fonctions dramatiques Marie-Ange remplit par rapport à Tit-Coq. Expliquez votre réponse.

6. Évidemment, les choses seraient trop simples pour Tit-Coq si la pièce se terminait à la ligne 294! Dans les faits, on s'opposera farouchement à son rêve; cette opposition viendra de Jean-Paul, le gardien des valeurs établies.

a) Donnez en vos mots les trois arguments que Jean-Paul oppose à Tit-Coq entre les lignes 347 et 409 pour l'inciter à renoncer à son rêve.

b) Quand Jean-Paul comprend qu'il n'arrivera pas à fléchir la détermination de Tit-Coq, il tente de raisonner Marie-Ange. Dressez en vos mots la liste des quatre objections qu'il fait valoir à Marie-Ange entre les lignes 417 et 453.

c) Du point de vue de Tit-Coq, est-il toujours possible que son rêve se réalise à la ligne 456?

d) Après avoir échoué à faire changer d'idée Tit-Coq et Marie-Ange, quel moyen Jean-Paul envisage-t-il pour forcer Tit-Coq à abandonner son rêve?

7. À bout d'arguments, Jean-Paul a besoin d'aide. À ce moment, son père intervient.

a) Quel sort le père réserve-t-il à Tit-Coq?

b) Après l'intervention du père, le combat est terminé: Tit-Coq a-t-il gagné ou perdu? Expliquez votre réponse.

c) Pourquoi Jean-Paul a-t-il eu besoin de l'aide de son père? Que se serait-il passé si le père n'était pas intervenu?

8. Le Padre joue le rôle de l'arbitre.

a) Quelle est donc sa tâche auprès de Tit-Coq?

b) Que réussit-il à faire admettre à Marie-Ange?

9. Selon vous, comment cette pièce se terminera-t-elle ? Tit-Coq et Marie-Ange partiront-ils ensemble malgré tout ? Expliquez votre réponse.

Le fait de déterminer la fonction des personnages permet au dramaturge d'assurer la cohérence interne de la pièce. Lorsque les personnages sont bien délimités, les comédiens peuvent nuancer leur jeu et les lecteurs-spectateurs peuvent mieux saisir les enjeux. ■

10. Que retiendrez-vous au sujet des fonctions dramatiques ? Notez-le en vue de la synthèse à la fin du module.

LE TEXTE ET VOUS

11. Le drame de Tit-Coq a un intérêt historique : il renseigne sur certaines valeurs du Québec dans les années 1940 et 1950.

    a) À cette époque, comment le divorce était-il perçu ? Au besoin, discutez-en avec des personnes qui ont vécu cette période.

    b) Que révèle le texte sur les rapports entre homme et femme à l'époque ?

    c) Quelle était l'importance du père de famille ?

    d) Le drame de Tit-Coq pourrait-il être écrit de nos jours ? Pourquoi ?

12. Comparez deux visions de la famille : celle de Florence (*Le procès*, p. 232) et celle de Tit-Coq.

Les variétés de langue

13. **a)** Dans quelle variété de langue les didascalies sont-elles écrites principalement ?

    b) Tit-Coq, Marie-Ange et Jean-Paul s'expriment parfois dans une <u>langue familière</u>. Montrez-le en remplissant le tableau figurant sur le document qu'on vous remettra.

VERS D'AUTRES TEXTES

14. Dans *L'affaire décourageante* de Félix Leclerc, il n'y a que deux personnages. Les quatre fonctions dramatiques sont tout de même remplies. Lisez l'extrait à la page 200 de votre recueil de textes et répondez aux questions suivantes.

    a) Qui est le héros ? Que désire-t-il ?

    b) Qui l'aide ?

    c) Qui est son opposant ?

    d) Qui joue le rôle de l'arbitre ?

 EN QUELQUES LIGNES

Avec un ou une camarade, imaginez et rédigez les dernières répliques (une douzaine) que pourraient échanger Tit-Coq et Marie-Ange à la fin de la pièce. N'oubliez pas les didascalies. Vous comparerez ensuite votre fin avec celle de l'auteur. Au besoin, consultez *Comment réviser un texte*, à la page 491.

 DE VIVE VOIX

Tit-Coq, Marie-Ange, Jean-Paul et Florence sont réunis de nos jours à l'âge de soixante-dix ans. Ils évoquent leur jeunesse, leurs rêves, leurs illusions, leurs bonheurs et leurs déceptions. Ils parlent de famille, d'amour, de valeurs… Avec quelques camarades, distribuez-vous les rôles, improvisez cette rencontre unique et présentez votre production à la classe.

TRAGÉDIE, COMÉDIE, DRAME : UN APERÇU

Le genre d'une pièce crée des attentes chez les lecteurs ou les spectateurs. En effet, on n'aborde pas la tragédie et la comédie avec le même état d'esprit. Lisez les deux textes de cet atelier en vous demandant ce qui est si déchirant dans le premier et si amusant dans le second.

Envers et contre tout

(EXTRAITS DE LA TRAGÉDIE MODERNE *ANTIGONE*)

Un décor neutre. Trois portes semblables. Au lever du rideau, tous les personnages sont en scène. Ils bavardent, tricotent, jouent aux cartes.

Le Prologue❶ se détache et s'avance.

LE PROLOGUE. Voilà. Ces personnages vont vous jouer l'histoire d'Antigone.
5 Antigone, c'est la petite maigre qui est assise là-bas, et qui ne dit rien. Elle regarde droit devant elle. Elle pense. Elle pense qu'elle va être Antigone tout à l'heure, qu'elle va surgir soudain de la maigre jeune fille noiraude et renfermée que personne ne prenait au sérieux dans la famille et se dresser seule en face du monde, seule en face de Créon, son oncle, qui est le roi. Elle pense qu'elle va
10 mourir, qu'elle est jeune et qu'elle aussi, elle aurait bien aimé vivre. Mais il n'y a rien à faire. Elle s'appelle Antigone et il va falloir qu'elle joue son rôle jusqu'au bout… Et, depuis que ce rideau s'est levé, elle sent qu'elle s'éloigne à une vitesse vertigineuse de sa sœur Ismène, qui bavarde et rit avec un jeune homme, de nous tous, qui sommes là bien tranquilles à la regarder, de nous qui n'avons pas
15 à mourir ce soir.

Le jeune homme avec qui parle la blonde, la belle, l'heureuse Ismène, c'est Hémon, le fils de Créon. Il est le fiancé d'Antigone. Tout le portait vers Ismène : son goût de la danse et des jeux, son goût du bonheur et de la réussite, sa sensualité aussi, car Ismène est bien plus belle qu'Antigone, et puis un soir, un soir
20 de bal où il n'avait dansé qu'avec Ismène, un soir où Ismène avait été éblouissante dans sa nouvelle robe, il a été trouver Antigone qui rêvait dans un coin, comme en ce moment, ses bras entourant ses genoux, et il lui a demandé d'être sa femme. Personne n'a jamais compris pourquoi. Antigone a levé sans étonnement ses yeux graves sur lui et elle lui a dit «oui» avec un petit sourire triste…
25 L'orchestre attaquait une nouvelle danse, Ismène riait aux éclats, là-bas, au milieu des autres garçons, et voilà, maintenant, lui, il allait être le mari d'Antigone. Il ne savait pas qu'il ne devait jamais exister de mari d'Antigone sur cette terre et que ce titre princier lui donnait seulement le droit de mourir.

Cet homme robuste, aux cheveux blancs, qui médite là, près de son page,
30 c'est Créon. C'est le roi. Il a des rides, il est fatigué. Il joue au jeu difficile de conduire les hommes. Avant, du temps d'Œdipe, quand il n'était que le premier personnage de la cour, il aimait la musique, les belles reliures, les longues

flâneries chez les petits antiquaires de Thèbes. Mais Œdipe et ses fils sont morts. Il a laissé ses
35 livres, ses objets, il a retroussé ses manches et il a pris leur place.

Quelquefois, le soir, il est fatigué, et il se demande s'il n'est pas vain de conduire les hommes. Si cela n'est pas un office**❷** sordide
40 qu'on doit laisser à d'autres, plus frustes**❸**... Et puis, au matin, des problèmes précis se posent, qu'il faut résoudre, et il se lève, tranquille, comme un ouvrier au seuil de sa journée.

La vieille dame qui tricote, à côté de la nour-
45 rice qui a élevé les deux petites, c'est Eurydice, la femme de Créon. Elle tricotera pendant toute la tragédie jusqu'à ce que son tour vienne de se lever et de mourir. Elle est bonne, digne, aimante. Elle ne lui est d'aucun secours. Créon est seul. Seul
50 avec son petit page qui est trop petit et qui ne peut rien non plus pour lui.

Ce garçon pâle, là-bas, au fond, qui rêve, adossé au mur, solitaire, c'est le Messager. C'est lui qui viendra annoncer la mort d'Hémon tout à l'heure. C'est pour cela qu'il
55 n'a pas envie de bavarder ni de se mêler aux autres. Il sait déjà... [...]

Et maintenant que vous les connaissez tous, ils vont pouvoir vous jouer leur histoire. Elle commence au moment où les deux fils d'Œdipe, Étéocle et Polynice, qui devaient régner sur Thèbes un an chacun à tour de rôle, se sont battus et entre-tués sous les murs de la ville, Étéocle l'aîné, au terme de la pre-
60 mière année de pouvoir ayant refusé de céder la place à son frère. Sept grands princes étrangers que Polynice avait gagnés à sa cause ont été défaits devant les sept portes de Thèbes. Maintenant la ville est sauvée, les deux frères ennemis sont morts et Créon, le roi, a ordonné qu'à Étéocle, le bon frère, il serait fait d'imposantes funérailles, mais que Polynice, le vaurien, le révolté, le voyou,
65 serait laissé sans pleurs et sans sépulture, la proie des corbeaux et des chacals. Quiconque osera lui rendre les devoirs funèbres**❹** sera impitoyablement puni de mort.

* * *

[...]

70 *Créon et Antigone sont seuls l'un en face de l'autre.*

CRÉON. Avais-tu parlé de ton projet à quelqu'un ?

ANTIGONE. Non.

CRÉON. As-tu rencontré quelqu'un sur ta route ?

75 ANTIGONE. Non, personne.

CRÉON. Tu en es bien sûre ?

ANTIGONE. Oui.

Halte CULTURELLE

Les origines d'*Antigone*

INTERTEXTUALITÉ Pour créer sa pièce *Antigone*, Jean Anouilh est retourné aux origines du théâtre antique et s'est inspiré d'*Antigone*, une tragédie écrite vers 422 av. J.-C. par le poète grec Sophocle.

Le théâtre grec antique était joué sur une scène extérieure, dotée de gradins établis sur une pente naturelle.

Au fil du texte

❶ a) Dans une tragédie, qu'est-ce qu'un prologue ? Consultez un dictionnaire pour le savoir.

b) En faisant du prologue un personnage, quelle <u>figure de style</u> l'auteur a-t-il employée ?

❷ Donnez un synonyme du nom *office*.

❸ Comment une personne *fruste* est-elle ?

❹ D'après le contexte, qu'est-ce que *rendre les devoirs funèbres* ?

CRÉON. Alors, écoute : tu vas rentrer chez toi, te coucher, dire que tu es malade, que tu n'es pas sortie depuis hier. Ta nourrice dira comme toi. Je ferai disparaître
80 ces trois hommes*.

ANTIGONE. Pourquoi ? Puisque vous savez bien que je recommencerai.

Un silence. Ils se regardent.

CRÉON. Pourquoi as-tu tenté d'enterrer ton frère ?

ANTIGONE. Je le devais.

85 CRÉON. Je l'avais interdit.

ANTIGONE, *doucement.* Je le devais tout de même. Ceux qu'on n'enterre pas errent éternellement sans jamais trouver de repos. Si mon frère vivant était rentré harassé d'une longue chasse, je lui aurais enlevé ses chaussures, je lui aurais fait à manger, je lui aurais préparé son lit…
90 Polynice aujourd'hui a achevé sa chasse. Il rentre à la maison où mon père et ma mère, et Étéocle aussi, l'attendent. Il a droit au repos.

CRÉON. C'était un révolté et un traître, tu le savais.

ANTIGONE. C'était mon frère.

CRÉON. Tu avais entendu proclamer l'édit�5 aux carrefours, tu avais
95 lu l'affiche sur tous les murs de la ville ?

ANTIGONE. Oui.

CRÉON. Tu savais le sort qui y était promis à celui, quel qu'il soit, qui oserait lui rendre les honneurs funèbres ?

ANTIGONE. Oui, je le savais.

100 CRÉON. Tu as peut-être cru que d'être la fille d'Œdipe, la fille de l'orgueil d'Œdipe, c'était assez pour être au-dessus de la loi.

ANTIGONE. Non. Je n'ai pas cru cela.

CRÉON. La loi est d'abord faite pour toi, Antigone, la loi est d'abord faite pour les filles des rois !

105 ANTIGONE. Si j'avais été une servante en train de faire sa vaisselle, quand j'ai entendu lire l'édit, j'aurais essuyé l'eau grasse de mes bras et je serais sortie avec mon tablier pour aller enterrer mon frère.

CRÉON. Ce n'est pas vrai. Si tu avais été une servante, tu n'aurais pas douté que tu allais mourir et tu serais restée à pleurer ton frère chez
110 toi. Seulement tu as pensé que tu étais de race royale, ma nièce et la fiancée de mon fils, et que, quoi qu'il arrive, je n'oserais pas te faire mourir.

ANTIGONE. Vous vous trompez. J'étais certaine que vous me feriez mourir au contraire.

115 CRÉON, *la regarde et murmure soudain.* L'orgueil d'Œdipe. Tu es l'orgueil d'Œdipe�6. Oui, maintenant que je l'ai retrouvé au fond de tes

---

* Il s'agit des gardes qui ont pris Antigone sur le fait.

yeux, je te crois. Tu as dû penser que je te ferais mourir. Et cela te paraissait un dénouement tout naturel pour toi, orgueilleuse ! Pour ton père non plus — je ne dis pas le bonheur, il n'en était pas question — le malheur humain, c'était
120 trop peu. L'humain vous gêne aux entournures **7** dans la famille. Il vous faut un tête-à-tête avec le destin et la mort. Et tuer votre père et coucher avec votre mère et apprendre tout cela après, avidement, mot par mot **8**. Quel breuvage, hein, les mots qui vous condamnent ? Et comme on les boit goulûment **9** quand on s'appelle Œdipe, ou Antigone. Et le plus simple après, c'est encore de se crever les
125 yeux et d'aller mendier avec ses enfants sur les routes **10**… Eh bien, non. Ces temps sont révolus pour Thèbes. Thèbes a droit maintenant à un prince sans histoire. Moi, je m'appelle seulement Créon, Dieu merci. J'ai mes deux pieds par terre, mes deux mains enfoncées dans mes poches et, puisque je suis roi, j'ai résolu, avec moins d'ambition que ton père, de m'employer tout simplement à
130 rendre l'ordre de ce monde un peu moins absurde, si c'est possible. Ce n'est même pas une aventure, c'est un métier pour tous les jours et pas toujours drôle, comme tous les métiers. Mais puisque je suis là pour le faire, je vais le faire… […] Les rois ont autre chose à faire que du pathétique personnel, ma petite fille. (*Il a été à elle, il lui prend le bras.*) Alors, écoute-moi bien. Tu es
135 Antigone, tu es la fille d'Œdipe, soit, mais tu as vingt ans et il n'y a pas longtemps encore tout cela se serait réglé par du pain sec et une paire de gifles. (*Il la regarde, souriant.*) Te faire mourir ! Tu ne t'es pas regardée, moineau ! Tu es trop maigre. Grossis un peu, plutôt, pour faire un gros garçon à Hémon. Thèbes en a besoin plus que de ta mort, je te l'assure. Tu vas rentrer chez toi tout de suite,
140 faire ce que je t'ai dit et te taire. Je me charge du silence des autres. Allez, va ! Et ne me foudroie pas comme cela du regard. Tu me prends pour une brute, c'est entendu, et tu dois penser que je suis décidément bien prosaïque. Mais je t'aime bien tout de même avec ton sale caractère. N'oublie pas que c'est moi qui t'ai fait cadeau de ta première poupée, il n'y a pas si longtemps.

145 *Antigone ne répond pas. Elle va sortir. Il l'arrête.*

CRÉON. Antigone ! C'est par cette porte qu'on regagne ta chambre. Où t'en vas-tu par là ?

ANTIGONE, *s'est arrêtée, elle lui répond doucement, sans forfanterie* **11**. Vous le savez bien…

150 *Un silence. Ils se regardent encore debout l'un en face de l'autre.*

CRÉON, *murmure, comme pour lui.* Quel jeu joues-tu ?

ANTIGONE. Je ne joue pas.

155 CRÉON. Tu ne comprends donc pas que si quelqu'un d'autre que ces trois brutes sait tout à l'heure ce que tu as tenté de faire, je serai obligé de te faire mourir ? Si tu te tais maintenant, si tu renonces à cette folie, j'ai une chance de te sauver, mais je ne l'aurai plus dans cinq minutes. Le comprends-tu ?

ANTIGONE. Il faut que j'aille enterrer mon frère que ces hommes ont découvert.

160 CRÉON. Tu irais refaire ce geste absurde ? Il y a une autre garde autour du corps de Polynice et, même si tu parviens à le recouvrir encore, on dégagera son

Au fil du texte

5 D'après le contexte, qu'est-ce qu'un édit ?

6 INTERTEXTUALITÉ Qui est Œdipe ? À l'aide du document qu'on vous remettra, reconstituez la légende de ce personnage de la mythologie grecque.

7 Que signifie l'expression figée *gêner aux entournures* ?

8 INTERTEXTUALITÉ À quoi Créon fait-il référence ?

9 Donnez un synonyme de l'adverbe *goulûment*.

10 INTERTEXTUALITÉ À quoi Créon fait-il allusion ici ?

11 Que veut dire le nom *forfanterie* ?

cadavre, tu le sais bien. Que peux-tu donc, sinon t'ensanglanter encore les ongles et te faire prendre ?

ANTIGONE. Rien d'autre que cela, je le sais. Mais cela, du moins, je le peux. Et
165 il faut faire ce que l'on peut.

CRÉON. Tu y crois donc vraiment, toi, à cet enterrement dans les règles ? À cette ombre de ton frère condamnée à errer toujours si on ne jette pas sur le cadavre un peu de terre avec la formule du prêtre ? Tu leur as déjà entendu la réciter, aux prêtres de Thèbes, la formule ? Tu as vu ces pauvres têtes d'employés fatigués
170 écourtant les gestes, avalant les mots, bâclant ce mort pour en prendre un autre avant le repas de midi ?

ANTIGONE. Oui, je les ai vus.

CRÉON. Est-ce que tu n'as jamais pensé alors que si c'était un être que tu aimais vraiment, qui était là, couché dans cette boîte, tu te mettrais à hurler tout d'un
175 coup ? À leur crier de se taire, de s'en aller ?

ANTIGONE. Si, je l'ai pensé.

CRÉON. Et tu risques la mort maintenant parce que j'ai refusé à ton frère ce passeport dérisoire, ce bredouillage en série sur sa dépouille, cette pantomime dont tu aurais été la première à avoir honte et mal si on l'avait jouée. C'est
180 absurde !

ANTIGONE. Oui, c'est absurde.

CRÉON. Pourquoi fais-tu ce geste, alors ? Pour les autres, pour ceux qui y croient ? Pour les dresser contre moi ?

ANTIGONE. Non.

185 CRÉON. Ni pour les autres, ni pour ton frère ? Pour qui alors ?

ANTIGONE. Pour personne. Pour moi.

CRÉON, *la regarde en silence.* Tu as donc bien envie de mourir ? Tu as déjà l'air d'un petit gibier pris.

ANTIGONE. Ne vous attendrissez pas sur moi. Faites comme moi. Faites ce que
190 vous avez à faire. Mais si vous êtes un être humain, faites-le vite. Voilà tout ce que je vous demande. Je n'aurai pas du courage éternellement, c'est vrai.

★ ★ ★

[…]

Au fil du texte

12 Quel est le rôle du chœur dans la tragédie grecque ?

LE CHŒUR **12**. Tu es fou, Créon. Qu'as-tu fait ?

195 CRÉON, *qui regarde au loin devant lui.* Il fallait qu'elle meure.

LE CHŒUR. Ne laisse pas mourir Antigone, Créon ! Nous allons tous porter cette plaie au côté, pendant des siècles.

CRÉON. C'est elle qui voulait mourir. Aucun de nous n'était assez fort pour la décider à vivre. Je le comprends maintenant, Antigone était faite pour être
200 morte. Elle-même ne le savait peut-être pas, mais Polynice n'était qu'un pré-texte. Quand elle a dû y renoncer, elle a trouvé autre chose tout de suite. Ce qui importait pour elle, c'était de refuser et de mourir.

LE CHŒUR. C'est une enfant, Créon.

CRÉON. Que veux-tu que je fasse pour elle ? La condamner à vivre ?

205 HÉMON, *entre en criant.* Père !

CRÉON, *court à lui, l'embrasse.* Oublie-la, Hémon ; oublie-la, mon petit.

HÉMON. Tu es fou, père. Lâche-moi.

CRÉON, *le tient plus fort.* J'ai tout essayé pour la sauver, Hémon. J'ai tout essayé, je te le jure. Elle ne t'aime pas. Elle aurait pu vivre. Elle a préféré sa folie et la 210 mort.

HÉMON, *crie, tentant de s'arracher à son étreinte.* Mais, père, tu vois bien qu'ils l'emmènent ! Père, ne laisse pas ces hommes l'emmener !

CRÉON. Elle a parlé maintenant. Tout Thèbes sait ce qu'elle a fait. Je suis obligé de la faire mourir.

215 HÉMON, *s'arrache de ses bras.* Lâche-moi !

Un silence. Ils sont l'un en face de l'autre. Ils se regardent.

LE CHŒUR, *s'approche.* Est-ce qu'on ne peut pas imaginer quelque chose, dire qu'elle est folle, l'enfermer ?

CRÉON. Ils diront que ce n'est pas vrai. Que je la sauve parce 220 qu'elle allait être la femme de mon fils. Je ne peux pas.

LE CHŒUR. Est-ce qu'on ne peut pas gagner du temps, la faire fuir demain ?

CRÉON. La foule sait déjà, elle hurle autour du palais. Je ne peux pas.

225 HÉMON. Père, la foule n'est rien. Tu es le maître.

CRÉON. Je suis le maître avant la loi. Plus après.

HÉMON. Père, je suis ton fils, tu ne peux pas me la laisser prendre.

CRÉON. Si, Hémon. Si, mon petit. Du courage. Antigone ne 230 peut plus vivre. Antigone nous a déjà quittés tous.

HÉMON. Crois-tu que je pourrai vivre, moi, sans elle ? Crois-tu que je l'accepterai, votre vie ? Et tous les jours, depuis le matin jusqu'au soir, sans elle. Et votre agitation, votre bavardage, votre vide, sans elle.

235 CRÉON. Il faudra bien que tu acceptes, Hémon. Chacun de nous a un jour, plus ou moins triste, plus ou moins lointain, où il doit enfin accepter d'être un homme. Pour toi, c'est aujourd'hui… Et te voilà devant moi avec ces larmes au bord de tes yeux et ton cœur qui te fait mal — mon petit garçon, 240 pour la dernière fois… Quand tu te seras détourné, quand tu auras franchi ce seuil tout à l'heure, ce sera fini.

HÉMON, *recule un peu et dit doucement.* C'est déjà fini.

CRÉON. Ne me juge pas, Hémon. Ne me juge pas, toi aussi.

HÉMON, *le regarde et dit soudain.* Cette grande force et ce courage, ce dieu
245 géant qui m'enlevait dans ses bras et me sauvait des monstres et des ombres,
c'était toi ? Cette odeur défendue et ce bon pain du soir sous la lampe, quand tu
me montrais des livres dans ton bureau, c'était toi, tu crois ?

CRÉON, *humblement.* Oui, Hémon.

HÉMON. Tous ces soins, tout cet orgueil, tous ces livres pleins de héros, c'était
250 donc pour en arriver là ? Être un homme, comme tu dis, et trop heureux de
vivre ?

CRÉON. Oui, Hémon.

HÉMON, *crie soudain comme un enfant se jetant dans ses bras.* Père, ce n'est pas
vrai ! Ce n'est pas toi, ce n'est pas aujourd'hui ! Nous ne sommes pas tous les
255 deux au pied de ce mur où il faut seulement dire oui. Tu es encore puissant, toi,
comme lorsque j'étais petit. Ah ! Je t'en supplie, père, que je t'admire, que je
t'admire encore ! Je suis trop seul et le monde est trop nu si je ne peux plus
t'admirer.

CRÉON, *le détache de lui.* On est tout seul, Hémon. Le monde est nu. Et tu m'as
260 admiré trop longtemps. Regarde-moi, c'est cela devenir un homme, voir le
visage de son père en face, un jour.

HÉMON, *le regarde, puis recule en criant.* Antigone ! Antigone ! Au secours !

Il est sorti en courant.

LE CHŒUR, *va à Créon.* Créon, il est sorti comme un fou.

265 CRÉON, *qui regarde au loin, droit devant lui, immobile.* Oui. Pauvre petit, il l'aime.

LE CHŒUR. Créon, il faut faire quelque chose.

CRÉON. Je ne peux plus rien.

LE CHŒUR. Il est parti, touché à mort.

Jean Anouilh, *Antigone*, Paris, Éditions de La Table Ronde,
1946, p. 9 à 13, 64 à 73 et 99 à 105.

Halte CULTURELLE

Jean Anouilh
(Auteur dramatique français, 1910-1987)

Pièces *noires, roses, brillantes, costumées, grinçantes,* c'est ainsi que — selon
leur degré de pessimisme, d'humour ou d'hypocrisie — Jean Anouilh a lui-
même classé ses pièces de théâtre. Anouilh écrit sa première pièce, *L'hermine,*
en 1932, mais obtient un premier véritable succès en 1937 avec *Le voyageur
sans bagages.* Durant la guerre, il entre dans sa phase «noire» et propose une
audacieuse adaptation des tragédies grecques *Eurydice* (1942) et *Antigone*
(1944), sa pièce la plus célèbre. Qu'elles soient «brillantes» ou «grinçantes»,
ses œuvres expriment une révolte contre la richesse et le privilège social, et
dénoncent un monde fait de mensonges, d'idéaux naïfs et d'hypocrisie.
Anouilh continuera à écrire jusqu'aux années 1980, alternant les genres et
récoltant succès critique et populaire.

La raison du plus fort

(EXTRAITS DE LA COMÉDIE *LE MALADE IMAGINAIRE*)

Une représentation du *Malade imaginaire* de Molière donnée en présence de Louis XIV et de l'entourage royal, qui ont le privilège d'assister à la pièce depuis les coulisses.

ACTE Ier, SCÈNE V (extrait)

ARGAN, ANGÉLIQUE,
TOINETTE [la servante]

ARGAN se met dans sa chaise: Ô çà, ma fille, je
5 vais vous dire une nouvelle, où peut-être ne vous
attendez-vous pas. On vous demande en mariage.
Qu'est-ce que cela? vous riez. Cela est plaisant,
oui, ce mot de mariage; il n'y a rien de plus drôle
pour les jeunes filles: ah! nature, nature! À ce
10 que je puis voir, ma fille, je n'ai que faire de vous
demander si vous voulez bien vous marier.

ANGÉLIQUE: Je dois faire, mon père, tout ce
qu'il vous plaira de m'ordonner.

ARGAN: Je suis bien aise d'avoir une fille si
15 obéissante. La chose est donc conclue, et je vous
ai promise.

ANGÉLIQUE: C'est à moi, mon père, de suivre
aveuglément toutes vos volontés. […]

ARGAN: Je n'ai point encore vu la personne;
20 mais on m'a dit que j'en serais content, et toi
aussi.

ANGÉLIQUE: Assurément, mon père.

ARGAN: Comment, l'as-tu vu?

ANGÉLIQUE: Puisque votre consentement m'au-
25 torise à vous pouvoir ouvrir mon cœur, je ne

feindrai point de vous dire que le hasard nous a fait connaître il y a six jours, et que la demande qu'on vous a faite est un effet de l'inclination  que, dès cette première vue, nous avons prise l'un
30 pour l'autre.

ARGAN: Ils ne m'ont pas dit cela; mais j'en suis bien aise, et c'est tant mieux que les choses soient de la sorte. Ils disent que c'est un grand jeune garçon bien fait.

35 ANGÉLIQUE: Oui, mon père.

ARGAN: De belle taille.

ANGÉLIQUE: Sans doute.

ARGAN: Agréable de sa personne.

ANGÉLIQUE: Assurément.

40 ARGAN: De bonne physionomie.

ANGÉLIQUE: Très bonne.

ARGAN: Sage, et bien né**14**.

ANGÉLIQUE: Tout à fait.

ARGAN: Fort honnête.

45 ANGÉLIQUE: Le plus honnête du monde.

ARGAN: Qui parle bien latin, et grec.

ANGÉLIQUE: C'est ce que je ne sais pas.

ARGAN: Et qui sera reçu médecin dans trois jours.

ANGÉLIQUE: Lui, mon père?

50 ARGAN: Oui. Est-ce qu'il ne te l'a pas dit?

ANGÉLIQUE: Non vraiment. Qui vous l'a dit à vous?

ARGAN: Monsieur Purgon*.

ANGÉLIQUE: Est-ce que Monsieur Purgon le
55 connaît?

ARGAN: La belle demande! Il faut bien qu'il le connaisse, puisque c'est son neveu.

ANGÉLIQUE: Cléante, neveu de Monsieur Purgon?

60 ARGAN: Quel Cléante? Nous parlons de celui pour qui l'on t'a demandée en mariage.

ANGÉLIQUE: Hé! oui.

ARGAN: Hé bien, c'est le neveu de Monsieur Purgon, qui est le fils de son beau-frère le méde-
65 cin, Monsieur Diafoirus; et ce fils s'appelle Thomas Diafoirus, et non pas Cléante; et nous avons conclu ce mariage-là ce matin, Monsieur Purgon, Monsieur Fleurant et moi, et, demain, ce gendre prétendu doit m'être amené par son père. Qu'est-
70 ce? Vous voilà tout ébaubie**15**?

ANGÉLIQUE: C'est, mon père, que je connais que vous avez parlé d'une personne, et que j'ai entendu une autre.

TOINETTE: Quoi? Monsieur, vous auriez fait ce
75 dessein burlesque**16**? Et avec tout le bien que

---

* Monsieur Purgon est le médecin d'Argan.

vous avez, vous voudriez marier votre fille avec un médecin ?

ARGAN : Oui. De quoi te mêles-tu, coquine, impudente que tu es ?

80 TOINETTE : Mon Dieu ! tout doux : vous allez d'abord aux invectives. Est-ce que nous ne pouvons pas raisonner ensemble sans nous emporter ? Là, parlons de sang-froid. Quelle est votre raison, s'il vous plaît, pour un tel mariage ?

85 ARGAN : Ma raison est que, me voyant infirme et malade comme je suis, je veux me faire un gendre et des alliés médecins, afin de m'appuyer de bons secours contre ma maladie, d'avoir dans ma famille les sources des remèdes qui me sont néces-
90 saires, et d'être à même des consultations et des ordonnances.

TOINETTE : Hé bien ! voilà dire une raison, et il y a plaisir à se répondre doucement les uns aux autres. Mais, Monsieur, mettez la main à la cons-
95 cience : est-ce que vous êtes malade ?

ARGAN : Comment, coquine, si je suis malade ? si je suis malade, impudente ?

TOINETTE : Hé bien ! oui, Monsieur, vous êtes malade, n'ayons point de querelle là-dessus ; oui,
100 vous êtes fort malade, j'en demeure d'accord, et plus malade que vous ne pensez : voilà qui est fait. Mais votre fille doit épouser un mari pour elle ; et, n'étant point malade, il n'est pas nécessaire de lui donner un médecin.

105 ARGAN : C'est pour moi que je lui donne ce médecin ; et une fille de bon naturel**17** doit être ravie d'épouser ce qui est utile à la santé de son père.

TOINETTE : Ma foi ! Monsieur, voulez-vous qu'en
110 amie je vous donne un conseil ?

ARGAN : Quel est-il, ce conseil ?

TOINETTE : De ne point songer à ce mariage-là.

ARGAN : Hé, la raison ?

TOINETTE : La raison ? C'est que votre fille n'y
115 consentira point.

ARGAN : Elle n'y consentira point ?

TOINETTE : Non.

ARGAN : Ma fille ?

TOINETTE : Votre fille. Elle vous dira qu'elle n'a
120 que faire de Monsieur Diafoirus, ni de son fils Thomas Diafoirus, ni de tous les Diafoirus du monde.

ARGAN : J'en ai affaire, moi, outre que le parti est plus avantageux qu'on ne pense. Monsieur
125 Diafoirus n'a que ce fils-là pour tout héritier ; et, de plus, Monsieur Purgon, qui n'a ni femme, ni enfants, lui donne tout son bien, en faveur de ce mariage ; et Monsieur Purgon est un homme qui a huit mille bonnes livres de rente.

130 TOINETTE : Il faut qu'il ait tué bien des gens, pour s'être fait si riche.

ARGAN : Huit mille livres de rente sont quelque chose, sans compter le bien du père.

TOINETTE : Monsieur, tout cela est bel et bon ;
135 mais j'en reviens toujours là : je vous conseille, entre nous, de lui choisir un autre mari, et elle n'est point faite pour être Madame Diafoirus.

ARGAN : Et je veux, moi, que cela soit.

TOINETTE : Eh fi ! ne dites pas cela.

140 ARGAN : Comment, que je ne dise pas cela ?

TOINETTE : Hé non !

ARGAN : Et pourquoi ne le dirai-je pas ?

TOINETTE : On dira que vous ne songez pas à ce que vous dites.

145 ARGAN : On dira ce qu'on voudra ; mais je vous dis que je veux qu'elle exécute la parole que j'ai donnée.

TOINETTE : Non : je suis sûre qu'elle ne le fera pas.

150 ARGAN : Je l'y forcerai bien.

TOINETTE : Elle ne le fera pas, vous dis-je.

Au fil du texte

13 Donnez un synonyme du nom *inclination* qui convient dans le contexte.

14 Qu'est-ce qu'une personne *bien née* ?

15 Que veut dire l'adjectif *ébaubie* ?

16 Par quoi pourrait-on remplacer l'adjectif *burlesque* ?

17 Qu'est-ce que le naturel d'une personne ?

ARGAN: Elle le fera, ou je la mettrai dans un convent **18**.

TOINETTE: Vous?

155 ARGAN: Moi.

TOINETTE: Bon.

ARGAN: Comment, «bon»?

TOINETTE: Vous ne la mettrez point dans un convent.

160 ARGAN: Je ne la mettrai point dans un convent?

TOINETTE: Non.

ARGAN: Non?

TOINETTE: Non.

ARGAN: Ouais! voici qui est plaisant: je ne met-
165 trai pas ma fille dans un convent, si je veux?

TOINETTE: Non, vous dis-je.

ARGAN: Qui m'en empêchera?

TOINETTE: Vous-même.

ARGAN: Moi?

170 TOINETTE: Oui, vous n'aurez pas ce cœur-là.

ARGAN: Je l'aurai.

TOINETTE: Vous vous moquez.

ARGAN: Je ne me moque point.

TOINETTE: La tendresse paternelle vous prendra.

175 ARGAN: Elle ne me prendra point.

TOINETTE: Une petite larme ou deux, des bras jetés au cou, un «mon petit papa mignon», pro-noncé tendrement, sera assez pour vous toucher.

ARGAN: Tout cela ne fera rien.

180 TOINETTE: Oui, oui.

ARGAN: Je vous dis que je n'en démordrai point.

TOINETTE: Bagatelles.

ARGAN: Il ne faut point dire «bagatelles».

TOINETTE: Mon Dieu! je vous connais, vous
185 êtes bon naturellement.

ARGAN, *avec emportement*: Je ne suis point bon, et je suis méchant quand je veux.

[…]

ACTE III, SCÈNE X (extrait)

190 TOINETTE, *en médecin*; ARGAN, BÉRALDE [le frère d'Argan]

TOINETTE: Je suis médecin passager, qui vais de ville en ville, de province en province, de royaume en royaume, pour chercher d'illustres
195 matières à ma capacité, pour trouver des malades dignes de m'occuper, capables d'exercer les grands et beaux secrets que j'ai trouvés dans la médecine. Je dédaigne de m'amuser à ce menu fatras de maladies ordinaires, à ces bagatelles de rhuma-
200 tismes et défluxions, à ces fiévrottes, à ces vapeurs, et à ces migraines. Je veux des maladies d'impor-tance: de bonnes fièvres continues avec des trans-ports au cerveau, de bonnes fièvres pourprées, de bonnes pestes, de bonnes hydropisies formées,
205 de bonnes pleurésies avec des inflammations de poitrine: c'est là que je me plais, c'est là que je triomphe; et je voudrais, Monsieur, que vous eussiez toutes les maladies que je viens de dire, que vous fussiez abandonné de tous les médecins,
210 désespéré, à l'agonie, pour vous montrer l'excel-lence de mes remèdes, et l'envie que j'aurais de vous rendre service.

ARGAN: Je vous suis obligé, Monsieur, des bontés que vous avez pour moi.

215 TOINETTE: Donnez-moi votre pouls. Allons donc, que l'on batte comme il faut. Ahy, je vous ferai bien aller comme vous devez. Hoy, ce pouls-là fait l'impertinent: je vois bien que vous ne me connaissez pas encore. Qui est votre médecin?

220 ARGAN: Monsieur Purgon.

TOINETTE: Cet homme-là n'est point écrit sur mes tablettes entre les grands médecins. De quoi dit-il que vous êtes malade?

ARGAN: Il dit que c'est du foie, et d'autres disent
225 que c'est de la rate.

TOINETTE: Ce sont tous des ignorants: c'est du poumon que vous êtes malade.

ARGAN: Du poumon?

TOINETTE: Oui. Que sentez-vous?

230 ARGAN: Je sens de temps en temps des douleurs de tête.

TOINETTE: Justement, le poumon.

ARGAN: Oui, Monsieur.

TOINETTE: Le poumon, le poumon, vous dis-je. Que vous ordonne votre médecin pour votre
255 nourriture?

ARGAN: Il m'ordonne du potage.

TOINETTE: Ignorant.

ARGAN: De la volaille.

TOINETTE: Ignorant.

260 ARGAN: Du veau.

TOINETTE: Ignorant.

ARGAN: Des bouillons.

TOINETTE: Ignorant.

ARGAN: Des œufs frais.

265 TOINETTE: Ignorant.

ARGAN: Et le soir de petits pruneaux pour lâcher le ventre.

TOINETTE: Ignorant.

ARGAN: Et surtout de boire mon vin fort
270 trempé **19**.

TOINETTE: *Ignorantus, ignoranta, ignorantum.* Il faut boire votre vin pur; et pour épaissir votre sang qui est trop subtil, il faut manger de bon gros bœuf, de bon gros porc, de bon fromage de
275 Hollande, du gruau et du riz, et des marrons et des oublies, pour coller et conglutiner. Votre médecin est une bête. Je veux vous en envoyer un de ma main, et je viendrai vous voir de temps en temps, tandis que je serai en cette ville.

280 ARGAN: Vous m'obligez beaucoup.

TOINETTE: Que diantre faites-vous de ce bras-là?

ARGAN: Comment?

TOINETTE: Voilà un bras que je me ferais couper
285 tout à l'heure, si j'étais que de vous.

ARGAN: Et pourquoi?

ARGAN: Il me semble parfois que j'ai un voile devant les yeux.

235 TOINETTE: Le poumon.

ARGAN: J'ai quelquefois des maux de cœur.

TOINETTE: Le poumon.

ARGAN: Je sens parfois des lassitudes par tous les membres.

240 TOINETTE: Le poumon.

ARGAN: Et quelquefois il me prend des douleurs dans le ventre, comme si c'était des coliques.

TOINETTE: Le poumon. Vous avez appétit à ce que vous mangez?

245 ARGAN: Oui, Monsieur.

TOINETTE: Le poumon. Vous aimez à boire un peu de vin?

ARGAN: Oui, Monsieur.

TOINETTE: Le poumon. Il vous prend un petit
250 sommeil après le repas et vous êtes bien aise de dormir?

Au fil du texte

18 Que dit-on aujourd'hui à la place de *convent*?

19 Avec quelle substance le vin *trempé* est-il adouci?

TOINETTE: Ne voyez-vous pas qu'il tire à soi toute la nourriture, et qu'il empêche ce côté-là de profiter?

290 ARGAN: Oui; mais j'ai besoin de mon bras.

TOINETTE: Vous avez là aussi un œil droit que je me ferais crever, si j'étais en votre place.

ARGAN: Crever un œil?

TOINETTE: Ne voyez-vous pas qu'il incommode 295 l'autre, et lui dérobe sa nourriture? Croyez-moi, faites-vous-le crever au plus tôt, vous en verrez plus clair de l'œil gauche.

ARGAN: Cela n'est pas pressé.

TOINETTE: Adieu. Je suis fâché de vous quitter 300 si tôt; mais il faut que je me trouve à une grande consultation qui se doit faire pour un homme qui mourut hier.

ARGAN: Pour un homme qui mourut hier?

305 TOINETTE: Oui, pour aviser, et voir ce qu'il aurait fallu lui faire pour le guérir. Jusqu'au revoir.

ARGAN: Vous savez que les malades ne reconduisent point [20].

BÉRALDE: Voilà un médecin vraiment qui paraît fort habile.

310 ARGAN: Oui, mais il va un peu bien vite.

BÉRALDE: Tous les grands médecins sont comme cela.

ARGAN: Me couper un bras, et me crever un œil, afin que l'autre se porte mieux? J'aime bien mieux 315 qu'il ne se porte pas si bien. La belle opération, de me rendre borgne et manchot!

Molière, *Le malade imaginaire*, 1673.

Au fil du texte

[20] a) Quel est le sens de *reconduire* ici?

b) Pourquoi Argan dit-il que *les malades ne reconduisent point*?

Halte CULTURELLE

Molière (Jean-Baptiste Poquelin, dit)
(Dramaturge français, 1622-1673)

Plus de 335 ans après sa mort, c'est encore dans sa langue que s'exprime toute la francophonie: Molière est devenu le symbole même du théâtre (c'est le père de la comédie française) et l'incarnation de la culture française. Ses débuts ont pourtant été bien modestes: de 1646 à 1658, il connaît, avec sa troupe ambulante, la difficile vie de comédien en tournée. De retour à Paris, c'est avec ses pièces satiriques *Les précieuses ridicules*, *L'école des femmes*, *Tartuffe*, *Le misanthrope* et *Le bourgeois gentilhomme* qu'il gagne la faveur du roi et du public… mais s'attire la haine des bourgeois parvenus, des dévots, des hypocrites et des avares. À l'époque où triomphent Corneille et Racine, il réussit à imposer la comédie comme un genre aussi noble que la tragédie. Molière est mort quelques heures après avoir joué le rôle-titre de son *Malade imaginaire*.

Molière joue le rôle d'Argan dans *Le malade imaginaire*, en 1673. Lithographie de Maurice Leloir, 1904.

1. a) Quel passage des extraits d'*Antigone* vous a semblé le plus intense, le plus poignant ? Pourquoi ?

b) Qu'avez-vous trouvé le plus drôle dans les extraits du *Malade imaginaire* ?

LE TOUR DU TEXTE

2. a) Dans les extraits d'*Antigone*, quels personnages prennent la parole ? Quels sont les liens entre eux ?

b) Qui est le personnage principal ? Quel est son plus grand désir ?

c) Quel personnage s'oppose au personnage principal ?

3. Le monologue du Prologue est très important pour la compréhension du texte.

a) À quoi ce personnage s'emploie-t-il entre les lignes 4 et 55 ?

b) Que fait-il entre les lignes 56 et 67 ?

4. a) Relevez les caractéristiques d'Antigone entre les lignes 4 et 15.

b) Faites de même pour Ismène entre les lignes 16 et 23.

c) Que remarquez-vous quant aux caractéristiques des deux sœurs ? Tentez d'expliquer pourquoi il en est ainsi.

5. a) Dans les extraits du *Malade imaginaire*, quels personnages interviennent ? Quels sont les liens entre eux ?

b) Qui est le personnage principal ? Quel est son plus grand désir ?

c) Quel personnage oppose la plus vive résistance à ce projet ?

6. Dans ce texte de Molière, certains personnages sont tournés en ridicule.

a) Dans la première partie (lignes 1 à 187), de quel personnage se moque-t-on ?

b) À quel groupe s'attaque-t-on dans la deuxième partie (lignes 189 à 316) ?

AU CŒUR DU GENRE

7. Dans cet atelier, vous aborderez brièvement les trois principaux genres dramatiques. Le premier est la tragédie; elle est illustrée par les extraits d'*Antigone*. Pour vous initier à ce genre, lisez l'encadré notionnel qui suit.

LA TRAGÉDIE en bref

La tragédie raconte presque toujours l'histoire d'un **personnage illustre, noble, aux prises avec un destin cruel et impitoyable**. Souvent, ce personnage **transgresse un interdit**. Ni la volonté ni la raison de ce personnage ne parviennent à repousser la **fatalité** qui causera sa perte.

Dans une tragédie, on s'attend donc à un **dénouement malheureux** qui se solde habituellement par la **mort du héros ou de l'héroïne**, entre autres. ■

8. Relevez entre les lignes 83 et 114 un passage prouvant qu'Antigone est un personnage noble.

9. a) En un mot, dites quel est le destin d'Antigone.

b) Relisez les lignes 10 et 11. Qu'en déduisez-vous quant à ce destin ?

c) Entre les lignes 194 et 230, certaines phrases de Créon renforcent cette idée. Relevez-en deux.

10. Quel interdit Antigone a-t-elle transgressé ?

11. a) Qui a tenté de sauver Antigone de son triste destin ? Par quels moyens ?

b) Compte tenu de ce que vous savez maintenant de la tragédie en général, dites pourquoi tous leurs efforts étaient voués à l'échec.

12. D'entrée de jeu, le personnage du Prologue avait annoncé la mort d'Antigone et d'Hémon, entre autres. Dans le contexte d'une tragédie, de telles révélations risquent-elles de miner l'intérêt des lecteurs ou des spectateurs pour l'histoire ? Pourquoi ?

13. Le deuxième genre dramatique est la comédie ; elle est illustrée par les extraits du *Malade imaginaire*. Pour vous représenter ce genre, lisez l'encadré notionnel ci-dessous.

LA COMÉDIE en bref

Le plus souvent, la comédie raconte l'histoire d'un **individu** (ou d'un **groupe**) **qui se caractérise par le ridicule de certains comportements** qu'on grossit et caricature.

Dans une comédie, on s'attend à un **dénouement heureux** qui fait **triompher le gros bon sens** au détriment des figures d'autorité tyranniques. La comédie cherche à faire rire. ∎

14. Chez Molière, le maître de la comédie, le père de famille est souvent présenté comme un personnage ridicule, borné. Montrez que tel est le cas dans la scène V de l'acte Ier du *Malade imaginaire*.

Des acteurs jouant la commedia dell'arte.

15. Entre les lignes 4 et 73, il y a une méprise comique. Décrivez-la.

16. Le nom des médecins aussi prête à rire. À quels mots les noms *Purgon* et *Diafoirus* vous font-ils penser ?

17. Dans plusieurs comédies de Molière, la servante incarne la sagesse, le gros bon sens. Entre les lignes 94 et 188, que fait Toinette pour faire entendre raison à Argan ?

18. Devant son échec, Toinette prend les grands moyens : elle se déguise en médecin et rend visite à Argan.

a) Entre les lignes 192 et 212, Toinette utilise quelques arguments pour gagner la confiance d'Argan. Donnez-en trois.

b) Entre les lignes 219 et 279, à quoi Toinette s'emploie-t-elle systématiquement ?

c) Entre les lignes 281 et 305, comment Toinette procède-t-elle pour discréditer la profession médicale ?

19. Compte tenu de ce que vous savez de la comédie, Toinette peut-elle ramener Argan à la raison par ses efforts ? Expliquez votre réponse.

20. Le troisième genre dramatique est le drame ; il est illustré notamment par *Tit-Coq* et *Florence* dont vous avez lu des extraits dans les ateliers précédents. Pour avoir une idée de ce genre, lisez l'encadré notionnel ci-dessous.

LE DRAME en bref

Le drame raconte des **histoires réalistes, sérieuses, à la fois tristes et drôles**, comme dans la vraie vie. Elles sont vécues par des **personnages de la réalité quotidienne**.

Dans ces histoires, le **personnage principal vit souvent une situation accablante, mais qui n'est pas sans issue** comme dans la tragédie.

Même si le drame présente quelques effets comiques, son dénouement est, le plus souvent, malheureux. ∎

21. Dans l'extrait de *Florence* (p. 232), l'héroïne est profondément malheureuse et se rebelle contre sa famille, contre l'ordre établi. Sa situation lui apparaît-elle sans issue ? Expliquez votre réponse.

Halte

Autour du mot *drame*

Le nom *drame* désigne également tout ouvrage écrit pour le théâtre. L'adjectif *dramatique* signifie «relatif au théâtre», tandis que le nom *dramaturge* désigne l'auteur de pièces de théâtre.

22.  Notez dans vos mots ce que vous retenez des trois principaux genres dramatiques brièvement évoqués dans cet atelier. Gardez ces notes en vue de la synthèse à la fin du module.

GRAMMAIRE

La conjugaison

23. Sur le document qu'on vous remettra, vous vous intéresserez à la terminaison de certains verbes au présent du subjonctif.

VERS D'AUTRES TEXTES

24. Les médecins sont une source d'inspiration féconde pour plusieurs dramaturges. Dans *La dame en violet*, que vous lirez à la page 186 de votre recueil de textes, vous rencontrerez le docteur Knock, un personnage de Jules Romains. Bien qu'il soit peu savant, Knock a un redoutable sens des affaires et il sait tirer profit de l'inquiétude des gens au sujet de leur santé.

25. Certaines pièces n'appartiennent à aucun des trois genres évoqués dans cet atelier. C'est le cas, entre autres, de *La cantatrice chauve*, une pièce d'Eugène Ionesco, qui a lui-même qualifié son œuvre d'«anti-pièce». Lisez l'extrait *Madame et Monsieur Martin*, à la page 188 de votre recueil de textes.

DE VIVE VOIX

Avec quelques camarades, faites une lecture collective des passages suivants :

– *Envers et contre tout*, lignes 194 à 268.

– *La raison du plus fort*, lignes 4 à 187.

À tour de rôle, chaque personne lit une réplique avec le ton le plus juste possible. Après chaque réplique, l'équipe se prononce sur la qualité de l'interprétation. L'objectif de cet exercice est de repérer les passages les plus difficiles à interpréter afin de résoudre collectivement ces difficultés. Cette démarche vous sera utile pour la réussite de votre défi.

DE VIVE VOIX

 Pour améliorer votre diction, exercez-vous à lire sans erreurs chacun des virelangue reproduits sur le document qu'on vous remettra.

– D'abord, lisez lentement chaque virelangue pour découvrir les difficultés articulatoires qu'il contient. Relisez-le ensuite quelques fois.

– Assurez-vous de prononcer distinctement chacune des syllabes.

– Pour vous préparer à votre défi, répétez plusieurs fois par jour quelques virelangue, au choix.

SYNTHÈSE

1. Synthétisez vos connaissances sur le théâtre dans un schéma organisateur.

- Construisez votre schéma à partir des pistes fournies ci-dessous et de la minisynthèse que vous avez faite à la fin de chaque atelier.
- Rédigez-le sur papier ou à l'ordinateur. Assurez-vous qu'il sera assez clair pour vous être utile en tout temps.

LE TEXTE DRAMATIQUE

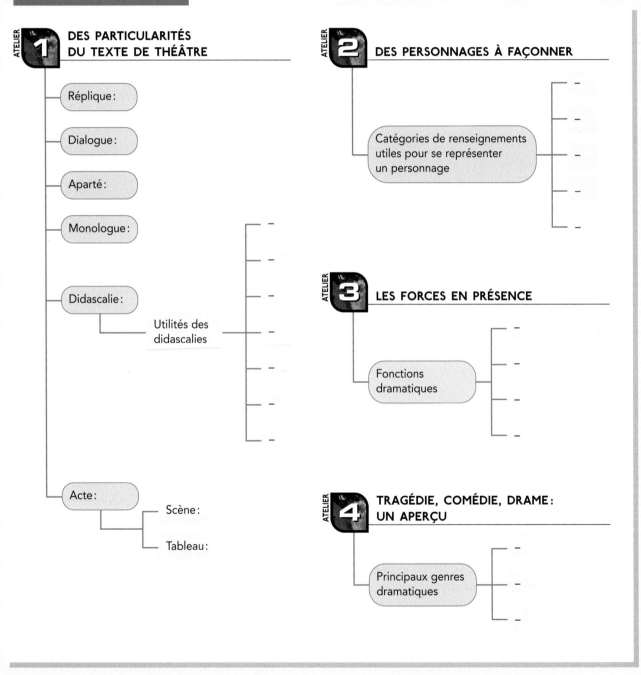

ATELIER 1 DES PARTICULARITÉS DU TEXTE DE THÉÂTRE

- Réplique :
- Dialogue :
- Aparté :
- Monologue :
- Didascalie :
  - Utilités des didascalies
- Acte :
  - Scène :
  - Tableau :

ATELIER 2 DES PERSONNAGES À FAÇONNER

- Catégories de renseignements utiles pour se représenter un personnage

ATELIER 3 LES FORCES EN PRÉSENCE

- Fonctions dramatiques

ATELIER 4 TRAGÉDIE, COMÉDIE, DRAME : UN APERÇU

- Principaux genres dramatiques

2. Une fois votre schéma construit, comparez-le avec celui de quelques camarades et, si cela est nécessaire, améliorez-le.

PROPOSER EN ÉQUIPE UNE LECTURE PUBLIQUE D'UN EXTRAIT DE TEXTE DRAMATIQUE

Préparation

1. En grand groupe, analysez la présente situation de communication orale. Consultez la stratégie *Comment analyser une situation de prise de parole*, à la page 498.

2. Voici les caractéristiques dont vous devrez tenir compte pour votre lecture. Lisez-les attentivement.

   - Vous proposerez une lecture à l'italienne, c'est-à-dire une lecture durant laquelle les comédiens et les comédiennes lisent, texte en main, leur rôle de façon expressive. Pour interpréter votre extrait, vous devrez donc tenir compte des didascalies concernant:
     – l'expression, la voix (ton, débit, volume, pauses, hésitations, etc.);
     – les destinataires des répliques.

   - Les membres de votre troupe et vous serez assis en demi-cercle, autour d'une table, devant votre public. Vous ne pourrez ni vous lever ni faire de mise en scène pour jouer votre rôle. Tout devra passer par votre voix. Les didascalies concernant les mouvements des personnages (par exemple, *Il sort de la pièce* ou *Elle enfouit son visage dans ses mains*) et les bruits (par exemple, *On entend le tonnerre* ou *Bruits de pas*) devront être lues sur un ton neutre.

   - La durée de lecture devra être à peu près équivalente pour tous les membres de votre équipe. Prévoyez de deux à trois minutes de lecture par personne.

3. Prenez connaissance des critères d'évaluation présentés dans le document qu'on vous remettra.

4. En équipe, choisissez une pièce de théâtre: vous pouvez la trouver par vous-mêmes ou consulter la liste qu'on vous proposera.

5. Une fois votre choix arrêté, lisez la pièce. En équipe, sélectionnez un extrait de la longueur requise en tenant compte du nombre de personnages et procédez à la distribution des rôles. Une même personne pourra, si cela est nécessaire, interpréter plus d'un rôle.

6. Pour interpréter justement votre personnage, reconstituez son identité à l'aide des renseignements fournis dans les répliques et les didascalies de l'ensemble de la pièce.

7. Marquez votre copie personnelle de façon à faciliter votre lecture.

   a) Notez, en surlignant ou autrement:
      – les répliques qui vous appartiennent;
      – les didascalies à prendre en compte.

   b) Ajoutez vos propres remarques pour savoir exactement quel ton, quel débit, quel volume associer à chacune de vos répliques. Inscrivez tout ce qui peut enrichir votre interprétation.

8. Après avoir lu la stratégie *Comment répéter en vue d'une présentation orale* (p. 512), commencez les répétitions. Assurez-vous que la lecture expressive que vous faites est cohérente avec votre personnage. En équipe, servez-vous du document *Commentaires des pairs pour peaufiner votre jeu.*

9. Si l'extrait que vous avez choisi ne figure pas au début de la pièce, rédigez en équipe un très court résumé de la pièce pour situer l'auditoire. Assurez-vous que ce résumé va à l'essentiel.

Lecture publique

10. Procédez à la lecture de votre extrait. Pour faciliter votre passage «sur les planches», suivez ces quelques consignes :

a) Chaque interprète prend place silencieusement autour de la table. Le présentateur ou la présentatrice reste debout à sa place.

b) Le présentateur ou la présentatrice donne le titre et le nom de l'auteur de la pièce, et lit ou récite le résumé, s'il y a lieu, puis s'assoit.

c) Après la lecture, chaque membre de l'équipe se lève et, de sa place, salue l'auditoire.

Évaluation

11. Soumettez votre lecture à l'évaluation.

En guise de conclusion...

DE VIVE VOIX

Au fil de ce module, votre expérience du théâtre s'est enrichie : vous avez lu des extraits de pièces et une pièce de théâtre au complet, vous avez étudié la construction du texte dramatique et celle des personnages, vous avez cerné les caractéristiques des grands genres théâtraux, vous avez même interprété un rôle. Que retenez-vous de ces expériences ? Qu'avez-vous trouvé particulièrement enrichissant ? Qu'est-ce qui vous a semblé plus difficile ? En quoi votre conception du théâtre a-t-elle changé au fil du module ? Réfléchissez à ces questions et, avec vos camarades, dressez un bilan de votre expérience théâtrale.

RÉPERTOIRE

Lisez le début de chacune de ces pièces et laissez-vous entraîner dans l'univers du théâtre...

Assoiffés

WAJDI MOUAWAD

2006, 2007*

1. Murdoch

MURDOCH — Je ne sais pas ce qui se passe, ni depuis quand, ni pourquoi, ni pour quelle raison, mais je rêve tout le temps à des affaires bizarres, pas disables, pas racontables, pas même imaginables. Je me sens envahi par un besoin d'espace et de grand air ! Je mangerais de la glace juste pour calmer la chaleur de mon écœurite la plus aiguë ! Le monde est tout croche et on nous parle jamais du monde comme du monde ! Chaque fois que je rencontre un ami de mon père ou de ma mère, il me demande : «Comment va l'école ?» […] Y a pas que l'école ! Y a-tu quelqu'un en quelque part qui pourrait bien avoir l'amabilité de m'expliquer les raisons profondes qui poussent les amis de mes parents à être si inquiets à propos de l'école !

Rhinocéros

1958, 1959

EUGÈNE IONESCO

L'ÉPICIÈRE — Ah ! celle-là ! (*À son mari qui est dans la boutique.*) Ah ! celle-là, elle est fière. Elle ne veut plus acheter chez nous.

[…]

JEAN, *venant de la droite* — Vous voilà tout de même, Bérenger.

BÉRENGER, *venant de la gauche* — Bonjour, Jean.

JEAN — Toujours en retard, évidemment ! (*Il regarde sa montre-bracelet.*) Nous avions rendez-vous à onze heures trente. Il est bientôt midi.

BÉRENGER — Excusez-moi. Vous m'attendez depuis longtemps ?

JEAN — Non. J'arrive, vous voyez bien.

Le pays des genoux

GENEVIÈVE BILLETTE

2005, 2004

PREMIER MOUVEMENT — Scène 1

SAMMY. Qu'est-ce qu'il fait… Il aurait dû m'écouter et faire pipi dans la ruelle, au lieu d'aller dans le théâtre. Il doit y avoir une file immense… Dépêche-toi, Timothée ! Quand maman verra que je ne suis pas rentré, elle va me chercher partout. Elle réussit toujours à me trouver quand elle soupçonne que je suis avec toi. Vaudrait mieux avoir déjà quitté la ville à huit heures. Grouille, Timothée ! Le voyage risque d'être long… On n'a même pas de carte pour nous guider. Peut-être que ça prendra des semaines… des nuits…

Equus

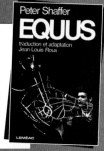

1973, 1974

PETER SHAFFER

Premier acte. 1.

DYSART — Un cheval en particulier, du nom de Nugget, il l'enlace de ses bras. L'animal repose son front moite contre sa joue et ils restent ainsi, dans l'obscurité, une heure durant — comme deux amoureux ! Et pour comble d'absurdité, c'est du *cheval* que je ne cesse de me préoccuper ! Pas de l'enfant; *du cheval* et de ce qu'il peut bien essayer de faire.

*Année de la création de la pièce, suivie de l'année de la première édition du texte.

Le roman au cœur de la littérature

Sommaire

Le roman,
comme un long métrage

Imaginez quelques instants la littérature sans ROMANS… Que vous resterait-il à lire ?

Des contes, des nouvelles, des poèmes, des journaux intimes, des correspondances et… et quoi encore ?

Bien sûr, ce n'est pas rien, mais ne resteriez-vous pas un peu sur votre faim ?

Ou encore, imaginez si les BD de votre enfance n'avaient été que des recueils de brèves histoires d'une ou deux pages chacune…

Hum ! Intéressant quand même, mais… MAIS… Où aurait été le plaisir d'assister à de multiples rebondissements, de voir évoluer des personnages attachants au fil des pages ?

Pour comprendre l'importance du roman, rien de mieux qu'un parallèle avec le cinéma. En fait, la littérature sans romans, ce serait comme le cinéma sans LONGS MÉTRAGES ! Que des courts ou très courts films, d'une heure, d'une demi-heure, de quinze minutes…

Vous resteriez également sur votre faim, n'est-ce pas ?

La correspondance entre le roman et le long métrage est telle que les différents sous-genres portent à peu près les **mêmes noms**.

ROMAN	FILM
Roman policier	Drame policier
Roman d'aventures	Film d'aventures
Roman fantastique	Drame fantastique
Roman de science-fiction	Film de science-fiction
Roman biographique	Drame biographique
…	…

PAGES 272 ET 273 : Diana Ong, *La lectrice numéro 1*, 1999.

Le roman,
à l'image de la vie

Dresser l'inventaire de tout ce que la lecture de romans peut nous apporter est impossible. De même que la vie nous réserve des joies, des consolations, des éclairages utiles, des expériences qui nous font grandir, etc., de même en est-il du roman.

Rien d'étonnant à cela, puisque les histoires que nous racontent les romans sont des reflets de la vie sous ses multiples aspects. Comme elle, les romans nous instruisent, nous distraient, nous inspirent des passions, nous amènent à réfléchir… sur la vie.

POURQUOI LIT-ON DES ROMANS ?

Toutes les raisons sont bonnes et la liste en est… infinie ! On lit POUR…

… oublier

le quotidien.
un chagrin d'amour.
la solitude.
les longs trajets en métro.
les longues heures d'attente.

… rencontrer

des personnages qu'on aime et auxquels on s'identifie.
des lecteurs avec qui on peut échanger romans
     et points de vue.
des auteurs qui deviennent nos alliés.
des exemples inspirants d'idéal de vie.

… trouver

des solutions à nos problèmes.
du réconfort.
un sens à la vie, à sa vie.

… apprendre

à appréhender le monde, une époque, un pays,
     une culture, un milieu social.
à mieux manier la langue.
à mieux comprendre les autres.

… vivre

des aventures exaltantes.
des émotions.

Variations sur le roman

En plus de ses divers sous-genres littéraires, le roman se présente sous de nombreuses formes. Voici, à titre de curiosité, quelques-unes des principales variantes imaginées par les romanciers.

LE ROMAN DIALOGUÉ

Il s'agit d'un roman presque entièrement écrit sous la forme de dialogues. Même si quelques passages narratifs sont insérés pour aider les lecteurs à bien suivre le fil de l'histoire, le récit repose essentiellement sur les paroles des personnages. *Cosmétique de l'ennemi* (2001), d'Amélie Nothomb, en est un exemple.

LE ROMAN SANS DIALOGUES

Il arrive également, à l'inverse, que le roman soit écrit sans aucun dialogue. Franz Kafka en a donné un exemple en 1915 avec *La métamorphose*. Plus récemment, l'écrivain Jean-Marie Gustave Le Clézio, au style méditatif et poétique, a fait de même dans *Le chercheur d'or* (Gallimard, 1985).

LE ROMAN EN VERS

Un des plus grands chefs-d'œuvre du Moyen Âge, *Le roman de la rose*, était entièrement écrit en vers. Il comptait 21 750 vers de huit syllabes. Même si la mode du roman en vers est passée depuis longtemps, la formule ressurgit de temps à autre. Raymond Queneau n'a pas craint de s'y aventurer avec son roman *Chêne et chien* (1937).

Le grand roman *Évangéline* (1847), du poète américain Henry Wadsworth Longfellow, était également écrit en vers. Il fut d'ailleurs traduit en vers français par le poète québécois Pamphile Lemay.

LE ROMAN ÉPISTOLAIRE OU ROMAN PAR LETTRES

Dans le roman épistolaire, ce sont les lettres écrites par les personnages qui nous font connaître leur histoire. C'est à ce procédé que recourt la première romancière de la littérature québécoise, Laure Conan, dans son chef-d'œuvre *Angéline de Montbrun* (1884). La formule demeure bien vivante aujourd'hui, comme l'illustrent les nombreux romans qui y recourent. Signalons notamment *Inconnu à cette adresse* (Kressmann Taylor, Autrement, 1999) et *Je t'attends* (Françoise Grard et Thierry Lefèvre, Flammarion, 2005).

LE ROMAN EN FORME DE JOURNAL INTIME

Autre formule encore en usage dans les lettres contemporaines, le roman en forme de journal intime se présente comme un véritable journal personnel où le personnage principal note ses pensées et ses activités quotidiennes, en les datant en haut de page comme il se doit. Le procédé est productif. Signalons notamment:

- William Bell, *Journal d'un rebelle*, Saint-Laurent, Éditions Pierre Tisseyre, coll. «Deux solitudes jeunesse», 1994, 274 p.
- Marie et Roselyne Bertin, *Journal sans faim*, Paris, Rageot, coll. «Cascade pluriel», 2004, 123 p.
- Isabelle Duquesnoy, *Les confessions de Constanze Mozart*, Paris, Plon, 2003-2005, 2 t., 468 p.
- André Besson, *Le roman de Sissi*, Paris, France-Empire, 2005, 430 p.

Le roman merveilleux

*Pour s'évader dans des mondes où le merveilleux épique
fait partie du quotidien...
... et prendre part à un combat héroïque entre le bien et le mal.*

Le merveilleux, la *fantasy*, l'*heroic fantasy*, le fantastique merveilleux, le merveilleux épique..., les appellations sont hésitantes autour de ce sous-genre romanesque qui prend de nombreux visages. Au fait, à quoi reconnaît-on le merveilleux ?

Jean Veber, *L'oie de
la République.*

LE MERVEILLEUX PAR RAPPORT AU FANTASTIQUE

■ Dans l'univers du **merveilleux**, les pouvoirs psychiques, les créatures surnaturelles, les objets magiques, les sortilèges, les mondes invisibles, etc., sont des **réalités tout à fait naturelles** qui font partie de l'existence commune des personnages. Nul n'a lieu de s'en étonner. Tout comme dans les **contes de fées** et les **récits mythologiques**, les personnages des romans merveilleux admettent comme allant de soi l'existence de la magie et des esprits.

■ Dans l'univers du **fantastique**, par contre, **tout ce qui est irrationnel est anormal, terrifiant, inadmissible et fauteur de désordre** pour le bon fonctionnement du monde. Les personnages tiennent pour acquis que les fantômes n'existent pas, que les magiciens sont des farceurs, que les démons sont une croyance superstitieuse, etc. Par conséquent, lorsque ces réalités font irruption dans leur univers rationnel, ils sont décontenancés et pris de frayeur. L'édifice de leurs conceptions rassurantes s'écroule, les laissant dépourvus.

QUELQUES SIGNES DISTINCTIFS DU ROMAN MERVEILLEUX

■ Les personnages portent le plus souvent des noms inventés, aux sonorités peu communs. Les héros et les héroïnes s'appellent donc Frodon, Kasumi, Nycée, Lalé, etc.

■ Les lieux n'ont aucune existence dans la réalité. Par conséquent, ils portent, eux aussi, des noms issus de l'imagination des auteurs: la Terre du milieu, Anthara, Sanctaphrax, Tamurin, etc.

■ Bien souvent, l'époque où l'action se déroule ne correspond pas à une période connue de l'histoire de l'humanité. Elle évoque généralement une sorte de Moyen Âge mythique qui ne ressemble que de loin au Moyen Âge réel de l'histoire occidentale.

■ L'action met en scène des bons et des méchants dont l'affrontement symbolise la lutte entre le bien et le mal. Pour cette raison, elle se développe sous la forme d'une vaste épopée.

■ L'histoire comporte de nombreux rebondissements qui s'étalent sur une longue période, si bien que les romans merveilleux prennent souvent la forme de «cycles» répartis en plusieurs volumes: trilogies, tétralogies, pentalogies, etc.

L'ORIGINE ET L'ÉVOLUTION DU ROMAN MERVEILLEUX

Inspiré de la mythologie, des sagas scandinaves, des contes merveilleux et des romans de chevalerie, le roman merveilleux a pris naissance dans la littérature anglo-saxonne vers la fin du XIXe siècle. En 1955 paraît la célèbre trilogie du *Seigneur des anneaux*, de John Ronald Reuel Tolkien, qui deviendra le plus grand classique du genre.

Par la suite, tout en poursuivant son cours, le merveilleux s'alliera parfois avec la science-fiction dans les romans comme ceux de Jack Vance ou Fritz Leiber. Dans les années 1970, la fameuse série cinématographique *La guerre des étoiles* sera un exemple illustre d'épopée issue de cette alliance. Le cadre temporel passe alors du passé mythique à un futur lointain et le théâtre de l'action se déploie aux dimensions de l'univers.

QUELQUES PARUTIONS récentes

■ Guy Bergeron, *La trilogie de l'Orbe*, Montréal, Éditions Porte Bonheur, coll. «La clef», 2008, 3 vol.

■ Stephen R. Donaldson, *Les chroniques de Thomas Covenant*, Paris, Le Pré aux clercs, 2006-2007, 5 vol.

■ Philip José Farmer, *La saga des hommes dieux*, Paris, La Découverte, coll. «Pulp fictions», 2004-2005, 2 t.

■ Mercedes Lackey, *La trilogie des tempêtes*, Paris, Pocket, coll. «Pocket Fantasy», 2003-2004, 3 vol.

■ Ursula Le Guin, *Le cycle de Terremer*, Paris, Robert Laffont, 2005, 6 vol.

■ Sergueï Loukianenko, *Les sentinelles de la nuit*, Paris, Albin Michel, 2006-2007, 3 vol.

■ Bernard Simonay, *La trilogie de Phénix*, Paris, Gallimard, coll. «Folio science-fiction», 2005-2006, 3 vol.

■ Mary Stewart, *Le cycle de Merlin*, Paris, Calmann-Lévy, 2006-2007, 3 vol.

Le roman d'aventures

Pour se lancer dans l'imprévu d'une folle entreprise...
... en compagnie de personnages attachants.

Heureux qui comme Ulysse a fait un long voyage... On connaissait déjà le bonheur de l'aventure dans l'Antiquité grecque, berceau d'Homère et de *L'odyssée*, qui est peut-être le premier véritable roman d'aventures de l'histoire humaine. Depuis cette époque lointaine, l'aventure continue de fasciner et nous en redemandons toujours...

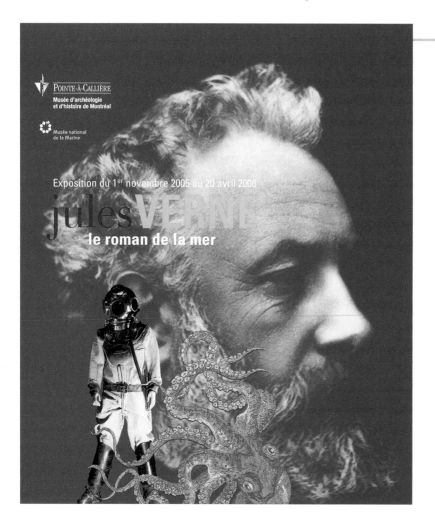

Exposition du 1er novembre 2005 au 20 avril 2006

Jules VERNE
le roman de la mer

UN SOUS-GENRE AUX MULTIPLES UNIVERS

Le roman d'aventures n'est pas un sous-genre comme les autres, puisqu'il emprunte à plusieurs univers: celui du policier, de la science-fiction, de l'espionnage, du fantastique, du comique, de la chevalerie, du merveilleux, etc.

L'aventure, c'est une accumulation de péripéties imprévisibles qui se succèdent en cascade et obligent les héros à vivre à un train d'enfer. Par conséquent, peu importe l'univers dans lequel le récit se déroule, la trame du roman d'aventures donne libre cours à son essor.

Mais attention, tout roman de science-fiction, fantastique, policier, etc., n'est pas nécessairement un roman d'aventures. Les patientes enquêtes de Sherlock Holmes, par exemple, relèvent bien du sous-genre policier, mais elles ne donnent pas souvent lieu à des péripéties hautes en couleur.

L'AVENTURE POUR L'ÉTERNITÉ...

Le roman d'aventures existera toujours. Les spécialistes de la littérature le considèrent d'ailleurs comme le modèle premier à partir duquel tous les autres sous-genres romanesques se sont développés, directement ou indirectement. Autrement dit, sans le roman d'aventures, le roman tout court n'aurait jamais existé.

LES INGRÉDIENTS TYPIQUES
DU ROMAN D'AVENTURES

- Une action quasi continuelle.
- Un ou quelques personnages remarquables pour leur ténacité et leur persévérance.
- Des obstacles inattendus, des revers, des déboires, des coups du sort, etc.
- Des déplacements en grand nombre.
- Un faire-valoir qui fait ressortir par contraste les qualités du héros ou de l'héroïne.
- Des hasards heureux.
- Une allure générale spectaculaire qui peut se prêter à une adaptation cinématographique.
- Des dialogues incisifs.
- Une fin heureuse ou positive malgré tout.

LES GRANDS NOMS DES
CLASSIQUES DE L'AVENTURE

Le XIXe siècle et les premières décennies du XXe ont été l'âge d'or du roman d'aventures. Un grand nombre d'œuvres sont encore rééditées aujourd'hui.

John Fenimore Cooper (1789-1851)
Alexandre Dumas (1802-1870)
Eugène Sue (1804-1857)
Edgar Allan Poe (1809-1849)
Théophile Gautier (1811-1872)
Charles Dickens (1812-1870)
Paul Féval (1817-1887)
Gustave Aimard (1818-1883)
William Wilkie Collins (1824-1889)
Jules Verne (1828-1905)
Pierre-Alexis Ponson du Terrail (1829-1871)
Mark Twain (1835-1910)
Henryk Sienkiewicz (1846-1916)
Robert Louis Stevenson (1850-1894)
Henry Rider Haggard (1856-1925)
Joseph Conrad (1857-1924)
Arthur Conan Doyle (1859-1930)
Maurice Leblanc (1864-1941)
Gustave Le Rouge (1867-1938)
Gaston Leroux (1868-1927)
Jack London (1876-1916)

QUELQUES OUVRAGES
récents

- Isabel Allende, *La forêt des Pygmées*, Paris, Grasset, 2006, 297 p.
- Martine Desjardins, *L'élu du hasard*, Montréal, Leméac, 2003, 159 p.
- Vittorio Frigerio, *Naufragé en terre ferme*, Sudbury, Prise de parole, 2005, 376 p.
- Robin Hobb, *Les aventuriers de la mer*, Paris, Pygmalion, 2001-2007, 9 vol.
- Démosthène Kourtovik, *La nostalgie des dragons*, Arles, Actes Sud, coll. «Lettres grecques», 2004, 393 p.
- Jeffrey Lent, *La rivière des Indiens*, Paris, Plon, 2003, 392 p.
- Yann Martel, *L'histoire de Pi*, Montréal, XYZ, 2005, 360 p.
- Valerio Massimo Manfredi, *Le pharaon oublié*, Paris, JC Lattès, coll. «Suspense et cie», 2001, 347 p.
- David Morrell, *Accès interdit*, Paris, Grasset, coll. «Grand format: thriller», 2007, 339 p.
- Patrick O'Brian, *Les aventures de Jack Aubrey*, Paris, Omnibus, 2000-2006, 5 t.
- Denis Robitaille, *Une nuit, un capitaine*, Montréal, Fides, 2005, 368 p.
- James Rollins, *Tonnerre de sable*, Saint-Victor-d'Épine, City Editions, 2007, 520 p.
- Jean-Pierre Trépanier, *Le sauvage blanc*, Chicoutimi, Les éditions JCL, coll. «Roman-vérité», 2004, 426 p.
- Guy Vanderhaeghe, *La dernière traversée*, Paris, Albin Michel, coll. «Terres d'Amérique», 2006, 465 p.
- Nicolas Vanier, *Le chant du Grand Nord*, Paris, XO, 2002, 2 vol.
- Henri Vernes, *L'émissaire du 6 juin*, Bruxelles, Ananké, coll. «Bob Morane», 2004, 155 p.

Le roman policier

*Pour aiguiser son intelligence en se mesurant
à des héros et des héroïnes réputés
pour leurs capacités d'analyse et de déduction.*

QUELQUES TYPES DE ROMANS POLICIERS

■ **Le roman à énigme** – C'est le roman policier classique, où l'intrigue consiste à découvrir qui a commis le crime.
Ex.: *Une étude en rouge* (1887), d'Arthur Conan Doyle, où apparaît un personnage qui deviendra légendaire: Sherlock Holmes.

■ **Le roman noir** – Le roman noir dépeint avec réalisme le monde corrompu du crime, que doit affronter un héros ou une héroïne, avec ses forces et ses faiblesses. Le personnage principal a beau être un «dur à cuire», son intégrité morale est mise à rude épreuve, et il n'est pas rare que ses nerfs craquent dans son combat désespéré contre le gangstérisme et les magnats du crime.
Ex.: *Jeux de dupes* (1999), de Nicci French.

■ **Le roman à suspense** – Dans ce type de roman, le personnage principal est la «victime», c'est-à-dire une personne comme tout le monde qui se trouve soudainement aux prises avec des malfaiteurs, un psychopathe, une société secrète, etc., bref avec des adversaires auxquels elle doit échapper. Bien sûr, la police est alertée et joue un rôle dans le dénouement de l'action.
Ex.: *D'entre les morts* (1952), de Boileau-Narcejac.

LA SÉRIE POLICIÈRE

Une caractéristique du roman policier est le héros ou l'héroïne qu'on retrouve d'une histoire à l'autre. La série policière a pour effet d'accroître l'intérêt des lecteurs. Quand on découvre un personnage auquel on s'attache, on est naturellement tenté de lire tous les autres titres de la même série.

JEAN RENO   VINCENT CASSEL

LES RIVIERES POURPRES
UN FILM DE **MATHIEU KASSOVITZ**
AVEC **NADIA FARES**

Voici quelques héros et héroïnes célèbres accompagnés de leurs créateurs:

Harry Bosch, **par Michael Connelly.**
Le moine Cadfaël, **par Ellis Peters.**
Dan Fortune, **par Michael Collins.**
Sherlock Holmes, **par Arthur Conan Doyle.**
L'inspecteur Laviolette, **par Pierre Magnan.**
Arsène Lupin, **par Maurice Leblanc.**
Le commissaire Maigret, **par Georges Simenon.**
Philip Marlowe, **par Raymond Chandler.**
Hercule Poirot et Miss Marple, **par Agatha Christie.**
Joseph Rouletabille, **par Gaston Leroux.**
Sam Spade, **par Dashiell Hammett.**
Le juge Ti, **par Robert Van Gulik.**

QUELQUES GRANDES ADAPTATIONS CINÉMATOGRAPHIQUES

Le roman policier est une mine d'or pour le cinéma. Il faut dire que le sous-genre s'y prête à souhait, avec son action palpitante, ses rebondissements, son climat de mystère, ses dialogues habilement construits, ses héros qui dépassent le niveau commun.

- *Le facteur sonne toujours deux fois* (1980), de Bob RAFELSON (d'après James M. CAIN).
- *Mortelle randonnée* (1983), de Claude MILLER (d'après Marc BEHM).
- *Rendez-vous avec la mort* (1988), de Michael WINNER (d'après Agatha CHRISTIE).
- *Los Angeles interdite* (1997), de Curtis HANSON (d'après James ELLROY).
- *L'énigmatique Mr. Ripley* (1999), d'Anthony MINGHELLA (d'après *Monsieur Ripley*, de Patricia HIGHSMITH).
- *Les rivières pourpres* (2000), de Mathieu KASSOVITZ (d'après Jean-Christophe GRANGÉ).
- *Mystic River* (2002), de Clint EASTWOOD (d'après Dennis LEHANE).
- *Gone Baby Gone* (2007), de Ben AFFLECK (d'après Dennis LEHANE).

LE ROMAN POLICIER AU QUÉBEC

Le roman policier est apparu assez tardivement dans la littérature québécoise. Il y a pris son essor particulièrement au cours de la dernière décennie, sous la plume d'une nouvelle génération de romanciers qui ont su le mettre en valeur avec des œuvres fortes et bien construites.

QUELQUES OUVRAGES
québécois

- Jacques Bissonnette, *Badal*, Montréal, Libre expression, coll. «Polar», 2006, 409 p.
- Christine Brouillet, *Sans pardon*, Montréal, Les éditions de la courte échelle, 2006, 367 p.
- Jacques Côté, *Le rouge idéal*, Québec, Alire, 2002, 429 p.
- Hervé Gagnon, *Complot au musée*, Montréal, Hurtubise HMH, coll. «Atout», 2006, 159 p.
- Maxime Houde, *Le prix du mensonge*, Québec, Alire, 2005, 242 p.
- André Jacques, *Les lions rampants*, Montréal, Québec Amérique, coll. «Tous continents», 2000, 361 p.
- Normand Lester et Corinne de Vailly, *Verglas*, Montréal, Libre expression, coll. «Polar», 2006, 352 p.
- Fabien Ménar, *Le musée des introuvables*, Montréal, Québec Amérique, coll. «Littérature d'Amérique», 2005, 426 p.
- Jean-Jacques Pelletier, *Les gestionnaires de l'Apocalypse*, Québec, Alire, 1998-2001, 3 vol.
- Kathy Reichs *, *Entre deux os*, Paris, Robert Laffont, coll. «Best-sellers», 2007, 415 p.

*Cette auteure, qui partage sa vie entre le Québec et les États-Unis, situe souvent l'intrigue de ses romans à Montréal.

Le roman psychologique

Pour découvrir des modèles inspirants de personnages qui ont traversé des épreuves semblables aux nôtres...

L e roman psychologique pourrait tout aussi bien s'appeler le «roman des relations humaines», puisque c'est essentiellement de cela qu'il s'agit.

Le roman psychologique nous donne l'occasion d'observer et de comprendre avec netteté des réalités que nous avons parfois de la difficulté à exprimer et à tirer au clair.

Par les prises de conscience auxquelles il nous invite, il nous fait entrevoir une avenue inattendue ou nous inspire la bonne attitude à adopter. Bref, il est souvent le coup de pouce qu'il nous fallait pour continuer à avancer. Il est le maître de sagesse dont nous avions besoin pour voir clair et trouver la meilleure manière de réagir.

Pablo Picasso,
Portrait de la femme de l'artiste, 1954.

Les deux volets du roman psychologique sont, d'une part, les **difficultés** inhérentes à la vie humaine, et, d'autre part, les **voies d'épanouissement** qui s'offrent à toute personne qui prend sa vie en main.

Quelques difficultés éprouvées par les personnages

Le rejet par les pairs
La timidité
Le sentiment amoureux inexprimé
La peur de l'échec
Le manque de confiance en soi
La jalousie amoureuse
L'incompréhension des parents
La recherche d'un sens à la vie
Le mal de vivre
La quête d'authenticité et d'identité
La solitude

La rivalité entre frères et sœurs
La délinquance
Le sentiment de culpabilité
Les handicaps personnels
Les chagrins d'amour
La mort d'un proche
L'instabilité familiale
Les conflits de personnalité
La difficulté de communiquer
Les désirs contrariés
Les préjugés, etc.

Quelques pistes d'épanouissement qui aident les personnages à s'en sortir

- La fidélité à des valeurs
- La loyauté dans l'amitié
- Le refus du mensonge et des faux-semblants
- L'acceptation de soi
- Le respect de la vie
- L'authenticité et la cohérence avec soi-même
- Le sens des responsabilités
- Le pardon
- L'espoir d'un monde meilleur
- Le refus de la violence
- Le sens de la solidarité humaine
- La générosité
- L'aptitude à se mettre à la place des autres
- L'assurance de voir ses efforts récompensés
- Le refus du défaitisme et de la passivité
- Le sentiment de sa propre dignité
- Le réalisme dans ses aspirations personnelles
- La confiance dans les ressources inattendues de la vie
- La constante possibilité de rédemption de tout être humain, etc.

QUELQUES LECTURES touchantes

- Frank Andriat, *La remplaçante*, 3e éd., Bruxelles, Mémor, 2007, 144 p.

- Kate Banks, *Amis de cœur*, Paris, Gallimard, coll. «Scripto», 2006, 198 p.

- Isabelle Collombat, *Dans la peau des arbres*, Rodez, Éditions du Rouergue, coll. «doAdo», 2006, 218 p.

- Dominique Demers, *Ta voix dans la nuit*, Montréal, Québec Amérique jeunesse, coll. «Titan», 2001, 216 p.

- Marie Laberge, *Annabelle*, Montréal, Boréal, coll. «Boréal compact», 2001, 480 p.

- Élyse Poudrier, *Des vacances à temps partiel*, Montréal, Québec Amérique jeunesse, coll. «Titan», 2003, 222 p.

- J. D. Salinger, *L'attrape-cœur*, Paris, Robert Laffont, 1986, 253 p.

- Henry Troyat, *Aliocha*, Paris, Flammarion, 1991, 192 p.

Le roman *historique*

Pour revivre les diverses époques de l'histoire de l'humanité...
... et mieux comprendre la nôtre.

QUELQUES CARACTÉRISTIQUES DU ROMAN HISTORIQUE

■ Les personnages peuvent être des personnes ayant réellement existé. Ex.: *Le roman de Julie Papineau*, de Micheline Lachance.

■ Les personnages peuvent aussi être inventés, mais ils reflètent avec authenticité la vie des gens de l'époque évoquée. Ex.: *Maïna*, de Dominique Demers.

■ Les événements se sont réellement produits et sont reconstitués le plus honnêtement possible. Ex.: *Le canard de bois*, de Louis Caron.

■ L'action est imaginaire, mais elle s'inscrit dans un cadre historique réel, reconstitué le plus fidèlement possible. Ex.: *Les engagés du Grand Portage*, de Léo-Paul Desrosiers.

DE L'ANTIQUITÉ À LA RÉVOLUTION FRANÇAISE

Toutes les époques et tous les pays sont pour ainsi dire représentés dans le roman historique. Comme les auteurs, vous n'avez qu'à choisir celle qui vous intéresse !

■ L'Antiquité égyptienne. Ex.: *Les enfants du soleil*, de Pauline Gedge.

■ L'Antiquité grecque. Ex.: *Alexandre le Grand*, de Maurice Druon.

■ L'Antiquité romaine. Ex.: *Les derniers jours de Pompéi*, d'Edward George Bulwer-Lytton.

■ Le Moyen Âge. Ex.: *Ivanhoé*, de Walter Scott; *La chambre des dames*, de Jeanne Bourin; *Les rois maudits*, de Maurice Druon; *Les chevaliers teutoniques*, de Henryk Sienkiewicz.

■ La Renaissance. Ex.: *La reine Margot*, d'Alexandre Dumas.

■ Le XVIIIᵉ siècle anglais. Ex.: *Rob Roy*, de Walter Scott; *Le maître de Ballantrae*, de Robert Louis Stevenson.

■ Le XVIIIᵉ siècle français. Ex.: *Le bossu*, de Paul Féval.

Jan Jacques Scherrer, *Arrivée de Jeanne d'Arc à Orléans*, v. 1890-1910. Cette toile a été reproduite en couverture du livre de Mark Twain, *Le roman de Jeanne d'Arc*, que l'auteur américain considère comme son chef-d'œuvre.

■ La Révolution française. Ex.: *Le chevalier de Maison-Rouge*, d'Alexandre Dumas; *Le Mouron Rouge*, de la baronne Orczy; *Les Chouans*, d'Honoré de Balzac.

L'EXACTITUDE DANS LE ROMAN HISTORIQUE

Le roman historique n'est pas toujours nécessairement exact en tous points. Le tableau qu'il donne d'une époque ou d'un événement n'est pas toujours rigoureusement véridique. Certes, les romanciers les plus consciencieux se livrent à de patientes recherches avant d'entreprendre leur œuvre. Mais ils peuvent manquer de documents fiables, être influencés inconsciemment par une manière particulière de voir les choses, être obligés de modifier certains détails pour des raisons commerciales, etc.

On ne peut donc pas, d'emblée, se fier aveuglément à un roman pour connaître avec certitude une époque, des personnages ou des événements historiques. Pour savoir si ce qu'on lit est exact ou non, il faut donc vérifier certains critères:

■ Que disent les critiques ou les biographes à propos de l'auteur ou de l'auteure? Sa rigueur intellectuelle est-elle reconnue?

■ Que dit l'auteur ou l'auteure dans son avant-propos? L'œuvre est-elle «romancée» ou, références à l'appui, scrupuleusement fidèle aux faits?

Bien souvent, c'est en lisant d'autres romans sur la même époque, les mêmes personnages ou les mêmes événements qu'on pourra se faire une idée plus complète et plus juste sur le plan historique.

DE GRANDS CLASSIQUES DU ROMAN HISTORIQUE

■ *Tarass Boulba* (1835), de Nicolas Gogol.

■ *La fille du capitaine* (1836), d'Alexandre Pouchkine.

■ *Les fiancés* (1842), d'Alexandre Manzoni.

■ *La case de l'oncle Tom* (1852), d'Harriet Beecher-Stowe.

■ *Le roman de la momie* (1858), de Théophile Gautier.

■ *Guerre et paix* (1869), de Léon Tolstoï.

■ *Ben-Hur* (1880), de Lewis Wallace.

■ *Quo vadis?* (1896), de Henryk Sienkiewicz.

■ *Autant en emporte le vent* (1936), de Margaret Mitchell.

■ *Sinouhé l'Égyptien* (1945), de Mika Waltari.

■ *Le hussard sur le toit* (1951), de Jean Giono.

QUELQUES ROMANS HISTORIQUES québécois

■ Aline Apostolska, *Neretva*, Montréal, Québec Amérique, coll. «Tous continents», 2005, 452 p.

■ Micheline Bail, *L'esclave*, Montréal, Libre expression, 1999, 385 p.

■ Pierre Caron, *La naissance d'une nation*, Montréal, VLB éditeur, 2004-2006, 3 vol.

■ Fabienne Cliff, *Le royaume de mon père*, Montréal, VLB éditeur, coll. «Roman», 2000-2003, 3 vol.

■ Yves Dupéré, *Les derniers insurgés*, Montréal, Hurtubise HMH, 2006, 451 p.

■ René Forget, *Eugénie, fille du Roy*, Montréal, Lanctôt éditeur, 2006, 507 p.

■ Mylène Gilbert-Dumas, *Les dames de Beauchêne*, Montréal, VLB éditeur, coll. «Roman», 2002-2005, 3 vol.

■ Nadine Grelet, *La belle Angélique*, Montréal, VLB éditeur, coll. «Roman», 2003, 461 p.

■ Sonia Marmen, *Cœur de Gaël*, Chicoutimi, Les Éditions JCL, 2003-2005, 4 vol.

■ Josée Mongeau, *Et vogue la galère: chroniques de Ville-Marie, 1659-1663*, Sillery, Septentrion, 2002, 342 p.

■ Maryse Rouy, *Mary l'Irlandaise*, Montréal, Québec Amérique, 2000, 373 p.

■ Janik Tremblay, *Julie de Saint-Laurent: une héroïne méconnue de notre histoire*, Montréal, Trait d'union, 2002, 383 p.

Haltes grammaticales

Le discours rapporté

Pour vous préparer

▒ **Discours rapporté** (p. 366)

▒ **Ponctuation**: la virgule (p. 416), le deux-points (p. 417), les guillemets (p. 417), le tiret (p. 417)

▒ **Trait d'union** (p. 446)

📋 **Pour vérifier vos acquis sur le discours rapporté, faites les activités qu'on vous remettra.**

Reconnaître les caractéristiques des discours direct et indirect

1. Expliquez les caractéristiques des discours direct et indirect en répondant aux questions suivantes.

   a) Comment reconnaissez-vous les paroles rapportées directement dans un texte ?

   b) Comment reconnaissez-vous les paroles rapportées indirectement dans un texte ?

2. a) À partir des éléments ci-dessous, donnez un exemple de discours direct. Formulez-le de deux manières différentes en jouant avec la position du verbe de parole.

   – Verbe de parole : *Déclarer*.
   – Paroles rapportées : Cette disparition me semble mystérieuse.
   – Émetteur des paroles : Le policier.

   b) À partir des mêmes éléments, donnez un exemple de discours indirect.

3. Lisez l'extrait suivant et repérez tous les cas de discours direct et de discours indirect qu'il contient. Notez vos réponses dans des tableaux semblables à ceux de la page suivante.

Il [Un petit homme en haillons] me regardait avec ses yeux trop grands et il semblait quêter quelque chose… je ne sais quoi… Il semblait terriblement fatigué, aussi. Il tremblait de fatigue, le pauvre, et ses mains, posées sur ses cuisses, frissonnaient et paraissaient vouloir se détacher de son corps pour s'enfuir en courant. Je demandai à l'homme pourquoi il semblait si fatigué. Il me dit en gémissant qu'il n'avait pas dormi depuis des années parce qu'il n'avait plus de paupières. «Comment peut-on se reposer quand on n'a pas de paupières ? criait-il. Je souffre atrocement et je ne connaîtrai jamais le repos. Jamais plus je ne me reposerai parce que mes yeux sont ouverts à jamais !» Ses yeux étaient remplis de la poussière blanche qui recouvrait tout en cet endroit. Alors je dis à l'homme que je pourrais peut-être le sauver. «Prenez mes paupières, criai-je, prenez-les ! Je vous les donne pour que vous ne souffriez plus! Prenez mes paupières, prenez-les, elles sont à vous…» Mais l'homme avait disparu.

Michel Tremblay, «Le vin de Gerblicht», dans *Contes pour buveurs attardés*, Montréal, Bibliothèque québécoise, 1996, p. 37 et 38.

DISCOURS DIRECT

Verbe de parole	Paroles rapportées directement	Émetteur des paroles
▓▓	▓▓	▓▓

DISCOURS INDIRECT

Émetteur des paroles	Verbe de parole	Paroles rapportées indirectement
▓▓	▓▓	▓▓

4. a) Dans les phrases ci-dessous, observez l'emploi de la virgule pour isoler l'incise.

1) «Il faudra être très prudent», nous rappela-t-il.

2) «Sauvez-vous!» cria le vieil homme.

3) «Cette histoire est-elle vraie?» demanda Laura.

b) À partir des observations que vous venez de faire, complétez l'énoncé suivant.

Une virgule isole l'incise dans le discours direct, sauf si les paroles citées se terminent par un ▓▓ ou un ▓▓.

5. Dans les phrases suivantes, transposez le discours indirect en discours direct. Dans chaque cas, insérez une incise à la fin de la phrase.

1) Il me demande ce que cette mise en scène macabre signifie.

2) La libraire m'assure que ce livre est l'édition originale d'un roman d'Edgar Allan Poe.

3) Les deux adolescents supplient de les aider à sortir de ce funeste manoir.

4) Le jeune homme m'apprend que cette nouvelle existe dans une version plus facile à lire.

5) Elle me redemande si la sortie se trouve au bout du couloir.

6) On s'écrie de toutes parts que Heinrich a interprété magistralement le rôle de Méphistophélès.

7) La femme compatissante me proposa de me reposer un moment.

📄 **Poursuivez votre travail sur le discours rapporté en faisant les activités qu'on vous remettra.**

La reprise de l'information

Pour vous préparer

▓ **Reprise de l'information** (p. 418)

📑 **Pour vérifier vos acquis sur la reprise de l'information, faites les activités qu'on vous remettra.**

Reconnaître les chaînes de reprises et les procédés de reprise

1. Les extraits suivants contiennent des chaînes de reprises dont la première mention est surlignée. Dans un tableau semblable à celui de la page suivante :

   a) transcrivez, pour chaque extrait, la ou les mentions surlignées ;

   b) relevez les éléments de reprise de chaque mention ;

   c) mentionnez le procédé utilisé dans chaque cas.

   1) Mon premier mouvement fut de chercher la bête qui avait été la cause d'un si grand malheur ; car, à la fin, j'avais résolu fermement de la mettre à mort. Si j'avais pu la rencontrer dans ce moment, sa destinée était claire ; mais il paraît que l'artificieux animal avait été alarmé par la violence de ma récente colère, et qu'il prenait soin de ne pas se montrer dans l'état actuel de mon humeur. Il est impossible de décrire ou d'imaginer la profonde, la béate sensation de soulagement que l'absence de la détestable créature détermina dans mon cœur. Elle ne se présenta pas de toute la nuit, et ainsi ce fut la première bonne nuit, — depuis son introduction dans la maison, — que je dormis solidement et tranquillement ; oui, je *dormis* avec le poids de ce meurtre sur l'âme !

   Edgar Allan Poe, *Le chat noir*, 1843.
   Traduit de l'américain par Charles Baudelaire, 1857.

   2) Ceux qui habitaient près de l'église juraient que la créature du clocher avait profité de l'absence de lumière dans les rues pour descendre dans la nef de l'église. Vers la fin de la panne, elle était remontée, et l'on avait entendu un fracas de verre brisé.

   Quand le courant avait été rétabli, un tumulte formidable s'était produit dans le clocher, car même la faible clarté qui pénétrait par les fenêtres noircies semblait trop violente pour la monstrueuse entité. Celle-ci avait réintégré juste à temps son repaire ténébreux [...].

   Howard Phillips Lovecraft, *Celui qui hantait les ténèbres*, 1936.
   Traduit de l'américain par Jacques Papy et Simone Lamblin, 1956.

   3) Ce fut au mois de juin que Blake réussit à déchiffrer le cryptogramme. Le texte était rédigé dans le mystérieux langage Aklo utilisé par certains cultes maléfiques d'une haute antiquité. Dans son journal, l'écrivain se montre curieusement réticent au sujet des résultats obtenus. Il y mentionne Celui qui Hante les Ténèbres,

que l'on évoque en contemplant le Trapézohèdre étincelant, et expose des hypothèses démentielles sur les gouffres noirs du chaos d'où il est issu. Cette entité possède l'omniscience et exige des sacrifices monstrueux. Blake semble craindre qu'elle ne soit en train d'errer aux alentours de la ville, mais il ajoute que la clarté des réverbères forme un rempart infranchissable.

Howard Phillips Lovecraft, *Celui qui hantait les ténèbres*, 1936.
Traduit de l'américain par Jacques Papy et Simone Lamblin, 1956.

4) Devant la porte de la défunte étaient déjà postés des veilleurs de nuit, et des marchands faisaient les cent pas, comme des corbeaux qu'attire l'odeur de la mort. La trépassée, jaune comme cire, était étendue sur une table [...] Autour d'elle se pressaient parents, voisins et gens de maison. Toutes les fenêtres étaient ouvertes, les cierges allumés. Des prêtres disaient les oraisons. Adrien s'approcha du neveu de Mme Trioukhina [...] et lui annonça que la bière, les cierges, le drap mortuaire et autres accessoires funèbres allaient être livrés séance tenante et en parfait état. L'héritier remercia distraitement [...] Le marchand de cercueils jura, selon son habitude, qu'il ne prendrait pas un kopeck de trop, échangea un coup d'œil significatif avec le commis et s'en fut vaquer aux démarches nécessaires.

Tout le jour, il fit la navette entre Razgouliaï et la porte Nikitski; au soir, tout était prêt, et Adrien put rentrer chez lui, à pied, après avoir renvoyé son fiacre.

Alexandre Sergueïevitch Pouchkine, *Le marchand de cercueils*, 1830.
Traduit du russe par Rostislav Hofmann.

5) Je m'enfuis de cette chambre et de ce manoir, frappé d'horreur. La tempête était encore dans toute sa rage quand je franchissais la vieille avenue. Tout d'un coup, une lumière étrange se projeta sur la route, et je me retournai pour voir d'où pouvait jaillir une lueur si singulière, car je n'avais derrière moi que le vaste château avec toutes ses ombres. Le rayonnement provenait de la pleine lune qui se couchait, rouge de sang, et maintenant brillait vivement à travers cette fissure à peine visible naguère, qui, comme je l'ai dit, parcourait en zigzag le bâtiment depuis le toit jusqu'à la base. Pendant que je regardais, cette fissure s'élargit rapidement; — il survint une reprise de vent, un tourbillon furieux; — le disque entier de la planète éclata tout à coup à ma vue.

Edgar Allan Poe, *La chute de la maison Usher*, 1839.
Traduit de l'américain par Charles Baudelaire, 1857.

Numéro de l'extrait	Première mention surlignée	Élément de reprise	Procédé de reprise

2. Les textes suivants contiennent chacun un élément de reprise qui résume ou reprend un passage du texte.

a) Relevez cet élément de reprise.

b) Mentionnez le procédé utilisé dans chaque cas.

c) Indiquez le passage du texte repris.

1) Au cours des mois suivants, Blake travailla sans relâche à déchiffrer le cryptogramme qu'il avait découvert dans la sacristie. La tâche n'était pas facile.

Élément de reprise :

Procédé utilisé :

2) Il lui promit l'univers entier et plus encore, et même une robe sertie de pierres précieuses pour ses dix-huit ans. Toutes ces sornettes ennuyaient Marie.

Élément de reprise :

Procédé utilisé :

3) C'était dans les années 1940. Sarah avait alors sept ans et elle était seule à la maison quand elle vit un homme qui passait lentement dans le couloir, se dirigeant vers la salle à manger.

Élément de reprise :

Procédé utilisé :

4) Le fantôme, que des milliers de touristes voient flâner lorsqu'ils séjournent au vieux château écossais, est celui d'une femme portant une robe blanche, et dont l'histoire est pathétique. On prétend que ce spectre est une ravissante jeune mariée dont la famille avait réservé la salle de bal pour une réception de mariage. Au moment où elle aurait commencé à descendre le grand escalier de marbre pour rejoindre ses invités, la longue traîne de sa robe aurait frôlé les bougies ornant l'escalier et aurait pris feu. La mariée serait tombée alors qu'elle tournoyait sur elle-même pour éteindre les flammes en les piétinant et aurait dégringolé l'escalier. C'est ainsi qu'elle serait morte.

Élément de reprise :

Procédé utilisé :

5) Vous êtes sur l'une des plages de l'Île-du-Prince-Édouard, le long du détroit de Northumberland, lorsque vous l'apercevez. C'est un imposant navire aux voiles gonflées. Il a surgi de nulle part et semble se rapprocher dangereusement du rivage. Vous le fixez incrédule, en constatant qu'il est en flammes. Tout à coup, il disparaît aussi rapidement qu'il est apparu.

Si cela vous arrivait, vous feriez partie des centaines, peut-être même des milliers de personnes qui ont aperçu le mystérieux vaisseau fantôme qui donne toujours froid dans le dos à un grand nombre d'habitants de cette île.

Élément de reprise :

Procédé utilisé :

Poursuivez votre travail sur la reprise de l'information en faisant les activités qu'on vous remettra.

Le point de vue

Pour vous préparer

▦ **Point de vue** (p. 412)

Observer différentes marques de point de vue

1. Dans les textes suivants, les mots ou groupes de mots soulignés correspondent aux différentes marques de point de vue révélant l'attitude qu'adopte l'émetteur par rapport à son propos. Classez-les dans un tableau semblable à celui qui suit les textes à la page suivante.

1) Récit de loyauté, d'honneur et de fierté, le film *Les cerfs-volants de Kaboul* est <u>aussi troublant que touchant</u>. Une réussite <u>étincelante</u> qui ne peut laisser personne indifférent, transportant les spectateurs du rire aux larmes en l'espace de quelques scènes.

[…]

Sa réalisation <u>impeccable</u> est appuyée par le talent de ses interprètes. Tous, sans exception, livrent des interprétations <u>irréprochables</u>. Khalid Abdalla <u>se démarque du lot par son talent indiscutable</u>, défendant un rôle complexe qu'il rend avec nuance et subtilité.

Bruno Lapointe, «De l'émotion à l'état pur: Les cerfs-volants de Kaboul»,
Journal de Montréal, [en ligne]. (28 décembre 2007; page consultée le 30 décembre 2007)

2) Sur différents aspects, *Le dernier continent* est une <u>œuvre implacable</u>. Le récit, qui aurait pu être endormant au possible, tient plutôt en haleine et le suspense <u>explose</u> tel un film catastrophe lorsque le bateau risque à tout moment de chavirer. […]

La trame sonore <u>luxueuse</u> et <u>orchestrale</u> de Simon Leclerc, sans doute magnifique dans des écouteurs, est omniprésente et elle tend à voler la vedette aux <u>magnifiques</u> images. Les paysages sont <u>tellement éclatants qu'ils laissent sans voix</u> […]

Martin Gignac, «Le dernier continent et ses multiples voyages:
Critique du film Le dernier continent», Le cinéma.ca, [en ligne].
(22 décembre 2007; page consultée le 30 décembre 2007)

3) <u>À lire absolument!</u> <u>Attention, gros coup de cœur en vue!</u> Il y a une <u>richesse incroyable</u> de pistes à explorer dans ce roman. <u>Un très, très, très bon</u> roman, que <u>j'</u>ai lu d'une couverture à l'autre. Tous les personnages sont <u>attachants</u>. <u>Un seul bémol</u>: l'histoire d'amour finale <u>me semble inutile</u> et d'ailleurs <u>peu crédible</u>, mais, <u>évidemment</u>, elle ajoute une teinte de romantisme qui, <u>selon moi</u>, est attendue par des lecteurs.

4) Hélas ! ce drame policier que tous les cinéphiles attendaient avec impatience est décevant. L'intrigue s'essouffle pour aboutir à une finale bâclée et vraiment ridicule. Et quelle tristesse de voir des acteurs talentueux se débattre avec l'énergie du désespoir dans un film aussi pitoyable !

Beau gâchis ! Ce film, j'en ai bien peur, ne gardera pas l'affiche longtemps.

Marques de point de vue de l'émetteur par rapport à son propos	Numéros du texte/Mots ou groupes de mots soulignés
Vocabulaire connoté de sens positif ou négatif	1) aussi troublant que touchant
Pronoms personnels, déterminants ou pronoms possessifs de la 1re personne	
Auxiliaires de modalité	
Adverbes exprimant un commentaire	
Groupes incidents	
Phrases incidentes	
Figures de style	
Ponctuation et phrases expressives	
Interjections	

2. Dans le texte suivant, les mots ou groupes de mots soulignés correspondent aux différentes marques de point de vue révélant l'attitude qu'adopte l'émetteur par rapport à son destinataire. Classez-les dans un tableau semblable à celui ci-dessous.

La pauvreté constitue la plus injustifiable des violations des droits humains. Et vous la tolérez ! Comment se fait-il que vous vous accommodiez si bien de la pauvreté dans un pays aussi riche que le nôtre ? Comment se fait-il que la mobilisation contre la pauvreté se fasse plus lentement que celle contre les changements climatiques ? Chers concitoyens, il est de la plus haute importance que vous luttiez pour que la pauvreté soit considérée comme une conséquence des violations des droits humains.

Marques de point de vue de l'émetteur par rapport à son destinataire	Mots ou groupes de mots soulignés
Pronoms personnels, déterminants ou pronoms possessifs de la 2e personne	
Interpellations	
Phrases interrogatives ou impératives pour interpeller le destinataire	

Poursuivez votre travail sur le point de vue en faisant les activités qu'on vous remettra.

Les constituants de la phrase

Pour vous préparer

> ▨ **Phrase** (p. 408)

📑 **Pour vérifier vos acquis sur les constituants de la phrase, faites les activités qu'on vous remettra.**

Repérer les constituants de la phrase

1. Dans la phrase suivante, repérez le groupe qui remplit la fonction :
   – de sujet de phrase, au moyen de deux manipulations ;
   – de complément de phrase, au moyen de deux manipulations ;
   – de prédicat de phrase.

   Une inexprimable terreur les saisit lorsqu'ils virent le spectre.

2. a) Relevez les constituants de chacune des phrases suivantes.

   b) Relevez également les constituants dans les phrases subordonnées.

   c) Notez vos réponses dans un tableau semblable à celui ci-dessous.

   1) L'homme qui se tenait devant moi avait un regard fuyant.

   2) Là-bas, derrière les arbres, on entendait les rumeurs de la foule.

   3) Dans le bureau se trouvait un carnet, relié en cuir, renfermant des notes manuscrites en un curieux langage chiffré.

   4) Une voix curieuse, qui semblait venir de la droite, me demanda mon nom et la raison de ma visite.

   5) Lorsqu'elle se fut habituée à la faible lumière, elle remarqua une étrange boîte de métal jaunâtre.

   6) Il espérait que la capture des malfaiteurs lui assurerait le poste de gardien en chef du cimetière qu'occupait le vieux Tremblay.

	Constituants obligatoires		Constituant facultatif (s'il y a lieu)
Numéro de la phrase	Sujet de phrase	Prédicat de phrase	Complément de phrase
▨	▨	▨	▨

📑 **Poursuivez votre travail sur les constituants de la phrase en faisant les activités qu'on vous remettra.**

Les types et les formes de phrase

Pour vous préparer

- **Types de phrases** (p. 448)
- **Formes de la phrase** (p. 388)
- **Fonctions dans les groupes :** le complément direct du verbe (p. 378), le complément indirect du verbe (p. 380)
- **Trait d'union** (p. 446)
- **Ponctuation :** la virgule (p. 416)

Pour vérifier vos acquis sur les types de phrases et les formes de la phrase, faites les activités qu'on vous remettra.

Construire des phrases de différents types

1. Comment transforme-t-on une phrase déclarative en une phrase interrogative ? Illustrez chacune des transformations possibles par un exemple.

2. Transformez chacune des phrases déclaratives ci-dessous en deux phrases interrogatives totales. Utilisez les transformations suivantes.

   a) Ajoutez l'expression *Est-ce que* au début de la phrase.

   b) Ajoutez, après le verbe, un pronom qui reprend le sujet.

   > On répond à une interrogative totale par *oui* ou par *non*.

   1) Ces nouveaux porte-parole de la jeunesse innovent dans tous les domaines.

   2) Les spectacles de monologuistes sont de plus en plus en vogue.

   3) Ce poète utilise des images d'une grande simplicité.

   4) Son roman s'est vendu à plus d'un million d'exemplaires.

   5) Ce créateur polyvalent compte parmi les plus doués de sa génération.

3. Transformez les phrases déclaratives suivantes en phrases interrogatives totales sans utiliser l'expression *est-ce que*.

   1) Elle est la première humoriste à exploiter les thèmes féminins.

   2) Il a également été critique littéraire.

   3) Vous avez prouvé que ces deux écrivains véhiculent la même pensée.

   4) Ils affectionnent les romans à forte incidence psychologique.

   5) On leur a présenté ce jeune dramaturge.

4. Transformez les phrases suivantes en phrases interrogatives partielles en suivant la consigne que voici. Remplacez le mot ou le groupe de mots en gras par le mot interrogatif ou l'expression interrogative qui convient.

> On répond à une interrogative partielle autrement que par *oui* ou par *non*.

1) Jean Lemire et son équipage ont levé les voiles pour l'Antarctique **en 2006**.

2) Le but de la mission était d'**étudier l'effet des bouleversements climatiques**.

3) L'équipage a vécu **dans les glaces du pôle Sud** pendant plus d'une année.

4) **Pas moins de 430 jours** auront été nécessaires pour cette mission.

5) Le documentaire *Le dernier continent* a été filmé par **Jean Lemire et son équipe**.

5. Comment transforme-t-on une phrase déclarative en une phrase impérative ? Illustrez votre réponse.

6. Observez les phrases suivantes, puis répondez aux questions ci-dessous.

Phrases déclaratives	Phrases impératives
Tu donnes ce document à Kim.	➤ Donne-le-lui.
Tu me rends mes documents.	➤ Rends-les-moi.
Tu remets cette lettre à Kim.	➤ Remets-la-lui.

a) Relevez les groupes de mots que les pronoms compléments *le*, *les* et *la* remplacent dans les phrases impératives.

b) Quelle est la fonction de ces groupes de mots ?

c) Quelle position les pronoms compléments du verbe *le*, *les* et *la* occupent-ils par rapport aux autres pronoms dans la phrase impérative ?

d) Dans les phrases impératives, quel signe graphique joint les verbes aux pronoms compléments du verbe ?

7. a) Dans chacune des phrases ci-dessous, distinguez le complément direct du complément indirect en suivant les étapes que voici.

– Soulignez d'un trait le complément direct du verbe et montrez qu'il s'agit bien d'un complément direct en le remplaçant par **qqn** ou **qqch.**

– Soulignez d'un double trait le complément indirect du verbe et montrez qu'il s'agit bien d'un complément indirect en le remplaçant par **à qqn**, **de qqn**, **à qqch.**, **de qqch.** ou **qqpart.**

b) Transformez ces phrases en phrases impératives en remplaçant les compléments du verbe par les pronoms qui conviennent.

　　　　　vendre qqch.　à qqn
Ex.: Tu vends <u>ton vélo</u> <u>à Éliane</u>.
　　　Vends-le-lui.

1) Tu offres ton aide à Hugo.

2) Tu transmets mes amitiés à tes grands-parents.

3) Vous accordez une heure de pause aux élèves.

4) Nous proposons des solutions au comité.

5) Vous nous confiez vos projets.

6) Vous me rendez mon trousseau de clés.

7) Tu parles de ta mésaventure à ton frère.

8) Vous nous rapporterez votre livre.

9) Tu me parles de ton dernier reportage.

10) Nous amenons les enfants au cinéma.

8. Comment transforme-t-on une phrase déclarative en une phrase exclamative ?
Illustrez votre réponse.

9. Transformez les phrases déclaratives suivantes
en phrases exclamatives.

> N'oubliez pas de faire
> les accords qui s'imposent.

1) Cet enfant est doué.

2) Une détermination pareille m'impressionne.

3) Ce reporter a eu des aventures extraordinaires.

4) Vous avez mis du temps à comprendre.

Poursuivez votre travail sur les types de phrases en faisant les activités qu'on vous remettra.

Construire des phrases de différentes formes

10. Comment transforme-t-on une phrase positive en une phrase négative ?

11. Transformez les phrases positives suivantes
en phrases négatives.

> Assurez-vous d'employer les
> marques de négation appropriées.

1) L'individu, qui le dévisageait, avait quelque chose de familier.

2) Tout le monde se demandait où était passé le gamin.

3) Tout laissait croire qu'il s'agissait d'un phénomène surnaturel.

4) Il était très attentif aux explications du commentateur.

5) Tous virent la boîte rouge dissimulée dans le renfoncement d'une fenêtre.

6) Toutes les portes du manoir étaient verrouillées.

7) Les gens oubliaient toujours quelque chose chez ce curieux antiquaire.

12. Comment transforme-t-on une phrase active en une phrase passive ? Expliquez ces transformations et donnez un exemple.

13. Transformez les phrases actives suivantes en phrases passives.

> N'oubliez pas de faire les accords qui s'imposent.

1) George Eastman mit au point l'appareil Kodak en 1888.

2) Les designers ont créé la plupart des objets que nous utilisons quotidiennement.

3) Le style Art déco a influencé tous les secteurs des arts.

4) Les artistes expérimentent constamment de nouveaux matériaux.

5) Le célèbre illustrateur a réalisé de superbes études à l'aquarelle.

14. Comment transforme-t-on une phrase neutre en une phrase emphatique ? Illustrez chacune des transformations possibles par un exemple.

15. Transformez les phrases neutres ci-dessous en phrases emphatiques en suivant les étapes que voici.

a) Mettez en relief chaque groupe de mots en gras.

b) Utilisez les quatre formes de mise en relief.

> N'oubliez pas de ponctuer correctement vos phrases.

1) **L'ombre à la fenêtre** tourmentait Laure.

2) Le jeune journaliste aperçut **des entités désincarnées.**

3) Le policier trouva **le corps de Jalbert** dans un terrain vague.

4) Le jeune homme rêvait sans relâche **à cette demeure.**

5) Thomas se souvenait **de cette maison décorée et meublée comme un musée.**

6) L'adolescent voulait rencontrer **l'expert en phénomènes paranormaux.**

16. Comment transforme-t-on une phrase personnelle en une phrase impersonnelle ? Illustrez votre réponse.

17. Transformez les phrases personnelles suivantes en phrases impersonnelles.

1) Trois bandes dessinées manquent à ma collection.

2) Lire une bande dessinée avec un regard critique est important.

3) Bien observer les vignettes pour ne pas manquer un détail est essentiel.

4) Une idée de scénario m'est venue subitement.

5) Un incident étrange s'est produit au lancement de cette bande dessinée.

6) Quelques bandes dessinées paraîtront en fin d'année.

📑 **Poursuivez votre travail sur les formes de la phrase en faisant les activités qu'on vous remettra.**

Les phrases à construction particulière

Pour vous préparer

- **Phrases à construction particulière** (p. 410)

📋 **Pour vérifier vos acquis sur les phrases à construction particulière, faites les activités qu'on vous remettra.**

Reconnaître les phrases à construction particulière

1. Définissez la phrase non verbale et donnez-en trois exemples.

2. a) Sur votre copie, relevez les phrases non verbales de l'extrait suivant.

b) Indiquez ensuite de quelle sorte de groupe il s'agit dans chaque cas.

> *Sedna* vient de franchir une nouvelle limite. […] Nous ne devions pas tenter pareille intrusion jusqu'aux limites de navigation du Grand Sud. Pas avec *Sedna*. Pas sans la présence d'un brise-glace en cas de pépin. […] Nous sommes allés planter notre étrave dans les limites de la glace, éternelle et impénétrable.
>
> La folle décision est venue de nulle part, comme une soudaine attirance irrépressible, une tentation irrésistible, comme une voix qui chuchote dans la nuit, un véritable appel du large. Aller voir l'infranchissable, toucher sa limite, pousser la découverte jusqu'à frapper de plein fouet le mur, la banquise éternelle. Quelle sensation merveilleuse ! Devant nous, la glace, que de la glace, à perte de vue. Une glace pure, éternelle. Cette fois, même si je le voulais, nous ne pourrions pas aller plus loin. Le bout du bout, la limite des limites, l'infranchissable, l'insurmontable.
>
> Jean Lemire, *Mission Antarctique*, Montréal, Les éditions La Presse, 2007, p. 90 et 92.

3. Définissez la phrase infinitive et donnez-en trois exemples.

4. a) Sur votre copie, relevez les phrases infinitives de l'extrait suivant.

b) Soulignez ensuite le noyau de chacune d'entre elles.

> Ah ! comme je désirais la mort, à cette heure ! Toute ma vie, j'avais tremblé devant le néant ; et je le voulais, je le réclamais, jamais il ne serait assez noir. Quel enfantillage que de redouter ce sommeil sans rêve, cette éternité de silence et de ténèbres ! La mort n'était bonne que parce qu'elle supprimait l'être d'un coup, pour toujours. Oh ! dormir comme les pierres, rentrer dans l'argile, n'être plus !
>
> Émile Zola, *La mort d'Olivier Bécaille*, 1884.

5. Expliquez dans vos propres mots ce qui distingue une phrase de forme impersonnelle d'une phrase toujours impersonnelle. Donnez un exemple de chacune de ces formes de la phrase.

6. a) Sur votre copie, relevez toutes les phrases impersonnelles contenues dans les courts textes suivants.

   b) Pour chaque phrase impersonnelle, essayez de trouver la phrase personnelle correspondante.

   c) S'il est impossible de trouver une phrase personnelle correspondante, expliquez pourquoi.

   1) Il existe une série de gaz, créés par l'homme, dont la concentration atmosphérique peut sembler infinitésimale (les émissions sont un million de fois plus faibles que celles de CO_2), mais dont le rôle climatique n'est pas négligeable. Il s'agit principalement d'halocarbures: les CFC (chlorofluorocarbures) et les HFC (hydrofluorocarbures) sont les plus connus d'entre eux. Ces gaz ont un pouvoir réchauffant très important et, de par leur stabilité chimique, une durée de vie dans l'atmosphère particulièrement longue, pouvant aller jusqu'à plusieurs milliers d'années.

   2) Il est sûr que les différents risques associés à l'utilisation de l'énergie nucléaire doivent être pris au sérieux. Mais quelle que soit l'évaluation que l'on en fait, il faut être clair sur un point: les énergies possibles que sont le solaire et l'éolien ne sont pas encore en mesure de produire une part significative de l'électricité dont nous avons besoin.

7. Définissez la phrase à présentatif et donnez-en trois exemples.

8. Les phrases suivantes sont toutes des phrases à construction particulière. Relevez celles qui sont des phrases à présentatif et soulignez le présentatif qui introduit chacune de ces phrases.

   1) Il y a des escales inoubliables, qui vous marquent.

   2) Il existe des scènes, des lieux, des moments qui exigent le silence.

   3) Voilà un endroit qui ne ressemblait à rien d'autre sur la planète.

   4) C'était un spectacle à couper le souffle.

   5) C'est un sentiment étrange.

   6) Il y avait des millions de manchots et de phoques qui ne manifestaient aucune crainte.

   7) Vol gracieux des couples d'albatros.

   8) Partir pour revenir avec des preuves irréfutables d'un monde en plein bouleversement.

📑 **Poursuivez votre travail sur les phrases à construction particulière en faisant les activités qu'on vous remettra.**

Le groupe adverbial

Pour vous préparer

▨ **Groupes de mots :** le groupe adverbial (p. 396)

▦ **Pour vérifier vos acquis sur le groupe adverbial, faites les activités qu'on vous remettra.**

Reconnaître le groupe adverbial et ses principales fonctions

Sur votre copie, relevez les groupes adverbiaux dans l'extrait suivant. Reportez-les dans un tableau semblable à celui ci-dessous, puis indiquez la fonction de chacun.

Mon bonheur était suprême ! La criminalité de ma ténébreuse action m'inquiétait fort peu. Je regardais ma félicité à venir comme assurée.

Le quatrième jour depuis l'assassinat, une troupe d'agents de police vint très inopinément à la maison, et procéda de nouveau à une rigoureuse investigation des lieux. Les officiers me firent les accompagner dans leur recherche. À la fin, pour la troisième ou quatrième fois, ils descendirent dans la cave. Mon cœur battait paisiblement, comme celui d'un homme qui dort dans l'innocence. J'arpentais la cave d'un bout à l'autre ; je croisais mes bras sur ma poitrine, et me promenais çà et là avec aisance. La police était pleinement satisfaite et se préparait à décamper. La jubilation de mon cœur était trop forte pour être réprimée. Je brûlais de dire au moins un mot, rien qu'un mot, en manière de triomphe, et de rendre deux fois plus convaincue leur conviction de mon innocence.

— Gentlemen, — dis-je à la fin, — comme leur troupe remontait l'escalier, — je suis enchanté d'avoir apaisé vos soupçons. Je vous souhaite à tous une bonne santé. Soit dit en passant, gentlemen, voilà — voilà une maison singulièrement bien bâtie (dans mon désir enragé de dire quelque chose d'un air délibéré, je savais à peine ce que je débitais) ; — je puis dire que c'est une maison *admirablement* bien construite. Ces murs, — est-ce que vous partez, gentlemen ? — ces murs sont solidement maçonnés !

Et ici, par une bravade frénétique, je frappai fortement avec une canne que j'avais à la main en plein sur la partie du briquetage derrière laquelle se tenait le cadavre de l'épouse de mon cœur.

Adapté d'Edgar Allan Poe, *Le chat noir*, 1853.
Traduit de l'américain par Charles Baudelaire, 1857.

Groupe adverbial	Fonction du groupe adverbial
▬	▬

▦ **Poursuivez votre travail sur le groupe adverbial en faisant les activités qu'on vous remettra.**

Le complément direct et le complément indirect du verbe

Pour vous préparer

▣ **Fonctions dans les groupes :** le complément direct du verbe (p. 378), le complément indirect du verbe (p. 380)

▣ **Pour vérifier vos acquis sur le complément direct et le complément indirect du verbe, faites les activités qu'on vous remettra.**

Distinguer le complément direct du complément indirect du verbe

Sur votre copie, distinguez le complément direct du complément indirect du verbe dans les textes ci-dessous en suivant les étapes que voici.

a) Surlignez tous les verbes conjugués.

b) Si le verbe a un complément direct, soulignez-le d'un trait et montrez bien qu'il s'agit d'un complément direct en le remplaçant par **qqn** ou **qqch.**

c) Si le verbe a un complément indirect, soulignez-le d'un double trait et montrez bien qu'il s'agit d'un complément indirect en le remplaçant par **à qqn, à qqch., de qqn, de qqch.** ou **qqpart.**

1) Soixante pour cent des non-voyants dans le monde vivent en Chine, en Inde ou en Afrique subsaharienne.

2) On accuse un groupe pharmaceutique d'avoir tenté de profiter d'une mission humanitaire pour obtenir des échantillons génétiques d'une tribu des Philippines.

3) Depuis quelques années, la Commission des droits de l'homme des Nations Unies s'inquiète de la collecte et de la commercialisation du génome humain.

4) De nombreuses organisations autochtones revendiquent la reconnaissance par l'ONU et l'OMS de médecines ancestrales qui existaient bien avant l'apparition de la médecine moderne. La mise en œuvre de programmes spécifiques d'interaction entre les deux médecines, sous les auspices de l'ONU, permettrait de sauvegarder un savoir ancestral et de mieux soigner les populations.

5) Dans le quartier des klongs, à Bangkok, les résidants habitent dans des maisons sur pilotis. L'eau du fleuve, le Chao Phraya, où se déversent les latrines et où sont régulièrement charriés des cadavres d'animaux, sert à laver la vaisselle, à préparer des repas et à donner les bains des enfants.

▣ **Poursuivez votre travail sur le complément direct et le complément indirect du verbe en faisant les activités qu'on vous remettra.**

L'attribut du complément direct du verbe

Pour vous préparer

▥ **Fonctions dans les groupes:** l'attribut du complément direct du verbe (p. 384)

Reconnaître l'attribut du complément direct du verbe

1. Nommez trois caractéristiques qui permettent de repérer l'attribut du complément direct du verbe.

2. Dans les phrases suivantes, les attributs du complément direct du verbe sont en gras. Prouvez-le au moyen des trois caractéristiques que vous avez énumérées au numéro 1.

   1) De mauvais traitements avaient rendu ces chiens **craintifs**.

   2) Elle nomma son chat **Romarin**.

   3) J'ai toujours pris cette plante **pour une sorte de lys**.

3. Dans un tableau comme celui qui suit, inscrivez les attributs du complément direct du verbe du numéro 2. Remplissez ensuite les autres colonnes du tableau.

Numéro de la phrase	Complément direct du verbe	Attribut du complément direct du verbe	Construction de l'attribut du complément direct du verbe
▥	▥	▥	▥

4. Dans un tableau comme celui ci-dessous, inscrivez les attributs du complément direct du verbe des phrases suivantes. Remplissez ensuite les autres colonnes du tableau.

   1) La lumière crue rendait les visages livides.

   2) Le professeur avait trouvé la plaisanterie cruelle.

   3) Ces paroles, je les savais mensongères.

   4) Alexandre était brillant, et cela le rendait méprisant envers ses camarades.

Numéro de la phrase	Antécédent (s'il y a lieu)	Complément direct caractérisé par l'attribut	Attribut du complément direct
▥	▥	▥	▥

📄 **Poursuivez votre travail sur l'attribut du complément direct du verbe en faisant les activités qu'on vous remettra.**

La coordination, la juxtaposition et la subordination

Pour vous préparer

▪ **Jonction de groupes et de phrases** (p. 398)

▪ **Fonctions dans la phrase** (p. 371)

▪ **Fonctions dans les groupes** (p. 375)

▪ **Ponctuation :** la virgule (p. 416), les autres signes (p. 417)

📄 **Pour vérifier vos acquis sur la coordination, la juxtaposition et la subordination, faites les activités qu'on vous remettra.**

Reconnaître les éléments coordonnés ou juxtaposés

1. Lisez les extraits ci-dessous et faites les activités suivantes. Notez vos réponses dans un tableau semblable à celui de la page suivante.

   a) Relevez les éléments (phrases ou groupes de mots) coordonnés ou juxtaposés.

   b) Encadrez les coordonnants ou les signes de ponctuation qui unissent ces éléments.

   c) Précisez, s'il y a lieu, la fonction de chacun de ces éléments.

   1) Il flotte en ce lieu une atmosphère étrange qui me donne des frissons. […] Bientôt elle m'aveugle, elle m'inonde de chaleur. Derrière l'éclat du fanal, je découvre des yeux menaçants et un visage de marbre. Contrairement à moi, l'individu n'a pas la peau trouée comme une éponge. Son visage est laiteux, lisse, sans un pli, sans une ride. Il ressemble à une statue.

   2) Je me retourne, effrayé. Derrière moi, près d'une fenêtre, un troisième individu me regarde. Il est différent de ses deux comparses mal habillés. Il porte un veston chic et une cravate assortie. Pas du tout le genre d'habit que les meuniers enfilent dans leur moulin. Le visage de l'homme, dissimulé sous une barbe, est blanc, lisse comme celui de Poe.

   3) À première vue, on dirait la bibliothèque de mon quartier. Mais les visages plissés de ces gens me ramènent à mon cauchemar. Yeux, bouches et nez se perdent dans des rides grotesques. Ces corps sont différents du mien et de ceux de Poe et de Fréchette.

   4) Sans perdre une seconde, je redescends à la cale. Je veux retrouver la porte qui m'a conduit ici et retourner au plus vite dans la bibliothèque de Llddz. Je déplace des barils, repousse des cordages, tâte les murs de la soute, pendant que Rabelais, à mes trousses, m'invite à renoncer à ce projet […]

5) Découragé, j'ai envie de m'asseoir et de pleurer. [...] On se moque de moi. On me trompe constamment. Que dois-je faire maintenant?

Jacques Lazure, *Llddz*, Saint-Lambert, Soulières éditeur et Jacques Lazure, coll. «Graffiti», 2001, p. 21, 34, 42, 95 et 139.

Numéro de l'extrait	Éléments coordonnés ou juxtaposés	Fonction de ces éléments (s'il y a lieu)
▦	▦	▦

Reconnaître le sens des coordonnants

2. Indiquez le sens des coordonnants en gras dans les textes suivants.

1) Certaines sociétés traditionnelles entraient en contact avec d'autres **soit** à travers l'affrontement, **soit** grâce à l'échange; ces modèles caractérisaient alors le groupe.

2) La plupart des sociétés traditionnelles avaient une économie de subsistance, **c'est-à-dire** qu'il n'y avait pas de moyens de production destinés au commerce, le travail n'étant pas une valeur quantifiable. **Toutefois**, les réseaux d'échange, voire de commerce, existaient chez certains peuples avec des peuples voisins.

3) Découverte par les Européens en 1722, l'île de Pâques fascine. De nombreuses questions se posent sur la civilisation qui édifia les splendides statues anthropomorphiques qui s'y dressent. On ne connaît pas **en effet** l'origine de ces œuvres d'art **ni** leur signification.

4) Les premières grandes civilisations se développèrent dans la zone du Croissant fertile (Proche-Orient) vers 4000 avant J.-C., autour des cités d'Ur, de Sumer, d'Akkad **et** un peu plus tard de Babylone. Les découvertes, les techniques et les institutions qui furent mises en place à cette époque ont influencé l'histoire du monde. **En effet**, dans ces cités furent inventées l'écriture, la roue, les mathématiques, la législation, la métallurgie **ainsi que** l'agriculture qui permit de nourrir une population en pleine expansion. Ces cités ont laissé les premières grandes constructions humaines.

5) Les Égyptiens pensaient que l'âme ne pouvait s'épanouir dans l'au-delà que si le corps était préservé; **c'est pourquoi** ils momifiaient les défunts. Les cadavres étaient embaumés et séchés, **puis** enveloppés de bandelettes de lin et placés dans des cercueils. Certains souverains furent inhumés dans des pyramides, **mais** d'autres furent enterrés au cœur des tombeaux creusés dans la roche, dans la Vallée des Rois.

▤ **Poursuivez votre travail sur la coordination et la juxtaposition en faisant les activités qu'on vous remettra.**

Distinguer les types de phrases subordonnées

3. Relevez les phrases subordonnées dans l'extrait ci-dessous en suivant les consignes que voici.

a) Sur votre copie, encadrez le subordonnant (et, s'il y a lieu, la préposition qui le précède) qui sert à enchâsser chaque phrase subordonnée.

b) Précisez de quel type de subordonnée il s'agit.

> Attention! Certaines phrases peuvent contenir deux subordonnées.

Je crois qu'on parle espagnol. Et je crois que je suis en Argentine, plus précisément à Buenos Aires. [...]

Aujourd'hui, dans le quotidien *El Sol*, une image me saute aux yeux et me fait douter de mon mauvais rêve: on y voit un cercueil dans lequel je suis étendu avec, tout près, ma mère qui pleure. Sans même essayer de lire l'article, je devine de quoi il s'agit: on a retrouvé un jeune homme comateux dans la cabine d'un navire. La médecine n'a pu rien faire pour lui. Alors on l'a laissé mourir. Un fait divers insolite qui alimente les plus grands quotidiens du monde.

Si je n'ai pas retrouvé mon corps au Dehors, les Grands Anciens n'ont pas pu me suivre. Mais à qui appartient ce corps dans lequel je suis? Qui suis-je maintenant? Qui suis-je? Chaque fois que l'on me regarde, que l'on m'adresse la parole, on dit: «Amantha...» Les médecins ajoutent parfois: «Amantha Rodriguez...» Qui est cette femme?

Je n'ose pas le savoir, mais c'est plus fort que moi. Dans le sac à main qui semble m'appartenir, qu'on a déposé là, sur ma petite table de malade, j'y découvre un miroir de poche. En m'y regardant, je vois le visage rougeâtre d'une jeune fille aux yeux bruns. S'il était spongieux, il ressemblerait à celui de la lectrice qui est tombée dans *La Bibliothèque de Babel*. Je replace le miroir dans le sac à main et j'aperçois, bien rangé entre une brosse à cheveux et un petit étui à cosmétiques, un exemplaire du livre *Ficciones* d'un certain Jorge Luis Borges...

Jacques Lazure, *Llddz*, Saint-Lambert, Soulières éditeur
et Jacques Lazure, coll. «Graffiti», 2001, p. 155 et 156.

📋 **Poursuivez votre travail sur la subordination en faisant les activités qu'on vous remettra.**

Les phrases subordonnées circonstancielles de temps, de but, de cause et de conséquence

Pour vous préparer

■ **Subordonnée circonstancielle**: la subordonnée circonstancielle de temps (p. 429), la subordonnée circonstancielle de but (p. 429), la subordonnée circonstancielle de cause (p. 430), la subordonnée circonstancielle de conséquence (p. 430)

Pour vérifier vos acquis sur les phrases subordonnées circonstancielles de temps, de but, de cause et de conséquence, faites les activités qu'on vous remettra.

Reconnaître les phrases subordonnées circonstancielles de temps, de but, de cause et de conséquence

1. Lisez les phrases ci-dessous et faites les activités suivantes. Notez vos réponses dans un tableau semblable à celui de la page suivante.

a) Relevez les subordonnées circonstancielles de temps, de but, de cause et de conséquence et encadrez le subordonnant dans chacune d'elles.

b) Indiquez la relation de sens exprimée par chaque subordonnant.

1) Comme Loïc terminait sa phrase, une grosse bête à quatre pattes surgit derrière lui et lui lécha le bout des doigts pour signifier son arrivée.

2) Elvira habitait trop loin, de sorte qu'elle ne pouvait pas rentrer chez elle chaque soir.

3) De crainte qu'on ne s'aperçoive de son désarroi, William l'avait caché sous un flot de paroles.

4) Aussi enfantin que cela puisse paraître, elle ne dormait jamais sans une veilleuse parce qu'elle avait toujours eu peur de l'obscurité.

5) Il s'écoula au moins dix minutes avant que je remarque l'individu camouflé dans un coin sombre de la cour.

6) Elle avait même pris le temps de lisser les boucles de ses cheveux afin qu'elles tombent en longues vagues soyeuses sur ses épaules.

7) La porte de la salle de bain était entrouverte, de sorte que je pouvais voir l'ombre d'une silhouette derrière le rideau de douche.

8) La plupart du temps, elle oubliait de manger, si bien que ses parents, voyant sa maigreur et ses yeux tirés, s'inquiétaient.

9) Comme je me sentais prise de vertige, je m'appuyai contre un mur jusqu'à ce que mes idées s'éclaircissent.

10) On s'en est aperçu tout de suite, dès qu'on a ouvert les yeux, parce que son lit n'était pas défait.

	Phrase		Sens exprimé par le subordonnant		
Numéro	Phrase subordonnée	Temps	But	Cause	Conséquence
▧	▧	▧	▧	▧	▧

Construire des subordonnées circonstancielles de temps, de but, de cause et de conséquence

2. Reliez les phrases suivantes en une seule de façon à exprimer chaque relation de sens indiquée dans les parenthèses.

> Variez les subordonnants.

EXEMPLE : La rivière déborde. Il a beaucoup plu.

(Cause) La rivière déborde **parce qu' / étant donné qu'**il a beaucoup plu.
(Conséquence) Il a beaucoup plus **si bien que / de sorte que** la rivière déborde.

1) On voyait apparaître les premières étoiles. Les troupeaux regagnaient la ferme.
(Temps)

2) Nous avons costumé les enfants. Ils ressemblent à des diablotins.
(But)

3) Ils se sont abrités dans une grotte. La tempête se lève.
(But)

4) Personne n'a rien dit aux policiers. On ne voulait pas qu'ils retrouvent Daniel.
(Cause)

5) Elle ne disait rien à personne. On ne la connaissait pas vraiment.
(Conséquence)

6) Juliane était malheureuse. Elle n'avait pas le cœur à l'ouvrage.
(Temps) (Cause)

7) La leçon était longue. Le professeur faisait souvent des pauses.
(Temps) (Cause)

8) Il était frêle et maladif. Ses parents l'envoyaient rarement à l'école.
(Cause) (Conséquence)

9) Elles durent renoncer à faire de la voile. La mer était trop agitée.
(Cause) (Conséquence)

📄 **Poursuivez votre travail sur les phrases subordonnées circonstancielles de temps, de but, de cause et de conséquence en faisant les activités qu'on vous remettra.**

Les phrases subordonnées circonstancielles d'opposition, de concession, d'hypothèse et de comparaison

Pour vous préparer

■ **Subordonnée circonstancielle :** la subordonnée circonstancielle d'opposition (p. 430), la subordonnée circonstancielle de concession (p. 430), la subordonnée circonstancielle d'hypothèse (p. 431), la subordonnée circonstancielle de comparaison (p. 431)

Reconnaître les phrases subordonnées circonstancielles d'opposition, de concession, d'hypothèse et de comparaison

1. Lisez les phrases ci-dessous et faites les activités suivantes. Notez vos réponses dans un tableau semblable à celui de la page suivante.

a) Relevez les subordonnées circonstancielles d'opposition, de concession, d'hypothèse et de comparaison et encadrez le subordonnant dans chacune d'elles.

b) Indiquez la relation de sens exprimée par chaque subordonnant.

1) Si toute l'eau terrestre pouvait tenir dans un bidon de cinq litres, l'eau douce réellement disponible pour l'homme remplirait à peine une cuillère à soupe.

2) Depuis 1900, la quantité d'eau douce prélevée par l'homme a été multipliée par six alors que la population n'est que deux fois plus nombreuse.

3) En recyclant le dioxyde de carbone en oxygène, les premières créatures marines ont lentement constitué l'atmosphère terrestre comme nous la connaissons aujourd'hui.

4) Le nom officiel des constellations est en latin, tandis que la plupart des étoiles sont désignées par des lettres grecques.

5) Jusqu'à maintenant, aucune activité biologique n'a été découverte sur Mars, quoique cette planète possède tout ce qui est indispensable à la vie humaine.

6) Au début du siècle dernier, certains astronomes croyaient que la Voie lactée constituait l'Univers tout entier, alors que d'autres pensaient qu'il existait une multitude de galaxies semblables à la nôtre.

7) Même si Galilée avait la preuve que la Terre n'était pas le centre de l'Univers, il a dû se rétracter.

8) Nous aimerions observer le ciel sans autre lumière que la Lune et les étoiles, comme le faisaient nos ancêtres.

9) Quoique la Lune présente toujours la même face à la Terre, elle vacille légèrement sur son orbite.

10) Si on observait les planètes pendant plusieurs semaines, on constaterait qu'elles se déplacent lentement parmi les étoiles.

Phrase		Sens exprimé par le subordonnant			
Numéro	Phrase subordonnée	Opposition	Concession	Hypothèse	Comparaison

📋 **Poursuivez votre travail sur le mode du verbe dans les phrases subordonnées circonstancielles d'opposition, de concession, d'hypothèse et de comparaison en faisant les activités qu'on vous remettra.**

Construire des subordonnées circonstancielles d'opposition et de concession

> Variez les subordonnants et vérifiez le mode du verbe de chaque subordonnée.

2. Sur votre copie, enchâssez la seconde phrase dans la première en employant un subordonnant qui a le sens indiqué dans les parenthèses.

1) Il parle parfaitement le français.
(Concession) Il est étranger.

2) Ils ont tenté l'ascension du col.
(Opposition) Nous les avions avertis des risques qu'ils couraient.

3) Il regarde cette émission.
(Concession) Il la trouve inintéressante.

4) Elle n'a pas vraiment d'ambition.
(Opposition) Son frère fait tout pour obtenir des promotions.

5) Elle regarde la télévision.
(Opposition) Sa sœur préfère lire.

6) Julie n'avait pas envie de voyager.
(Concession) Elle en avait les moyens.

7) Mes frères s'amusent.
(Opposition) Je travaille d'arrache-pied.

📋 **Poursuivez votre travail sur les phrases subordonnées circonstancielles d'opposition, de concession, d'hypothèse et de comparaison en faisant les activités qu'on vous remettra.**

Les phrases subordonnées relatives

Pour vous préparer

▌ **Subordonnée relative** (p. 436)

▌ **Classes de mots:** le pronom (p. 437)

📄 **Pour vérifier vos acquis sur les phrases subordonnées relatives, faites les activités qu'on vous remettra.**

Reconnaître les phrases subordonnées relatives

1. Lisez l'extrait ci-dessous et faites les activités suivantes.

   a) Relevez les subordonnées relatives.

   b) Sur votre copie, encadrez le pronom relatif (et, s'il y a lieu, la préposition qui le précède) qui sert à enchâsser chacune d'elles.

> **Attention !** Certaines phrases peuvent contenir deux subordonnées relatives.

Ménalque descend son escalier, ouvre sa porte pour sortir, il la referme: il s'aperçoit qu'il est en bonnet de nuit, et, venant à mieux s'examiner, il se trouve rasé à moitié, il voit que son épée est mise du côté droit, que ses bas sont rabattus sur ses talons, et que sa chemise est par-dessus ses chausses. […] Il cherche, il brouille, il crie, il s'échauffe, il appelle ses valets l'un après l'autre; *on lui perd tout, on lui égare tout :* il demande ses gants qu'il a dans ses mains, semblable à cette femme qui prenait le temps de demander son masque lorsqu'elle l'avait sur son visage. Il entre à l'appartement, et passe sous un lustre où sa perruque s'accroche et demeure suspendue: tous les courtisans regardent, et rient; Ménalque regarde aussi, et rit plus haut que les autres: il cherche des yeux, dans toute l'assemblée, où est celui qui montre ses oreilles, et à qui il manque une perruque. S'il va par la ville, après avoir fait quelque chemin, il se croit égaré, il s'émeut, et il demande où il est à des passants, qui lui disent précisément le nom de sa rue: il entre ensuite dans sa maison, d'où il sort précipitamment, croyant qu'il s'est trompé. Il descend du Palais; et, trouvant au bas du grand degré un carrosse qu'il prend pour le sien, il se met dedans […]

La Bruyère, *Les caractères*, 1688.

2. Expliquez ce qui distingue une subordonnée relative explicative d'une subordonnée relative déterminative.

3. Lisez les phrases ci-dessous et faites les activités suivantes.

a) Sur votre copie, soulignez d'un trait les subordonnées relatives déterminatives et d'un double trait les subordonnées relatives explicatives.

b) Ajoutez une ou deux virgules pour chacune des subordonnées relatives explicatives.

1) Le chemin par où nous avions l'habitude de passer avait été fermé.

2) Il aimait les longues journées d'été qui se prolongeaient tard dans la soirée.

3) Elle n'avait pas lu la lettre à laquelle il faisait allusion.

4) Le soleil qu'on n'avait pas vu depuis trois jours s'était levé radieux.

5) John sentit une présence étrange qui l'entourait.

Construire des phrases subordonnées relatives

4. a) Sur votre copie, enchâssez la seconde phrase dans la première en remplaçant l'élément en gras par le pronom relatif qui convient.

b) Justifiez le choix de chaque pronom relatif.

> Attention à la forme (genre et nombre) de certains pronoms relatifs !

EXEMPLE : Elle songea au cauchemar étrange. Elle avait fait **un cauchemar étrange**.
Elle songea au cauchemar étrange **qu'**elle avait fait.

Le pronom relatif *qu'* remplace *un cauchemar étrange*, le complément direct du verbe *avait fait* de la seconde phrase.

1) Il ferma les yeux pour vaincre le vertige. **Le vertige** s'emparait de lui.

2) Le seul bruit était le bruyant tic-tac de l'horloge de la cuisine. Elle entendait **ce bruit**.

3) Il revit sa jeune fiancée. Il vouait un grand amour **à sa jeune fiancée**.

4) Son esprit était aussi embrouillé qu'un casse-tête. Il manque des pièces **au casse-tête**.

5) Audrey avait pris une décision. Nous ne nous attendions pas **à cette décision**.

6) Il maudissait la mer. Il avait tant de fois chanté les charmes **de la mer**.

7) Je revis les compagnons de mon enfance. Je me souvenais très bien **de ces compagnons**.

8) Elle s'était allongée sur le banc. Jim s'assoyait **sur ce banc** pour nourrir les pigeons.

9) L'appartement ressemblait au petit meublé. Josh s'était enfui **du petit meublé**.

10) Il distingua clairement le chemin. Elle était montée **par ce chemin**.

📄 **Poursuivez votre travail sur les phrases subordonnées relatives en faisant les activités qu'on vous remettra.**

Les phrases subordonnées complétives

Pour vous préparer

■ **Subordonnée complétive** (p. 433)

📄 **Pour vérifier vos acquis sur les phrases subordonnées complétives, faites les activités qu'on vous remettra.**

Reconnaître les phrases subordonnées complétives

1. Expliquez ce qui distingue le subordonnant *que* complétif du subordonnant *que* relatif. Illustrez chacune de vos réponses par un exemple.

2. Lisez les phrases ci-dessous et faites les activités suivantes. Notez vos réponses dans un tableau semblable à celui de la page suivante.

   a) Relevez les subordonnées complétives et encadrez le subordonnant dans chacune d'elles.

   b) Indiquez quel mot (verbe, adjectif ou nom) chaque subordonnée complète.

   c) Donnez la fonction de chaque subordonnée.

   1) Il est important que chaque citoyen puisse apprécier à leur juste mesure aussi bien les espoirs que les risques associés au clonage.

   2) On considère que la biologie est entrée dans l'ère moderne en 1859 avec la publication de *L'origine des espèces* de Charles Darwin.

   3) Il est certain que le clonage ouvre des perspectives intéressantes pour la préservation de la biodiversité.

   4) On s'attend à ce que les comités éthiques, les scientifiques et le grand public réfléchissent davantage sur les conséquences et les enjeux du clonage.

   5) La crainte que les OGM aient un effet néfaste sur la santé et l'environnement est un débat de plus en plus actuel.

   6) J'ai appris récemment que le clonage reproductif s'applique désormais aux animaux de compagnie.

   7) Il serait souhaitable que la création d'embryons à des fins thérapeutiques ne soit pas interdite.

   8) On sait à présent que deux individus génétiquement identiques ne sont pas pour autant de rigoureuses copies conformes.

   9) Certains affirment que le clonage peut contribuer à protéger les espèces menacées.

   10) Depuis la naissance de la brebis Dolly, en 1996, l'humanité a soudainement pris conscience qu'elle détenait le pouvoir de modifier le vivant.

11) De nombreuses études réalisées ces dernières années révèlent que près d'un tiers des espèces de la planète risquent de disparaître d'ici le milieu du 21e siècle.

12) Je suis persuadé que la connaissance du génome des plantes est un enjeu majeur pour l'industrie alimentaire.

Numéro de la phrase	Subordonnée complétive	Mots complétés par la subordonnée	Fonction de la subordonnée
▓▓	▓▓	▓▓	▓▓

3. Parmi les subordonnées complétives relevées au numéro 2 :

a) récrivez celles qui remplissent les fonctions de complément direct et de complément indirect du verbe ;

b) montrez qu'il s'agit bien de ces fonctions en les remplaçant par **qqch.**, **à qqch.** ou **de qqch.**

Associer le mode du verbe de la subordonnée complétive au sens du mot complété

4. Reportez-vous aux mots complétés par les subordonnées complétives relevées au numéro 2. Faites les activités suivantes en notant vos réponses dans un tableau semblable à celui ci-dessous.

a) Classez les mots complétés par les subordonnées complétives selon qu'ils expriment un sentiment ou une volonté, ou qu'ils n'expriment ni un sentiment ni une volonté.

b) Indiquez le mode du verbe de chaque complétive.

Mots complétés par la subordonnée complétive	Sens des mots complétés		Mode du verbe de la subordonnée complétive	
	Un sentiment ou une volonté	Ni un sentiment ni une volonté	Subjonctif	Indicatif
▓▓	▓▓	▓▓	▓▓	▓▓

5. Examinez vos réponses au numéro 4, puis complétez les deux énoncés qui suivent.

1) Le mode du verbe de la subordonnée complétive est ▓▓ quand le mot complété par la complétive exprime un sentiment ou une volonté.

2) Le mode du verbe de la subordonnée complétive est ▓▓ quand le mot complété par la complétive n'exprime ni un sentiment ni une volonté.

📑 **Poursuivez votre travail sur les phrases subordonnées complétives en faisant les activités qu'on vous remettra.**

La ponctuation

Pour vous préparer

▓ **Ponctuation** (p. 415)

📄 **Pour vérifier vos acquis sur la ponctuation, faites les activités qu'on vous remettra.**

Reconnaître les principaux emplois de la virgule

1. Pour chacune des phrases ci-dessous, trouvez la lettre correspondant à l'emploi de la ou des virgules.

> **Attention ! Dans certaines phrases, vous devrez repérer deux emplois de la virgule.**

A. Séparer des phrases coordonnées.
B. Marquer la juxtaposition de phrases.
C. Séparer les éléments d'une énumération.
D. Isoler un complément de phrase.
E. Isoler un complément du nom ou du pronom.
F. Isoler un modificateur du verbe en tête de phrase.
G. Isoler un groupe de mots mis en évidence dans une phrase emphatique.
H. Isoler une interpellation.
I. Isoler une interjection.
J. Isoler une incise.
K. Signaler l'effacement d'un verbe qui se répète dans une phrase coordonnée ou juxtaposée.

1) «Bon, très bien ! Je te suis. Ce que tu peux être impatient !» lui dis-je.

2) Il ouvrit un cadenas, le referma d'un seul coup, puis en ouvrit un autre.

3) Après avoir traversé quelques buissons, il déboucha sur les rives de la rivière.

4) Le visage livide, Dominic s'élança vers l'avant et me saisit le bras.

5) Mon cœur battait la chamade, mais ma voix était calme tandis que je détournais mon regard de l'article que je corrigeais.

6) Dans le couloir, l'odeur de la peinture était oppressante.

7) Une douleur lancinante la parcourait de la tête aux pieds, son estomac criait famine.

8) Il prit le pauvre petit corps meurtri de Laura, puis il le déposa sur le sol.

9) Son rêve, Douglas le réaliserait enfin.

10) Sa casquette trop grande glissa de sa tête et, lorsqu'elle la ramassa, je remarquai un minuscule tatouage en forme de libellule sur son poignet.

11) La lumière du soleil était pâle et l'horizon, à peine visible.

12) Celui-ci, qui avait la main tailladée, arriva à grimper à son tour sur la coque du bateau avec l'aide de Nora.

13) «Tu n'as rien à te reprocher, Daphnée. C'est moi qui ai agi comme un sot. La mer est parfois sournoise, j'ai manqué de vigilance.»

14) Le gamin sauta par-dessus la barrière et, lentement, il se dirigea vers la patinoire.

15) «Sabine, il y a quelque chose que je t'ai caché», m'avoua-t-elle.

Reconnaître les principaux emplois du deux-points

2. Pour chacune des phrases ci-dessous, trouvez la lettre correspondant à l'emploi du deux-points.

A. Introduire une énumération.

B. Introduire un discours direct, une citation.

C. Introduire une cause, une explication.

D. Introduire une conséquence, un résultat, une conclusion.

1) Sur le plan médical, les techniques du génie génétique ont conduit à la production de nombreuses molécules de grande importance thérapeutique : l'insuline pour le traitement du diabète, l'hormone de croissance pour le traitement de l'anémie, ou encore des facteurs de coagulation pour le traitement des hémophiles.

2) La probabilité de croisement entre les OGM et les plantes non modifiées varie selon l'espèce et l'écosystème : les plantes transgéniques ne sont susceptibles de se croiser qu'avec des plantes sauvages qui se trouveraient dans un environnement proche.

3) Au moment des récoltes, les plantes transgéniques ne sont pas séparées des autres plantes : le suivi des produits des organismes modifiés génétiquement est donc impossible.

4) Le séquençage de certains gènes d'un organisme est une étape essentielle dans les manipulations génétiques : c'est ainsi que l'on identifie le matériel génétique dont on dispose.

5) Certains militants écologistes violemment opposés aux OGM se livrent à l'arrachage des parcelles de plantes transgéniques : cela empêche d'étudier scientifiquement les risques de diffusion de pollen dans l'environnement.

6) Le jeune chercheur a affirmé : «Les recherches menées sur les OGM sont soumises à des réglementations très strictes.»

📄 **Poursuivez votre travail sur la ponctuation en faisant les activités qu'on vous remettra.**

L'accord dans le GN

Pour vous préparer

- **Accord** (p. 340)
- **Accord dans le GN** (p. 340)

Pour vérifier vos acquis sur l'accord dans le GN, faites les activités qu'on vous remettra.

Faire les accords dans le GN

1. Les phrases ci-dessous comportent toutes des erreurs d'accord dans le GN. Corrigez ces erreurs en appliquant la stratégie *Pour vérifier l'accord dans le GN* dans le COUP DE POUCE, à la page 344.

   1) ⊘ Le corail est composé d'une colonie de polypes, des invertébrés d'à peine quelque millimètres.

   2) ⊘ Ces invertébrés construisent des récifs dans les eaux océaniques chauds et peu profonds.

   3) ⊘ Les polypes vivent en symbiose avec les algues verts.

   4) ⊘ Les algues fournissent la nourriture et l'oxygène essentiel à la croissance des coraux.

   5) ⊘ Près du tiers de tous les espèces de poissons habitent dans ce milieu fragile, menacé par la pollution.

   6) ⊘ Les grands récifs de coraux sont constitués de milliers de générations de polypes mortes, empilées les uns sur les autres.

   7) ⊘ Quel influence les changements climatiques ont-ils sur les mers tropicales?

   8) ⊘ Il semble bien que l'augmentation des températures provoquera davantage d'épisodes orageuses et de pluies intenses.

   9) ⊘ Les spécialistes prendront connaissance de l'abondante documentation dans le domaine de l'anthropologie et de l'écologie évolutives.

   10) ⊘ Les déversements de résidus urbains non retraité, de métaux lourds ou d'engrais chimiques seraient à l'origine de la prolifération de bactéries particulièrement nocive pour les récifs coralliens.

   11) ⊘ Le climat ne livre pas facilement son histoire: il faut disposer de nombreuses données pour en avoir un image assez précis.

12) ⊘ Piégé dans des carottes de glace stockée à basse température, de minuscules bulles de l'atmosphère terrestre du passé révèlent la façon dont sa composition a varié dans le temps.

13) ⊘ Les paléoclimatologues ont conçu des outils aussi remarquable que diversifié, qui leur permettent d'étudier l'histoire tumultueux des climats du passé.

14) ⊘ L'énorme énergie emmagasiné dans les cyclones tropicaux devrait s'accroître encore sous l'effet du réchauffement.

15) ⊘ Aiguillonné par l'inquiétude climatique, la paléoclimatologie fait actuellement de rapide progrès.

---

2. Choisissez, parmi les couples de phrases suivantes, celles où les adjectifs en gras sont bien accordés.

> **Attention!** Dans certains cas, il peut y avoir deux possibilités d'accord de l'adjectif.

1) Une envolée de feuilles **morte** dansait dans la rue.
Une envolée de feuilles **mortes** dansait dans la rue.

2) Un champ de fleurs **sauvage** s'étendait jusqu'à l'horizon.
Un champ de fleurs **sauvages** s'étendait jusqu'à l'horizon.

3) Dans les rues, on voyait s'activer une foule de gens **pressée**.
Dans les rues, on voyait s'activer une foule de gens **pressés**.

4) Elle rangeait précieusement sa collection de coraux **splendide**.
Elle rangeait précieusement sa collection de coraux **splendides**.

5) Elle était sans cesse importunée par une meute de photographes **indésirable**.
Elle était sans cesse importunée par une meute de photographes **indésirables**.

6) Il désirait lui montrer sa collection de timbres **ancienne**.
Il désirait lui montrer sa collection de timbres **anciens**.

7) Nous offrirons une boîte de jouets **gigantesque** à nos deux bambins.
Nous offrirons une boîte de jouets **gigantesques** à nos deux bambins.

8) Elle a rangé dans le tiroir une pile de serviettes **décorative**.
Elle a rangé dans le tiroir une pile de serviettes **décoratives**.

9) Nous ramasserons ce tas de feuilles **décomposé**.
Nous ramasserons ce tas de feuilles **décomposées**.

10) Le comité est composé d'une équipe de chercheurs **qualifiée**.
Le comité est composé d'une équipe de chercheurs **qualifiés**.

11) La petite s'extasie devant les nombreux livres d'images **reliés**.
La petite s'extasie devant les nombreux livres d'images **reliées**.

12) Tu dois copier cette liste de noms très **longue**.
Tu dois copier cette liste de noms très **longs**.

🖹 **Poursuivez votre travail sur l'accord dans le GN en faisant les activités qu'on vous remettra.**

L'accord du verbe

Pour vous préparer

■ **Accord** (p. 340)

■ **Accord régi par le sujet:** l'accord du verbe (p. 347)

▤ **Pour vérifier vos acquis sur l'accord du verbe, faites les activités qu'on vous remettra.**

Faire l'accord du verbe

1. a) Dans les phrases suivantes, conjuguez les verbes entre parenthèses en les accordant correctement.

   b) Sur votre copie, vérifiez l'accord des verbes et des auxiliaires en appliquant la stratégie *Pour vérifier l'accord du verbe* dans le COUP DE POUCE, à la page 350.

   1) Deux types, tout droit sortis d'un magazine d'épouvante, **(bondir, passé simple)** ▨▨ à l'intérieur de l'ascenseur.

   2) Devant lui **(s'étaler, imparfait)** ▨▨ la longue surface sombre de la mare et les berges frangées d'arbres et de rochers.

   3) Toi et moi **(devoir, plus-que-parfait)** ▨▨ arpenter le parc d'est en ouest, du nord au sud, pour retrouver le collier de talismans.

   4) La folle poursuite les **(entraîner, passé simple)** ▨▨ à travers les galeries d'art médiéval.

   5) Tout le monde **(se réjouir, imparfait)** ▨▨ de l'arrivée de l'été.

   6) Plus d'une femme **(apercevoir, plus-que-parfait)** ▨▨ une silhouette d'homme, coiffé d'un chapeau de feutre.

   7) Moins de deux ans lui **(suffire, conditionnel présent)** ▨▨ pour rédiger ses mémoires.

   8) Traverser le parc tous les jours **(comporter, imparfait)** ▨▨ certains risques.

   9) Bon nombre de policiers **(rechercher, imparfait)** ▨▨ le mystérieux promeneur nocturne.

   10) William essuya les gouttes de sueur qui **(perler, imparfait)** ▨▨ sur son front et **(ramper, passé simple)** ▨▨ sur la branche.

   11) Lorsqu'on **(pénétrer, imparfait)** ▨▨ dans le parc, on ne **(voir, imparfait)** ▨▨ que de l'herbe, des arbres, le ciel à perte de vue.

   12) Le feuillage épais des arbres qui nous **(protéger, imparfait)** ▨▨ du soleil nous **(envelopper, imparfait)** ▨▨ au crépuscule.

13) Le gamin (joindre, passé simple) ▨ ses applaudissements à ceux de la foule qui (assister, imparfait) ▨ au repas des otaries.

14) Les maisons que (dorer, imparfait) ▨ le soleil (s'entasser, imparfait) ▨ au pied de la montagne.

15) Souvent, Maryse et toi (imaginer, plus-que-parfait) ▨ ce que (devoir, imparfait) ▨ endurer ces pauvres gens.

---

2. Choisissez, parmi les couples de phrases suivantes, celles où les verbes sont bien accordés.

> **Attention ! Dans certains cas, il peut y avoir deux possibilités d'accord du verbe.**

1) Un rideau de cordes enchevêtrées dissimule la scène.
Un rideau de cordes enchevêtrées dissimulent la scène.

2) La file de voitures s'allonge à vue d'œil.
La file de voitures s'allongent à vue d'œil.

3) La pile de dossiers baissait depuis hier.
La pile de dossiers baissaient depuis hier.

4) Une mine de renseignements est contenue dans cette encyclopédie.
Une mine de renseignements sont contenus dans cette encyclopédie.

5) Une bande de malfaiteurs sévit actuellement dans le quartier.
Une bande de malfaiteurs sévissent actuellement dans le quartier.

6) L'ensemble des citoyens doit prendre des moyens pour se protéger.
L'ensemble des citoyens doivent prendre des moyens pour se protéger.

7) Une nuée de moustiques formait un cercle au-dessus de sa tête.
Une nuée de moustiques formaient un cercle au-dessus de sa tête.

8) Un attroupement d'admirateurs se formait autour de lui.
Un attroupement d'admirateurs se formaient autour de lui.

9) Une masse de renseignements a été perdue.
Une masse de renseignements ont été perdus.

10) Le groupe de manifestants bloquait l'entrée de l'usine.
Le groupe de manifestants bloquaient l'entrée de l'usine.

11) Cette équipe de chercheurs promet des résultats rapides.
Cette équipe de chercheurs promettent des résultats rapides.

12) La collection de papillons de Yanis m'impressionne.
La collection de papillons de Yanis m'impressionnent.

📄 **Poursuivez votre travail sur l'accord du verbe en faisant les activités qu'on vous remettra.**

L'accord de l'adjectif attribut du sujet et du participe passé employé avec *être*

Pour vous préparer

▤ **Accord** (p. 340)

▤ **Accord régi par le sujet:** l'accord de l'adjectif attribut du sujet et du participe passé employé avec *être* (p. 351)

📄 **Pour vérifier vos acquis sur l'accord de l'adjectif attribut du sujet et du participe passé employé avec *être*, faites les activités qu'on vous remettra.**

Faire l'accord de l'adjectif attribut du sujet et du participe passé employé avec *être*

a) Récrivez l'adjectif attribut du sujet ou le participe passé employé avec *être* donné entre parenthèses dans chaque phrase en l'accordant correctement.

b) Sur votre copie, vérifiez l'accord de chaque adjectif ou participe passé en appliquant la stratégie *Pour vérifier l'accord de l'adjectif attribut du sujet et du participe passé employé avec* être dans le COUP DE POUCE, à la page 351.

1) Malgré l'orage du matin, l'atmosphère était tout aussi (**exténuant**) ▤ que la veille.

2) On distinguait à peine les branches menaçantes des arbres qui avaient été (**planté**) ▤ le long de l'allée par l'ancien propriétaire.

3) Au mur étaient (**accroché**) ▤ des esquisses au fusain de personnages qui nous semblaient tous plus (**hideux**) ▤ les uns que les autres.

4) Rien ne voilait la clarté des étoiles, qui étaient si (**nombreux**) ▤, si (**lumineux**) ▤ cette nuit-là.

5) Le fond de la rivière était (**recouvert**) ▤ de petits cailloux; l'eau était (**glacé**) ▤ et plus (**profond**) ▤ qu'il ne pensait.

6) (**Rare**) ▤ étaient les jours où Tania et sa sœur ne se sentaient pas (**épié**) ▤.

7) Josh et moi, on était tous les deux étrangement (**attiré**) ▤ par le magnétisme qui se dégageait de cette bohémienne dont les traits étaient (**creusé**) ▤ par les rides.

8) Le nez, les yeux et la bouche étaient énormément (**déformé**) ▤ par le bas de nylon qui recouvrait la tête du type. Malgré ce déguisement, Aude le reconnut à la façon dont ses épaules étaient (**voûté**) ▤ et aux quelques coupures sur ses bras maigres qui étaient tout aussi (**révélateur**) ▤.

📄 **Poursuivez votre travail sur l'accord de l'adjectif attribut du sujet et du participe passé employé avec *être* en faisant les activités qu'on vous remettra.**

L'accord du participe passé employé avec *avoir*

Pour vous préparer

▥ **Accord** (p. 340)

▥ **Accord régi par le complément direct du verbe :** l'accord du participe passé employé avec *avoir* (p. 345)

📃 **Pour vérifier vos acquis sur l'accord du participe passé employé avec** *avoir*, **faites les activités qu'on vous remettra.**

Faire l'accord du participe passé employé avec *avoir*

1. a) Accordez les participes passés des verbes donnés entre parenthèses dans les phrases suivantes.

b) Sur votre copie, vérifiez les accords en appliquant la stratégie *Pour vérifier l'accord du participe passé employé avec* avoir dans le COUP DE POUCE, à la page 346.

1) Elle retrouva la peur qui l'avait **(saisir)** ▦ tout à l'heure, alors qu'elle se trouvait dans sa chambre.

2) Les petits fruits rouges que Nathania avait **(cueillir)** ▦ avaient un goût amer.

3) Soudain, elle repéra la vieille dame qui nous avait **(attaquer)** ▦ la veille.

4) Les deux petites grottes qu'il avait **(découvrir)** ▦ parmi les broussailles denses dominaient la colline.

5) Ces aiguilles de pin et ces feuilles mortes, Loïc les avait **(ramasser)** ▦ afin d'en tapisser le sol de son abri.

6) Que d'obstacles il avait **(franchir)** ▦ tout le long de son existence !

7) Elle était heureuse, heureuse comme il ne l'avait jamais **(voir)** ▦.

8) Élyse et Mia, je croyais qu'on vous avait **(prévenir)** ▦ de son arrivée.

9) Combien d'étoiles avait-elle **(compter)** ▦ pendant les longues nuits d'hiver ?

10) Dans la déposition qu'elle avait **(faire)** ▦ depuis son lit d'hôpital, elle affirmait qu'il y avait un témoin oculaire.

11) Que d'inquiétudes lui avaient **(occasionner)** ▦ ces enfants !

12) Il l'avait déjà **(croiser)** ▦ quelque part, cette fille.

13) Ce sont les deux derniers conseils qu'elle lui avait **(donner)** ▦ avant de partir.

2. **a)** Sur votre copie, accordez, s'il y a lieu, les participes passés des verbes donnés entre parenthèses dans les phrases suivantes.

b) S'il s'agit d'un cas particulier où le participe passé est invariable, notez la lettre correspondant à l'un ou à l'autre des cas présentés ci-dessous.

A. Le CD est le pronom *en*.

B. Le CD est le pronom *le* ou *l'* reprenant une phrase ou une partie de phrase.

C. Le participe passé est suivi d'un verbe à l'infinitif et le CD ne fait pas l'action exprimée par le verbe à l'infinitif.

D. Le CD est suivi d'un infinitif sous-entendu.

E. Le CD est celui des verbes *faire* ou *laisser* suivis d'un verbe à l'infinitif.

F. Le CD est celui d'un verbe impersonnel.

1) Les cerises étaient délicieuses, mais elle n'en avait pas (manger) ▨.

2) Nous n'avions pas trouvé autant d'indices que nous aurions (vouloir) ▨.

3) Il les avait (entendre) ▨ parler, elle et Sofia, d'un mystérieux personnage qui rôdait dans les parages.

4) Jeanne n'avait pas fourni tous les efforts qu'elle aurait (pouvoir) ▨.

5) Les deux gamins, elle les avait (voir) ▨ partir dans la direction du parc.

6) Les paysages n'étaient pas aussi beaux qu'elle l'avait (imaginer) ▨.

7) La joie qu'elle avait (sentir) ▨ monter en elle était tout à fait inattendue.

8) Il sombra dans la hantise qu'il avait (croire) ▨ laisser derrière lui.

9) Ces gens étaient moins intéressants que nous l'avions (penser) ▨.

10) La voiture qu'il avait (faire) ▨ réparer était en bien mauvais état.

11) Les enfants que nous avions (voir) ▨ féliciter par leurs parents étaient heureux.

12) Vous savez les efforts qu'il a (falloir) ▨ pour les sensibiliser à ce problème.

13) Ces manuscrits étaient beaucoup plus anciens qu'elle ne l'avait (espérer) ▨.

14) Je n'avais pas à ma disposition les outils qu'il m'aurait (falloir) ▨.

15) Ses enfants, elle les avait (laisser) ▨ partir avec regret.

16) C'est une symphonie que nous avons déjà (entendre) ▨ jouer plusieurs fois.

📋 **Poursuivez votre travail sur l'accord du participe passé employé avec *avoir* en faisant les activités qu'on vous remettra.**

L'accord de l'adjectif attribut du complément direct du verbe

Pour vous préparer

▓ **Accord** (p. 340)

▓ **Accord régi par le complément direct du verbe :** l'accord de l'adjectif attribut du complément direct du verbe (p. 347)

Faire l'accord de l'adjectif attribut du complément direct du verbe

a) Dans les phrases suivantes, accordez les adjectifs attributs du complément direct du verbe entre parenthèses.

b) Sur votre copie, vérifiez les accords en appliquant la stratégie *Pour vérifier l'accord de l'adjectif attribut du complément direct du verbe* dans le COUP DE POUCE, à la page 347.

1) Dans certaines cultures, on pense encore les esprits **(responsable)** ▓ de malheurs, telles la sécheresse, une mauvaise récolte ou la maladie.

2) Ces mégalithes, certains les ont longtemps crus **(inspiré)** ▓ des pyramides d'Égypte ou des tombes de Mycènes, en Grèce.

3) Il juge **(exceptionnel)** ▓ les travaux effectués par cette équipe d'ethnologues.

4) Quantité d'ouvrages appuient leurs propos et les rendent **(irréfutable)** ▓.

5) Ces sites de la civilisation inca, elles les ont qualifiés de **(saisissant)** ▓.

6) Les décisions de ce groupe d'experts en climatologie, nous les avions jugées beaucoup trop **(hâtif)** ▓.

7) L'idée de ce moratoire, les dirigeants l'ont trouvée **(excellent)** ▓.

8) Les documentaires sur les peuples traditionnels que cette historienne a réalisés, nous les jugeons **(remarquable)** ▓.

9) Parmi les nombreuses réalisations de ces adolescents, voici celle qu'on estime la plus **(réussi)** ▓.

10) Nous considérons comme **(déplacé)** ▓ et **(offensant)** ▓ ces remarques sur les peuples autochtones.

11) Les jeunes ont réalisé plusieurs projets qu'ils pensaient au départ **(irréalisable)** ▓.

📄 **Poursuivez votre travail sur l'accord de l'adjectif attribut du complément direct du verbe en faisant les activités qu'on vous remettra.**

La conjugaison aux principaux temps simples

Pour vous préparer

■ *Tableaux de conjugaison* en documents reproductibles
(Section OUTILS DE RÉFÉRENCE POUR L'ÉLÈVE)

📄 **Pour vérifier vos acquis sur la conjugaison aux principaux temps simples, faites les activités qu'on vous remettra.**

Dégager quelques particularités orthographiques de verbes irréguliers

Les verbes en *-ir* et en *-re*

1. **a)** Repérez le radical de l'infinitif de chacun des verbes ci-dessous.

b) Conjuguez chaque verbe aux temps demandés.

c) Pour chacun des verbes à l'infinitif ci-dessous, relevez la consonne du radical qui disparaît dans certaines conjugaisons.

> N'hésitez pas à consulter un ouvrage de référence.

PRÉSENT DE L'INDICATIF

Infinitif	dormir	mentir	servir	sortir	suivre	vivre
je						
tu						
il/elle/on						
nous						
vous						
ils/elles						

PRÉSENT DE L'IMPÉRATIF

Infinitif	dormir	mentir	servir	sortir	suivre	vivre
2e pers. s.						
1re pers. pl.						
2e pers. pl.						

d) Examinez les verbes que vous avez conjugués et dégagez leur particularité orthographique en complétant l'énoncé qui suit.

Les verbes en *-ir* et en *-re* perdent la consonne finale du radical au singulier du ▨ et du ▨.

2. a) Dans la liste de verbes ci-dessous, trouvez les verbes qui présentent la même particularité orthographique que les verbes en *-ir* et en *-re*.

A. Partir   **B.** Battre   **C.** Poursuivre   **D.** Sentir   **E.** Prendre

b) Conjuguez chacun de ces verbes aux personnes du présent de l'indicatif et du présent de l'impératif qui illustrent cette particularité.

Les verbes en *-indre* et en *-soudre*

3. a) Repérez le radical de l'infinitif de chacun des verbes ci-dessous.

b) Conjuguez chaque verbe aux temps demandés.

c) Pour chacun des verbes à l'infinitif ci-dessous, relevez la consonne du radical qui disparaît dans certaines conjugaisons.

PRÉSENT DE L'INDICATIF

Infinitif	craindre	peindre	plaindre	dissoudre	résoudre
je					
tu					
il/elle/on					
nous					
vous					
ils/elles					

PRÉSENT DE L'IMPÉRATIF

Infinitif	craindre	peindre	plaindre	dissoudre	résoudre
2e pers. s.					
1re pers. pl.					
2e pers. pl.					

d) Examinez les verbes que vous avez conjugués et dégagez leur particularité orthographique en complétant l'énoncé qui suit.

Comme les verbes en *-ir* et en *-re*, les verbes en *-indre* et en *-soudre* ▨▨▨ la consonne finale du radical au ▨▨▨ du présent de l'indicatif et du présent de l'impératif.

4. a) Dans la liste de verbes ci-dessous, trouvez les verbes qui présentent la même particularité orthographique que les verbes en *-indre* et en *-soudre*.

A. Teindre   **B.** Coudre   **C.** Joindre   **D.** Absoudre   **E.** Moudre

b) Conjuguez chacun de ces verbes aux personnes du présent de l'indicatif et du présent de l'impératif qui illustrent cette particularité.

Les verbes en -*dre* et en -*tre*

5. **a)** Repérez le radical de l'infinitif de chacun des verbes ci-dessous.

b) Conjuguez chaque verbe aux temps demandés.

PRÉSENT DE L'INDICATIF

Infinitif	perdre	prendre	répandre	répondre	battre	mettre
je						
tu						
il/elle/on						
nous						
vous						
ils/elles						

PRÉSENT DE L'IMPÉRATIF

Infinitif	perdre	prendre	répandre	répondre	battre	mettre
2e pers. s.						
1re pers. pl.						
2e pers. pl.						

c) Examinez les verbes que vous avez conjugués et complétez les deux énoncés qui suivent.

- Les verbes en -*dre* conservent la consonne finale du radical (la lettre ▩) au singulier du ▩ et du ▩.

- Les verbes en -*tre* conservent la consonne finale du radical (la lettre ▩) au singulier du ▩ et du ▩.

6. **a)** Dans la liste de verbes ci-dessous, trouvez les verbes qui présentent la même particularité orthographique que les verbes en -**dre** et en -**tre**.

A. Apprendre   **B.** Tondre   **C.** Naître   **D.** Connaître   **E.** Débattre

b) Conjuguez chacun de ces verbes aux personnes du présent de l'indicatif et du présent de l'impératif qui illustrent cette particularité.

⊟ **Poursuivez votre travail sur la conjugaison des verbes aux principaux temps simples en faisant les activités qu'on vous remettra.**

La conjugaison aux temps composés

Pour vous préparer

■ *Tableaux de conjugaison* en documents reproductibles
(Section OUTILS DE RÉFÉRENCE POUR L'ÉLÈVE)

Pour vérifier vos acquis sur la conjugaison aux temps composés, faites les activités qu'on vous remettra.

> Pour vous rappeler la terminaison du masculin d'un participe passé, il suffit de mettre le mot au féminin : fait / faite.

Former les participes passés

1. Formez les participes passés des verbes présentés dans le tableau qui suit.

Verbes	Participes passés			
	Masculin singulier	Féminin singulier	Masculin pluriel	Féminin pluriel
1) acquérir				
2) asseoir				
3) battre				
4) bouillir				
5) coudre				
6) craindre				
7) croire				
8) cuire				
9) devoir				
10) élire				
11) interrompre				
12) joindre				
13) lire				
14) moudre				
15) mourir				
16) mouvoir				
17) peindre				
18) promouvoir				
19) répondre				
20) résoudre				
21) rompre				
22) teindre				
23) vaincre				

Employer le bon auxiliaire

2. Lisez les phrases suivantes, puis répondez, sur votre copie, aux questions ci-dessous.

1) Il a descendu l'escalier en courant.

2) Les manifestants sont descendus dans la rue.

3) Vous nous avez ressorti encore les mêmes histoires.

4) Elle n'est pas ressortie de chez elle depuis cet incident.

5) Il a rentré son vélo dans le garage.

6) Nous sommes rentrés à la maison très tard.

7) J'ai remonté mes vieux livres au grenier.

8) Je suis remonté dans ma chambre.

a) Parmi ces phrases, lesquelles ont des expansions qui occupent la fonction de complément direct du verbe ? Montrez qu'il s'agit bien d'un complément direct du verbe en remplaçant ces expansions par **qqch.**

b) Avec quel auxiliaire le temps composé de chacun des verbes des phrases relevées en a) est-il formé ?

c) Avec quel auxiliaire le temps composé des autres verbes est-il formé ?

d) À partir des observations que vous venez de faire, complétez l'énoncé suivant.

Quelques verbes forment leurs temps composés tantôt avec l'auxiliaire ▨, tantôt avec l'auxiliaire ▨. Si, dans la phrase, un tel verbe a ▨ comme expansion, on choisit l'auxiliaire ▨ ; autrement on choisit l'auxiliaire ▨.

3. Rédigez deux phrases avec chacun des verbes ci-dessous en suivant les consignes que voici.

> N'oubliez pas de faire les accords qui s'imposent.

a) Dans la première phrase, conjuguez le verbe à un temps composé en utilisant l'auxiliaire *avoir*.

b) Dans la deuxième phrase, conjuguez le verbe à un temps composé en utilisant l'auxiliaire *être*.

1) entrer
P1: ▨
P2: ▨

3) passer
P1: ▨
P2: ▨

5) retourner
P1: ▨
P2: ▨

2) monter
P1: ▨
P2: ▨

4) redescendre
P1: ▨
P2: ▨

6) sortir
P1: ▨
P2: ▨

4. a) Dans les textes suivants, repérez les erreurs liées à une confusion entre les participes passés en -**é** et les infinitifs en -**er**. Corrigez-les sur votre copie.

b) Montrez que vous avez bien repéré ces erreurs en remplaçant chaque participe passé par **fait** ou chaque infinitif par **faire**.

1) ⊘ La science a démontrer qu'il n'existe pas de races humaines, c'est-à-dire de subdivisions génétiques au sein de l'espèce humaine. Les minimes différences qu'on a observées concernent des éléments secondaires qui témoignent du processus d'adaptation à un milieu.

2) ⊘ Peintures, sculptures et masques des peuples autochtones de la planète ont influencer plusieurs mouvements artistiques et picturaux du 20e siècle, dont le cubisme. D'ailleurs, Pablo Picasso, un des plus célèbres représentants de ce mouvement artistique, a toujours témoigner de la reconnaissance envers ces peuples.

3) ⊘ Les peintures sur sable que les Navajos effectuent lors des cérémonies destinées à invoqué les êtres sacrés permettraient au malade de retrouvé sa sérénité dans l'harmonie du monde.

4) ⊘ L'explorateur Knud Rasmussen a aider les Inuits d'Alaska à affronter le monde moderne en conservant leurs traditions; il est à l'origine de la transcription de leur langue, l'inupiak.

5) ⊘ Les peuples conquis ont fréquemment adopter la langue de l'occupant. Ce phénomène ne se fait pas nécessairement par la force; par exemple, les Gaulois ont utiliser le latin des Romains après la conquête, parce que c'était une langue commune pratique pour rassemblé toutes les ethnies gauloises, qui parlaient des dialectes différents.

6) ⊘ Les Touaregs mènent toujours régulièrement des caravanes de chameaux à travers le Sahara pour alimenté certains marchés sahariens. Ces expéditions perpétuent la très ancienne tradition d'un commerce caravanier qui, pendant des siècles, a traverser le désert pour échangé les denrées les plus diverses.

7) ⊘ Chez les Pygmées, on ne peut pas resté célibataire, car la collaboration entre homme et femme permet d'assuré la subsistance quotidienne: la femme cueille, l'homme chasse.

8) ⊘ Si le développement du tourisme peut représenté une chance pour certains peuples, il contribue bien souvent à créé un état de dépendance et encourage la déstructuration des sociétés.

9) ⊘ Pour survivre, certains peuples sont contraints de participer à l'activité touristique des États. C'est le cas, entre autres, des Massaïs et des Zoulous, qui en sont réduits à incarné l'imagerie traditionnelle d'un monde qui s'éteint, mais qui doit persisté dans le regard de l'étranger.

📑 **Poursuivez votre travail sur la conjugaison aux temps composés en faisant les activités qu'on vous remettra.**

Les anglicismes

Pour vous préparer

▦ **Formation des mots :** les mots empruntés (p. 387)

Corriger des anglicismes critiqués

Récrivez les expressions suivantes en corrigeant les anglicismes en caractères gras.

> N'hésitez pas à consulter un ouvrage de référence.

1) Cette fille aime bien **flasher**.

2) C'est une **fête légale**.

3) Avoir le courage de ses **convictions**.

4) Payer **cash**.

5) Aller au **bal de graduation**.

6) Rater une **opportunité**.

7) Faire repeindre sa voiture au **body shop**.

8) Faire un **longue distance**.

9) Habiter à deux **blocs** de l'école.

10) Il a **scratché** son vélo.

11) Ce **commercial** dure 30 secondes.

12) Faire du **skateboard**.

13) **Déplugger** le téléviseur.

14) **Connecter** le micro-ondes.

15) **Downloader** un logiciel.

16) Passer des heures à **chatter**.

17) **Bitcher** quelqu'un.

18) **Avoir du guts**.

19) S'acheter un **système de son**.

20) **Flyer** un taxi.

21) C'est une publicité **punchée**.

22) Un spectacle **live**.

23) Prendre un **appointement**.

24) **Surfer** sur Internet.

25) L'arbitre a dit que c'était une **fall ball**.

26) La **cédule** des matchs de football.

27) Donnez-moi du **change** pour un dollar.

28) On a annoncé le **crash** d'un avion.

29) C'est **full** intéressant, ce reportage.

30) Ne pas être en **shape**.

31) Jouer du **drum**.

32) **Call**-moi sur mon cellulaire.

33) Passer son temps à **bucker**.

34) Elle a un bon **manager**.

35) C'est une belle **toune**.

36) Être en tête du **hit parade**.

37) Prendre un **break**.

38) Faire un **U-turn**.

📄 **Poursuivez votre travail sur les anglicismes en faisant les activités qu'on vous remettra.**

L'orthographe du mot *tout*

Pour vous préparer

- **Classes de mots :** le nom (p. 352), le déterminant (p. 354), le pronom (p. 357), l'adverbe (p. 361)

Déterminer la classe du mot *tout*

a) Indiquez la classe à laquelle appartient le mot *tout* dans les phrases suivantes.

b) Prouvez que vous avez fait le bon choix en remplaçant le mot *tout* par un mot appartenant à la même classe grammaticale.

1) La vue de *toute* nourriture lui donnait la nausée.

2) *Tous* étaient à sa porte et insistaient pour être admis auprès d'elle.

3) Juliane était encore *tout* étonnée de ces étranges révélations.

4) *Toutes* restèrent médusées devant son accoutrement.

5) Le papier peint, l'agencement des meubles, la couleur du tapis, *tout* lui déplaisait.

6) Des serveurs couraient de *tous* côtés, chargés de plateaux où s'entassaient des mets délicieux.

7) Véronique était *toute* remuée par les paroles de cette vieille complainte.

8) Elle joua le *tout* pour le *tout*.

9) Les murs de la chambre étaient *tout* couverts de messages codés.

10) *Tout* effort était vain pour échapper à ce sortilège.

11) Les jeunes filles étaient *toutes* honteuses de lui avoir causé tant de frayeur.

12) Depuis cette nuit-là, elle avait pris l'habitude de dormir *tout* habillée.

13) Alex avait les yeux grand ouverts et la bouche *toute* tordue de frayeur.

14) Les bosquets du parc formaient des *touts* indistincts dans la pénombre.

15) Elle lui avait promis de garder l'anonymat en *toutes* circonstances.

📄 **Poursuivez votre travail sur l'orthographe du mot *tout* en faisant les activités qu'on vous remettra.**

L'apostrophe marquant l'élision

DÉFINITION

L'**apostrophe** marque l'élision de la voyelle finale de certains mots quand le mot qui suit commence par une voyelle ou un *h* muet.

Principaux cas d'élision	Exemples
1. Élision de la voyelle *e* des mots **ce, de, je, le, me, ne, se, te** et **que** (**dès que, jusque, lorsque, presque, puisque, quoique,** etc.).	**C'**est vrai. Vivre **d'**espoir. **J'**y vais. Il **m'**évite. Je **n'**y peux rien. On **s'**en veut. **Jusqu'**au matin… **Puisqu'**Hubert est…
Remarques *Presque* ne s'élide que dans un seul cas : **presqu'**île. *Quelque* ne s'élide que devant *un* et *une* : **quelqu'**un, **quelqu'**une.	
2. Élision de la voyelle *a* du mot **la**.	**L'**histoire, c'est lui qui **l'**a inventée.
3. Élision de la voyelle *i* de **si** seulement devant les pronoms *il* ou *ils*.	Vous irez le voir **s'**il le faut.

Employer l'apostrophe pour marquer l'élision

Les dictionnaires signalent le *h* aspiré au moyen d'une apostrophe ou d'un astérisque placé devant le mot ou sa prononciation.

Rédigez une phrase dans laquelle vous emploierez chacune des combinaisons suivantes.

1) *presque* + adjectif commençant par une voyelle

2) *quelque* + adjectif commençant par une voyelle ou un *h* muet

3) *lorsque* + nom propre commençant par une voyelle ou un *h* muet

4) *puisque* + pronom commençant par une voyelle

5) *quoique* + adjectif commençant par une voyelle ou un *h* muet

6) *jusque* + mot commençant par une voyelle

7) *parce que* + nom propre commençant par une voyelle

8) *si* + pronom *il* ou *ils*

📄 **Poursuivez votre travail sur l'apostrophe marquant l'élision en faisant les activités qu'on vous remettra.**

La majuscule à l'initiale des noms propres

Pour vous préparer

▓ **Majuscule :** la majuscule de mot (p. 402)

Vérifier l'emploi de la majuscule à l'initiale des noms propres

Vérifiez l'emploi des majuscules dans les groupes nominaux suivants en choisissant ceux qui sont orthographiés correctement.

1) **A.** l'hindouisme   **B.** l'Hindouisme

2) **A.** l'École secondaire Jeanne-Mance   **B.** l'école secondaire Jeanne-Mance

3) **A.** le centre-ouest du Manitoba   **B.** le Centre-Ouest du Manitoba

4) **A.** le ministère du Revenu   **B.** le Ministère du Revenu

5) **A.** le parlement d'Ottawa   **B.** le Parlement d'Ottawa

6) **A.** le Boulevard Charest est   **B.** le boulevard Charest Est

7) **A.** l'Amérique latine   **B.** l'Amérique Latine

8) **A.** l'Asie du sud-est   **B.** l'Asie du Sud-Est

9) **A.** les grands Ballets canadiens   **B.** les Grands Ballets canadiens

10) **A.** le musée de la Civilisation   **B.** le Musée de la civilisation

11) **A.** la Crise d'Octobre   **B.** la crise d'Octobre

12) **A.** le mont Orford   **B.** le Mont Orford

13) **A.** la 10e Rue   **B.** la 10e rue

14) **A.** le Jour du Souvenir   **B.** le jour du Souvenir

15) **A.** le château Frontenac   **B.** le Château Frontenac

16) **A.** la première Guerre mondiale   **B.** la Première Guerre mondiale

17) **A.** le pôle Sud   **B.** le Pôle sud

18) **A.** les inuits du grand Nord   **B.** les Inuits du Grand Nord

19) **A.** l'organisation mondiale de la Santé   **B.** l'Organisation mondiale de la santé

📄 **Poursuivez votre travail sur l'emploi de la majuscule à l'initiale des noms propres en faisant les activités qu'on vous remettra.**

ccord

DÉFINITION

Il y a **accord** d'un mot avec un autre lorsqu'un mot, le **receveur** d'accord, reçoit d'un autre mot, le **donneur** d'accord, ses marques :

– de genre (masculin ou féminin) et de nombre (singulier ou pluriel) ;

ou

– de personne (1re, 2e ou 3e) et de nombre (singulier ou pluriel).

1. Seuls les mots variables peuvent être **donneurs** ou **receveurs** d'accord.

a) Le **donneur** d'accord est toujours un **nom** ou un **pronom**.

b) Les **receveurs** d'accord sont les **déterminants**, les **adjectifs**, les **participes passés**, les **verbes** conjugués à un temps simple et les **auxiliaires** des verbes conjugués à un temps composé.

Ex. : **Cette nouvelle chanson** nous **plaît**. **Elle est** si **douce**.

f. s.   3e pers. s.

3e pers. s.   f. s.

2. On distingue l'accord dans le GN, l'accord régi par le sujet et l'accord régi par le complément direct du verbe.

ccord dans le GN

RÈGLE

Groupe nominal
(p. 392)

Déterminant
(p. 354)

Adjectif
(p. 356)

Dans le GN, le **nom** donne son genre et son nombre au **déterminant** et aux **adjectifs** qui l'accompagnent.

Ex. :
GN
Ces érables **droits** et **sains** projettent
m. pl.

GN
une ombre bienfaisante.
f. s.

Ex. : Maria est
GN
une musicienne espagnole particulièrement **douée**.
f. s.

Ex. : Tu peux jeter dans le bac de recyclage
GN
ce livre de grammaire **abîmé**.
m. s.

Ex. : Luce a
GN
une excellente mémoire. Elle a présenté
GN
un mémoire très **convaincant**.
f. s.   m. s.

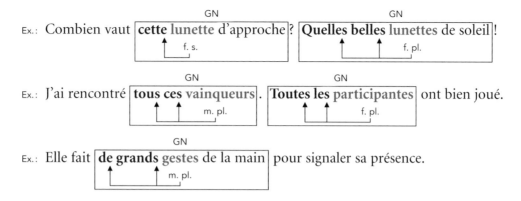

Ex.: Combien vaut $\boxed{\textbf{cette lunette} \text{ d'approche}}$? $\boxed{\textbf{Quelles belles lunettes} \text{ de soleil}}$!

f. s.   f. pl.

Ex.: J'ai rencontré $\boxed{\textbf{tous ces vainqueurs}}$. $\boxed{\textbf{Toutes les participantes}}$ ont bien joué.

m. pl.   f. pl.

Ex.: Elle fait $\boxed{\textbf{de grands gestes} \text{ de la main}}$ pour signaler sa présence.

m. pl.

Cas particuliers d'accord de l'adjectif dans le GN

1ᵉʳ cas **L'adjectif complète des noms singuliers juxtaposés ou coordonnés par *et, ou, ni, ainsi que, de même que* ou *comme*.** ■

1. **L'adjectif** qui complète des **noms singuliers** de même genre reçoit le genre de ces noms et se met au pluriel.

   Ex.: $\boxed{\text{Son } \textbf{genou} \text{ et son } \textbf{pied droits}}$ la font énormément souffrir.

   m. s.   m. s.
   m. pl.

   Ex.: $\boxed{\textbf{Affamées}, \textbf{Fatima} \text{ et } \textbf{Camille}}$ ont dévoré leur repas.

   f. s.   f. s.
   f. pl.

   > **Remarque**
   >
   > Lorsque les noms juxtaposés ou coordonnées sont synonymes ou expriment une gradation, l'adjectif s'accorde avec le dernier nom.
   >
   > Ex.: $\boxed{\text{Le sentiment, la } \textbf{sensation étrange} \text{ d'être suivis}}$ nous rendait prudents.
   >
   > Ex.: Je ressentais $\boxed{\text{une fatigue, un } \textbf{épuisement général}}$.

2. **L'adjectif** qui complète des **noms singuliers** de genres différents se met au masculin pluriel.

   Ex.: $\boxed{\text{Sa } \textbf{cuisse}, \text{ sa } \textbf{jambe} \text{ ainsi que son } \textbf{pied droits}}$ enflent à vue d'œil.

   f. s.   f. s.   m. s.
   m. pl.

   > **Remarque**
   >
   > Il est préférable, dans de tels cas, de placer le nom masculin juste avant l'adjectif.
   >
   > Ex.: **À éviter:** Tu partiras une fois tes **devoirs** et tes **leçons terminés**.
   >
   > **À privilégier:** Tu partiras une fois tes **leçons** et tes **devoirs terminés**.

3. L'**adjectif** qui ne complète que le dernier **nom** reçoit le genre et le nombre de ce nom.

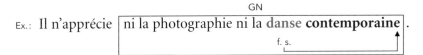

Ex.: Il n'apprécie | ni la photographie ni la **danse contemporaine** |.
f. s.

> **Remarque**
>
> Dans de tels cas, il suffit souvent de changer l'ordre des noms pour éviter toute confusion.
>
> Ex.: Il n'apprécie ni la **danse contemporaine** ni la photographie.

2ᵉ cas Plus d'un adjectif classifiant complète un nom pluriel désignant des réalités distinctes. ▨

Les **adjectifs classifiants** qui complètent un **nom pluriel** désignant des réalités distinctes reçoivent seulement le genre de ce nom.

Ex.: Les **deuxième** et **troisième émissions** de la série sont consacrées à cet écrivain.

Ex.: Les **parties patronale** et **syndicale** n'arrivent pas à s'entendre.

Ex.: Les **gouvernements fédéral** et **provinciaux** ont conclu une entente.

3ᵉ cas L'adjectif fait partie d'un groupe nominal dont le noyau est un nom collectif. ▨

Lorsque l'**adjectif** fait partie d'un groupe nominal dont le noyau est un nom collectif, l'accord se fait :

– soit avec le **nom collectif** si on veut insister sur l'idée d'ensemble de ce collectif ;

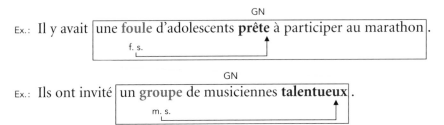

Ex.: Il y avait | une **foule** d'adolescents **prête** à participer au marathon |.
f. s.

Ex.: Ils ont invité | un **groupe** de musiciennes **talentueux** |.
m. s.

– soit avec le **complément du nom collectif** si on veut insister sur les éléments constituant l'ensemble du collectif.

Ex.: Il y avait | une foule d'**adolescents prêts** à participer au marathon |.
m. pl.

Ex.: Ils ont invité | un groupe de **musiciennes talentueuses** |.
f. pl.

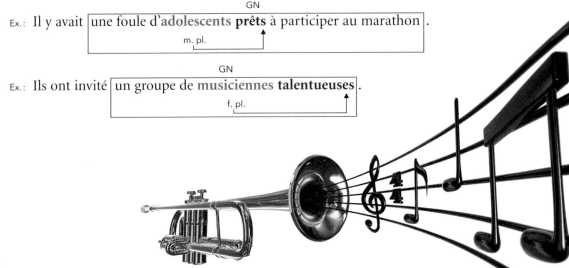

> **Remarque**
>
> Le sens de la phrase exige parfois de faire l'accord de l'**adjectif** avec le nom collectif ou avec le complément du nom collectif.
>
> Ex.: Une **pile** d'assiettes **chambranlante** traînait sur la table. (C'est la pile d'assiettes qui est chambranlante.)
>
> Ex.: Une foule d'objets **métalliques** décoraient la pièce. (Ce sont les objets qui sont métalliques.)

4ᵉ cas   **Les adjectifs *demi* et *nu*** ■

1. L'adjectif *demi* :

 – placé AVANT le nom, auquel il est joint par un <u>trait d'union</u>, est invariable ;

 Ex.: Ils se sont qualifiés pour les **demi-finales** de hockey.

 Ex.: Elle travaille une **demi-journée** par semaine.

 – placé APRÈS le nom, auquel il est joint par *et*, ne reçoit que le genre de ce nom.

 Ex.: Elle a loué un trois **pièces** et **demie**.

 Ex.: Il court trois **kilomètres** et **demi** par jour.

2. L'adjectif *nu* :

 – placé AVANT le nom, auquel il est joint par un <u>trait d'union</u>, est invariable ;

 Ex.: Tu marches toujours **nu-pieds** dans la maison.

 Ex.: Elle est sortie **nu-tête** ce matin.

 – placé APRÈS le nom reçoit le genre et le nombre de ce nom.

 Ex.: Tu marches toujours **pieds nus** dans la maison.
 m. pl. ⤴

 Ex.: Elle est sortie la **tête nue** ce matin.
 f. s. ⤴

5ᵉ cas   **L'adjectif *possible* suit un nom précédé des expressions *le plus* ou *le moins*.** ■

L'adjectif *possible* qui suit un nom précédé des expressions *le plus* ou *le moins* est invariable. Dans ce cas, il a le sens de « qu'il est possible ».

Ex.: Faites **le plus** d'**exercices possible**. (Le plus d'exercices qu'il est possible de faire.)

Ex.: Tu apportes **le moins** de **bagages possible**. (Le moins de bagages qu'il est possible d'apporter.)

6ᵉ cas   **L'adjectif *tel* introduit une comparaison ou un exemple.** ■

Lorsque l'**adjectif *tel*** introduit une comparaison ou un exemple :

 – *tel* reçoit le genre et le nombre du ou des **noms** qui le suivent ;

 Ex.: On trouve en Afrique différentes espèces de grands singes, **tels** le **chimpanzé** et le **gorille**.

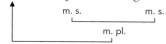
m. s.   m. s.
m. pl.

– *tel* suivi de *que* reçoit le genre et le nombre du **nom** qui le précède.

Ex.: Ce sont les **primates** **tels** que le gorille qui la fascinent.

m. pl.

Ex.: Je préfère les **fleurs** odorantes **telles** que le lilas et le muguet.

f. pl.

7ᵉ cas **L'adjectif de couleur est de forme composée ou provient d'un nom.** ■

1. Lorsque l'**adjectif de couleur** est de forme composée, tous les éléments qui le composent sont invariables.

    Ex.: Juliane a de beaux yeux **gris-vert**.

    Ex.: Samuel a peint sa chambre **bleu nuit**.

2. Lorsque l'**adjectif de couleur** provient d'un nom, il est invariable.

    Ex.: Il s'est acheté un beau chandail **prune** et des souliers **marron**.

> **Remarque**
> Quelques adjectifs de couleur provenant de noms reçoivent le genre et le nombre de leur donneur. Il s'agit des adjectifs suivants : *écarlate, fauve, incarnat, mauve, pourpre, rose* et *vermeil*.

COUP DE POUCE

Pour vérifier l'accord dans le GN

Chaque fois que vous repérez un nom :

a) Indiquez au-dessous son genre et son nombre.

b) Repérez les receveurs d'accord (déterminants et adjectifs) rattachés à ce nom. Tracez une flèche allant du nom vers chacun des receveurs.

c) Assurez-vous que chaque receveur a le genre et le nombre de son donneur.

Ex.: Vos chansons les plus récentes touchent davantage les vrais amateurs de poésie.

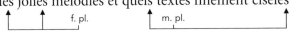

f. pl.   m. pl.

Quelles jolies mélodies et quels textes finement ciselés !

f. pl.   m. pl.

Accord régi par le complément direct du verbe

L'ACCORD DU PARTICIPE PASSÉ EMPLOYÉ AVEC *AVOIR*

Complément direct du verbe
(p. 378)

RÈGLE

Le **noyau du groupe complément direct du verbe** donne son genre et son nombre au **participe passé employé avec** *avoir* si le complément direct est placé **AVANT** le verbe.

Ex.: J'ai récité les poésies **que** j'ai **apprises**.
f. pl.

Ex.: C'est cette maison et cet abri en bois **qu'ils** ont **construits**.
m. pl.

Ex.: Cette plante, elle **l'a classée** dans son herbier.
f. s.

Ex.: Marie-Pier **les** a longuement **observés**, ces tableaux.
m. pl.

Ex.: Même si nous sommes ses sœurs, Gabriel **nous** a **trahies**.
f. pl.

Ex.: Combien de **victoires** a-t-il **remportées**?
f. pl.

Cas particuliers d'accord du participe passé employé avec *avoir*

1ᵉʳ cas Le participe passé employé avec *avoir* précédé du pronom complément direct *en* ■

Le **participe passé** qui a pour **complément direct le pronom** *en* est invariable.

Ex.: De bonnes résolutions, j'**en** ai pourtant **pris**.

2ᵉ cas Le participe passé employé avec *avoir* précédé du pronom complément direct *le* ou *l'* qui reprend une phrase ou une partie de phrase ■

Le **participe passé** qui a pour **complément direct le pronom** *le* ou *l'* reprenant une phrase ou une partie de phrase est invariable.

Ex.: Les chatons sont nés. Nous **le** lui avons **annoncé**.

Ex.: La blessure est plus grave que je ne l'avais **pensé**.

3ᵉ cas Le participe passé employé avec *avoir* suivi d'un verbe à l'infinitif ■

Le **participe passé** suivi d'un **verbe à l'infinitif** reçoit le genre et le nombre du pronom complément direct si celui-ci :

– est placé AVANT le verbe ;

– fait l'action exprimée par le verbe à l'infinitif.

Ex.: Les musiciens **que** j'ai **entendus jouer** étaient excellents.
m. pl.

Le pronom complément direct *que*, placé avant le verbe, fait-il l'action de *jouer* ?
Oui : le participe passé *entendus* s'accorde.

Ex.: Les airs **que** j'ai **entendu jouer** étaient très beaux.

Le pronom complément direct *que* fait-il l'action de *jouer* ? Non : le participe passé *entendu* est donc invariable.

> Remarques
>
> • Le **participe passé** suivi d'un **infinitif sous-entendu** est invariable.
>
>   Ex.: Tu as fait tous les efforts que tu as **pu**. (Sous-entendu : **faire**)
>
>   Ex.: Je n'ai pas posé tous les gestes que j'aurais **dû**. (Sous-entendu : **poser**)
>
> • Le **participe passé** des verbes *faire* et *laisser* suivis d'un **verbe à l'infinitif** est toujours invariable.
>
>   Ex.: Je les ai **fait courir**.   Ex.: Je les ai **laissé partir**.

4ᵉ cas Le participe passé d'un verbe impersonnel ■

Le **participe passé** d'un verbe impersonnel est toujours invariable.

Ex.: Imaginez l'audace qu'il a **fallu** pour présenter un tel spectacle !

COUP DE POUCE

Pour vérifier l'accord du participe passé employé avec *avoir*

Chaque fois que vous repérez un participe passé employé avec *avoir* :

a) Trouvez, s'il y en a un, le pronom ou le groupe nominal complément direct du verbe.

b) Vérifiez si le complément direct est placé AVANT le verbe. Si oui, c'est le donneur d'accord.

c) Inscrivez le genre et le nombre au-dessous du donneur, puis tracez une flèche allant du donneur au receveur.

d) Assurez-vous que le receveur a le même genre et le même nombre que le donneur.

Ex.: La semence d'érable que le soleil avait **chauffée** s'est séparée de sa membrane.
f. s.

Elle a fait son nid dans l'une des fentes d'une roche et a germé.

L'ACCORD DE L'ADJECTIF ATTRIBUT DU COMPLÉMENT DIRECT DU VERBE

Complément
direct du verbe
(p. 378)

Adjectif (p. 356)

Attribut du
complément
direct du verbe
(p. 384)

RÈGLE

Le **noyau du groupe complément direct du verbe** donne son genre et son nombre à l'**adjectif attribut du complément direct du verbe**.

Ex.: Les inondations ont laissé les **citoyens ruinés**.
m. pl.

Ex.: Je trouve les **paroles** de cette chanson **admirables**.
f. pl.

Ex.: Ce jus d'abricot, je **le** croyais plus **froid**.
m. s.

Ex.: Ces petites, je **les** pensais un peu plus **âgées**.
f. pl.

Ex.: Cette blessure, il **la** jugea **mortelle**.
f. s.

COUP DE POUCE

Pour vérifier l'accord de l'adjectif attribut du complément direct du verbe

Chaque fois que vous repérez un adjectif attribut du complément direct du verbe:

a) Trouvez le pronom ou le groupe nominal complément direct du verbe. C'est le donneur.

b) Inscrivez le genre et le nombre au-dessous du donneur, puis tracez une flèche allant du donneur au receveur.

c) Assurez-vous que le receveur a le même genre et le même nombre que le donneur.

Ex.: Tes remarques sont blessantes, je les trouve déplacées.
f. pl

Accord régi par le sujet

L'ACCORD DU VERBE

Sujet de phrase
(p. 372)

Verbe (p. 359)

RÈGLE

Le **noyau** du sujet donne sa personne et son nombre au **verbe** ou à l'**auxiliaire** (si le verbe est à un temps composé).

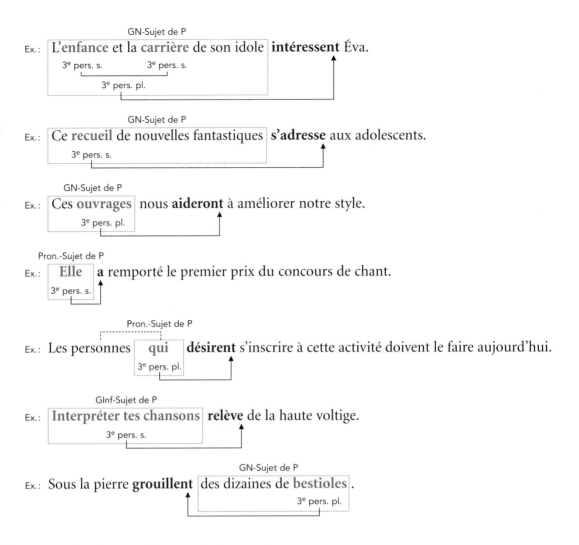

Ex.: L'enfance et la **carrière** de son idole **intéressent** Éva.

GN-Sujet de P · 3e pers. s. · 3e pers. s. · 3e pers. pl.

Ex.: Ce **recueil** de nouvelles fantastiques **s'adresse** aux adolescents.

GN-Sujet de P · 3e pers. s.

Ex.: Ces **ouvrages** nous **aideront** à améliorer notre style.

GN-Sujet de P · 3e pers. pl.

Ex.: **Elle** **a** remporté le premier prix du concours de chant.

Pron.-Sujet de P · 3e pers. s.

Ex.: Les personnes **qui** **désirent** s'inscrire à cette activité doivent le faire aujourd'hui.

Pron.-Sujet de P · 3e pers. pl.

Ex.: **Interpréter tes chansons** **relève** de la haute voltige.

GInf-Sujet de P · 3e pers. s.

Ex.: Sous la pierre **grouillent** des dizaines de **bestioles**.

GN-Sujet de P · 3e pers. pl.

Cas particuliers d'accord du verbe

1er cas **Le pronom personnel *on* sujet** ■

Lorsque le ⸢sujet⸣ est le pronom personnel *on*, le **verbe** ou l'**auxiliaire du verbe** se met toujours au singulier.

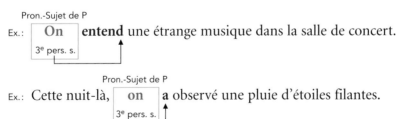

Ex.: **On** **entend** une étrange musique dans la salle de concert.

Pron.-Sujet de P · 3e pers. s.

Ex.: Cette nuit-là, **on** **a** observé une pluie d'étoiles filantes.

Pron.-Sujet de P · 3e pers. s.

2e cas **Le sujet formé de noms ou de pronoms personnels de personnes différentes** ■

Lorsque le ⸢sujet⸣ est formé de **noms** ou de **pronoms personnels de personnes différentes**, le **verbe** se met au pluriel et prend la marque de la personne grammaticale qui a la préséance:

– la 1re personne a la préséance sur la 2e et la 3e personne;

– la 2e personne a la préséance sur la 3e personne.

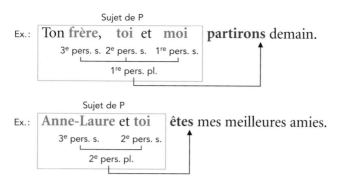

Ex.: **Ton frère, toi et moi** partirons demain.

Sujet de P
3ᵉ pers. s.   2ᵉ pers. s.   1ʳᵉ pers. s.
1ʳᵉ pers. pl.

Ex.: **Anne-Laure et toi** êtes mes meilleures amies.

Sujet de P
3ᵉ pers. s.   2ᵉ pers. s.
2ᵉ pers. pl.

3ᵉ cas   Le sujet formé d'un nom introduit par un déterminant de quantité (*plus de, moins de*, etc.) ▪

Lorsque le ⬚sujet⬚ est formé d'un **nom** introduit par un déterminant de quantité, le **verbe** reçoit la personne et le nombre de ce nom.

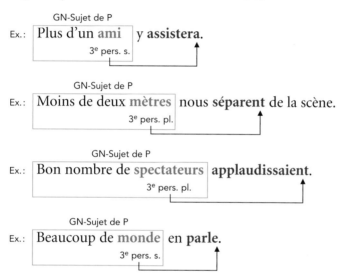

Ex.: **Plus d'un ami** y **assistera**.

GN-Sujet de P
3ᵉ pers. s.

Ex.: **Moins de deux mètres** nous **séparent** de la scène.

GN-Sujet de P
3ᵉ pers. pl.

Ex.: **Bon nombre de spectateurs** **applaudissaient**.

GN-Sujet de P
3ᵉ pers. pl.

Ex.: **Beaucoup de monde** en **parle**.

GN-Sujet de P
3ᵉ pers. s.

4ᵉ cas   Le sujet formé d'un nom collectif suivi d'un groupe prépositionnel ▪

1. Lorsque le ⬚sujet⬚ est formé d'un **nom collectif** précédé de *un* ou *une* et suivi d'un groupe prépositionnel, l'accord du **verbe** ou de l'**auxiliaire** se fait:

   – soit avec le **nom collectif** si on veut insister sur l'ensemble exprimé par le collectif;

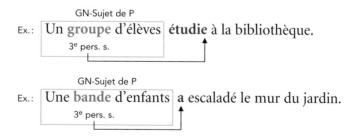

Ex.: **Un groupe d'élèves** **étudie** à la bibliothèque.

GN-Sujet de P
3ᵉ pers. s.

Ex.: **Une bande d'enfants** a escaladé le mur du jardin.

GN-Sujet de P
3ᵉ pers. s.

   – soit avec le **nom du groupe prépositionnel** si on veut insister sur les éléments constituant l'ensemble du collectif.

Ex.: **Un groupe d' élèves** **étudient** à la bibliothèque.

GN-Sujet de P
3ᵉ pers. pl.

Ex.:
GN-Sujet de P

Une bande d'**enfants** **ont** escaladé le mur du jardin.
3e pers. pl.

2. Lorsque le sujet est formé d'un **nom collectif** précédé de certains déterminants comme *le*, *la*, *mon*, *ma*, *ce* ou *cette* et suivi d'un groupe prépositionnel, l'accord du **verbe** ou de l'**auxiliaire** se fait généralement avec le nom collectif.

Ex.:
GN-Sujet de P

La **troupe** de spectateurs **bloquait** la circulation.
3e pers. s.

Ex.:
GN-Sujet de P

Sa **collection** de papillons **se détériore** rapidement.
3e pers. s.

Ex.:
GN-Sujet de P

Mon **groupe** d'amis **a** remporté le tournoi d'échecs.
3e pers. s.

Remarque

Le sens de la phrase exige d'accorder le **verbe** ou l'**auxiliaire**

– parfois avec le **nom collectif**;

Ex.: Une **nuée** d'insectes **grossissait** à vue d'œil. (C'est la nuée qui grossissait.)

Ex.: La **file** de spectateurs **s'allongeait** rapidement. (C'est la file qui s'allongeait.)

– parfois avec le **nom du groupe prépositionnel**.

Ex.: Une nuée d'**oiseaux** **voltigeaient** sans but. (Ce sont les oiseaux qui voltigeaient.)

Ex.: La file de **spectateurs** **grelottaient**. (Ce sont les spectateurs qui grelottaient.)

Pour vérifier l'accord du verbe

Chaque fois que vous repérez un verbe conjugué ou un auxiliaire:

a) Trouvez le donneur d'accord (le noyau du sujet). Indiquez au-dessous la personne et le nombre du donneur.

b) Tracez une flèche allant du donneur au receveur.

c) Assurez-vous que le receveur a la même personne et le même nombre que le donneur.

Ex.: Dans les années 1960, les boîtes à chansons étaient très populaires.
3e pers. pl.

Elles étaient fréquentées par des gens qui appréciaient la poésie.
3e pers. pl.   3e pers. pl.

L'ACCORD DE L'ADJECTIF ATTRIBUT DU SUJET ET DU PARTICIPE PASSÉ EMPLOYÉ AVEC *ÊTRE*

Sujet de phrase
(p. 372)

Adjectif (p. 356)

Attribut
du sujet (p. 382)

Le **noyau** du sujet donne son genre et son nombre à l'**adjectif attribut du sujet** et au **participe passé employé avec *être***.

GN-Sujet de P

Ex.: Ces **choses** si magnifiques et si originales ne lui paraissent pas **réelles**.
f. pl.

GN-Sujet de P

Ex.: Les **pièces** du manoir sont **spacieuses** et bien **éclairées**.
f. pl.

GN-Sujet de P

Ex.: Les **fleurs** ont été **abîmées** par la pluie.
f. pl.

GN-Sujet de P

Ex.: Dans cette bibliothèque sont **réunis** les plus anciens **manuscrits**.
m. pl.

Remarque

Lorsque le pronom *on* signifie «nous», l'**attribut du sujet** ou le **participe passé employé avec *être*** reçoit le genre et le nombre des personnes désignées.

Ex.: L'auteur s'entretenait avec Luce et moi; **on** était **intimidées** toutes les deux.
f. pl.

Pour vérifier l'accord de l'adjectif attribut du sujet et du participe passé employé avec *être*

Chaque fois que vous repérez un adjectif attribut du sujet ou un participe passé employé avec *être* :

a) Trouvez le donneur d'accord (le noyau du sujet). Indiquez au-dessous son genre et son nombre.

b) Tracez une flèche allant du donneur vers chacun des receveurs.

c) Assurez-vous que chaque receveur a le même genre et le même nombre que le donneur.

Ex.: Cette petite auberge était **située** en face de chez moi.
f. s.

Sa **façade** défraîchie et son **éclairage** pâlot ne paraissaient guère **engageants**.
f. s. m. s.
m. pl.

Classes de mots

> **DÉFINITION**
>
> Il y a huit **classes de mots** : cinq classes de mots variables (le nom, le déterminant, l'adjectif, le pronom, le verbe) et trois classes de mots invariables (l'adverbe, la préposition, la conjonction).

■ LE NOM

Caractéristiques du nom	Exemples
1. Le **nom** a la particularité de pouvoir être introduit par un **déterminant**. ⇨ COUP DE POUCE Pour reconnaître un nom (p. 353)	**une** jolie araignée **tous les** escaliers **plus d'un** concert **beaucoup d'**expérience

Remarque
Les **noms** employés sans **déterminant** conservent la propriété de pouvoir être employés avec un déterminant dans d'autres contextes.
 	
Ex.: Le virus s'est propagé avec **rapidité**.
     Le virus s'est propagé avec **une** rapidité déconcertante.
 	
Ex.: **Francis** est revenu.
     Le Francis de mon enfance a bien changé.	

2. Le **nom** est un **donneur** d'accord.
 	
  – Il donne son genre et son nombre aux **déterminants** et aux **adjectifs** dans le <u>groupe nominal</u> (GN).
	GN GN
	Ses longs cheveux noirs tombaient sur **ses épaules nues**.
	           m. pl. f. pl.

– S'il est le noyau d'un GN sujet, il donne la troisième personne (par défaut) et son nombre au **verbe**.	GN-Sujet de P Ses longs **cheveux** noirs **tombaient** sur ses épaules nues. 3ᵉ pers. pl.
3. Le nom sert à désigner une réalité. Il est commun ou propre. Le nom propre commence par une <u>majuscule</u>.	**Noms communs :** enfant, chien, plante, température, jalousie, mardi, échéance, etc. **Noms propres :** Amélie, Belgique, Gaston, etc.

4. Un nom a divers traits de sens. En voici quelques-uns :
 	
  – trait **animé** ;
  – trait **non animé** ;
	
	• sœur, Francis, chien, fantôme, copine, etc.
	• appartement, chaise, horloge, tableau, cercueil, etc.

– trait **individuel** ; – trait **collectif** ;	• frère, édifice, escalier, lampe, carte, etc. • famille, gang, bande, foule, troupeau, meute, etc.
– trait **concret** ; – trait **abstrait** ;	• fromage, bâton, cheval, museau, etc. • bonté, courage, amour, désespoir, etc.

...

Caractéristiques du nom	Exemples
– trait **comptable**; – trait **non comptable**.	• personne, quartier, semaine, décennie, silhouette, etc. • neige, courage, sucre, sirop, bravoure, etc.

Remarque

Certains **noms** peuvent avoir parfois le trait comptable et parfois le trait non comptable.

Ex.: Les **truites** se tiennent au fond du lac par temps chaud. (Ici, *truites* a le trait comptable : ce sont *des* truites.)

Il y a de la **truite** au menu. (Ici, *truite* a le trait non comptable : c'est *de la* truite.)

5. Le nom peut avoir une forme simple ou une forme complexe : – à la **forme simple**, il est indécomposable en plus petits éléments;	chemin, arc, ciel, lecture, danse, etc.
– à la **forme complexe**, il est décomposable en plus petits éléments.	chemin de fer, arc-en-ciel, relecture, danseurs, etc.
6. Le nom a son genre propre. Certains noms sont du genre masculin; d'autres sont du genre **féminin**.	Un **nuage** de **fumée** noire recouvre la **ville**.

Remarque

Quelques noms ayant le trait animé peuvent s'employer aux deux genres : un *artiste*, une *artiste*; un *navigateur*, une *navigatrice*; etc.

7. Le nom est un mot **variable en nombre**. Le nom est au singulier s'il désigne un élément; il est au **pluriel** s'il désigne plusieurs éléments.	Francis a rapporté un **tableau** et quelques **sculptures**.

Remarque

Certains noms changent de sens selon qu'ils sont au singulier ou au **pluriel**.

Ex.: Tes nouvelles **lunettes** te vont à ravir. (Il s'agit ici de lunettes pour corriger ou protéger la vue, le mot *lunettes* est donc au pluriel.)

Ex.: Pour vos premières observations, choisissez une **lunette** légère et peu encombrante. (Il s'agit ici d'un instrument grossissant les objets, le mot *lunette* est donc au singulier.)

8. Le nom est le noyau du <u>groupe nominal</u>.	GN Francis a rapporté |un tableau| et GN |quelques sculptures inuites|.

COUP DE POUCE

Pour reconnaître un nom

Si on peut ajouter un **déterminant** comme *un*, *une*, *du* ou *des* devant un mot, ce mot est un **nom**.

Ex.: Peupliers et ormes forment une masse confuse.

+ **Des peupliers** et **des ormes** forment une masse confuse.

Donc, les mots *peupliers* et *ormes* sont des noms.

Caractéristiques du déterminant	Exemples
1. Le déterminant se place avant le **nom** et forme avec lui un <u>groupe nominal</u> (GN). ⇨ COUP DE POUCE Pour reconnaître un déterminant (p. 355)	GN quelques **tables**
Remarque Il peut y avoir un ou des mots entre le déterminant et le **nom** : quelques jolies petites **tables** rondes.	

2. Le déterminant est un mot **variable**. C'est un **receveur** d'accord : il reçoit le genre et le nombre du **nom** qu'il introduit.	un avion certains livres
	    m. s. m. pl.
	
	 aucune automobile certaines revues
	      f. s. f. pl.

3. Certains mots (*le, la, l', les, aucun, certains, plusieurs, leur,* etc.) appartiennent tantôt à la classe des <u>pronoms</u>, tantôt à la classe des déterminants. Ce sont des déterminants lorsqu'ils introduisent un **nom** ; sinon, ce sont des **pronoms**. ⇨ COUP DE POUCE Pour trouver la classe du mot *tout* (p. 356)	Elle aime les **livres**, mais **les** laisse traîner partout. **Tous** vos **essais** sont concluants ! Vous réussirez **tout**. Si **leurs** **résultats** s'améliorent, vous **leur** donnerez congé.
Remarque Quand *leur* est un déterminant, il prend un *s* au pluriel. Quand *leur* est un **pronom personnel**, il ne prend jamais de *s* parce qu'alors il ne s'oppose pas au singulier *leur* mais plutôt au singulier *lui*.	
4. Le déterminant peut avoir une forme simple ou une forme complexe :	
– à la **forme simple**, il est indécomposable en plus petits éléments ;	le, mon, quel, aucun, etc.
– à la **forme complexe**, il est décomposable en plus petits éléments.	beaucoup de, trop de, bon nombre de, n'importe quel, tous les, vingt et un, etc.
5. Il y a plusieurs sortes de déterminants :	
– les déterminants définis ;	le, la, l', les
Remarque Les mots *au, aux, du* et *des,* traditionnellement considérés comme des déterminants définis contractés, doivent être traités d'abord comme des <u>prépositions contractées</u> lorsqu'on analyse une phrase.	
– les déterminants indéfinis ;	un, une, de, d', des
Remarque Devant un adjectif, le déterminant indéfini *des* est généralement remplacé par le déterminant indéfini *de* ou *d'* : offrir *de* jolis dessins, louer *d'*excellents films.	
– les déterminants démonstratifs ;	ce, cet, cette, ces
Remarque Avec un déterminant démonstratif, on peut ajouter l'adverbe *ci* ou *là* après le nom. On unit alors le nom et l'adverbe par un <u>trait d'union</u> : ces haies**-ci**, ce paysage**-là**.	

...

Caractéristiques du déterminant	Exemples
– les déterminants possessifs;	mon, ton, son, ma, ta, sa, mes, tes, ses, notre, votre, leur, nos, vos, leurs
– les déterminants partitifs;	du, de la, de l', des

Remarque

Le **déterminant partitif** est employé devant un nom qui désigne une réalité non comptable : **du** sucre, **de la** farine, **de l'**eau, **des** rillettes, etc.

– les déterminants interrogatifs;	quel, quelle, quels, quelles, combien de
– les déterminants exclamatifs;	quel, quelle, quels, quelles, combien de, que de
– les déterminants quantitatifs;	• aucun, aucune, nul, nulle, pas un, pas une, etc. • beaucoup de, bon nombre de, certains, certaines, peu de, plus d'un, plus d'une, quelques, plusieurs, etc. • chaque, n'importe quel, n'importe quelle, tout le, toute la, tous les, toutes les, etc.
– les déterminants numéraux.	un, une, deux, trois, vingt, cent, mille, etc.

Remarques

- Seuls les déterminants numéraux *vingt* et *cent* prennent la marque du pluriel. Ils le font lorsqu'ils sont multipliés et qu'ils terminent le déterminant numéral : *quatre-vingts* mais *quatre-vingt-quatre*; *deux cents* mais *deux cent sept*.

- On met un trait d'union dans les nombres complexes inférieurs à *cent*, sauf lorsqu'ils sont unis par le coordonnant *et* : *dix-neuf*, *cinquante-six*, mais *soixante et un*.

COUP DE POUCE

Pour reconnaître un déterminant

Lorsque vous avez de la difficulté à reconnaître un **déterminant**, vérifiez s'il est possible de le remplacer par un déterminant que vous connaissez bien.

Ex. :   Elle a **tellement de** soucis.

⇓   Elle a **des** soucis.

Il est possible de remplacer *tellement de* par un déterminant connu comme *des*. Donc, *tellement de* est bien un déterminant.

Pour trouver la classe du mot *tout*

- Pour savoir si le mot *tout* est un déterminant, un pronom ou un adverbe, remplacez-le par un déterminant, un pronom ou un adverbe.

    Ex.: **Tout** spectateur en retard perdra sa place.
    ⇓ **Un** spectateur en retard perdra sa place.

    Ici, *tout* est un déterminant, puisqu'on peut le remplacer par un autre déterminant.

    Ex.: **Tout** est parfait.
    ⇓ **Cela** est parfait.

    Ici, *tout* est un pronom, puisqu'on peut le remplacer par un autre pronom.

    Ex.: Il était **tout** énervé.
    ⇓ Il était **extrêmement** énervé.

    Ici, *tout* est un adverbe, puisqu'on peut le remplacer par un autre adverbe.

- Si le mot *tout* est introduit par un déterminant, c'est un nom.

    Ex.: Payez **le tout** à la caisse.

■ L'ADJECTIF

Caractéristiques de l'adjectif	Exemples
1. L'**adjectif** est un mot **variable**. C'est un **receveur** d'accord: il reçoit son genre et son nombre du **nom** ou du **pronom** qu'il décrit.	J'aime les **histoires** courtes. f. pl. Ces **contes** sont étonnants. m. pl.
2. L'**adjectif** est un mot qui caractérise un **nom** ou un **pronom**.	J'aime les **contes populaires**. **Ils** sont étonnants.
3. Il y a deux sortes d'adjectifs: l'adjectif qualifiant et l'adjectif classifiant. – L'**adjectif qualifiant** exprime une qualité, positive ou négative, qu'on prête à la réalité désignée par le **nom** ou le **pronom**. Cet adjectif peut généralement être précédé d'un <u>adverbe</u> de degré comme *très*. – L'**adjectif classifiant** sert à classer, à catégoriser la réalité désignée par le **nom**. Cet adjectif ne peut pas être précédé d'un adverbe de degré.	C'est une (très) **étrange aventure**. **Elle** est (très) **inquiétante**. ⊘ un **chemin** (très) **forestier** ⊘ un **système** (très) **immunitaire** ⊘ une **plage** (assez) **municipale** ⊘ un **film** (un peu) **québécois**

Remarque
Un **adjectif qualifiant** ne peut pas être coordonné à un **adjectif classifiant**, mais il peut être placé à sa suite.

Ex.: ⊘ des vacances **scolaires** et **réjouissantes**
Mais: des vacances **scolaires réjouissantes**

...

Caractéristiques de l'adjectif	Exemples
4. Certains **adjectifs** changent de sens selon qu'ils sont placés avant ou après le **nom**.	un **pauvre homme** (un homme qui fait pitié) un **homme pauvre** (un homme qui n'a pas d'argent)
5. De nombreux **adjectifs** sont issus d'un verbe.	une dame **occupée**, des paupières **closes**, une boutique **ouverte**, un objet **perdu**, une eau **pétillante**, un air **réjoui**, des lampes **éteintes**, etc.
6. L'**adjectif** est le noyau du <u>groupe adjectival</u>.	GAdj Voici une histoire ⎡très **courte**⎤.

■ LE PRONOM

Caractéristiques du pronom	Exemples
1. Le **pronom** est un **donneur** d'accord. – Il donne sa personne et son nombre au **verbe**.	**Elle est** toujours attentionnée. 3ᵉ pers. s.
– Il donne son genre et son nombre à l'**adjectif** attribut.	**Elle** est toujours **attentionnée**. f. s. Josiane est arrivée. On **la** trouve **changée**. f. s.
2. On distingue le pronom de reprise et le pronom nominal. – Le **pronom de reprise** sert à faire des <u>reprises d'information</u>.	GN (antécédent) Pronom de reprise **Ces photos**, je **les** ai déjà vues. (Le pronom *les* reprend l'information donnée par le GN *Ces photos*. Ce GN, appelé **antécédent**, donne son sens au pronom *les*.)
– Le **pronom nominal** ne reprend pas d'information; il n'a pas d'antécédent. Les principaux pronoms nominaux sont: • les pronoms qui désignent la personne qui parle; • les pronoms qui désignent la personne à qui on parle; • les pronoms qui ont une signification en eux-mêmes.	• je, me, moi, nous • tu, te, toi, vous • personne, rien, on, tout, etc.
3. Certains mots (*aucun, certains, plusieurs, le, la, l', les, leur*, etc.) appartiennent tantôt à la classe des **pronoms**, tantôt à la classe des <u>déterminants</u>. Ce sont des **déterminants** lorsqu'ils introduisent un **nom**; sinon, ce sont des **pronoms**. ▷ COUP DE POUCE Pour trouver la classe du mot *tout* (p. 356)	Nous ne voyons pas **la mer**, mais nous **la** sentons. **Tous** nos **espoirs** se réalisent, **tout** va de mieux en mieux. Ils ont reçu **leurs neveux** et **leur** ont offert de petits cadeaux.

Remarque

Quand *leur* est un **déterminant**, il prend un **s** au pluriel. Quand *leur* est un **pronom personnel**, il ne prend jamais de **s** parce qu'alors il ne s'oppose pas au singulier *leur* mais plutôt au singulier *lui*.

...

Caractéristiques du pronom	Exemples
4. Le pronom peut avoir une forme simple ou une forme complexe :	
– à la **forme simple**, il est indécomposable en plus petits éléments ;	il, elle, celui, chacun, etc.
– à la **forme complexe**, il est décomposable en plus petits éléments.	celui-ci, la plupart, le tien, les uns, n'importe qui, quelqu'un, etc.
5. Le pronom est un mot **variable**. Il varie généralement en genre, en nombre et en personne.	le mien, la mienne, les miens, les miennes
6. Il y a sept sortes de pronoms :	
– les pronoms personnels ;	• je (j'), me (m'), moi, nous • tu, te (t'), toi, vous • il, elle, on, la, le, lui, se (s'), soi, en, y • ils, elles, les, leur, eux, se (s'), en, y
– les pronoms possessifs ;	• le mien, la mienne, les miens, les miennes • le tien, la tienne, les tiens, les tiennes • le sien, la sienne, les siens, les siennes • le nôtre, la nôtre, les nôtres • le vôtre, la vôtre, les vôtres • le leur, la leur, les leurs
– les pronoms démonstratifs ;	• celui, celle, ceux, celles, ce (c'), ceci, cela, ça • celui-ci, celle-ci, ceux-ci, celles-ci • celui-là, celle-là, ceux-là, celles-là
– les pronoms relatifs ;	• qui, que, quoi, dont, où • lequel, laquelle, lesquels, lesquelles • auquel, à laquelle, auxquels, auxquelles • duquel, de laquelle, desquels, desquelles

Remarque

Les formes suivantes s'analysent ainsi :

- auquel   = à + lequel   – duquel   = de + lequel
- auxquels   = à + lesquels   – desquels   = de + lesquels
- auxquelles = à + lesquelles   – desquelles = de + lesquelles

– les pronoms interrogatifs ;	• qui, que, quoi, où • quel, quelle, quels, quelles • qui est-ce qui, qui est-ce que, qu'est-ce qui, qu'est-ce que • lequel, laquelle, lesquels, lesquelles • auquel, à laquelle, auxquels, auxquelles • duquel, de laquelle, desquels, desquelles
– les pronoms numéraux ;	un, une, deux, trois, quatre, cinq, six, sept, etc.
– les pronoms indéfinis (ou pronoms quantitatifs). • variables	aucun, aucune, certain, certaine, chacun, chacune, l'autre, le même, l'un, n'importe lequel, nul, pas un, plus d'un, quelqu'un, tout, un autre, etc.

...

Caractéristiques du pronom	Exemples
• invariables	beaucoup, bon nombre, je ne sais qui, la plupart, n'importe qui, personne, peu, plusieurs, quelque chose, quiconque, rien, etc.

■ LE VERBE*

Caractéristiques du verbe	Exemples
1. Le **verbe** est un **receveur** d'accord: il reçoit le nombre et la personne du **noyau** du sujet.	Marie croit que tu t'ennuies là-bas. 3ᵉ pers. s. 2ᵉ pers. s.
2. Le **verbe** est un mot **variable** qui peut se conjuguer. Autrement dit, il peut être employé à différents modes et temps, et à différentes personnes du singulier ou du pluriel. ⇨ COUP DE POUCE **Pour reconnaître un verbe** (p. 360)	Soyez à l'heure cette fois-ci. (Le verbe est au mode impératif, au temps présent et à la 2ᵉ personne du pluriel.) Nous ne les **voyions** jamais l'un sans l'autre. (Le verbe est au mode indicatif, au temps imparfait et à la 1ʳᵉ personne du pluriel.)
3. Les verbes se conjuguent à divers modes. – Au mode **indicatif**, le verbe se conjugue avec un **pronom personnel sujet**.	**je** dis, **tu** dis, **il** dit **nous** avons ri, **vous** avez ri, **elles** ont ri
– Au mode **subjonctif**, *que* précède le **pronom personnel sujet**.	que **je** dise, que **tu** dises, qu'**elle** dise
– Au mode **impératif**, le sujet est sous-entendu.	dis, disons, dites
– Aux modes **infinitif** et **participe**, il n'y a pas de sujet.	**Infinitif:** dire / avoir dit; écouter / avoir écouté **Participe:** disant / ayant dit, dit; écoutant / ayant écouté, écouté
4. Les verbes se conjuguent aussi à divers temps du passé, du présent et du futur.	**Passé:** il chanta, il chantait, il a chanté **Présent:** il chante **Futur:** il chantera
5. Il existe trois sortes d'auxiliaires: – les **auxiliaires de conjugaison** *avoir* et *être*, qui servent à former, avec le **participe passé du verbe**, les temps composés;	J'**ai mangé**. Nous **sommes allés** au cinéma. Elle s'**est endormie**.
– les **auxiliaires d'aspect**, tels *aller*, *commencer à*, *être sur le point de*, *être en train de*, *finir de*, *se mettre à*, *venir de*, etc., qui, suivis d'un **verbe à l'infinitif**, indiquent à quel moment on se place par rapport à l'action ou au fait exprimé par le verbe à l'infinitif;	• **Avant l'action:** Il **va mettre** la table. • **Au début de l'action:** Il **commence à mettre** la table. • **Pendant l'action:** Il **est en train de mettre** la table. • **À la fin de l'action:** Il **a fini de mettre** la table. • **Après l'action:** Il **vient de mettre** la table. ...

* Pour mieux comprendre les temps et les personnes des verbes, consultez l'article *Conjugaison* ou les *Tableaux de conjugaison* qu'on vous remettra. (Voir la section OUTILS DE RÉFÉRENCE POUR L'ÉLÈVE.)

Caractéristiques du verbe	Exemples
– les **auxiliaires de modalité**, tels *devoir*, *falloir*, *pouvoir*, *vouloir*, *paraître*, *sembler*, *faillir*, etc., qui, suivis d'un **verbe à l'infinitif**, indiquent le <u>point de vue</u> de l'énonciateur quant à la réalisation de l'action ou du fait exprimé par le verbe à l'infinitif.	• **La probabilité** : Il **semble partir**. • **La possibilité** : Il **peut partir**. • **L'obligation** : Il **doit partir**. • **La non-réalisation** : Il **a failli partir**.
6. Les verbes construits avec le sujet *il* impersonnel sont des verbes impersonnels. Ces verbes servent à la construction des <u>phrases impersonnelles</u>.	
– Certains verbes sont **toujours impersonnels**. ⇨ COUP DE POUCE Pour repérer le verbe toujours impersonnel (p. 361)	il faut, il s'agit, il est question, il vente, il neige, etc.
– Certains verbes sont **occasionnellement impersonnels**.	il arrive, il manque, il se passe, il se produit, etc.
Remarque Le verbe *être* peut être combiné avec des adjectifs pour former des constructions impersonnelles. Ex. : il est possible de / que, il est nécessaire de / que, il est bon de / que, il est utile de / que, il est rare de / que, etc.	
7. Certaines expressions sont formées d'un verbe et d'un nom (avec ou sans déterminant) ou d'un verbe et d'un adjectif. On considère ces <u>expressions figées</u> comme des verbes.	avoir l'air, avoir chaud, faire peur, prendre part, tenir tête, etc.
8. Le **verbe conjugué** à un mode personnel est le noyau du <u>groupe verbal</u>.	GV Nous |avons assisté à un merveilleux spectacle|.
Remarque Lorsqu'un verbe est à l'infinitif, il est le noyau d'un <u>groupe infinitif</u> (GInf); lorsqu'un verbe est au participe, il est le noyau d'un <u>groupe participial</u> (GPart).	

COUP DE POUCE

Pour reconnaître un verbe

Lorsque vous avez de la difficulté à reconnaître un **verbe**, vérifiez s'il est possible de l'encadrer par la négation *ne… pas*.

Ex. : L'enfant souffle les bougies.

[ ] L'enfant **ne souffle pas** les bougies.

Il est possible d'encadrer *souffle* par la négation *ne… pas*. Donc, le mot *souffle* est un verbe dans cette phrase.

Quand le verbe est conjugué à un temps composé, la négation n'encadre que l'**auxiliaire**.

Ex. : L'enfant a soufflé les bougies.

[ ] L'enfant **n'a pas** soufflé les bougies.

Pour repérer le verbe toujours impersonnel

- Si le **sujet** d'un **verbe impersonnel** **ne peut pas être remplacé par un autre mot**, le verbe est **toujours impersonnel**.

  Ex.: **Il s'agit** bien d'elle.　　Ex.: **Il neige.**
  ⊘ Elle **s'agit** bien d'elle.　　⊘ Elle **neige.**

- Si le **sujet** d'un **verbe impersonnel** **peut être remplacé par un groupe de mots**, le verbe est **occasionnellement impersonnel**.

  Ex.: **Il est arrivé** une drôle d'aventure à Zoé.
  Une drôle d'aventure est arrivée à Zoé.

■ L'ADVERBE

Caractéristiques de l'adverbe	Exemples
1. L'**adverbe** est un mot **invariable**.	**Hier**, elle a lu **rapidement** un **très** gros livre. Nous vous rejoindrons **tout à l'heure**.

Remarque

Il ne faut pas confondre l'adverbe avec l'**adjectif** qui, lui, s'accorde.

Ex.:　Ces fleurs sentent **bon**. Ces fruits sont **bons**.

　　　Ces oiseaux volent **haut**. Ces branches sont **hautes**.

　　　Ces choristes chantent **juste**. Ces remarques sont **justes**.

⇨ COUP DE POUCE　Pour distinguer l'adverbe et l'adjectif (p. 362)

Remarque

L'adverbe *tout* varie devant un nom féminin commençant par une consonne ou un *h* dit aspiré.

Ex.:　Elle est **toute** rouge et **tout** essoufflée.

⇨ COUP DE POUCE　Pour trouver la classe du mot *tout* (p. 356)

2. L'adverbe exprime, entre autres :	
– le **lieu** ;	ailleurs, alentour, dehors, ici, là, loin, partout, près, etc.
– le **temps** ;	aujourd'hui, autrefois, bientôt, demain, hier, jamais, parfois, tôt, toujours, etc.
– la **manière** ;	bien, ensemble, gentiment, tendrement, mal, mieux, vite, vivement, etc.
– l'**affirmation** ;	assurément, certes, oui, volontiers, etc.
– la **négation** ;	ne… jamais, ne… pas, ne… plus, non, etc.
– le **doute**, la **probabilité** ;	apparemment, peut-être, probablement, sans doute, vraisemblablement, etc.
– la **quantité**, le **degré**.	beaucoup, environ, moins, peu, suffisamment, tellement, très, trop, etc.
3. L'adverbe est le noyau du <u>groupe adverbial</u>.	GAdv Elle est | très | rouge.

Pour distinguer l'adverbe et l'adjectif

Si le mot peut être remplacé par un adverbe, ce n'est pas un adjectif mais un adverbe.

Ex.:   Ces gens s'expriment **bien**.   Ex.:   Ces films sont **fort** captivants.
⇓ Ces gens s'expriment **correctement**.   ⇓ Ces films sont **très** captivants.

Règles de formation des adverbes en *-ment*

Règle générale

On ajoute *-ment* au féminin de l'adjectif.

Ex.: claire   + *-ment* = clairement
légère   + *-ment* = légèrement
prompte + *-ment* = promptement
vive   + *-ment* = vivement

Exceptions

- *Bref* fait *brièvement*, *gentil* fait *gentiment* et *traître* fait *traîtreusement*.
- Quelques adverbes prennent plutôt la finale *-ément*: *aveuglément, communément, énormément, immensément, intensément, précisément, profondément*, etc.

Règles particulières

1. **Adjectifs qui se terminent au masculin par *é, i* ou *u***
   On ajoute ***-ment*** à l'adjectif au masculin.

   Ex.: ais**é**   + *-ment* = aisément
   jol**i**   + *-ment* = joliment
   résol**u** + *-ment* = résolument

   Exceptions
   - *Gai* fait *gaiement*, *impuni* fait *impunément* et *beau* fait *bellement*.
   - Dans une dizaine de cas, il y a un accent circonflexe sur le *u* de l'adverbe: *assidûment, continûment, goulûment, indûment*, etc.

2. **Adjectifs qui se terminent au masculin par *-ant* ou *-ent***
   - On remplace *-ant* par *-amment*.

     Ex.: étonn**ant** ➤ étonn**amment**
     pes**ant**   ➤ pes**amment**

   - On remplace *-ent* par *-emment*.

     Ex.: viol**ent** ➤ viol**emment**
     fréqu**ent** ➤ fréqu**emment**

■ LA PRÉPOSITION

Caractéristiques de la préposition	Exemples
1. La **préposition** est un mot **invariable** qui prend un **complément**.	Il est allé **avant** ses sœurs **dans** la salle **de** bains **pour** se laver les mains **avant de** passer **à** table.

2. La préposition peut être formée d'un mot ou de plus d'un mot. – Prépositions formées d'un mot	à contre devant pendant vers après dans durant pour etc. avant de en sans avec depuis entre selon chez derrière envers sous comme dès par sur

Remarques

- Quatre prépositions dites **contractées** sont formées de la préposition *à* ou *de* soudée au déterminant *le* ou *les*: au (à + le), aux (à + les), du (de + le), des (de + les). Elles sont aussi appelées *déterminants définis contractés*.
- On répète habituellement les prépositions *à*, *de* et *en* devant chaque complément.

  Ex.: Irez-vous à Montréal **en** autobus, **en** train ou **en** avion?
- On supprime *de* devant *d'autres*.

  Ex.: ⊘ Il parlait ~~de~~ d'autres gens.

– Prépositions formées de plus d'un mot	à cause de d'entre par-derrière à côté de de façon à par-dessous à partir de de manière à par-dessus afin de en dessous de par rapport à au-dedans de en face de près de au-dessous de face à quant à au-dessus de grâce à vis-à-vis de au moyen de jusqu'à etc. auprès de loin de avant de lors de contrairement à malgré
3. La **préposition** est le noyau du <u>groupe prépositionnel</u>.	GPrép Elle ira $\boxed{\text{à la bibliothèque}}$.

COUP DE POUCE

Pour choisir la bonne préposition

Pour choisir la bonne préposition, il faut consulter un dictionnaire au mot qui commande la préposition. Ainsi, on trouvera à *jouer*: jouer **au** badminton, jouer **avec** ses amis, jouer **de** malchance, jouer **du** piano, jouer **sur** les mots, etc.

Caractéristiques de la conjonction	Exemples
1. La **conjonction** est un mot invariable qui peut exprimer divers sens : l'addition (*et, ni*), l'alternative (*ou, soit... soit*), la cause (*parce que*), l'opposition (*mais*), etc.	On annonce de la neige **et** des vents violents. (addition) Il insiste **pour que** nous restions à la maison. (but) Les avions resteront au sol **jusqu'à ce que** le brouillard se dissipe. (temps)
La **conjonction** peut aussi être vide de sens.	Je veux **que** tu réussisses.
2. La conjonction joue le rôle d'un <u>coordonnant</u> ou d'un <u>subordonnant</u>. ➩ <u>Jonction de groupes et de phrases</u> (p. 398)	

Cohérence textuelle

DÉFINITION

Un texte cohérent est un texte qui obéit à certaines règles.

— La **pertinence** des éléments : les éléments contenus dans le texte y ont bien leur place.

— La **non-contradiction** entre les éléments : les éléments contenus dans le texte ne sont pas contradictoires.

— La **continuité** de l'information : il y a un lien d'une phrase à l'autre.

— La **progression** de l'information : il y a de l'information nouvelle dans chaque phrase.

Règles de cohérence textuelle	Exemples
Pertinence Un texte est cohérent si les éléments qui le composent ont bien leur place dans ce texte, compte tenu du sujet, du genre de texte, de l'intention de l'auteur, etc.	Pourquoi fait-il si chaud sur Vénus ? La température moyenne y est deux fois plus élevée que celle d'un four, soit 480 °C. Cela vient du fait que son atmosphère est surtout composée de gaz carbonique, un gaz lourd qui absorbe la chaleur. De plus, l'épais plafond de nuages rend captifs une grande partie des rayons solaires qui sont réfléchis par le sol. *Larousse des mille questions et réponses*, Paris, Larousse/VUEF, 2003, p. 27. Cet extrait est cohérent : l'information y est juste et liée au sujet.
Non-contradiction Un texte est cohérent s'il n'y a pas de contradiction entre les éléments qui le composent. a) Les informations ne se contredisent pas, elles vont dans le même sens.	⊘ La rue **défile rapidement** derrière la vitre de l'autobus. Une série de boutiques se succèdent. Grégoire **scrute** chaque vitrine comme si l'une d'elles allait lui révéler le but secret du voyage qu'il a entrepris. Ce passage contient une contradiction : dans la dernière phrase, *scrute*, qui signifie «observer avec attention», est en contradiction avec l'affirmation de la première phrase selon laquelle la rue défile rapidement.

...

Règles de cohérence textuelle	Exemples
b) L'émetteur s'exprime à la 1re personne **ou** à la 3e personne; il ne change pas en cours de route sans raison valable.	⊘ **Je** regagnai mon poste de surveillance, un petit bureau pas très confortable. Je m'assis dans le fauteuil, sortis de mon veston un livre de poche et repris ma lecture. **Il** trouvait l'histoire vraiment passionnante. Ce passage est incohérent: l'émetteur passe de la 1re personne à la 3e personne en cours de rédaction sans raison valable.
c) L'émetteur conserve le même point de vue (soit engagé, soit distancié); il ne change pas en cours de route sans raison valable. ⇨ <u>Point de vue</u> (p. 412)	⊘ Selon une étude menée en 2006 par la Société de l'assurance automobile du Québec, 20 personnes sont décédées sur les routes du Québec à la suite d'un accident entre un vélo et un véhicule routier, et plus de 150 personnes ont été grièvement blessées. Cette même étude révèle que le tiers des victimes étaient âgées de 15 ans ou moins. De plus, il est **épouvantable** de constater que l'inattention du conducteur ou du cycliste est en cause dans 71 % des accidents. Ce passage est incohérent: dans la dernière phrase, l'émetteur adopte un point de vue engagé alors qu'il avait commencé par un point de vue distancié.
d) Le texte est généralement écrit dans le système verbal du **présent ou** dans celui du **passé**. ⇨ <u>Système verbal</u> (p. 440)	⊘ Mélanie **marche** sur la pointe des pieds jusqu'à la cuisine et **ouvre** doucement la porte du balcon qui mène à l'escalier de secours. Bémol, un chat errant, en **profita** pour se glisser à l'intérieur en miaulant. Mélanie **se pencha** pour le caresser, ce qui **eut** l'heureux effet de changer son miaulement en un ronron plus discret. Ce passage est incohérent: il est écrit à la fois dans le système verbal du **présent** et dans celui du **passé**.
Continuité et progression Un texte est cohérent s'il contient suffisamment de **reprises d'information** qui permettent de suivre le fil conducteur et si on trouve de l'**information nouvelle** dans chaque phrase. ⇨ <u>Reprise de l'information</u> (p. 418)	À une centaine de mètres de la maison, j'aperçus **un chat** et un chien. **Le premier était juché sur la clôture**. Le second l'observait. **Le matou émettait des miaulements sonores sous l'œil courroucé du gardien de ces lieux**. Ce passage est cohérent. D'une part, il contient des reprises: par exemple, les mots en bleu reprennent **un chat**. D'autre part, il y a progression de l'information: par exemple, les mots en **violet** apportent, d'une phrase à l'autre, de l'information nouvelle à propos du chat.

Discours rapporté

Le **discours rapporté** sert à citer des paroles qui ont déjà été émises. Dans les **textes narratifs**, les discours rapportés sont les paroles des personnages ; dans les **textes courants**, ce sont les paroles des personnes que l'on cite.

1. On peut rapporter les propos d'une personne directement ou indirectement.

Sortes de discours rapportés	Exemples
Discours rapportés directement : propos cités tels quels.	Jessica a déclaré : «J'ai abusé des jeux électroniques.»
Discours rapportés indirectement : propos reformulés par la personne qui les rapporte.	Jessica a déclaré qu'elle avait abusé des jeux électroniques. Jessica a déclaré avoir abusé des jeux électroniques.

2. On reconnaît le **discours direct** aux caractéristiques suivantes.

Caractéristiques du discours direct	Exemples
1. Il est annoncé par un **verbe de parole** placé : – soit avant les paroles rapportées (on met alors un deux-points à l'écrit) ;	Il **a hurlé** : «J'ai gagné !»
– soit dans une incise. (La phrase incise est une formule généralement courte insérée dans une autre phrase ou placée à la fin de celle-ci. Elle indique qu'on rapporte les paroles de quelqu'un. Elle se caractérise par l'inversion du sujet et du verbe.)	«Je ne sais plus ce qui m'arrive», me **confia** Suzie. «Qu'est-ce qui m'arrive ?» **se demanda**-t-elle.
2. Il constitue au moins une phrase. Cette phrase commence obligatoirement par une majuscule. ⇨ Phrase (p. 408)	Valérie **a déclaré** : « Je vais aller me reposer .»
3. Il est encadré par des guillemets à l'écrit.	Mia, effrayée, s'écria : «Vite ! Sortons d'ici !»
4. Il est introduit par un tiret dans un dialogue écrit.	Le chauffeur se leva et s'avança jusqu'à Tom. — **Descendez tout de suite**, dit le chauffeur. — **Mais... qu'est-ce que j'ai fait ?** demanda Tom.

3. On reconnaît le discours indirect aux caractéristiques suivantes.

Caractéristiques du discours indirect	Exemples
1. Il est souvent annoncé par un **verbe de parole** ou un verbe comme *penser* ou *écrire* placé avant les **paroles rapportées** (on ne met alors pas de deux-points à l'écrit).	La pianiste **a déclaré** qu'elle était prête pour le concert.
2. Il se présente sous différentes formes.	Ken **a confirmé** qu'il viendrait nous voir demain. Nora leur **a demandé** s'ils avaient aimé le film. Annie lui **a demandé** de lire un passage du livre.
3. Il n'est pas encadré par des guillemets à l'écrit.	Max lui **a avoué** qu'il avait manqué de courage.

Pour transformer un discours direct en discours indirect

a) Pour transformer un discours direct en discours indirect, il faut remplacer les **pronoms** et les **déterminants possessifs** de la **1re** et de la **2e personne** par des **pronoms** et des **déterminants possessifs** de la **3e personne**. Il n'y a pas de changement de personne quand l'énonciateur rapporte ses propres paroles.

Ex.: Elle dit: «**Je** ferai **ma** recherche sur le réchauffement de la planète.»

Elle dit qu'**elle** fera **sa** recherche sur le réchauffement de la planète.

b) Si le **verbe introducteur** est au **passé** (passé simple, passé composé, imparfait), il faut aussi remplacer:
– le **temps des verbes**;

Ex.: Il **a expliqué**: «L'expérience **se déroule** normalement, tout **se passe** comme prévu.»

Il **a expliqué** que l'expérience **se déroulait** normalement, que tout **se passait** comme prévu.

– les **expressions de temps**.

Ex.: Le chercheur **a ajouté**: «Nous entamerons la seconde étape de notre expérience dès **demain**.»

Le chercheur **a ajouté** qu'ils entameraient la seconde étape de leur expérience dès **le lendemain**.

# Figures de style

■ FIGURES DE STYLE LES PLUS COURANTES

Figures et descriptions	Exemples
Accumulation L'**accumulation** consiste à **énumérer une suite de détails** dans une phrase ou dans plusieurs phrases qui se suivent pour développer ou rendre plus frappante une idée, une description, une caractérisation.	LES CINQ FEMMES — Là, là, j'travaille comme une enragée, jusqu'à midi. J'lave. **Les robes, les jupes, les chandails, les pantalons, les canneçons, les brassières,** tout y passe ! **Pis frotte, pis tord, pis refrotte, pis rince…** Michel Tremblay, *Les belles-sœurs*, Montréal, Leméac, 1972, p. 13. Dans cet exemple, l'accumulation des vêtements à laver et des actions à accomplir témoigne de la lourdeur des tâches, qui semblent interminables.
Allitération et assonance L'**allitération** est la **répétition d'un ou de plusieurs sons consonantiques** dans une suite de mots rapprochés.	Quand la **p**luie **p**ique son **pl**ic est ré**c**iproque : le cho**c** s'ap**pl**ique et ré**pl**ique **pl**oc ! Alain Serres, «Soliloque», dans *Les éléments des poètes*, Paris, Hachette, 1990, p. 86. Dans cet exemple, la répétition des sons «p», «pl» et «k» évoque une pluie qui tombe dru.
L'**assonance** est la **répétition d'un ou de plusieurs sons vocaliques** dans une suite de mots rapprochés.	Le vent s'enr**ou**le aut**ou**r des pins, S**ou**ffle t**ou**t au long de la plaine, Sème des fleurs dans les jardins, J**ou**e avec l'eau de la fontaine. Claire de La Soujeole, «Ordre cosmique», dans *Les éléments des poètes*, Paris, Hachette, 1990, p. 160. Dans cet exemple, la répétition du son «ou» rappelle le bruit du vent.
Antithèse L'**antithèse** est l'**emploi de deux expressions ou de deux mots opposés** dans une même phrase, un même paragraphe ou une même strophe. Elle permet de présenter deux aspects contradictoires de la réalité ou de souligner une opposition afin de **créer un contraste**.	sur le tableau noir du **malheur** il dessine le visage du **bonheur** Jacques Prévert, «Le cancre», dans *Paroles*, 1946. Dans cet exemple, l'association des termes *malheur* et *bonheur* fait contraste.
Comparaison et métaphore La **comparaison exprime une ressemblance** entre deux réalités **à l'aide d'un outil de comparaison**.	…

Figures et descriptions	Exemples
1. La **comparaison** est formée de quatre éléments : – un **terme qui est comparé** : c'est le mot ou le groupe de mots qui désigne la réalité dont on parle ; – un **outil de comparaison** : c'est le mot ou le groupe de mots qui exprime la ressemblance ; – un **terme à quoi on compare** : c'est le mot ou le groupe de mots qui désigne la réalité à laquelle on compare ; – un **point de ressemblance** : c'est la caractéristique commune aux deux réalités (il peut être sous-entendu).	Ses cheveux étaient dressés sur sa tête comme une crête de perroquet. – Ce qui est comparé : Ses cheveux. – Outil de comparaison : comme. – Ce à quoi on compare : la crête d'un perroquet. – Point de ressemblance : l'alignement de pointes verticales. Ses yeux étaient semblables à des saphirs. – Ce qui est comparé : Ses yeux. – Outil de comparaison : semblables à. – Ce à quoi on compare : des saphirs. – Point de ressemblance : la couleur et la luminosité (sous-entendus).
2. Les principaux outils de comparaison sont les suivants : *comme, ainsi que, tel, semblable à, pareil à, comparable à, ressembler à, avoir l'air de, faire l'effet de, on dirait.*	Le sentier se déroulait *tel* un long ruban clair dans le soleil aveuglant. Les hirondelles, *pareilles à* des pinces à linge, se tenaient sur le fil.
3. La **métaphore exprime une ressemblance** entre deux réalités mais, contrairement à la comparaison, elle le fait **sans l'aide d'un outil de comparaison.**	**Métaphore :** L'araignée, petite main noire et velue, s'agrippait à ses cheveux. **Comparaison :** L'araignée, *telle* une petite main noire et velue, s'agrippait à ses cheveux.
4. Comme la métaphore n'est pas signalée par un outil de comparaison, il faut examiner attentivement le texte pour la repérer et trouver le point de ressemblance.	L'herbe ondoie, vague frémissante, sous l'effet de la brise. – Ce qui est comparé : L'herbe. – Ce à quoi on compare : vague frémissante. – Point de ressemblance : le mouvement d'ondoiement, d'oscillation, de va-et-vient.
Euphémisme L'**euphémisme** consiste à **exprimer une idée pénible, choquante ou perçue négativement au moyen d'une expression atténuée, adoucie.**	Hyppolite **n'est plus.** Jean Racine, *Phèdre*, 1677. Dans cet exemple, l'euphémisme *n'est plus* est employé pour atténuer une réalité pénible, la mort.
Gradation La **gradation** est une **énumération** dans laquelle des mots ou des groupes de mots sont disposés dans un **ordre de progression croissante ou décroissante.**	Les vieux ne bougent plus [...] leur monde est trop petit **Du lit à la fenêtre**, puis **du lit au fauteuil** et puis **du lit au lit.** Jacques Brel, «Les vieux», 1964. Dans cet exemple, la gradation décrit l'affaiblissement progressif des personnes qui vieillissent.

...

Figures et descriptions	Exemples
Hyperbole L'**hyperbole** consiste à **exprimer de façon exagérée une idée ou un sentiment.**	Elle est partie Tout est fané . Et je m'ennuie Moi qui pour elle **Avais cueilli** **Le Monde** Gilles Vigneault, «J'ai fait un bouquet…», *Silences: 1957, poèmes, 1977*, Montréal, Nouvelles éditions de l'Arc, 1978, p. 73. Dans cet exemple, l'expression «avais cueilli le Monde» signifie que l'auteur avait fait l'impossible pour sa bien-aimée, ce qui montre l'ampleur de son amour.
Litote La **litote** consiste à **en dire moins pour en suggérer davantage.**	**C'est pas facile** Quand Isabelle te laisse tomber **Y a pas de quoi rire** Quand Isabelle te fait marcher. Jean Leloup, «Isabelle», 1990. Dans cet exemple, les expressions *C'est pas facile* et *Y a pas de quoi rire* signifient respectivement «c'est difficile» et «il y a de quoi pleurer».
Remarque La litote est souvent formulée dans une phrase de forme négative.	
Métonymie La **métonymie** consiste à **remplacer un mot par un autre** qui a un **lien logique** avec lui. La métonymie se construit selon divers liens logiques. Elle peut désigner, entre autres: – l'œuvre par l'**auteur**; – l'utilisateur par l'**instrument**; – le contenu par le **contenant**; – l'objet par la **matière** dont il est fait; – le tout par la **partie**; – une réalité abstraite par l'**objet** qui la représente.	À six heures, Montréal s'éveille. Dans cet exemple, on emploie le nom désignant le **lieu** (Montréal) à la place du nom désignant les **personnes** (les Montréalais). J'ai lu le dernier roman de Michel Tremblay. ➤ J'ai lu le dernier **Michel Tremblay.** Le premier violoniste a joué de façon remarquable. ➤ Le **premier violon** a joué de façon remarquable. Termine le contenu de ton assiette. ➤ Termine ton **assiette.** Elle a acheté une sculpture de bronze. ➤ Elle a acheté un **bronze.** Les bateaux à voile prennent le départ. ➤ Les **voiles** prennent le départ. Il a renoncé à la royauté. ➤ Il a renoncé à la **couronne.**

...

Figures et descriptions	Exemples
Personnification La **personnification** consiste à **attribuer des caractéristiques humaines** à des animaux, à des objets ou à des notions abstraites.	Les grands saules chantent Mêlés au ciel Et leurs feuillages sont des eaux vives Dans le ciel Hector de Saint-Denys-Garneau, «Saules», dans *Regards et jeux dans l'espace*, 1937. Dans cet exemple, les saules sont personnifiés par le verbe *chantent*, habituellement réservé au domaine humain.
Répétition et anaphore La **répétition** consiste à **répéter un mot ou un groupe de mots**. Elle est stylistique lorsqu'elle vise à produire un effet et à frapper l'attention.	Intérieurs bourgeois **anglais**, avec des fauteuils **anglais**. Soirée **anglaise**. M. Smith, **Anglais**, dans son fauteuil **anglais** et ses pantoufles **anglaises**, fume sa pipe **anglaise** et lit un journal **anglais**, près d'un feu **anglais**. Eugène Ionesco, *La cantatrice chauve*, 1950. Dans cet exemple, la répétition du mot *anglais* crée un effet absurde et comique.

Remarques

- La répétition est une faute de style lorsqu'elle n'apporte rien à l'énoncé et ne fait que souligner le manque de vocabulaire.
- La répétition d'une idée déjà présente dans un autre mot constitue un **pléonasme**. Ainsi, *prévoir d'avance, applaudir des deux mains, monter en haut, tollé de protestations* sont des pléonasmes. La phrase suivante contient un pléonasme admis parce qu'il renforce l'expression: *Je l'ai vu de mes propres yeux*. Mais la plupart des pléonasmes sont à éviter.

L'**anaphore** est une **répétition** de mots ou de groupes de mots **en tête de phrase, de vers, de paragraphe ou de strophe**.	**J'veux pas** qu'on m'apprivoise **J'veux pas** non plus qu'on m'mette en cage **J'veux pas** être aimée pour ce que j'ai à te donner <div align="right">Marjo, «Les chats sauvages», 1986.</div>

 onctions dans la phrase

> **DÉFINITION**
>
> Les fonctions de ⬚sujet de phrase⬚ et de ⬚prédicat de phrase⬚ sont celles des deux constituants obligatoires de la phrase de base.
>
> Le sujet est ce dont on parle dans la phrase. Le prédicat est ce qu'on dit du sujet.
>
> Sujet de P   Prédicat de P
> Ex.: ⬚ Les deux sœurs ⬚ tendent l'oreille .
>
> De qui parle-t-on? De deux sœurs: *Les deux sœurs* est donc le sujet de phrase.
>
> Qu'est-ce qu'on en dit? Qu'elles tendent l'oreille: *tendent l'oreille* est donc le prédicat de phrase.

> La fonction de complément de phrase (C de P) est celle d'un élément qui complète la phrase. Le complément de phrase est un constituant facultatif (non obligatoire) de la phrase.
>
> | Sujet de P | Prédicat de P | C de P |
> |---|---|---|
> Ex.: Les crapauds   entonnent leur complainte   dès les premières chaleurs .

LE SUJET DE PHRASE

1. Trois caractéristiques permettent de reconnaître le sujet de phrase .

On peut remplacer le sujet par l'expression *Qui est-ce QUI ?* ou *Qu'est-ce QUI ?*	La petite serra la main tremblante de son frère. ⇓ Qui est-ce QUI serra la main tremblante de son frère ?
On peut encadrer le sujet par *C'est… qui*.	[ ] C'est la prisonnière **qui** retient ses larmes.
On peut remplacer le sujet par un des pronoms suivants : *il, ils, elle, elles, cela* ou *ça*.	Des fougères tapissent le sol. ⇓ Elles tapissent le sol. Plaisanter détend l'atmosphère. ⇓ Cela détend l'atmosphère.

Remarque

Les pronoms *elle, elles, cela* et *ça* ne sont pas toujours sujets. Les pronoms *il* et *ils* sont toujours sujets.

2. La fonction de sujet de phrase peut être remplie, entre autres, par les éléments suivants.

Un <u>groupe nominal</u>	GN-Sujet de P Le visage de Thana montrait une grande satisfaction.
Un <u>pronom</u>	Pron.-Sujet de P Ils évitent de provoquer la colère de leur chef.
Un <u>groupe infinitif</u>	GInf-Sujet de P Se distinguer au combat suscite le respect de la tribu.

LE PRÉDICAT DE PHRASE

La fonction de prédicat de phrase est toujours remplie par un <u>groupe verbal</u>. Le groupe verbal est le seul groupe à pouvoir remplir la fonction de prédicat.

GV-Prédicat de P

Ex.: Il somnole .

GV-Prédicat de P

Ex.: Son visage ruisselle de sueur .

GV-Prédicat de P

Ex.: Au village, une fête salue le retour des deux jeunes guerriers courageux .

Pour trouver le prédicat de phrase

Repérez d'abord le ou les [compléments de phrase] et le [sujet].

Ce qui reste de la phrase est habituellement le [prédicat].

Ex.: [Toute la nuit], [la jeune fille] songe à cette alliance magique .

[Toute la nuit] est un **complément de phrase**: on peut l'effacer et le déplacer.

[la jeune fille] est le **sujet de phrase**: on peut l'encadrer par *c'est… qui*, et le remplacer par le pronom *elle*.

[songe à cette alliance magique] est le **prédicat de phrase**.

LE COMPLÉMENT DE PHRASE

1. Deux caractéristiques permettent de reconnaître le [complément de phrase].

On peut déplacer le [complément de phrase] – en tête de phrase;	C de P Les crapauds entonnent leur complainte [dès les premières chaleurs]. C de P ⟺ [Dès les premières chaleurs], les crapauds entonnent leur complainte.
– au milieu de la phrase.	C de P ⟺ Les crapauds, [dès les premières chaleurs], entonnent leur complainte.
On peut effacer le [complément de phrase].	C de P Les crapauds entonnent leur complainte [dès les premières chaleurs]. ✂ Les crapauds entonnent leur complainte.

Remarque

Bien sûr, l'effacement enlève de l'information, mais la phrase reste bien construite.

2. Le complément de phrase exprime divers sens dont les suivants.

Le temps	C de P [Depuis quelques jours], le soleil fait fondre la neige.
Le lieu	C de P [Dehors], l'aurore diffuse une belle lumière.
Le but	C de P [Pour se donner du courage], l'enfant fredonne dans sa tête.
La cause	C de P Il se sent bien [parce qu'il est près du feu].
La conséquence	C de P J'ai travaillé rapidement, [de sorte que j'ai pu partir plus tôt].
L'opposition	C de P Hélène est petite, [alors que son mari est très grand].

...

...	
La concession	C de P ⎡Bien qu'il soit timide⎤, Marc a pris la parole en public.
La comparaison	C de P Le deltaplane descend en virevoltant, ⎡comme une feuille voltige dans la brise⎤.
L'hypothèse	C de P ⎡Si mes amis avaient été là⎤, nous serions allés à la patinoire.

Remarque

Le complément de phrase **ne peut pas exprimer la manière**. Un groupe déplaçable et effaçable qui exprime la manière remplit plutôt la fonction de <u>modificateur du verbe</u>.

Modif. du V
Ex.: ⎡Très péniblement⎤, Julie se remit en route vers son village.

---

3. Une phrase peut contenir **plus d'un complément de phrase**.

C de P   C de P
Ex.: ⎡Tous les matins⎤, il empruntait le même trajet ⎡pour se rendre à l'usine⎤.

4. La fonction de ⎡complément de phrase⎤ peut être remplie, entre autres, par les éléments suivants.

Un <u>groupe prépositionnel</u>	GPrép-C de P Elle croisa un visiteur ⎡dans la cour⎤.
Un <u>groupe adverbial</u>	GAdv-C de P Rien ne pourra plus les séparer ⎡désormais⎤.
Un <u>groupe nominal</u>	GN-C de P ⎡Chaque matin⎤, le soleil se lève sur le grand fleuve.
Une <u>subordonnée circonstancielle</u> (de temps, de but, de cause, de conséquence, etc.)	Sub. de temps-C de P ⎡Dès qu'il perçoit l'odeur du renard⎤, le lièvre se rue dans son terrier.

Remarque

Certains **éléments** ne remplissent aucune fonction syntaxique dans la phrase.

Ex.: **Malheureusement**, nous sommes en désaccord.

Ex.: **À mon avis**, vous avez commis une erreur.

Ex.: Léo maîtrise la situation, **semble-t-il**.

Dans ces exemples, *Malheureusement*, *À mon avis* et *semble-t-il* sont des <u>marques de point de vue</u>.

F onctions dans les groupes

DÉFINITION

Dans les <u>groupes de mots</u>, les <u>expansions</u> du noyau remplissent diverses fonctions, dont les suivantes :

- complément du nom;
- complément du pronom;
- complément de l'adjectif;
- complément direct du verbe;

- complément indirect du verbe;
- attribut du sujet;
- attribut du complément direct du verbe;
- modificateur.

LE COMPLÉMENT DU NOM

<u>Nom</u> (p. 352)

<u>Groupe nominal</u> (p. 392)

DÉFINITION

La fonction de **complément du nom** (C du N) est celle d'un élément qui **complète un nom**. C'est une fonction dans le groupe nominal.

Ex.:

GN

N   GAdj-C du N

Le donjon **énorme** se dressait dans

GN

N   GPrép-C du N

l'obscurité **de la nuit**.

1. a) Le **complément du nom** est le plus souvent facultatif. On peut donc l'effacer.

Ex.:   Les **magnifiques** roses faisaient la renommée du **modeste** jardin.

✂ Les roses faisaient la renommée du jardin.

b) Le **complément du nom** est parfois indispensable: son effacement rendrait la phrase farfelue ou incorrecte.

Ex.: ⊘

GN

N   ~~GAdj-C du N~~

Son front ~~barré de rides~~ lui conférait

GN

N   ~~GAdj-C du N~~

un air   ~~sévère~~ .

Remarque

Le **complément du nom** est parfois isolé par une ou deux **virgules**.

Ex.:

GN

GAdj-C du N

Surprise, Léonie a sursauté.

Ex.:

GN

GAdj-C du N

Léonie, **surprise**, a sursauté.

Ex.:

GN

Léonie a sursauté,

GAdj-C du N

surprise .

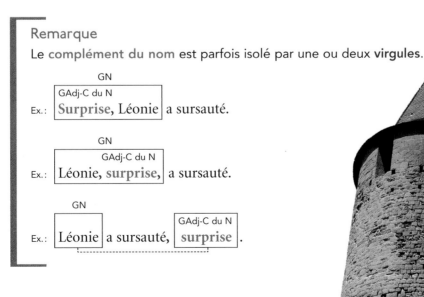

2. La fonction de **complément du nom** peut être remplie, entre autres, par les éléments suivants.

Un groupe adjectival ⇨ Groupe adjectival (p. 394)	GN N GAdj-C du N Ses cheveux **très courts** lui donnaient GN N GAdj-C du N un air **espiègle**.
Un groupe prépositionnel ⇨ Groupe prépositionnel (p. 395)	GN N GPrép-C du N Il arriva le lendemain **de la tempête**.
Une subordonnée relative ⇨ Subordonnée relative (p. 436)	GN N Sub. rel.-C du N Il marcha vers la maison, **où il ne trouva personne**.
Une subordonnée complétive ⇨ Subordonnée complétive (p. 433)	GN N Sub. compl.-C du N L'idée **que tu viennes** me réjouit.
Un groupe nominal ⇨ Groupe nominal (p. 392)	GN N GN-C du N Frédéric, **son frère**, attendait sous le porche.

LE COMPLÉMENT DU PRONOM

DÉFINITION

Pronom (p. 357)

Groupe pronominal (p. 393)

La fonction de **complément du pronom** (C du pron.) est celle d'un élément qui **complète un pronom**. C'est une fonction dans le groupe pronominal.

GPron Pron. GPrép-C du pron.
GPron Pron. Sub. rel.-C du pron.

Ex.: Plusieurs **de nos voisins** ont vu celui **qui rôdait autour de notre maison**.

1. a) Le **complément du pronom** est le plus souvent facultatif. On peut donc l'effacer.

Ex.: J'ai conseillé à plusieurs **de mes camarades** de se procurer ce logiciel.

✂ J'ai conseillé à plusieurs de se procurer ce logiciel.

b) Certains **pronoms** (*celui, celle, ceux, celles, ce, un* ou *une*) ne peuvent pas être employés seuls; ils doivent toujours êtres complétés par un **complément du pronom**.

Ex.: **Ceux qui ont vu ce court métrage** ont été ravis.
⊘ **Ceux** ont été ravis.

Ex.: **Une des fillettes** regardait la dame d'un air étrange.
⊘ **Une** regardait la dame d'un air étrange.

2. La fonction de **complément du pronom** peut être remplie par les éléments suivants.

Un groupe nominal ⇨ Groupe nominal (p. 392)	GPron [GN-C du pron. Pron.] **Femme remarquable, elle** était aimée de tous.
Un groupe adjectival ⇨ Groupe adjectival (p. 394)	GPron [Pron. GAdj-C du pron.] Celui-ci, **affligé par la triste nouvelle,** restait inconsolable.
Un groupe prépositionnel ⇨ Groupe prépositionnel (p. 395)	GPron [Pron. GPrép-C du pron.] Plusieurs **d'entre nous** gardèrent le silence.
Une subordonnée relative ⇨ Subordonnée relative (p. 436)	GPron [Pron. Sub. rel.-C du pron.] Celui **qui était rêveur** marchait à pas lents.
Un groupe participial ⇨ Groupe participial (p. 397)	GPron [GPart-C du pron. Pron.] **Étant curieuse, elle** était assoiffée de lectures.

LE COMPLÉMENT DE L'ADJECTIF

DÉFINITION

Adjectif (p. 356)

Groupe
adjectival
(p. 394)

La fonction de **complément de l'adjectif** (C de l'adj.) est celle d'un élément qui **complète un adjectif**. C'est une fonction dans le groupe adjectival .

GAdj
[Adj.   GPrép-C de l'adj.]

Ex.: Il feuilleta les pages recouvertes **de dessins étranges** .

GAdj
[Adj.   Sub. compl.-C de l'adj.]

Ex.: Les femmes, convaincues **que l'enfant allait riposter,** l'observaient.

1. a) Le **complément de l'adjectif** est souvent facultatif. On peut donc l'effacer.

  Ex.:   L'adolescent était impatient **de rencontrer son idole.**

        (= L'adolescent était empressé de rencontrer son idole.)

    ✂ L'adolescent était impatient.

        (= L'adolescent manquait de patience.)

Dans ce cas, l'effacement du complément de l'adjectif change le sens de la phrase.

b) Certains **adjectifs** (*apte*, *désireux*, *enclin*, *exempt*, etc.) ne peuvent pas être employés seuls; ils doivent toujours être accompagnés d'un **complément de l'adjectif**.

  Ex.: Au travail, elle n'était pas **encline à l'effort.**

2. La fonction de **complément de l'adjectif** peut être remplie par les éléments suivants.

Un groupe prépositionnel ⇨ Groupe prépositionnel (p. 395)	GAdj Marie était [sensible **au charme du paysage**]. Adj. — GPrép-C de l'adj.
Une subordonnée complétive ⇨ Subordonnée complétive (p. 433)	GAdj Thana était [heureuse **que vous ayez pensé à elle**]. Adj. — Sub. compl.-C de l'adj.
Le pronom *en* ou *y* ⇨ Pronom (p. 357)	GAdj Luc souffrait du froid. Marie aussi [**y** était sensible]. Pron.-C de l'adj. — Adj. GAdj Anne aimait Pierre. Thana [**en** était heureuse]. Pron.-C de l'adj. — Adj.

> **Remarque**
>
> Une **expansion de l'adjectif qui commence par** *comme* n'est pas un complément de l'adjectif, mais un <u>modificateur de l'adjectif</u>.
>
> GAdj
> Ex.: Il est [malin **comme un singe**].
> Adj. — Modif. de l'adj.

LE COMPLÉMENT DIRECT DU VERBE

DÉFINITION

Verbe (p. 359)

Préposition (p. 363)

Groupe verbal (p. 394)

La fonction de **complément direct du verbe** (CD du V) est celle d'un élément qui **complète un verbe sans l'aide d'une préposition**. C'est une fonction dans le [groupe verbal].

GV
Ex.: Sofia [portait toujours **un costume de velours noir** et **des bas rouges**].
V — GN-CD du V — GN-CD du V

1. Deux caractéristiques permettent de reconnaître le complément direct du verbe.

a) On peut remplacer le **complément direct du verbe** par les mots *quelque chose* (*qqch.*) ou *quelqu'un* (*qqn*) **immédiatement** après le verbe.

GV
Ex.: Soudain, Josiah [entendit **des pleurs**].
V — GN-CD du V

⇓ Soudain, Josiah entendit **qqch.** (*des pleurs*).

GV
Ex.: Il [avait retrouvé **l'enfant de Thana**].
V — GN-CD du V

⇓ Il avait retrouvé **qqn** (*l'enfant de Thana*).

b) On peut remplacer le **complément direct du verbe** par un des pronoms suivants:

– le, la, les;

Ex.:   La petite rouquine | [GV : V GN-CD du V] observait **les autres enfants** |.

⇓ La petite rouquine | [GV : Pron.-CD du V V] **les** observait |.

– en, en… un, en… une, en… plusieurs;

Ex.:   Elle | [GV : V GN-CD du V] mangeait rarement **des friandises** |.

⇓ Elle | [GV : Pron.-CD du V V] **en** mangeait rarement |.

– cela, ça.

Ex.:   Elle | [GV : V GInf-CD du V] aurait aimé **jouer avec eux** |.

⇓ Elle | [GV : V Pron.-CD du V] aurait aimé **cela** |.

> **Remarque**
>
> On ne peut pas déplacer le groupe nominal **complément direct du verbe avant** le verbe.
>
> Ex.:   Mathieu | [GV : V GN-CD du V] ramassa **son baluchon** |.
>
> ⊘ Mathieu **son baluchon** ramassa.

2. La fonction de **complément direct du verbe** peut être remplie par les éléments suivants.

Un **groupe nominal**	
⇨ Groupe nominal (p. 392)	Ses yeux d'un bleu intense | [GV : V GN-CD du V] cherchaient **l'horizon** |.
Un **pronom**	
⇨ Pronom (p. 357)	Ces pleurs, Thana | [GV : Pron.-CD du V V] **les** reconnaissait |.
Un **groupe infinitif**	
⇨ Groupe infinitif (p. 397)	Elle | [GV : V GInf-CD du V] croyait **voir des fantômes** |.
Une **subordonnée complétive**	
⇨ Subordonnée complétive (p. 433)	L'homme | [GV : V Sub. compl.-CD du V] constata **que l'animal était blessé** |.

Pour savoir si certains pronoms remplissent la fonction de CD du verbe

a) Encadrez le pronom par **C'est... que**. Si aucune préposition n'apparaît, le **pronom** remplit la fonction de **complément direct du verbe**.

Ex.:   Il nous raccompagna jusqu'à la sortie.

[ ] **C'est nous qu'**il raccompagna jusqu'à la sortie.

Donc, ici, *nous* remplit la fonction de complément direct du verbe.

b) Si l'utilisation d'une préposition s'impose, le **pronom** remplit la fonction de **complément indirect du verbe**.

Ex.:   Il nous conseilla d'être prudentes.

[ ] **C'est** à **nous qu'**il conseilla d'être prudentes.

Donc, ici, *nous* remplit la fonction de complément indirect du verbe.

LE COMPLÉMENT INDIRECT DU VERBE

Verbe (p. 359)

Préposition (p. 363)

Groupe verbal (p. 394)

La fonction de **complément indirect du verbe** (CI du V) est celle d'un élément qui **complète un verbe au moyen d'une préposition**. C'est une fonction dans le groupe verbal .

```
                              GV
                    ┌─────────────────────────┐
                    │   V      GPrép-CI du V   │
Ex.:  La maison     │ appartenait à la marchande │.
```

1. Deux caractéristiques permettent de reconnaître le complément indirect du verbe.

a) On peut remplacer le **complément indirect du verbe** par, entre autres, <u>*à quelque chose*</u> (*à qqch.*), <u>*à quelqu'un*</u> (*à qqn*), <u>*de quelque chose*</u> (*de qqch.*), <u>*de quelqu'un*</u> (*de qqn*) ou **quelque part** (*qqpart*) **immédiatement** après le verbe.

```
                                                    GV
                                    ┌────────────────────────────┐
                                    │   V         GPrép-CI du V   │
Ex.:  Le bourdonnement de l'abeille │ ressemblait à une petite musique │.
```

⇓ Le bourdonnement de l'abeille ressemblait à **qqch.** (*à une petite musique*).

```
                                    GV
                    ┌────────────────────────────┐
                    │   V         GPrép-CI du V   │
Ex.:  Le jour suivant, ils │ se rendirent à la bibliothèque │.
```

⇓ Le jour suivant, ils se rendirent **qqpart** (*à la bibliothèque*).

b) On peut souvent remplacer le **complément indirect du verbe** par un des pronoms suivants :

– lui, leur;

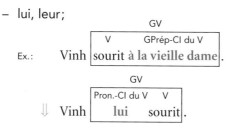

```
                         GV
            ┌──────────────────────┐
            │   V      GPrép-CI du V │
Ex.:  Vinh  │ sourit à la vieille dame │.
```

```
                      GV
            ┌──────────────────────┐
            │ Pron.-CI du V    V   │
⇓ Vinh      │    lui       sourit  │.
```

– en, y.

Ex.:　La vieille dame

$$\overbrace{\boxed{\underset{\text{V}}{\text{souffrait}}\ \underset{\text{GPrép-CI du V}}{\textbf{d'une étrange maladie}}}}^{\text{GV}}.$$

⇓　La vieille dame

$$\overbrace{\boxed{\underset{\text{Pron.-CI du V}}{\textbf{en}}\quad\underset{\text{V}}{\text{souffrait}}}}^{\text{GV}}.$$

> ## Remarque
>
> En général, le **complément indirect du verbe** ne se déplace pas **avant** le verbe.
>
> Ex.:　Laetitia
>
> $$\overbrace{\boxed{\underset{\text{V}}{\text{ressemblait}}\ \underset{\text{GPrép-CI du V}}{\textbf{à sa sœur}}}}^{\text{GV}}.$$
>
> ⊘ Laetitia **à sa sœur** ressemblait.
> ⊘ **À sa sœur** Laetitia ressemblait.

> ## Remarque
>
> Il peut y avoir plus d'un **complément indirect du verbe** dans un même groupe verbal.
>
> Ex.: Elle
>
> $$\overbrace{\boxed{\underset{\text{V}}{\text{parla}}\ \underset{\text{GPrép-CI du V}}{\textbf{de ses projets}}\quad\underset{\text{GPrép-CI du V}}{\textbf{à ses grands-parents}}}}^{\text{GV}}.$$

2. La fonction de **complément indirect du verbe** peut être remplie par les éléments suivants.

Un groupe prépositionnel ⇨ Groupe prépositionnel (p. 395)	Les gamins $\overbrace{\boxed{\underset{\text{V}}{\text{habitaient}}\ \underset{\text{GPrép-CI du V}}{\textbf{à la limite du village}}}}^{\text{GV}}$.
Un pronom ⇨ Pronom (p. 357)	J'habite à la campagne. Ève $\overbrace{\boxed{\underset{\text{Pron.-CI du V}}{\textbf{y}}\quad\underset{\text{V}}{\text{habite aussi}}}}^{\text{GV}}$. Martin $\overbrace{\boxed{\underset{\text{Pron.-CI du V}}{\textbf{nous}}\quad\underset{\text{V}}{\text{a annoncé sa visite}}}}^{\text{GV}}$.
Un groupe adverbial ⇨ Groupe adverbial (p. 396)	Il $\overbrace{\boxed{\underset{\text{V}}{\text{habite}}\ \underset{\text{GAdv-CI du V}}{\textbf{là-haut}}}}^{\text{GV}}$.
Une subordonnée complétive ⇨ Subordonnée complétive (p. 433)	Il $\overbrace{\boxed{\underset{\text{V}}{\text{se souvenait}}\ \underset{\text{Sub. compl.-CI du V}}{\textbf{que son père lui avait tenu la main}}}}^{\text{GV}}$. Dans cet exemple, la fonction de la subordonnée complétive est bien complément indirect du verbe, car on peut remplacer la subordonnée par <u>*de quelque chose*</u>: Il se souvenait <u>*de*</u> *quelque chose* (*que son père lui avait tenu la main*).

Pour savoir si certains pronoms remplissent la fonction de CI du verbe

a) Encadrez le pronom par **C'est… que**. Si l'utilisation d'une préposition s'impose, le **pronom** remplit la fonction de **complément indirect du verbe**.

Ex.:   Les gamines vous lançaient des boulettes de papier.
[ ] **C'est** à **vous que** les gamines lançaient des boulettes de papier.

Donc, *vous* remplit la fonction de complément indirect du verbe dans cette phrase.

b) Si aucune préposition n'apparaît, le **pronom** remplit la fonction de **complément direct du verbe**.

Ex.:   Les gamines vous bousculaient.
[ ] **C'est vous que** les gamines bousculaient.

Donc, *vous* remplit la fonction de complément direct du verbe dans cette phrase.

L'ATTRIBUT DU SUJET

Sujet de phrase
(p. 372)

Groupe verbal
(p. 394)

La fonction d'**attribut du sujet** (Attr. du S) est celle d'un élément qui **complète un verbe attributif**. Comme son nom l'indique, l'attribut du sujet **caractérise le sujet**. C'est une fonction dans le groupe verbal .

	GV	
	VAttr	GAdj-Attr. du S

Ex.: Son visage demeurait **impassible** .

Le groupe adjectival *impassible* est une expansion du verbe attributif *demeurait* et il caractérise le sujet *visage*. Il remplit donc la fonction d'attribut du sujet.

1. Les **verbes attributifs** sont les verbes qui peuvent être complétés par un groupe adjectival (GAdj). Les plus courants sont *être*, *paraître*, *sembler*, *devenir*, *rester*, *demeurer* et *avoir l'air*.

Pour savoir si un verbe est attributif

Pour savoir si un verbe est attributif, remplacez-le par *être*. Si le remplacement est possible sans modification, il s'agit d'un **verbe attributif**.

Ex.:   Nancy demeure pensive.   Ex.:   Éric a l'air pensif.
⇓ Nancy **est** pensive.   ⇓ Éric **est** pensif.

Demeurer est bien un verbe attributif.   *Avoir l'air* est bien un verbe attributif.

Remarque

Certains **verbes** sont **occasionnellement attributifs**. Comparez:

Ex.: Yannie **part** confiante.

Ex.: Yannie part pour Québec.

Dans le premier exemple, *partir* est un verbe attributif: il se remplace par *être*. Dans le second exemple, *partir* n'est pas un verbe attributif: il ne se remplace pas par *être*.

Remarque

Être n'est pas toujours un verbe attributif. Dans ce cas, son **expansion** ne remplit pas la fonction d'attribut du sujet.

Ex.: Clarence est **à Québec**.

Ex.: Mon chien est **dans la voiture**.

Dans ces deux exemples, le verbe *être* se remplace par *se trouver* et son expansion remplit la fonction de complément indirect du verbe.

2. La fonction d'**attribut du sujet** peut être remplie, entre autres, par les éléments suivants.

Un **groupe adjectival** ⇨ Groupe adjectival (p. 394)	GV La voix de son père | VAttr paraissait GAdj-Attr. du S lointaine |.
Un **groupe nominal** ⇨ Groupe nominal (p. 392)	GV Adrien | VAttr est GN-Attr. du S **professeur d'anglais** |.
Un **groupe prépositionnel** ⇨ Groupe prépositionnel (p. 395)	GV Ruya | VAttr était GPrép-Attr. du S **en retard** |.
Le pronom *le* ou *l'* ⇨ Pronom (p. 357)	GV Rachid était triste. Ruya | Pron.-Attr. du S l' VAttr était aussi |.

COUP DE POUCE

Pour distinguer le GN attribut du sujet et le GN complément direct du verbe

a) Le **groupe nominal attribut du sujet** est une expansion d'un **verbe attributif**.

Ex.: Adrien \| GV VAttr **est** GN-Attr. du S **un garçon sympathique** \|.

···

b) Le **groupe nominal complément direct du verbe** est une expansion d'un verbe qui n'est pas attributif.

GV

Ex.: Adrien | a **un visage sympathique** |.

V   GN-CD du V

L'ATTRIBUT DU COMPLÉMENT DIRECT DU VERBE

DÉFINITION

Complément
direct du verbe
(p. 378)

Groupe verbal
(p. 394)

La fonction d'**attribut du complément direct du verbe** (Attr. du CD du V) est celle d'un élément qui **complète un complément direct du verbe**. L'attribut du complément direct du verbe **caractérise le complément direct du verbe**. C'est une fonction dans le | groupe verbal |.

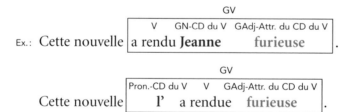

GV

Ex.: Le désespoir | avait rendu   cette femme   **aigrie** |.

V   GN-CD du V   GAdj-Attr. du CD du V

1. a) On ne peut pas effacer l'attribut du complément direct du verbe : son effacement rendrait la phrase farfelue ou incorrecte.

Ex.:   Alain suppose son ami sérieux.

     ⊘ Alain suppose son ami ~~sérieux~~.

b) On ne peut pas remplacer l'attribut du complément direct par un pronom. Seul le **complément direct du verbe** peut l'être.

GV

Ex.: Cette nouvelle | a rendu **Jeanne**   furieuse |.

V   GN-CD du V   GAdj-Attr. du CD du V

GV

Cette nouvelle | **l'**   a rendue   furieuse |.

Pron.-CD du V   V   GAdj-Attr. du CD du V

> Remarque
>
> L'attribut du complément direct du verbe ne se déplace pas **avant** le verbe.
>
> GV
>
> Ex.:   Je | trouve   la lecture de ce roman   **difficile** |.
>
> V   GN-CD du V   GAdj-Attr. du CD du V
>
> ⊘ **Difficile** je trouve la lecture de ce roman.

2. La fonction d'**attribut du complément direct du verbe** peut être remplie, entre autres, par les groupes suivants.

Un groupe adjectival	GV
⇨ Groupe adjectival (p. 394)	V · GN-CD du V · GAdj-Attr. du CD du V Elle | trouve · ces enfants · **agréables** | .
Un groupe nominal	GV
⇨ Groupe nominal (p. 392)	V · GN-CD du V · GN-Attr. du CD du V On | a nommé · cet élève · **responsable du projet** | .
Un groupe prépositionnel	GV
⇨ Groupe prépositionnel (p. 395)	V · GN-CD du V · GPrép-Attr. du CD du V Nous | estimons · cet homme · **de bonne foi** | .

LE MODIFICATEUR

DÉFINITION

Groupe verbal
(p. 394)

Groupe
adjectival
(p. 394)

Groupe
adverbial
(p. 396)

La fonction de **modificateur** (Modif.) est celle d'un groupe qui marque la **manière ou le degré**. C'est une fonction dans le ⃞ groupe verbal ⃞, le ⃞ groupe adjectival ⃞ ou le ⃞ groupe adverbial ⃞.

GV
V · GAdv-Modif. du V
Ex. : Elle \| sortit **rapidement** l'enfant de l'eau \| .

GAdj
Adj. · GPrép.-Modif. de l'adj.
Ex. : L'enfant était \| beau **comme un cœur** \| .

GAdv
GAdv-Modif. de l'adv. · Adv.
Ex. : Elle le regardait \| **très** · tendrement \| .

1. La fonction de **modificateur** peut être remplie par un des groupes suivants.

Un groupe adverbial	GV
⇨ Groupe adverbial (p. 396)	V · GAdv-Modif. du V Sur ces paroles, il | se retourna **brusquement** | .
Un groupe prépositionnel	GV
⇨ Groupe prépositionnel (p. 395)	V · GPrép-Modif. du V Les deux sœurs | se disputaient **sans cesse** | .

2. Il existe plusieurs sortes de **modificateurs**, entre autres les suivantes.

Le modificateur du **verbe**	GV V GPrép-Modif. du V Elle **avait franchi sans difficulté** la haie de ronces.
⇨ Verbe (p. 359)	GV V GAdv-Modif. du V Elle **avançait péniblement** dans la neige.
Le modificateur de l'**adjectif** ⇨ Adjectif (p. 356) ⇨ Remarque (p. 378)	GAdj GAdv-Modif. de l'adj. Adj. Dehors, le brouillard était **très dense**. GAdj Adj. GPrép-Modif. de l'adj. Ses dents étaient **alignées comme des touches de piano**.
Le modificateur de l'**adverbe** ⇨ Adverbe (p. 361)	GAdv GAdv-Modif. de l'adv. Adv. Ce soir-là, elle regagnerait l'hôtel **plus rapidement**.

Formation des mots

LES PROCÉDÉS DE FORMATION DES MOTS

1. On forme des mots à l'aide de **mots**. On forme également des mots à l'aide d'**éléments qui ne sont pas des mots**: des préfixes, des suffixes et des racines savantes.

– Les **préfixes** sont des éléments qui s'ajoutent au début des mots: *a-, co-, dé-, ex-, pré-*, etc.

– Les **suffixes** sont des éléments qui s'ajoutent à la fin des mots: *-erie, -iste, -ment, -ude*, etc.

– Les **racines savantes** sont des éléments d'origine grecque ou latine: *bio-, macro-, -vore*, etc.

2. On distingue les mots selon la façon dont ils ont été formés.

Sortes de mots	Modes de formation	Exemples
Mots composés	mot + mot	amour + propre = amour-propre bleu + marine = bleu marine contre + dire = contredire
	mot + mot + mot	coup + d'+ œil = coup d'œil hors + la + loi = hors-la-loi
Mots dérivés	préfixe + mot	pré- + séance = préséance
	mot + suffixe	grand + -eur = grandeur
	préfixe + mot + suffixe	inter- + nation + -al = international
Mots savants	racine savante + racine savante	igni- + -fuge = ignifuge

...

Sortes de mots	Modes de formation	Exemples
Mots tronqués	début d'un mot	écologiste = écolo
Mots-valises	début d'un mot + fin d'un mot (entre autres)	clavier + bavardage = clavardage
Sigles, acronymes	initiale d'un mot + initiale d'un mot	Office national du film = ONF objet volant non identifié = OVNI

LES MOTS EMPRUNTÉS

DÉFINITION

L'**emprunt** consiste à incorporer dans une langue un mot provenant d'une autre langue.

Au cours de son histoire, le français s'est enrichi d'un grand nombre de mots issus non seulement du grec (*architecte, chlore, hygiène, hypothèse, symptôme,* etc.) et du latin (*agenda, naviguer, fragile, virus, sérum,* etc.), mais aussi de langues modernes. Voici quelques exemples de langues modernes ayant fourni des mots au français.

Langues modernes	Mots français issus de langues modernes
Allemand	bretelle, chenapan, croissant, hamster, képi, quartz, sarrau, valse, etc.
Anglais	badminton, bifteck, bouledogue, boxe, paletot, snob, ventilateur, viaduc, vitamine, etc.
Arabe	amiral, azimut, bédouin, couscous, fakir, gazelle, harem, sofa, sultan, etc.
Espagnol	boléro, castagnettes, cédille, corrida, embarcation, jonquille, pastille, sieste, vanille, etc.
Italien	alarme, alerte, balcon, ballon, carnaval, concert, perruque, piano, sérénade, solfège, etc.
Néerlandais	bière, boulevard, cauchemar, mannequin, tribord, vacarme, etc.
Portugais	albinos, cachalot, caste, cobaye, cobra, fétiche, pintade, vigie, etc.

Remarque

Certains mots empruntés à l'anglais sont tout à fait acceptés en français, par exemple *badminton, bifteck* et *boxe.* Cependant, d'autres sont considérés comme incorrects, car il existe déjà des équivalents en français pour les réalités qu'ils désignent. Ces anglicismes critiqués doivent donc être remplacés par des mots ou des expressions de la langue française. Dans les dictionnaires usuels, les anglicismes critiqués sont accompagnés d'une mention comme «anglic.».

Voici quelques anglicismes de mots critiqués et leur équivalent en français.

Anglicismes critiqués	**Équivalents en français**
Ex.: ⊘ Elle a un bon dossier **académique**.	Elle a un bon dossier **scolaire**.
Ex.: ⊘ La réunion a été **cancellée**.	La réunion a été **annulée**.
Ex.: ⊘ J'ai reçu un **e-mail** de Jean.	J'ai reçu un **courriel** de Jean.
Ex.: ⊘ Comment **files**-tu ?	Comment te **sens**-tu ?
Ex.: ⊘ Apporte ta **flashlight**.	Apporte ta **lampe de poche**.
Ex.: ⊘ C'est une **joke**.	C'est une **blague**, une **plaisanterie**.

LES FAMILLES DE MOTS

> **DÉFINITION**
>
> Une **famille de mots**, c'est l'ensemble de tous les mots formés à partir d'un **mot de base** et apparentés par le sens.

Une famille de mots contient généralement des **mots composés**, des **mots dérivés** et des **mots savants**.

Ainsi la famille du mot *poisson*, qui est le mot de base, comprend:

– des mots composés: poisson-chat, poisson-épée, poisson-lune, poisson-perroquet, poisson rouge, poisson-scie, etc.;

– des mots dérivés: poissonnerie, poissonneuse, poissonnière, etc.;

– des mots savants: piscivore, pisciculture, pisciforme, etc.

Certaines familles de mots sont cependant très restreintes. Ainsi, la famille du mot *pamplemousse* ne compte que deux membres: *pamplemousse* et *pamplemoussier*. Il existe même des mots qui sont actuellement seuls dans leur famille, par exemple *édredon*.

Formes de la phrase

> **DÉFINITION**
>
> Une phrase présente une combinaison de quatre **formes**:
>
> – elle est positive ou négative;
>
> **et**
>
> – active ou passive;
>
> **et**
>
> – neutre ou emphatique;
>
> **et**
>
> – personnelle ou impersonnelle.
>
> On reconnaît les formes de la phrase à certaines marques.

LA PHRASE DE FORME POSITIVE OU DE FORME NÉGATIVE

1. La phrase de **forme négative** s'oppose à la phrase de **forme positive**.

2. Pour mettre une phrase à la forme négative, on ajoute des marques de négation à la phrase de forme positive. Le plus souvent, les marques de négation encadrent le **verbe conjugué**.

Ex.: **Phrase positive:** Cette série policière captive les adolescents.

Phrase négative: Cette série policière **ne** captive **pas** les adolescents.

Marques de négation	Exemples
Ne + mot invariable: *ne… pas*, *ne… plus*, *ne… guère*, *ne… jamais*, etc.	Elle n'apprécie **guère** les films d'épouvante.
Ne + déterminant: *ne… aucun*, *ne… nul*, etc.	Charles n'a fait **aucun** commentaire.
Ne + pronom: *ne… personne*, *ne… rien*, etc.	Je n'avais **rien** à lui offrir.
Déterminant + *ne*: *aucun… ne*, *nul… ne*, etc.	**Aucun** sport de compétition **ne** l'intéresse.
Pronom + *ne*: *aucun ne*, *personne ne*, *rien ne*, etc.	**Personne** n'a frappé à la porte.

Remarques

- Dans la phrase négative, il faut s'assurer qu'il y a un **ne** (**n'**) avant le verbe. À l'écrit, il est absolument nécessaire.

Phrases fautives	Phrases correctes
Ex.: ⊘ On a pas terminé ce récit.	On **n'**a pas terminé ce récit.
Ex.: ⊘ Rien a été dit à ce sujet.	Rien **n'**a été dit à ce sujet.
Ex.: ⊘ On habite pas ce quartier.	On **n'**habite pas ce quartier.
Ex.: ⊘ Je peux pas t'en dire plus.	Je **ne** peux pas t'en dire plus.

- Il faut éviter d'ajouter un **troisième élément de négation**.

Phrases fautives	Phrases correctes
Ex.: ⊘ Je **ne** vois **pas personne** dans la salle.	Je **ne** vois **personne** dans la salle.
Ex.: ⊘ Je **n'**ai **pas** reçu **aucun** nouveau film.	Je **n'**ai reçu **aucun** nouveau film.

3. Tous les <u>types de phrases</u> peuvent se mettre à la **forme négative**.

Types de phrases	Phrases de forme négative
Déclaratif	Je **ne** partirai **pas** en vacances.
Interrogatif	**Ne** viendrez-vous **pas**?
Exclamatif	Que vous **n'**êtes **pas** aimable!
Impératif	**Ne** venez **pas**.

LA PHRASE DE FORME ACTIVE OU DE FORME PASSIVE

1. La phrase de **forme passive** s'oppose à la phrase de **forme active**.

2. Pour mettre une phrase à la forme passive, on fait subir des transformations à la phrase de forme active: on fait des déplacements, des **remplacements** et des **ajouts**.

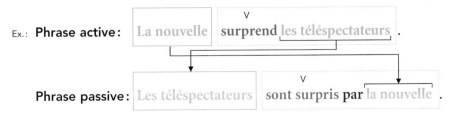

Ex.: **Phrase active:** La nouvelle surprend les téléspectateurs.

Phrase passive: Les téléspectateurs sont surpris par la nouvelle.

3. Trois <u>types de phrases</u> peuvent s'employer à la **forme passive**.

Types de phrases	Phrases de forme passive
Déclaratif	Le personnage de Tintin **a été inventé par** Hergé.
Interrogatif	Le personnage de Tintin a-t-il **été inventé par** Hergé ?
Exclamatif	Comme ce personnage **est aimé par** les jeunes !

LA PHRASE DE FORME NEUTRE OU DE FORME EMPHATIQUE

1. La phrase de **forme emphatique** s'oppose à la phrase de **forme neutre**.

2. Pour mettre une phrase à la forme emphatique, on ajoute des marques emphatiques à la phrase de forme neutre. Ce procédé permet de mettre en valeur un des éléments qui la composent : le sujet, le complément direct du verbe, le complément de phrase, etc.

Ex.: **Phrase neutre :** Sam a rencontré ce bédéiste à l'école.

Phrase emphatique : **C'est** Sam **qui** a rencontré ce bédéiste à l'école.
Ce bédéiste, Sam **l'**a rencontré à l'école.

Constructions des phrases emphatiques	Exemples
Encadrement par *C'est… qui* ou *C'est… que*	**C'est** Sam **qui** a rencontré ce bédéiste à l'école. **C'est** à l'école **que** Sam a rencontré ce bédéiste.
Encadrement par *Ce que…, c'est*; *Ce qui…, c'est*; etc.	**Ce que** Sam veut, **c'est** rencontrer ce bédéiste. **Ce qui** intéresse Sam, **c'est** la bande dessinée. **Ce dont** Sam parle, **c'est** de sa rencontre avec ce bédéiste. **Ce à quoi** Sam tient le plus, **c'est** à ses bandes dessinées. **Celui que** Sam veut rencontrer, **c'est** ce bédéiste.
Détachement et reprise par un **pronom**	Ce bédéiste, Sam **l'**a rencontré à l'école.
Détachement et annonce par un **pronom**	Sam **l'**a rencontré à l'école, ce bédéiste.

3. Tous les <u>types de phrases</u> peuvent se mettre à la **forme emphatique**.

Types de phrases	Phrases de forme emphatique
Déclaratif	**C'est** Rosalie **qui** est allée au stade.
Interrogatif	Le stade, quand rouvrira-t-il ?
Exclamatif	Ce stade, qu'il est vaste !
Impératif	L'adresse, note-**la** bien.

LA PHRASE DE FORME PERSONNELLE
OU DE FORME IMPERSONNELLE

1. La phrase de **forme impersonnelle** s'oppose à la phrase de **forme personnelle**.

Groupe verbal
(p. 394)

2. Pour mettre une phrase à la forme impersonnelle, on **déplace le** sujet de la phrase personnelle dans le groupe verbal de la phrase impersonnelle et on **ajoute le sujet** *il* **impersonnel**.

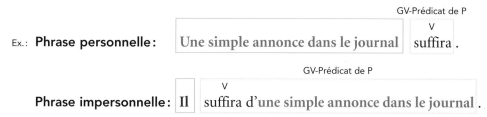

Ex.: **Phrase personnelle:** Une simple annonce dans le journal suffira.

Phrase impersonnelle: Il suffira d'une simple annonce dans le journal.

> **Remarque**
> Ce type de transformation n'est possible que si la phrase personnelle contient un verbe occasionnellement impersonnel.

3. Trois types de phrases peuvent s'employer à la **forme impersonnelle**.

Types de phrases	Phrases de forme impersonnelle
Déclaratif	Il se passe des choses étranges sur la route.
Interrogatif	Est-ce qu'il se passe des choses étranges sur la route?
Exclamatif	Comme il se passe des choses étranges sur la route!

Groupes de mots

1. Tous les **groupes de mots** sont construits de la même manière ; ils ont un **noyau** et, souvent, une ou plusieurs **expansions**.

   a) Le **noyau** est l'élément indispensable du groupe. C'est le noyau qui donne son nom au groupe : le *nom* est le noyau du *groupe nominal* (GN), le *verbe* est le noyau du *groupe verbal* (GV), et ainsi de suite.

   b) Quand un groupe ne contient que son **noyau**, on dit qu'il est **minimal**.

   Ex. : Groupe minimal Groupe minimal
   | Véronique | | dormait |.

   c) Les **expansions** sont des éléments ajoutés avant ou après le **noyau**. Quand un groupe contient une ou plusieurs expansions, on dit qu'il est **étendu**.

   Ex. : Groupe étendu Groupe étendu
   | La **ravissante** Véronique | | dormait **profondément** |.

2. À l'intérieur d'une phrase, les groupes sont en relation les uns avec les autres et chaque groupe remplit une <u>fonction</u> précise (complément direct du verbe, complément du nom, attribut du sujet, etc.).

3. Un groupe peut contenir d'autres groupes.

   Ex. : La | ravissante | Véronique   dormait | très | profondément .

LE GROUPE NOMINAL

<u>Nom</u> (p. 352)

<u>Déterminant</u> (p. 354)

> **DÉFINITION**
>
> Le **groupe nominal** (GN) a pour noyau un **nom**. Ce nom est habituellement introduit par un déterminant (*un, une, des, le, la, les*, etc.) et il peut être accompagné d'une ou de plusieurs **expansions**.
>
> GN   GN   GN
> N   N   N
> Ex. : Chaque **vendredi** , les **enfants** attendaient le **vieux couple** .

1. Le **groupe nominal** remplit le plus souvent une des **fonctions** suivantes.

<u>Sujet de phrase</u>	GN-Sujet de P Des milliers de petits coquillages craquaient sous mes pas.
<u>Complément de phrase</u>	GN-C de P Ce matin , Élise a aperçu un léopard.
<u>Complément direct du verbe</u>	GV V GN-CD du V Simon subissait les railleries de ses camarades .
<u>Attribut du sujet</u>	GV VAttr GN-Attr. du S Léa et Sam étaient des enfants heureux cet été-là.

...

...

Attribut du complément direct du verbe	GV V GN-CD du V GN-Attr. du CD du V On |a nommé Antoine **rédacteur en chef du journal étudiant**|.
Complément du nom	GN N GN-C du N La cour, |**un véritable jardin anglais,**| était limitée par un étang.

2. Dans le GN, toutes les **expansions du nom** remplissent la **fonction** de <u>complément du nom</u>. Les **expansions du nom** dans le groupe nominal peuvent être les suivantes.

Un <u>groupe adjectival</u>	GN N GAdj-C du N GAdj-C du N Les spectateurs |**surpris** et **très déçus**| se dispersèrent un à un.
Un <u>groupe prépositionnel</u>	GN N GPrép-C du N Au loin, on entendait |le chant **de quelques oiseaux**|.
Une <u>subordonnée relative</u>	GN N Sub. rel.-C du N Elle évoqua |un lac **où son père se rendait à l'occasion**|.
Un <u>groupe nominal</u>	GN N GN-C du N Tom, |**bouche ouverte,**| surveillait le vol des papillons.

LE GROUPE PRONOMINAL

DÉFINITION

<u>Pronom</u> (p. 357)

Le **groupe pronominal** (GPron) a pour noyau un **pronom**. Ce pronom peut être accompagné d'une **expansion**.

Ex.:
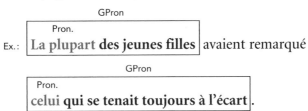
GPron
Pron.
\|La plupart **des jeunes filles**\| avaient remarqué

GPron
Pron.
\|**celui** qui se tenait toujours à l'écart\|.

Le **groupe pronominal** remplit le plus souvent une des **fonctions** suivantes.

<u>Sujet de phrase</u>	GPron-Sujet de P |**Plusieurs d'entre nous**| ont adoré ce film.
<u>Attribut du sujet</u>	GV VAttr GPron-Attr. du S Cette peinture |est **celle que je préfère**|.
<u>Complément direct du verbe</u>	GV V GPron-CD du V J'|ai invité **quelques-uns de mes amis**|.

...

Complément du nom	GN
	N GPron-C du N
	Ma sœur, **celle qui est artiste,** habite Milan.

LE GROUPE ADJECTIVAL

DÉFINITION

Adjectif (p. 356)

Le **groupe adjectival** (GAdj) a pour noyau un **adjectif**. Cet adjectif peut être accompagné d'une **expansion**.

Ex.: Sur la table | GAdj Adj. **recouverte de dentelle** | reposait un | GAdj Adj. **gros** | dictionnaire | GAdj Adj. **ouvert** |.

Le groupe adjectival remplit le plus souvent une des **fonctions** suivantes.

Complément du nom	GN
	GAdj-C du N N GAdj-C du N
	Deux énormes chats noirs sortirent de l'obscurité.
Attribut du sujet	GV
	VAttr GAdj-Attr. du S
	La vieille dame était entêtée.
Attribut du complément direct du verbe	GV
	V GN-CD du V GAdj-Attr. du CD du V
	Elle trouvait ses parents admirables.

LE GROUPE VERBAL

DÉFINITION

Verbe (p. 359)

Le **groupe verbal** (GV) a pour noyau un **verbe**. Ce verbe peut être accompagné d'une ou de plusieurs **expansions**.

Ex.: Il | GV V **frappa dans ses mains** | : les chuchotements et les ricanements | GV V **cessèrent** |.

Prédicat de phrase (p. 372)

1. Le groupe verbal remplit toujours la **fonction** de prédicat de phrase .

Ex.: | Sujet de P GN Les enfants | Prédicat de P GV **attendaient avec impatience le retour des vieux amoureux** |.

2. Les principales **fonctions** des **expansions du verbe** dans le GV sont les suivantes.

Complément direct du verbe	GV
	Mia ferma **la porte de la cave** avec une grosse clé. *(V) (GN-CD du V)*
Complément indirect du verbe	GV
	Les fugitifs aboutirent **dans un mystérieux tunnel**. *(V) (GPrép-CI du V)*
Attribut du sujet	GV
	L'expression de Roberta était **déterminée**. *(VAttr) (GAdj-Attr. du S)*
Attribut du complément direct du verbe	GV
	Séverine trouve l'idée de Julien **farfelue**. *(V) (GN-CD du V) (GAdj-Attr. du CD du V)*
Modificateur du verbe	GV
	Roberta descendit **silencieusement** au sous-sol. *(V) (GAdv-Modif. du V)*

> **Remarque**
> La fonction de l'**expansion d'un verbe impersonnel** est complément du <u>verbe impersonnel</u>.
>
> Ex.: À ce moment-là, il se produisit **un phénomène étrange**.
> *GV — (V impers.) (GN-C du V impers.)*

LE GROUPE PRÉPOSITIONNEL

<u>Préposition</u>
(p. 363)

> **DÉFINITION**
>
> Le **groupe prépositionnel** (GPrép) a pour noyau une **préposition**. Cette préposition est normalement suivie d'une **expansion**.
>
> Ex.: Elle habitait **dans un petit village perdu**, **au fond d'une vallée**.
> *GPrép — (Prép.)   GPrép — (Prép.)*

Le groupe prépositionnel remplit, entre autres, les **fonctions** suivantes.

Complément du nom	GN
	Une véritable muraille **de cèdres** entourait le pavillon. *(N) (GPrép-C du N)*
Complément indirect du verbe	GV
	Thomas téléphona **à son amie**. *(V) (GPrép-CI du V)*
Modificateur du verbe	GV
	Le professeur remit sa veste **en toute hâte**. *(V) (GPrép-Modif. du V)*

…

Complément de l'adjectif	GAdj Adj. GPrép-C de l'adj. Ève, accoudée **à la fenêtre,** observait l'inconnu.
Complément du pronom	GPron Pron. GPrép-C du pron. Certains **d'entre nous** assisteront au lancement du film.
Complément de phrase	GPrép-C de P **À la brunante**, Thomas s'enfermait dans sa maison.
Attribut du sujet	GV VAttr GPrép-Attr. du S Les témoins de ce spectacle désolant étaient **en pleurs**.
Attribut du complément direct du verbe	GV V GN-CD du V GPrép-Attr. du CD du V Les critiques ont trouvé ce film **sans intérêt**.

LE GROUPE ADVERBIAL

DÉFINITION

Adverbe
(p. 361)

Le **groupe adverbial** (GAdv) a pour noyau un adverbe. Cet adverbe peut être précédé d'une **expansion**.

GAdv   GAdv
Adv.   Adv.
Ex.: **Plus loin**, une tortue pondait **tranquillement** des œufs dans le sable.

Le groupe adverbial remplit le plus souvent une des **fonctions** suivantes.

Complément de phrase	GAdv-C de P **Là-bas**, une épaisse fumée blanche s'envolait de la cheminée.
Complément indirect du verbe	GV V GAdv-CI du V Demain, nous irons **ailleurs**.
Modificateur, entre autres, – du verbe ;	GV V GAdv-Modif. du V Étienne, tête baissée, souriait **discrètement**.
– de l'adjectif ;	GAdj GAdv-Modif. de l'adj. Adj. Ses vêtements étaient **complètement** détrempés.
– de l'adverbe.	GAdv GAdv-Modif. de l'adv. Adv. Cette fois-ci, elle redescendit l'escalier **très** prudemment.

LE GROUPE INFINITIF

<u>Verbe</u> (p. 359)

DÉFINITION

Le **groupe infinitif** (GInf) a pour noyau un **verbe à l'infinitif**. Ce verbe à l'infinitif peut être accompagné d'une **expansion**.

GInf

Inf.

Ex.: **Lire des bandes dessinées** est son passe-temps favori.

Le groupe infinitif remplit le plus souvent une des **fonctions** suivantes.

<u>Sujet de phrase</u>	GInf-Sujet de P **Observer les oiseaux** est une activité passionnante.
<u>Attribut du sujet</u>	GV VAttr GInf-Attr. du S Crier n'est pas **chanter**.
<u>Complément direct du verbe</u>	GV V GInf-CD du V Sarah aime **travailler avec ce logiciel**.
<u>Complément du nom</u>	GN N GInf-C du N Je connais son objectif: **participer aux Jeux olympiques**.

LE GROUPE PARTICIPIAL

<u>Verbe</u> (p. 359)

DÉFINITION

Le **groupe participial** (GPart) a pour noyau un **verbe au participe présent**. Ce verbe au participe présent peut être accompagné d'une **expansion**.

GPart

Part. prés.

Ex.: On apercevait des cyclistes **pédalant vigoureusement**.

Jonction de groupes et de phrases

LA COORDINATION ET LA JUXTAPOSITION

> **DÉFINITION**
>
> La **coordination** consiste à unir à l'aide d'un coordonnant des phrases ou des éléments remplissant la même fonction.
>
>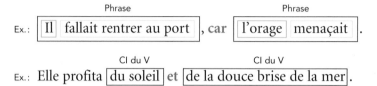
>
> Ex.: Il fallait rentrer au port, **car** l'orage menaçait.
>
> Ex.: Elle profita du soleil **et** de la douce brise de la mer.
>
> Dans le premier exemple, le coordonnant *car* unit deux phrases.
>
> Dans le deuxième exemple, le coordonnant **et** unit deux groupes remplissant la fonction de complément indirect du verbe *profita*.
>
> Dans la coordination de phrases ou d'éléments, le **coordonnant** n'est pas toujours exprimé. Il est parfois remplacé par un **signe de ponctuation** (virgule, deux-points, point-virgule).
>
> Cette façon de coordonner des phrases ou des éléments s'appelle la **juxtaposition**.
>
>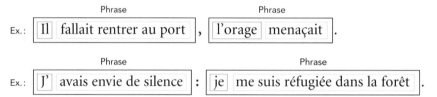
>
> Ex.: Il fallait rentrer au port, l'orage menaçait.
>
> Ex.: J'avais envie de silence : je me suis réfugiée dans la forêt.
>
> Dans le premier exemple, la **virgule** qui unit les deux phrases remplace le coordonnant *car*; dans le deuxième exemple, le **deux-points** remplace le coordonnant *par conséquent*. On dit alors que les phrases sont juxtaposées.

1. Les coordonnants, qui font partie des **marqueurs de relation**, sont des mots **invariables** qui unissent des phrases ou des éléments remplissant la même fonction. Le tableau ci-dessous classe les principaux coordonnants selon leur sens.

Sens exprimés	Coordonnants
Addition	et, aussi, ainsi que, de même que, également, en outre, de plus, ni
Alternative	ou, ou bien, soit… soit, tantôt… tantôt, parfois… parfois
Cause	car, en effet
Comparaison	autant… autant, moins… moins, plus… plus, tel… tel
Conséquence	donc, alors, aussi, ainsi, par conséquent, en conséquence
Explication	c'est-à-dire, c'est pourquoi
Opposition ou restriction	mais, pourtant, cependant, toutefois, par contre, en revanche, néanmoins
Succession	et, puis, ensuite, enfin, et puis, et ensuite, et enfin

2. Tous les **coordonnants** peuvent se déplacer sauf *et*, *ou*, *ni*, *mais*, *car* et *puis*.

Ex.: Sarah avait de l'aversion pour l'inconnu. **Toutefois**, elle ne le montrait pas.

Sarah avait de l'aversion pour l'inconnu. Elle ne le montrait **toutefois** pas.

Sarah avait de l'aversion pour l'inconnu. Elle ne le montrait pas, **toutefois**.

Remarques

- Lorsqu'on coordonne ou qu'on juxtapose des <u>groupes prépositionnels</u>, on doit répéter les prépositions *à* (*au*/*aux*), *de* (*des*) et *en*.

  Ex.: Elle continue **à** donner des cours et **à** publier des articles.

  ⊘ Elle continue **à** donner des cours et publier des articles.

  Ex.: C'est grâce **à** son courage et (grâce) **à** sa ténacité qu'il a réalisé son rêve.

  Ex.: Il faut se mobiliser afin **de** réduire l'endettement et (afin) **de** lutter contre la pauvreté.

  Dans les deux derniers exemples, la répétition de la première partie de la préposition est facultative; cependant, on doit obligatoirement répéter *à* et *de*.

- Lorsqu'on coordonne ou qu'on juxtapose des subordonnées, on doit généralement répéter le **subordonnant** *que* et le **subordonnant interrogatif**.

  Ex.: Les coquillages **que** la mer abandonnait sur la plage et **que** Léa recueillait étaient irisés.

  ⊘ Les coquillages **que** la mer abandonnait sur la plage et Léa recueillait étaient irisés.

  Ex.: Tu vois bien **qu'**il est occupé et **que** nous ne pouvons pas le déranger.

  ⊘ Tu vois bien **qu'**il est occupé et nous ne pouvons pas le déranger.

  Ex.: Je me demande **s'**il fera beau et **si** nous irons à la mer.

  ⊘ Je me demande **s'**il fera beau et nous irons à la mer.

- Lorsqu'on coordonne ou qu'on juxtapose des <u>subordonnées circonstancielles</u>, le **subordonnant** doit être répété ou repris par *que* (*qu'*) devant le deuxième élément coordonné ou juxtaposé.

  Ex.: Répétition: **Quand** il pleut et **quand** je m'ennuie, je lis.

  Reprise par *que*: **Quand** il pleut et **que** je m'ennuie, je lis.

  Mais non: ⊘ **Quand** il pleut et je m'ennuie, je lis.

  Ex.: Répétition: Il est venu **parce qu'**il se sentait triste et **parce qu'**il voulait se confier.

  Reprise par *que*: Il est venu **parce qu'**il se sentait triste et **qu'**il voulait se confier.

  Mais non: ⊘ Il est venu **parce qu'**il se sentait triste et il voulait se confier.

Remarques

- Pour éviter les répétitions dans des phrases coordonnées ou juxtaposées, on peut recourir au remplacement par un **pronom** ou à l'effacement.

  Ex. : Hugo écrit des chansons et interprète **ses chansons**.

  ⇓ Hugo écrit des chansons et **les** interprète.

  Ex. : William s'intéresse à l'astronomie, Mélisande aussi **s'intéresse à l'astronomie**.

  ✂ William s'intéresse à l'astronomie, Mélisande aussi.

- Pour éviter la répétition du <u>verbe</u> dans des phrases coordonnées ou juxtaposées, on peut effacer le verbe dans la deuxième phrase et le remplacer par une **virgule**.

  Ex. : Juliane préfère les mathématiques; Renaud **préfère** la biologie.

  ⇓ Juliane préfère les mathématiques; Renaud, la biologie.

Remarque

On ne peut pas coordonner un <u>adjectif qualifiant</u> et un <u>adjectif classifiant</u>.

Ex. : ⊘ Ce stade municipal et magnifique attire les amateurs de sport.

Dans cet exemple, l'adjectif qualifiant *magnifique* ne peut pas être coordonné avec l'adjectif classifiant *municipal*.

LA SUBORDINATION

DÉFINITION

> La **subordination** consiste à enchâsser (inclure) une phrase dans une autre à l'aide d'un **subordonnant**. La phrase enchâssée est appelée **phrase subordonnée**.

1. a) On dit que la **phrase subordonnée** est une **phrase** parce qu'elle est composée d'un sujet et d'un prédicat .

   Ex. : Le bruit qu'elle avait entendu était celui d'un avion.

   b) On dit que cette **phrase** est **subordonnée** parce qu'elle est enchâssée dans une autre phrase ou dans un groupe au moyen d'un **subordonnant**. Le subordonnant se place au début de la phrase subordonnée.

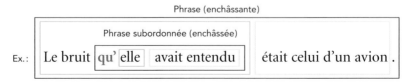

   Ex. : Le bruit qu'elle avait entendu était celui d'un avion .

2. La phrase subordonnée n'est pas conforme au <u>MODÈLE DE LA PHRASE DE BASE</u>. C'est une <u>phrase transformée</u>, puisqu'on y a ajouté un subordonnant.

3. C'est le **type de subordonnant** qui permet de classer les subordonnées. Les subordonnants font partie des marqueurs de relation.

Types de subordonnants	Types de subordonnées
Subordonnant circonstanciel : quand, pour que, parce que, si bien que, alors que, bien que, si, ainsi que, etc.	Subordonnée circonstancielle
Subordonnant complétif (aussi appelé conjonction) : que	Subordonnée complétive
Subordonnant interrogatif : combien, comment, où, pourquoi, quand, quel, qui, quoi, si, etc.	Subordonnée complétive interrogative
Subordonnant relatif (pronom relatif) : qui, que, quoi, dont, où, etc.	Subordonnée relative

4. Le tableau ci-dessous classe les principaux subordonnants selon leur sens.

Sens exprimés	Subordonnants
But	afin que, de crainte que, de façon que, de peur que, de sorte que, pour que, etc.
Cause	comme, étant donné que, parce que, puisque, sous prétexte que, vu que, etc.
Comparaison	ainsi que, autant que, comme, davantage que, de même que, moins que, plus que, etc.
Concession	bien que, encore que, malgré que, même si, moyennant que, quand, quand bien même, quoique, etc.
Conséquence	au point que, de (telle) façon que, de (telle) manière que, de (telle) sorte que, si bien que, etc.
Hypothèse	à condition que, à supposer que, dans la mesure où, en admettant que, pour autant que, pourvu que, selon que, si, si tant est que, suivant que, etc.
Opposition	alors que, pendant que, quand, si, tandis que, etc.
Temps	alors que, à mesure que, après que, aussitôt que, avant que, chaque fois que, comme, dès que, jusqu'à ce que, lorsque, pendant que, sitôt que, tandis que, etc.

Majuscule

LA MAJUSCULE DE PHRASE

Phrase (p. 408)

La majuscule de phrase signale le début de la phrase graphique.

Ex.: Je sais, attends un peu. Il doit bien y avoir quelque chose à manger.

Discours rapporté (p. 366)

• Les paroles rapportées entre guillemets commencent par une majuscule.

Ex.: Elle m'a demandé poliment: «Est-ce que je peux goûter?»

• En poésie, les vers commencent traditionnellement par une majuscule.

LA MAJUSCULE DE MOT

La majuscule de mot sert principalement à signaler qu'un **nom** est un **nom propre**.

■ NOMS PROPRES DÉSIGNANT DES ÊTRES

Catégories	Exemples
Personnes ou personnages	Daniel Bélanger, Léa, Marc-Antoine, Marcelle Ferron, etc. Blanche-Neige, Amos Daragon, le capitaine Nemo, le père Noël, etc.
	Remarque Les noms propres passés dans l'usage ne prennent pas de majuscule: un **d**on juan, un **s**éraphin, un **t**artuffe, etc.
Peuples, habitants d'un lieu, groupes ethniques	une Amérindienne, un Blanc, une Européene, un Français, une Inuite, un Londonien, une Néo-Écossaisse, un Noir, une Québécoise, un Trifluvien, etc.
	Remarques • Les deux éléments des noms de peuples composés et reliés par un trait d'union prennent la majuscule: un Franco-Manitobain, un Néo-Zélandais, un Sud-Américain, etc. • Les noms de peuples formés d'un nom suivi d'un adjectif prennent une majuscule au nom seulement: un Belge **f**lamand, un Canadien **a**nglais, un Suisse **a**llemand, etc. • Les adjectifs ne prennent pas de majuscule: le peuple **a**mérindien, un visiteur **c**anadien-**a**nglais, un élève **c**oréen, un guide **s**ud-américain, etc. • Les noms de langue ne prennent pas de majuscule: l'**a**nglais, l'**e**spagnol, le **f**rançais, l'**i**talien, etc.
Divinités	Allah, Dieu, Jéhovah, Vénus, Vishnou, Zeus, etc.
	Remarque Les noms des religions et des adeptes des religions ne prennent pas de majuscule: le **c**hristianisme, l'**i**slam, le **p**rotestantisme, un **c**hrétien, un **h**indou, un **j**uif, etc.
Animaux	Donald Duck, Fido, Minette, Rintintin, etc.

■ NOMS PROPRES DÉSIGNANT DES LIEUX

Catégories	Exemples
Continents, pays, villes, etc.	l'**A**mérique, l'**A**rgentine, la **P**rovence, **T**rois-**R**ivières, etc.
	Remarque Les noms de lieux formés d'un déterminant et d'un nom prennent la majuscule aux deux éléments: **L**e **H**avre, **L**a **M**albaie, **L**es **M**échins, etc.
Îles, lacs, mers, montagnes, rues, etc.	l'île d'**A**nticosti, la baie d'**H**udson, les **G**rands **L**acs, l'océan **I**ndien, les **L**aurentides, la mer **R**ouge, le mont **T**remblant, etc. la 3e **A**venue, la rue des **É**rables, le chemin **S**aint-**J**ean, la place de la **V**ictoire, etc.
	Remarque Dans les noms de lieux, le <u>générique</u> (fleuve, montagne, rue, etc.) ne prend jamais la majuscule, sauf s'il est placé à la fin: la **r**ue de la **P**aix, la 4e **R**ue, la **r**ivière **B**leue, etc.
Points cardinaux	l'**A**mérique du **S**ud, le pôle **N**ord, la **R**ive-**N**ord, l'**A**sie du **S**ud-**E**st, le boulevard **M**étropolitain **E**st, etc.
	Remarques • Les points cardinaux prennent la majuscule lorsqu'ils désignent un **lieu précis** ou la **direction d'une rue**. • Les points cardinaux ne prennent pas de majuscule s'ils sont suivis d'un <u>groupe prépositionnel</u>, qu'il soit donné ou sous-entendu: l'**o**uest de la ville, la rive **n**ord (*du fleuve*), la façade **s**ud (*de la maison*), etc.

■ DÉSIGNATIONS DIVERSES

Catégories	Exemples
Événements historiques, époques, fêtes	la **L**ibération, la **R**évolution tranquille, la **S**econde **G**uerre mondiale, etc. l'**A**ntiquité, la **R**enaissance, etc. le jour de l'**A**n, le **N**ouvel **A**n, l'**H**alloween, le **M**ercredi des cendres, la fête des **M**ères, **P**âques, etc.
	Remarques • Ces noms prennent habituellement la majuscule au nom <u>spécifique</u> et à l'adjectif qui le précède. • Les mots *jour* et *fête* ne prennent habituellement pas la majuscule.
Titres de journaux et de périodiques	*Clin d'œil*, *La Tribune*, *Le Devoir*, *Le Nouvel Observateur*, etc.
	Remarques • Les titres de journaux et de périodiques prennent la majuscule au nom spécifique et à l'adjectif qui le précède. Le déterminant prend la majuscule seulement s'il fait partie du titre: *Le Devoir*, le *Clin d'œil*, etc. • En cas de doute, on respecte la façon de faire du journal ou du périodique. • Les titres s'écrivent en italique. Dans un texte manuscrit, on les souligne.

Catégories	Exemples
Titres d'œuvres littéraires et artistiques	*Le petit prince*, *L'histoire de Pi*, *Sur la route de Chlifa*, etc. *Autoportrait au chardon*, *Concerto pour la main gauche*, *Souffle d'oies*, etc.
	Remarques • Les règles dans ce domaine sont nombreuses et diffèrent d'un ouvrage à l'autre. Pour simplifier, on peut adopter la règle suivante, proposée par l'Office québécois de la langue française : les titres prennent la majuscule au premier mot seulement. Si un titre contient un nom propre, ce nom conserve bien entendu sa majuscule. • Les maisons d'édition suivent parfois d'autres règles. • Les titres s'écrivent en italique. Dans un texte manuscrit, on les souligne.
Organismes	le Fonds monétaire international, le Haut-Commissariat aux réfugiés, l'Office québécois de la langue française, l'Organisation mondiale de la santé, la Régie de l'assurance maladie du Québec, etc.
	Remarque Les noms d'organismes prennent habituellement la majuscule au premier nom et à l'adjectif qui le précède.

Remarques
- Comme les exceptions sont nombreuses, particulièrement en ce qui concerne les catégories de mots du dernier tableau, prenez la peine de vérifier l'orthographe des mots en cas de doute. Les ressources suivantes vous seront utiles :
  - un dictionnaire de langue ;
  - un dictionnaire des noms propres ;
  - la Banque de dépannage linguistique (BDL) de l'Office québécois de la langue française (OQLF).
- Dans le cas des noms d'établissements, mieux vaut consulter la BDL ou se renseigner auprès de l'établissement en question.

COUP DE POUCE

Pour trouver les articles sur l'emploi de la majuscule dans la BDL

Rendez-vous sur le site Internet de l'Office québécois de la langue française, puis sur la BDL. Une fois sur la page de la BDL, choisissez *Index thématique*, puis *La typographie*, *Majuscules* et *Catégories*. Il ne vous reste qu'à cliquer sur la catégorie qui vous intéresse. Vous pouvez aussi choisir *Noms particuliers* plutôt que *Catégories*. Vous trouverez là d'autres renseignements utiles.

Manipulations syntaxiques

DÉFINITION

Les **manipulations syntaxiques** sont des opérations qu'on utilise pour mieux analyser les phrases, mieux les comprendre et mieux les écrire.

Manipulations	Symboles	Exemples
Addition Consiste à **ajouter** des mots, des groupes de mots ou des subordonnées.	+	Les feuilles de l'arbre étaient couvertes de rosée. + Les grandes feuilles de l'arbre qui ombrageait le sentier étaient entièrement couvertes de rosée.
Déplacement Consiste à **déplacer** des mots, des groupes de mots ou des subordonnées.	⇔	Après un long et pénible voyage, Peggy déboucha dans une clairière. ⇔ Peggy, après un long et pénible voyage, déboucha dans une clairière.
Effacement Consiste à **enlever** des mots, des groupes de mots ou des subordonnées.	✂	Quand l'orage cessa, l'adolescente s'aperçut avec horreur que le petit pavillon avait disparu. ✂ L'adolescente s'aperçut que le pavillon avait disparu.
Encadrement Consiste à **encadrer** un mot ou un groupe de mots par *ne… pas*, *c'est… qui* (*ce sont… qui*) ou par *c'est… que* (*ce sont… que*), etc.	[ ]	Le superbe peuplier du jardin a été déraciné. [ ] C'est le superbe peuplier du jardin qui a été déraciné.
Remplacement Consiste à **remplacer** des mots, des groupes de mots ou des subordonnées par d'autres mots, groupes de mots ou subordonnées.	⇓	La bourrasque entraînait l'adolescente comme une feuille morte. ⇓ Elle l'entraînait comme une feuille morte.

Narrateur

Dans un récit, le **narrateur** est celui qui raconte l'histoire. Aucun récit ne peut exister sans un narrateur pour le raconter.

Extrait 1

Méfiez-vous de moi !

Je parais douce, timide, rêveuse et petite pour mes dix ans. N'en profitez pas pour m'attaquer. Je sais me défendre. Mes parents (qu'ils soient remerciés dans les siècles des siècles!) m'ont fait cadeau du plus utile car du plus guerrier des prénoms: Jeanne.

> Erik Orsenna, *La grammaire est une chanson douce*, Paris, Éditions Stock, coll. «Livre de poche», 2001, p. 11.

Dans l'extrait 1, la narratrice est Jeanne. Elle mentionne son nom et, en plus, révèle sa présence par l'emploi de mots à la **1ʳᵉ personne** (*moi, je, mes, m', me*).

Extrait 2

Gaspard courait à travers la plaine, ses pieds nus frappaient le sol humide, ses bras fauchaient les feuilles coupantes de l'herbe. Il entendait le bruit de son cœur, le grincement des herbes qui se repliaient derrière lui.

> Jean-Marie Gustave Le Clézio, *Peuple du ciel* suivi de *Les bergers*, Paris, Éditions Gallimard, coll. «Folio», 1978, p. 71.

Dans l'extrait 2, on ne trouve aucun indice de la présence du narrateur. On ne peut donc pas l'identifier.

1. Le **narrateur** ne doit pas être confondu avec l'**auteur**.

Extrait	Narrateur	Auteur
Extrait 1	Jeanne	Erik Orsenna
Extrait 2	?	Jean-Marie Gustave Le Clézio

L'extrait 1 montre bien que la narratrice n'est pas l'auteur et vice versa. Dans l'extrait 2, on connaît l'auteur, mais on ne sait pas qui est le narrateur.

2. Il existe deux **sortes de narrateurs**:
   - le narrateur qui est un personnage de l'histoire, comme dans l'extrait 1. Il est appelé **narrateur personnage**. Il peut être participant (comme dans l'extrait 1) ou témoin;
   - le narrateur qui n'est pas un personnage de l'histoire, comme dans l'extrait 2. Il est appelé **narrateur omniscient**.

Remarque

Le **narrateur omniscient** est un narrateur qui **sait tout**. Il est au courant de tout ce qui se passe dans la tête des personnages. Il connaît toutes leurs pensées, leurs émotions, leurs impressions et il peut donc les décrire.

Le **narrateur personnage** ne peut pas savoir avec certitude ce qui se passe dans la tête des autres personnages.

Pour savoir si c'est un narrateur personnage qui raconte

Si une histoire contient des **mots de la 1re personne** en dehors des dialogues, le narrateur est alors un **narrateur personnage**.

Organisateur textuel

DÉFINITION

Un **organisateur textuel** est un mot, une expression ou une phrase qui contribue à l'organisation d'un texte.

1. Un texte cohérent est toujours organisé d'une certaine manière. Cette organisation est marquée, entre autres, par des expressions et des mots appelés **organisateurs textuels**.

2. Les **organisateurs textuels** indiquent, entre autres, une organisation dans le temps, une organisation dans l'espace, une organisation logique.

Types d'organisateurs	Organisateurs
Organisateurs temporels	Au début, Aujourd'hui, Autrefois, Cette année-là, D'abord, En l'an…, Ensuite, Entre-temps, Finalement, Hier, La veille, Le surlendemain, Pendant ce temps, Plus tard, Puis, etc.
Organisateurs spatiaux	Ailleurs, Au milieu, En arrière, En avant, Ici et là, Là-bas, Plus loin, Plus près d'ici, etc.
Organisateurs logiques – exprimant la succession	• D'abord, Ensuite, Puis, Finalement • Pour commencer, Pour continuer, Pour conclure • En premier lieu, En deuxième lieu, En troisième lieu • D'une part, D'autre part • etc.
– exprimant l'explication	Ainsi, Autrement dit, D'ailleurs, En d'autres termes, En effet, En fait, Par exemple, Pour tout dire, etc.
– exprimant l'argumentation	Au contraire, Bref, Certes, D'ailleurs, De plus, Donc, En conclusion, En définitive, En outre, En résumé, Malgré cela, Or, Par ailleurs, Par conséquent, Par contre, Pourtant, etc.

3. Le plus souvent, les séquences narratives et les séquences descriptives sont organisées à l'aide d'**organisateurs temporels** ou **spatiaux**, tandis que les séquences explicatives et les séquences argumentatives sont organisées à l'aide d'**organisateurs logiques**.

4. Les conjonctions, les adverbes, les prépositions, entre autres, peuvent jouer le rôle d'organisateurs textuels.

Phrase

1. Quand on parle de phrase, on fait la distinction entre **phrase graphique** et **phrase syntaxique**.

Sujet de phrase
(p. 372)

Prédicat
de phrase
(p. 372)

Complément
de phrase
(p. 373)

> **DÉFINITION**
>
> La **phrase graphique** est une suite de mots qui commence par une majuscule et se termine par un point (point, point d'interrogation, point d'exclamation, points de suspension).
>
> La **phrase syntaxique** est une unité habituellement formée d'un sujet, d'un prédicat et, facultativement, d'un complément de phrase. Elle n'est pas nécessairement délimitée par une majuscule et un point.
>
> Ex.: Ce clown était épatant ! Pour faire rire les enfants, il n'hésitait pas à se livrer à toutes sortes de farces et de cabrioles : il se mouchait avec un immense chiffon à pois verts, il faisait des galipettes en gloussant, il marchait sur les mains en chantant.
>
> Dans cet exemple, il y a deux phrases graphiques, mais cinq phrases syntaxiques.

2. Certaines phrases graphiques contiennent plus d'une phrase syntaxique. Dans l'exemple précédent, la phrase graphique qui commence par *Pour faire rire les enfants* compte **quatre** phrases syntaxiques.

3. En grammaire, on analyse des **phrases syntaxiques**.

Phrase de base
et phrase
transformée
(p. 408)

4. Pour analyser les phrases syntaxiques, on les compare avec le MODÈLE DE LA PHRASE DE BASE.

5. Il existe trois sortes de phrases :

Phrases à
construction
particulière
(p. 410)

   – celles qui sont conformes au modèle de la **phrase de base**;
   – celles qui sont **transformées** par rapport au modèle de la phrase de base;
   – celles qui ont une **construction particulière**.

Phrase de base et phrase transformée

LA PHRASE DE BASE

1. Pour étudier les phrases, on les compare avec le MODÈLE DE LA PHRASE DE BASE. Pour qu'une phrase soit conforme au MODÈLE, elle doit remplir les conditions suivantes.

   a) Elle doit comprendre au moins un sujet et un prédicat.

   b) Le sujet doit être placé **avant** le prédicat.

   c) La phrase doit être de type déclaratif et de formes positive, active, neutre et personnelle.

   d) Elle doit être syntaxiquement autonome.

| sujet de phrase | + | prédicat de phrase | + (| complément de phrase |*)

Type de la phrase : déclaratif

Formes de la phrase : positive, active, neutre et personnelle

*Le complément de phrase est mobile ; il pourrait être situé ailleurs dans la phrase. Dans le MODÈLE, on le place à la fin par commodité. Les parenthèses indiquent que le complément de phrase est facultatif.

2. Les phrases suivantes sont des phrases conformes au MODÈLE puisqu'elles remplissent les conditions énumérées ci-dessus.

Sujet de P   Prédicat de P

Ex. : Noémie livre les journaux .

Sujet de P   Prédicat de P   C de P

Ex. : Noémie livre les journaux tôt le matin .

C de P   Sujet de P   Prédicat de P

Ex. : Tôt le matin , Noémie livre les journaux .

LA PHRASE TRANSFORMÉE

On peut faire subir une ou plusieurs transformations à une phrase de base. On obtient ainsi une phrase transformée. Il y a **trois sortes de phrases transformées** :

– les phrases qui ont subi une transformation de <u>type</u> ou de <u>forme</u> ;

– les phrases où le <u>sujet</u> est inversé (placé après le <u>prédicat</u>) ;

– les phrases <u>subordonnées</u>.

Les phrases ayant subi une transformation de type ou de forme

Phrase de type déclaratif conforme au MODÈLE	Transformations	Phrases transformées
Tu fabriques de jolis colliers de coquillages.	de type interrogatif	Est-ce que tu fabriques de jolis colliers de coquillages ?
	de type impératif	Fabrique de jolis colliers de coquillages.
	de type exclamatif	Quels jolis colliers de coquillages tu fabriques !

Phrase de formes positive, active, neutre et personnelle conforme au MODÈLE	Transformations	Phrases transformées
On construira une éolienne sur son terrain.	de forme négative	On ne construira pas d'éolienne sur son terrain.
	de forme passive	Une éolienne sera construite sur son terrain.
	de forme emphatique	C'est une éolienne qu'on construira sur son terrain.
	de forme impersonnelle	Il sera construit une éolienne sur son terrain.

Les phrases où le sujet est inversé

Lorsque le ⌐sujet¬ est déplacé **après** le ⌐prédicat¬, on obtient également une phrase transformée. La phrase n'est alors plus conforme au MODÈLE DE LA PHRASE DE BASE.

Phrase conforme au MODÈLE	Transformation	Phrase transformée
⌐Les bateaux¬ voguent sur la mer.	Inversion du sujet	Sur la mer voguent ⌐les bateaux¬.

Les phrases subordonnées

Subordination
(p. 400)

1. Les **subordonnées** sont des phrases, puisqu'elles sont composées d'un ⌐sujet¬ et d'un ⌐prédicat¬. Elles sont transformées par l'ajout d'un **subordonnant**. Elles ne sont donc pas conformes au MODÈLE DE LA PHRASE DE BASE.

2. La phrase subordonnée est toujours enchâssée (incluse) dans une autre phrase.

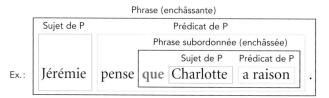

Ex.:

Dans cet exemple, la subordonnée *que Charlotte a raison* est enchâssée dans le groupe qui remplit la fonction de prédicat de phrase dans la phrase enchâssante. Le subordonnant *que* est placé au début de la phrase subordonnée.

Phrases à construction particulière

DÉFINITION

Phrase de base
et phrase
transformée
(p. 408)

Une **phrase à construction particulière** est une phrase qui n'est pas conforme au MODÈLE DE LA PHRASE DE BASE même si elle n'a subi aucune transformation.

1. On distingue quatre sortes de phrases à construction particulière.

Sortes et caractéristiques	Exemples
Phrase non verbale Elle est formée d'un groupe dont le noyau n'est pas un verbe. Elle peut être constituée, entre autres : – d'un <u>groupe nominal</u> ;	Entrée interdite. Peinture fraîche. Risque de brouillard. Excellente idée !
– d'un <u>groupe adjectival</u> ;	Grandiose ! Fermé le dimanche. Très intéressant ! Satisfaite de votre performance ?
– d'un <u>groupe prépositionnel</u> ;	À voir absolument ! À bannir de votre alimentation ! En forme ? Avec joie. Par ici.

...

Sortes et caractéristiques	Exemples
– d'un <u>groupe adverbial</u>.	Évidemment ! Plus vite ! Très bien. Oui. Non.

Remarque

On considère aussi comme des phrases non verbales :

– l'**interjection** (mot ou expression figée qui fait ressortir avec vivacité un sentiment) ;

   Ex.: **Bravo** ! Vous vous êtes classés pour la finale.

– l'**onomatopée** (transcription de bruits et de cris) ;

   Ex.: **Bzzzoui** ! l'écran de l'ordinateur devint tout noir.

– l'**interpellation** ou mot mis en apostrophe (nom par lequel on interpelle une personne).

   Ex.: **Rachid**, quelle est ta chanteuse préférée ?

Phrase infinitive	
Elle est formée d'un <u>groupe infinitif</u>.	**Sonner** avant d'entrer.

Phrase toujours impersonnelle	
Elle contient un **verbe toujours impersonnel**. ⇨ <u>Verbe toujours impersonnel</u> (p. 360)	Il **faudra** partir tôt. Il **neige** beaucoup en janvier.

Phrase à présentatif	
Elle est formée avec un des présentatifs suivants : – *voici* ou *voilà* ;	**Voici** venir la belle saison ! **Voilà** qu'elle est mécontente.
– *il y a* (*il y avait, il y aura, il y eut, il n'y a pas, il n'y avait pas, qu'il y ait*, etc.) ;	**Il y aurait** une solution. **Il y a** dix ans qu'il est venu au Québec.
– *c'est* (*ce sont, c'était, ce serait, ce fut, ce n'est pas, ce n'était pas, que ce soit*, etc.). Le *ce* ou le *c'* du présentatif n'a pas d'antécédent et il n'est pas considéré comme un pronom de reprise.	Aya racontait son accident et la fabrication de sa prothèse. **C'était** le silence complet dans la salle. Dans cet exemple, *C'* n'a pas d'antécédent; la phrase commençant par *C'était* est donc une phrase à présentatif.

Remarque

Quand *ce* ou *c'* a un **antécédent**, il ne fait pas partie d'un présentatif. Il s'agit alors d'un pronom de reprise.

   Ex.: **La femme** se présenta à l'audience. **C'**était une jeune veuve.

   Dans cet exemple, *C'* a pour antécédent *La femme*. En conséquence, *C'était* n'est pas un présentatif et la phrase qui commence par *C'était* n'est pas une phrase à présentatif.

2. La plupart des phrases à construction particulière peuvent subir des transformations de <u>type</u> ou de <u>forme</u>.

Phrases à construction particulière	Transformations	Phrases transformées
Spectacle remarquable.	de type exclamatif	Quel spectacle remarquable !
C'est le printemps.	de type interrogatif	Est-ce le printemps ?
Voilà qu'elle est encore mécontente.	de forme négative	Voilà qu'elle n'est plus mécontente.
Faire attention.	de forme négative	Ne pas faire attention.
Il s'agit de votre mère.	de type interrogatif et de forme négative	Ne s'agit-il pas de votre mère ?

Point de vue

DÉFINITION

Le point de vue est l'**attitude** de la personne qui parle ou écrit (l'émetteur) par rapport à son propos ou à son destinataire. Cette attitude peut être **engagée** ou **distanciée**. Ce sont les **marques de point de vue** qui révèlent cette attitude.

> **Remarque**
> Les **marques de point de vue** sont aussi appelées **marques de modalité**.

LE POINT DE VUE ENGAGÉ

1. Le **point de vue engagé**, ou subjectif, est celui qu'un émetteur adopte quand il veut **convaincre** ou **s'exprimer** de manière subjective. Il donne son opinion, exprime ses sentiments, mentionne ce qu'il apprécie ou pas.

   Ex.: Son Excellence Leonel Fernández
   Presidente de la República

   Monsieur le Président,

   Alertés par Amnistie internationale, nous sommes inquiets du sort réservé aux enfants dominicains d'origine haïtienne. Parce que nés de parents travailleurs migrants d'origine haïtienne, ou même de parents d'origine haïtienne ayant acquis la nationalité dominicaine, ces enfants ont de la difficulté à obtenir un certificat de naissance en République dominicaine. Sans état civil, ils ne peuvent avoir accès à l'éducation et aux soins de santé auxquels ils ont droit et, parvenus à l'âge adulte, ne peuvent obtenir d'emploi ni participer à la vie publique. De plus, ne possédant pas la preuve de leur nationalité, ils risquent l'expulsion vers Haïti où ils n'ont aucune attache, à tout moment.

   Nous vous demandons instamment d'intervenir pour que la République dominicaine, conformément à ses obligations en vertu de la Convention relative aux droits de l'enfant, assure à tout enfant né sur son sol un enregistrement à la naissance. Il est inacceptable que les enfants d'origine haïtienne soient rendus apatrides à cause d'un refus discriminatoire d'octroi de nationalité.

   Amnistie internationale, section canadienne francophone, «Des enfants dominicains d'origine haïtienne privés de tous les droits» (pétition), *Agir pour les droits humains,* [en ligne]. (décembre 2007; page consultée le 4 février 2008)

   Par exemple, dans ce texte engagé, on connaît l'opinion et les sentiments de l'émetteur sur la situation décrite. On perçoit également la visée de l'émetteur: convaincre son destinataire.

2. Le point de vue engagé est utilisé dans les critiques, les lettres d'opinion, les discours politiques, etc.

Les marques du point de vue engagé

a) Le **point de vue engagé** de l'émetteur **par rapport à son propos** se reconnaît notamment aux **marques de point de vue** ci-dessous.

Marques de point de vue de l'émetteur par rapport à son propos	Exemples
Vocabulaire connoté de sens positif ou **négatif**	Personnellement, je **préfère** le discours **lucide** et **réaliste** de cet expert plutôt que le raisonnement **tordu** de ces candidats.
<u>Pronoms personnels</u>, <u>déterminants</u> ou <u>pronoms possessifs</u> de la 1re personne	**J'**exhorte le maire à se préoccuper plus sérieusement des problèmes environnementaux de **ma** municipalité.
<u>Auxiliaires de modalité</u>	Il **semble** que la diversité soit bien plus grande en eaux douces que dans les océans. Mais les recherches en milieux océaniques **pourraient** bien donner lieu à de nouvelles découvertes. Dans cet exemple, les auxiliaires de modalité *semble* et *pourraient* traduisent une certaine incertitude.
Temps verbaux (conditionnel et futur antérieur) pour marquer le doute, la probabilité, la possibilité, etc.	La disparition d'un grand nombre d'invertébrés **aurait** de gigantesques conséquences sur le monde végétal. Il **aura oublié** de lui faire signer la pétition.
<u>Adverbes</u> exprimant un commentaire	**Heureusement**, de grands progrès ont été accomplis dans le domaine de la construction d'automobiles hybrides.
Groupes incidents	Seule la poursuite des recherches permettra, **selon moi**, d'apporter des réponses plus précises aux questions touchant l'impact des OGM sur l'environnement.

Remarque
Un groupe incident est un groupe de mots comme à *mon avis*, à *notre grand étonnement*, *en toute franchise*, *sans vouloir vous contredire*, *selon moi*, etc.

Phrases incidentes	Il est, **j'en ai bien peur**, déjà trop tard pour les secourir.

Remarque
Une phrase incidente est une phrase comme *semble-t-il*, *on le sait*, *vous l'avez sans doute remarqué*, etc.

Figures de style comme l'<u>hyperbole</u>, la <u>répétition</u>, etc.	**J'ai pleuré toutes les larmes de mon corps** quand j'ai appris que ce défenseur des droits humains était mort.
Ponctuation et **phrases expressives**	Quelle entrevue rafraîchissante et pertinente ! Il était temps !
<u>Interjections</u>	**Hélas**, ces enfants ne peuvent avoir accès ni à l'éducation ni aux soins de santé auxquels ils ont droit.
Guillemets exprimant une réserve à propos d'emplois particuliers (néologisme, anglicisme, tournure fautive, etc.)	Ce spectacle faisait «cheap».
Procédés typographiques (soulignements, caractères gras ou italiques, majuscules) signalant une insistance	Pour que l'on puisse vivre sur Terre demain, de nouveaux comportements doivent être adoptés **DÈS AUJOURD'HUI**.

b) Le **point de vue engagé** de l'émetteur **par rapport à son destinataire** se reconnaît notamment aux **marques de point de vue** ci-dessous.

Marques de point de vue de l'émetteur par rapport à son destinataire	Exemples
Vocabulaire connoté de sens positif ou **négatif**	Votre étude est **pleine d'erreurs et d'incohérences**. Vous avez **mal cerné** les enjeux.
<u>Pronoms personnels</u>, <u>déterminants</u> ou <u>pronoms possessifs</u> de la 2e personne	Dans **votre** dernier livre, **vous** exprimez **votre** crainte et **votre** désarroi devant le réchauffement de la planète.
<u>Interpellations</u>	**Jeunes écocitoyens**, une lourde responsabilité vous incombe : celle d'exiger dans les années à venir une meilleure gestion des ressources océaniques.
<u>Phrases interrogatives</u> ou <u>impératives</u> pour interpeller le destinataire	Ne croyez-vous pas que le respect de l'être humain et celui de la nature sont indissociables ? Lançons un cri d'alarme afin d'attirer l'attention sur la répression dont sont victimes les défenseurs des droits humains !
Choix d'une <u>variété de langue</u> pour créer un effet de distanciation, de complicité, de provocation, etc.	Je vous prie de ne plus m'importuner. (langue soutenue) Prends ton *bike*, pis roule pour l'environnement. (langue familière)
Formules de politesse (salutation, remerciement, etc.)	Je vous remercie grandement de votre attention.

LE POINT DE VUE DISTANCIÉ

1. Le **point de vue distancié**, ou objectif, est celui qu'un émetteur adopte quand il veut **informer** objectivement. Il ne donne pas son opinion, il n'exprime pas ses émotions : il présente des faits, il décrit une situation.

Ex.: La lumière du jour contient toutes les couleurs de l'arc-en-ciel. Lorsque la lumière solaire tombe sur l'eau claire, les molécules d'eau diffusent et réfléchissent les longueurs d'onde bleues, d'où l'aspect bleu de la mer. Les autres longueurs d'onde — rouge, jaune, vert, etc. — sont absorbées par l'eau et on ne les voit plus.

Par exemple, dans ce texte, on ne sait pas ce que l'émetteur pense, ni de son sujet ni de son destinataire.

2. Le point de vue distancié est utilisé dans les articles encyclopédiques, les livres et les films documentaires, etc.

Les marques du point de vue distancié

Le **point de vue distancié** se reconnaît notamment aux **marques de point de vue** ci-dessous.

Marques de point de vue distancié	Exemples
Absence de pronoms personnels de la 1re et de la 2e personne, et de déterminants ou de pronoms possessifs de la 1re et de la 2e personne	Lorsque les rayons du soleil traversent des millions de gouttelettes d'eau, un arc-en-ciel apparaît.
Vocabulaire neutre	Les couleurs de l'arc-en-ciel sont plus vives à chaque extrémité, là où se trouvent les plus grosses gouttes de pluie.

> Remarque
> Le plus souvent, le point de vue distancié se reconnaît simplement à l'absence de marques révélant un point de vue engagé.

onctuation

> **DÉFINITION**
>
> La **ponctuation** est un moyen de rendre les textes plus faciles à lire et à comprendre.

■ LES SIGNES DE FIN DE PHRASE

Signes	Emplois	Exemples
Point d'interrogation ?	Il marque la fin des phrases qui servent à poser une **question**.	Que veux-tu dire ? Tu abandonnes ?
Point d'exclamation !	Il marque la fin des phrases dites sur un **ton exclamatif**.	Que cela ne m'inspire pas confiance ! Mille tonnerres ! Rendez-moi ce ballon !
Point .	Il marque la fin des autres phrases.	Amani ouvrit la boîte et sortit les sachets de thé.
Points de suspension ...	Ils peuvent remplacer le point pour marquer : – un **silence**, une **hésitation** ;	Je suis sûre qu'elle a eu un garçon, à moins que... je ne confonde avec sa sœur.
	– une **réflexion sous-entendue** ;	Tiens, tiens ! Tout ceci est bien étrange...
	– une **interruption** de la parole.	Mon petit, qu'est-ce que... ?

■ LA VIRGULE

Emplois	Exemples
Elle sépare des **phrases coordonnées**. ⇨ Coordination (p. 398)	Elle abandonna, car elle s'était blessée.
Elle marque la **juxtaposition** de **phrases**. ⇨ Juxtaposition (p. 398)	Le tonnerre grondait, le vent soufflait.
Elle sépare les éléments d'une **énumération**.	Il ramassa le catalogue, alla s'asseoir, l'ouvrit sur ses genoux. Dans le grand bol bleu, il y avait **des pommes**, **des bananes et des clémentines**.

Remarque

Quand *ou*, *et* ou *ni* coordonne trois **éléments** ou plus, on met une virgule entre ces éléments.

Ex.: Les chiots étaient **et mignons**, **et doux**, **et affectueux**.

Ex.: Ma mère n'aime **ni les chiens**, **ni les chats**, **ni les perroquets**.

Emplois	Exemples
Elle isole un **complément de phrase** : – en tête de phrase ; – au milieu de la phrase. ⇨ Complément de phrase (p. 373)	À la brunante, la foule envahit la place publique. La foule, à la brunante, envahit la place publique.
Elle isole certains **compléments du nom** ou certains **compléments du pronom** placés : – juste après le nom ou le pronom ; ⇨ Complément du nom (p. 375) Complément du pronom (p. 376)	Béatrice, **abasourdie**, ne savait plus que penser. Salvador, **mon ami**, devait me rejoindre ici. Celle-ci, **qui était folle d'inquiétude**, les serra dans ses bras.
– juste avant le nom ou le pronom ;	**Abasourdie**, elle ne savait plus que penser.
– à la fin de la phrase.	Leur mère les serra dans ses bras, **soulagée**.
Elle isole un **modificateur du verbe** en tête de phrase. ⇨ Modificateur (p. 385)	**Délicatement**, il raccrocha le téléphone.
Elle isole le **mot** ou le **groupe de mots** mis en **évidence** dans certaines phrases emphatiques.	**Le théâtre**, ça me passionne. Elle me hante, **cette histoire**.
Elle isole une **interpellation**. ⇨ Interpellation (p. 411)	Alors, **petit coquin**, tu as encore joué des tours ?
Elle isole une **interjection**. ⇨ Interjection (p. 411)	Vous n'en mourrez pas, **que Diable** !
Elle isole une **incise**. ⇨ Discours rapporté (p. 366)	Très bien, j'arrive, **dit Mélanie**. Ça alors, **s'écria-t-elle**, c'est plein de cadeaux ici !
Elle signale l'effacement d'un **verbe** qui se répète dans une phrase coordonnée ou juxtaposée. ⇨ Coordination (p. 398)	(était) Le soleil était brûlant et la pente, raide.

> **Remarques**
>
> - On place généralement une **virgule** devant les **coordonnants** (sauf *et*, *ou* et *ni*) placés entre deux phrases.
>
>   Ex.: Le film était excellent**, mais** j'ai dû partir avant la fin.
>
> - La virgule ne doit pas séparer le [sujet] du [prédicat].
>
>   Ex.: ⊘ [Les érables dénudés]⟋ se laissaient bercer par le murmure du vent.
>
>   _{Sujet de P}   _{Prédicat de P}
>
> - La virgule ne doit pas séparer le <u>verbe</u> de son <u>complément direct</u> ou de son <u>complément indirect</u>.
>
>   Ex.: ⊘ Ramata [se rappela⟋ [que le terrain de sport était entouré d'une haute clôture]].
>
>   GV — V — Sub. compl.-CD du V

■ LES AUTRES SIGNES

Signes	Emplois	Exemples
Deux-points **:**	Il introduit: – une **énumération**;	Du panier débordaient les victuailles**:** pains, pâtés, saucissons et fromages.
	– un **discours direct**, une **citation**; ⇨ <u>Discours rapporté</u> (p. 366)	Elle nous cria**:** «Allons, les garçons, où allez-vous à cette heure-ci?»
	– une **cause**, une **explication**;	Il s'arrêta sur le bord de la route**:** son sac était devenu trop lourd.
	– une **conséquence**, un **résultat**, une **conclusion**.	Son sac était devenu trop lourd**:** il s'arrêta sur le bord de la route.
Point-virgule **;**	Il marque un lien étroit entre deux phrases juxtaposées.	Les uns applaudissaient**;** les autres, choqués, désapprouvaient.
	Il sépare les éléments d'une liste.	Vérifier les aspects suivants: – la mise en scène**;** – les costumes**;** – les décors.
Tiret **—**	Il précède les répliques dans un dialogue.	**—** Penses-tu ce que je pense? **—** Je crois que nous pensons la même chose.
Guillemets **« »**	Ils encadrent un **discours direct**. ⇨ <u>Point de vue</u> (p. 412)	Il poursuivit: **«**Ma petite, ta mère est très malade.**»**
Parenthèses **( )**	Elles encadrent une **information complémentaire** qui pourrait être retirée.	Tante Danielle avait débarqué chez nous avec tous ses bagages **(**huit malles**)**.
Crochets **[ ]**	Ils encadrent: – un **ajout** dans une citation;	«Il **[**François Villon**]** est l'un des plus grands poètes du Moyen Âge.»
	– un **retrait** dans une citation.	«Il était devenu un valeureux chevalier. **[…]** À l'aube, il sella son cheval et quitta le village.»

Reprise de l'information

Cohérence
textuelle
(p. 364)

DÉFINITION

Une **reprise d'information** est un élément qui reprend totalement ou partiellement une réalité déjà mentionnée. La **première mention** et **ses reprises** forment une **chaîne de reprises** qui assure la continuité et la progression de l'information.

Ex.: 6 h 45. Tuan courut vers la mer. Ce matin-là, la plaine liquide lui parut particulièrement invitante. Le jeune homme nagea longtemps dans les eaux turquoise. Tout à coup, il aperçut au loin un débris flottant. En quelques brassées, il l'avait atteint. C'était métallique. Soudain, Tuan saisit la gravité de la situation et des frissons le secouèrent. Il regagna la plage et, hors d'haleine, téléphona à la police.

L'extrait ci-dessus contient trois chaînes de reprises:

- La première chaîne de reprises est en **vert**. La première mention est *Tuan*.
- La deuxième chaîne de reprises est en **mauve**. La première mention est *la mer*.
- La troisième chaîne de reprises est en **orangé**. La première mention est *un débris flottant*.

■ LA REPRISE PAR UN PRONOM

Caractéristiques du pronom de reprise	Exemples
Le **pronom** reprend **en totalité** un **GN déjà mentionné**. ⇨ Pronom (p. 357)	**Angelo** prenait soin de son chêne. **Il** s'occupait également du potager d'Hilda.
Le **pronom** reprend **en partie** un **GN déjà mentionné**.	**Des curieux** s'étaient rassemblés autour du malheureux. **Certains** avaient essayé de le dégager. Angelo avait planté **des rosiers**, dont **deux** seulement avaient repris vie.
Le **pronom** reprend une **phrase** ou un **passage** dans un texte.	**Bientôt, Amélia n'aurait plus besoin d'Angelo** et **cela** le rendait malheureux.

Remarques

- Certains **pronoms de reprise** ne reprennent pas un élément déjà mentionné dans le texte. Ils ne reprennent que l'idée exprimée par le **nom antécédent**.

  Ex.: La **roseraie** d'Angelo était très belle, mais Amélia préférait **la sienne**.

  Dans cet exemple, le pronom *la sienne* ne reprend pas *La roseraie d'Angelo*. Il ne reprend que le sens du nom antécédent *roseraie*.

  Ex.: La **voix** d'Amélia était aussi douce et joyeuse que **celle** de sa mère.

  Dans cet exemple, le pronom *celle* suivi de son complément *de sa mère* ne reprend pas *La voix d'Amélia*. Il ne reprend que le sens du nom antécédent *voix*.

- Le pronom qui reprend est appelé **pronom de reprise**. Il faut faire preuve de vigilance dans le choix du pronom de reprise. Consultez à ce sujet la stratégie *Comment vérifier que les pronoms de reprise sont bien employés*, à la page 495.

■ LA REPRISE PAR UN GROUPE NOMINAL

Caractéristiques du GN de reprise	Exemples
Le **GN de reprise** répète le nom (mais pas le déterminant) du **GN repris**.	Balthazar avait inventé **des personnages**. **Ces personnages** avaient des pouvoirs insoupçonnés.
Le **GN de reprise** répète une partie seulement du **GN repris**.	Ce matin-là, un étrange silence régnait dans **la maison de Balthazar**, comme si **la maison** dormait.
Le nom noyau du **GN de reprise** est un <u>synonyme</u> du nom noyau du **GN repris**.	Au détour d'un sentier, il aperçut **un vieillard** assis sur un rocher. **Le patriarche** portait une barbe aussi blanche et aussi longue que sa chevelure.
Le nom noyau du **GN de reprise** est un <u>générique</u> par rapport au nom noyau du **GN repris**.	Félicité avait reçu en cadeau **des tourterelles**. Elle adorait **ces oiseaux**.
Le **GN de reprise** est une <u>périphrase</u> désignant l'**élément repris**.	Amélia aime **le soleil**. **L'astre du jour** l'a toujours fascinée.
Le nom noyau du **GN de reprise** est de la même famille qu'un mot de l'**élément repris**.	Elle crut apercevoir **une clé qui scintillait** dans la serrure. **Son scintillement** la fit cligner des yeux.
Le nom noyau du **GN de reprise** est un synthétique, c'est-à-dire un nom qui résume la **partie de texte reprise**.	La jeune fille **avait perdu ses parents dans l'incendie de leur demeure**. Depuis **cette tragédie**, elle vivait en ermite.
Le nom noyau du **GN de reprise** apporte de l'information nouvelle au sujet de l'**élément repris**.	J'ai connu **Pierre** l'an passé. **Cet étudiant en botanique** m'a tout de suite plu.
Le **GN de reprise** désigne une partie ou un aspect de l'**élément repris**.	**Un bouquet** embaumait la pièce. **Les fleurs** étaient ravissantes, et **les tiges**, serrées les unes contre les autres, baignaient dans un superbe vase.

> **Remarque**
>
> Dans un GN de reprise, le nom est habituellement précédé d'un **déterminant de reprise**. Les déterminants de reprise sont principalement les <u>déterminants définis</u> (*le*, *la*, *les*, etc.), les <u>déterminants démonstratifs</u> (*ce*, *cet*, *cette*, etc.) et les <u>déterminants possessifs</u> (*son*, *ta*, *votre*, etc.).

■ LA REPRISE PAR D'AUTRES MOYENS

Moyens	Exemples
Reprise d'un **élément** par un **groupe adverbial**	Amélia avait grandi **sur le domaine de ses ancêtres**. C'est **là** qu'elle avait rencontré Angelo.
Reprise d'un **élément** par un **groupe verbal**	Lucas aime **marcher sur la plage**. Quand il **le fait**, il se sent mieux.

Remarque

La **reprise par un groupe verbal** s'effectue au moyen du verbe *faire*, le plus souvent complété par le pronom *le*.

Sens des mots et relations entre les mots

LE SENS DES MOTS

La polysémie

> **DÉFINITION**
>
> La **polysémie** est le fait d'avoir plusieurs sens possibles.

1. Un mot peut posséder plusieurs significations. C'est pour cette raison que les dictionnaires donnent plusieurs définitions à la plupart des mots.

Ex.: **FANTASMAGORIE** [fɑ̃tasmagɔʀi]
nom féminin
ÉTYM. *phantasmagorie* 1797; du <u>grec</u> *phantasma* «fantôme» et *agoreuein* «parler en public», d'après *allégorie*
1 Art de faire voir des fantômes par illusions d'optique dans une salle obscure, à la mode au XIXe s. **Par ext.** Ce spectacle. *Aller voir des fantasmagories.*
♦ **Par ext.** → **féerie.** «*Ce pays où tout devient toujours spectacle imprévu pour les yeux, fantasmagorie, changeant mirage*» (<u>Loti</u>).
2 Représentation imaginaire et illusoire. → **fantasme, illusion.** «*La peur est une fantasmagorie du démon*» (<u>Bernanos</u>).
3 Usage abondant des effets surnaturels et fantastiques (dans une œuvre littéraire). → **artifice, bric-à-brac.** *La fantasmagorie des romans noirs du XIXe siècle.*

Le nouveau Petit Robert 2007, [Cédérom], Paris, Dictionnaires Le Robert/Sejer, 2006.

FANTASMAGORIE n. f. (gr. *phantasma*, apparition, et fr. *allégorie*).
1. Vx. Procédé qui consiste à faire apparaître des figures irréelles dans une salle obscure à l'aide d'effets optiques. **2.** Spectacle enchanteur, féerique. **3.** LITTÉR. Présence, dans une œuvre, de nombreux thèmes et motifs fantastiques propres à créer une atmosphère surnaturelle.

Le Petit Larousse illustré 2008, Paris, Larousse, 2007.

Dans ces deux articles de dictionnaire, le mot *fantasmagorie* possède **trois** sens. On dit alors que le mot *fantasmagorie* est **polysémique**.

2. La polysémie des mots est exploitée dans les textes humoristiques, les slogans publicitaires, etc.

Ex.: Le sang est fait pour **circuler**.
Soyez donneur de sang.

(Croix-Rouge)

Circuler
— • «Se déplacer dans les vaisseaux.»
— • «Faire passer d'une personne à une autre.»

Ex.: Ce n'est pas tellement que je prenne mon chien pour plus **bête** qu'il n'est…

(Raymond Devos, «Mon chien, c'est quelqu'un»)

Bête ── • «Animal.»
       └── • «Stupide, sot.»

Dans ces exemples, chacun des mots en gras est utilisé dans les deux sens. On dit alors que ces phrases ont un **double sens**.

Le sens propre et le sens figuré

1. Parmi les différents sens qu'un mot peut posséder, on distingue le **sens propre** et le **sens figuré**.

DÉFINITION

Le **sens propre** d'un mot est son sens **premier**, **concret**, **non imagé**.
Le **sens figuré** d'un mot est son sens **abstrait**, **imagé**.

2. Le dictionnaire indique la différence entre le sens propre et le sens figuré. Le sens propre apparaît toujours en premier. Le sens figuré vient par la suite; il est annoncé par une mention comme «fig.».

Ex.: **flairer** [flɛʀe] **verbe transitif**
▶ conjugaison **1** ◀
ÉTYM. 1265; «exhaler une odeur» XIIᵉ; latin *fragrare*
1 (Animaux) Discerner, reconnaître ou trouver par l'odeur. → **sentir**. *Animal qui flaire sa nourriture. Chien qui flaire son maître.*
❏ *Flairer le gibier.* → **éventer**. *«l'excitation d'un fox qui flaire un rat»* (Montherlant).
◆ **(Personnes)** Sentir avec insistance, comme fait un animal. → **humer, renifler**. *«Tous, le nez tourné vers le poêle où se rissolaient les alouettes, flairaient la bonne odeur»* (Zola).
2 (1538) **Fig.** Discerner (qqch.) par intuition. → **deviner, pressentir, prévoir, sentir, soupçonner, subodorer**. *Flairer la bonne aubaine. Flairer un piège. «Les amoureux sont si soupçonneux qu'ils flairent tout de suite le mensonge»* (Proust). *«Dès le seuil, je flairai l'insolite»* (Gide). *Il a flairé qu'il y avait un danger.*

Le nouveau Petit Robert 2007, [Cédérom], Paris, Dictionnaires Le Robert/Sejer, 2006.

Premier sens = sens propre accompagné d'*exemples*

Sens suivant = sens figuré accompagné d'*exemples*

3. C'est le contexte d'emploi du mot qui indique si le mot est employé au sens propre ou au sens figuré. Consultez à ce sujet la stratégie *Comment trouver la signification d'un mot*, à la page 459.

Ex.: Les chiens, dressés pour la chasse, avaient flairé la présence d'un renard.

Dans cet exemple, le contexte, c'est-à-dire les mots *chiens*, *chasse* et *renard*, indique que le mot *flairer* est employé au sens propre.

Ex.: La policière avait flairé le piège que les contrebandiers s'apprêtaient à lui tendre.

Dans cet exemple, le contexte, c'est-à-dire les mots *policière*, *piège* et *contrebandiers*, indique qu'il s'agit du sens figuré de *flairer*.

Les paronymes

DÉFINITION

Les **paronymes** sont des mots qui se ressemblent par leur orthographe ou leur prononciation, mais qui ont des sens différents.

Ex.: Les champignons ornés de couleurs vives sont souvent **vénéneux**. Les raies armées sont des poissons **venimeux** dont la piqûre est extrêmement douloureuse.

L'adjectif *vénéneux* s'emploie pour les plantes ou les animaux toxiques.
L'adjectif *venimeux* s'emploie pour les animaux qui produisent du venin.

LES RELATIONS ENTRE LES MOTS

Les mots génériques et les mots spécifiques

DÉFINITION

Certains mots ont un sens étendu qui inclut celui d'autres mots. Un mot qui en inclut d'autres est un **mot générique**; un mot inclus dans un autre est un **mot spécifique**. La relation entre générique et spécifique est une **relation d'inclusion**.

Ex.: La famille des **faucons** compte quatre espèces au Québec: le **gerfaut**, le **faucon pèlerin**, le **faucon émerillon** et la **crécerelle d'Amérique**.

Les expressions figées

DÉFINITION

Une **expression figée** est une suite de mots qu'on peut difficilement modifier.

Ex.: Ce type a un **cœur de pierre**.

Dans cette expression, on ne peut pas remplacer *pierre* par *roche*.

Les expressions figées peuvent être:
– des comparaisons: *joli comme un cœur*;
– des proverbes: *Loin des yeux, loin du cœur*;
– des périphrases: *le prince des ténèbres*;
– des expressions employées au sens figuré: *perdre la face*.

Séquences textuelles

DÉFINITION

On appelle **séquence textuelle** une structure de texte ou d'une partie de texte qui est d'un type déterminé : narratif, descriptif, explicatif, argumentatif ou dialogal.

Tous les textes sont constitués d'une séquence textuelle dominante dans laquelle une ou plusieurs séquences textuelles d'une autre sorte peuvent s'insérer.

Types de textes	Séquences textuelles	Genres de textes
Narratif	Séquence dominante : narrative Séquences secondaires : descriptive, explicative, argumentative, dialogale	Conte, nouvelle littéraire, roman, fable, légende, etc.
Descriptif	Séquence dominante : descriptive Séquences secondaires : narrative, explicative, argumentative, dialogale	Article encyclopédique, ouvrage documentaire, portrait, guide touristique, livre de recettes, fait divers, etc.
Explicatif	Séquence dominante : explicative Séquences secondaires : narrative, descriptive, argumentative, dialogale	Manuel scolaire, article de vulgarisation scientifique, article encyclopédique, article spécialisé, ouvrage documentaire, etc.
Argumentatif	Séquence dominante : argumentative Séquences secondaires : narrative, descriptive, explicative, dialogale	Lettre d'opinion, commentaire journalistique, critique de film, annonce publicitaire, discours politique, etc.
Dialogal (ou dramatique)	Séquence dominante : dialogale Séquences secondaires : narrative, descriptive, explicative, argumentative	Pièce de théâtre, scénario de film, entrevue, correspondance, etc.

⇨ <u>Texte poétique</u> (p. 443)

LA SÉQUENCE NARRATIVE

La **séquence narrative** est une séquence dans laquelle une histoire est racontée par un narrateur. Elle se compose habituellement des cinq étapes suivantes: situation initiale, élément déclencheur, déroulement, dénouement, situation finale.

La vieille qui graissa la patte au chevalier

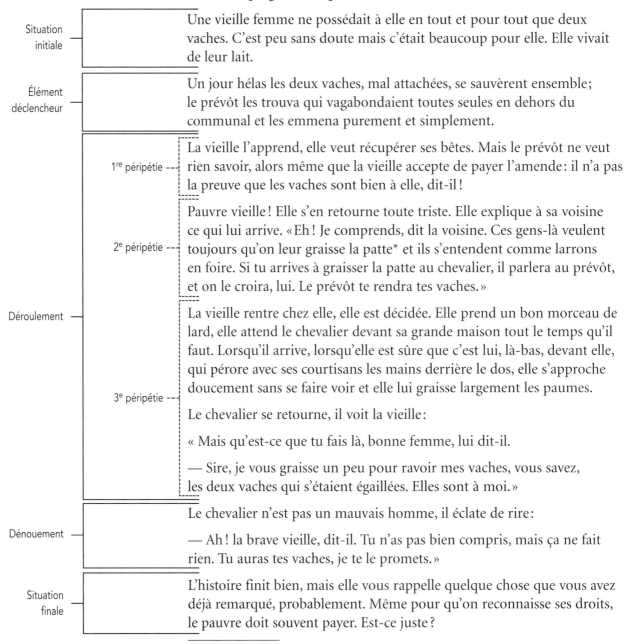

Situation initiale

Une vieille femme ne possédait à elle en tout et pour tout que deux vaches. C'est peu sans doute mais c'était beaucoup pour elle. Elle vivait de leur lait.

Élément déclencheur

Un jour hélas les deux vaches, mal attachées, se sauvèrent ensemble; le prévôt les trouva qui vagabondaient toutes seules en dehors du communal et les emmena purement et simplement.

Déroulement

1re péripétie

La vieille l'apprend, elle veut récupérer ses bêtes. Mais le prévôt ne veut rien savoir, alors même que la vieille accepte de payer l'amende: il n'a pas la preuve que les vaches sont bien à elle, dit-il!

2e péripétie

Pauvre vieille! Elle s'en retourne toute triste. Elle explique à sa voisine ce qui lui arrive. «Eh! Je comprends, dit la voisine. Ces gens-là veulent toujours qu'on leur graisse la patte* et ils s'entendent comme larrons en foire. Si tu arrives à graisser la patte au chevalier, il parlera au prévôt, et on le croira, lui. Le prévôt te rendra tes vaches.»

3e péripétie

La vieille rentre chez elle, elle est décidée. Elle prend un bon morceau de lard, elle attend le chevalier devant sa grande maison tout le temps qu'il faut. Lorsqu'il arrive, lorsqu'elle est sûre que c'est lui, là-bas, devant elle, qui pérore avec ses courtisans les mains derrière le dos, elle s'approche doucement sans se faire voir et elle lui graisse largement les paumes.

Le chevalier se retourne, il voit la vieille:

« Mais qu'est-ce que tu fais là, bonne femme, lui dit-il.

— Sire, je vous graisse un peu pour ravoir mes vaches, vous savez, les deux vaches qui s'étaient égaillées. Elles sont à moi.»

Dénouement

Le chevalier n'est pas un mauvais homme, il éclate de rire:

— Ah! la brave vieille, dit-il. Tu n'as pas bien compris, mais ça ne fait rien. Tu auras tes vaches, je te le promets.»

Situation finale

L'histoire finit bien, mais elle vous rappelle quelque chose que vous avez déjà remarqué, probablement. Même pour qu'on reconnaisse ses droits, le pauvre doit souvent payer. Est-ce juste?

---

*Expression populaire qui signifie «donner illégalement de l'argent à quelqu'un pour en obtenir un avantage».

Les fabliaux: Contes et sketches d'hier et d'aujourd'hui, Paris, Hatier, coll. «Œuvres et thèmes», dirigée par Pol Gaillard et Georges Synès, 1978, p. 58 et 59.

Voici une représentation schématique d'une séquence narrative.

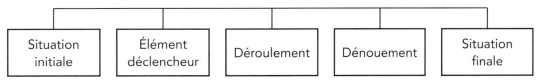

LA SÉQUENCE DESCRIPTIVE

DÉFINITION

La **séquence descriptive** est une séquence dans laquelle on présente divers aspects d'un sujet ou différentes étapes d'un processus.

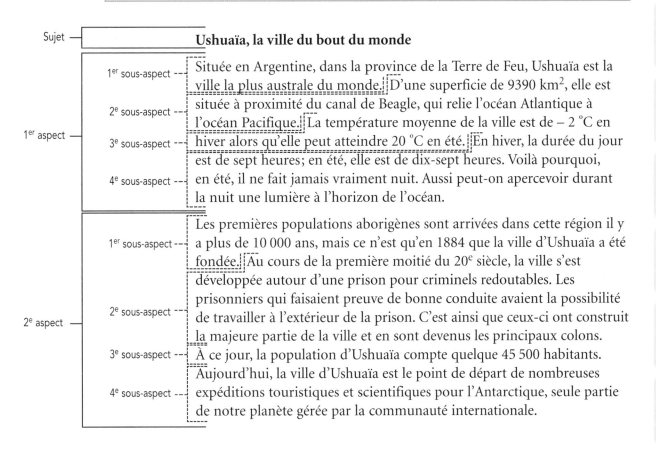

Sujet — **Ushuaïa, la ville du bout du monde**

1er aspect

1er sous-aspect --- Située en Argentine, dans la province de la Terre de Feu, Ushuaïa est la ville la plus australe du monde. D'une superficie de 9390 km², elle est
2e sous-aspect --- située à proximité du canal de Beagle, qui relie l'océan Atlantique à l'océan Pacifique. La température moyenne de la ville est de − 2 °C en
3e sous-aspect --- hiver alors qu'elle peut atteindre 20 °C en été. En hiver, la durée du jour est de sept heures; en été, elle est de dix-sept heures. Voilà pourquoi,
4e sous-aspect --- en été, il ne fait jamais vraiment nuit. Aussi peut-on apercevoir durant la nuit une lumière à l'horizon de l'océan.

2e aspect

1er sous-aspect --- Les premières populations aborigènes sont arrivées dans cette région il y a plus de 10 000 ans, mais ce n'est qu'en 1884 que la ville d'Ushuaïa a été fondée. Au cours de la première moitié du 20ᵉ siècle, la ville s'est développée autour d'une prison pour criminels redoutables. Les prisonniers qui faisaient preuve de bonne conduite avaient la possibilité
2e sous-aspect --- de travailler à l'extérieur de la prison. C'est ainsi que ceux-ci ont construit la majeure partie de la ville et en sont devenus les principaux colons.
3e sous-aspect --- À ce jour, la population d'Ushuaïa compte quelque 45 500 habitants. Aujourd'hui, la ville d'Ushuaïa est le point de départ de nombreuses
4e sous-aspect --- expéditions touristiques et scientifiques pour l'Antarctique, seule partie de notre planète gérée par la communauté internationale.

Voici une représentation schématique d'une séquence descriptive.

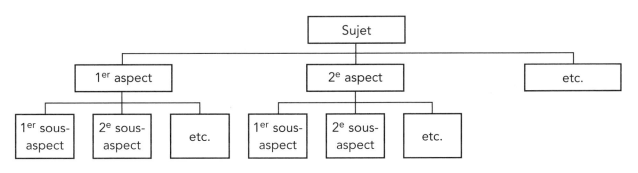

LA SÉQUENCE EXPLICATIVE

La **séquence explicative** est une séquence dans laquelle on cherche à faire comprendre les causes d'un fait, d'un phénomène ou d'une situation. Elle se compose habituellement des trois parties suivantes: phase de questionnement en *pourquoi*, phase explicative en *parce que* et phase conclusive.

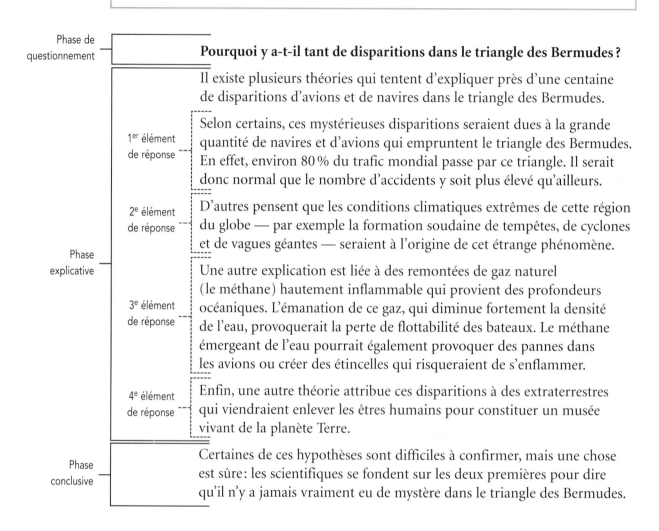

Phase de questionnement

Pourquoi y a-t-il tant de disparitions dans le triangle des Bermudes?

Phase explicative

Il existe plusieurs théories qui tentent d'expliquer près d'une centaine de disparitions d'avions et de navires dans le triangle des Bermudes.

1er élément de réponse

Selon certains, ces mystérieuses disparitions seraient dues à la grande quantité de navires et d'avions qui empruntent le triangle des Bermudes. En effet, environ 80 % du trafic mondial passe par ce triangle. Il serait donc normal que le nombre d'accidents y soit plus élevé qu'ailleurs.

2e élément de réponse

D'autres pensent que les conditions climatiques extrêmes de cette région du globe — par exemple la formation soudaine de tempêtes, de cyclones et de vagues géantes — seraient à l'origine de cet étrange phénomène.

3e élément de réponse

Une autre explication est liée à des remontées de gaz naturel (le méthane) hautement inflammable qui provient des profondeurs océaniques. L'émanation de ce gaz, qui diminue fortement la densité de l'eau, provoquerait la perte de flottabilité des bateaux. Le méthane émergeant de l'eau pourrait également provoquer des pannes dans les avions ou créer des étincelles qui risqueraient de s'enflammer.

4e élément de réponse

Enfin, une autre théorie attribue ces disparitions à des extraterrestres qui viendraient enlever les êtres humains pour constituer un musée vivant de la planète Terre.

Phase conclusive

Certaines de ces hypothèses sont difficiles à confirmer, mais une chose est sûre: les scientifiques se fondent sur les deux premières pour dire qu'il n'y a jamais vraiment eu de mystère dans le triangle des Bermudes.

Voici une représentation schématique d'une séquence explicative.

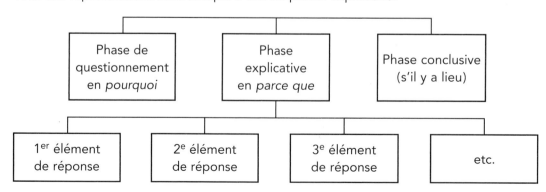

LA SÉQUENCE ARGUMENTATIVE

La **séquence argumentative** est une séquence dans laquelle on exprime et défend une opinion sur un fait, un événement ou un phénomène dans le but de convaincre son ou ses destinataires.

Les jeunes, héros ou victimes de la publicité ?

Thèse — La publicité met souvent en scène des adolescents qui, par le biais des affiches et des messages publicitaires, deviennent des sortes de héros auprès du public. Mais peut-on affirmer pour autant que les jeunes sont les héros du monde de la publicité ? Nous croyons plutôt qu'ils en sont les victimes.

Argumentation — Pour mieux répondre à cette question, ne devrions-nous pas examiner pourquoi la publicité porte autant d'intérêt aux jeunes ? Parce qu'elle les aime ? Peut-être. Mais pourquoi les aime-t-elle tant ? Tout simplement parce qu'ils forment à la fois un marché intéressant et qu'ils peuvent facilement convaincre ceux qui ont l'argent — autrement dit, les parents — d'acheter les produits publicisés. En effet, les jeunes sont plus facilement influencés que les adultes. Aussi, une fois persuadés que le produit présenté leur est indispensable, ils se chargent de convaincre leurs parents de le leur acheter. Le publicitaire s'arrange d'ailleurs, la plupart du temps, pour suggérer aux jeunes, à l'intérieur même de la publicité, la façon dont ils doivent s'y prendre pour faire céder leurs parents.

Reformulation de la thèse — Donc, si on examine bien ce qui se passe en réalité, on devrait plutôt dire que les jeunes sont, non pas les héros de la publicité, mais les victimes du battage publicitaire. Ils y succombent parce qu'ils sont influençables, instables, en quête d'identité et facilement manipulables.

Voici une représentation schématique d'une séquence argumentative.

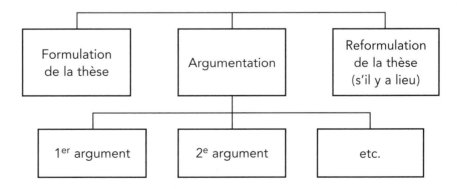

LA SÉQUENCE DIALOGALE

DÉFINITION

La **séquence dialogale** est une séquence qui rapporte un dialogue entre des personnages.

La première fois que je pris son taxi, même si j'étais noir comme un tuyau de poêle et habillé d'un boubou africain en flanellette multicolore, il trouva quand même le moyen de me dire :

Phase d'ouverture — — Tu n'as pas l'air d'un petit gars d'*icitte*, toué ?

— Ah bon, ça se voit tant que ça ?

— Tu viens-tu d'*icitte* ?

Phase d'interaction — — Non !

— Trouves-tu qu'il fait *frette* ?

— Oui !

Phase de clôture — — Estime-toi chanceux, mon gars ! Quand j'étais petit, les bancs de neige étaient pas mal plus hauts qu'aujourd'hui !

Boucar Diouf, «Les faux spécialistes de l'hiver»,
dans *Sous l'arbre à palabres, mon grand-père disait...*,
Montréal, Les Éditions des Intouchables, 2007, p. 160 et 161.

Voici une représentation schématique d'une séquence dialogale.

Phase d'ouverture	Phase d'interaction	Phase de clôture

Subordonnée circonstancielle

DÉFINITION

Subordination
(p. 400)

La **phrase subordonnée circonstancielle** est une phrase enchâssée (incluse) dans une autre à l'aide d'un subordonnant exprimant le **temps**, le **but**, la **cause**, la **conséquence**, l'**opposition**, la **concession**, l'**hypothèse**, la **comparaison**, etc.

**Complément
de phrase**
(p. 373)

La subordonnée circonstancielle remplit le plus souvent la fonction de complément de phrase .

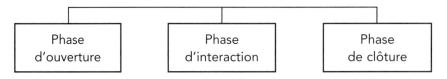

Phrase (enchâssante)

P sub. circ.-C de P

Ex. :  Samuel | se réjouit | parce qu'il | partira en vacances .

LA SUBORDONNÉE CIRCONSTANCIELLE DE TEMPS

1. La **subordonnée circonstancielle de temps** est introduite par un **subordonnant de temps**.

2. Le subordonnant de temps permet de situer un événement par rapport à un autre.

   a) Certains **subordonnants de temps** indiquent que deux événements se produisent en même temps: *alors que, à mesure que, chaque fois que, comme, lorsque, pendant que, quand, tandis que,* etc.

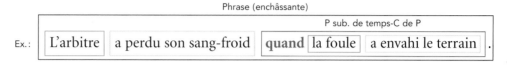

   b) Certains **subordonnants de temps** indiquent que deux événements se produisent à des moments différents (avant ou après): *après que, aussitôt que, avant que, dès que, jusqu'à ce que, sitôt que,* etc.

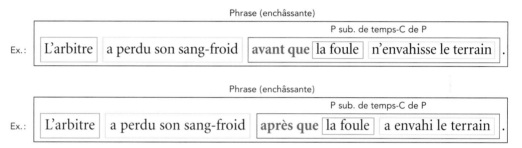

> **Remarque**
>
> Le mode utilisé dans la **subordonnée de temps** est le **mode indicatif**, sauf pour les subordonnées introduites par *avant que, d'ici à ce que, en attendant que* et *jusqu'à ce que,* qui sont au **subjonctif**.

LA SUBORDONNÉE CIRCONSTANCIELLE DE BUT

La **subordonnée circonstancielle de but** est introduite par un **subordonnant de but**: *afin que, de crainte que, de façon que, de peur que, de sorte que, pour que,* etc.

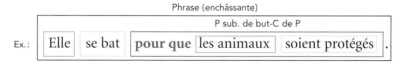

> **Remarque**
>
> La **subordonnée de but** exprime un **but à atteindre** ou une **possibilité à éviter**.
>
> Ex.: Nous protégeons les animaux **pour qu'ils vivent en paix.**
>
> Ex.: Laure se hâte **de crainte qu'Amir ne parte sans elle.**

> **Remarque**
>
> Le mode utilisé dans la **subordonnée de but** est le **mode subjonctif**.

LA SUBORDONNÉE CIRCONSTANCIELLE DE CAUSE

La **subordonnée circonstancielle de cause** est introduite par un subordonnant de cause : *comme, étant donné que, parce que, puisque, sous prétexte que, vu que,* etc.

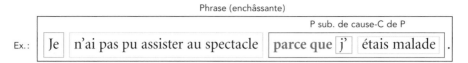

Ex. : Je | n'ai pas pu assister au spectacle | **parce que** j' | étais malade .

> Remarque
> Le mode utilisé dans la **subordonnée de cause** est le **mode indicatif**.

LA SUBORDONNÉE CIRCONSTANCIELLE DE CONSÉQUENCE

La **subordonnée circonstancielle de conséquence** est introduite par un subordonnant de conséquence : *au point que, de (telle) façon que, de (telle) manière que, de (telle) sorte que, si bien que,* etc.

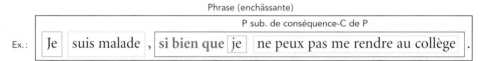

Ex. : Je | suis malade , | **si bien que** je | ne peux pas me rendre au collège .

> Remarque
> Le mode utilisé dans la **subordonnée de conséquence** est le **mode indicatif**.

LA SUBORDONNÉE CIRCONSTANCIELLE D'OPPOSITION

La **subordonnée circonstancielle d'opposition** est introduite par un subordonnant d'opposition : *alors que, pendant que, quand, si, tandis que,* etc.

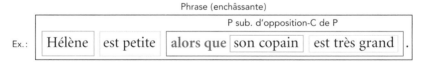

Ex. : Hélène | est petite | **alors que** son copain | est très grand .

> Remarque
> Le mode utilisé dans la **subordonnée d'opposition** est le **mode indicatif**.

LA SUBORDONNÉE CIRCONSTANCIELLE DE CONCESSION

La **subordonnée circonstancielle de concession** est introduite par un subordonnant de concession : *bien que, encore que, malgré que, même si, moyennant que, quand, quand bien même, quoique,* etc.

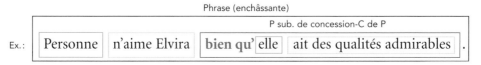

Ex. : Personne | n'aime Elvira | **bien qu'**elle | ait des qualités admirables .

Le mode utilisé dans la **subordonnée de concession** est le **mode subjonctif**, sauf pour les subordonnées introduites par *même si, quand, quand bien même*, qui sont à l'**indicatif**.

LA SUBORDONNÉE CIRCONSTANCIELLE D'HYPOTHÈSE

La **subordonnée circonstancielle d'hypothèse** est introduite par un **subordonnant d'hypothèse** : *à condition que, à supposer que, dans la mesure où, en admettant que, pour autant que, pourvu que, selon que, si, si tant est que, suivant que*, etc.

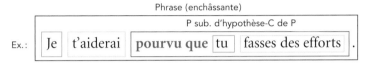

Ex.:

Le mode utilisé dans la **subordonnée d'hypothèse** est le **mode subjonctif**, sauf pour les subordonnées introduites par *dans la mesure où, selon que, si, suivant que*, qui sont à l'**indicatif**.

Le verbe de la **subordonnée d'hypothèse** introduite par le subordonnant *si* ne se met pas au conditionnel.

Ex.: ⊘ Si mes amis ~~seraient~~ là, nous irions à la patinoire.
Si mes amis étaient là, nous irions à la patinoire.

LA SUBORDONNÉE CIRCONSTANCIELLE DE COMPARAISON

La **subordonnée circonstancielle de comparaison** est introduite par un **subordonnant de comparaison** : *ainsi que, autant que, comme, davantage que, de même que, moins que, plus que*, etc.

Ex.:

Le mode utilisé dans la **subordonnée de comparaison** est le **mode indicatif**.

LA RÉDUCTION DE LA PHRASE SUBORDONNÉE CIRCONSTANCIELLE

1. La subordonnée circonstancielle peut souvent être remplacée par un groupe de mots de sens équivalent. Ce procédé, appelé **réduction**, permet d'alléger les phrases et de varier leur construction.

2. La **subordonnée circonstancielle** peut être réduite, entre autres, à :

Groupe
adjectival
(p. 394)

– un **groupe adjectival** ;

Ex. :   **Dès qu'elle fut satisfaite de ses toiles**, elle appela la galerie d'art.

➤ **Satisfaite de ses toiles**, elle appela la galerie d'art.

Ex. :   **Parce qu'il est blessé**, l'animal refuse de manger.

➤ **Blessé**, l'animal refuse de manger.

Ex. :   **S'il avait été remarqué plus tôt**, le problème aurait pu être facilement résolu.

➤ **Remarqué plus tôt**, le problème aurait pu être facilement résolu.

Groupe
prépositionnel
(p. 395)

– un **groupe prépositionnel** ;

Ex. :   **Pendant qu'elle courait**, Alexandra s'est cassé la cheville.

➤ **En courant**, Alexandra s'est cassé la cheville.

Ex. :   Il se remit au travail **après qu'il eut fait une sieste**.

➤ Il se remit au travail **après avoir fait une sieste**.

Ex. :   **Afin que tu arrives sain et sauf à destination**, il faut que tu conduises prudemment.

➤ **Afin d'arriver sain et sauf à destination**, il faut que tu conduises prudemment.

Ex. :   On l'a réprimandé **parce qu'il a menti**.

➤ On l'a réprimandé **pour avoir menti**.

Ex. :   Elle s'est blessée **au point qu'on l'a hospitalisée**.

➤ Elle s'est blessée **au point d'être hospitalisée**.

Ex. :   **Si elle était en couleurs**, cette publicité serait plus accrocheuse.

➤ **En couleurs**, cette publicité serait plus accrocheuse.

Ex. :   Ève et Léo réussiront **à condition qu'ils travaillent ensemble**.

➤ Ève et Léo réussiront **à condition de travailler ensemble**.

Groupe
participial
(p. 397)

– un **groupe participial**.

Ex. :   **Parce qu'elle est allergique à leur pelage**, Mia ne peut pas avoir de chats.

➤ **Étant allergique à leur pelage**, Mia ne peut pas avoir de chats.

Marqueur
de relation
(p. 398)

> **Remarque**
>
> Lorsqu'on réduit une subordonnée circonstancielle de concession, il faut conserver le **subordonnant** ou le remplacer par un **marqueur de relation** exprimant le même sens : *cependant, pourtant, néanmoins*, etc.
>
> Ex. :   **Bien qu'elle soit petite**, cette maison est confortable.
>
> ➤ **Bien que petite**, cette maison est confortable.
>
> ➤ **Bien qu'étant petite**, cette maison est confortable.
>
> ➤ Petite, cette maison est **néanmoins** confortable.

Subordonnée complétive

Subordination
(p. 400)

DÉFINITION

La **phrase subordonnée complétive** est une phrase qui peut être enchâssée (incluse) dans un **groupe**, le plus souvent au moyen du **subordonnant complétif** *que*, aussi appelé conjonction.

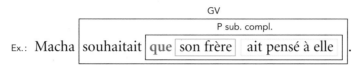

Ex.: Macha souhaitait **que** son frère ait pensé à elle.

Dans cet exemple, la subordonnée complète le verbe *souhaitait*.

1. La subordonnée complétive enchâssée dans un groupe verbal remplit, entre autres, les fonctions suivantes :

   – **complément direct du verbe** ;

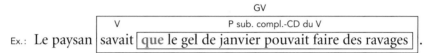

   Ex.: Le paysan savait **que** le gel de janvier pouvait faire des ravages.

   – **complément indirect du verbe** ;

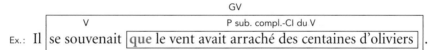

   Ex.: Il se souvenait **que** le vent avait arraché des centaines d'oliviers.

   – **complément du verbe impersonnel.**

   ```
                              GV
   V impers.     P sub. compl.-C du V impers.
   Ex.:  Il  fallait  qu'il retrouve son petit-fils à tout prix .
   ```

COUP DE POUCE

Pour savoir si une subordonnée complétive est CD ou CI du verbe

a) Si vous pouvez remplacer la **subordonnée complétive** par *quelque chose* **immédiatement** après le verbe, c'est une subordonnée complétive complément direct du verbe.

   Ex.:   La marchande savait **que le jeune couple disait la vérité**.
   ⇓ La marchande savait **quelque chose**.

b) Si vous pouvez remplacer la **subordonnée complétive** par <u>*à*</u> *quelque chose* ou <u>*de*</u> *quelque chose* **immédiatement** après le verbe, c'est une subordonnée complétive complément indirect du verbe.

   Ex.:   Je m'étonne **que vous arriviez le premier**.
   ⇓ Je m'étonne **de quelque chose**.

2. La subordonnée complétive enchâssée dans un <u>groupe adjectival</u> remplit la fonction de <u>complément de l'adjectif</u>.

	GAdj	
Adj.	P sub. compl.-C de l'adj.	

Ex.: Hugo était | inquiet | **que** sa sœur ne soit pas encore rentrée | .

3. La subordonnée complétive enchâssée dans un <u>groupe nominal</u> remplit la fonction de <u>complément du nom</u>.

	GN	
N	P sub. compl.-C du N	

Ex.: Elle avait | le pressentiment | **que** le destin allait bouleverser le cours de sa vie | .

4. La subordonnée complétive peut aussi être introduite par un **subordonnant interrogatif** ou un **subordonnant exclamatif**.

a) La subordonnée complétive introduite par un **subordonnant interrogatif** (*combien, comment, où, pourquoi, quand, quel, qui, quoi, si*, etc.) est appelée **subordonnée complétive interrogative**. Elle a généralement la fonction de <u>complément direct du verbe</u>.

	GV	
V	P sub. compl. interr.-CD du V	

Ex.: Ève | ignorait | **pourquoi** son père s'était montré si distant envers elle | .

b) La subordonnée complétive introduite par un **subordonnant exclamatif** (*combien*, *combien de*, *comme*, *quel*, *si*, etc.) est appelée **subordonnée complétive exclamative**. Elle a généralement la fonction de complément direct du verbe.

	GV	
	V	P sub. compl. exclam.-CD du V
Ex.: Loïc	réalisa	combien ses parents étaient fiers de lui

5. Le mode du verbe de la subordonnée complétive peut être le **subjonctif** ou l'**indicatif**.

    a) Le verbe de la subordonnée complétive est habituellement au **subjonctif** quand le **mot complété** par la complétive exprime:

      – un sentiment (joie, tristesse, peur, regret, surprise, satisfaction, etc.);

        Ex.: Elle **adore** qu'on lui **fasse** des compliments.

        Ex.: Je serais **surprise** qu'elle te **rende** ce service.

      – une volonté, un désir, un souhait.

        Ex.: Je **propose** que l'on se **réunisse** demain.

        Ex.: Il est **souhaitable** que tu **prennes** du repos.

> **Remarque**
>
> Le verbe *espérer* demande habituellement l'**indicatif**.
>
> Ex.: Julie espère que Béatrice **reviendra** bientôt.

    b) Le verbe de la subordonnée complétive est habituellement à l'**indicatif** quand le **mot complété** par la complétive n'exprime pas un sentiment ou une volonté.

      Ex.: Il est **certain** que Maxime **est** un garçon brillant.

      Ex.: On l'**a informée** qu'elle **est** / **était** / **sera** guérie.

      Ex.: J'**ai appris** que vous **partez** / **partirez** / **partiez** / **étiez parti** en vacances.

LA RÉDUCTION DE LA PHRASE SUBORDONNÉE COMPLÉTIVE

1. La subordonnée complétive peut souvent être remplacée par un groupe de mots de sens équivalent. Ce procédé, appelé **réduction**, permet d'alléger les phrases et de varier leur construction.

2. La subordonnée complétive peut être réduite, entre autres, à:

Groupe infinitif
(p. 397)

    – un **groupe infinitif**;

      Ex.:   Je pense que j'ai trouvé la solution.

        > Je pense **avoir trouvé la solution**.

      Ex.:   Florence estimait qu'elle l'avait assez aidé.

        > Florence estimait **l'avoir assez aidé**.

      Ex.:   Elle déclara qu'elle n'était pas coupable.

        > Elle déclara **ne pas être coupable**.

Groupe
prépositionnel
(p. 395)

– un **groupe prépositionnel**.

Ex.: Annabelle était convaincue **qu'elle réussirait**.
> Annabelle était convaincue **de réussir**.

Ex.: Je suis certaine **qu'il est honnête**.
> Je suis certaine **de son honnêteté**.

Ex.: Je tiens **à ce qu'il participe au gala**.
> Je tiens **à sa participation au gala**.

Subordonnée relative

DÉFINITION

Subordination
(p. 400)

La **phrase subordonnée relative** est une phrase enchâssée (incluse) dans un **groupe** au moyen d'un subordonnant relatif, le **pronom relatif** (*qui*, *que*, *dont*, *où*, *lequel*, etc.).

Phrase (enchâssante)

Ex.: Kevin, **dont** le charme me fascinait, avait un accent anglais.

Cette phrase est la jonction de deux phrases :
Kevin avait un accent anglais. Le charme de Kevin me fascinait.

Le pronom relatif *dont* permet de lier les deux phrases sans répéter *Kevin*.

GÉNÉRALITÉS SUR LA SUBORDONNÉE RELATIVE

1. On appelle **antécédent** le mot repris par le pronom relatif. L'antécédent est placé avant le pronom relatif et lui donne son sens.

   P sub. rel.

   Ex.: Elle ressemblait à un **chien** battu qui avait erré toute la nuit sous la pluie.

2. La subordonnée relative complète le plus souvent un **nom**. Elle remplit alors la fonction de complément du nom.

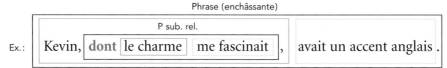

   Ex.: Il marmonna quelques **mots** qu'elle ne comprenait pas.

LA SUBORDONNÉE RELATIVE INTRODUITE PAR *QUI*

Sujet de phrase
(p. 372)

Le pronom relatif *qui* remplace un **groupe nominal** qui remplit la fonction de sujet.

Groupe
nominal
(p. 392)

Ex.: Elle se promenait sur le quai. **Ce quai** longeait la maison de ses parents.

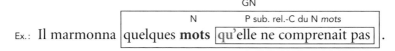

Elle se promenait sur le quai qui longeait la maison de ses parents.

LA SUBORDONNÉE RELATIVE INTRODUITE PAR *QUI* PRÉCÉDÉ D'UNE PRÉPOSITION

Groupe prépositionnel (p. 395)

Le pronom relatif *qui* précédé d'une préposition (*à*, *de*, *vers*, etc.) remplace un **groupe prépositionnel** dont l'antécédent désigne une personne ou un animal (trait animé). Ce groupe prépositionnel remplit la fonction de <u>complément indirect du verbe</u>.

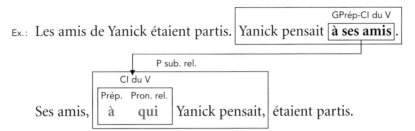

Ex.: Les amis de Yanick étaient partis. Yanick pensait à ses amis.

Ses amis, à qui Yanick pensait, étaient partis.

Remarque

Pour remplacer un complément indirect commençant par **à** (*au* / *aux*) et qui désigne une chose (trait non animé), on doit employer les pronoms relatifs *auquel*, *à laquelle*, *auxquels* ou *auxquelles*.

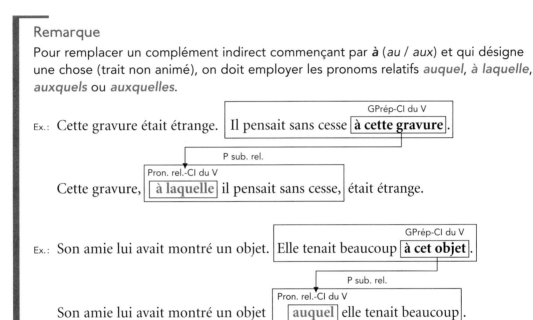

Ex.: Cette gravure était étrange. Il pensait sans cesse à cette gravure.

Cette gravure, à laquelle il pensait sans cesse, était étrange.

Ex.: Son amie lui avait montré un objet. Elle tenait beaucoup à cet objet.

Son amie lui avait montré un objet auquel elle tenait beaucoup.

LA SUBORDONNÉE RELATIVE INTRODUITE PAR *QUE*

Groupe nominal (p. 392)

Le pronom relatif *que* (*qu'*) remplace un **groupe nominal** qui remplit la fonction de <u>complément direct du verbe</u>.

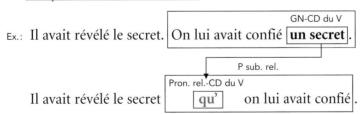

Ex.: Il avait révélé le secret. On lui avait confié un secret.

Il avait révélé le secret qu' on lui avait confié.

LA SUBORDONNÉE RELATIVE INTRODUITE PAR *DONT*

Groupe
prépositionnel
(p. 395)

Le pronom relatif *dont* remplace un **groupe prépositionnel** qui commence par *de* et qui remplit la fonction de:

– <u>complément indirect du verbe</u>;

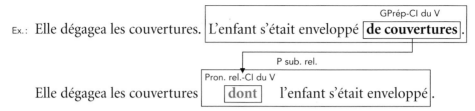

Ex.: Elle dégagea les couvertures. L'enfant s'était enveloppé **de couvertures**.

Elle dégagea les couvertures **dont** l'enfant s'était enveloppé.

– <u>complément du nom</u>;

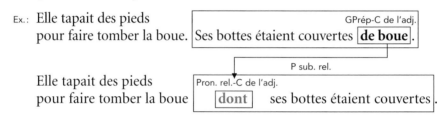

Ex.: Nous vîmes une maison abandonnée. Le toit **de la maison** menaçait de s'effondrer.

Nous vîmes une maison abandonnée **dont** le toit menaçait de s'effondrer.

– <u>complément de l'adjectif</u>.

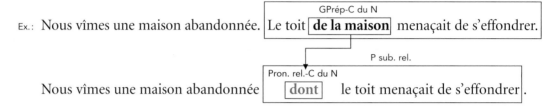

Ex.: Elle tapait des pieds
pour faire tomber la boue. Ses bottes étaient couvertes **de boue**.

Elle tapait des pieds
pour faire tomber la boue **dont** ses bottes étaient couvertes.

LA SUBORDONNÉE RELATIVE INTRODUITE PAR *OÙ*

Groupe
nominal
(p. 392)

Groupe
prépositionnel
(p. 395)

Le pronom relatif *où* remplace un **groupe nominal** ou un **groupe prépositionnel** exprimant un **lieu** ou un **temps** et remplissant la fonction de:

– <u>complément indirect du verbe</u>;

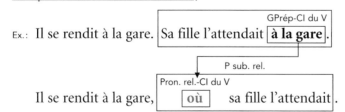

Ex.: Il se rendit à la gare. Sa fille l'attendait **à la gare**.

Il se rendit à la gare, **où** sa fille l'attendait.

– <u>complément de phrase</u>.

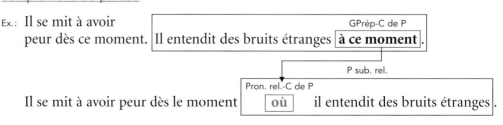

Ex.: Il se mit à avoir
peur dès ce moment. Il entendit des bruits étranges **à ce moment**.

Il se mit à avoir peur dès le moment **où** il entendit des bruits étranges.

LA SUBORDONNÉE RELATIVE INTRODUITE PAR *OÙ* PRÉCÉDÉ D'UNE PRÉPOSITION

<u>Groupe prépositionnel</u>
(p. 395)

Le pronom relatif *où* précédé d'une préposition (*d'*, *jusqu'*, *par*, *vers*, etc.) remplace un **groupe prépositionnel** exprimant un lieu et remplissant la fonction de <u>complément indirect du verbe</u>.

Ex.: Elle repéra tout de suite le terrier.

GPrép-CI du V
Le renard était entré **par ce terrier**.

CI du V	
Prép.	Pron. rel.
par	**où**

P sub. rel.

Elle repéra tout de suite le terrier **par où** le renard était entré.

> ### Remarque
>
> Du point de vue du sens, la subordonnée relative peut avoir une valeur explicative ou déterminative.
>
> a) La **subordonnée relative explicative** ajoute une **information complémentaire** qu'on pourrait effacer. Elle est isolée par une ou deux virgules.
>
> Ex.: Le roman *Le cavalier du dragon*, **qui a été écrit par Cornelia Funke**, est l'un mes livres préférés.
> ✂ Le roman *Le cavalier du dragon* est l'un mes livres préférés.
>
> Dans cet exemple, l'effacement de la subordonnée relative enlève de l'information, mais ne modifie pas l'essentiel du message.
>
> b) La **subordonnée relative déterminative** apporte une **précision essentielle** qu'on ne peut pas effacer.
>
> Ex.: Les films **dans lesquels joue Rémy Girard** me plaisent beaucoup.
> ✂ Les films me plaisent beaucoup.
>
> Ici, l'effacement de la subordonnée relative change le sens de la phrase.

LA RÉDUCTION DE LA PHRASE SUBORDONNÉE RELATIVE

1. La subordonnée relative peut souvent être remplacée par un groupe de mots de sens équivalent. Ce procédé, appelé **réduction**, permet d'alléger les phrases et de varier leur construction.

2. La **subordonnée relative** peut être réduite, entre autres, à :

<u>Groupe adjectival</u>
(p. 394)

– un **groupe adjectival** ;

Ex.: Renaud avait vécu avec sa sœur des moments **qu'il n'oublierait jamais**.
➤ Renaud avait vécu avec sa sœur des moments **inoubliables**.

Ex.: Les arbres, **qui étaient gorgés de petits fruits**, étaient un festin pour les oiseaux.
➤ Les arbres, **gorgés de petits fruits**, étaient un festin pour les oiseaux.

<u>Groupe participial</u>
(p. 397)

– un **groupe participial**.

Ex.: L'enfant, **qui se sentait menacé**, se mit à pleurer.
➤ L'enfant, **se sentant menacé**, se mit à pleurer.

Ex.: Elle avait entrevu un animal **qui rôdait dans le poulailler**.
➤ Elle avait entrevu un animal **rôdant dans le poulailler**.

Système verbal

LE CHOIX DU SYSTÈME VERBAL

On peut choisir de rédiger un texte au présent ou au passé.

a) Si on choisit d'écrire au présent, on utilise le **système verbal du présent**, comme dans l'extrait qui suit.

Ex.: **Extrait 1**

Sur la rive, les premières barques accostent. Le roi débarque et Tristan se lève avec peine pour recevoir hommages et compliments. Il souffre. Il pâlit et vacille. Mais son oncle le retient et le prend dans ses bras.

— Mon cher neveu, tu nous as sauvés ! C'est à toi, désormais, que la Cornouaille doit un tribut de reconnaissance.

Jacques Cassabois, *Tristan et Iseut*, Paris, Hachette, 2006, p. 114 et 115.

b) Si on choisit d'écrire au passé, on utilise le **système verbal du passé**, comme dans l'extrait qui suit.

Ex.: **Extrait 2**

— Vole ! miaula Zorbas en tendant une patte et en la touchant à peine.

Afortunada disparut de leur vue et l'humain et le chat craignirent le pire. Elle était tombée comme une pierre. En retenant leur respiration, ils passèrent la tête par-dessus la balustrade et la virent qui battait des ailes, survolait le parking. Ensuite ils la virent monter bien plus haut que la girouette d'or qui couronnait la beauté régulière de Saint-Michel.

Afortunada volait solitaire dans la nuit de Hambourg. Elle s'éloignait en battant énergiquement des ailes pour s'élever au-dessus des mâts des bateaux […].

— Je vole ! Zorbas ! Je sais voler ! criait-elle, euphorique, depuis l'immensité du ciel gris.

L'humain caressa le dos du chat.

Luis Sepulveda, *Histoire d'une mouette et du chat qui lui apprit à voler*, Paris, Éditions Métailié / Éditions du Seuil, 1996, p. 116.

LE SYSTÈME VERBAL DU PRÉSENT

1. Dans le **système verbal du présent**, on utilise :

    a) le **présent** comme temps de base ;

    b) le passé composé, l'imparfait, le plus-que-parfait, le futur simple et le futur antérieur, le conditionnel présent et le conditionnel passé comme temps associés.

> Remarque
> Dans un récit au présent, on utilise seulement les temps du système verbal du présent.

2. Voici les principaux emplois de quelques-uns de ces temps dans un récit.

a) On utilise le présent pour raconter la suite des actions en cours.

> Ex.: Sur la rive, les premières barques **accostent**. Le roi **débarque** et Tristan **se lève** avec peine pour recevoir hommages et compliments. […] Mais son oncle le **retient** et le **prend** dans ses bras.

b) On utilise aussi le présent pour décrire les lieux, les personnages et leurs sentiments.

> Ex.: Son teint **est** pâle, ses yeux me **fixent** étrangement et sa bouche **se tord** de douleur.

c) On utilise le passé composé pour raconter les actions qui se sont déroulées avant l'action en cours.

> Ex.: Mais son oncle, qui l'**a sauvé**, le prend dans ses bras.

d) On utilise l'imparfait pour décrire les lieux ainsi que les personnages et leurs sentiments dans une époque passée.

> Ex.: La sueur qui **baignait** son front **troublait** sa vue.

e) On utilise le futur et le futur antérieur pour raconter les actions qui se dérouleront après l'action en cours.

> Ex.: Le roi appelle ses médecins, qui **soigneront** le blessé.

LE SYSTÈME VERBAL DU PASSÉ

1. Dans le **système verbal du passé**, on utilise :

a) le **passé simple** comme temps de base ;

b) l'imparfait, le plus-que-parfait, le passé antérieur, le conditionnel présent et le conditionnel passé comme temps associés.

> **Remarque**
> Dans un texte au passé, on utilise seulement les temps du système verbal du passé.

2. Voici les principaux emplois de quelques-uns de ces temps dans un récit.

a) On utilise le **passé simple** pour montrer la suite des actions dans le récit. Chaque action au passé simple se produit **après** la précédente.

b) On utilise l'**imparfait** pour décrire les lieux, les personnages, leurs sentiments, etc. Chaque action à l'imparfait se produit **pendant** une autre.

La ligne du temps ci-dessous reproduit les verbes du deuxième extrait. Cette ligne du temps fait bien voir que les actions au passé simple se succèdent alors que **les actions à l'imparfait s'accumulent.**

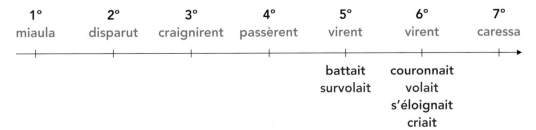

c) On utilise le plus-que-parfait pour montrer les actions qui se sont déroulées **avant** une **autre action dans le passé**.

> Ex.: Zorbas **regarda** avec respect le corps sans vie de la mouette qui avait atterri sur son balcon.

d) On utilise le conditionnel présent et le conditionnel passé pour raconter les actions qui se dérouleront **après** l'**action en cours**.

> Ex.: Zorbas **promit** à la mouette agonisante qu'il apprendrait le vol à Afortunada.

Remarque
Dans un récit, les **paroles des personnages rapportées directement** sont toujours exprimées dans le système verbal du présent, même quand le récit est dans le système verbal du passé.

Texte poétique

Un **texte poétique** (ou poème) est un texte écrit en vers, quel que soit son type ou son genre. Lorsque le texte poétique est chanté, on l'appelle *chanson*.

Les poètes jouent sur le rythme, les mots et les images, de même que sur la forme des poèmes. Ces divers procédés ne sont pas tous exploités dans un même texte. Les poètes en choisissent habituellement quelques-uns pour souligner une idée ou une émotion. On observe cependant que, la plupart du temps, le poème repose sur la répétition : répétition de sons, de vers, de strophes, de figures, etc.

LE RYTHME

En poésie, le rythme est créé, entre autres, par la longueur des vers et par la répétition des sons.

La longueur des vers

1. La longueur d'un vers, c'est-à-dire d'une ligne, est déterminée par le nombre de syllabes.

   Ex.: Quand / gron / de / l'o / rage   = 5 syllabes
   vers / le / soir   = 3 syllabes
   c'est / que / le / me / nui / sier / du / ciel = 8 syllabes
   un / peu / las   = 3 syllabes
   ra / bo / te / trop / ru / de / ment   = 7 syllabes
   ses / nu / ages   = 3 syllabes

   Joël Sadeler, «Quand», dans *Les éléments des poètes*, Paris, Hachette, 1990, p. 28.

   On compte le **e** muet seulement s'il est placé entre deux consonnes qu'on entend.

   Ex.: L'au / ro / re / gre / lot / tan / te en / ro / be / ro / se et / verte = 12 syllabes
       1   2   3   4   5   6   7   8   9   10 11 12

   Charles Baudelaire, «Le crépuscule du matin»,
   dans *Les fleurs du mal*, 1857.

2. Les **vers courts** (6 syllabes ou moins) donnent un rythme rapide au poème. Ils peuvent aussi mettre en évidence un mot, créer un effet de surprise, surtout lorsqu'ils suivent des vers plus longs. Les **vers longs** (10 syllabes ou plus) créent un rythme lent. L'alternance de vers longs et de vers courts peut donner l'effet d'un balancement.

La répétition de sons par la rime, l'allitération et l'assonance

1. La rime est la répétition de sons à la fin des vers. Elle marque la fin des vers, un peu comme une ponctuation, et rythme ainsi le poème.

2. Les rimes peuvent être suivies (ou plates), embrassées, croisées (ou alternées).

Types de rimes	Exemples
Rimes suivies (ou plates)	Elle avait pris ce pli dans son âge enfan**tin** De venir dans ma chambre un peu chaque ma**tin**; Je l'attendais ainsi qu'un rayon qu'on es**père**; Elle entrait et disait: «Bonjour, mon petit **père**.» <div align="right">Victor Hugo, *Les contemplations*, 1856.</div>
Rimes embrassées	Je parle à tort et à tra**vers**. Je parle à travers et à **tort** Et je chanterai vif ou m**ort** En rouge, en noir, en prose, en **vers**. <div align="right">Géo Norge, «Bâillon», dans *Poésies 1923-1988*, Paris, Éditions Gallimard, NRF, 1990.</div>
Rimes croisées (ou alternées)	Souvent, pour s'amuser, les hommes d'équi**page** Prennent des albatros, vastes oiseaux des **mers** Qui suivent, indolents compagnons de voy**age** Le navire glissant sur les gouffres **amers**. <div align="right">Charles Baudelaire, «L'albatros», dans *Les fleurs du mal*, 1857.</div>

3. Les allitérations et les assonances créent des échos entre les mots.

Allitération
(p. 368)

Ex.: **V**oici **v**enir les temps où **v**ibrant **s**ur **s**a tige
Chaque fleur **s**'é**v**apore ain**s**i qu'un en**s**en**s**oir

Charles Baudelaire, «Harmonie du soir», dans *Les fleurs du mal*, 1857.

Assonance
(p. 368)

Ex.: Mon pauvre cœur est un hib**ou**,
Qu'on cl**ou**e, qu'on décl**ou**e, qu'on recl**ou**e.

Guillaume Apollinaire, «Le bestiaire», dans *Alcools*, 1913.

LES MOTS ET LES IMAGES

Les mots sont mis en valeur de plusieurs manières en poésie, entre autres par des jeux sur les variétés de langue, par le recours à des mots anciens ou nouveaux, l'emploi de figures de style et la création d'images. Voici quelques-uns des principaux procédés utilisés par les poètes.

Principaux moyens utilisés en poésie	Exemples
Mot de la **langue littéraire** ⇨ Langue soutenue (p. 450)	La nuit d'hiver étend son aile **diaphane** <div align="right">William Chapman, «L'aurore boréale», dans *Les aspirations: poésies canadiennes*, 1904.</div>
Mot de la **langue familière** ⇨ Langue familière (p. 451)	La trentaine, la **bedaine** Les **morveux**, l'hypothèque <div align="right">Les Cowboys fringants, «Les étoiles filantes», 2004.</div>
Archaïsme (mot ancien ou expression ancienne, qui n'appartient plus à l'usage courant)	Tous les **preux** étaient morts, mais aucun n'avait fui <div align="right">Alfred de Vigny, «Le cor», dans *Poèmes antiques et modernes*, 1820.</div>
Néologisme (mot de création récente ou mot existant auquel on donne un nouveau sens)	J'ai le cœur en chanson D'**amourer** comme j'**amoure**. <div align="right">Jean-Pierre Ferland, «J'amoure», 1962.</div>

•••

Principaux moyens utilisés en poésie	Exemples
Accumulation ⇨ Accumulation (p. 368)	C'est que **vents**, **ondes**, **flamme**, **Arbres**, **roseaux**, **rochers**, tout vit ! <div align="right">Victor Hugo, «Ce que dit la bouche d'ombre», dans *Les contemplations*, 1856.</div>
Antithèse ⇨ Antithèse (p. 368)	Même **géants** Tout **petits** nous sommes. <div align="right">Pierre Lapointe, «Tel un seul homme», 2004.</div>
Comparaison ⇨ Comparaison (p. 368)	**Un beau palmier, comme un panache vert,** **Dresse sa tête** <div align="right">Théophile Gautier, «Les colombes», dans *La comédie de la mort*, 1838.</div>
Euphémisme ⇨ Euphémisme (p. 369)	Je m'en irai bientôt, au milieu de la fête, Sans que rien manque au monde, immense et radieux ! Victor Hugo, «Soleils couchants», dans *Les feuilles d'automne*, 1831. (S'en aller = mourir)
Gradation ⇨ Gradation (p. 369)	J'attends, je demande, j'implore; <div align="right">Victor Hugo, «Paroles sur la dune», *Les contemplations*, 1856.</div>
Hyperbole ⇨ Hyperbole (p. 370)	Y a tellement de bruit au fond d'mes nuits **Que même mes larmes font du vacarme** <div align="right">Marjo, «Je sais, je sais», 1990.</div>
Jeu de mots	Avec des histoires d'**internes minables** des **histoires à dormir assis** <div align="right">Marc Favreau, «L'odieux visuel», dans *L'univers est dans la pomme*, Montréal, Éditions internationales Alain Stanké, 1987, p. 122.</div>
Litote ⇨ Litote (p. 370)	Ce n'était pas un sot, non, non, et croyez-m'en, Que le chien de Jean de Nivelle. <div align="right">Jean de La Fontaine, « Le Faucon et le Chapon », *Fables*, Livre VIII, 1671.</div>
Métaphore ⇨ Métaphore (p. 369)	**Ma vitre est un jardin de givre.** <div align="right">Émile Nelligan, «Soir d'hiver», dans *Poésies complètes 1896-1899*.</div>
Métonymie ⇨ Métonymie (p. 370)	L'**été** sur mes joues <div align="right">Claude Dubois, «Laisser l'été avoir quinze ans», 1995.</div>
Mot-valise ⇨ Mot-valise (p. 387)	Notre tactique est unique et consiste en la **verbalistique** <div align="right">Loco Locass, «Malamalangue», 1999.</div>
Périphrase (GN étendu qui remplace un GN minimal)	**L'astre au front d'argent** qui blanchit ta surface de ses molles clartés Alphonse de Lamartine, «Le lac», dans *Méditations poétiques*, 1820. (L'astre au front d'argent = la Lune)
Personnification ⇨ Personnification (p. 371)	**Les cent mille doigts de la pluie** **Tambourinent** sur mon toit gris <div align="right">Pierre Gamarra, «La pluie», dans *Les éléments des poètes*, Paris, Hachette, 1990, p. 87.</div>
Répétition et anaphore ⇨ Répétition et anaphore (p. 371)	**Ce qu'il faut** de malheur pour la moindre chanson **Ce qu'il faut** de regrets pour payer un frisson **Ce qu'il faut** de sanglots pour un air de guitare <div align="right">Louis Aragon, «Il n'y a pas d'amour heureux», dans *La Diane française*, 1946.</div>

LA FORME DES POÈMES

Dans un poème, les mots et les vers sont disposés de façon particulière sur la page. Les vers peuvent être groupés en strophes, c'est-à-dire en ensembles qui équivalent à des paragraphes. Les mots peuvent dessiner des formes, être séparés par des blancs importants, etc.

Les **poèmes à forme fixe** sont ceux dont la forme est fixée par la tradition. Dans ces poèmes, l'agencement des strophes et des vers, la longueur des vers, les types de rimes sont préétablis. Le sonnet et le haïku sont deux exemples de poèmes à forme fixe.

Les **poèmes à forme libre** sont ceux qui n'obéissent pas à un schéma établi. Les fables de La Fontaine, par exemple, sont des poèmes à forme libre.

> Remarque
>
> Dans un texte poétique, les majuscules et les signes de ponctuation ne sont pas nécessairement utilisés comme dans les autres textes. Dans la poésie d'avant le 20e siècle, les vers commençaient le plus souvent par une majuscule. Aujourd'hui, beaucoup de poètes ne respectent pas cette règle. De plus, les poètes contemporains ont tendance à ne plus du tout ponctuer leurs textes.

Trait d'union

Emplois du trait d'union dans les mots
1. Nombre composé Le trait d'union unit les mots qui forment un nombre composé inférieur à cent, sauf s'ils sont joints par *et*. Ex.: trente-quatre / trois cent vingt-cinq / vingt et un / soixante et onze
2. *Ci et là* Le trait d'union unit les adverbes *ci* et *là* à: – des **pronoms**: celle-ci, ceux-ci, celui-là, celles-là, ceux-là, etc.; – des **noms** précédés d'un **déterminant démonstratif**: cet arbre-ci, cette chaise-ci, ces jours-ci, ce matin-là, cette fois-là, ces garçons-là, etc.; – des **adjectifs**: là-bas, là-haut, etc.; – des **mots invariables**: ci-après, ci-contre, ci-dessus, ci-dessous, ci-joint, là-dedans, là-devant, là-dessus, jusque-là, etc. Remarques • Le mot *ci* est toujours uni à un autre mot par un trait d'union. • Le mot *là* est parfois uni par un trait d'union (*là-bas*), parfois non (*par là*).
3. *Même* Le trait d'union unit le **pronom personnel** au mot *même*: Ex.: toi-même, soi-même, elle-même, lui-même, nous-mêmes, eux-mêmes, etc.

...

Emplois du trait d'union dans les mots

4. *Demi* et *nu*

Le trait d'union unit **demi** et **nu** au **nom placé après eux**.

Ex.: Je marche **nu**-**pieds** dans la **demi**-**obscurité**.

Emplois du trait d'union dans les phrases

1. Phrase impérative

Le trait d'union unit les **pronoms personnels compléments** à leur **verbe** dans une phrase impérative positive.

Ex.: **Prête**-**moi** un surligneur. **Prête**-**m'en** un.
Raconte-**moi** cette histoire. **Raconte**-**la**-**moi**.
Va-**t'en**. **Allez**-**vous**-**en**. **Allez**-**y**. **Prête**-**la**-**moi**. **Prends**-**en** une. **Prends**-**y** garde.

Remarque

Les pronoms *moi* et *toi* font m' et t' devant **en** et **y**: laisse-**m'en**, viens-**t'en**.

Ces pronoms ne sont pas suivis du trait d'union à cause de l'apostrophe, qui marque l'élision.

2. Incise et phrase interrogative

Le trait d'union unit:

– le **pronom sujet** au **verbe** ou à l'**auxiliaire** dans une <u>incise</u>;

Ex.: — Éza, **ai**-**je demandé**, tu ne dors pas encore?
— Non, la musique est trop forte, <u>**a**-**t**-**elle répondu**</u>.

⇨ <u>Discours rapporté</u> (p. 366)

– le **pronom sujet** au **verbe** ou à l'**auxiliaire** dans une phrase interrogative.

Ex.: **Veux**-**tu** me prêter un surligneur?
Où **avez**-**vous** mis mon surligneur?
Est-**ce** à toi, ce surligneur?

Remarque

Dans une phrase interrogative et dans une incise, on place un -**t**- entre le verbe et le pronom sujet quand le verbe se termine par **e**, **a** ou **c** et que le pronom commence par une **voyelle**: espère-**t**-**on** / aime-**t**-**elle** / a-**t**-**il** / observera-**t**-**il** / convainc-**t**-**elle** vainc-**t**-**elle**.

Ce -**t**- permet de prononcer plus facilement certains mots. Il ne faut pas le confondre avec le pronom **t'**, qu'on trouve dans la phrase impérative (va-**t'**en, viens-**t'**en, etc.).

Types de phrases

Selon les marques qu'elles possèdent, on classe les phrases en quatre **types** : déclaratif, interrogatif, impératif et exclamatif.

Remarque

Une phrase est toujours d'**un seul type** : déclaratif, interrogatif, impératif ou exclamatif, mais elle a toujours **quatre** formes.

Types de phrases et caractéristiques	Exemples
Déclaratif La phrase déclarative sert à affirmer quelque chose. Elle se construit **sans marque** interrogative, impérative ou exclamative, et se termine généralement par un point. Remarque La phrase déclarative sert de base à la construction des autres types de phrases.	Chloé pratique régulièrement la natation.
Interrogatif La phrase interrogative sert à poser une question. Elle contient une marque interrogative et se termine par un point d'interrogation. ⇨ Marques interrogatives, tableau ci-après. Remarque À l'oral, on utilise souvent la phrase déclarative plutôt que la phrase interrogative pour poser une question. C'est le ton employé qui indique qu'il s'agit d'une question. Ex. : Vous pouvez m'indiquer le chemin pour me rendre à la piscine ?	Est-ce que Chloé pratique régulièrement la natation ?
Impératif La phrase impérative exprime un ordre, une demande, un conseil. Elle contient un verbe à l'impératif et se termine par un point ou un point d'exclamation.	Allons à la compétition de natation. Pense à ta compétition !
Exclamatif La phrase exclamative exprime un sentiment ou une émotion de manière intense. Elle contient une marque exclamative (*combien, combien de, comme, que, que de, quel, quelle, quels, quelles*) et se termine par un point d'exclamation.	Comme je suis étonné par les performances de Chloé !

■ LES MARQUES INTERROGATIVES

Marques interrogatives	Exemples
Pronom sujet inversé On déplace le pronom sujet après le verbe et on insère un trait d'union entre le verbe et le pronom.	Pratiquez-vous la natation ?
Pronom (il, elle, ils, elles) qui reprend le sujet On ajoute, après le verbe, un pronom qui reprend le sujet et on insère un trait d'union entre le verbe et le pronom.	Chloé est-elle fière d'être une bonne nageuse ?
Est-ce que **au début de la phrase**	Est-ce que tu es fière d'être une bonne nageuse ?
Mot interrogatif **au début de la phrase** – <u>Adverbes</u> : *combien, comment, où, pourquoi, quand*	Où Chloé nage-t-elle ? Où nage Chloé ?
– <u>Déterminants interrogatifs</u> : *quel, quelle, quels, quelles*	Quel sport Chloé pratique-t-elle ? Quel sport pratique Chloé ?
– <u>Pronoms interrogatifs</u> : *qui, que, quoi, lequel, auquel, duquel,* etc.	Laquelle est la meilleure nageuse ? Qui pratique la natation tous les jours ?
Mot interrogatif + est-ce qui ou est-ce que au début de la phrase	**Qui** est-ce qui pratique la natation tous les jours ? **Quand** est-ce que Chloé pratique la natation ? **Où** est-ce que Chloé pratique la natation ?

Variétés de langue

On s'exprime différemment selon qu'on s'adresse à des inconnus ou à des gens qu'on connaît bien, selon que la situation de communication est officielle ou familière, selon qu'on est à l'oral ou à l'écrit.

> **DÉFINITION**
>
> Les variétés de langue sont les différentes façons de s'exprimer. On peut en distinguer quatre: la langue **soutenue** (ou littéraire), la langue **standard** (ou soignée), la langue **familière** et la langue **populaire**.
>
> Les frontières entre les variétés de langue sont parfois floues. Ce qui est considéré comme soutenu, standard, familier ou populaire peut varier légèrement d'un dictionnaire à l'autre, d'une personne à l'autre, d'une communauté à l'autre, d'un pays à l'autre.
>
> Pour savoir dans quelle variété de langue une personne s'exprime, il faut tenir compte de l'ensemble de son texte (écrit ou oral). Par exemple, un texte peut comporter un anglicisme ou un mot soutenu et appartenir quand même à la langue standard.

Le dictionnaire est utile pour savoir à quelle variété appartient un mot ou une expression. Il signale, entre autres, les emplois **littéraire** (litt.), **familier** (fam.) et **populaire** (pop.). Un mot sans indication de variété de langue appartient à la langue standard.

LA LANGUE SOUTENUE

> **DÉFINITION**
>
> La **langue soutenue** (ou littéraire) s'utilise surtout en littérature et dans les discours officiels.

Ex.: Au milieu de la cour, une fontaine épanchait ses ondes argentées, qui tombaient en flocons d'écume dans un bassin de marbre bordé de larges plates-bandes de violettes; dans l'eau de cette fontaine, transparente comme le cristal, s'ébattaient des myriades de poissons d'or et d'argent, qui étincelaient comme autant de bijoux vivants.

Harriet Beecher Stowe, *La case de l'oncle Tom*, 1852.

Principales caractéristiques de la langue soutenue	Exemples
Vocabulaire recherché, mots imagés ou rares	«une fontaine épanchait», «ondes argentées», «flocons d'écume» choir (tomber), courroux (colère), fécond (prolifique), hormis (sauf), importuner (déranger), glaive (épée), ouïr (entendre), perfide (traître), songe (rêve), tancer (réprimander), etc.
Figures de style	«transparente comme le cristal», «qui étincelaient comme autant de bijoux vivants»

...

Principales caractéristiques de la langue soutenue	Exemples
Structures de phrases inhabituelles	là «s'ébattaient des myriades de poissons d'or et d'argent»
Diction très nette, liaisons bien marquées	vingt ͜t avions, un grand ͜t arbre, ils sont ͜t en vacances

LA LANGUE STANDARD

DÉFINITION

La **langue standard** s'emploie autant à l'oral qu'à l'écrit. C'est la langue qu'on dit correcte, celle qui convient à la majorité des situations. Elle est habituellement utilisée dans les journaux, les documentaires, les textes explicatifs, les demandes de renseignements, les discussions avec un enseignant ou une enseignante, les exposés oraux, etc.

Ex.: Parmi toutes les hypothèses qui tentent d'expliquer la disparition des dinosaures, on trouve deux écoles. La première regroupe ceux pour qui la disparition des dinosaures est due à une cause externe: volcanisme, chute de météorites, etc. La seconde fait appel à des raisons internes: compétition entre espèces, dégénérescence, maladie, etc. Au sein même de ces deux écoles, selon les uns, catastrophistes, les événements se sont produits brutalement, tandis que les autres, gradualistes, privilégient une vision plus progressive des choses. Où est la vérité dans tout cela?

Frédéric Dieudonné, *Science et Nature*, octobre 1997.

Principales caractéristiques de la langue standard
Vocabulaire correct, ni littéraire, ni familier, emploi de mots justes
Phrases bien construites
Diction nette

LA LANGUE FAMILIÈRE

DÉFINITION

La **langue familière** s'emploie surtout à l'oral, dans des situations où on peut se permettre un certain relâchement, par exemple dans des conversations avec des amis ou des proches. À l'écrit, les auteurs s'en servent pour rapporter les paroles d'un personnage qui s'exprime en ne faisant pas très attention.

Ex.: J'ai vu Simon le mois passé
Ç'avait pas trop l'air de *filer*
Y m'a dit qu't'avais pas appelé
Depuis sa fête en février
Si tu l'aimes pus faudrait peut-être pas l'niaiser
C't'un bon *buddy*

Les Cowboys fringants, «Toune d'automne», paroles et musique de Jean-Francois Pauzé et Marie-Annick Lépine, © Les Éditions de la Tribu, 2002.

Principales caractéristiques de la langue familière	Exemples
Vocabulaire familier	bouffer (manger), ça (cela), chialer (pleurer), crevé (fatigué), dégonflé (peureux), dégueulasse (dégoûtant), embêter (déranger), engueuler (réprimander), fête (anniversaire), piquer (voler), se tirer (s'en aller), etc.
Anglicismes	*buddy* (type), *canceller* (annuler), *chum* (ami), c'est le *fun* (c'est amusant, drôle, plaisant), *cute* (mignon, joli, charmant), *filer* (aller, se sentir), *party* (fête), etc.
Québécismes familiers (Les **québécismes** sont des expressions ou des mots propres au français du Québec.)	achaler (agacer, embêter), beurrée (tartine), capoter (perdre la raison), être tanné de (être fatigué de), magané (endommagé), malcommode (turbulent), niaiser (faire perdre son temps), se faire passer un sapin (se faire rouler), s'enfarger (trébucher), etc.
Structures de phrases que l'on considère comme fautives par rapport à la langue standard – Absence du *ne* dans la phrase négative	ç'avait pas trop l'air de (cela n'avait pas trop l'air de), j'ai vu personne (je n'ai vu personne), je sais pas trop (je ne sais pas trop), si tu l'aimes pus (si tu ne l'aimes plus), etc.
– Pronom placé au mauvais endroit dans la phrase impérative	fais-moi-le savoir (fais-le-moi savoir), dis-le pas (ne le dis pas), etc.
– Présence d'une structure d'interrogation directe dans une interrogation indirecte	il m'a demandé qu'est-ce qui s'était passé (il m'a demandé ce qui s'était passé), je n'ai pas entendu qu'est-ce qu'elle a dit (je n'ai pas entendu ce qu'elle a dit), je ne comprends pas pourquoi que tu as rompu (je ne comprends pas pourquoi tu as rompu), etc.
Diction légèrement relâchée – Chute des consonnes à la fin des mots	septemb' (septembre), quat' (quatre), timb' (timbre), y a rien (il n'y a rien), etc.
– Élision de certaines voyelles dans les mots	ben (bien), c't'un (c'est un), j'suis (je suis), qu't'avais (que tu avais), etc.

LA LANGUE POPULAIRE

La **langue populaire** s'emploie à l'oral. Dans cette variété de langue, le français présente des écarts si importants par rapport à la variété de langue standard que son emploi nuit à la compréhension.

Ex.: 1 « On s'en va pas juste pour quequ'semaines, comme d'habetude, hein ? »

Elle frotta son nez contre le sien comme quand il était bébé.

« Non. »

Il se débattit, sauta par terre, se réfugia encore une fois au fond de son lit.

5 « Dis-moé pas qu'on s'en va pour toutte l'été. J'veux pas aller à Saint-Ustache pour toutte l'été, j'te l'ai déjà dit ! Y a quasiment pas d'enfants sus la rue de grand-meman, pis chus toujours tu seul ! Mes amis sont icitte ! Pis, j'veux pas d'eux autres ! »

Michel Tremblay, *Le premier quartier de la lune*,
Montréal, Leméac, coll. « Babel », 1989, p. 139.

Dans cet exemple, les lignes 2 et 4 sont écrites en langue standard.

Principales caractéristiques de la langue populaire	Exemples
Mots passe-partout, vocabulaire réduit	affaire, chose, patente, etc.
Nombreux anglicismes, mots vulgaires, jurons	avoir de la *luck* (avoir de la chance), char (automobile), *check-up* (examen médical), *clutch* (embrayage), merde !, sacrer son camp (s'en aller), *screen* (moustiquaire), *shed* (remise), *shop* (usine), tabarnouche !, *wiper* (essuie-glace), etc.
Nombreuses fautes de grammaire	J'm'ai perdu (je me suis perdu), j'savais pas que c'est dire (je ne savais pas quoi dire), la compagnie pour qui qu'y travaillait (la compagnie pour laquelle il travaillait), la fille que je sors avec (la fille avec qui je sors), le monde sont arrivés (le monde est arrivé), que c'est qu'a dit ? (qu'est-ce qu'elle dit ?, que dit-elle ?), etc.
Diction très relâchée	boutte (bout), chus (je suis), d'habetude (d'habitude), frette (frais, froid), grand-meman (grand-maman), icitte (ici), ch't'a toute énarvée (j'étais extrêmement énervée), litte (lit), moé (moi), nuitte (nuit), pis (puis), quequ'semaines (quelques semaines), Saint-Ustache (Saint-Eustache), sont arrivés dans pièce (ils sont arrivés dans la pièce), toutte l'été (tout l'été), tu seul (tout seul), etc.

Stratégies

Communication orale

Comment

ANALYSER UNE SITUATION DE LECTURE

• Pour analyser une situation de lecture, utilisez la démarche suivante.

1. POSEZ-VOUS DES QUESTIONS

QUI a écrit le texte ? Une romancière, une personnalité scientifique, un ami, etc. Son nom apparaît sur la première de couverture du livre, sous le titre ou au bas de l'article, à la fin du message, etc.

À QUI le texte s'adresse-t-il ? Autrement dit, qui en sont les **destinataires** ? Des lecteurs de romans jeunesse, des lecteurs de revues scientifiques, un large public, etc.

DE QUOI parle-t-on dans le texte ? Autrement dit, quel est le **sujet** du texte ? Le titre peut vous mettre sur la piste. Un résumé ou un extrait sur la quatrième de couverture peut également vous renseigner.

À QUOI le texte est-il lié ? Plus précisément, dans quel **contexte** l'information ou l'histoire s'enracine-t-elle ? Pour cerner le contexte, prêtez attention aux réalités historiques, géographiques, linguistiques ou culturelles évoquées dans le texte. Par exemple, on peut dire d'une histoire qu'elle se déroule au début du 20ᵉ siècle dans un quartier ouvrier montréalais; on peut dire d'un article qu'il relate une expérience scientifique qui s'est déroulée à Londres dans les années 1990.

POURQUOI lisez-vous ce texte ? Pour vous divertir, vous informer, connaître l'opinion de quelqu'un, etc.

OÙ le texte a-t-il été écrit ? Dans quel pays ou dans quelle ville ?

QUAND le texte a-t-il été écrit ? Si c'est un texte courant, a-t-il été écrit récemment ou il y a longtemps ? Si c'est un message, a-t-il été écrit quelques jours avant sa réception ou le même jour ? Si c'est un roman, a-t-il été écrit il y a 150 ans ou au cours des dernières années ?

2. NOTEZ LE TYPE ET LE GENRE DU TEXTE QUE VOUS ALLEZ LIRE

Exemple d'analyse d'une situation de lecture

Titre du texte :	La femme au parapluie.
Qui ?	Michel Tremblay.
À qui ?	À un large public.
De quoi ?	Nouvelle fantastique qui raconte la découverte d'un parapluie.
À quoi ?	Réalité géographique: dans une ville en bordure d'une rivière. Réalité historique: de nos jours.
Pourquoi ?	Me divertir et comprendre le genre de la nouvelle.
Où ?	À Montréal.
Quand ?	En 1985.
Type et genre :	Texte narratif – Nouvelle fantastique.

Comment
DÉTERMINER SA MANIÈRE DE LIRE

• Avant d'entreprendre une lecture, déterminez les conditions dans lesquelles elle se fera.

1. PRÉCISEZ LE TEMPS ALLOUÉ À LA LECTURE

De combien de temps disposez-vous pour lire le texte ?

2. CHOISISSEZ UNE MANIÈRE DE LIRE

• Ferez-vous un survol seulement ou entreprendrez-vous une lecture approfondie ?

• Lirez-vous quelques passages seulement ou le texte en entier ?

• La lecture se fera-t-elle en une seule étape ou en plusieurs ? Si la lecture doit se faire à différents moments, comment la répartirez-vous ?

• Prévoyez-vous de faire une deuxième lecture ? Il faudra alors la planifier en fonction du temps dont vous disposerez.

3. DÉTERMINEZ LE TYPE DE LECTURE À FAIRE

• La lecture se fera-t-elle individuellement ?

• Se fera-t-elle en équipe ? La tâche devra alors être partagée entre les membres de l'équipe.

• La lecture se fera-t-elle en groupe à voix haute ? Qui lira ?

4. FAITES L'INVENTAIRE DES RESSOURCES DISPONIBLES

• Aurez-vous accès à des dictionnaires ? à des ouvrages spécialisés ? à Internet ?

• Pourrez-vous consulter des élèves de la classe ? des personnes-ressources ?

5. PRÉVOYEZ UNE FAÇON DE NOTER LES ÉLÉMENTS IMPORTANTS

Selon la tâche à exécuter :

• soulignez, surlignez ;

• annotez ;

• préparez une fiche ou une feuille de notes, ou encore créez un fichier électronique pour consigner des commentaires, des réactions, des questions, des citations, des reformulations d'idées importantes, etc.

Voir la stratégie *Comment annoter un texte courant*, à la page 462.

6. PRÉPAREZ-VOUS À AJUSTER VOTRE DÉMARCHE PENDANT LA LECTURE

En cours de route, vérifiez si votre démarche de lecture a besoin d'être ajustée.

• Assurez-vous de tenir compte de vos objectifs, du temps alloué et des ressources disponibles.

• Au besoin, élargissez votre champ de recherche, consultez de nouvelles sources ou d'autres ressources.

• Résolvez rapidement les difficultés qui surgissent. Au besoin, demandez de l'aide. Si vous travaillez en équipe, songez à une redistribution des tâches.

Comment
FAIRE DES PRÉDICTIONS À PARTIR D'UN SURVOL

- Faire des prédictions, c'est émettre des hypothèses sur ce qui sera dit dans le texte.

- Survoler un texte permet de reconnaître son <u>type</u> et son <u>genre</u> à partir d'indices. Cela aide à faire les bons choix de textes.

1. SURVOLEZ LE TEXTE EN OBSERVANT CERTAINS INDICES

Pour avoir une bonne idée du contenu d'un texte sans le lire en entier, on observe des indices qui «parlent» beaucoup. Voici les principaux :

- Le **titre** révèle habituellement de façon claire le sujet du texte.
- Le **surtitre** (titre placé au-dessus du titre d'un article) amène le sujet.
- Le **sous-titre** (titre secondaire placé sous le titre) apporte des précisions sur le sujet.
- Le **chapeau** (court texte placé entre le titre et le début d'un article) présente le sujet.
- L'**introduction** contient souvent les grandes lignes du sujet.
- Les **intertitres** annoncent généralement les aspects traités dans chaque section du texte.
- Les **premiers mots** du paragraphe donnent un aperçu du contenu du paragraphe.
- Les **énumérations verticales** contiennent souvent des informations condensées.
- Les **illustrations** ou les **photographies** renseignent sur le contenu.
- Les **légendes** accompagnent les images pour leur donner un sens.
- Les **tableaux** fournissent souvent des informations condensées.
- Les **encadrés** attirent l'attention sur certaines informations.
- Le **gras** et le <u>souligné</u> permettent de repérer les informations importantes dans le texte.

Remarque
Un texte ne contient pas tous ces indices à la fois. Chacun des indices joue un rôle bien précis qui est de permettre, à sa façon, de faire connaître le contenu du texte.

2. FAITES DES PRÉDICTIONS SUR LE TEXTE

Quand on fait un survol, c'est parce qu'on veut savoir si un texte contient les renseignements dont on a besoin. Il faut donc se poser des questions comme celles qui suivent :

- Quelle est l'**intention** de l'auteur ? Est-ce la même que la mienne ? Par exemple, si je cherche de l'information, je me demande si l'intention de la personne qui a écrit le texte est d'informer.
- Le **sujet** abordé est-il celui qui m'intéresse ?
- Les **intertitres** m'indiquent-ils que le texte traite des **aspects** sur lesquels je cherche de l'information ? M'inspirent-ils d'autres idées auxquelles je n'avais pas pensé et qui conviendraient à ma recherche ?
- Les **indices** observés lors du survol me permettent-ils de reconnaître que le texte est à ma portée, que j'en comprends bien le sens ?

Le fait de se poser ces questions permet de mieux entrer dans le texte, d'être à l'affût de ce qu'on cherche.

Comment
TROUVER LA SIGNIFICATION D'UN MOT

- Lorsqu'un mot peut avoir plusieurs sens (<u>polysémie</u>), il arrive qu'on ait de la difficulté à l'interpréter. Il faut alors s'aider du contexte et d'un dictionnaire.

I. CONSULTEZ UN DICTIONNAIRE

A. Le contexte peut indiquer si le mot est employé dans son <u>**sens propre**</u> ou dans un <u>**sens figuré**</u>.

Sens propre

Ex.: Ce midi, dans les assiettes, les macaronis à la sauce Kraft boudent des filets de poisson enrobés d'une pâte lourde et **insipide**[1].

INSIPIDE adj. (*in-* privatif et lat. *sapidus*, qui a du goût). **1.** Qui n'a pas de saveur, de goût. *L'eau pure est insipide.* **2. Fig.** Sans agrément; fade, ennuyeux. *Conversation insipide*[2].

Ici, le contexte parle d'une pâte enrobant les filets de poisson. Il s'agit donc bien du sens 1 (sens propre) donné dans le dictionnaire : cette pâte n'a pas de goût.

Sens figuré

Ex.: Le comité ne prétendait pas imposer aux constructeurs un type de maison. Il était plutôt l'adversaire de cette uniformité fatigante et **insipide**[3].

INSIPIDE adj. (*in-* privatif et lat. *sapidus*, qui a du goût). **1.** Qui n'a pas de saveur, de goût. *L'eau pure est insipide.* **2. Fig.** Sans agrément; fade, ennuyeux. *Conversation insipide.*

Ici, le contexte parle d'une uniformité fatigante. C'est donc évidemment le sens 2 (sens figuré) qui est le bon : cette uniformité est ennuyeuse.

B. Le contexte peut indiquer si le mot employé a une <u>**connotation négative**</u> (défavorable, péjorative) ou s'il fait partie d'un <u>**vocabulaire neutre**</u>.

Vocabulaire à connotation négative

Ex.: D'une manière quelque peu **puérile** – car j'étais certain que la porte était fermée à clef –, j'attrapai la poignée et me mis à la secouer[4].

PUÉRIL, E adj. (lat. *puerilis*, de *puer, pueri*, enfant). **1.** Vx. Qui appartient à l'enfance. *Âge puéril.* **2.** *Péjor.* Qui est naïf, enfantin, et paraît déplacé de la part d'un adulte. *Un comportement puéril*[5].

Ici, le personnage avoue que son comportement est naïf, déplacé : il sait que la porte est verrouillée et tente de l'ouvrir quand même. Le mot *puéril* est donc employé dans le sens 2, qui est péjoratif.

Vocabulaire neutre

Ex.: Les doigts **puérils** posés sur les miens frémirent de joie. La main de Patricia ne fut plus qu'une main de petite fille heureuse[6].

PUÉRIL, E adj. (lat. *puerilis*, de *puer, pueri*, enfant). **1.** Vx. Qui appartient à l'enfance. *Âge puéril.* **2.** *Péjor.* Qui est naïf, enfantin, et paraît déplacé de la part d'un adulte. *Un comportement puéril.*

Ici, le personnage parle en termes positifs de la petite Patricia. Le mot *puéril* ne peut pas se comprendre dans un sens négatif. Ce mot est donc employé dans le sens 1, qui est neutre.

Sens du mot quand il a un complément

Ex.: Une paix fragile régnait entre les seigneuries de Hautecour et de Beauregard. Le moindre incident pouvait mettre le feu aux poudres. Bertrand de Hautecour avait **juré** que plus jamais un rejeton du baron Hugues ne poserait les pieds sur son domaine[7].

1. JURER v.t. (lat. *jurare*). **1.** Prononcer solennellement un serment [...]. **2.** Affirmer avec vigueur; promettre solennellement. *Il jure qu'il ne ment pas.* **3.** Décider par un engagement ferme, s'engager à. [...]
2. JURER v.i. Proférer des jurons; blasphémer. ◆ v.t. ind. (**avec**) Être mal assorti avec qqch.; produire un effet discordant. *Ce vert jure avec l'orangé*[8].

Dans le dictionnaire, l'abréviation *v.t.* signifie «verbe transitif», c'est-à-dire «verbe nécessitant un complément». Dans l'exemple ci-dessus, *jurer* est employé avec un complément: *avait juré que...* Le sens de *jurer* se trouve donc dans «1. JURER v.t.».

Sens du mot quand il n'a pas de complément

Ex.: «Capitaine! Loup-Gris vient de s'échapper, il s'est détaché, et il a assommé son gardien. Deux hommes l'ont poursuivi, mais ce serait bien le diable s'ils le rattrapent.»

Body **jure** et Kennington aussi:

«Vous auriez dû me laisser abattre cet espion[9]...»

1. JURER v.t. (lat. *jurare*). **1.** Prononcer solennellement un serment [...]. **2.** Affirmer avec vigueur; promettre solennellement. *Il jure qu'il ne ment pas.* **3.** Décider par un engagement ferme, s'engager à. [...]
2. JURER v.i. Proférer des jurons; blasphémer. ◆ v.t. ind. (**avec**) Être mal assorti avec qqch.; produire un effet discordant. *Ce vert jure avec l'orangé.*

Dans le dictionnaire, l'abréviation *v.i.* signifie «verbe intransitif», c'est-à-dire «verbe ne nécessitant pas de complément». Dans l'exemple ci-dessus, *jurer* est employé sans complément. Le sens de *jurer* se trouve donc dans «2. JURER v.i.».

D. Le contexte indique si le mot s'applique à un être humain ou à une chose, ce qui peut entraîner une signification différente.

Sens du mot quand il s'applique à un être humain	Sens du mot quand il s'applique à une chose
Ex.: On sonne à la porte. Catherine sourit. Elle aime les gens **ponctuels**. C'est tellement important d'arriver à l'heure, à la minute précise, à la seconde même où le destin ordonne qu'on soit là, totalement abandonné à ses souhaits[10].	Ex.: Les coups d'éclat que nous préparons n'ont d'autre but que de stimuler l'entraide internationale. Partout dans le monde s'organisent des événements **ponctuels** qui nous font connaître[12].
PONCTUEL, ELLE adj. (lat. *punctum*, point). **1.** Qui arrive à l'heure; exact, régulier. *Elle est toujours très ponctuelle.* **2.** Qui porte sur un détail; qui vise un objectif isolé ou limité. *Opération ponctuelle*[11]. […]	**PONCTUEL, ELLE** adj. (lat. *punctum*, point). **1.** Qui arrive à l'heure; exact, régulier. *Elle est toujours très ponctuelle.* **2.** Qui porte sur un détail; qui vise un objectif isolé ou limité. *Opération ponctuelle*. […]
Ici, l'adjectif *ponctuels* se rapporte à des êtres humains. Il a donc le sens indiqué au numéro 1. D'ailleurs, l'exemple donné dans le dictionnaire (*Elle est toujours très ponctuelle*) indique bien que le sens 1 concerne les personnes.	Ici, l'adjectif *ponctuels* s'applique à des choses (des événements). Il a donc le sens indiqué au numéro 2. D'ailleurs, l'exemple donné dans le dictionnaire (*Opération ponctuelle*) indique bien que le sens 2 concerne les choses.

- Lorsqu'on ne peut pas comprendre certains mots à l'aide du contexte ou d'un dictionnaire, on peut observer leur construction.

2. SERVEZ-VOUS DE LA CONSTRUCTION DU MOT

A. Lorsqu'on peut décomposer le mot

Si vous pouvez trouver un autre mot à l'intérieur d'un mot ou s'il contient des <u>préfixes</u>, des <u>suffixes</u> ou des <u>racines savantes</u>, ce mot est un mot complexe. Il s'agit alors de le décomposer.

Ex.: Je n'ai jamais entendu parler de la «**laidification**». Qu'est-ce que ça peut bien être[13]?

Dans le mot *laidification*, on peut reconnaître le mot simple *laid* et le suffixe *-ification*, comme dans *simplification*, *clarification*, etc. Le mot *laidification* se définit donc comme «l'action de rendre laid», comme *clarification* se définit comme «l'action de rendre clair».

Le mot *laidification* a été inventé par Lewis Carroll, l'auteur du roman *Alice au pays des merveilles*: vous ne trouverez donc pas ce <u>néologisme</u> dans le dictionnaire.

B. Lorsqu'on ne peut pas décomposer le mot

Si vous ne trouvez pas de mot simple à l'intérieur d'un mot ou s'il ne contient aucun préfixe, suffixe ou racine savante, ce mot n'est pas décomposable. Il s'agit donc d'un **mot simple**. Vous pouvez alors chercher des mots ou des débuts de mots qui pourraient lui ressembler.

Ex.: L'astronef avait l'aspect d'un œuf monumental agrémenté d'un enchevêtrement de poutrelles métalliques dressées vers le ciel. En l'apercevant, le Doc secoua la tête avec pitié.

— Une **aragne** les pattes en l'air, murmura-t-il. Oui, il ressemble tout à fait à une **aragne** morte[14].

Le mot *aragne* ressemble au mot *araignée*. D'après le contexte, cette interprétation est tout à fait plausible. En fait, le mot *aragne* est l'ancêtre du mot *araignée*, comme l'indique *Le Petit Robert*. Cette interprétation est donc parfaitement juste.

---

1. Marie-Célie Agnant, *Alexis, fils de Raphaël*, Montréal, Hurtubise HMH, coll. «Atout», 2000, p. 13. ■ **2, 5 et 8.** *Le Petit Larousse illustré 2007*, Paris, Larousse, 2006. ■ **3.** Jules Verne, *Les cinq cents millions de la Bégum*, 1879. ■ **4.** Cynthia Asquith, «La boutique du coin», dans *Histoires de fantômes*, choix et présentation de Roald Dahl, traduit de l'anglais par Jean-François Ménard, Paris, Gallimard, coll. «Le livre de poche jeunesse», 1985. ■ **6.** Joseph Kessel, *Le lion*, Paris, Gallimard, coll. «Mille Soleils», 1972, p. 24. ■ **7.** Jean-Michel Lienhardt, *Anne et Godefroy*, Saint-Lambert, Soulières éditeur, 2000, p. 19. ■ **9.** Bertrand Solet, «L'espion indien», dans *15 histoires d'agents secrets*, Paris, Hachette Jeunesse, 1998, p. 216. ■ **10.** Michel Lavoie, «Deux je t'aime», dans *Ah! aimer…*, Hull, Éditions Vents d'Ouest, 1997. ■ **11.** *Le Petit Larousse illustré 2007*, Paris, Larousse, 2006. ■ **12.** Marie-Andrée Clermont, «Le masque de la démesure», dans *Ah! aimer…*, Hull, Éditions Vents d'Ouest, 1997. ■ **13.** Lewis Carroll, *Alice au pays des merveilles*, 1865. ■ **14.** Stefan Wul, *Niourk*, Paris, Gallimard, coll. «Folio Junior», 1997, p. 154.

Comment
ANNOTER UN TEXTE COURANT

- Lorsque vous lisez un texte courant, il est important de noter ce qui pourrait être utile:
  - pour enrichir vos connaissances;
  - pour vous préparer en vue d'une production orale ou écrite, par exemple un résumé, une description, une comparaison entre deux œuvres ou une appréciation, etc.

- Afin de prendre des notes qui vous serviront vraiment, utilisez la démarche suivante en quatre étapes.

I. PRÉCISEZ CE QUE VOUS CHERCHEZ

Quelles questions vous posez-vous? De quelles informations avez-vous besoin? Faites-en une liste. Vous pourrez ainsi lire en accordant de l'attention à ce qui vous sera utile et ne pas tenir compte du reste.

Exemples de questions qu'on pourrait se poser
dans le cadre d'un travail sur le système immunitaire

- Comment notre corps se défend-il contre les virus et les bactéries?

- Pourquoi certaines personnes résistent-elles mieux que d'autres aux maladies?

- Que pouvons-nous faire pour renforcer notre système immunitaire?

2. LISEZ LE TEXTE

Ne prenez pas de notes tout de suite; lisez d'abord le texte. Si vous prenez des notes au fil de votre lecture, vous en prendrez trop. Au lieu d'être utiles, vos notes seront alors encombrantes.

- **Si le texte est court**, lisez-le au complet avant de passer à la troisième étape.
- **Si le texte est long** (trois pages et plus), lisez-le partie par partie (d'un intertitre au suivant, par exemple).

Après chaque partie, passez à la troisième étape.

3. PRENEZ DES NOTES ET MARQUEZ LE TEXTE

Maintenant que vous avez une bonne idée du contenu du texte, vous pouvez prendre des notes. Encore une fois, procédez avec méthode.

A. Où prendre des notes

Vous avez trois possibilités:

- prendre des notes directement sur le texte s'il vous appartient;
- prendre des notes sur une photocopie du texte;
- prendre des notes sur des feuilles volantes ou sur des fiches.

B. Quoi noter et comment le noter

Notez les informations dont **vous** avez besoin. Autrement dit, notez l'**essentiel** compte tenu de votre **intention de lecture**.

- Si vous prenez des notes sur le texte lui-même ou sur une photocopie:
  - notez, en haut de page, le **sujet du texte**, l'**aspect abordé** ou la **question posée**;
  - repérez, si possible, l'introduction, le développement et la conclusion du texte;
  - surlignez les idées importantes et les mots-clés (selon le texte, il s'agira d'aspects et de sous-aspects, d'étapes, d'éléments de réponse ou d'arguments);
  - surlignez les organisateurs textuels d'une autre couleur, s'il y a lieu;
  - placez entre crochets les **citations** et les **exemples** à conserver, s'il y a lieu.

Remarque

Ne surchargez pas votre copie d'annotations et de couleurs; vous risqueriez de ne pas vous y retrouver.

Question posée : Pourquoi certaines personnes résistent-elles mieux que d'autres aux maladies ?

Devant la maladie, nous ne sommes pas tous égaux

Introduction
Pourquoi une
meilleure résistance
aux maladies ?

En théorie, dès qu'un virus ou une bactérie s'introduit dans notre organisme, notre système immunitaire tente de l'éliminer. En pratique, certaines personnes résistent mieux aux maladies que d'autres. Comment cela s'explique-t-il ?

Développement
Parce que la résistance
est influencée par :
1. maladies de
   l'enfance
2. stress

Premièrement, notre résistance à certaines infections est influencée par les maladies contractées durant l'enfance. [Si, enfant, nous avons combattu la varicelle, notre corps s'en souvient. Lorsque le virus de la varicelle tentera de l'infecter à nouveau, notre corps l'attaquera avant qu'il ait pu faire des dommages.] Deuxième explication : le stress. Des études démontrent en effet que l'organisme d'une personne stressée riposte moins efficacement aux attaques des virus et des bactéries. Et cela, peu importe la cause du stress [(un déménagement, un nouvel emploi, un deuil, une rupture amoureuse, etc.)].

3. pollution de l'air

Finalement, l'exposition à la pollution de l'air diminue notre résistance à la maladie. D'ailleurs, les citadins souffrent plus que les autres d'infections respiratoires. Affectés par les polluants, les cils vibratiles de leurs bronches ont du mal à expulser les bactéries respirées chaque jour.

Conclusion
Autre facteur
probable :
la génétique

Bien que ces trois facteurs soient éclairants, ils n'expliquent pas tout. Des scientifiques cherchent d'autres explications du côté de la génétique.

Nadine Vachon, *Le système immunitaire en 15 questions*, Montréal, Éd. De la mansarde, 2007, p. 7.

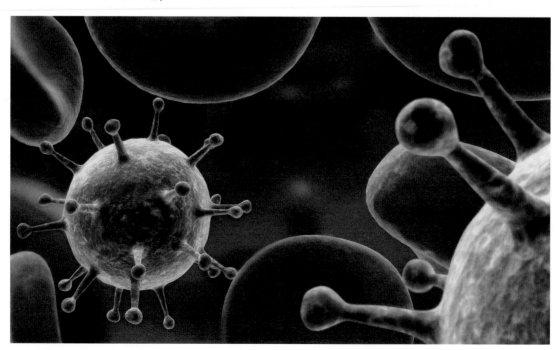

- Si vous prenez des notes à part:
  - choisissez des feuilles volantes ou des fiches plutôt qu'un cahier: vous pourrez ainsi les remplacer ou en ajouter plus facilement;
  - écrivez sur un côté seulement de la feuille ou de la fiche;
  - changez de feuille ou de fiche chaque fois que vous abordez un nouveau sujet;
  - notez, en haut de chaque feuille ou de chaque fiche, le **sujet du texte**, l'**aspect abordé** ou la **question posée**;
  - notez, dans vos mots, les informations à retenir (ne copiez pas de phrases ou de passages du texte, à l'exception des **définitions éclairantes** et des **citations à conserver**);
  - notez toujours la **source de l'information** (le nom de l'auteur ou de l'auteure, le titre, la page, l'adresse du site Web, etc.).

Exemple de notes prises à part

> **Pourquoi certaines personnes résistent-elles mieux que d'autres aux maladies?** 1
>
> Parce que la résistance aux maladies est influencée par les trois facteurs suivants:
>
> 1. Les maladies contractées durant l'enfance (ex.: varicelle); l'organisme en garde le souvenir pour mieux attaquer plus tard.
>
> 2. Le stress, qui affaiblit le système immunitaire.
>
> 3. La pollution de l'air, qui réduit la capacité à expulser les bactéries respirées.
>
> La génétique pourrait fournir d'autres explications.
>
> Source: Nadine Vachon, <u>Le système immunitaire en 15 questions</u>, Montréal, Éd. De la mansarde, 2007, p. 7.

Remarque

Les notes sont des documents personnels. À vous donc de trouver votre façon de faire. Vous pouvez utiliser des abréviations, des symboles et des sigles. Veillez toutefois à ce que vos notes soient **claires** et **lisibles**. Elles seront alors **utiles**.

Voir la stratégie *Comment noter des informations rapidement*, à la page 467.

4. CLASSEZ VOS NOTES

A. Notes prises sur le texte ou sur une photocopie

- Si vous travaillez avec plusieurs textes, classez-les par aspects ou par questions et numérotez-les.
- Utilisez une couleur différente pour chaque aspect ou chaque question.

B. Notes prises sur des feuilles volantes ou sur des fiches

- Regroupez les feuilles ou les fiches qui traitent du même aspect du sujet ou d'une même question et numérotez-les.
- Utilisez une couleur différente pour chaque aspect ou chaque question.

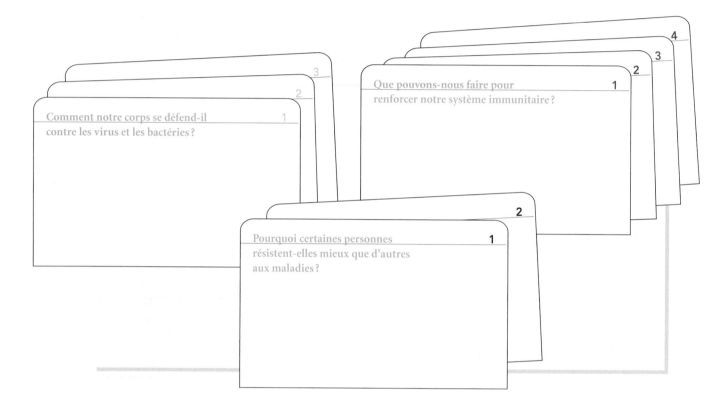

Comment
NOTER DES INFORMATIONS RAPIDEMENT

- Pour noter des informations rapidement, vous pouvez utiliser des abréviations et des symboles comme ceux qui sont présentés ci-dessous. Vous pouvez également créer vos propres abréviations (nb. = nombreux; pb. = problème), pourvu que vous vous y retrouviez.

> Cette stratégie peut aussi vous être utile en communication orale.

UTILISEZ DES ABRÉVIATIONS

Abréviations courantes					
apr.	après	int.	intérieur	qd	quand
av.	avant	jr	jour	qq.	quelque
bcp	beaucoup	m	même	qqch.	quelque chose
bibl.	bibliothèque	M.	monsieur	qqf.	quelquefois
c.-à-d.	c'est-à-dire	max.	maximum	qqn	quelqu'un
cf.	voir	min.	minimum	s.	siècle
ch.	chacun / chacune, chaque	Mme	madame	S.	Sud
		ms	mais	sc.	science
dc	donc, par conséquent	N.	Nord	svt	souvent
		n^o, n^{os}	numéro, numéros	ts	tous
ds	dans	ns	nous	tt	tout
E.	Est	O.	Ouest	tte	toute
env.	environ	p.	page	ttes	toutes
etc.	*et cetera*	§	paragraphe	1er	premier
ex.	exemple	p.c.q.	parce que	1re	première
excl.	exclusivement	pdt	pendant	2^e	deuxième
ext.	extérieur	pr	pour	100^e	centième
incl.	inclus, inclusivement	pt	point		

Remarques

- Un mot abrégé se termine par un point, sauf si la dernière lettre du mot est la dernière lettre de l'abréviation : **int.** (intérieur), **jr** (jour).

- Les abréviations des unités de mesure ne sont jamais suivies d'un point.

DÉGAGER LE PLAN D'UN TEXTE COURANT
ET RÉSUMER UN TEXTE COURANT

Le plan d'un texte courant

- Dégager le plan d'un texte est une bonne façon de vérifier qu'on en a compris l'essentiel.

- Pour dégager le plan d'un texte courant, utilisez la démarche suivante en trois étapes.

1. DÉTERMINEZ LE SUJET DU TEXTE

Survolez les indices qui, habituellement, révèlent le sujet du texte: le titre, le chapeau, les intertitres, l'introduction et la conclusion.

Formulez ensuite le sujet du texte sous la forme d'un court GN. Ce GN doit pouvoir répondre à la question: «De quoi parle l'auteur dans ce texte?»

2. DÉGAGEZ LA STRUCTURE DU TEXTE

Repérez l'introduction, le développement et la conclusion du texte, puis examinez-les.

A. Examen de l'introduction

- Est-ce qu'on y annonce des aspects (ou des étapes) liés au sujet du texte?
  Si oui, le texte est probablement de **type descriptif**.

- Est-ce qu'on y présente une question en *pourquoi*?
  Si oui, le texte est probablement de **type explicatif**.

- Est-ce qu'on y énonce une idée qu'on s'apprête à défendre ou à critiquer?
  Si oui, le texte est probablement de **type argumentatif**.

> Remarque
>
> Dans les très courts textes, il n'y a pas toujours d'introduction.

B. Examen du développement

Commencez par observer le découpage en paragraphes et les intertitres pour déterminer si le développement est formé d'une seule ou de plusieurs parties.

Repérez ensuite les organisateurs textuels, puis demandez-vous comment les idées principales s'agencent.

- Se présentent-elles sous forme d'aspects (ou d'étapes) décrivant une réalité?
- Se présentent-elles sous forme d'éléments de réponse fournissant une explication?
- Constituent-elles une série d'arguments soutenant une idée?

C. Examen de la conclusion

- Est-ce qu'on y fait une synthèse des idées principales?
- Est-ce qu'on y présente une ouverture sur d'autres idées ou sur un autre sujet?
- Est-ce qu'on y donne une évaluation personnelle?

> Remarque
>
> La conclusion est souvent implicite dans un texte courant, l'auteur s'attendant à ce que les lecteurs la dégagent eux-mêmes.

3. NOTEZ LE CONTENU DU TEXTE

Notez le contenu du texte en respectant la structure dégagée à l'étape précédente. Vous obtenez ainsi le plan du texte.

Plan d'un texte courant

Le texte modèle choisi est l'article explicatif *Devant la maladie, nous ne sommes pas tous égaux*, reproduit à la page 464. Relisez-le avant d'examiner le plan ci-dessous.

Plan de l'article explicatif
Devant la maladie, nous ne sommes pas tous égaux

Introduction • Question	Pourquoi certaines personnes résistent-elles mieux que d'autres aux maladies ?
Développement • 1er élément de rép.	Les maladies contractées durant l'enfance influencent notre résistance aux infections.
• 2e élément de rép.	Le stress diminue notre capacité à combattre efficacement les attaques des virus et des bactéries.
• 3e élément de rép.	Le fait d'être exposé à la pollution de l'air diminue notre résistance à la maladie.
Conclusion	On cherche d'autres explications du côté de la génétique.

Le résumé d'un texte courant

- Faire le résumé d'un texte est une bonne façon de vérifier qu'on l'a bien compris. Voici comment procéder pour résumer un texte courant.

1. LIEZ LES PHRASES DU PLAN

Enfilez les phrases du plan les unes derrière les autres. Tenez compte des caractéristiques suivantes du résumé :

- le résumé est un nouveau texte (évitez de reprendre tels quels des éléments du texte original) ;
- le résumé est écrit dans le **système verbal** du présent ;
- le résumé est écrit dans la **variété de langue** standard.

2. DITES BEAUCOUP EN PEU DE MOTS

Pour cela, utilisez les moyens suivants :

- supprimez les répétitions et les expansions qui ne sont pas essentielles ;
- remplacez les énumérations par un terme **générique** ;
- remplacez les **subordonnées** par des GAdj et des GPrép ;
- remplacez les **périphrases** par un mot équivalent.

3. MARQUEZ LES LIENS ENTRE LES IDÉES

Pour y arriver, utilisez des **organisateurs textuels**.

4. DONNEZ UN TITRE À VOTRE RÉSUMÉ

Ce titre comporte le mot *résumé*, ainsi que le genre et le titre du texte de départ.

Ex.: Résumé de l'article explicatif *Devant la maladie, nous ne sommes pas tous égaux*

Résumé d'un texte courant

Résumé de l'article explicatif
Devant la maladie, nous ne sommes pas tous égaux

Pourquoi certaines personnes combattent-elles mieux la maladie que d'autres ? Trois facteurs l'expliquent. D'abord, les maladies contractées durant l'enfance renforcent le système immunitaire. Ensuite, le stress diminue l'efficacité du système immunitaire. Finalement, la pollution de l'air diminue la résistance aux maladies. La génétique pourrait aussi expliquer cette situation.

Comment
DÉGAGER LE PLAN D'UN TEXTE NARRATIF ET RÉSUMER UN TEXTE NARRATIF

Le plan d'un texte narratif

- Dégager le plan d'un texte est une bonne façon de vérifier qu'on en a compris l'essentiel.

- Pour dégager le plan d'un texte narratif, utilisez la démarche suivante en trois étapes.

I. REPÉREZ CERTAINS ÉLÉMENTS DU TEXTE NARRATIF

Notez sur une feuille, ou surlignez dans le texte, les éléments suivants:

- les **personnages** principaux (**Qui ?**);
- le **lieu** où l'histoire se déroule (**Où ?**);
- l'**époque** à laquelle l'histoire se déroule ou le moment durant lequel elle se passe (**Quand ?**).

COUP DE POUCE

Pour repérer certains éléments du texte narratif

Le **titre** peut vous aider à cerner quelques-uns de ces éléments. Ainsi, *Roméo et Juliette* renseigne sur les deux personnages de l'histoire; *Les aventures de Tintin: L'île noire* renseigne sur le personnage principal et le lieu où se déroule l'histoire.

2. RECONSTITUEZ LE SCHÉMA NARRATIF

Notez sur une feuille chaque étape du **schéma narratif**.

Pour repérer :		Demandez-vous :
• la situation initiale	→	**Au début**, comment est-ce ?
• l'élément déclencheur	→	**Mais** qu'est-ce qui se passe à un moment donné ?
• les péripéties	→	**Et après**, qu'est-ce que cela entraîne ? **Et après** ? **Et après** ?…
• le dénouement	→	**Et après** ? (Le dernier *Et après* ? signale le dénouement.)
• la situation finale	→	**À la fin**, comment est-ce ?

COUP DE POUCE

Pour repérer les étapes du schéma narratif

Pour repérer les étapes du schéma narratif, examinez la division en paragraphes, les organisateurs textuels et le temps des verbes.

---

3. NOTEZ LE CONTENU DE CHAQUE ÉTAPE

Notez sur la même feuille le contenu de chaque étape. Vous obtenez ainsi le plan du texte.

Prenez l'habitude de noter ce plan dans vos mots ; c'est une bonne façon de vérifier que vous avez compris le texte.

Plan d'un texte narratif

Le texte modèle choisi est le conte *La vieille qui graissa la patte au chevalier*, reproduit à la page 424.

Plan du conte

Situation initiale
{ Au début : Une vieille femme n'avait pour seul bien que deux vaches.

Élément déclencheur
{ Mais : Un jour, les vaches qui ont été mal attachées, se sauvent. Le prévôt trouve les vaches et les emmène. Et après ?

Péripéties
{ La vieille femme, qui veut récupérer ses bêtes, accepte de payer une amende au prévôt. Le prévôt refuse de lui rendre les vaches puisque rien ne prouve qu'elle est la propriétaire des vaches. Et après ?

Une voisine conseille à la vieille femme de graisser la patte du chevalier afin qu'il parle au prévôt. Le prévôt croira le chevalier et rendra les vaches à la vieille femme. Et après ?

La vieille femme attend patiemment le passage du chevalier. Lorsqu'elle voit le chevalier, elle lui graisse les paumes des mains avec du lard. Quand le chevalier lui demande la raison de son geste, la vieille femme lui répond qu'elle espère ainsi récupérer ses vaches. Et après ?

Dénouement
{ Amusé, le chevalier accepte de lui rendre les animaux.

Situation finale
{ À la fin : L'histoire finit bien mais elle rappelle que le pauvre paie pour que ses droits soient reconnus.

ÉCRITURE

COMMUNICATION ORALE

- Faire le résumé d'un texte est une bonne façon de vérifier qu'on l'a bien compris. Voici comment procéder pour résumer un texte narratif.

1. LIEZ LES PHRASES DU PLAN

Enfilez les phrases du plan les unes derrière les autres. Tenez compte des caractéristiques suivantes du résumé :

- le résumé est un nouveau texte (évitez de reprendre les phrases ou les mots du texte original);
- le résumé est écrit dans le <u>système verbal</u> du présent;
- le résumé est écrit dans la <u>variété de langue</u> standard.

2. DITES BEAUCOUP EN PEU DE MOTS

Pour cela, utilisez les moyens suivants :

- supprimez les répétitions et les expansions qui ne sont pas essentielles;
- remplacez les <u>subordonnées</u> par des GAdj ou des GPrép;
- remplacez les <u>périphrases</u> par un mot équivalent.

3. MARQUEZ LES LIENS ENTRE LES IDÉES

Pour y arriver, utilisez des <u>organisateurs textuels</u>.

4. DONNEZ UN TITRE À VOTRE RÉSUMÉ

Ce titre comporte le mot *résumé*, suivi du genre et du titre du texte de départ.

Ex.: Résumé du conte *La vieille qui graissa la patte au chevalier*.

Résumé d'un texte narratif

Résumé du conte *La vieille qui graissa la patte au chevalier*

Une vieille femme n'a pour seul bien que deux vaches. Un jour, les vaches, mal attachées, s'échappent et sont trouvées par le prévôt.

La vieille femme, voulant récupérer ses bêtes, accepte de payer une amende au prévôt. Toutefois, il refuse de les lui rendre puisqu'elle ne peut prouver en être la propriétaire.

Une voisine lui conseille alors de graisser la patte du chevalier afin qu'il parle au prévôt; ce dernier le croira et rendra les vaches.

La vieille attend donc patiemment la venue du chevalier. Lorsqu'elle le voit, elle lui graisse les paumes des mains avec du lard. Le chevalier lui demande la raison de son geste. Elle lui répond espérer récupérer ses vaches en agissant ainsi.

Amusé, le chevalier lui promet alors de lui rendre les animaux.

Finalement, l'histoire se termine bien, mais le pauvre paie pour que ses droits soient reconnus.

Remarque

Remarquez les organisateurs textuels. Ils situent les actions dans le temps et l'espace, et ils indiquent clairement les liens entre les idées.

Comment
RÉAGIR À UNE LECTURE
OU À UNE ÉCOUTE

Cette stratégie peut aussi vous être utile en communication orale.

- Voici quelques pistes qui pourront vous aider à réagir à la lecture d'un texte ou à l'écoute d'une production.

1. PRÊTEZ ATTENTION AUX IMPRESSIONS QUE LA LECTURE DU TEXTE OU L'ÉCOUTE DE LA PRODUCTION A PRODUITES EN VOUS

A. Vos impressions sur le plan des sentiments ou des émotions

- En quoi avez-vous trouvé cette œuvre touchante ?
- Quel sentiment avez-vous éprouvé : émerveillement, tristesse, révolte contre l'injustice, admiration, bonheur, peur, surprise, etc. ?
- De quel personnage vous sentez-vous le plus près ? Pourquoi ?

B. Vos impressions sur le plan de la pensée et de la compréhension

- La lecture de ce texte ou l'écoute de cette production a-t-elle enrichi vos connaissances ? Que vous a-t-elle apporté de nouveau ?
- Vous a-t-elle permis de mieux comprendre le sujet abordé dans le texte ou la production ?
- A-t-elle fait naître des réflexions en vous ? Lesquelles ?
- Y avez-vous découvert des intérêts nouveaux ? Lesquels ?

C. Vos impressions sur le plan des valeurs (bonnes ou mauvaises : générosité / égoïsme, courage / lâcheté, respect / violence, sincérité / mensonge, etc.)

- Quelles sont les valeurs véhiculées ? Partagez-vous ces valeurs ?
- Auriez-vous agi comme le personnage principal dans la même situation ? Pourquoi ?
- Cette œuvre vous apporte-t-elle du réconfort ou, au contraire, vous bouleverse-t-elle ?
- La lecture de ce texte ou l'écoute de cette production a-t-elle changé quelque chose dans votre façon de voir les choses ?

2. RELEVEZ DES PASSAGES

- Y a-t-il des passages que vous avez particulièrement aimés ? Relevez-en quelques-uns qui correspondent à vos goûts, à vos intérêts ou à vos opinions.
- Qu'est-ce qui vous a plu au juste dans ces passages : les émotions qu'ils dégagent, l'humour, la façon dont ils sont écrits, la richesse du vocabulaire, la qualité d'un dialogue, etc. ?

3. COMPAREZ VOS RÉACTIONS

Comparez vos réactions avec celles d'autres personnes qui ont lu le même texte ou écouté la même production que vous, puis vérifiez s'il y a lieu de réviser ou de maintenir votre façon de réagir.

Tous ces moyens, et d'autres que vous trouverez peut-être, vous aideront à exprimer avec justesse votre réaction au texte ou à la production.

Comment
ANALYSER UNE SITUATION D'ÉCRITURE

• Pour analyser votre situation d'écriture, utilisez la démarche suivante.

I. POSEZ-VOUS DES QUESTIONS

QUI écrira le texte? Forcément, c'est **vous**. Cependant, vous pourrez jouer plusieurs rôles: celui d'auteur ou d'auteure, de journaliste, de chroniqueur ou de chroniqueuse, de critique, etc.

À QUI s'adressera votre texte? Autrement dit, qui seront les **destinataires**?

• Une personne ou un groupe (classe, public vaste)?

• Des personnes de votre âge? plus jeunes? plus vieilles?

• Des personnes que vous connaissez bien ou des personnes que vous ne connaissez pas du tout?

• Des personnes possédant les mêmes connaissances que vous? en possédant moins? en possédant plus?

Il est important de tenir compte des destinataires afin de répondre à leurs besoins et à leurs attentes.

DE QUOI parlerez-vous dans votre texte? Autrement dit, quel sera le **sujet** de votre texte?

POURQUOI écrirez-vous ce texte? Pour divertir, informer, convaincre, etc.?

OÙ serez-vous pour produire votre texte? À la bibliothèque, en classe, à la maison, etc.?

QUAND écrirez-vous votre texte? À quel moment de la journée, de la semaine, etc.?

COMBIEN DE TEMPS avez-vous pour écrire votre texte? Quelques minutes, quelques heures, deux semaines, etc.? Il est important de tenir compte du temps alloué pour planifier votre travail et établir un échéancier adéquat.

2. NOTEZ LE TYPE ET LE GENRE DU TEXTE QUE VOUS ALLEZ ÉCRIRE

Exemple d'analyse d'une situation d'écriture

Qui?	Moi.
À qui?	À des adolescents.
De quoi?	De l'importance de faire de l'exercice physique.
Pourquoi?	Convaincre et informer.
Où?	En classe et à la maison.
Quand?	Pendant les heures de classe (2 cours) et le soir.
Combien de temps?	6 heures.
Type et genre:	Texte argumentatif – Affiche publicitaire.

 Comment
FAIRE DE LA RECHERCHE D'INFORMATION

- Quand on se prépare à écrire un texte, à faire un exposé oral ou tout simplement à participer à une discussion, il est important de bien se documenter.

- Une fois le **sujet** choisi, il faut recueillir de l'information. Pour cela, utilisez la démarche suivante en cinq étapes.

I. TROUVEZ DES SOURCES VARIÉES ET FIABLES

Voici des exemples de sources : encyclopédies, dictionnaires, revues scientifiques, lexiques spécialisés, banques de données, sites Web fiables.

- Vérifiez la date de parution des ouvrages ou de mise à jour des sites Web. Privilégiez les documents récents.

- Consultez plusieurs ouvrages et sites Web : vous aurez une foule de renseignements et vous découvrirez des points de vue différents.

- Choisissez des textes que vous comprenez bien.

COUP DE POUCE

Pour reconnaître une source fiable dans Internet

Quand vous faites de la recherche dans Internet, vérifiez toujours l'adresse des sites que vous consultez. Privilégiez les sites officiels, ceux dont l'adresse se termine par :

- .org : organisme ;
- .gouv.qc.ca : gouvernement québécois ;
- .gc.ca : gouvernement canadien ;
- .edu : établissement d'enseignement supérieur ;
- .ulaval.ca, .uregina.ca, etc. : universités canadiennes.

Les sites dont l'adresse se termine par .com sont des sites commerciaux. Si vous consultez ces sites, assurez-vous de la valeur des informations qui y sont données en comparant ces informations avec celles d'un organisme reconnu.

Évitez les pages personnelles.

Pour faciliter votre recherche dans Internet

- Pour faciliter votre recherche à l'aide d'un moteur de recherche, utilisez des mots-clés précis. Évitez les déterminants dans la mesure du possible.

- Pour limiter votre recherche et obtenir une liste de résultats plus pertinente, écrivez entre des guillemets anglais les mots ou les groupes de mots que vous voulez retrouver tels quels dans les documents.

  Par exemple, inscrivez "guide alimentaire" plutôt que guide alimentaire .

  Ce type de recherche est particulièrement utile pour trouver rapidement une citation, un proverbe, un titre, un vers de chanson ou de poème.

- Pour dialoguer avec votre outil de recherche, servez-vous des opérateurs booléens *et, ou*.

  – L'opérateur ET

  Si vous inscrivez jeu ET myopie : les pages affichées contiendront le mot *jeu* et le mot *myopie*.

  Si vous inscrivez jeu ET vidéo ET myopie : les pages affichées contiendront le mot *jeu*, le mot *vidéo* et le mot *myopie*.

  Plus vous utiliserez de termes, plus votre recherche s'affinera et moins longue sera la consultation des résultats.

  – L'opérateur OU

  Si vous inscrivez "harfang des neiges" OU "chouette blanche" : les pages affichées contiendront soit *harfang des neiges*, soit *chouette blanche*.

  L'opérateur OU permet d'utiliser des synonymes dans une recherche.

2. FAITES UN SURVOL DES OUVRAGES ET DES SITES WEB TROUVÉS

Faites un choix parmi les sources trouvées et éliminez celles qui ne sont pas pertinentes ou intéressantes.

Voir la stratégie *Comment faire des prédictions à partir d'un survol*, à la page 458.

3. CONSIGNEZ L'INFORMATION

- Notez les références des ouvrages et des sites Web retenus : vous pourrez ainsi les retracer en vue de les consulter de nouveau et, surtout, vous serez en mesure de mentionner la source de votre information correctement.

  Voir la stratégie *Comment rédiger une référence bibliographique*, à la page 486.

- Prenez des notes. Ne copiez pas les propos des auteurs, mais reformulez-les à partir des mots-clés.

  Voir la stratégie *Comment annoter un texte courant*, à la page 462.

- Quand cela est possible, faites des photocopies ou imprimez les documents et annotez-les.

4. SÉLECTIONNEZ L'INFORMATION

Relisez vos notes et faites une sélection : gardez ce qui répond le mieux aux besoins de la recherche et éliminez ce qui n'est pas pertinent. (Ne jetez rien : certains renseignements pourraient s'avérer plus utiles que vous ne l'aviez pensé au départ.)

5. ÉVALUEZ L'ENSEMBLE DE L'INFORMATION

- Assurez-vous que les renseignements retenus concernent vraiment le sujet choisi.
- Mettez de l'ordre dans ces renseignements en les regroupant par aspects.
- Assurez-vous d'avoir toute l'information nécessaire. S'il vous manque des renseignements, consultez d'autres sources.

> **Remarque**
>
> Savoir rechercher de l'information est utile pour la production de tous les types de textes. Par exemple, pour décrire un lieu dans un texte narratif, on peut avoir besoin de renseignements sur la faune, la flore, les conditions climatiques, etc. De même, pour situer une histoire à une certaine époque, on pourra se renseigner sur le mode de vie d'alors, sur ce qui existait et ce qui n'existait pas, etc.

Comment
FAIRE LE PLAN D'UN TEXTE COURANT

- Un plan de texte est un **ensemble d'idées** qu'on **organise** en vue d'écrire un texte. Il faut placer ces idées dans le **bon ordre**, puisqu'un texte suit toujours un ordre : il a un début, un développement et une fin.

- Voici deux modèles de plans de textes courants :
  - le plan d'un <u>texte descriptif</u> ;
  - le plan d'un <u>texte explicatif</u>.

Le plan d'un texte descriptif

RÉUNISSEZ LES IDÉES ET PLACEZ-LES DANS L'ORDRE ÉTABLI

Structure	Idées à réunir	Exemples
Début	1° Idée de **sujet** à traiter	La planète Jupiter.
Développement	2° Idée d'**aspect** de ce sujet • Idées de **sous-aspects**, s'il y a lieu	La taille de Jupiter. • Comparaison de sa taille avec celle des autres planètes du système solaire.
	3° Autre idée d'**aspect** • Idées de **sous-aspects**, s'il y a lieu	La composition de cette planète. • Les gaz, les liquides, les solides.
	4° Autre idée d'**aspect**, s'il y a lieu • Idées de **sous-aspects**, s'il y a lieu	L'atmosphère de Jupiter. • Les nuages blancs et les nuages beiges.
Fin	5° Idée qui permet de **conclure**	Les projets d'exploration qui permettront un jour d'en connaître davantage sur Jupiter.

RÉUNISSEZ LES IDÉES ET PLACEZ-LES DANS L'ORDRE ÉTABLI

Structure	Idées à réunir	Exemples
Début	1° Idée de **questionnement**	Pourquoi l'être humain est-il une menace pour les espèces animales ?
Développement	2° Idée d'**élément de réponse** • Idée de complément d'information constitué d'un enchaînement cause-conséquence, s'il y a lieu	Parce qu'il détruit les forêts. • La déforestation prive les mammifères et les oiseaux d'abris et de nourriture.
	3° Autre idée d'**élément de réponse** • Idée de complément d'information constitué d'un enchaînement cause-conséquence, s'il y a lieu	Parce qu'il pollue les cours d'eau. • Les rejets d'usine et les pesticides causent la raréfaction de l'oxygène dans l'eau. Privés d'oxygène, les poissons meurent.
	4° Autre idée d'**élément de réponse** • Idée de complément d'information constitué d'un enchaînement cause-conséquence, s'il y a lieu	Parce qu'il perturbe le climat. • Les rejets de CO_2 et de méthane provoquent un réchauffement climatique. Les espèces animales incapables de s'adapter périssent.
Fin	5° Idée qui permet de **conclure** (facultative)	Il existe d'autres exemples de la menace que l'être humain représente pour les espèces animales.

Comment
FAIRE LE PLAN D'UN TEXTE NARRATIF

- Un plan de texte est un **ensemble d'idées** qu'on **organise** en vue d'écrire un texte. Il faut placer ces idées dans le **bon ordre**, puisqu'un texte suit toujours un ordre : il a un début, un développement et une fin.

Le **schéma narratif** est la **structure** à laquelle se conforme un **récit**. Cette structure **comporte une série d'étapes** : situation initiale, élément déclencheur, déroulement, dénouement et, parfois, situation finale.

La **situation initiale** est la situation au commencement de l'histoire. C'est l'étape qui présente rapidement les personnages.

L'**élément déclencheur** est ce qui vient changer, modifier, bouleverser l'histoire.

Le **déroulement** est l'étape la plus longue du récit. On y raconte la série des actions (les péripéties) qui se sont déroulées à cause de l'élément déclencheur.

Le **dénouement** est l'action finale, celle qui met fin à l'histoire.

La **situation finale** est parfois absente des récits. Cette étape décrit la situation des personnages après le dénouement, une fois que les péripéties sont terminées.

SERVEZ-VOUS DU SCHÉMA NARRATIF

Structure	Éléments du schéma narratif	Exemples
Début	1° Idée de **situation initiale**	Le corbeau est content. Il tient dans son bec un fromage qu'il s'apprête à déguster.
Développement	2° Idée d'**élément déclencheur**	Un renard survient. Il a senti le fromage et veut s'en saisir. Mais le corbeau est perché sur une branche.
	3° Idée de **déroulement** • Idée de première action ; • Idée de deuxième action ; • Idée de troisième action ; etc.	• Le renard vante la beauté du corbeau. • Il vante aussi sa voix pour l'amener à chanter. • Le corbeau se met à chanter et perd le fromage.
	4° Idée de **dénouement**	Le renard attrape le fromage et le mange en se moquant du corbeau.
Fin	5° Idée de **situation finale** (facultative)	Le corbeau, furieux, jure qu'il ne se fera plus jamais prendre.

 Comment

CONSTRUIRE UN CHAMP LEXICAL

- Un **champ lexical** est un ensemble de mots et d'expressions de toutes sortes qui se rattachent à une même idée. Les champs lexicaux contiennent des synonymes, des mots de même famille, des suites lexicales. Dans un champ lexical, on trouve habituellement des noms, des verbes, des adjectifs, des adverbes.

- Explorer un champ lexical est une bonne façon de trouver les mots et les expressions qui sont nécessaires pour écrire une histoire, un poème, un article documentaire, etc. Par exemple, dans une histoire où l'on met en scène des escrocs, on peut avoir besoin de nombreux mots appartenant au champ lexical du mensonge.

- Les dictionnaires sont des outils indispensables pour construire des champs lexicaux. Lorsque c'est possible, consultez des dictionnaires analogiques, des dictionnaires de langue, des dictionnaires de synonymes. Voici ce qu'ils vous offrent.

1. CONSULTEZ LES DICTIONNAIRES ANALOGIQUES

Un **dictionnaire analogique** est un dictionnaire des idées suggérées par les mots. C'est donc un dictionnaire de champs lexicaux.

Par exemple, l'article «mensonge» ci-dessous, tiré d'un dictionnaire analogique, réunit un très grand nombre de mots et d'expressions appartenant au champ lexical du mensonge.

Ex.: **mensonge** (du lat. pop. *mentionica*, de *mentiri*, mentir)
Affirmation contraire à la vérité. *Dire, échafauder un mensonge.* Contrevérité. Inexactitude. Menterie (vx). Invention. Fabulation. Craque (pop.). / *Mensonge plaisant.* Blague (fam.). Bobard (fam.). Histoire. Conte. Fable (vx). / *Abuser, tromper quelqu'un par un mensonge.* Mystification. Farce. Canular (fam.). Bateau (fam.). / *Mensonge d'un vantard, d'un fanfaron.* Hâblerie. Fanfaronnade. / Mensonge officieux (fait pour rendre service). Pieux mensonge (pour éviter de la peine). / *Détester le mensonge.* Fourberie. Imposture. Duplicité. Hypocrisie. Dissimulation. / *Tendance au mensonge, à la fabulation.* Mythomanie[1].

Mentir. Altérer, déguiser la vérité. Inventer. Fabuler. Forger. Broder. Enjoliver. Amplifier. Exagérer. / *Mentir pour plaisanter.* Blaguer (fam.). Raconter, inventer des histoires. En faire accroire à. Mystifier. Bourrer le crâne (fam.).
MENTEUR. Hâbleur. Vantard. Imposteur. Calomniateur. Mythomane. Fabulateur.
MENSONGER. *Un récit mensonger.* Faux. Controuvé. Trompeur. Fallacieux. Calomnieux. / *Propos plus ou moins mensongers, pour persuader, séduire, tromper.* Boniment (fam.). Baratin (fam.). Bluff (fam.). / Bonimenter (fam.). Baratiner (fam.). Bluffer (fam.). / Bonimenteur (fam.). Baratineur (fam.). Bluffeur (fam.)[2].

2. CONSULTEZ LES DICTIONNAIRES DE LANGUE ET DE SYNONYMES

Les **dictionnaires de langue** et les **dictionnaires de synonymes** fournissent eux aussi des mots et des expressions utiles pour construire un champ lexical.

Voici l'article «cloche», tiré d'un dictionnaire de langue. Les mots et les expressions appartenant au champ lexical de la cloche ont été surlignés.

Ex. : **cloche** [klɔʃ] **n. f.**

• déb. XIIᵉ; <u>bas lat</u>. *clocca*, mot <u>celt. d'Irlande</u>

1 ♦ Instrument creux, évasé, en métal sonore (bronze), dont on tire des vibrations retentissantes et prolongées en en frappant les parois, de l'intérieur avec un battant ou de l'extérieur avec un marteau (⟹ **timbre**). *Grosse cloche.* ⟹ 2. **bourdon**. *Petite cloche.* ⟹ **clochette**. *Anse, battant, cerveau, gorge, pans d'une cloche. Fonte d'une cloche. Tour où sont suspendues les cloches.* ⟹ **beffroi**, **campanile**, 1. **clocher**. *Le sonneur de cloches. Le balancement des cloches.* ⟹ **volée**. *Ensemble de cloches accordées.* ⟹ **carillon**. *Frapper une cloche d'un seul côté.* ⟹ **piquer**. *Piquer l'heure sur une cloche. Cloche qui tinte*. Cloches qui sonnent l'angélus, le glas, le tocsin. Les cloches de Pâques.* — Loc. *Déménager à la cloche de bois,* clandestinement, pour ne pas payer (cf. Mettre la clé* sous la porte). Fam. *Sonner les cloches à qqn,* le réprimander* fortement. *Son de cloche :* opinion (sur un événement). *Entendre un autre son de cloche, deux sons de cloche.*
PROV. *Qui n'entend qu'une cloche n'entend qu'un son :* on ne peut juger d'une affaire quand on n'a pas entendu toutes les parties.

2 ♦ (1538) Objet creux qui recouvre, protège³. [...]

Les mots surlignés dans cet article peuvent servir à leur tour à enrichir le champ lexical de la cloche.

• Parmi ces mots figure le mot *carillon*. Si *carillon* fait partie du champ lexical de la cloche, alors ses <u>dérivés</u> aussi (*carillonner, carillonneur*). C'est logique. Ensuite, si vous consultez les mots *carillon, carillonner* et *carillonneur*, le dictionnaire vous fournira encore d'autres mots et expressions : *métallophone, horloge à carillon, fête carillonnée,* etc.

• À partir de *tinte*, vous obtiendrez, en consultant le dictionnaire autour du mot *tinter*, les dérivés *tintement, tintamarre, tintinnabuler, tintouin*. De plus, au verbe *tinter* lui-même, vous trouverez *résonner*, qui n'apparaît pas dans l'article ci-dessus.

La procédure est la même avec un dictionnaire de synonymes.

Ainsi, petit à petit, vous parviendrez à construire un champ lexical aussi riche que ceux qu'on trouve dans les dictionnaires de champs lexicaux.

---

1. et **2.** *Dictionnaire analogique*, sous la direction de Georges Niobey, Paris, Larousse, 1992. ■ **3.** *Le Petit Robert : Dictionnaire de la langue française*, [Cédérom], Le Robert, 2001.

Comment
CHOISIR LE BON SYNONYME

- Quand on cherche un synonyme, c'est-à-dire un mot qui a à peu près le même sens qu'un autre, on ne prend pas un mot au hasard dans la liste des synonymes du dictionnaire. Pour choisir le bon synonyme, il faut tenir compte de plusieurs éléments.

1. TENEZ COMPTE DE LA CLASSE DU MOT

Le synonyme doit appartenir à la **même classe de mots** que le mot à remplacer.

Par exemple, les synonymes de l'**adjectif** *fatigué* sont des adjectifs : *épuisé, exténué, harassé*, etc.

Les synonymes du **verbe** *briller* sont des verbes : *étinceler, exceller, pétiller, scintiller*, etc.

Les synonymes du **nom** *crainte* sont des noms : *angoisse, peur, phobie*, etc.

> Remarque
>
> Les **adverbes** peuvent avoir des **groupes prépositionnels** pour synonymes.
> Par exemple, l'adverbe *maintenant* a pour synonymes les adverbes *actuellement* et *aujourd'hui*, mais aussi les groupes prépositionnels *en ce moment* et *à présent*.

2. TENEZ COMPTE DU SENS DU MOT

Le synonyme doit avoir un sens très proche de celui du mot à remplacer.

Quand vous choisissez un synonyme, cherchez son sens dans le dictionnaire pour vous assurer qu'il convient dans le contexte. Par exemple, parmi les synonymes de l'adjectif *peureux*, on trouve *craintif* et *lâche*. Ces deux mots n'ont pas le même sens :

– *craintif* se dit de celui qui a peur devant un danger ;

– *lâche* est un terme méprisant qui qualifie celui qui manque de courage.

Selon le sens que vous voulez mettre en évidence, vous choisirez l'un ou l'autre de ces mots.

3. TENEZ COMPTE DU VOISINAGE DU MOT

Le synonyme doit se combiner avec les mots qui l'entourent.

Exemple d'un bon voisinage de mot

Si on veut remplacer *briller* par un synonyme, on peut utiliser *pétiller* et *exceller*, mais pas avec n'importe quels mots. Les définitions et les exemples du dictionnaire nous guident dans le choix des combinaisons possibles.

Ex. :   Ses yeux brillent de joie.
⇓   Ses yeux pétillent de joie.

        Ses canines brillaient sous la lueur de la lune.
⇓   ⊘ Ses canines pétillaient sous la lueur de la lune.

Pétiller signifie « avoir de l'éclat » :
–   la combinaison *yeux* et *pétiller* est possible ; le dictionnaire en donne un exemple à *pétiller* ;
–   la combinaison *canines* et *pétiller* n'est pas possible ; une canine ne peut pas pétiller.

Ex.:   Mathieu brille dans tous les domaines.
⇓   Mathieu excelle dans tous les domaines.

Ses canines brillaient sous la lueur de la lune.
⇓   ⊘ Ses canines excellaient sous la lueur de la lune.

Exceller signifie «être excellent»:
– la combinaison *Mathieu* et *exceller* est possible; une personne peut être excellente, le dictionnaire le montre bien;
– la combinaison *canines* et *exceller* n'est pas possible; une canine ne peut pas être excellente dans le sens de «brillante».

4. TENEZ COMPTE DE LA VARIÉTÉ DE LANGUE

Le synonyme doit appartenir à la même **variété de langue** que le mot à remplacer.

Par exemple, le nom *frousse* est un mot familier. Par conséquent, *frousse* ne peut pas remplacer *crainte* dans un texte où la langue est littéraire.

Les emplois soutenus ou littéraires (littér.), familiers (fam.) et populaires (pop.), les archaïsmes (vx) et les régionalismes (région.) sont notés dans le dictionnaire.

Comment
CITER DES PAROLES ET DES IDÉES À L'ÉCRIT

La citation textuelle

- La **citation textuelle** est l'**emprunt de paroles** dites ou écrites par quelqu'un d'autre.

- Elle sert à donner du poids à une opinion, à expliquer ou à illustrer un fait ou une idée. Elle doit donc être choisie avec soin et être justifiée; il est inutile de s'en servir pour prouver quelque chose d'évident. Il ne faut pas non plus en abuser: habituellement, on calcule une ou deux courtes citations (trois lignes ou moins) par page.

- Lorsque vous citez textuellement une personne, respectez les règles suivantes.

I. RAPPORTEZ FIDÈLEMENT LES PROPOS

Pour ne pas trahir la pensée de la personne que vous citez, vous devez rapporter ses propos tels quels.

2. INTÉGREZ LA CITATION AU TEXTE SANS NUIRE À LA CONSTRUCTION DE LA PHRASE

Citation mal intégrée	Citation bien intégrée
Ex.: ⊘ L'auteur encourage les jeunes qui souffrent à «aller voir l'un de ces professionnels ne signifie évidemment pas qu'on est fou».	Ex.: L'auteur encourage les jeunes qui souffrent à consulter. Il ajoute: «Aller voir l'un de ces professionnels ne signifie évidemment pas qu'on est fou[1].»

3. MENTIONNEZ LA SOURCE

Notez, au bas de la page, la source de la citation (le nom de l'auteur ou de l'auteure, le titre, etc.). Cela montre le sérieux de votre démarche et le respect que vous accordez aux auteurs.

> **Remarque**
>
> Ne pas mentionner qui est l'auteur ou l'auteure des propos que l'on cite peut entraîner une accusation de plagiat.

Exemples de citations textuelles	Règles de présentation
Ex.: Guy Benamozig définit la dépression comme «une rupture de l'équilibre habituel²».	• Verbe introducteur obligatoire; il est situé avant la citation ou dans une incise.

Ex.: Il s'adresse aux jeunes ainsi: «Vous avez donc tous le "devoir de parole", que vous soyez vous-même en difficulté ou qu'il s'agisse d'un copain ou d'une copine. C'est souvent la seule façon d'éviter le pire³…»

Ex.: «Il est important, insiste le psychanalyste, que vous compreniez qu'on ne peut pas se sortir tout seul d'une dépression persistante⁴.»

Ex.: Il s'adresse aux jeunes ainsi: «Vous avez donc tous le "devoir de parole", […]. C'est souvent la seule façon d'éviter le pire⁵…»

Ex.: Il ajoute: «[Les parents] sont souvent surpris et démunis face à la dépression de leur enfant⁶.»

• Guillemets encadrant les paroles rapportées.

• Deux-points annonçant la citation, s'il y a lieu.

(Le deux-points s'utilise après un terme qui annonce la citation: *ainsi*, *entre autres*, *comme le signale l'auteur*, *comme le mentionne la chercheuse*, etc.)

• Mention de l'auteur des propos cités:
  – par un appel de note (obligatoire) après le dernier mot de la citation (avant la ponctuation);
  – par une note de référence (obligatoire) en bas de page ou à la fin du texte;
  – en le nommant dans le texte (facultatif).

• Crochets pour marquer:
  – un passage coupé dans la citation (cette coupure ne doit pas nuire à la lecture);
  – un mot ajouté ou modifié (ici, on a remplacé *Ils* par *Les parents* puisque, dans le nouveau contexte, le pronom *Ils* ne renvoyait à rien).

La citation d'idée

- La **citation d'idée** est l'**emprunt d'idées** formulées par quelqu'un d'autre.

- Elle sert à présenter et à résumer l'essentiel de la pensée d'une personne.

- Lorsque vous rapportez des idées, respectez les règles suivantes.

1. REFORMULEZ SANS TRAHIR

Lorsque vous reformulez les idées d'une personne, il faut le faire en respectant totalement sa pensée.

2. MENTIONNEZ LA SOURCE

Notez au bas de la page la source de l'idée (le nom de l'auteur ou de l'auteure, le titre, etc.). Cela montre le sérieux de votre démarche et le respect que vous accordez aux auteurs.

Exemple de citation d'idée	Règle de présentation
Ex.: Pour Guy Benamozig, une personne qui fait une dépression a besoin d'aide. C'est pour cela qu'elle doit parler, demander du secours. Si elle se confie à vous, vous devez avertir des gens compétents qui pourront intervenir auprès d'elle[7].	On mentionne l'auteur de l'idée: – par un appel de note (obligatoire); – par une note de référence (obligatoire) en bas de page ou à la fin du texte; – en le nommant dans le texte.

Voir la stratégie *Comment rédiger une référence bibliographique*, à la page 486.

---

1. Guy Benamozig, «Idées noires», *Dico ado: Les mots de la vie*, sous la direction de Catherine Dolto, Paris, Gallimard Jeunesse, coll. «Giboulées», 2001, p. 330. ■ **2. à 6.** Guy Benamozig, «Idées noires», *Dico ado: Les mots de la vie*, sous la direction de Catherine Dolto, Paris, Gallimard Jeunesse, coll. «Giboulées», 2001, p. 331, 332 et 333. ■ **7.** Guy Benamozig, «Idées noires», *Dico ado: Les mots de la vie*, sous la direction de Catherine Dolto, Paris, Gallimard Jeunesse, coll. «Giboulées», 2001, p. 330-333.

Comment
RÉDIGER UNE RÉFÉRENCE BIBLIOGRAPHIQUE

- La **bibliographie** est la **liste des documents consultés**. Il est essentiel, quand vous présentez un travail, d'en fournir une, même si vous n'avez pas fait de citations: c'est une question d'honnêteté intellectuelle. De plus, cette liste pourra servir à ceux et celles qui aimeraient en savoir plus.

Notices bibliographiques

> **BIBLIOGRAPHIE**
>
> BOUCHARD, Camille. *Le sentier de sacrifices*, Montréal, La courte échelle, coll. «Jeune adulte», 2006, 271 p.
>
> FUNKE, Cornelia. *Cœur d'encre*, traduit de l'allemand par Marie-Claude Auger, Paris, Hachette Jeunesse, 2004, 669 p.
>
> MARINEAU, Michèle. *Cassiopée*, Montréal, Québec Amérique, 2002, 277 p.

- La **notice bibliographique** est l'ensemble des indications bibliographiques concernant un ouvrage. L'ensemble des notices bibliographiques forme la bibliographie.

- La **note de référence en bas de page** est la référence bibliographique donnée au bas des pages où il y a une ou plusieurs citations.

- Pour chacun de ces éléments, suivez les **règles de présentation** ci-dessous.

La notice bibliographique d'un livre

1NOM DE L'AUTEUR, **2**Prénom. **3***Titre: Sous-titre*, s'il y a lieu, **4**traduit de telle langue par…, s'il y a lieu, **5**Ville, **6**Maison d'édition, **7**coll. «Nom de la collection», s'il y a lieu, **8**année d'édition, **9**nombre de pages.

> Ex.: **1**CÔTÉ, **2**Denis. **3***L'arrivée des Inactifs*, **5**Montréal, **6**La courte échelle, **7**coll. «Roman +», **8**1993, **9**158 p.

Le sous-titre peut commencer par une majuscule ou une minuscule.

- S'il y a deux ou trois auteurs, les prénoms du deuxième et du troisième sont placés avant leur nom.

> Ex.: **1**GAUMER, **2**Patrick et **2**Claude **1**MOLITERNI. *Dictionnaire mondial de la bande dessinée*, Paris, Larousse, 1994, 682 p.

- On emploie la mention et *collab.*, qui signifie «et collaborateurs», si l'ouvrage compte plus de trois auteurs.

> Ex.: DOLTO, Catherine et collab. *Dico ado: Les mots de la vie*, Paris, Gallimard Jeunesse, coll. «Giboulées», 2001, 514 p.

Soulignez les passages que vous ne pouvez pas écrire en italique.

Pour trouver les renseignements bibliographiques

Mieux vaut consulter la page de titre d'un ouvrage et son verso (plutôt que la première de couverture) pour trouver les renseignements bibliographiques nécessaires.

La notice bibliographique d'un article

1 NOM DE L'AUTEUR, **2** Prénom. **3** «Titre de l'article», **4** *Nom du périodique*, **5** volume, **6** numéro, **7** date, **8** pages de l'article.

Ex.: **1** GRAMBO, **2** Rebecca. **3** «Voyage dans le temps», **4** *Biosphère*, **5** vol. 19, **6** n° 3, **7** été 2003, **8** p. 24 à 31.

La notice bibliographique d'un site Web

1 NOM DE L'AUTEUR (ou NOM DE L'ORGANISME), **2** Prénom. **3** «Titre de l'article», **4** *Titre de la page d'accueil*, s'il y a lieu, **5** [type de support]. **6** [Adresse du site] **7** (date de publication, s'il y a lieu; date de consultation précédée de la mention: «page consultée le».)

Ex.: **1** BRETON, **2** Pascale. **3** «Imagerie médicale: Sainte-Justine songe à fermer son service», **4** *La Presse*, **5** [en ligne]. **6** [http://www.cyberpresse.ca] **7** (11 mars 2005; page consultée le 25 janvier 2008)

La note de référence en bas de page

La note de référence en bas de page se rédige comme la notice bibliographique, sauf pour ce qui suit:
- le prénom de l'auteur est placé avant son nom, et seules les initiales sont en majuscules;
- le nom est suivi d'une virgule;
- le numéro de la page de la citation remplace le nombre de pages.

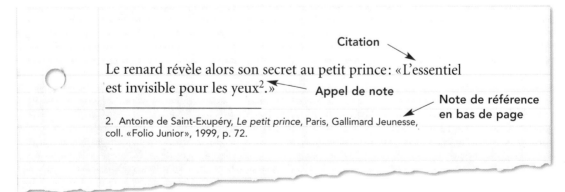

Citation

Le renard révèle alors son secret au petit prince: «L'essentiel est invisible pour les yeux[2].»

Appel de note

Note de référence en bas de page

2. Antoine de Saint-Exupéry, *Le petit prince*, Paris, Gallimard Jeunesse, coll. «Folio Junior», 1999, p. 72.

La bibliographie

- La bibliographie se place à la fin du travail.
- Elle est paginée en chiffres arabes.
- Elle est rédigée à simple interligne et chaque notice est séparée de la suivante par un double interligne.
- Les notices bibliographiques sont classées par ordre alphabétique de nom d'auteur.

Comment
UTILISER UN DICTIONNAIRE

- Les dictionnaires usuels sont des outils indispensables. Ils sont une mine de renseignements qu'il faut apprendre à exploiter. Pour utiliser adéquatement ces outils, il vous faut connaître plus particulièrement:
  - les principales parties d'un dictionnaire usuel;
  - la construction d'un article de dictionnaire.

> Cette stratégie peut aussi vous être utile en lecture.

- Explorez votre dictionnaire en suivant les étapes ci-dessous. Les explications portent sur *Le Petit Larousse illustré* et *Le Petit Robert*, deux dictionnaires usuels largement utilisés.

1. REPÉREZ LES PRINCIPALES PARTIES DE VOTRE DICTIONNAIRE

En plus de la partie réservée au dictionnaire proprement dit, les dictionnaires contiennent des pages liminaires (au début) et des annexes (à la fin) dans lesquelles vous trouverez des listes et des tableaux très utiles. Pensez à les utiliser aussi souvent que nécessaire.

- Feuilletez votre dictionnaire et repérez-y ces pages:
  - les principes de la transcription phonétique: l'alphabet phonétique international et les sons correspondants;
  - la liste des abréviations utilisées dans le dictionnaire;
  - la liste des préfixes du français (seulement dans *Le Petit Larousse illustré*; dans *Le Petit Robert*, les préfixes sont notés dans le dictionnaire proprement dit);
  - la liste des suffixes du français;
  - les tableaux de conjugaison, accompagnés de commentaires sur les difficultés grammaticales de certains verbes;
  - les règles d'accord du participe passé;
  - les règles du pluriel des noms et des noms composés (dans *Le Petit Larousse illustré*);
  - la liste de noms et d'adjectifs correspondant aux noms de personnes, par exemple: gargantuesque – Gargantua; rimbaldien – Rimbaud (dans *Le Petit Robert*).

- Maintenant que vous connaissez l'existence de ces pages, familiarisez-vous avec leur contenu.
  - Parcourez l'alphabet phonétique international. Prenez l'habitude de consulter cette page lorsque vous doutez de la prononciation d'un mot ou que vous ne la connaissez pas.
  - Parcourez la liste des abréviations. Repérez celles qui concernent les classes de mots (par exemple: v. = verbe), les particularités grammaticales (par exemple: inv. = invariable), les variétés de langue (par exemple: fam. = familier). Au début, ce sont celles qui vous seront le plus utiles pour décoder les articles du dictionnaire. Peu à peu, vous apprendrez à en reconnaître d'autres.

2. EXERCEZ-VOUS À TROUVER RAPIDEMENT UN MOT DANS UN DICTIONNAIRE

Chaque fois que vous avez à chercher un mot dans un dictionnaire, servez-vous du classement alphabétique et des mots repères. Les mots repères sont placés en haut de chaque page:
- le mot repère de gauche indique le premier mot de la page de gauche;
- le mot repère de droite indique le dernier mot de la page de droite.

Exemple d'une recherche de mot par mot repère

Supposons que vous cherchez le mot *fiacre*.

1° Allez à la section F du dictionnaire.

2° Feuilletez cette section en regardant les mots repères jusqu'à ce que vous arriviez aux pages qui contiendront les mots classés entre :

> Il se peut que les mots repères ne soient pas les mêmes dans votre édition.

- *festoyer* et *fibre*, dans *Le Petit Larousse illustré*;
- *feuille* et *fibre*, dans *Le Petit Robert*.

Mots repères

FESTOYER

FIBRE

FIACRE n. m. (de saint *Fiacre*, dont l'effigie ornait l'enseigne d'un bureau de voitures de louage à Paris). Anc. Voiture hippomobile à quatre roues et à quatre places[1].

3. EXAMINEZ LA CONSTRUCTION D'UN ARTICLE DE DICTIONNAIRE

- Observez d'abord l'aspect général des articles d'un dictionnaire usuel. Vous verrez que tous les articles comportent deux parties :
  - la TÊTE DE L'ARTICLE (la partie la plus courte) fournit des informations sur l'orthographe du mot, sa prononciation, sa classe et son histoire; dans *Le Petit Larousse illustré*, la prononciation est donnée seulement quand elle comporte une difficulté.
  - le CORPS DE L'ARTICLE (la partie la plus longue) donne la ou les significations du mot.

- Selon ce que vous cherchez, vous consulterez soit la tête, soit le corps de l'article.
  - Dans la reproduction d'un article de dictionnaire, à la page 490, examinez la TÊTE DE L'ARTICLE et familiarisez-vous avec ce qu'on y trouve.
  - Examinez ensuite plus en détail le CORPS DE L'ARTICLE.

    Dans le corps de l'article, des numéros (I, II, III, etc.) signalent les divers emplois, s'il y a lieu, et les différents sens (1 ◆, 2 ◆, 3 ◆, etc.). Utilisez ce classement pour trouver rapidement ce que vous cherchez.

- Quand vous cherchez la signification d'un mot, faites un survol de l'article pour repérer les numéros qui balisent l'article, puis lisez les premiers mots de chaque partie jusqu'à ce que vous trouviez le sens recherché. Concentrez-vous alors sur la partie que vous avez retenue : examinez plus attentivement les exemples (en italique) et les synonymes pour vous assurer que vous êtes dans la bonne partie.

Plan de l'article

Orthographe du mot

Classe du mot

Prononciation

Particularités grammaticales : genre (quand le mot est un nom) ; transitif ou non (quand le mot est un verbe) ; etc.

Histoire du mot : date de la première apparition connue du mot dans un texte ; mot latin, grec ou autre dont est issu le mot français.

ENTRÉE → **AFFECTION** [afɛksjɔ̃] n. f. • 1190 ; <u>lat.</u> *affectio*

TÊTE DE L'ARTICLE

CORPS DE L'ARTICLE

1ᵉʳ emploi
1ᵉʳ sens

I 1 ♦ Psychol. État affectif, état psychique accompagné de plaisir ou de douleur. ⟹ **affect, émotion, passion, sentiment.** *«Je nommerai affection tout ce qui nous intéresse par quelque degré de plaisir ou de peine»* (Alain).

Citation entre guillemets.
Auteur cité.

2ᵉ sens

2 ♦ (1539) Vx. Processus morbide considéré dans ses manifestations actuelles plutôt que dans ses causes. – Mod. Tout processus morbide organique ou fonctionnel. ⟹ **anomalie, dysfonctionnement, lésion, maladie, syndrome.** *Affection aiguë, chronique.*

Suites lexicales, expressions figées.

2ᵉ emploi
1ᵉʳ sens

II (1546) Sentiment tendre qui attache une personne à une autre. ⟹ **amitié, attachement, tendresse.** *Affection maternelle, filiale.* ⟹ **amour, piété.** *Prendre qqn en affection, se prendre d'affection pour qqn. Avoir, éprouver de l'affection pour qqn.* *«Il y a place pour toutes les affections dans le cœur»* (Hugo). *Avoir besoin d'affection. Marques d'affection.* ⟹ **câlin, caresse.** *Termes d'affection.* ⟹ **hypocoristique.**

◇ CONTR. Aversion, désaffection, hostilité, indifférence, inimitié[2].

Mots en relation avec le mot en entrée : synonymes, antonymes, homonymes, dérivés, mots appartenant au même champ lexical.

Connotations : variété de langue, valeurs particulières.

Pour trouver un mot «introuvable»

- Pour trouver un mot dont vous ignorez l'orthographe, il faut que vous imaginiez les différentes façons d'écrire les sons.

  Supposons que vous avez entendu le mot [flɔks], que vous ne connaissez pas. Vous pouvez chercher dans deux directions:

  – soit *flo… cs / ks / x*, mais vous ne trouverez aucune de ces graphies;

  – soit *phlo… cs / ks / x*, dont le son [f] s'écrit «ph», et vous trouverez *phlox*, qui est une plante aux fleurs de couleurs vives.

- Pour trouver le sens d'un verbe conjugué, il faut que vous cherchiez son infinitif.

  Supposons que vous ne connaissez pas le sens de *paissaient*, mot que vous avez lu dans la phrase suivante: *Les chèvres paissaient paisiblement sur la colline.*

  – Si vous cherchez le mot *paissaient* dans un dictionnaire, vous ne le trouverez pas parce qu'il s'agit d'un verbe conjugué.

  – Si vous pensez que l'infinitif de *paissaient* est *paître*, vous trouverez ce verbe, qui signifie «manger de l'herbe en broutant».

---

1. *Le Petit Larousse illustré 2007*, Paris, Larousse, 2006. ■ **2.** *Le Petit Robert: Dictionnaire de la langue française*, [Cédérom], Le Robert, 2001.

Comment
RÉVISER UN TEXTE

- Lisez les conseils suivants pour apprendre à réviser un texte efficacement.

1. RELISEZ LE TEXTE AU FUR ET À MESURE QUE VOUS L'ÉCRIVEZ

- On ne révise pas un texte seulement lorsqu'il est terminé. En effet, la meilleure façon de réviser un texte est de le faire au fur et à mesure qu'on l'écrit. Habituez-vous à vous **relire constamment** quand vous écrivez. Jusqu'à la fin, considérez votre texte comme une version provisoire, que vous pouvez améliorer.

- Pratiquez ce qu'on appelle la **révision en spirale: écrivez et relisez, écrivez et relisez…**

  Par exemple, relisez-vous chaque fois que vous avez écrit deux ou trois phrases, la moitié d'un paragraphe, un paragraphe, une demi-page, une page, et ainsi de suite jusqu'à la fin. À force de revenir sur votre texte, vous l'améliorerez à coup sûr.

2. EXAMINEZ TROIS ÉLÉMENTS À CHAQUE LECTURE

Chaque fois que vous relisez une petite partie de votre texte, vérifiez les trois éléments suivants.

> Résolvez rapidement les difficultés qui surgissent. Au besoin, demandez de l'aide.

A. Le contenu

Assurez-vous:

- que vos idées et les informations que vous donnez sont liées au sujet; tout ce qui ne concerne pas directement le sujet doit être mis de côté;

- que l'information est juste et vérifiable: vérifiez les dates, les noms de lieux et de personnes, etc.;

- qu'il n'y a pas de contradictions ;
- que l'histoire est intéressante s'il s'agit d'un texte littéraire.

B. L'organisation

Assurez-vous que les liens entre les idées sont clairs : utilisez des organisateurs textuels, la division en paragraphes et d'autres marques, s'il y a lieu, pour bien indiquer ces liens.

C. La langue

Vérifiez :

- l'orthographe d'usage et l'orthographe grammaticale (les <u>accords</u>) ;
- la construction des phrases : tenez compte du <u>type de phrase</u>, des <u>formes de la phrase</u> ;
- que les verbes sont conjugués aux temps requis dans le <u>système verbal</u> choisi ;
- le vocabulaire : veillez à ce qu'il soit juste et compréhensible pour vos destinataires ;
- la ponctuation.

3. CERNEZ LES ASPECTS À AMÉLIORER

- Pour être vraiment efficace, allez-y **étape par étape**.
  - Après avoir terminé la rédaction de votre texte (que vous avez révisé tout au long de l'écriture), **cernez les aspects que vous voulez améliorer** dans votre production (par exemple, faire moins de fautes, éviter les répétitions inutiles, mieux diviser le texte en paragraphes, etc.) et concentrez-vous sur ces aspects.
  - Choisissez dans la partie «Connaissances» (p. 338) et dans la «Liste des stratégies» (p. 454), **les articles et les stratégies que vous jugez pertinents**, et révisez à nouveau votre texte à l'aide de ces ressources.
- Si le contexte s'y prête, lisez à voix haute. Vous entendrez les répétitions inutiles, les phrases trop longues et les passages mal construits.

4. CONSULTEZ DIFFÉRENTES RESSOURCES

Ayez vos outils de révision à portée de la main.

- Pour le **contenu** : votre fiche «Analyse d'une situation d'écriture» (p. 474), les notes que vous avez prises, s'il y a lieu ;
- Pour l'**organisation** : votre plan ;
- Pour la **langue** : un dictionnaire de langue, une grammaire, un guide de conjugaison, un logiciel de traitement de texte, un correcteur orthographique, etc.

5. RÉVISEZ UNE DERNIÈRE FOIS ET… ENCORE UNE FOIS !

Juste avant de mettre votre copie au propre, relisez-la. C'est le temps de traquer les dernières fautes de langue, de remplacer une formulation lourde par une autre plus claire, un mot par un autre qui conviendrait davantage.

À cette étape, suivez le truc des spécialistes de l'écriture : **faites relire votre texte par quelqu'un d'autre !**

Après la mise au propre, relisez encore une fois votre texte. Vous y corrigerez les coquilles : un point oublié à la fin d'un paragraphe, un mauvais accent, un s oublié… toutes ces petites erreurs qu'on fait lorsqu'on recopie un texte.

Comment

VÉRIFIER QUE LES PHRASES SONT BIEN CONSTRUITES

- Pour vérifier qu'une phrase est bien construite, il faut tenir compte, entre autres:
  - du <u>type de phrase</u>: déclaratif, interrogatif, impératif, exclamatif;
  - des <u>formes de la phrase</u>: positive ou négative, active ou passive, neutre ou emphatique, personnelle ou impersonnelle.
- Voici des points à vérifier en ce qui concerne la construction de vos phrases.

Dans une phrase négative

1. ASSUREZ-VOUS QU'IL Y A BIEN UN *NE* AVEC LES MOTS DE NÉGATION

Les mots de négation sont : *pas*, *plus*, *rien*, *jamais*, *aucun*, *personne*, *nul*, etc.

Ex.: Moi, ça ne m'arrive pas souvent d'aller au théâtre.
⊘ Moi, ça m'arrive pas souvent d'aller au théâtre.

Ex.: Antoine ne parvenait plus à s'orienter dans la tempête.
⊘ Antoine parvenait plus à s'orienter dans la tempête.

Ex.: Je n'en ai pas.
⊘ J'en ai pas.

Ex.: Il n'y a aucun livre sur l'étagère.
⊘ Il y a aucun livre sur l'étagère.

Ex.: Ne le dites pas.
⊘ Dites-le pas.

> **Remarque**
>
> Lorsque le pronom *on* est suivi d'un verbe commençant par une voyelle, ce qui entraîne une liaison, il ne faut pas oublier d'écrire le *n'* de la négation:
>
> Ex.: O**n** n'aime pas…, O**n** n'a plus le droit…, O**n** n'imagine pas…, O**n** n'a rien fait…

2. ÉLIMINEZ LA DOUBLE NÉGATION

La double négation se caractérise par la présence de deux négations à l'intérieur de la même phrase.

Ex.: Elle n'avait parlé à personne.
⊘ Elle n'avait pas parlé à personne.

Dans une phrase déclarative

1. ÉLIMINEZ LES MARQUES INTERROGATIVES

Les marques interrogatives *est-ce que*, *qu'est-ce qui* et *qu'est-ce que* ne sont pas appropriées dans la phrase déclarative.

Ex. :   Quand j'ai expliqué ce qui s'était passé, ils ont entamé des recherches.
⊘ Quand j'ai expliqué qu'est-ce qui s'était passé, ils ont entamé des recherches.

Ex. :   Il aimerait savoir quand nous reviendrons.
⊘ Il aimerait savoir quand est-ce que nous reviendrons.

Ex. :   Elle nous a demandé où vous étiez.
⊘ Elle nous a demandé où est-ce que vous étiez.

Ex. :   Nous voudrions savoir comment il a réussi son exploit.
⊘ Nous voudrions savoir comment est-ce qu'il a réussi son exploit.

2. PRENEZ GARDE DE NE PAS AJOUTER UN *QUE* INUTILEMENT

Le *que* est inutile après *quand*.

Ex. :   Quand ma mère m'a demandé d'y aller, j'ai obéi.
⊘ Quand que ma mère m'a demandé d'y aller, j'ai obéi.

Dans une phrase interrogative

1. PRENEZ GARDE DE NE PAS AJOUTER UN *QUI* OU UN *QUE* INUTILEMENT

Le *qui* et le *que* sont inutiles après des mots interrogatifs tels que *comment*, *combien*, *où*, *quand*, *qui*.

Ex. :   Qui a pris mon crayon ?
⊘ Qui qui a pris mon crayon ?

Ex. :   Comment veux-tu que je comprenne si tu ne m'expliques pas ?
⊘ Comment que tu veux que je comprenne si tu ne m'expliques pas ?

Ex. :   Où as-tu trouvé ce disque ?
⊘ Où que tu as trouvé ce disque ?

2. UTILISEZ LE MOT INTERROGATIF QUI CONVIENT

Il faut utiliser *combien* et non *comment* quand il s'agit d'une interrogation sur la quantité.

Ex. :   Combien de livres as-tu ?
⊘ Comment de livres as-tu ?

Ex. :   Combien coûte le billet d'entrée ?
⊘ Comment coûte le billet d'entrée ?

Dans une phrase impérative contenant un ou deux pronoms personnels

1. UTILISEZ LE BON PRONOM COMPLÉMENT

Ex. :   Donne-lui un pourboire.
⊘ Donnes-y un pourboire.

2. UTILISEZ L'ÉLISION DEVANT *EN* ET *Y*

Ex. : Achète-m'en deux.

⊘ Achète-moi-z-en deux.

3. N'OUBLIEZ PAS LE PRONOM COMPLÉMENT DIRECT

Ex. : Apporte-le-lui demain.

⊘ Apporte-lui demain.

4. PLACEZ LE PRONOM COMPLÉMENT AU BON ENDROIT

A. Lorsqu'il y a deux pronoms compléments du verbe, placez le pronom complément direct avant le **pronom complément indirect**.

Ex. : Vos opinions, donnez-les-moi.

⊘ Vos opinions, donnez-moi-les.

B. Dans la phrase impérative négative, placez les pronoms compléments avant le verbe et n'oubliez pas le *ne* de la négation.

Ex. : Ne le dites pas.

⊘ Dites-le pas.

C. Dans la phrase impérative négative, placez le **pronom complément indirect** avant le pronom complément direct.

Ex. : Ne me le dites pas.

⊘ Dites-le-moi pas.

Vous trouverez dans les articles <u>Phrase de base et phrase transformée</u> (p. 408) et <u>Phrases à construction particulière</u> (p. 410) des explications qui vous aideront à construire des phrases correctes. L'article <u>Jonction de groupes et de phrases</u> (p. 398) vous sera également utile.

Comment
VÉRIFIER QUE LES PRONOMS DE REPRISE SONT BIEN EMPLOYÉS

- Le pronom de reprise est un <u>pronom</u> qui sert à faire des <u>reprises d'information</u>.
- Suivez la démarche ci-dessous pour vérifier que les pronoms de reprise sont bien employés.

I. CHERCHEZ L'ANTÉCÉDENT

Pour trouver le sens d'un pronom de reprise, il faut savoir reconnaître son antécédent. On cherche donc, dans le texte, un mot, un groupe ou une phrase qui nous donne le sens du pronom.

GN (antécédent)

Ex. : De hauts murs entourent les potagers.

Pron. de reprise

Ils protègent les cultures du vent.

2. REMPLACEZ LE PRONOM PAR UN GROUPE

Pour vérifier qu'on a fait le bon choix, on remplace le pronom par un groupe qui a le même sens que l'antécédent.

Ex. : De hauts murs entourent les potagers.

Ils protègent les cultures du vent.

De hauts murs protègent les cultures du vent.

= bon choix de sens

⊘ **Les potagers** protègent les cultures du vent.

= mauvais choix de sens, puisque des potagers ne peuvent pas protéger des cultures du vent.

3. VÉRIFIEZ LE GENRE DU PRONOM DE REPRISE

Le pronom de reprise prend le genre de son antécédent.

GN (antécédent)   Pron. de reprise

Ex. : Ces personnes ont assisté au concert. Elles ont applaudi chaudement l'orchestre.

GN (antécédent) Pron. de reprise

Ex. : J'adore les pommiers. Le mien est vieux, mais je ne le couperai jamais.

Comment
DISTINGUER LES HOMOPHONES

- Les **homophones** (ou **homonymes**) sont des mots ou des expressions qui se prononcent de la même façon, mais qui s'écrivent différemment.

I. CONSULTEZ LA LISTE DES MOYENS POUR DISTINGUER LES HOMOPHONES

Voici trois moyens efficaces pour distinguer les homophones. Vous pouvez adopter celui que vous préférez, mais vérifiez-le d'abord.

Moyens	Exemples	
1. Tenez compte du sens des mots.	plutôt	Quand le sens est «de préférence»: J'irai plutôt demain.
	plus tôt	Quand le sens est «moins tard»: J'irai plus tôt.
2. Utilisez une <u>manipulation</u>.	a	Quand on peut remplacer par avait: Elle a / avait 13 ans.
	à	Quand on ne peut pas remplacer par avait: Que faire à / ~~avait~~ 13 ans?
	ce	Quand on peut ajouter -là: ce chat-là.
	se	Quand on peut ajouter lui-même, elle-même, etc.: Il se lave lui-même.
3. Faites un lien avec la <u>famille du mot</u>.	dégoûter	Dans la famille du mot goût: Ça me dégoûte.
	dégoutter	Dans la famille du mot goutte: Le toit dégoutte.

2. DISTINGUEZ LES HOMOPHONES LES PLUS COURANTS PAR UNE MANIPULATION

Voici une liste des homophones les plus courants et les moyens de les distinguer.

Homophones	Manipulations possibles pour distinguer les homophones	Exemples
(pronom + verbe) c'est (pronom + verbe) s'est	Si on peut remplacer par cela est, on écrit c'est. Sinon, on écrit s'est.	C'est / Cela est sa fête. Elle s'est trompée.
(adverbe) là	Si on peut remplacer par ci ou ici, on écrit là.	Donne-moi ce livre-là / -ci. Passe par là / ici.
(déterminant / pronom) la	Si on peut remplacer par les, on écrit la.	Attrape la balle / les balles. Attrape-la / -les.
(pronom + verbe) l'a	Si on peut remplacer par l'avait, on écrit l'a.	Je me demande où elle l'a / l'avait mis.
(adverbe + pronom / adverbe + adverbe) n'y	Si on peut remplacer par y, on écrit n'y.	Je n'y vois rien. / J'y vois quelque chose.
(conjonction) ni	Sinon, on écrit ni.	Je ne vois pas la maison ni la grange.
(conjonction) ou	Si on peut ajouter bien, on écrit ou.	Tu pars ou / ou bien tu restes?
(pronom / adverbe) où	Sinon, on écrit où.	Je ne sais pas où tu habites.
(adverbe) peu	Si on peut remplacer par beaucoup, on écrit peu.	Elle étudie peu / beaucoup.
(verbe) peut	Sinon, on écrit peut	Il peut me donner un coup de main.
(verbe) peux	ou peux.	Tu peux m'aider?
(adverbe) peut-être	Si on peut effacer, on écrit peut-être.	C'est peut-être une souris. / C'est une souris.
(verbe + verbe) peut être	Sinon, on écrit peut être.	Ça peut être une souris.
(adverbe / préposition) près	Si on peut ajouter de..., on écrit près.	C'est tout près. / C'est tout près d'ici.
(adjectif) prêt	Si on peut ajouter à..., on écrit prêt.	Il est prêt. / Il est prêt à partir.
(conjonction + pronom) qu'elle	Si on peut remplacer par qu'il, on écrit qu'elle.	Je crois qu'elle dort. / Je crois qu'il dort.
(conjonction + pronom) qu'elle	Si on peut remplacer par que lui, on écrit qu'elle.	Je ne vois qu'elle. / Je ne vois que lui.
(déterminant / pronom) quelle	Sinon, on écrit quelle.	Quelle belle journée! En quelle année était-ce?
(adjectif) sûr, sûre	Si on peut remplacer par certain(e), on écrit sûr(e).	J'en suis sûre / certaine.
(adjectif) sur, sure	Si on peut remplacer par aigre, on écrit sur(e).	Il faut de la crème sure / aigre.
(préposition) sur	Sinon, on écrit sur.	C'est écrit sur l'affiche.

ANALYSER UNE SITUATION DE PRISE DE PAROLE

- Pour prendre la parole à l'intérieur d'une activité, utilisez la démarche suivante.

I. POSEZ-VOUS DES QUESTIONS

QUI parlera ? C'est **vous**, bien entendu. Précisez **votre rôle**.

- Aurez-vous à prendre la parole durant un exposé ? Si oui, serez-vous membre d'une équipe ?
- Prendrez-vous la parole comme intervieweur ou intervieweuse ?
- Aurez-vous à intervenir dans une discussion ? Si oui, interviendrez-vous à titre d'animateur ou animatrice ou à titre d'interlocuteur ou interlocutrice ?
- Serez-vous un auditeur ou une auditrice réagissant à une écoute ?

À QUI vous adresserez-vous ? Autrement dit, qui seront les **destinataires** ?

- Un grand groupe (classe) ? Un groupe restreint (membres d'une équipe) ? Une seule personne ?
- Des personnes de votre âge ? plus jeunes ? plus vieilles ?
- Des personnes qui possèdent sensiblement les mêmes connaissances que vous sur le sujet (membres de votre équipe) ? qui en possèdent moins (autres élèves de la classe, élèves plus jeunes) ou plus (spécialistes que vous interviewerez) ?
- Des personnes que vous connaissez bien ou des personnes que vous ne connaissez pas du tout ?

Il est important de faire le portrait le plus précis possible des destinataires pour tenir compte de leurs besoins et de leurs attentes.

DE QUOI allez-vous parler ?

- Si vous faites un exposé, quel en sera le **sujet** ?
- Si vous interviewez une seule personne, sur quoi l'interrogerez-vous ?
- Si vous participez à une discussion, quelles informations communiquerez-vous ou quelles idées mettrez-vous de l'avant ?
- Si vous réagissez à une écoute, sur quels points vous prononcerez-vous ?

POURQUOI vous exprimerez-vous ? Quelle est votre **intention** ? Divertir, informer, comparer des idées, convaincre, etc.?

OÙ vous situerez-vous par rapport à vos destinataires ?

- Dans le même lieu : une salle de classe, un bureau, une salle de conférences, etc.?
- Dans un lieu différent : une autre pièce (durant une conférence téléphonique, par exemple), un studio d'enregistrement (pour la production d'un document sonore ou visuel, par exemple) ?

QUAND vos destinataires recevront-ils votre communication ?

- Au moment où elle aura lieu (communication en direct) ?
- À un moment différent (communication en différé) ? Votre communication devra alors être parfaitement intelligible puisque vos destinataires ne pourront pas vous poser de questions.

COMBIEN DE TEMPS avez-vous pour vous exprimer ? Autrement dit, quelle sera la **durée** de votre présentation (pour un exposé, par exemple) ou de vos interventions (pour une discussion, par exemple) ?

- Il est important de connaître le temps dont vous disposez pour planifier judicieusement votre prise de parole.

  Au cours d'un exposé, par exemple, il vous faudra penser à réserver du temps pour prendre contact avec vos destinataires et répondre à leurs questions, s'il y a lieu.

  Dans le cas d'une discussion, même si la durée de chaque intervention n'est pas précisée, vous devrez à la fois prendre le temps nécessaire pour vous exprimer et ne pas empiéter sur le temps de parole des autres participants.

- Si la durée de la communication n'est pas précisée, tenez compte du type de présentation à faire et de vos destinataires pour en établir une.

COMMENT présenterez-vous votre sujet ?

- En direct (exposé, table ronde, etc.) ? Y aura-t-il d'autres supports que votre voix : des documents écrits, visuels, sonores ?

- En différé (enregistrement, vidéo, etc.) ?

2. ÉCRIVEZ VOS RÉPONSES ET DÉDUISEZ-EN L'ESSENTIEL

Exemples d'analyse d'une situation de prise de parole

■ Un exposé oral

Qui ?	Moi.
À qui ?	À mes camarades de classe.
De quoi ?	De Merlin l'Enchanteur dans les légendes arthuriennes.
Pourquoi ?	Informer sur un personnage merveilleux aux pouvoirs surnaturels.
Où ?	En classe (dans le même lieu que les auditeurs).
Quand ?	Le 13 avril, à 14 h 30.
Combien de temps ?	3 minutes, exposé suivi d'une courte période de questions.
Comment ?	Exposé en direct, avec des supports visuels.

Ce que vous pouvez déduire de cette analyse

1. Il est possible que quelques destinataires en sachent autant que vous. Il vous faudra alors les intéresser à l'aide d'éléments nouveaux ou originaux.

2. Vous devrez :
   - vous exprimer dans un français standard pour vous faire comprendre du plus grand nombre ;
   - respecter les caractéristiques d'une présentation orale de ce type ;
   - respecter la limite de temps ;
   - connaître suffisamment bien votre sujet pour pouvoir répondre à quelques questions.

■ Une réunion de travail en équipe

Qui ?	Moi, en tant que membre d'une équipe de travail.
À qui ?	À mes trois camarades d'équipe.
De quoi ?	De l'organisation d'une scène de pièce de théâtre.
Pourquoi ?	Informer, comparer mes idées, donner mon opinion.
Où ?	Au local 3-B.
Quand ?	Le 2 mai, à 16 h.
Combien de temps ?	30 minutes environ pour toute l'équipe.
Comment ?	Discussion en direct.

Ce que vous pouvez déduire de cette analyse

1. Vous devrez fournir des informations. Vous devrez également interagir avec vos camarades pour comparer vos idées et donner votre opinion sur certains points.

2. Vous devrez :
   - prendre des notes ;
   - fournir de l'information orale ou écrite et expliquer vos idées à l'aide d'exemples ou en les redisant en d'autres mots ;
   - réagir aux propos de vos camarades tout en conservant une attitude respectueuse en tout temps (ne pas couper la parole, ni la monopoliser, savoir la demander ; ne pas rejeter une opinion ou une idée parce qu'elle ne vous plaît pas).

3. Vous pourrez :
   - demander des éclaircissements, poser des questions ;
   - inviter vos camarades à s'exprimer sur les points discutés.

Consultez les listes suivantes sur les documents reproductibles qu'on vous remettra : *Pour exprimer son point de vue*, *Pour garder la parole*, *Pour passer la parole* et *Pour prendre la parole*. Vous y trouverez des mots et des expressions utiles dans les situations où vous aurez à prendre la parole.

Comment
ANALYSER UNE SITUATION D'ÉCOUTE

• Pour analyser votre situation d'écoute, utilisez la démarche suivante.

I. POSEZ-VOUS DES QUESTIONS

QUI parlera ? Y aura-t-il une ou plusieurs personnes ?

S'agira-t-il de camarades de classe, de comédiens, de journalistes, de personnalités publiques, de spécialistes de la question abordée, etc.?

À QUI s'adressera-t-on ? À **vous** bien entendu, mais comme vous pouvez jouer plusieurs rôles, précisez **votre rôle**.

• Serez-vous un ou une camarade qui écoutera simplement ? écoutera et évaluera ? écoutera et pourra intervenir ? écoutera et discutera ?

• Serez-vous un auditeur ou une auditrice qui écoutera un documentaire télédiffusé, une émission de radio, etc.? un spectateur ou une spectatrice parmi un plus large public qui assiste à une conférence, à une pièce de théâtre, à un récital de poésie, etc.?

DE QUOI parlera-t-on ? Autrement dit, quel est le **sujet** ou le **titre** de la communication ?

S'il y a un résumé disponible (au dos d'une cassette vidéo ou sur l'affiche d'une conférence, par exemple), lisez-le attentivement, il vous renseignera sur le contenu.

En sachant à l'avance de quoi il sera question, vous pourrez mieux vous préparer à écouter : par exemple, vous pourrez activer vos connaissances sur le sujet ou réfléchir aux questions qui y sont liées.

POURQUOI écouterez-vous ? Pour vous divertir, vous informer, connaître l'opinion de l'émetteur ou de l'émettrice, comparer votre opinion avec la sienne, etc.?

La qualité de votre écoute sera fonction de votre intention. Par exemple, si vous écoutez un film pour vous informer, il est probable que votre attention sera assez soutenue; par contre, si vous voulez simplement vous divertir, votre attention sera sans doute plus relâchée.

OÙ vous situerez-vous par rapport à l'émetteur ou à l'émettrice ?

• Dans le même lieu : une salle de classe, une salle de théâtre, un musée, etc.?

• Dans un lieu différent : une salle de cinéma, devant votre téléviseur, etc.?

QUAND recevrez-vous la communication ?

• Au moment où elle a lieu (réception en direct) ?

• À un moment différent (réception en différé) ?

COMBIEN DE TEMPS la situation d'écoute durera-t-elle ? Quelques minutes, quelques heures, etc.?

COMMENT la présentation vous sera-t-elle communiquée ?

• En direct (exposé, conférence, table ronde, cours, etc.) ? Y aura-t-il d'autres supports que la voix : des documents écrits (notes au tableau, feuilles distribuées, etc.), visuels, sonores ?

• En différé (documentaire, film, interview télévisée, etc.) ?

2. ÉCRIVEZ VOS RÉPONSES ET DÉDUISEZ-EN L'ESSENTIEL

Exemples d'analyse d'une situation d'écoute

■ **Un exposé oral**

Qui ?	Une camarade de classe.
À qui ?	À moi (et à toute la classe), avec possibilité de poser des questions à la fin de l'exposé.
De quoi ?	Du roman *L'histoire de Pi*, de Yann Martel.
Pourquoi ?	M'informer sur un roman.
Où ?	En classe (dans le même lieu que l'émettrice).
Quand ?	Le 27 novembre, à 10 h 30 (en même temps que l'émettrice).
Combien de temps ?	Un peu plus de 3 minutes en incluant la période de questions.
Comment ?	En direct : exposé avec des supports visuels.

Ce que vous pouvez déduire de ces renseignements

- L'exposé sera surtout informatif : l'émettrice résumera ce roman d'aventures ; elle parlera sans doute aussi de l'auteur et du contexte dans lequel le roman a été écrit ; peut-être fera-t-elle une courte appréciation.

- Comme la présentation est en direct, vous ne pourrez pas l'écouter de nouveau ; vous devrez donc redoubler d'attention.

- Vous pourrez cependant prendre des notes et réagir verbalement aux propos (pour demander une précision, par exemple). Vos interventions devront se faire au moment convenu : durant ou après la présentation.

- Vous devrez contribuer au maintien de la communication en adoptant une position appropriée et en regardant l'émettrice.

■ **Un reportage**

Qui ?	Des spécialistes de la question.
À qui ?	À un large public.
De quoi ?	Titre du reportage : *Les enfants de Beslan, en Ossétie du Nord.*
Pourquoi ?	M'informer.
Où ?	En classe (dans un lieu différent de celui des émetteurs).
Quand ?	Le 1er avril, à 10 h 30.
Combien de temps ?	55 minutes.
Comment ?	En différé : grand reportage à la télévision.

Ce que vous pouvez déduire de ces renseignements

- La présentation sera explicative.
- Le sujet peut vous être inconnu, mais les explications seront à votre portée puisqu'on s'adresse à un large public.
- Comme la présentation est en différé, vous ne pourrez pas poser de questions.
- Vous pourrez cependant prendre des notes et écouter l'émission à nouveau, en partie ou en totalité.

Comment
RÉDIGER UN AIDE-MÉMOIRE
EN VUE D'UNE PRISE DE PAROLE

- Les notes que vous avez en main pendant une présentation ne sont pas faites pour être lues. Elles servent uniquement à vous guider en vous rappelant le parcours à suivre. Elles sont donc à la fois un **plan** et un **aide-mémoire**.

- Pour être vraiment utiles, vos notes devront être **claires**, **concises**, **faciles à utiliser**.

- Voici quelques principes qui devraient vous guider dans la préparation de vos notes.

1. CHOISISSEZ LE SUPPORT APPROPRIÉ

- Choisissez un support avec lequel vous êtes à l'aise : des fiches ou des feuilles volantes.

- Numérotez chaque feuille ou fiche. N'écrivez que sur un côté.

- Calculez cinq ou six fiches (deux à trois feuilles) pour une présentation (changez de fiche quand vous abordez une nouvelle partie de votre exposé).

COUP DE POUCE

Pour bien vous servir de vos fiches

Durant un exposé, mieux vaut déposer vos fiches à proximité plutôt que de les tenir dans vos mains. Vous éviterez ainsi de garder les yeux sur elles et vous maintiendrez le contact avec votre public. Bien entendu, si vous perdez le fil, vous pourrez avoir recours à vos fiches, elles ne seront pas loin.

---

2. NOTEZ L'ESSENTIEL DU CONTENU DE VOTRE PRÉSENTATION

- Notez la **structure de la présentation** : introduction, développement, conclusion, après-exposé.

  Divisez le développement en grandes sections (trois ou quatre au maximum) à l'aide de **titres**.

- Notez les **grandes lignes** de l'introduction et de la conclusion. (Vous pouvez, pour vous rassurer, rédiger l'introduction et la conclusion au complet, mais prenez garde de ne pas les lire.)

  Dans chaque section du développement, notez les **idées importantes** à l'aide de courtes phrases, de mots-clés.

- Notez les **exemples**.

- Notez tout ce qui est difficile à mémoriser : noms propres, dates, chiffres, etc.

> **Remarque**
> Ne recopiez pas votre présentation au complet : mieux vaut en mettre moins et pouvoir vous retrouver rapidement grâce à des mots évocateurs. Pensez **clarté** et **concision**.

3. PENSEZ AUX QUALITÉS VISUELLES DE VOTRE AIDE-MÉMOIRE

- Écrivez lisiblement et en caractères assez gros.

- Adoptez une présentation aérée.

- Utilisez des titres, des traits, une numérotation, des couleurs pour vous repérer rapidement.

- Utilisez des **abréviations** que vous comprendrez facilement.

- Précisez dans la marge à quel moment vous utiliserez le matériel prévu (vidéo, diapositives, photocopies, tableau, etc.).

> **Remarque**
> Ne surchargez pas vos notes de titres, de couleurs et de numéros. Si vous avez besoin d'y chercher une information, vous devez pouvoir la saisir en un coup d'œil. Pensez **clarté** et **lisibilité**.

Exemple d'un aide-mémoire
en vue d'une prise de parole

La structure de la présentation
et le numéro des fiches **sont notés
en bleu. Les notes accompagnant
la présentation sont en marge
et surlignées.**

1

Notre système musculaire

Introduction

- Nous les utilisons pour sourire, courir, faire un clin d'œil, ns gratter, etc.
  Ils sont faits pour bouger et ns font bouger.
  Ns les oublions la plupart du temps, mais quand ns les utilisons trop ou mal, ils ns rappellent à l'ordre.

- Quoi? Les muscles.

2

- présenter affiche corps

Développement

I LES CARACTÉRISTIQUES DE NOTRE SYST. MUSC.

  A. Leur composition
    – Les m. sont faits de cellules (fibres musculaires).
    – Certains m. comptent des milliers de fibres.
    [...]

  B. Leur fonctionnement
    Les fibres musculaires se contractent sous l'impulsion d'un signal nerveux.
    [...]

3

- les montrer
  sur l'affiche

II LES 3 TYPES DE MUSCLES
   A. Les <u>m. lisses</u> (involontaires)
      […]

- démonstration :
  biceps

   B. Les <u>m. striés</u> (volontaires)
      – Leur rôle : ns permettre d'exécuter les mouve-
        ments que ns voulons faire.
      – Les principaux : […]

- faire écouter
  ♥ qui bat
- images 1 à 4

   C. Le <u>muscle cardiaque</u> : myocarde (*myo* = muscle ;
      carde = cœur / cardiaque).
      […]

4

III COMMENT ENTRETENIR NOS MUSCLES
   A. Une bonne <u>alimentation</u> […]
   B. Équilibre <u>exercice / repos</u> […]

5

Conclusion

Notre syst. musc. répond avec précision aux ordres
de notre cerveau, il ns permet…
– de fonctionner (muscles inv. et myocarde) ;
– de bouger (muscles vol.).
Ms pr cela, notre système a besoin d'être bien entretenu.
Dc ns devons faire notre part pr qu'il ns rende service
encore longtemps.

Après-exposé
– Remercier de l'attention.
– Demander s'il y a des questions ou des commentaires.

Consultez la liste de mots *Pour passer la parole*, sur le document reproductible
qu'on vous remettra. Vous y trouverez des formules à utiliser pour encourager
les interventions de l'auditoire.

Comment

CITER DES PAROLES ET DES IDÉES À L'ORAL

La citation textuelle

- La **citation textuelle** est l'**emprunt de paroles** dites ou écrites par quelqu'un d'autre.

- Elle sert à donner du poids à une opinion, à expliquer ou à illustrer un fait ou une idée. Elle doit donc être choisie avec soin et être justifiée ; il est inutile de s'en servir pour prouver quelque chose d'évident. Il ne faut pas non plus en abuser : habituellement, on calcule une ou deux courtes citations (trois lignes ou moins) pour l'équivalent d'une page de texte.

- Lorsque vous citez textuellement une personne, respectez les règles suivantes.

1. RAPPORTEZ FIDÈLEMENT LES PROPOS

Pour ne pas trahir la pensée de la personne que vous citez, vous devez rapporter ses propos tels quels.

2. MENTIONNEZ LA SOURCE

Mentionnez la source de la citation (le nom de l'auteur ou de l'auteure et, éventuellement, le titre de l'ouvrage). Cela montre le sérieux de votre démarche et le respect que vous accordez aux auteurs.

> **Remarque**
> Ne pas mentionner qui est l'auteur ou l'auteure des propos cités peut entraîner une accusation de plagiat !

3. ANNONCEZ LA CITATION

Annoncez la citation par la mention *et je cite* (cette mention remplace les guillemets qui apparaîtraient à l'écrit).

Exemple de citation textuelle	Règles de présentation
Ex.: Selon Caroline Eliacheff, *et je cite*, l'anorexie survient souvent dans des familles extérieurement unies et conformes en apparence à nos normes sociales.	• Mention de l'auteure des propos cités. • Annonce de la citation.

4. INTÉGREZ LA CITATION À VOS PROPOS

Citation bien intégrée	Citation mal intégrée
Ex.: L'anorexie, *et je cite Caroline Eliacheff,* survient souvent dans des familles extérieurement unies et conformes en apparence à nos normes sociales.	Ex.: ⊘ Caroline Eliacheff parle de, *et je cite,* l'anorexie survient souvent dans des familles extérieurement unies et conformes en apparence à nos normes sociales.

La citation d'idée

- La **citation d'idée** est l'**emprunt d'idées** formulées par quelqu'un d'autre.

- Elle sert à présenter et à résumer l'essentiel de la pensée d'une personne.

- Lorsque vous rapportez des idées, respectez les règles suivantes.

1. REFORMULEZ SANS TRAHIR

Vous reformulez les idées de la personne, mais il faut le faire en respectant totalement sa pensée.

2. MENTIONNEZ LA SOURCE

Mentionnez la source de la citation (le nom de l'auteur ou de l'auteure et, éventuellement, le titre de l'ouvrage). Cela montre le sérieux de votre démarche et le respect que vous accordez aux auteurs.

Exemple de citation d'idée	Règle de présentation
Ex.: Caroline Eliacheff est une femme médecin qui travaille auprès des anorexiques. Elle signale que les filles souffrant de cette maladie sont souvent issues de familles en apparence normales.	Mention de l'auteure de l'idée.

Les propos cités sont tirés de Caroline Eliacheff, «Anorexie boulimie», *Dico ado: Les mots de la vie*, sous la direction de Catherine Dolto, Paris, Gallimard Jeunesse, coll. «Giboulées», 2001, p. 323.

Comment
PRENDRE POSITION SUR UNE QUESTION

- Prendre position, c'est se faire une opinion et la communiquer, dire ce que l'on pense sur un sujet donné. Les occasions de le faire sont nombreuses, que ce soit en classe avec vos camarades, à la maison avec vos parents, dans une discussion avec des amis. Vous pourriez, par exemple, avoir à vous prononcer sur une question d'actualité ou sur des comportements que vous avez observés.

- Il est parfois difficile de prendre position sur une question, soit parce qu'on est timide ou qu'on manque d'informations. Voici une démarche en quatre étapes qui devrait vous permettre de donner votre opinion avec plus de facilité.

1. ASSUREZ-VOUS DE COMPRENDRE LA QUESTION

- Lorsqu'on vous demande votre avis sur une question, assurez-vous que vous comprenez parfaitement cette question et que vous saisissez le sens de tous les mots employés. Si vous hésitez sur le sens d'un mot, cherchez-le dans un dictionnaire ou demandez des précisions.

- Reformulez la question dans vos mots et demandez qu'on vous confirme que vous avez bien saisi.

Supposons la question suivante: «Que pensez-vous de la performance du club de hockey local cette saison?»

Pour bien comprendre cette question, vous devez:

– comprendre le sens du mot *performance*: «résultat obtenu dans une compétition, une tâche»;

– connaître le sens du mot *saison* dans ce contexte particulier: au hockey, la saison dure environ six mois, soit de septembre à mars.

Une fois que vous avez compris la question, vous pourriez la reformuler ainsi: «Quel est votre avis sur les résultats obtenus par le club de hockey local entre les mois de septembre et de mars?»

2. FAITES UN RAPPEL DES FAITS

- Procédez, avec les personnes avec qui vous discutez, à un rappel des faits qui concernent le sujet. À cette étape, il ne s'agit pas de donner votre opinion, mais uniquement de présenter des faits. Vous avez donc à répondre à la question «Que savez-vous sur…?» et non à la question «Que pensez-vous de…?».

- Si les faits rapportés dans votre groupe de discussion se contredisent, vous devrez procéder à une recherche pour vérifier leur exactitude et éliminer ceux qui ne sont pas justes.

Exemple de rappel de faits

Ex.: Si vous aviez à répondre à la question «Que pensez-vous de la performance du club de hockey local cette saison?», voici quelques-uns des faits que vous pourriez rappeler.

– Au début de la saison, jusqu'au temps des fêtes, le club de hockey a eu de bons résultats. Il a même, à certains moments, obtenu la tête de classement des clubs de la région.

– Après les fêtes, la situation a changé. Deux bons joueurs ont subi des blessures qui les ont empêchés de jouer durant quelques parties. Le club a subi plusieurs défaites consécutives. En février, le club s'est retrouvé bon dernier dans le classement des clubs de la région.

– Vers la fin de la saison, la situation s'est un peu améliorée. Mais il était trop tard: le club a raté les séries éliminatoires.

3. EXPRIMEZ VOTRE OPINION

- Maintenant que vous comprenez bien la question et que vous connaissez les faits qui y sont liés, vous êtes en mesure de vous faire une idée. Donnez votre opinion sur la question et la ou les raisons qui vous guident. Vous pouvez vous appuyer sur les faits, bien entendu, mais également sur vos valeurs.

Remarque

Prenez garde ici de respecter le sujet. Vous devez vous prononcer exclusivement sur ce qui fait l'objet de la discussion.

- Laissez chaque membre du groupe de discussion donner son avis. Si vous vous exprimez après une personne qui a dit exactement ce que vous pensez, vous pouvez, quand viendra votre tour, tout simplement dire : *Je partage l'opinion de X pour les mêmes raisons.*

- Vous pouvez adopter une position nuancée. Vous n'avez pas à être entièrement d'accord ni entièrement en désaccord sur une question.

- Il se peut que vous n'arriviez pas à prendre position ; dans ce cas, dites-le et expliquez pourquoi.

Exemple de prise de position

Question   « Que pensez-vous de la performance du club de hockey local cette saison ? »

Ex.: Je pense que la performance de l'équipe a été décevante cette saison. Malgré un bon début de saison, les joueurs n'ont pas réussi à unir leurs efforts pour mener leur équipe à la victoire.

Ex.: Je pense que, malgré ses déboires, l'équipe a vécu une saison satisfaisante. Le début de la saison prouve bien qu'il y a de nombreux talents au sein de cette organisation et que cette équipe peut gagner.

Consultez la liste de mots *Pour exprimer son point de vue*, sur le document reproductible qu'on vous remettra. Vous y trouverez des mots et des expressions utiles pour communiquer de façon appropriée votre opinion.

4. RÉVISEZ VOTRE POSITION

Une fois que tout le monde se sera exprimé, réexaminez votre position. Il se peut qu'en entendant les raisons données par d'autres personnes, vous changiez totalement d'idée ou que vous nuanciez votre position. Faites part de votre nouvelle façon de voir et expliquez ce qui vous pousse à nuancer votre opinion ou à la changer. Par exemple : *À la lumière de ce que X a avancé, j'aimerais nuancer ce que j'ai dit précédemment. En effet, je pense que X a raison d'affirmer que…* ou *L'argument de X me fait réfléchir et, finalement, je me range à son avis.*

Comment
PRENDRE DES NOTES AU COURS D'UNE ÉCOUTE

- Vous prenez régulièrement des notes dans vos cours. Vous pouvez aussi avoir à en prendre durant l'écoute de diverses productions : un exposé, une émission de radio ou de télévision, une chanson, un conte, un film, une pièce de théâtre, etc.

- Une prise de notes efficace repose sur une bonne organisation. On peut diviser la prise de notes en cinq étapes.

1. PRÉPAREZ-VOUS MATÉRIELLEMENT À L'ÉCOUTE

- Ayez en main le matériel nécessaire : papier en quantité suffisante, crayons ou stylos. Prévoyez un support à surface rigide (cahier, cartable ou autre) s'il n'y a pas de table.
- Notez la date, le titre de l'œuvre écoutée ou le sujet de la communication, le nom de l'émetteur (conférencier, journaliste, interprète, réalisateur, auteur, etc.) s'il y a lieu.
- Laissez une bonne marge sur chaque feuille : vous y noterez les points sur lesquels vous voulez revenir, vos interrogations, les liens que vous pouvez faire.

2. PRÉPAREZ-VOUS MENTALEMENT À L'ÉCOUTE

- Précisez votre intention. Demandez-vous pourquoi vous prenez des notes. Par exemple, est-ce :
  - pour acquérir des connaissances sur un sujet, en vue d'un débat ou d'un examen ?
  - pour garder des traces de ce que vous avez pensé et ressenti ou vous rappeler les liens que vous avez faits avec d'autres œuvres ou d'autres expériences culturelles, en vue d'une appréciation ?
- Réactivez vos connaissances.
  - Rappelez-vous ce que vous savez sur le sujet ; vous repérerez plus facilement ce qu'il est essentiel de noter et ce que vous pouvez laisser tomber.
  - Lisez la stratégie *Comment réagir à une lecture ou à une écoute*, à la page 473 ; vous y trouverez des pistes sur les éléments auxquels prêter attention durant l'écoute.
- Concentrez-vous.
  Pour bien prendre des notes, il faut se concentrer et prêter attention.

3. NOTEZ L'ESSENTIEL PENDANT L'ÉCOUTE

Rappelez-vous votre intention de départ. Vous ne noterez pas la même chose selon l'intention que vous avez.

- Si vous voulez acquérir des connaissances sur un sujet, vous devrez noter les idées importantes et les connaissances qui sont nouvelles pour vous.

  Pour repérer les idées importantes, prêtez attention :
  - au début de chaque partie, car les idées importantes y sont souvent annoncées ;
  - aux répétitions ; lorsqu'on insiste sur un point, c'est parce qu'il est important (il ne faut cependant pas noter toutes les répétitions d'une même idée) ;
  - aux mots-clés, c'est-à-dire aux mots qui contiennent l'information essentielle.

COUP DE POUCE

Pour suivre un exposé et noter les idées importantes en même temps

Tout en écoutant, habituez-vous à repérer la structure de l'exposé. Pour cela, prêtez attention :

- aux mots qui signalent l'introduction et la conclusion ;
- aux <u>organisateurs textuels</u> qui indiquent le passage d'une idée à une autre ;
- aux phrases qui annoncent ou résument une partie.

Vous aurez ainsi un plan qui vous permettra de saisir rapidement ce qui est important.

- Si vous voulez vous imprégner d'un univers particulier en vue d'une appréciation, vous devrez noter ce qui pourra étayer votre jugement. Par exemple :
  - pour porter un jugement sur une chanson, vous noterez l'originalité dans le traitement du thème, les procédés mis en œuvre pour capter l'intérêt, le rythme, etc. ;
  - pour apprécier un contage, vous noterez les moyens pris pour installer une atmosphère, rendre vivant le conte, renforcer le lien avec le public, etc. ;
  - pour porter un jugement sur une pièce de théâtre, vous noterez la qualité de l'interprétation (voix, gestes, etc.), des costumes, du maquillage, des décors, etc.
- Si vous voulez réagir à un exposé fait en classe, vous noterez les points intéressants sur le plan du contenu, les idées que vous avez moins bien comprises, les aspects intéressants de la présentation et ceux qu'il faut améliorer.

> **Remarque**
> Prendre de bonnes notes, ce n'est pas transcrire mot à mot ce qui est dit, mais réfléchir tout en écoutant pour sélectionner ce qui sera utile.

4. UTILISEZ EFFICACEMENT VOTRE MATÉRIEL PENDANT L'ÉCOUTE

- Numérotez vos feuilles de notes : vous vous retrouverez plus facilement.
- Servez-vous de la marge pour noter divers éléments, par exemple les questions et les idées qui vous viennent à l'esprit.
- Utilisez des symboles, s'il y a lieu.

Exemples de symboles

?	Une idée mal comprise
!	Une idée intéressante
[ ]	Une idée importante que vous n'avez pas eu le temps de noter
voir	Un lien à faire

Consultez la stratégie *Comment noter des informations rapidement*, à la page 467. Vous y trouverez une liste d'abréviations et de symboles utiles.

5. RELISEZ-VOUS LE PLUS TÔT POSSIBLE APRÈS L'ÉCOUTE

Vous profiterez de cette lecture pour :

- compléter les parties manquantes en vous informant auprès de votre entourage ;
- revoir l'ordre des idées notées, s'il y a lieu ;
- bien marquer la différence entre les idées principales et secondaires, en surlignant les idées principales, par exemple ;
- ajouter des commentaires utiles dans la marge.

Comment
RÉPÉTER EN VUE D'UNE PRÉSENTATION ORALE

- Pour communiquer efficacement lors d'une présentation orale, l'idéal est de s'exercer. Les bons communicateurs, d'ailleurs, répètent toujours afin d'avoir l'air spontané.

- Lorsque vous commencerez à répéter, variez les façons de le faire.

  - Répétez en solo pour bien maîtriser le contenu.

  - Répétez devant un ami ou une amie, vos parents, un petit groupe; demandez à ces personnes de ne pas intervenir durant l'exercice, mais de noter ce qu'elles ont apprécié et ce qu'il faudrait améliorer.

  - Enregistrez-vous, puis écoutez-vous ou regardez-vous; par la suite, améliorez quelques points qui vous agacent. Attention cependant : conservez ce qui donne un air spontané à votre présentation.

  - Répétez devant un miroir.

- Voici les étapes à suivre lors de vos répétitions.

I. CHOISISSEZ UN LIEU ADÉQUAT

- Examinez l'endroit où vous vous tiendrez : exercez-vous à y marcher en tenant compte des obstacles (bureau, estrade, appareils, etc.).

- Pensez à l'impression que vous dégagerez si vous êtes plusieurs : voyez où vous vous placerez lorsque vous n'aurez pas à intervenir.

- Examinez la place des destinataires : demandez-vous si les documents que vous présenterez seront visibles de leur place.

- Déterminez l'emplacement de l'équipement, s'il y a lieu.

2. PENSEZ AUX SUPPORTS DE VOTRE COMMUNICATION

- Utilisez un français standard pour vous faire comprendre du plus grand nombre.

- Si vous utilisez du matériel complémentaire (transparents, photocopies, diapositives, vidéo, cédérom, disque compact, logiciel de présentation, etc.), vérifiez les points suivants :

  - les documents visuels sont lisibles et ne sont pas surchargés d'information;

  - les appareils sont disponibles et fonctionnent bien.

3. RÉPÉTEZ EN TENANT COMPTE DES AUTRES (MEMBRES DE L'ÉQUIPE, DESTINATAIRES)

A. Votre voix

Votre **prononciation** doit être nette.

- Vous devez parler suffisamment fort (**volume**) pour que vos destinataires vous entendent.

- Vous devez parler à une vitesse convenable (**débit**) et varier votre **intonation** pour conserver l'attention de vos destinataires.

B. Votre regard

Vous devez garder un **contact visuel** avec l'auditoire.

- Si vous avez à vous retourner (pour écrire au tableau, par exemple), faites-le vite.

- Évitez de consulter vos fiches ou vos feuilles aide-mémoire à tout propos.

C. Votre corps

- En position assise ou debout, vous devez conserver un maintien droit, ce qui vous permet de garder un contact visuel avec le public.
- Vous ne devez pas tourner le dos au public; si vous avez à le faire, faites-le rapidement.

D. La prise de contact et le maintien de la communication

1. Il est important, quelle que soit la situation de communication, de saluer vos destinataires.
   - Vous pouvez le faire très simplement en utilisant des formules comme *bonjour*, *bonjour à tous et à toutes*, etc.
   - Si vous vous adressez à des personnes qui ne vous connaissent pas, présentez-vous.
   - Si vous faites un exposé en équipe, présentez vos camarades:
     - soit au début, en les nommant tout simplement;
     - soit au moment où vous annoncerez les grandes parties de votre exposé. Par exemple: *Philippe présentera les caractéristiques de notre système musculaire, j'enchaînerai en vous parlant des trois types de muscles, puis Nadia vous expliquera comment entretenir vos muscles.*

2. Tout au long de votre présentation, pensez à conserver l'intérêt de vos destinataires:
   - en les interpellant (*vous avez remarqué que…, saviez-vous que…*);
   - en utilisant des exemples qui les concernent;
   - en faisant un peu d'humour, si le sujet s'y prête;
   - en répondant clairement aux questions si une période de questions est prévue. (Si on vous pose une question dont vous ignorez la réponse, dites simplement que vous ne la connaissez pas. Vous pouvez même demander si quelqu'un parmi l'auditoire peut y répondre.)

   Consultez la liste *Pour passer la parole*, sur le document reproductible qu'on vous remettra. Vous y trouverez des formules à utiliser pour encourager les interventions de l'auditoire.

E. Le contact avec les membres de votre équipe

- Pensez à la façon dont vous passerez la parole à vos coéquipiers et coéquipières.
- Pensez aussi à ce que vous ferez pendant qu'un membre parlera.
- Restez à l'affût pour aider si cela est nécessaire.

4. PRÉVOYEZ LA FIN DE VOTRE PRÉSENTATION

La façon de terminer une prise de parole peut varier selon les situations. Dans tous les cas, ne négligez pas l'après-exposé. Saluez vos destinataires en les remerciant de leur attention.

- Si vous vous adressez à un groupe, utilisez une formule de salutation. Par exemple: *Nous vous remercions de votre attention et nous cédons la place à l'équipe suivante.*
- Si vous vous adressez à une personne seulement, utilisez une formule de salutation et serrez-lui la main si la rencontre est officielle. Par exemple: *Je vous remercie de votre attention et je vous souhaite une bonne journée.*

Index

E

F

_____ **N** _____

T

Notices bibliographiques de la rubrique Répertoire

MODULE 1

Edgar Allan Poe, «Le chat noir», dans *Nouvelles histoires extraordinaires*, traduit de l'anglais par Charles Baudelaire, Paris, Gallimard, 1974, p. 58.

André Berthiaume, «L'air marin», dans *Incidents de frontière*, Montréal, Leméac, 1984, p. 7.

Thomas Owen, «La truie», dans *La Truie et autres histoires secrètes*, Bruxelles, Éditions Labor, 1992, p. 13.

Christian Vanderhaeghe et Pascal J. Zanon, *Les 3 cercles de l'épouvante (d'après Jean Ray)*, Bruxelles, Éditions Art & B.D.*, coll. «Harry Dickson», 1990, p. 3.

«L'homme au Sable», dans *La dimension fantastique: Treize nouvelles de E. T. A. Hoffmann à Claude Seignolle*, anthologie présentée par Barbara Sadoul, Paris, Librio, 1996, p. 11.

MODULE 2

Michel Rabagliati, *Paul dans le métro*, Montréal, Éditions de la Pastèque, 2005, p. 9.

Paul Harding, *La galerie du rossignol*, traduit de l'anglais par Anne Bruneau et Christiane Poussier, Paris, 10/18, coll. «Grands Détectives», 2000, p. 18.

Michel Noël, *Hush! Hush!*, Montréal, Hurtubise HMH, 2006, p. 19.

Art Spiegelman, *Maus: Un survivant raconte – tome 1: Mon père saigne l'histoire*, traduit de l'américain par Judith Ertel, Paris, Flammarion, 1992, p. 13.

Martha Brooks, *Confessions d'une fille sans cœur*, traduit de l'anglais par Dominick Parenteau-Lebeuf, Saint-Laurent, Éditions Pierre Tysseyre, coll. «Deux solitudes – Jeunesse», 2004, p. 11.

MODULE 3

Guillaume IX d'Aquitaine, «Puisque de chanter le désir m'a pris...», dans *Mille ans de poésie*, textes choisis et commentés par Jean-Hugues Malineau, Paris, Éditions Milan, 2006, p. 16.

José Acquelin, «L'azur est la mort du hasard», dans *Les cent plus beaux poèmes québécois*, anthologie préparée par Pierre Graveline accompagnée de quinze œuvres inédites de René Derouin, Montréal, Fides, 2007, p. 15; tiré de *Là où finit la terre*, Montréal, Les Herbes rouges, 1999.

Guillaume Apollinaire, «Zone», dans *Alcools suivi de Le bestiaire et de Vitam impendere amori*, Paris, Gallimard, coll. «Poésie», 1920 pour l'édition choisie, (1913 pour la première édition), p. 7.

Alain Borer, *Rimbaud, l'heure de la fuite*, Paris, Gallimard, coll. «Découvertes Gallimard littérature», 1991, p. 12.

MODULE 4

Catherine Jentile, *Tête brûlée: Femme et reporter de guerre*, Paris, Plon, 2001, p. 11.

Roger Auque, *Otages de Beyrouth à Bagdad: Journal d'un correspondant de guerre*, Paris, Éditions Anne Carrière, 2005, p. 7.

Marie Laberge, extrait tiré de Jacques Nadeau, *Le Québec. Quel Québec?*, Montréal, Fides, 2003, p. 6.

Pierre Sormany, *Le métier de journaliste: Guide des outils et des pratiques du journalisme au Québec*, nouvelle édition, Montréal, Boréal, 2000, p. 7.

Catherine Jentile, *Mahaut grand reporter*, Paris, Plon, coll. «Plon jeunesse», 2007, p. 11.

MODULE 5

Wajdi Mouawad, *Assoiffés*, Montréal, Leméac, 2007, p. 7.

Eugène Ionesco, *Rhinocéros*, Paris, Gallimard, coll. «Foliothèque», n° 44, 1959 pour l'édition choisie, p. 14 et 15.

Geneviève Billette, *Le pays des genoux*, Montréal, Leméac, 2004, p. 7.

Peter Shaffer, *Equus*, traduction et adaptation de Jean-Louis Roux, Montréal, Leméac, 1976, p. 13 et 14.

Sources iconographiques

Module 1

p. 12-13: © Philip Corbluth/Illustration Works/CORBIS • **p. 15**: Fotosearch • **p. 16**: Maciej Frolow/Istockphoto • **p. 17**: © Sophie Bassouls/Sygma/CORBIS • **p. 18**: Achim Prill/Istockphoto • **p. 19**: Mehmet Can/Istockphoto • **p. 20**: Istockphoto • **p. 21**: Stephan Zabel/Istockphoto • **p. 23**: Dusan Zidar/Istockphoto • **p. 24**: (h.) © Émile Dussault, 2006 • **p. 25**: Sybille Yates/Istockphoto • **p. 28**: © Images.com/CORBIS • **p. 29**: Andrew Parfenov/Istockphoto • **p. 30**: Denis Tevekov/Istockphoto • **p. 32**: George Peters/Istockphoto • **p. 34**: Martin Cerny/Istockphoto • **p. 35**: Istockphoto • **p. 37**: PhotoDisc • **p. 38**: Collection privée • **p. 39**: Duncan Walker/Istockphoto • **p. 40**: © Christophe Boisvieux/CORBIS • **p. 42**: James Steidl/Istockphoto • **p. 43**: Collection KHARBINE-TAPABOR • **p. 44**: (h.) © Nick North/CORBIS; (b.) akg-images • **p. 45**: Bruce Parrott/Istockphoto • **p. 46**: Tomaz Levstek/Istockphoto • **p. 48**: © Francis G. Mayer/CORBIS • **p. 56**: © Studio Patellani/CORBIS • **p. 57**: Luke Bosworth/Istockphoto • **p. 58**: Fernando Cerecedo Pastor/Istockphoto • **p. 62**: J. Helgason/Shutterstock • **p. 63**: Poe, Edgar Allan. *Nouvelles histoires extraordinaires*, Paris, © Éditions Gallimard, collection «Folio classique», illustration: Carlos Schwabe, *La mort et le fossoyeur* (détail). Musée du Louvre, Paris, photo : RMN-Jean Schormans; Berthiaume, André. *Incidents de frontière*, Montréal, © Leméac, 1984, Illustration: Norman Chaurette; Owen, Thomas. *La Truie et autres histoires secrètes*, Bruxelles, Éditions Labor, 1992, illustration de la couverture: Joelle Pontseel; Vanderhaeghe, Christian, et Pascal J. Zanon. *Harry Dickson: Les 3 cercles de l'épouvante (d'après Jean Ray)*, Bruxelles, © Éditions Art & B.D., 1990; *La dimension fantastique: treize nouvelles d'Hoffmann à Claude Seignolle*, anthologie présentée par Barbara Sadoul, Paris, © Librio, 1996

Module 2

p. 64-65: © Diana Ong/SuperStock • **p. 67**: Lise Labelle/Publiphoto • **p. 68**: Gracieuseté des Éditions Boréal • **p. 70**: (g.) © Larry Williams/zefa/CORBIS; (d.) Jarek Szymanski/Istockphoto • **p. 71**: © Michael Nicholson/CORBIS • **p. 72**: 20th Century Fox/Marvel/The Kobal Collection • **p. 73**: (h.) Satrapi, Marjane. *Persepolis (Intégrale)*, Paris, © L'Association, 2007; (b.) © Mark Savage/CORBIS • **p. 74**: Loisel, Regis, et Jean-Louis Tripp. *Magasin général — Tome 1: Marie*, Paris, © Casterman. Avec l'aimable autorisation des auteurs et des Éditions Casterman • **p. 75**: David Levenson/Getty images • **p. 76**: Erich Lessing/Art Resource, NY • **p. 78**: Luis Seco/Istockphoto • **p. 80**: Turgeon, Élaine. *Ma vie ne sait pas nager*, Montréal, © Éditions Québec Amérique, 2006, illustration: Stéphane Poulin • **p. 81**: Tardi, J. *Adèle Blanc-sec – Le labyrinthe infernal*, Paris, © Casterman. Avec l'aimable autorisation de l'auteur et des Éditions Casterman • **p. 82**: © Warner Brothers avec l'aimable autorisation de l'Everett Collection • **p. 83**: © Stefano Bianchetti/CORBIS •

p. 84: © Warner Brothers/avec l'aimable autorisation de l'Everett Collection • **p. 86**: © Catherine Karnow/CORBIS • **p. 89**: Bibliothèque Nationale, Paris, France, Archives Charmet/The Bridgeman Art Library • **p. 90**: Betty Gwinn, photographe • **p. 91**: © Jonathan Barry, photo: Collection privée/The Bridgeman Art Library • **p. 93**: Andrew Penner/Istockphoto • **p. 94**: © Rabagliati, Michel. *Paul dans le métro*, La Pastèque, 2005, p. 9, case nº 5 • **p. 95**: (h.) Photo de Marie-Claude Hamel; (b.) Ryan Burke/Istockphoto • **p. 96**: Christal Films/INIS • **p. 97**: Jolande Gerritsen/Istockphoto • **p. 98**: Istockphoto • **p. 99**: George Zimbel/Publiphoto • **p. 100**: © Rabagliati, Michel. *Paul dans le métro*, Montréal, La Pastèque, 2005, p. 9, case nº 6 • **p. 101**: Istockphoto • **p. 103**: *MAUS Volume 1*, Art Spiegelman, © 1973, 1980, 1981, 1982, 1984, 1985, 1986/*MAUS Volume 2*, Art Spiegelman © 1986, 1989, 1990, 1991 • **p. 104**: © Henny Ray Abrams/Reuters/CORBIS • **p. 105**: © Walt Disney Co./avec l'aimable autorisation de l'Everett Collection • **p. 106**: © Hulton-Deutsch Collection/CORBIS • **p. 107**: Stephen Studd/Getty images • **p. 108**: AP Photo/Disney Enterprises, Inc. and Pixar Animation Studios • **p. 113**: © Rabagliati, Michel. *Paul dans le métro*, Montréal, La Pastèque, 2005; Harding, Paul. *La galerie du rossignol*, trad. A. Bruneau et C. Poussier, Paris, © Éditions 10/18, Département d'Univers Poche, 2000, illustration de la couverture: Benozzo Gozzoli, *Le Cortège des Rois mages* (détail); Noël, Michel. *Hush! Hush!*, Montréal, © Éditions HMH; Spiegelman, Art. *Maus: un survivant raconte*, traduit de l'anglais par Judith Ertel, Paris, Flammarion, 1992 © 1973, 1980, 1981, 1982, 1984, 1985, 1986; Brooks, Martha. *Confessions d'une fille sans cœur*, © Ottawa, Canada, Éditions Pierre Tisseyre, 2004

Module 3

p. 114-115: © Stapleton Collection/CORBIS • **p. 117**: Collection privée, The Stapleton Collection/The Bridgeman Art Library • **p. 118**: SuperStock • **p. 119**: (h.) Istockphoto; (b.) Bibliothèque et Archives nationales du Québec - Centre de Québec, P560,S2,D1,P210 • **p. 121**: AFP/Getty images • **p. 122**: © Michael Nicholson/CORBIS • **p. 123**: Peter Willi/Superstock • **p. 124**: akg-images • **p. 125**: © Randy Faris/CORBIS • **p. 126**: Istockphoto • **p. 127**: Collection privée/Archives Charmet/The Bridgeman Art Library • **p. 128**: (h.) Istockphoto; (b.) Erich Lessing/Art Resource, NY • **p. 129**: (h.) © Sophie Bassouls/Sygma/CORBIS • **p. 130**: (h.) © Jordi Elias/Illustration Works/CORBIS; (b.) Ulf Andersen/Gamma – Eyedea/Ponopresse • **p. 131**: Coll. Jonas/KHARBINE-TAPABOR • **p. 133**: © Geoffrey Clements/CORBIS • **p. 136**: Bibliothèque et Archives Canada: C-088566 • **p. 138**: (h.) British Museum, London, UK/The Bridgeman Art Library; (b.) © Sophie Bassouls/Sygma/CORBIS • **p. 140**: (h.) © Jacques Haillot/Sygma/CORBIS • **p. 141**: Adam Gryko/Istockphoto • **p. 145**: Catalin Plesa/Shutterstock • **p. 146**: Collection privée • **p. 147**: (h.) Paul Tessier/Istockphoto; (b.) © Sophie Bassouls/Sygma/CORBIS • **p. 148**: (h.g.) Kurt Hahn/Istockphoto; (h.m.g.) Hubert Kwiatkowski/Istockphoto; (h.m.) Natalia Bolshan/Istockphoto; (h.m.d.) Christina Richards/Istockphoto; (hd) Patrick A. Krost/Istockphoto; (b.) © Philip Gould/CORBIS • **p. 149**: British Library, London, UK/ © British Library Board, Tous droits réservés/The Bridgeman Art Library • **p. 150**: Photo: Nicole Vigneault • **p. 151**: © William Karel/Sygma/CORBIS • p. 154: © Succession Jean Dubuffet/SODRAC (2008), photo: Galerie Daniel Malingue,

Paris, France, © DACS/The Bridgeman Art Library • **p. 158**: © Images.com/CORBIS • **p. 159**: *Mille ans de poésie*, textes choisis et commentés par Jean-Hugue Malineau, Paris, © Milan jeunesse, 2007; *Les cent plus beaux poèmes québécois*, anthologie par Pierre Graveline, Montréal, © Éditions Fides, 2007; Guillaume Apollinaire, *Alcool*, Paris, © Éditions Galllimard, collection «Poésie/Gallimard», d'après un portrait d'Apollinaire en 1904, photo X.D.-R.; Borer, Alain. *Rimbaud, l'heure de la fuite*, Paris, © Éditions Gallimard, collection «Découverte Gallimard», photo: Archives Gallimard Jeunesse

Module 4

p. 160-161: Collection privée, © Look and Learn/The Bridgeman Art Library • **p. 163**: Getty images • **p. 165**: © Neville Elder/CORBIS • **p. 166-167**: © Sean Adair/Reuters/CORBIS • **p. 168**: AP Photo/Department of Defense • **p. 169**: © Yoni Brook/CORBIS • **p. 170**: AFP/Getty images • **p. 171**: © Peter Turnley/CORBIS • **p. 172**: © Reuters/CORBIS • **p. 173**: David Butow/CORBIS/Saba • **p. 174**: © Peter Turnley/CORBIS • **p. 175**: © Reuters/CORBIS • **p. 176**: Jeremy Edwards/Istockphoto • **p. 177**: Getty images • **p. 179**: © Ricki Rosen/CORBIS/Saba • **p. 181**: Steven Allan/Istockphoto • **p. 182**: © Jerome Sessini/CORBIS • **p. 184**: (g.) Bibliothèque et Archives Canada: PA-178177; (d.) Garcia Studio/Bibliothèque et Archives Canada: C-0068508 • **p. 186**: Benoît Rousseau/Istockphoto • **p. 187**: Tatyana Makotra/Istockphoto • **p. 188**: Photo: Katia Jarjoura • **p. 189**: © Nikoo Harf Maher/Document Iran/CORBIS • **p. 190**: © Attar Maher/Sygma/CORBIS • **p. 193**: © Robert Harding World Imagery/CORBIS • **p. 194**: Mehmt Salih Gulir/Istockphoto • **p. 195**: Istockphoto • **p. 196**: © Lynsey Addario/CORBIS • **p. 198**: (h.) AP Photo/Richard Vogel; (b.) Steven Miric/Istockphoto • **p. 199**: AP Photo/Sayyid Azim • **p. 200**: Getty images • **p. 201**: Dmitriy Shironosov/Istockphoto • **p. 202**: © Anja Niedringhaus/epa/CORBIS • **p. 203**: Andrew Lever/Istockphoto • **p. 204**: George Clerk/Istockphoto • **p. 206**: Istockphoto • **p. 209**: Jentile, Catherine. *Tête brûlée: Femme et reporter de guerre*, Paris, Plon, 2001, photo de Beaudoin de Canecaude; Auque, Roger. *Otages de Beyrouth à Bagdad: Journal d'un correspondant de guerre*, Paris, Éditions Anne Carrière, 2005, photo: D.R.; Nadeau, Jacques. *Le Québec. Quel Québec?*, Montréal, © Éditions Fides, 2003, photographie de Jacques Nadeau; Sormany, Pierre. *Le métier de journaliste: Guide des outils et des pratiques du journalisme au Québec*, Montréal, © Éditions Boréal, 2000; Jentile, Catherine. *Mahaut grand reporter*, Paris, Plon, coll. «Plon jeunesse», 2007, photo: Getty images

Module 5

p. 210-211: Richard H. Fox/SuperStock • **p. 213**: © Lebrecht Music & Arts/CORBIS • **p. 216**: Henri Paul/Bibliothèque et Archives Canada: e000001123 • **p. 219**: Yousuf Karsh/Bibliothèque et Archives Canada/e000001112 • **p. 224**: Paramount/The Kobal Collection • **p. 225**: Barnes Foundation/SuperStock • **p. 226**: Louis Monier/Gamma-Eyedea/Ponopresse • **p. 227**: Eric Robert/Sygma/CORBIS • **p. 228**: Archives de la SRC • **p. 229**: Fine Art Photographic Library/CORBIS • **p. 230**: Paramount/The Kobal Collection • **p. 233**: Droits réservés • **p. 234**: © Photo: Marie-Lyne Baril • **p. 237**: © Photo: Marie-Lyne Baril • **p. 238**: (h.) © Photo: Marie-Lyne Baril; (b.) D. Auclair/Publiphoto • **p. 240**: Biliana Rakocevic/Istockphoto • **p. 245**: Henri Paul/Bibliothèque et Archives Canada: e000001124 • **p. 246**: (h.g.) Wouter Van Caspel/Istockphoto; (h.d.) WP Chambers/Istockphoto; (m.) Ducan Walker/Istockphoto • **p. 247**: Wouter Van Caspel/Istockphoto • **p. 249**: Superstock • **p. 250**: Leslie Banks/Istockphoto • **p. 253**: Bryan Busovicki/Istockphoto • **p. 258**: Hulton Archive/Getty images • **p. 259**: Rossignol/KHARBINE-TAPABOR • **p. 264**: akg-images • **p. 265**: © Robbie Jack/CORBIS • **p. 266**: © Bob Krist/CORBIS • **p. 267**: Joshua Blake/Istockphoto • **p. 270**: © Bruno Ehrs/CORBIS • **p. 271**: Mouawad, Wajdi. *Assoiffés*, Montréal, © Leméac, 2007, illustration de la couverture: © Sonia Léontieff; Ionesco, Eugène. *Rhinocéros*, Paris, Gallimard, collection «Folio», illustration de Laeticia Le Saux.; Billette, Geneviève. *Le pays des genoux*, Montréal, © Leméac, 2004 illustration de la couverture: François-Xavier Gaudreault; Shatter, Peter. *Equus*, Montréal, Leméac, 1976

Roman

p. 272-273: © Diana Ong/SuperStock • **p. 274**: (pellicule) Marcela Barsse/Istockphoto; (bobine) Mark Evans/Istockphoto; (maïs) Olivier Blondeau/Istockphoto; (h.g.) Tolkien, J.R.R. *Le seigneur des anneaux, Le retour du roi*, Paris, © Gallimard Jeunesse, Folio Junior; (h.d.) Christie, Agatha. *Le miroir se brisa*, Paris, © Éditions J. C. Lattès; (m.) Cohen, Albert. *Belle du seigneur*, Paris, © Éditions Gallimard, illustration: Marie-Sophie Wilson/Fam International, photographie © Deborah Turbeville (détail); (b.g.) Caron, Pierre. *La naissance d'une nation, tome 1: Thérèse*, Montréal, VLB Éditeur; (b.d.) Bergeron, Guy. *L'orbe et le croissant*, © Arion Jeunesse (Québec) • **p. 276**: © Images.com/CORBIS • **p. 278**: © Fine Art Photographic Library/CORBIS • **p. 280**: © Pointe-à-Callière, musée d'archéologie et d'histoire de Montréal • **p. 282**: *Les rivières pourpres*, un film de Mathieu Kassovitz, © 2000 Gaumont/Studiocanal • **p. 284**: © Succession Pablo Picasso/SODRAC (2008), photo: Collection privée, © The Bridgeman Art Library • **p. 286**: © The Art Archive/CORBIS

Références-Connaissances

p. 342: James Steidl/Istockphoto • **p. 344**: Cathleen Abus Kimball/Istockphoto • **p. 350**: Istockphoto • **p. 355**: Istockphoto • **p. 363**: Chris Elwell/Istockphoto • **p. 365**: M. Gilléspie/Istockphoto • **p. 367**: John Bloo/Istockphoto • **p. 372**: Istockphoto • **p. 375**: Jose Antonio Santiso Funadiz/Istockphoto • **p. 376**: Marala Barsse/Istockphoto • **p. 384**: Michal Kozauski/Istockphoto • **p. 391**: Istockphoto • **p. 394**: Robert Redelowski/Shutterstock • **p. 397**: David Morgan/Istockphoto • **p. 401**: Istockphoto • **p. 405**: Flora Marius Catalin/Istockphoto • **p. 414**: Gavin Anderson/Istockphoto • **p. 423**: Vincent Giordano/Istockphoto • **p. 432**: Mark Evans/Istockphoto • **p. 442**: Slowfish/Shutterstock • **p. 447**: Jorgen Jacobsen/Istockphoto • **p. 449**: Massimilano Fabrizi/Istockphoto • **p. 452**: Istockphoto

Stratégies

p. 457: StillFX/Shutterstock • **p. 460**: Mike Tolstoi/photobank.kiev.ua/Shutterstock • **p. 461**: © Blue Lantern Studio/CORBIS • **p. 462**: Julien Grondin/Shutterstock • **p. 463**: Studio Araminta/Shutterstock • **p. 464**: Sebastian Kaulitzki/Shutterstock • **p. 466**: Istockphoto • **p. 467**: Oleg Prikhodko /Istockphoto • **p. 470**: Sebastian Kaulitzki/Istockphoto • **p. 474**: Norebbo/Shutterstock • **p. 475**: Denis Vorob'yev /Istockphoto • **p. 478**: Jan Martin Will/Shutterstock • **p. 481**: John Tomaselli/Istockphoto • **p. 484**: Chad Anderson/Istockphoto • **p. 485**: Markus Leiminger/Istockphoto • **p. 489**: Georgios Alexandris/Istockphoto • **p. 490**: Hermitage, Saint-Pétersbourg, Russie/The Bridgeman Art Library • **p. 493**: Orlando Diaz/Shutterstock • **p. 499**: Graham Taylor/Shutterstock • **p. 502**: Andrey Zyk/Istockphoto • **p. 505**: Aaron Hutten/Shutterstock • **p. 508**: Istockphoto • **p. 511**: Nadejda Ciob/Istockphoto